에듀윌과 함께 시작하면,
당신도 합격할 수 있습니다!

이 일 저 일 전전하다 관리자가 되려고 시작해
최고득점으로 동차 합격한 퇴직자

4살 된 딸아이가 어린이집에 있는 동안 공부해
고득점으로 합격한 전업주부

밤에는 대리운전, 낮에는 독서실에서 공부하며
에듀윌의 도움으로 거머쥔 주택관리사 합격증

누구나 합격할 수 있습니다.
시작하겠다는 '다짐' 하나면 충분합니다.

마지막 페이지를 덮으면,

에듀윌과 함께
주택관리사 합격이 시작됩니다.

15년간
베스트셀러 1위

기초서 기본서 기출문제집 핵심요약집

문제집 네컷회계

주택관리사
교재 보기

베스트셀러 1위 교재로
따라만 하면 합격하는 커리큘럼

STEP 1	STEP 2	STEP 3	STEP 4
기초 이론	이론 완성 1 이론 완성 2	핵심 이론 문제 풀이	마무리 특강 동형 모의고사
시작에 필요한 기초 개념 확인	기본서 반복으로 탄탄한 이론 완성	빈출이론&문제 한 번에 정리	다양한 실전 연습으로 쉬운 합격 완성

* 커리큘럼의 명칭 및 내용은 변경될 수 있습니다.

업계 유일 5년 연속 최고득점자 배출

에듀윌 주택관리사의 우수성, 2023년에도 입증했습니다!

2019 주택관리관계법규 김O영 합격생

2020 주택관리관계법규 김O령 합격생 공동주택관리실무 김O민 합격생

2021 주택관리관계법규 최O진 합격생 공동주택관리실무 정O헌 합격생

2022 공동주택관리실무 송O호 합격생

2023 공동주택관리실무 김O우 합격생

2023 최고득점자

제26회 시험 공동주택관리실무 최고득점자

김O우 합격생

과목별로 최고의 교수님들을 다수 보유하고 있다 보니 그중 제게 맞는 교수님을 선택해서 수강할 수 있었습니다. 2019년부터 매년 과목별 최고 득점자들을 배출했다는 말을 듣고 망설임 없이 에듀윌 주택관리사를 선택하게 됐습니다. 게다가 합격 이후 취업까지 도와주는 '주택 취업지원센터'가 있다는 것도 큰 장점이 아닌가 싶습니다. 에듀윌 교수님들 덕분에 원하는 목표 이상의 성과를 이뤄냈습니다. 에듀윌의 완벽한 교육 시스템에 본인의 노력을 더한다면 분명 누구나 원하는 목표를 달성할 수 있으리라 생각합니다.

주택관리사, 에듀윌을 선택해야 하는 이유

오직 에듀윌에서만 가능한 합격 신화
5년 연속 최고득점자 배출

2023 최고득점

합격을 위한 최강 라인업
주택관리사 명품 교수진

회계원리 윤재옥　시설개론 이강일　민법 신의영　시설개론 신명　관계법규 윤동섭　관리실무 김영곤

주택관리사

합격부터 취업까지!
에듀윌 주택취업지원센터 운영

합격생들이 가장 많이 선택한 교재
15년간 베스트셀러 1위

1위

에듀윌이
너를
지지할게
ENERGY

세상을 움직이려면
먼저 나 자신을 움직여야 한다.

− 소크라테스(Socrates)

➕ 기출지문 OX문제 PDF 제공

➕ 오답노트 PDF 제공

제대로 된 복습이 실력을 만든다!

최신 기출문제를 분석한 OX문제를 풀어 보며 학습을 마무리하세요.

교재에서 헷갈리거나 틀린 문제는 오답노트로 정리하여 나만의 요약집을 만들어 보세요.

| 에듀윌 도서몰 접속 (book.eduwill.net) | ▶ | 도서자료실 클릭 | ▶ | 부가학습자료 클릭 | | PDF 다운받기 |

2024
에듀윌 주택관리사
출제가능 문제집 2차
주택관리관계법규 [객관식편]

시험 안내

주택관리사 시험, 준비물은 무엇인가요?

⬤ 꼭 챙겨가세요!

필기구

수험표

신분증

손목시계

계산기

* 신분증의 경우 정부24 전자문서지갑 등에서 발급된 모바일 자격증을 자격시험 신분증으로 인정합니다. (수험표의 수험자 유의사항 참고)
* 손목시계는 시각만 확인할 수 있어야 하며, 스마트워치는 사용이 불가합니다.
* 데이터 저장기능이 있는 전자계산기는 수험자 본인이 반드시 메모리(SD카드 포함)를 제거, 삭제하여야 합니다.

✖ 시험 중 절대 허용되지 않아요!

통신기기

전자기기

중도퇴실

* 통신기기 및 전자기기에는 휴대전화, PDA, PMP, MP3, 휴대용 컴퓨터, 디지털 카메라, 전자사전, 카메라 펜 등이 포함되며, 시험 도중 소지 · 착용하고 있는 경우에는 당해 시험이 정지(퇴실)되고 무효(0점) 처리되니 주의하세요.
* 시험시간 중에는 화장실 출입 및 중도 퇴실이 불가합니다. 단, 설사 · 배탈 등 긴급상황 발생으로 퇴실 시 해당 교시 재입실이 불가하고, 시험 종료 시까지 시험본부에 대기하게 됩니다.

답안 작성 시 유의사항이 있나요?

⬤ 이렇게 작성하세요!

• 시험 문제지의 문제번호와 **동일한 번호**에 마킹

• 반드시 **검정색 사인펜** 사용

• 2차 시험 주관식 답안은 **검정색 필기구** 사용

• 답안을 잘못 마킹했을 경우, **답안카드 교체** 및 **수정테이프** 사용

• 2차 주관식 답안 정정 시 **두 줄로 긋고 다시 기재**하거나 **수정테이프** 사용

✖ 이렇게 작성하면 안 돼요!

• 답안카드 **마킹착오, 불완전한 마킹 · 수정, 예비마킹**

• **지워지는 펜** 사용

• 2차 주관식 답안 작성 시 **연필류, 유색 필기구, 두 가지 색 혼합 사용**

• 답안 정정 시 **수정액** 및 **스티커** 사용

상대평가, 어떻게 시행되나요?

선발예정인원 범위에서 선발!

국가에서 정한 선발예정인원(선발예정인원은 매해 시험 공고에 게재됨) 범위에서 고득점자순으로 합격자가 결정됩니다.

※ 참고: 2023년 제26회 1,610명 선발

제1차는 평균 60점 이상 득점한 자, 제2차는 고득점자순으로 선발!

제1차	매 과목 40점 이상, 전 과목 평균 60점 이상 득점한 사람 중에서 선발합니다.
제2차	매 과목 40점 이상, 전 과목 평균 60점 이상 득점한 사람 중에서 선발하며, 그중 선발예정인원 범위에서 고득점자순으로 결정합니다. 선발예정인원에 미달하는 경우 전 과목 40점 이상자 중 고득점자순으로 선발하며, 동점자로 인하여 선발예정인원을 초과하는 경우에는 동점자 모두를 합격자로 결정합니다.

2020년 상대평가 시행 이후 제2차 시험 합격선은?

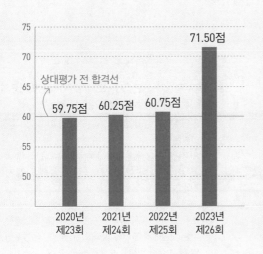

4개년 합격선 평균 63.06점!

상대평가 시행 이후 제25회 시험까지는 합격선이 60점 내외로 형성되었지만, 제26회에는 평균 71.50점에서 합격선이 형성되며 합격에 필요한 점수가 상당히 올라갔습니다. 에듀윌에서 예측한 그대로입니다. 앞으로도 에듀윌은 변화하는 수험 환경에 맞는 학습 커리큘럼과 교재를 통해 수험자 여러분들을 합격의 길로 이끌겠습니다.

에듀윌 문제집으로 완성해야 하는 이유!

"이론만 공부하면 뭐해, 어떻게 풀어야 하는지를 모르는 걸…"
"범위가 너무 많아. 이제 그만 하고 포기하고 싶어…"

에듀윌 출제가능 문제집이 있는데, 왜 고민하세요?

최고득점자가 인정한 교재

2023 최고득점

과목별로 최고의 교수님들을 다수 보유하고 있다 보니 그중 제게 맞는 교수님을 선택해서 수강할 수 있었습니다. 2019년부터 매년 과목별 최고 득점자들을 배출했다는 말을 듣고 망설임 없이 에듀윌 주택관리사를 선택하게 됐습니다. 게다가 합격 이후 취업까지 도와주는 '주택취업지원센터'가 있다는 것도 큰 장점이 아닌가 싶습니다. 에듀윌 교수님들 덕분에 원하는 목표 이상의 성과를 이뤄냈습니다. 에듀윌의 완벽한 교육 시스템에 본인의 노력을 더한다면 분명 누구나 원하는 목표를 달성할 수 있으리라 생각합니다.

제26회 시험 공동주택관리실무 최고득점자 김○우 합격생

실제 시험과 유사한 교재

| 에듀윌 주택관리사 관계법규 출제가능 문제집 | 주택관리사 관계법규 기출문제 |

20. 공동주택관리법령상 '주택관리사등에 대한 행정처분 기준'에 관한 내용으로 옳지 않은 것은?

① 고의로 공동주택을 잘못 관리하여 소유자 및 사용자에게 재산상의 손해를 입힌 경우−1차(자격정지 6개월), 2차(자격정지 1년)

② 중대한 과실로 공동주택을 잘못 관리하여 소유자 및 사용자에게 재산상의 손해를 입힌 경우−1차(자격정지 3개월), 2차(자격정지 6개월), 3차(자격정지 6개월)

③ 경미한 과실로 공동주택을 잘못 관리하여 소유자 및 사용자에게 재산상의 손해를 입힌 경우−처분 없음

④ 위반행위가 고의나 중대한 과실에 따른 것으로 인정되는 경우−가중사유

⑤ 주택관리사등이 업무와 관련하여 금품수수 등 부당이득을 취한 경우−자격취소

18. 공동주택관리법령상 시·도지사가 주택관리사등의 자격을 취소하여야 하는 경우가 아닌 것은?

① 공동주택의 관리업무와 관련하여 금고 이상의 형을 선고받은 경우

② 의무관리대상 공동주택에 취업한 주택관리사등이 다른 공동주택 및 상가·오피스텔 등 주택 외의 시설에 취업한 경우

③ 고의 또는 중대한 과실로 공동주택을 잘못 관리하여 소유자 및 사용자에게 재산상의 손해를 입힌 경우

④ 다른 사람에게 자기의 명의를 사용하여 「공동주택관리법」에서 정한 업무를 수행하게 한 경우

⑤ 주택관리사등이 자격정지기간에 공동주택관리업무를 수행한 경우

지문 일치

1위 기록이 증명한 교재

* YES24 수험서 자격증 주택관리사 문제집 베스트셀러 1위
  – 시설 2023년 5월 월별 베스트
  – 민법 2023년 3월 2주, 회계 2023년 4월 4주 주별 베스트
  – 법규 2023년 10월 5주, 실무 2023년 11월 4주 주별 베스트

반드시 풀어야 하는 문제 강조

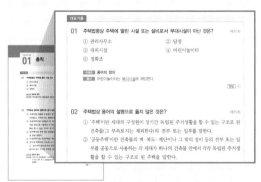

반드시 풀어야 하는 기출문제를 수록하여 우선순위 학습이 가능합니다.

➕ PLUS   출제가능 문제집, 함께하면 좋은 책은?

핵심요약집(5종)

핵심만 싹 모은 진짜 요약서로 빠르게 이론 정리!

(2차 2종: 2024년 5월 출간 예정)

약점체크 기출문제집(2종)

기출문제를 통한 약점 완전 정복!

구성과 특징

워밍업 ▶ 문제풀이 본 학습

기출기반 합격자료
문제풀이 전 출제경향을 확인해 보세요.

최근 3개년 평균 점수와 과락률을 통
해 시험 난이도를 확인해 보세요.
PART별 출제비중을 꼼꼼히 분석하여
더 중점을 두고 학습해야 하는 단원을
파악할 수 있습니다.

꼭 풀어 보아야 하는, 엄선 대표기출 •

CHAPTER 05 공동주택의 전문관리 등

▶ 연계학습 | 에듀윌 기본서 2차 [주택관리관계법규 上] p.270

대표기출

공동주택관리법령상 주택관리사등의 자격을 취소하여야 하는 경우가 아닌 것

① 공동주택의 관리업무와 관련하여 금고 이상의 형을 선고받은 경우
② 의무관리대상 공동주택에 취업한 주택관리사등이 다른 공동주택 및 상
　등 주택 외의 시설에 취업한 경우
③ 거짓이나 그 밖의 부정한 방법으로 자격을 취득한 경우
④ 주택관리사등이 업무와 관련하여 금품수수 등 부당이득을 취한 경우
⑤ 주택관리사등이 자격정지기간에 공동주택관리업무를 수행한 경우

경우가 아니라, 자격을 정지시킬 수 있는 사유이다.

이론 +

법 제69조 【주택관리사등의 자격취소 등】 ① 시·도지사는 주택관리사
하나에 해당하면 그 자격을 취소하거나 1년 이내의 기간을 정하여 그 자
다만, 제1호부터 제4호까지, 제7호 중 어느 하나에 해당하는 경우에는
한다.
1. 거짓이나 그 밖의 부정한 방법으로 자격을 취득한 경우
2. 공동주택의 관리업무와 관련하여 금고 이상의 형을 선고받은 경우
3. 의무관리대상 공동주택에 취업한 주택관리사등이 다른 공동주택 및 상
　의 시설에 취업한 경우
4. 주택관리사등이 자격정지기간에 공동주택관리업무를 수행한 경우
5. 고의 또는 중대한 과실로 공동주택을 잘못 관리하여 소유자 및 사용
　입힌 경우
6. 주택관리사등이 업무와 관련하여 금품수수(收受) 등 부당이득을 취
7. 법 제90조 제4항을 위반하여 다른 사람에게 자기의 명의를 사용하여
　수행하게 하거나 자격증을 대여한 경우
8. 법 제93조 제1항에 따른 보고, 자료의 제출, 조사 또는 검사를 거부
　거짓으로 보고를 한 경우
9. 법 제93조 제3항·제4항에 따른 감사를 거부·방해 또는 기피한 경

함께 알아두면 좋은, 이론 + •

마무리

맥락 잡고 약점 잡는, 키워드 & 풀이

기출지문 OX문제

최신 기출문제를 분석한 OX문제를 풀어보세요.

| 키워드 | 주택건설사업 등의 등록의 예외 |
| 풀이 | 법 제11조에 따라 설립된 <u>주택조합</u>(등록사업자와 공동으로 주택건설사업을 하는) 이 <u>등록의 예외</u>이다. |

이론 +

연간 대통령령으로 정하는 호수(20호, 20세대) 이상의 주택건설사업을 시행하려는 자 또는 연간 대통령령으로 정하는 면적(1만 제곱미터) 이상의 대지조성사업을 시행하려는 자는 국토교통부장관에게 등록하여야 한다. 다만, <u>다음의 사업주체</u>의 경우에는 <u>그러하지 아니하다.</u>
1. 국가·지방자치단체
2. 한국토지주택공사
3. 지방공사
4. 「공익법인의 설립·운영에 관한 법률」에 따라 주택건설사업을 목적으로 설립된 공익법인
5. 주택조합(등록사업자와 공동으로 주택건설사업을 하는 주택조합만 해당한다)
6. 근로자를 고용하는 재등록사업자와 공동으로 주택건설사업을 시행하는 고용자만 해당한다)

정답 ④

PART 1

고난도

02 주택법령상 '공동사업주체'에 관한 내용으로 옳지 않은 것은?

① 토지소유자가 주택을 건설하는 경우에는 '등록사업자'와 공동으로 사업을 시행할 수 있다.

② 주택조합('세대수를 증가하는 리모델링주택조합'은 제외한다)이 그 구성원의 주택을 건설하는 경우에는 등록사업자와 공동으로 사업을 시행할 수 있다.

③ 주택조합이 그 구성원의 주택을 건설하는 경우에는 지방자치단체·한국토지주택공사 및 지방공사와 공동으로 사업을 시행할 수 있다.

④ 고용자가 그 근로자의 주택을 건설하는 경우에는 등록사업자와 공동으로 사업을 시행하여야 한다. 이 경우 고용자와 등록사업자를 공동사업주체로 본다.

⑤ 공동사업주체 간의 구체적인 업무·비용 및 책임의 분담 등에 관하여는 대통령령으로 정하는 범위에서 '당사자간'의 협약에 따른다.

| 키워드 | 공동사업주체 |
| 풀이 | 주택조합('세대수를 증가하지 아니하는 리모델링주택조합'은 제외한다)이 그 구성원의 주택을 건설하는 경우에는 대통령령으로 정하는 바에 따라 등록사업자와 공동으로 사업을 시행할 수 있다. |

| TIP | "고용자가 그 근로자의 주택을 건설하는 경우에는 등록사업자와 공동으로 사업을 틀린 지문이며, "고용자가 그 근로자의 주택을 건설하는 경우에는 등록사업자와 공동으로 사업을 행하여야 한다."가 <u>옳은</u> 지문이다. |

고득점 합격을 위한, 고난도 문제 & TIP

다운로드 방법

에듀윌 도서몰
(book.eduwill.net) 접속

▼

도서자료실 클릭

▼

부가학습자료 클릭 후
다운로드

기출기반 합격자료 최근 3개년 시험 리포트

시험 난이도 분석

회차별 & 3개년 평균 점수

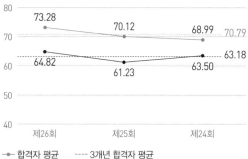

- 합격자 평균 : 73.28, 70.12, 68.99
- 3개년 합격자 평균 : 70.79
- 응시자 평균 : 64.82, 61.23, 63.50
- 3개년 응시자 평균 : 63.18

회차별 & 3개년 평균 과락률

구분	제26회	제25회	제24회	3개년 평균
응시자(명)	3,439	3,408	2,050	2,966
과락자(명)	106	176	134	139
과락률(%)	3.1	5.2	6.5	4.9

주택관리관계법규는 2023년 제26회 시험의 전체 평균이 64.82점으로 전년도에 비해 소폭 상승했습니다. 3개년 동안의 합격자 평균점수는 70.79점으로 과락 점수인 60점 이상이지만, 제2차 시험은 선발예정인원 범위에서 고득점자순으로 합격시키는 만큼 난도가 하락할 수도 있고 그 반대로 상승할 수도 있다는 것을 염두에 두고 꾸준히 학습하여야 합니다. 또한 주택관리관계법규 시험의 최근 3개년 평균 과락률은 4.9%로 수치만 본다면 낮은 수준이지만, 제1차 시험 합격 후 치러지는 시험임을 명심해야 합니다.

PART별 평균 출제비율

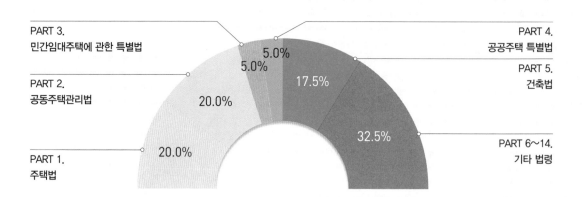

- PART 3. 민간임대주택에 관한 특별법 : 5.0%
- PART 2. 공동주택관리법 : 20.0%
- PART 1. 주택법 : 20.0%
- PART 4. 공공주택 특별법 : 5.0%
- PART 5. 건축법 : 17.5%
- PART 6~14. 기타 법령 : 32.5%

PART별 평균 출제비중

단원 / PART	3개년 평균 출제문항 수(개)	3개년 평균 출제비중
1. 주택법	8.0(3.0)	20.0%
2. 공동주택관리법	8.0(3.0)	20.0%
3. 민간임대주택에 관한 특별법	2.0(1.0)	5.0%
4. 공공주택 특별법	2.0(1.0)	5.0%
5. 건축법	7.0(3.0)	17.5%
6. 도시 및 주거환경정비법	2.0(1.0)	5.0%
7. 도시재정비 촉진을 위한 특별법	1.0(0.7)	2.5%
8. 시설물의 안전 및 유지관리에 관한 특별법	2.0(1.0)	5.0%
9. 소방기본법	1.0	2.5%
10. 화재의 예방 및 안전관리에 관한 법률	2.0(0.7)	5.0%
11. 소방시설 설치 및 관리에 관한 법률		
12. 전기사업법	2.0(1.0)	5.0%
13. 승강기 안전관리법	2.0(0.6)	5.0%
14. 집합건물의 소유 및 관리에 관한 법률	1.0	2.5%

* 괄호 안 숫자는 주관식 단답형 출제문항 수이며, 분류기준에 따라 수치가 달라질 수 있습니다.

차례

PART 1

주택법

01 총칙

▶ **연계학습** | 에듀윌 기본서 2차 [주택관리관계법규 上] p.20

대표기출

01 주택법령상 주택에 딸린 시설 또는 설비로서 부대시설이 아닌 것은? 제25회

① 관리사무소　　　　　　　　　② 담장

③ 대피시설　　　　　　　　　　④ 어린이놀이터

⑤ 정화조

키워드 용어의 정의

풀이 어린이놀이터는 <u>복리시설</u>에 해당한다.

정답 ④

02 주택법상 용어의 설명으로 옳지 않은 것은? 제25회

① '주택'이란 세대의 구성원이 장기간 독립된 주거생활을 할 수 있는 구조로 된 건축물(그 부속토지는 제외한다)의 전부 또는 일부를 말한다.

② '공동주택'이란 건축물의 벽·복도·계단이나 그 밖의 설비 등의 전부 또는 일부를 공동으로 사용하는 각 세대가 하나의 건축물 안에서 각각 독립된 주거생활을 할 수 있는 구조로 된 주택을 말한다.

③ '준주택'이란 주택 외의 건축물과 그 부속토지로서 주거시설로 이용가능한 시설 등을 말한다.

④ '민영주택'이란 국민주택을 제외한 주택을 말한다.

⑤ '장수명 주택'이란 구조적으로 오랫동안 유지·관리될 수 있는 내구성을 갖추고, 입주자의 필요에 따라 내부 구조를 쉽게 변경할 수 있는 가변성과 수리 용이성 등이 우수한 주택을 말한다.

키워드 용어의 정의

풀이 '주택'이란 세대(世帶)의 구성원이 장기간 독립된 주거생활을 할 수 있는 구조로 된 건축물의 전부 또는 일부 및 그 <u>부속토지</u>를 말하며, 단독주택과 공동주택으로 구분한다. 즉, '부속토지'를 <u>포함</u>한다.

정답 ①

01 주택법(건축법)령상 '용어의 정의'에 관한 내용으로 옳지 않은 것은? 제25회 수정

① 주택은 세대(世帶)의 구성원이 장기간 독립된 주거생활을 할 수 있는 구조로 된 건축물의 전부 또는 일부 및 그 부속토지를 말하며, '단독주택'과 '공동주택'으로 구분한다.

② 단독주택은 1세대가 하나의 건축물 안에서 독립된 주거생활을 할 수 있는 구조로 된 주택을 말하며, 그 종류와 범위는 대통령령으로 정한다.

③ '공관'은 건축법령 및 주택법령상 단독주택에 속한다.

④ 공동주택은 건축물의 벽·복도·계단이나 그 밖의 설비 등의 전부 또는 일부를 공동으로 사용하는 각 세대가 하나의 건축물 안에서 각각 독립된 주거생활을 할 수 있는 구조로 된 주택을 말하며, '집합건물'로서 「집합건물의 소유 및 관리에 관한 법률」의 적용을 받는다.

⑤ 「건축법」상 공동주택에 속하는 '기숙사'는 「주택법」상 공동주택에 속하지 아니한다.

키워드 주택의 정의

풀이 「건축법」상 단독주택에 속하는 '공관'은 <u>「주택법」상 단독주택에 속하지 아니한다.</u>

정답 ③

---

02 주택법령상 용어의 뜻에 의할 때 '주택'에 해당하지 않는 것을 모두 고른 것은? 제20회

> ㉠ 「건축법 시행령」상 용도별 건축물의 종류에 따른 다중주택
> ㉡ 「건축법 시행령」상 용도별 건축물의 종류에 따른 기숙사
> ㉢ 「건축법 시행령」상 용도별 건축물의 종류에 따른 오피스텔
> ㉣ 「노인복지법」상 노인복지주택

① ㉠, ㉢

② ㉡, ㉢

③ ㉡, ㉣

④ ㉠, ㉡, ㉣

⑤ ㉡, ㉢, ㉣

키워드 주택법령상 '주택' 및 '준주택'

풀이 ㉠의 '다중주택'은 단독주택으로서 '주택'에 해당하나, ㉡의 기숙사, ㉢의 오피스텔, ㉣의 노인복지주택은 모두 '준주택'으로서 <u>주택이 아니다.</u>

정답 ⑤

03 주택법령상 공동주택에 해당하지 않는 것을 모두 고른 것은?   제22회

> ㉠ 「건축법 시행령」상 다중주택
> ㉡ 「건축법 시행령」상 다가구주택
> ㉢ 「건축법 시행령」상 연립주택
> ㉣ 「건축법 시행령」상 다세대주택
> ㉤ 「건축법 시행령」상 오피스텔

① ㉠, ㉡, ㉣   ② ㉠, ㉡, ㉤
③ ㉠, ㉢, ㉤   ④ ㉡, ㉢, ㉣
⑤ ㉢, ㉣, ㉤

키워드 공동주택

풀이 「건축법 시행령」상 '다중주택' 및 '다가구주택'은 주택법령상 '공동주택'이 아닌 <u>단독주택</u>에 속하며, 「건축법 시행령」상 '오피스텔'은 주택법령상 '주택'이 아니며, <u>준주택</u>에 속한다.

정답 ②

04 주택법령에 관한 설명으로 옳지 않은 것은?

① '준주택'이란 주택 외의 건축물과 그 부속토지로서 주거시설로 이용가능한 시설 등을 말하며, 그 범위와 종류는 대통령령으로 정한다.

② '국민주택규모'란 주거전용면적이 1호 또는 1세대당 85제곱미터 이하인 주택을 말한다.

③ 위 ②에도 불구하고 「수도권정비계획법」 제2조 제1호에 따른 수도권을 제외한 도시지역이 아닌 읍 또는 면 지역은 1호 또는 1세대당 주거전용면적이 100제곱미터 이하인 주택이 '국민주택규모'에 해당한다.

④ 국가가 건설하는 주택은 '국민주택'이다.

⑤ 지방자치단체가 건설하는 주택이지만 그 규모가 국민주택규모를 초과하는 경우, 그 주택은 '민영주택'에 해당한다.

키워드 준주택, 국민주택 등

풀이 국가가 건설하는 주택이 항상 '국민주택'이 되는 것은 아니고, 그 규모가 <u>국민주택규모 이하</u>인 경우에 '국민주택'이 된다.

정답 ④

05 주택법령상 '준주택의 종류와 범위'에 관한 내용으로 옳지 않은 것은?

① 「건축법 시행령」[별표 1] 제2호(공동주택) 라목에 따른 기숙사
② 「건축법 시행령」[별표 1] 제4호(제2종 근린생활시설) 자목에 따른 일반음식점
③ 「건축법 시행령」[별표 1] 제15호(숙박시설) 다목에 따른 다중생활시설
④ 「건축법 시행령」[별표 1] 제11호(노유자시설) 나목에 따른 노인복지시설 중「노인복지법」제32조 제1항 제3호의 노인복지주택
⑤ 「건축법 시행령」[별표 1] 제14호(업무시설) 나목(일반업무시설) 2)에 따른 오피스텔

| 키워드 | 준주택 |

| 풀이 | 「건축법 시행령」[별표 1] 제4호(제2종 근린생활시설) 거목에 따른 '다중생활시설'이 '준주택'에 속한다. 500제곱미터 미만인 다중생활시설은 「건축법 시행령」[별표 1]의 '제2종 근린생활시설'로서 '준주택'에 속하며, 500제곱미터 이상인 다중생활시설은 「건축법 시행령」[별표 1]의 '숙박시설'로서 '준주택'에 해당한다.

| 정답 | ②

06 주택법령에 관한 내용으로 옳지 않은 것은?

① '주택도시기금'으로부터 자금을 지원받아 건설되는 국민주택규모 이하인 주택으로서 국가 등이 아닌 자가 건설하는 주택은 '국민주택'이 아니다.

② '민영주택'은 국민주택을 제외한 주택을 말한다.

③ 단독주택의 경우, '주거전용면적'은 그 바닥면적(건축물의 각 층 또는 그 일부로서 벽, 기둥, 그 밖에 이와 비슷한 구획의 중심선으로 둘러싸인 부분의 수평투영면적)에서 지하실(거실로 사용되는 면적은 제외한다), 본 건축물과 분리된 창고·차고 및 화장실의 면적을 제외한 면적으로 한다.

④ 공동주택의 경우, '주거전용면적'은 외벽의 내부선을 기준으로 산정한 면적으로 한다.

⑤ '임대주택'은 임대를 목적으로 하는 주택으로서, 「공공주택 특별법」 제2조 제1호 가목에 따른 공공임대주택과 「민간임대주택에 관한 특별법」 제2조 제1호에 따른 민간임대주택으로 구분한다.

키워드 용어의 정의

풀이 주택도시기금으로부터 자금을 지원받아 건설되는 '국민주택규모 이하인 주택'은 '국민주택'이다.

이론 ✚

> '국민주택'은 다음의 어느 하나에 해당하는 주택으로서 '국민주택규모 이하 주택'을 말한다.
> 1. 국가·지방자치단체, 「한국토지주택공사법」에 따른 한국토지주택공사 또는 「지방공기업법」 제49조에 따라 주택사업을 목적으로 설립된 지방공사가 건설하는 주택
> 2. 국가·지방자치단체의 재정 또는 「주택도시기금법」에 따른 주택도시기금으로부터 자금을 지원받아 건설되거나 개량되는 주택

정답 ①

07 주택법령상 '용어의 뜻'에 관한 설명으로 옳지 않은 것은?

① '토지임대부 분양주택'이란 토지의 소유권은 사업계획의 승인을 받아 토지임대부 분양주택 건설사업을 시행하는 자가 가지고, 건축물 및 복리시설 등에 대한 소유권은 주택을 분양받은 자가 가지는 주택을 말한다.

② 위 ①의 경우, 건축물의 전유부분에 대한 구분소유권은 이를 분양받은 자가 가지고, 건축물의 공용부분·부속건물 및 복리시설은 분양받은 자들이 공유한다.

③ 건축허가를 받아 그 사업을 시행하기 위해 「주택법」 제4조에 따라 등록한 주택건설사업자는 '사업주체'에 해당한다.

④ '주택조합'이란 많은 수의 구성원이 사업계획의 승인을 받아 주택을 마련하거나 법 제66조에 따라 리모델링하기 위하여 결성하는 조합을 말한다.

⑤ 위 ④의 주택조합은 지역주택조합, 직장주택조합, 리모델링주택조합 등 3종류가 있다.

키워드 용어의 뜻

풀이 사업계획승인을 받아 그 사업을 시행하기 위해 「주택법」 제4조에 따라 등록한 주택건설사업자는 '사업주체'에 해당한다.

이론➕

'사업주체'란 법 제15조에 따른 주택건설사업계획 또는 대지조성사업계획의 승인을 받아 그 사업을 시행하는 다음의 자를 말한다.
1. 국가·지방자치단체
2. 한국토지주택공사 또는 지방공사
3. 법 제4조에 따라 등록한 주택건설사업자 또는 대지조성사업자
4. 그 밖에 이 법에 따라 주택건설사업 또는 대지조성사업을 시행하는 자

정답 ③

08 주택법령에 관한 내용으로 옳지 <u>않은</u> 것은?

① '주택단지'는 주택건설사업계획 또는 대지조성사업계획의 승인을 받아 주택과 그 부대시설 및 복리시설을 건설하거나 대지를 조성하는 데 사용되는 일단(一團)의 토지를 말한다.

② 위 ①에도 불구하고 폭 6미터 이상인 도시계획예정도로로 분리된 토지는 각각 별개의 주택단지로 본다.

③ 2개 이상의 주택단지의 세대수가 1천5백 세대 이하인 경우, 공동관리가 가능하다.

④ 의무관리대상 공동주택단지와 인접한 300세대 미만의 공동주택단지를 공동으로 관리하는 경우는 1천5백 세대를 초과하는 경우에도 공동관리가 허용된다.

⑤ 공동주택단지 사이에 폭 20미터 이상인 일반도로가 있는 경우, 원칙적으로는 공동관리가 허용되지 아니하나, 예외적으로 공동관리가 허용되는 경우도 있다.

키워드 **주택단지**

풀이 위 ①에도 불구하고 폭 <u>8미터 이상</u>인 도시계획예정도로로 분리된 토지는 각각 별개의 주택단지로 본다.

이론 ✚
> 다음의 시설로 분리된 토지는 각각 별개의 주택단지로 본다.
> 1. 철도·고속도로·자동차전용도로
> 2. 폭 <u>20미터 이상</u>인 일반도로
> 3. 폭 <u>8미터 이상</u>인 도시계획예정도로 등

> [지문 ⑤]
> 시장·군수·구청장이 <u>지하도, 육교</u>, 횡단보도, 그 밖에 이와 유사한 시설의 설치를 통하여 단지 간 보행자 통행의 편리성 및 안전성이 확보되었다고 인정하는 경우에는 <u>예외적으로 공동관리가 허용</u>되며, 이 경우에는 단지별로 입주자등 <u>3분의 2 이상</u>의 서면동의를 받아야 한다(원칙적으로는 단지별로 입주자등 <u>과반수</u>의 서면동의를 받아야 한다).

TIP 「주택법」상 '주택단지'와 「공동주택관리법」상 '공동관리'의 역학관계에 대해 정확히 이해하여야 한다.

정답 ②

09 주택법령상 '복리시설'만으로 옳은 것은?

① 조경시설, 옹벽 및 축대

② 「건축법」 제2조 제1항 제4호에 따른 건축설비

③ 주차장, 관리사무소, 담장 및 주택단지 안의 도로

④ 「건축법 시행령」 [별표 1] 제3호에 따른 제1종 근린생활시설 모두

⑤ 소방시설, 냉난방공급시설(지역난방공급시설은 '제외'한다) 및 방범설비

> **키워드** 부대시설 및 복리시설
>
> **풀이** 「건축법 시행령」 [별표 1] 제3호에 따른 제1종 근린생활시설은 모두 '복리시설'이다. 제2종 근린생활시설은 원칙적으로 '복리시설'이지만, 제2종 근린생활시설 중 다중생활시설, 단란주점, 안마시술소, 총포판매소, 장의사는 '복리시설'이 아니다.
> ①②③⑤는 모두 '부대시설'이다.

정답 ④

10 주택법령상 '부대시설'만으로 옳은 것은?

① 공동작업장 및 주민공동시설

② 저수시설, 지하양수시설, 대피시설 및 도시·군계획시설인 시장

③ 어린이놀이터, 근린생활시설, 유치원, 주민운동시설 및 경로당

④ 「건축법 시행령」 [별표 1] 제4호에 따른 제2종 근린생활시설(총포판매소, 장의사, 다중생활시설, 단란주점 및 안마시술소는 제외한다)

⑤ 「환경친화적 자동차의 개발 및 보급 촉진에 관한 법률」 제2조 제3호에 따른 전기자동차에 전기를 충전하여 공급하는 시설

> **키워드** 부대시설 및 복리시설
>
> **풀이** 「환경친화적 자동차의 개발 및 보급 촉진에 관한 법률」 제2조 제3호에 따른 전기자동차에 전기를 충전하여 공급하는 시설은 '부대시설'이다.
> ①③④ 모두 복리시설이다.
> ② 저수시설, 지하양수시설 및 대피시설은 '부대시설'이지만, 도시·군계획시설인 시장은 복리시설이다.

정답 ⑤

11 주택법령상 주택에 딸린 시설 또는 설비로서 부대시설이 아닌 것은? 제21회

① 보안등
② 경로당
③ 안내표지판
④ 주차장
⑤ 주택단지 안의 도로

키워드 부대시설 및 복리시설
풀이 경로당은 복리시설에 해당한다.

정답 ②

12 주택법 제2조(정의) 규정에 의할 때, 주택단지의 입주자 등의 생활복리를 위한 공동시설에 해당하는 것은? 제22회

① 관리사무소
② 공중화장실
③ 자전거보관소
④ 방범설비
⑤ 주민운동시설

키워드 부대시설 및 복리시설
풀이 '주민운동시설'은 주택단지의 입주자 등의 생활복리를 위한 공동시설(복리시설)에 속하며, 나머지는 부대시설에 속한다.

정답 ⑤

고난도
13 주택법령에 관한 내용으로 옳지 않은 것은?

① '기반시설'은 「국토의 계획 및 이용에 관한 법률」 제2조 제6호에 따른 기반시설을 말한다.
② 도로·철도·항만·공항·주차장 등 교통시설은 「국토의 계획 및 이용에 관한 법률」 제2조 제6호에 따른 기반시설에 속한다.
③ 도로·상하수도·전기시설·가스시설·통신시설·지역난방시설 등은 '기간시설'에 속한다.
④ '간선시설'은 도로·상하수도·전기시설·가스시설·통신시설 및 지역난방시설 등 주택단지 안의 기간시설을 그 주택단지 밖에 있는 같은 종류의 기간시설에 연결시키는 시설을 말한다.
⑤ 위 ④에 따라 주택단지 안의 기간시설인 가스시설·통신시설 및 지역난방시설은 '간선시설'이 아니다.

14 주택법령상 '사업계획의 승인을 받아 건설하는 세대구분형 공동주택'에 관한 내용으로 옳지 않은 것은?   제19회

① '세대구분형 공동주택'은 공동주택의 주택 내부 공간의 일부를 세대별로 구분하여 생활이 가능한 구조로 하되, 그 구분된 공간의 일부를 구분소유할 수 없는 주택으로서 대통령령으로 정하는 건설기준, 설치기준, 면적기준 등에 적합한 주택을 말한다.

② 세대별로 구분된 각각의 공간마다 별도의 욕실, 부엌과 보일러실을 설치하여야 한다.

③ 하나의 세대가 통합하여 사용할 수 있도록 세대 간에 연결문 또는 경량구조의 경계벽 등을 설치하여야 한다.

④ 세대구분형 공동주택의 세대수가 해당 주택단지 안의 공동주택 전체 세대수의 3분의 1을 넘지 아니하고 세대별로 구분된 각각의 공간의 주거전용면적 합계가 해당 주택단지 전체 주거전용면적 합계의 3분의 1을 넘지 않는 등 국토교통부장관이 정하여 고시하는 주거전용면적의 비율에 관한 기준을 충족하여야 한다.

⑤ 세대구분형 공동주택의 건설과 관련하여 법 제35조에 따른 주택건설기준 등을 적용하는 경우 세대구분형 공동주택의 세대수는 그 구분된 공간의 세대수에 관계없이 하나의 세대로 산정한다.

키워드 사업계획의 승인을 받아 건설하는 세대구분형 공동주택의 요건

풀이 세대별로 구분된 각각의 공간마다 별도의 욕실, 부엌과 현관을 설치하여야 한다.

정답 ②

15 주택법령상 '공동주택관리법 제35조에 따른 행위의 허가를 받거나 신고를 하고 설치하는 세대구분형 공동주택의 요건'에 관한 내용으로 옳지 않은 것은?

① 구분된 공간의 세대수는 기존 세대를 포함하여 2세대 이하일 것

② 세대별로 구분된 각각의 공간마다 별도의 욕실, 부엌과 현관을 설치할 것

③ 세대구분형 공동주택의 세대수가 해당 주택단지 안의 공동주택 전체 세대수의 10분의 1과 해당 동의 전체 세대수의 3분의 1을 각각 넘지 않을 것. 다만, 시장·군수·구청장이 부대시설의 규모 등 해당 주택단지의 여건을 고려하여 인정하는 범위에서 세대수의 기준을 넘을 수 있다.

④ 구조, 화재, 소방 및 피난안전 등 관계 법령에서 정하는 안전 기준을 충족할 것

⑤ 위 ①에서 ④에 따라 건설 또는 설치되는 주택과 관련하여 법 제35조에 따른 주택건설기준 등을 적용하는 경우 세대구분형 공동주택의 세대수는 그 구분된 공간의 세대수에 관계없이 하나의 세대로 산정한다.

> **키워드** 「공동주택관리법」 제35조에 따른 행위의 허가를 받거나 신고를 하고 설치하는 세대구분형 공동주택의 요건
>
> **풀이** 세대별로 구분된 각각의 공간마다 별도의 욕실, 부엌과 <u>구분 출입문</u>을 설치할 것

정답 ②

---

16 주택법령상 '공구'에 관한 설명으로 옳지 않은 것은?　　　　제23회 주관식 수정

① '공구'란 하나의 주택단지에서 대통령령으로 정하는 기준에 따라 둘 이상으로 구분되는 일단의 구역으로, 착공신고 및 사용검사를 별도로 수행할 수 있는 구역을 말한다.

② '공구의 구분기준'에 따르면, 주택단지 안의 도로 등의 시설을 설치하거나 공간을 조성하여 6미터 이상의 너비로 공구 간 경계를 설정하여야 한다.

③ 공구별 세대수는 300세대 이상으로 하여야 한다.

④ 전체 세대수는 600세대 이상으로 하여야 한다.

⑤ 공구별로 하는 사용검사를 '공구별 사용검사'라 한다.

> **키워드** 공구
>
> **풀이** 공구별로 하는 사용검사를 '<u>분할 사용검사</u>'라 한다.

정답 ⑤

17 주택법령상 '도시형 생활주택'에 관한 내용으로 옳지 않은 것은?

PART 1

① '도시형 생활주택'은 300세대 미만의 국민주택규모에 해당하는 주택으로서 「국토의 계획 및 이용에 관한 법률」 제36조 제1항 제1호에 따른 '도시지역'에 건설하는 주택을 말한다.

② 도시형 생활주택 중 '소형 주택'의 세대별 주거전용면적은 50제곱미터 이하이어야 한다.

③ 도시형 생활주택 중 '소형 주택'은 세대별로 독립된 주거가 가능하도록 욕실 및 부엌을 설치하여야 한다.

④ '소형 주택'에 해당하는 경우에는 '단지형 연립주택'이 될 수 없다.

⑤ 도시형 생활주택 중 '단지형 연립주택'은 소형 주택이 아닌 연립주택을 말하나, 「건축법」 제5조 제2항에 따라 같은 법 제4조에 따른 건축위원회의 심의를 받은 경우에는 주택으로 쓰는 층수를 5개 층까지 건축할 수 있다.

> **키워드** 도시형 생활주택
> **풀이** '도시형 생활주택' 중 '소형 주택'의 세대별 주거전용면적은 '50제곱미터 이하'에서 <u>60제곱미터 이하</u>로 개정되었다.

정답 ②

18 주택법령상 도시형 생활주택 중 소형 주택의 요건으로 규정하고 있지 않은 것은? (단, 도시지역임을 전제로 함)

① 세대별 주거전용면적은 60제곱미터 이하일 것

② 세대별로 독립된 주거가 가능하도록 욕실 및 부엌을 설치할 것

③ 주거전용면적이 30제곱미터 미만인 경우에는 욕실 및 보일러실을 제외한 부분을 하나의 공간으로 구성할 것

④ 주거전용면적이 30제곱미터 이상인 경우에는 욕실 및 보일러실을 제외한 부분을 두 개 이하의 침실(각각의 면적이 7제곱미터 미만인 것을 말한다)과 그 밖의 공간으로 구성할 것

⑤ 지하층에는 세대를 설치하지 아니할 것

> **키워드** 도시형 생활주택 중 소형 주택
>
> **풀이** 주거전용면적이 30제곱미터 이상인 경우에는 욕실 및 보일러실을 제외한 부분을 세 개 이하의 침실(각각의 면적이 7제곱미터 이상인 것을 말한다)과 그 밖의 공간으로 구성할 수 있으며, 침실이 두 개 이상인 세대수는 소형 주택 전체 세대수의 3분의 1(그 3분의 1을 초과하는 세대 중 세대당 주차대수를 0.7대 이상이 되도록 주차장을 설치하는 경우에는 해당 세대의 비율을 더하여 2분의 1까지로 한다)을 초과하지 않아야 한다.
>
> **정답** ④

19 주택법령상 '도시형 생활주택'에 관한 내용으로 옳지 않은 것은?

① 하나의 건축물에는 도시형 생활주택과 주택 외의 시설을 함께 건축할 수 있다.

② 하나의 건축물에는 도시형 생활주택과 그 밖의 주택을 함께 건축할 수 없다.

③ 60제곱미터 규모의 소형 주택과 주거전용면적이 70제곱미터인 주택 1세대를 함께 건축하는 것은 허용된다.

④ 「국토의 계획 및 이용에 관한 법률 시행령」에 따른 준주거지역 또는 상업지역에서 소형 주택과 도시형 생활주택 외의 주택을 함께 건축하는 것은 허용된다.

⑤ 하나의 건축물에는 '단지형 연립주택 또는 단지형 다세대주택'과 '소형 주택'을 함께 건축할 수 없다.

도시형 생활주택

소형 주택과 주거전용면적이 85제곱미터를 초과하는 주택 1세대를 함께 건축하는 것은 허용된다.

1. 하나의 건축물에는 도시형 생활주택과 그 밖의 주택을 함께 건축할 수 없다. (○)
2. 준주거지역 또는 상업지역에서 소형 주택과 도시형 생활주택 외의 주택을 함께 건축하는 것은 허용된다. (○)
3. 준주거지역 또는 상업지역에서 소형 주택과 그 밖의 주택을 함께 건축하는 것은 허용된다. (×)
4. 상업지역이라 하더라도 하나의 건축물에 60제곱미터 규모의 소형 주택과 70제곱미터 규모의 단지형 연립주택을 함께 건축하는 것은 허용되지 아니한다. (○)

정답 ③

---

20 주택법령상 공공택지와 관련되는 '공공사업'에 관한 내용으로 옳지 않은 것은?

① 「공공주택 특별법」에 따른 공공주택지구조성사업
② 「산업입지 및 개발에 관한 법률」에 따른 산업단지개발사업
③ 「도시개발법」에 따른 도시개발사업(환지의 방식으로 시행하는 사업만 해당한다)
④ 「민간임대주택에 관한 특별법」에 따른 공공지원민간임대주택 공급촉진지구 조성사업(같은 법 제23조 제1항 제2호에 해당하는 시행자가 같은 법 제34조에 따른 수용 또는 사용의 방식으로 시행하는 사업만 해당한다)
⑤ 「경제자유구역의 지정 및 운영에 관한 특별법」에 따른 경제자유구역개발사업(수용 또는 사용의 방식으로 시행하는 사업과 혼용방식 중 수용 또는 사용의 방식이 적용되는 구역에서 시행하는 사업만 해당한다)

공공택지

'공공택지'란 '법령으로 정하는 공공사업'에 의하여 개발·조성되는 '공동주택'이 건설되는 용지를 말하며, 「도시개발법」에 따른 도시개발사업은 위의 '법령으로 정하는 공공사업'이지만 '환지방식'이 아니고, 수용 또는 사용의 방식으로 시행하는 사업과 혼용방식 중 수용 또는 사용의 방식이 적용되는 구역에서 시행하는 사업만 해당한다.

정답 ③

21 주택법령상 '리모델링'에 관한 내용으로 옳지 않은 것은?

① 건축물의 노후화 억제 또는 기능 향상 등을 위하여 대수선하는 행위는 리모델링에 속한다.

② 대수선인 리모델링을 위하여 리모델링주택조합을 설립하고자 하는 경우에 사용검사일부터 10년의 기간이 지났음을 증명하는 서류를 첨부하여 인가 신청을 하여야 한다.

③ 각 세대의 주거전용면적이 '85제곱미터'인 경우에는 각 세대의 주거전용면적의 40퍼센트 이내에서 증축이 허용된다.

④ 수직증축형 리모델링의 대상이 되는 기존 건축물 층수가 15층 이상인 경우에는 3개 층까지 증축이 허용된다.

⑤ 수직증축형 리모델링의 경우, 리모델링의 대상이 되는 기존 건축물의 신축 당시의 구조도를 보유하고 있어야 한다.

키워드 리모델링

풀이 각 세대의 주거전용면적이 '85제곱미터 미만'인 경우에는 각 세대의 주거전용면적의 40퍼센트 이내에서 증축이 허용된다. 따라서 '85제곱미터'인 경우에는 각 세대의 주거전용면적의 30퍼센트 이내에서 증축이 허용된다.

정답 ③

22 주택법령상 '리모델링'에 관한 설명이다. (   )에 들어갈 내용이 순서대로 옳은 것은?

> 건축물의 노후화 억제 또는 기능 향상 등을 위한 다음의 행위를 말한다.
> 가. 대수선(大修繕)
> 나. 사용검사일 또는 사용승인일부터 15년(15년 이상 20년 미만의 연수 중 '시·도'의 조례로 정하는 경우에는 그 연수로 한다)이 지난 공동주택을 각 세대의 (㉠)의 30퍼센트 이내[세대의 (㉠)이 (㉡)인 경우에는 40퍼센트 이내]에서 증축하는 행위. 이 경우 공동주택의 기능 향상 등을 위하여 (㉢)에 대하여도 별도로 증축할 수 있다.
> 다. 위 나.에 따른 각 세대의 증축 가능 면적을 합산한 면적의 범위에서 기존 세대수의 (㉣) 이내에서 세대수를 증가하는 증축행위

① ㉠ 주거전용면적, ㉡ 85제곱미터 이상, ㉢ 전유부분, ㉣ 10퍼센트

② ㉠ 바닥면적,   ㉡ 85제곱미터 이하, ㉢ 공용부분, ㉣ 10퍼센트

③ ㉠ 주거전용면적, ㉡ 85제곱미터 이상, ㉢ 전유부분, ㉣ 30퍼센트

④ ㉠ 바닥면적,   ㉡ 85제곱미터 미만, ㉢ 공용부분, ㉣ 15퍼센트

⑤ ㉠ 주거전용면적, ㉡ 85제곱미터 미만, ㉢ 공용부분, ㉣ 15퍼센트

고난도

23 주택법령상 '용어의 정의 등'에 관한 내용으로 옳은 것은?

① '리모델링 기본계획'은 세대수 증가 여부를 불문하고 '증축형 리모델링'으로 인한 도시과밀, 이주수요 집중 등을 체계적으로 관리하기 위하여 수립하는 계획이다.

② 「주택법」 제66조(리모델링의 허가 등)의 경우 주택의 소유자를 대리하는 직계존 비속은 「주택법」상 '입주자'에 해당하지 아니한다.

③ 「민간임대주택에 관한 특별법」에 따른 민간임대주택의 임차인은 「주택법」상 '사용자'에 해당한다.

④ 자치관리기구의 대표자인 공동주택의 관리사무소장 및 주택관리업자는 「주택법」 상의 '관리주체'에 해당하지 아니한다.

⑤ 주택의 건설 및 공급에 관하여 다른 법률에 특별한 규정이 있는 경우를 제외하고 는 「주택법」에서 정하는 바에 따른다.

키워드 용어의 정의 등

풀이 ① 리모델링 기본계획은 세대수 증가형 리모델링으로 인한 도시과밀, 이주수요 집중 등을 체계적으 로 관리하기 위하여 수립하는 계획을 말한다.

② 「주택법」 제66조(리모델링의 허가 등)의 경우에 주택의 소유자 또는 그 소유자를 대리하는 배우 자 및 직계존비속은 「주택법」상 '입주자'에 해당한다.

③ 「민간임대주택에 관한 특별법」에 따른 민간임대주택 및 「공공주택 특별법」에 따른 공공임대주택 의 '임차인'은 「주택법」상 '사용자'에 해당하지 아니한다.

④ 자치관리기구의 대표자인 공동주택의 관리사무소장 및 주택관리업자는 「주택법」상의 '관리주체' 에 해당한다.

정답 ⑤

24 주택법령상 용어에 관한 설명으로 옳은 것은?

① '복리시설'이란 주택단지의 입주자 등의 생활복리를 위한 어린이놀이터, 근린생활시설, 주차장, 관리사무소 등을 말한다.

② 주택단지 안의 기간시설인 가스시설·통신시설 및 지역난방시설은 간선시설에 포함된다.

③ '세대구분형 공동주택'은 그 구분된 공간의 일부에 대하여 구분소유를 할 수 있는 주택이다.

④ '도시형 생활주택'은 300세대 이상의 국민주택규모에 해당하는 주택으로서 대통령령으로 정하는 주택을 말한다.

⑤ '건강친화형 주택'은 저에너지 건물 조성기술 등 대통령령으로 정하는 기술을 이용하여 에너지 사용량을 절감하도록 건설된 주택을 말한다.

키워드 용어의 정의 등

풀이 ① '복리시설'이란 주택단지의 입주자 등의 생활복리를 위한 어린이놀이터, 근린생활시설 등을 말하며, '주차장, 관리사무소'는 <u>부대시설</u>에 속한다.

③ '세대구분형 공동주택'은 공동주택의 주택 내부 공간의 일부를 세대별로 구분하여 <u>생활이 가능한 구조</u>로 하되, 그 구분된 공간의 일부를 <u>구분소유할 수 없는 주택</u>을 말한다.

④ '도시형 생활주택'은 <u>300세대 미만</u>의 국민주택규모에 해당하는 주택으로서 대통령령으로 정하는 주택을 말한다.

⑤ '건강친화형 주택'은 건강하고 쾌적한 실내환경의 조성을 위하여 실내공기의 오염물질 등을 최소화할 수 있도록 대통령령으로 정하는 기준에 따라 건설된 주택을 말하며, '<u>에너지절약형 친환경주택</u>'은 저에너지 건물 조성기술 등 대통령령으로 정하는 기술을 이용하여 에너지 사용량을 절감하거나 이산화탄소 배출량을 저감할 수 있도록 건설된 주택을 말한다.

정답 ②

▶ **연계학습** | 에듀윌 기본서 2차 [주택관리관계법규 上] p.33

대표기출

01 주택법령상 주택조합(리모델링주택조합이 아님) 업무 중 업무대행자에게 대행시킬
수 있는 것을 모두 고른 것은? 제25회

> ㉠ 조합원 모집, 토지 확보, 조합설립인가 신청 등 조합설립을 위한 업무의 대행
> ㉡ 사업성 검토 및 사업계획서 작성업무의 대행
> ㉢ 계약금 등 자금의 보관 및 그와 관련된 업무의 대행
> ㉣ 설계자 및 시공자 선정에 관한 업무의 지원
> ㉤ 조합 임원 선거 관리업무 지원

① ㉠, ㉡, ㉤   ② ㉡, ㉢, ㉣

③ ㉢, ㉣, ㉤   ④ ㉠, ㉡, ㉢, ㉣

⑤ ㉠, ㉡, ㉢, ㉣, ㉤

키워드 **주택조합**

풀이 '업무대행자에게 대행시킬 수 있는 주택조합의 업무'는 다음과 같다.

1. 조합원 모집, 토지 확보, 조합설립인가 신청 등 조합설립을 위한 업무의 대행
2. 사업성 검토 및 사업계획서 작성업무의 대행
3. 설계자 및 시공자 선정에 관한 업무의 지원
4. 법 제15조에 따른 사업계획승인 신청 등 사업계획승인을 위한 업무의 대행
5. 계약금 등 자금의 보관 및 그와 관련된 업무의 대행
6. 그 밖에 총회의 운영업무 지원 등 국토교통부령으로 정하는 다음의 사항
   ㉠ 총회 일시·장소 및 안건의 통지 등 총회 운영업무 지원
   ㉡ 조합 임원 선거 관리업무 지원

TIP 위 5.의 계약금 등 자금의 보관 업무는 오직 신탁업자에게 대행하도록 하여야 한다. 즉, 위 5.는
모든 업무대행자에게 대행시킬 수 있는 업무가 아니다.

정답 ⑤

02 주택법령상 지역주택조합의 설립인가 신청 시 관할 행정청에 제출하여야 할 서류로 옳지 않은 것은? 제25회

① 창립총회 회의록

② 조합장선출동의서

③ 고용자가 확인한 근무확인서

④ 조합원 자격이 있는 자임을 확인하는 서류

⑤ 조합원 전원이 자필로 연명(連名)한 조합규약

키워드 주택조합

풀이 '고용자가 확인한 근무확인서'는 직장주택조합의 경우에 한하여 첨부하여야 할 서류이다.

TIP 주택조합설립인가를 받기 위해 첨부하여야 할 서류 중 '고용자가 확인한 근무확인서'는 직장주택조합의 경우에 한하여 첨부하여야 할 서류임을 숙지하여야 한다.

정답 ③

01 주택법령상 원칙적으로 주택건설사업을 하고자 하는 경우 등록을 하여야 한다. 다음 중 '등록의 예외'에 해당하지 않는 것은?

① 국가·지방자치단체

② 한국토지주택공사 및 지방공사

③ 「공익법인의 설립·운영에 관한 법률」 제4조에 따라 주택건설사업을 목적으로 설립된 공익법인

④ 법 제11조에 따라 설립된 모든 주택조합

⑤ 근로자를 고용하는 자(등록사업자와 공동으로 주택건설사업을 시행하는 고용자만 해당한다)

키워드 주택건설사업 등의 등록의 예외

풀이 법 제11조에 따라 설립된 주택조합(등록사업자와 공동으로 주택건설사업을 하는 주택조합만 해당한다)이 등록의 예외이다.

이론 ✚ 연간 대통령령으로 정하는 호수(20호, 20세대) 이상의 주택건설사업을 시행하려는 자 또는 연간 대통령령으로 정하는 면적(1만 제곱미터) 이상의 대지조성사업을 시행하려는 자는 국토교통부장관에게 등록하여야 한다. 다만, 다음의 사업주체의 경우에는 그러하지 아니하다.
1. 국가·지방자치단체
2. 한국토지주택공사
3. 지방공사
4. 「공익법인의 설립·운영에 관한 법률」에 따라 주택건설사업을 목적으로 설립된 공익법인
5. 주택조합(등록사업자와 공동으로 주택건설사업을 하는 주택조합만 해당한다)
6. 근로자를 고용하는 자(등록사업자와 공동으로 주택건설사업을 시행하는 고용자만 해당한다)

정답 ④

고난도
02 주택법령상 '공동사업주체'에 관한 내용으로 옳지 않은 것은?

① 토지소유자가 주택을 건설하는 경우에는 '등록사업자'와 공동으로 사업을 시행할 수 있다.

② 주택조합('세대수를 증가하는 리모델링주택조합'은 제외한다)이 그 구성원의 주택을 건설하는 경우에는 등록사업자와 공동으로 사업을 시행할 수 있다.

③ 주택조합이 그 구성원의 주택을 건설하는 경우에는 지방자치단체·한국토지주택공사 및 지방공사와 공동으로 사업을 시행할 수 있다.

④ 고용자가 그 근로자의 주택을 건설하는 경우에는 등록사업자와 공동으로 사업을 시행하여야 한다. 이 경우 고용자와 등록사업자를 공동사업주체로 본다.

⑤ 공동사업주체 간의 구체적인 업무·비용 및 책임의 분담 등에 관하여는 대통령령으로 정하는 범위에서 '당사자간'의 협약에 따른다.

키워드 **공동사업주체**
풀이 주택조합('세대수를 증가하지 아니하는 리모델링주택조합'은 제외한다)이 그 구성원의 주택을 건설하는 경우에는 대통령령으로 정하는 바에 따라 등록사업자와 공동으로 사업을 시행할 수 있다.
TIP "고용자가 그 근로자의 주택을 건설하는 경우에는 등록사업자와 공동으로 사업을 시행할 수 있다."는 틀린 지문이며, "고용자가 그 근로자의 주택을 건설하는 경우에는 등록사업자와 공동으로 사업을 시행하여야 한다."가 옳은 지문이다.

정답 ②

03 주택법령상 '주택조합'에 관한 설명으로 옳지 않은 것은?

① 지역주택조합을 설립하려는 경우에는 관할 특별자치시장, 특별자치도지사, 시장, 군수 또는 구청장(구청장은 자치구의 구청장을 말하며, 이하 '시장·군수·구청장'이라 한다)의 인가를 받아야 한다.

② 국민주택을 공급받기 위하여 직장주택조합을 설립하려는 자는 관할 시장·군수·구청장에게 신고하여야 한다.

③ 주택조합(리모델링주택조합은 제외한다)은 그 구성원을 위하여 건설하는 주택을 그 조합원에게 우선 공급할 수 있으며, 위 ②의 직장주택조합에 대하여는 사업주체가 국민주택을 그 직장주택조합원에게 우선 공급할 수 있다.

④ 주택조합과 등록사업자가 공동으로 사업을 시행하면서 시공할 경우 등록사업자는 시공자로서의 책임뿐만 아니라 자신의 귀책사유로 사업 추진이 불가능하게 되거나 지연됨으로 인하여 조합원에게 입힌 손해를 배상할 책임이 있다.

⑤ 주택조합은 설립인가를 받은 날부터 2년 이내에 사업계획승인(30세대 미만의 세대수가 증가되는 사업계획승인 대상이 아닌 리모델링인 경우에는 법 제66조 제2항에 따른 인가를 말한다)을 신청하여야 한다.

<kbd>키워드</kbd> **주택조합의 설립절차 등**

<kbd>풀이</kbd> 주택조합은 설립인가를 받은 날부터 2년 이내에 사업계획승인(30세대 미만의 세대수가 증가되는 사업계획승인 대상이 아닌 리모델링인 경우에는 법 제66조 제2항에 따른 <u>허가</u>를 말한다)을 신청하여야 한다.

<kbd>정답</kbd> ⑤

04 주택법령상 주택조합의 설립에 관한 규정의 일부이다. ( )에 들어갈 숫자가 순서대로 옳은 것은?

제23회

> 주택을 마련하기 위하여 주택조합설립인가를 받으려는 자는 다음 각 호의 요건을 모두 갖추어야 한다.
> 1. 해당 주택건설대지의 ( )퍼센트 이상에 해당하는 토지의 사용권원을 확보할 것
> 2. 해당 주택건설대지의 ( )퍼센트 이상에 해당하는 토지의 소유권을 확보할 것

① 70, 25   ② 70, 30

③ 80, 15   ④ 80, 20

⑤ 85, 25

지역 및 직장주택조합 설립인가의 요건

주택을 마련하기 위하여 주택조합설립인가를 받으려는 자는 다음의 요건을 <u>모두</u> 갖추어야 한다.
1. 해당 주택건설대지의 <u>80퍼센트 이상</u>에 해당하는 토지의 <u>사용권원</u>을 확보할 것
2. 해당 주택건설대지의 <u>15퍼센트 이상</u>에 해당하는 토지의 <u>소유권</u>을 확보할 것

정답 ③

05 주택법령상 '리모델링주택조합'에 관한 설명으로 옳지 않은 것은?

① 리모델링주택조합을 설립하려는 경우에는 일정한 결의를 증명하는 서류를 첨부하여 관할 시장·군수·구청장의 인가를 받아야 한다.

② 위 ①의 경우, 리모델링주택조합을 설립하고자 하는 경우에는 주택단지 전체의 구분소유자와 의결권의 각 3분의 2 이상의 결의 및 각 동의 구분소유자와 의결권의 각 과반수의 결의가 있어야 한다.

③ 위 ①의 경우, 리모델링주택조합을 설립하고자 하는 경우에는 그 동의 구분소유자 및 의결권의 각 3분의 2 이상의 결의가 있어야 한다.

④ 설립인가를 받은 리모델링주택조합이 리모델링하려는 경우에는 관할 시장·군수·구청장의 허가를 받아야 한다.

⑤ 동을 리모델링하고자 설립인가를 받은 리모델링주택조합이 위 ④의 허가를 받으려는 경우에는 그 동의 구분소유자 및 의결권의 각 5분의 4 이상의 동의를 받아야 한다.

리모델링 주택조합의 '설립인가' 및 '행위허가'

'동'을 리모델링하고자 설립인가를 받은 리모델링주택조합이 위 ④의 허가를 받으려는 경우에는 그 동의 구분소유자 및 의결권의 각 <u>75퍼센트 이상</u>의 동의를 받아야 한다. 주택단지 '전체'를 리모델링하는 경우에는 주택단지 '전체' 구분소유자 및 의결권의 각 <u>75퍼센트 이상</u>의 동의와 '각 동별' 구분소유자 및 의결권의 각 <u>50퍼센트 이상</u>의 동의를 받아야 한다.

정답 ⑤

06 주택법령상 '주택조합'에 관한 내용으로 옳지 않은 것은?

① 주택조합(리모델링주택조합은 제외한다)은 '일정한 날'까지 계속하여 주택건설 예정 세대수의 50퍼센트 이상의 조합원으로 구성하고 동시에 조합원은 30명 이상이어야 한다.

② 리모델링주택조합 설립에 동의한 자로부터 건축물을 취득한 자는 리모델링주택조합 설립에 동의한 것으로 본다.

③ 조합임원의 선임 및 해임 등의 사항은 반드시 총회의 의결을 거쳐야 한다.

④ 총회의 의결을 하는 경우에는 조합원의 100분의 10 이상이 직접 출석하여야 한다. 다만, 창립총회 또는 위 ③의 사항을 의결하는 총회의 경우에는 조합원의 100분의 20 이상이 직접 출석하여야 한다.

⑤ 조합원은 조합규약으로 정하는 바에 따라 조합에 탈퇴 의사를 알리고 탈퇴할 수 있으며, 탈퇴한 조합원(제명된 조합원을 포함한다)은 조합규약으로 정하는 바에 따라 부담한 비용의 환급을 청구할 수 있다.

| 키워드 | **주택조합** |

| 풀이 | 주택조합(리모델링주택조합은 제외한다)은 주택조합 설립인가를 받는 날부터 사용검사를 받는 날까지 계속하여 다음의 요건을 모두 충족해야 한다.

1. 주택건설 예정 세대수(설립인가 당시의 사업계획서상 주택건설 예정 세대수를 말하되, 법 제20조에 따라 임대주택으로 건설·공급하는 세대수는 제외한다. 이하 같다)의 50퍼센트 이상의 조합원으로 구성할 것. 다만, 사업계획승인 등의 과정에서 세대수가 변경된 경우에는 변경된 세대수를 기준으로 한다.
2. 조합원은 20명 이상일 것

| 이론 ✚ |

[지문 ③] 반드시 총회의 의결을 거쳐야 할 사항
1. 조합규약(영 제20조 제2항 각 호의 사항만 해당한다)의 변경
2. 자금의 차입과 그 방법·이자율 및 상환방법
3. 예산으로 정한 사항 외에 조합원에게 부담이 될 계약의 체결
4. 법 제11조의2 제1항에 따른 업무대행자(이하 '업무대행자'라 한다)의 선정·변경 및 업무대행 계약의 체결
5. 시공자의 선정·변경 및 공사계약의 체결
6. 조합임원의 선임 및 해임
7. 사업비의 조합원별 분담 명세 확정(리모델링주택조합의 경우 법 제68조 제4항에 따른 안전진단 결과에 따라 구조설계의 변경이 필요한 경우 발생할 수 있는 추가 비용의 분담안을 포함한다) 및 변경
8. 사업비의 세부항목별 사용계획이 포함된 예산안
9. 조합해산의 결의 및 해산 시의 회계 보고

| 정답 | ①

07 주택법령상 '주택조합의 조합원이 될 수 있는 자'로서 옳지 않은 것은?

① 지역주택조합의 경우 – 조합 설립인가 신청일 현재 국토교통부령으로 정하는 기준에 따라 세대주를 포함한 세대원 전원이 주택을 소유하고 있지 아니한 세대의 세대주인 자

② 지역주택조합의 경우 – 조합 설립인가 신청일 현재 법 제2조 제11호 가목의 구분에 따른 지역에 6개월 이상 계속하여 거주하여 온 사람

③ 직장주택조합의 경우 – 조합 설립인가 신청일 현재 국토교통부령으로 정하는 기준에 따라 세대주를 포함한 세대원 전원이 주택을 소유하고 있지 아니한 세대의 세대주인 자

④ 국민주택을 공급받기 위한 직장주택조합 – 조합 설립인가 신청일 현재 주거전용면적 85제곱미터 이하의 주택 1채를 소유한 세대의 세대주인 자

⑤ 리모델링주택조합의 경우 – 건축허가를 받아 분양을 목적으로 건설한 공동주택의 소유자(해당 건축물에 공동주택 외의 시설이 있는 경우에는 해당 시설의 소유자를 포함한다)

키워드 **주택조합의 조합원이 될 수 있는 자**

풀이 국민주택을 공급받기 위한 직장주택조합의 경우에는 <u>무주택인 자</u>에 한한다.

이론 ➕ | **지역주택조합 및 직장주택조합의 조합원 자격요건 추가**
> 본인 또는 본인과 같은 세대별 주민등록표에 등재되어 있지 않은 배우자가 같은 또는 다른 직장주택조합의 조합원이거나 지역주택조합의 조합원이 아닐 것

정답 ④

08 주택법령상 '지역주택조합' 또는 '직장주택조합'은 그 '설립인가'를 받은 후에는 해당 조합원을 교체하거나 신규로 가입하게 할 수 없다. 다만, 일정한 사유로 결원이 발생한 범위에서 충원하는 경우에는 그러하지 아니하다. 그 예외사유로서 옳지 않은 것은?

① 조합원의 사망

② 사업계획승인 이후에 입주자로 선정된 지위가 양도·증여·판결 등으로 변경된 경우. 다만, 법 제64조에 따라 '전매가 금지되는 경우'는 제외한다.

③ 조합원의 탈퇴 등으로 조합원 수가 주택건설 예정 세대수의 80퍼센트 미만이 되는 경우

④ 조합원이 무자격자로 판명되어 자격을 상실하는 경우

⑤ 사업계획승인 과정 등에서 주택건설 예정 세대수가 변경되어 조합원 수가 변경된 세대수의 50퍼센트 미만이 되는 경우

> **키워드** 지역주택조합 또는 직장주택조합의 조합원 교체 및 신규 가입 금지
> **풀이** 조합원의 탈퇴 등으로 조합원 수가 주택건설 예정 세대수의 <u>50퍼센트 미만</u>이 되는 경우 결원이 발생한 범위에서 충원할 수 있다.

> 정답 ③

09 주택법령상 '주택조합'에 관한 설명으로 옳지 않은 것은?

① 지역주택조합의 설립인가를 받기 위하여 조합원을 모집하려는 자는 해당 주택건설대지의 80퍼센트 이상에 해당하는 토지의 사용권원을 확보하여 관할 시장·군수·구청장에게 신고하고, 공개모집의 방법으로 조합원을 모집하여야 한다.

② 모집주체는 조합원의 자격기준 등의 사항을 주택조합 가입 신청자가 이해할 수 있도록 설명하여야 한다.

③ 모집주체는 위 ②에 따라 설명한 내용을 주택조합 가입 신청자가 이해하였음을 서면으로 확인을 받아 주택조합 가입 신청자에게 교부하여야 하며, 그 사본을 5년간 보관하여야 한다.

④ 모집주체가 조합원 가입을 권유하는 경우, 주택건설대지의 사용권원 및 소유권을 확보한 비율을 사실과 다르게 제공하는 행위를 하여서는 아니 된다.

⑤ 주택조합의 발기인 또는 임원은 주택조합사업의 시행에 관한 사업시행계획서가 작성된 후 15일 이내에 이를 조합원이 알 수 있도록 인터넷과 그 밖의 방법을 병행하여 공개하여야 한다.

풀이   지역주택조합의 설립인가를 받기 위하여 조합원을 모집하려는 자는 해당 주택건설대지의 <u>50퍼센트 이상</u>에 해당하는 토지의 사용권원을 확보하여 관할 시장·군수·구청장에게 신고하고, 공개모집의 방법으로 조합원을 모집하여야 한다.

정답 ①

최신기출

10 **주택법상 시장·군수·구청장이 조합원 모집 신고를 수리할 수 없는 경우를 모두 고른 것은?**   제26회

> ㉠ 이미 신고된 사업대지와 일부가 중복되는 경우
> ㉡ 수립 예정인 도시·군계획에 따라 해당 주택건설대지에 조합주택을 건설할 수 없는 경우
> ㉢ 조합업무를 대행할 수 있는 자가 아닌 자와 업무대행계약을 체결한 경우
> ㉣ 신고한 내용이 사실과 다른 경우

① ㉠, ㉡   ② ㉡, ㉣

③ ㉠, ㉢, ㉣   ④ ㉡, ㉢, ㉣

⑤ ㉠, ㉡, ㉢, ㉣

키워드   조합원 모집 신고
풀이   ㉠㉡㉢㉣ 모두 조합원 모집 신고를 수리할 수 없는 경우이다.

정답 ⑤

11 A는 주택조합(리모델링주택조합이 아님)의 발기인으로부터 주택조합업무를 수임하여 대행하고자 한다. 주택법령상 이에 관한 설명으로 옳은 것은? (단, A는 공인중개사법 제9조에 따른 중개업자로서 법인이 아니며 중개업 외에 다른 업은 겸하고 있지 않음)

제23회

① A는 계약금 등 자금의 보관 업무를 수임하여 대행할 수 있다.
② A는 10억원 이상의 자산평가액을 보유해야 한다.
③ 업무대행을 수임한 A는 업무의 실적보고서를 해당 분기의 말일부터 20일 이내에 시장·군수·구청장에게 제출해야 한다.
④ A가 주택조합의 발기인인 경우, 자신의 귀책사유로 주택조합 또는 조합원에게 손해를 입힌 때라도 손해배상책임이 없다.
⑤ 발기인과 A는 주택조합의 원활한 사업추진 및 조합원의 권리 보호를 위하여 시장·군수·구청장이 작성·보급한 표준업무대행계약서를 사용해야 한다.

키워드 **주택조합업무의 대행**

풀이 ① 계약금 등 자금의 보관 업무는 오직 신탁업자에게 대행하도록 하여야 하므로, A는 해당 업무를 대행할 수 없다.
③ 업무대행자는 업무의 실적보고서를 해당 분기의 말일부터 20일 이내에 주택조합 또는 주택조합의 발기인에게 제출해야 한다.
④ A가 주택조합의 발기인인 경우, 자신의 귀책사유로 주택조합 또는 조합원에게 손해를 입힌 경우에는 손해배상책임이 있다.
⑤ 국토교통부장관은 주택조합의 원활한 사업추진 및 조합원의 권리 보호를 위하여 공정거래위원회 위원장과 협의를 거쳐 표준업무대행계약서를 작성·보급할 수 있다. 따라서 발기인과 A는 주택조합의 원활한 사업추진 및 조합원의 권리 보호를 위하여 국토교통부장관이 작성·보급한 표준업무대행계약서를 사용할 수 있다.

이론 ✚

> 주택조합 업무대행자가 될 수 있는 자는 다음의 어느 하나에 해당하는 자를 말한다.
> 1. 법인인 경우: 5억원 이상의 자본금을 보유한 자
> 2. 개인인 경우: 10억원 이상의 자산평가액을 보유한 사람

정답 ②

12 주택법령상 주택조합(리모델링주택조합은 제외)의 업무 중 업무대행자에게 대행시킬 수 있는 업무가 아닌 것은?   제26회

① 표준업무대행계약서의 작성·보급업무
② 조합설립을 위한 업무 중 토지 확보
③ 설계자 및 시공자 선정에 관한 업무의 지원
④ 사업성 검토 및 사업계획서 작성업무
⑤ 조합 임원 선거 관리업무 지원

키워드 **주택조합업무의 대행**

풀이 ① '표준업무대행계약서의 작성, 보급'은 국토교통부장관의 업무이다.

이론+

> **주의 업무대행자에게 대행시킬 수 있는 주택조합의 업무**
>
> 1. 조합원 모집, 토지 확보, 조합설립인가 신청 등 조합설립을 위한 업무의 대행
> 2. 사업성 검토 및 사업계획서 작성업무의 대행
> 3. 설계자 및 시공자 선정에 관한 업무의 지원
> 4. 법 제15조에 따른 사업계획승인 신청 등 사업계획승인을 위한 업무의 대행
> 5. 계약금 등 자금의 보관 및 그와 관련된 업무의 대행
>   ※ 계약금 등 자금의 보관 업무는 오직 신탁업자에게 대행하도록 하여야 한다.
> 6. 그 밖에 총회의 운영업무 지원 등 국토교통부령으로 정하는 다음의 사항
>   ㉠ 총회 일시·장소 및 안건의 통지 등 총회 운영업무 지원
>   ㉡ 조합 임원 선거 관리업무 지원

정답 ①

PART 1

13 주택법령상 '지역주택조합' 및 '직장주택조합'과 가장 거리가 먼 것은?

① 법인 아닌 사단 및 총유

② 시장·군수·구청장의 인가

③ 조합원 모집신고 및 공개모집

④ 설립등기

⑤ 매도청구권

키워드 「주택법」상 주택조합의 법적 성격 등

풀이 '재건축정비사업조합'은 「도시 및 주거환경정비법」상의 '법인'인 정비사업조합으로서 설립등기를 요하나, 「주택법」상 지역주택조합 및 직장주택조합은 설립등기를 요하지 아니한다. 다만, '리모델링주택조합의 법인격'에 관하여는 「도시 및 주거환경정비법」 제38조를 준용하므로 「도시 및 주거환경정비법」 제38조 제1항 및 제2항에 따라 '법인'으로 하고, '조합설립인가를 받은 날'부터 30일 이내에 주된 사무소의 소재지에서 대통령령으로 정하는 사항을 등기하는 때에 성립하며, 참고로 「도시 및 주거환경정비법」상의 조합은 「도시 및 주거환경정비법」 제49조에 따라 「민법」 중 사단법인에 관한 규정을 준용한다.

①② 「주택법」상 지역주택조합 및 직장주택조합은 '법인 아닌 사단'으로서 '총유'이고, 원칙적으로 '시장·군수·구청장의 인가'를 요하며, 국민주택을 공급받기 위해 직장주택조합을 설립하고자 하는 경우에는 시장·군수·구청장에게 신고하여야 한다. 다만, '리모델링주택조합'은 설립등기를 하여야 한다.

③ 지역주택조합 또는 직장주택조합의 설립인가를 받기 위하여 조합원을 모집하려는 자는 해당 주택건설대지의 50퍼센트 이상에 해당하는 토지의 사용권원을 확보하여 관할 시장·군수·구청장에게 신고하고, 공개모집의 방법으로 조합원을 모집하여야 한다. 조합 설립인가를 받기 전에 신고한 내용을 변경하는 경우에도 또한 같다.

⑤ 「주택법」상 주택조합 중 리모델링주택조합의 경우, 리모델링에 참가를 원하지 아니하는 자에 대한 '매도청구권'이 인정되며, 지역주택조합 및 직장주택조합의 경우에도 일정한 요건을 갖추면 '매도청구권'이 인정된다.

정답 ④

14 주택법령상 '주택조합의 해산 등'에 관한 설명으로 옳지 <u>않은</u> 것은? 제23회 수정

① 주택조합은 주택조합의 설립인가를 받은 날부터 3년이 되는 날까지 사업계획승인을 받지 못하는 경우 대통령령으로 정하는 바에 따라 총회의 의결을 거쳐 해산여부를 결정하여야 한다.

② 주택조합의 발기인은 조합원 모집 신고가 수리된 날부터 2년이 되는 날까지 주택조합 설립인가를 받지 못하는 경우 주택조합 가입 신청자 전원으로 구성되는 총회 의결을 거쳐 주택조합 사업의 종결 여부를 결정하도록 하여야 한다.

③ 위 ① 또는 ②에 따라 총회를 소집하려는 주택조합의 임원 또는 발기인은 총회가 개최되기 7일 전까지 회의 목적, 안건, 일시 및 장소를 정하여 조합원 또는 주택조합 가입 신청자에게 통지하여야 한다.

④ 해산을 결의하거나 사업의 종결을 결의하는 경우 대통령령으로 정하는 바에 따라 관리인을 선임하여야 한다.

⑤ 주택조합의 발기인은 위 ②에 따른 총회의 결과(사업의 종결을 결의한 경우에는 청산계획을 포함한다)를 총회 개최일부터 10일 이내 서면으로 관할 시장·군수·구청장에게 통지하여야 한다.

키워드 주택조합의 해산 등

풀이 해산을 결의하거나 사업의 종결을 결의하는 경우 대통령령으로 정하는 바에 따라 <u>청산인</u>을 선임하여야 한다.

정답 ④

15 주택법령상 '주택조합의 해산 등'에 관한 설명으로 옳지 않은 것은?

① 주택조합의 발기인은 주택조합 사업의 종결 여부를 결정하려는 경우에는 해당 조합원 모집 신고가 수리된 날부터 2년이 되는 날부터 3개월 이내에 총회를 개최해야 한다.

② 위 ①에 따라 개최하는 총회는 주택조합 가입 신청자의 4분의 3 이상의 찬성으로 의결하며, 주택조합 가입 신청자의 100분의 10 이상이 직접 출석하여야 한다.

③ 위 ②에도 불구하고, 총회의 소집시기에 해당 시·군·구에 「감염병의 예방 및 관리에 관한 법률」 제49조 제1항 제2호에 따라 여러 사람의 집합을 제한하거나 금지하는 조치가 내려진 경우에는 주택조합 가입 신청자가 직접 출석하지 않고 전자적 방법으로 총회를 개최해야 한다.

④ 주택조합은 주택조합의 해산 여부를 결정하려는 경우에는 해당 설립인가를 받은 날부터 3년이 되는 날부터 3개월 이내에 총회를 개최해야 한다.

⑤ 주택조합의 해산 또는 사업의 종결을 결의한 경우에는 주택조합의 임원 또는 발기인이 청산인이 된다. 다만, 조합규약 또는 총회의 결의로 달리 정한 경우에는 그에 따른다.

> **키워드** 주택조합의 해산 등
> **풀이** 위 ①에 따라 개최하는 총회는 주택조합 가입 신청자의 <u>3분의 2 이상</u>의 찬성으로 의결하며, 주택조합 가입 신청자의 <u>100분의 20</u> 이상이 직접 출석하여야 한다.
>
> 정답 ②

16 주택법령상 주택조합에 관한 설명으로 옳은 것은?　　　제22회

① 국민주택을 공급받기 위하여 직장주택조합을 설립하려는 자는 관할 특별자치시장, 특별자치도지사, 시장·군수·구청장의 인가를 받아야 한다.

② 지역주택조합을 해산하려는 경우에는 관할 특별자치시장, 특별자치도지사, 시장·군수·구청장의 인가를 받을 필요가 없다.

③ 주택조합의 임원이 결격사유에 해당되어 당연퇴직된 경우 퇴직된 임원이 퇴직 전에 관여한 행위는 그 효력을 상실한다.

④ 공개모집 이후 조합원의 사망·자격상실·탈퇴 등으로 인한 결원을 충원하거나 미달된 조합원을 재모집하는 경우 선착순의 방법으로 조합원을 모집할 수 없다.

⑤ 지역주택조합의 조합원이 무자격자로 판명되어 자격을 상실함에 따라 결원의 범위에서 조합원을 충원하는 경우 충원되는 자의 조합원 자격요건 충족 여부의 판단은 해당 조합설립인가신청일을 기준으로 한다.

키워드　**주택조합**

풀이　① 국민주택을 공급받기 위하여 직장주택조합을 설립하려는 자는 관할 특별자치시장, 특별자치도지사, 시장·군수·구청장에게 <u>신고</u>를 하여야 한다.

② 지역주택조합을 해산하려는 경우에는 관할 특별자치시장, 특별자치도지사, 시장·군수·구청장의 <u>인가를 받아야 한다.</u>

③ 주택조합의 임원이 결격사유에 해당되어 당연퇴직된 경우 퇴직된 임원이 퇴직 전에 관여한 행위는 그 <u>효력을 상실하지 아니한다.</u>

④ 공개모집 이후 조합원의 사망·자격상실·탈퇴 등으로 인한 결원을 충원하거나 미달된 조합원을 재모집하는 경우 선착순의 방법으로 조합원을 모집할 수 <u>있다.</u>

이론 ✚

[지문 ⑤] 비교 규정

영 제22조 제1항 각 호에 따른 조합원 <u>추가모집의 승인</u>과 조합원 추가모집에 따른 <u>주택조합의 변경인가</u> 신청은 '<u>사업계획승인신청일</u>'까지 하여야 한다.

정답 ⑤

---

17 주택을 마련하기 위한 목적으로 설립된 A지역주택조합은 공개모집의 방법으로 조합원 甲 등을 모집하여 관할 시장에게 설립인가를 신청하였다. 주택법령상 이에 관한 설명으로 옳은 것은?　　제24회

① 10억원 이상의 자산평가액을 보유한 「공인중개사법」에 따른 개인 중개업자는 A 지역주택조합의 조합설립인가 신청을 대행할 수 없다.

② 관할 시장의 설립인가가 있은 이후에는 甲은 조합을 탈퇴할 수 없다.

③ 공개모집 이후 甲이 조합원의 자격을 상실하여 충원하는 경우 A지역주택조합은 관할 시장에게 신고하지 아니하고 선착순의 방법으로 조합원을 모집할 수 있다.

④ A지역주택조합은 조합원 모집에 관하여 설명한 내용을 조합 가입 신청자가 이해하였음을 서면으로 확인받아 가입 신청자에게 교부하고, 그 사본을 3년간 보관하여야 한다.

⑤ 甲의 사망으로 A지역주택조합이 조합원을 충원하는 경우, 충원되는 자가 조합원 자격요건을 갖추었는지는 A지역주택조합의 설립인가일을 기준으로 판단한다.

키워드　**지역주택조합**

풀이　① 10억원 이상의 자산평가액을 보유한 「공인중개사법」에 따른 개인 중개업자는 A지역주택조합의 조합설립인가 신청을 <u>대행할 수 있다.</u>

② 관할 시장의 설립인가가 있은 이후에도 甲은 조합을 <u>탈퇴할 수 있다.</u>

④ A지역주택조합은 조합원 모집에 관하여 설명한 내용을 조합 가입 신청자가 이해하였음을 서면으로 확인받아 가입 신청자에게 교부하고, 그 사본을 <u>5년간</u> 보관하여야 한다.

⑤ 甲의 사망으로 A지역주택조합이 조합원을 충원하는 경우, 충원되는 자가 조합원 자격요건을 갖추었는지는 A지역주택조합의 <u>설립인가 신청일</u>을 기준으로 판단한다.

정답 ③

18 주택법령상 사업계획승인을 받아야 하는 경우가 아닌 것은? 제19회

① 「건축법 시행령」에 따른 한옥 50호 이상의 주택건설사업을 시행하는 경우

② 공동주택 중 아파트 리모델링의 경우 증가하는 세대수가 30세대 이상인 경우

③ 준주거지역에서 300세대 미만의 주택과 주택 외의 시설을 동일 건축물로 건축하는 경우로서 해당 건축물의 연면적에 대한 주택연면적 합계의 비율이 90퍼센트 미만인 경우

④ 세대별 주거전용면적이 30제곱미터 이상이고 해당 주택단지 진입도로의 폭이 6미터 이상인 도시형 생활주택 중 단지형 연립주택 50세대 이상의 주택건설사업을 시행하는 경우

⑤ 1만 제곱미터 이상의 대지조성사업을 시행하는 경우

키워드 **사업계획승인의 대상**

풀이 다음의 요건을 모두 갖춘 사업의 경우 사업계획승인을 받을 필요가 없다(영 제27조 제4항).

1. 「국토의 계획 및 이용에 관한 법률 시행령」에 따른 준주거지역 또는 상업지역(유통상업지역은 제외한다)에서 300세대 미만의 주택과 주택 외의 시설을 동일 건축물로 건축하는 경우일 것
2. 해당 건축물의 연면적에서 주택의 연면적이 차지하는 비율이 90퍼센트 미만일 것

이론 ✛

주택건설사업계획승인의 대상

1. 단독주택: 30호 이상. 다만, 다음의 경우에는 50호 이상으로 한다.
   ㉠ 법 제2조 제24호 각 목의 어느 하나에 해당하는 공공사업에 따라 조성된 용지를 개별 필지로 구분하지 아니하고 일단(一團)의 토지로 공급받아 해당 토지에 건설하는 단독주택
   ㉡ 「건축법 시행령」 제2조 제16호에 따른 한옥
2. 공동주택: 30세대 이상(리모델링의 경우에는 증가하는 세대수가 30세대 이상). 다만, 다음을 건설(리모델링의 경우는 제외한다)하는 경우에는 50세대 이상으로 한다.
   ㉠ 다음의 요건을 모두 갖춘 단지형 연립주택 또는 단지형 다세대주택
      ⓐ 세대별 주거전용면적이 30제곱미터 이상일 것
      ⓑ 해당 주택단지 진입도로의 폭이 6미터 이상일 것. 다만, 해당 주택단지의 진입도로가 두 개 이상인 경우에는 다음의 요건을 모두 갖추면 진입도로의 폭을 4미터 이상 6미터 미만으로 할 수 있다.
         • 두 개의 진입도로 폭의 합계가 10미터 이상일 것
         • 폭 4미터 이상 6미터 미만인 진입도로는 영 제5조에 따른 도로와의 통행거리가 200미터 이내일 것
   ㉡ 「도시 및 주거환경정비법」에 따른 주거환경개선사업(같은 법 제23조 제1항 제1호에 해당하는 방법으로 시행하는 경우만 해당한다)을 시행하기 위하여 건설하는 공동주택. 다만, 같은 법 시행령 제8조 제3항 제6호에 따른 정비기반시설의 설치계획대로 정비기반시설 설치가 이루어지지 아니한 지역으로서 시장·군수·구청장이 지정·고시하는 지역에서 건설하는 공동주택은 제외한다.

정답 ③

19 주택법령에 대한 설명이다. 괄호 안을 옳게 메운 것은? 제17·21회 수정

> 다음의 경우에는 사업계획승인을 받을 필요가 없는 '건축허가를 받아 주택 외의 시설과 주택을 동일 건축물로 건축하는 경우'이다.
> 1. 다음 각 목의 요건을 모두 갖춘 사업의 경우
>   가. (   )지역 또는 상업지역(유통상업지역은 제외한다)에서 (   )세대 미만의 주택과 주택 외의 시설을 동일 건축물로 건축하는 경우일 것
>   나. 해당 건축물의 연면적에서 주택의 연면적이 차지하는 비율이 (   )퍼센트 미만일 것
> 2. 「농어촌정비법」 제2조 제10호에 따른 (   )환경정비사업 중 「농업협동조합법」 제2조 제4호에 따른 농업협동조합중앙회가 조달하는 자금으로 시행하는 사업인 경우

① 준주거 - 300 - 90 - 주거
② 전용주거 - 500 - 80 - 주거
③ 준주거 - 300 - 90 - 생활
④ 일반주거 - 500 - 80 - 생활
⑤ 준주거 - 300 - 70 - 생활

키워드 사업계획승인의 예외
풀이 '준주거 - 300 - 90 - 생활'이 옳다.

정답 ③

---

20 다음의 각 지역에서 해당 대지면적이 10만 제곱미터 이상인 주택건설사업을 하는 경우, 그 사업계획승인권자를 옳게 연결한 것은?

> ㉠ 서울특별시 중구   ㉡ 경기도 A시(인구 50만 이상의 대도시)
> ㉢ 경기도 B시(인구 10만의 도시)   ㉣ 제주특별자치도 서귀포시

① ㉠ 서울특별시장, ㉡ A시장,   ㉢ 경기도지사, ㉣ 제주특별자치도지사
② ㉠ 서울특별시장, ㉡ 경기도지사, ㉢ 경기도지사, ㉣ 서귀포시장
③ ㉠ 서울특별시장, ㉡ A시장,   ㉢ B시장,   ㉣ 제주특별자치도지사
④ ㉠ 서울특별시장, ㉡ A시장,   ㉢ 경기도지사, ㉣ 서귀포시장
⑤ ㉠ 중구청장,   ㉡ A시장,   ㉢ B시장,   ㉣ 제주특별자치도지사

키워드 사업계획승인권자
풀이 '㉠ 서울특별시장, ㉡ A시장, ㉢ 경기도지사, ㉣ 제주특별자치도지사'가 옳다.

정답 ①

21 주택법령상 '국토교통부장관'의 사업계획승인을 받는 경우에 해당하지 않는 것은?

① 국가 및 한국토지주택공사가 시행하는 경우

② 지방자치단체 및 지방공사가 시행하는 경우

③ 국가, 지방자치단체, 한국토지주택공사, 지방공사가 단독 또는 공동으로 총지분의 50퍼센트를 초과하여 출자한 위탁관리 부동산투자회사(해당 부동산투자회사의 자산관리회사가 한국토지주택공사인 경우만 해당한다)가 「공공주택 특별법」제2조 제3호 나목에 따른 공공주택건설사업을 시행하는 경우

④ 330만 제곱미터 이상의 규모로 「택지개발촉진법」에 따른 택지개발사업 및 「도시개발법」에 따른 도시개발사업을 추진하는 지역 중 국토교통부장관이 지정·고시하는 지역 안에서 주택건설사업을 시행하는 경우

⑤ 수도권·광역시 지역의 긴급한 주택난 해소가 필요하거나 지역균형개발 또는 광역적 차원의 조정이 필요하여 국토교통부장관이 지정·고시하는 지역 안에서 주택건설사업을 시행하는 경우

> **키워드** '국토교통부장관'의 사업계획승인을 받는 경우
>
> **풀이** '지방자치단체 및 지방공사가 시행하는 경우'는 국토교통부장관의 사업계획승인을 받아야 하는 경우가 아니다.
>
> 정답 ②

22 주택법령상 '공사 착수기간'에 관한 내용으로 옳지 않은 것은?

① 사업주체는 사업계획승인받은 날부터 5년 이내에 공사를 시작하여야 한다.

② 사업계획승인권자는 천재지변 또는 사업주체에게 책임이 없는 불가항력적인 사유로 인하여 공사 착수가 지연되는 경우에는 사업주체의 신청을 받아 그 사유가 없어진 날부터 1년의 범위에서 위 ①에 따른 공사의 착수기간을 연장할 수 있다.

③ 공구별로 분할 건설을 하는 경우 최초로 공사를 진행하는 공구는 사업계획승인받은 날부터 5년 이내에 공사를 시작하여야 한다.

④ 공구별로 분할 건설을 하는 경우 최초로 공사를 진행하는 공구 '외'의 공구는 해당 주택단지에 대한 직전의 착공신고일부터 2년 이내에 공사를 시작하여야 한다.

⑤ 사업주체가 위 ①에 따라 공사를 시작하려는 경우에는 국토교통부령으로 정하는 바에 따라 사업계획승인권자에게 신고하여야 한다.

공사 착수기간

풀이 공구별로 분할 건설을 하는 경우 최초로 공사를 진행하는 공구 '외'의 공구는 해당 주택단지에 대한 '최초 착공신고일부터' 2년 이내에 공사를 시작하여야 한다.

이론 ✚

> [지문 ⑤]
> 사업계획승인권자는 착공신고를 받은 날부터 20일 이내에 신고수리 여부를 신고인에게 통지하여야 한다.

> [참고] 매도청구 대상이 되는 대지가 포함되어 있는 경우의 '착공 요건'
> 사업주체가 신고한 후 공사를 시작하려는 경우 사업계획승인을 받은 해당 주택건설대지에 '매도청구 대상이 되는 대지가 포함'되어 있으면 해당 매도청구대상 대지에 대하여는 그 대지의 소유자가 매도에 대하여 합의를 하거나 매도청구에 관한 법원의 승소판결(확정되지 아니한 판결을 포함)을 받은 경우에만 공사를 시작할 수 있다.

정답 ④

23 주택법령상 사업계획승인권자는 '대통령령으로 정하는 정당한 사유가 있다고 인정하는 경우'에는 사업주체의 신청을 받아 그 사유가 없어진 날부터 1년의 범위에서 공사의 착수기간을 연장할 수 있다. '대통령령으로 정하는 정당한 사유'로 옳지 않은 것은?

① 「매장문화재 보호 및 조사에 관한 법률」 제11조에 따라 문화재청장의 매장문화재 발굴허가를 받은 경우

② 해당 사업시행지에 대한 소유권 분쟁(소송절차가 진행 중인 경우를 제외한다)으로 인하여 공사 착수가 지연되는 경우

③ 사업계획승인의 조건으로 부과된 사항을 이행함에 따라 공사 착수가 지연되는 경우

④ 공공택지의 개발·조성을 위한 계획에 포함된 기반시설의 설치 지연으로 공사 착수가 지연되는 경우

⑤ 해당 지역의 미분양주택 증가 등으로 사업성이 악화될 우려가 있거나 주택건설경기가 침체되는 등 공사에 착수하지 못할 부득이한 사유가 있다고 사업계획승인권자가 인정하는 경우

공사 착수기간의 연장 사유

풀이 해당 사업시행지에 대한 소유권 분쟁(소송절차가 진행 중인 경우만 해당한다)으로 인하여 공사 착수가 지연되는 경우 그 사유가 없어진 날부터 1년의 범위에서 공사의 착수기간을 연장할 수 있다.

정답 ②

24 주택법령상 '사업계획승인의 취소'에 관한 내용으로 옳지 않은 것은?

① 사업계획승인권자는 사업주체가 법정 기간 내에 공사를 시작하지 아니한 경우 그 사업계획의 승인을 취소할 수 있다.

② 사업계획승인권자는 사업주체가 경매·공매 등으로 인하여 대지소유권을 상실한 경우에는 그 사업계획의 승인을 취소할 수 있다.

③ 사업계획승인권자는 사업주체의 부도·파산 등으로 공사의 완료가 불가능한 경우에는 그 사업계획의 승인을 취소할 수 있다.

④ 사업계획승인권자는 위 ①의 사유로 사업계획승인을 취소하고자 하는 경우에는 사업주체에게 사업계획 이행, 사업비 조달 계획 등의 내용이 포함된 사업 정상화 계획을 제출받아 계획의 타당성을 심사한 후 취소 여부를 결정하여야 한다.

⑤ 사업계획승인권자는 해당 사업의 시공자 등이 해당 주택건설대지의 소유권 등을 확보하고 사업주체 변경을 위해 사업계획의 변경승인을 요청하는 경우에 이를 승인할 수 있다.

키워드 사업계획승인의 취소

풀이 사업계획승인권자는 위 ② 또는 ③의 사유로 사업계획승인을 취소하고자 하는 경우에는 사업주체에게 사업계획 이행, 사업비 조달 계획 등 대통령령으로 정하는 내용이 포함된 '사업 정상화 계획'을 제출받아 계획의 타당성을 심사한 후 취소 여부를 결정하여야 한다.

정답 ④

25 주택법령상 '사업계획의 통합심의 등'에 관한 내용으로 옳지 않은 것은?

① 사업계획승인권자는 필요하다고 인정하는 경우에 도시계획·건축·교통 등 사업계획승인과 관련된 「건축법」에 따른 건축심의 등의 사항을 통합하여 검토 및 심의할 수 있다.

② 사업계획승인을 받으려는 자가 통합심의를 신청하는 경우 위 ①과 관련된 서류를 첨부해야 한다.

③ 위 ②의 경우 사업계획승인권자는 통합심의를 효율적으로 처리하기 위하여 필요한 경우 제출기한을 정하여 제출하도록 할 수 있다.

④ 위 ①의 경우 사업계획승인권자가 통합심의를 하는 경우에는 「건축법」에 따른 중앙건축위원회 및 지방건축위원회에 속하고 해당 위원회의 위원장의 추천을 받은 위원들과 사업계획승인권자가 속한 지방자치단체 소속 공무원으로 소집된 통합위원회를 구성하여 통합심의를 하여야 한다.

⑤ 사업계획승인권자는 통합심의를 한 경우 특별한 사유가 없으면 심의 결과를 반영하여 사업계획을 승인하여야 한다.

키워드 사업계획의 통합심의 등

풀이 위 ①의 경우 사업계획승인권자가 통합심의를 하는 경우에는 「건축법」에 따른 중앙건축위원회 및 지방건축위원회에 속하고 해당 위원회의 위원장의 추천을 받은 위원들과 사업계획승인권자가 속한 지방자치단체 소속 공무원으로 소집된 공동위원회를 구성하여 통합심의를 하여야 한다.

정답 ④

26 주택법령상 '주택건설사업 등에 의한 임대주택의 건설'에 관한 내용으로 옳지 않은 것은?

① 일정한 경우, 사업계획승인권자는 「국토의 계획 및 이용에 관한 법률」 제78조의 용도지역별 용적률 범위에서 특별시·광역시·특별자치시·특별자치도·시 또는 군의 조례로 정하는 기준에 따라 용적률을 완화하여 적용할 수 있다.

② 위 ①에 따라 용적률을 완화하여 적용하는 경우 사업주체는 완화된 용적률의 60퍼센트 이하의 범위에서 '대통령령으로 정하는 비율' 이상에 해당하는 면적을 임대주택으로 공급하여야 한다.

③ 위 ②의 '대통령령으로 정하는 비율'은 30퍼센트 이상 60퍼센트 이하의 범위에서 '시·도'의 조례로 정하는 비율을 말한다.

④ 위 ②의 경우 사업주체는 임대주택을 국토교통부장관, 시·도지사, 한국토지주택공사 또는 지방공사(이하 '인수자'라 한다)에 공급하여야 하며, 시·도지사가 우선 인수할 수 있다.

⑤ 특별시장, 광역시장 또는 도지사가 인수하지 아니하는 경우에는 특별시장, 광역시장 또는 도지사는 직접 국토교통부장관에게 인수자 지정을 요청하여야 한다.

키워드 주택건설사업 등에 의한 임대주택의 건설

풀이 특별시장, 광역시장 또는 도지사가 인수하지 아니하는 경우에는 관할 시장·군수·구청장이 사업계획 승인 신청 사실을 특별시장, 광역시장 또는 도지사에게 통보한 후 국토교통부장관에게 인수자 지정을 요청하여야 하며, '특별자치시장 또는 특별자치도지사가 인수하지 아니하는 경우'에는 특별자치시장 또는 특별자치도지사가 '직접' 국토교통부장관에게 인수자 지정을 요청하여야 한다.

정답 ⑤

27 주택법령상 '주택건설사업 등에 의한 임대주택의 건설'에 관한 내용으로 옳지 않은 것은?

① 일정한 경우, 사업계획승인권자는 「국토의 계획 및 이용에 관한 법률」 제78조의 용도지역별 용적률 범위에서 용적률을 완화하여 적용할 수 있다.

② 용적률 완화로 의무적으로 공급되는 임대주택의 공급가격은 「공공주택 특별법」 제50조의3 제1항에 따른 '공공건설임대주택의 분양전환가격 산정기준'에서 정하는 '건축비'로 하고, '그 부속토지'는 공시지가를 기준으로 한다.

③ 사업주체는 사업계획승인을 신청하기 전에 미리 용적률의 완화로 건설되는 임대주택의 규모 등에 관하여 인수자와 협의하여 사업계획승인신청서에 반영하여야 한다.

④ 사업주체는 공급되는 주택의 전부를 대상으로 공개추첨의 방법에 의하여 인수자에게 공급하는 임대주택을 선정하여야 하며, 그 선정 결과를 지체 없이 인수자에게 통보하여야 한다.

⑤ 사업주체는 임대주택의 준공인가를 받은 후 지체 없이 인수자에게 등기를 촉탁 또는 신청하여야 한다. 이 경우 사업주체가 거부 또는 지체하는 경우에는 인수자가 등기를 촉탁 또는 신청할 수 있다.

> **키워드** 주택건설사업 등에 의한 임대주택의 건설
>
> **풀이** 용적률 완화로 의무적으로 공급되는 임대주택의 공급가격은 「공공주택 특별법」 제50조의3 제1항에 따른 '공공건설임대주택의 분양전환가격 산정기준'에서 정하는 '건축비'로 하고, '그 부속토지'는 인수자에게 <u>기부채납</u>한 것으로 본다.
>
> **정답** ②

28 주택법령상 주택건설사업계획의 승인을 받으려는 자는 해당 주택건설대지의 소유권을 확보하여야 하지만 일정한 경우에는 그러하지 아니하다. 다음 중 '그 예외'에 관한 설명으로 옳지 않은 것은?

① 지구단위계획의 결정이 필요한 주택건설사업의 해당 대지면적의 80퍼센트 이상을 사용할 수 있는 권원을 확보하고, 확보하지 못한 대지가 법령에 따른 매도청구대상이 되는 대지에 해당하는 경우

② 위 ①의 경우로서 등록사업자와 공동으로 사업을 시행하는 주택조합(리모델링주택조합을 포함한다)의 경우에는 90퍼센트 이상의 사용권원을 확보하고, 확보하지 못한 대지가 법령에 따른 매도청구대상이 되는 대지에 해당하는 경우

③ 사업주체가 주택건설대지의 소유권을 확보하지 못하였으나 그 대지를 사용할 수 있는 권원을 확보한 경우

④ 국가·지방자치단체·한국토지주택공사 또는 지방공사가 주택건설사업을 하는 경우
⑤ 법 제66조 제2항에 따라 리모델링 결의를 한 리모델링주택조합이 법 제22조 제2항에 따라 매도청구를 하는 경우

키워드 사업계획승인의 요건

풀이 위 ①의 경우로서 등록사업자와 공동으로 사업을 시행하는 주택조합(리모델링주택조합은 제외한다)의 경우에는 95퍼센트 이상의 소유권을 확보하고, 확보하지 못한 대지가 법령에 따른 매도청구대상이 되는 대지에 해당하는 경우 해당 주택건설대지의 소유권을 확보하지 않아도 된다.

정답 ②

---

29 주택법령상 '사업계획의 승인 등'에 관한 설명으로 옳지 않은 것은?

① 국가·지방자치단체·한국토지주택공사 또는 지방공사가 주택건설사업을 하는 경우에는 사업계획승인을 받을 필요가 없다.

② 지구단위계획의 결정이 필요한 주택건설사업의 해당 대지면적의 80퍼센트 이상을 사용할 수 있는 권원을 확보하고, 확보하지 못한 대지가 법령에 따른 매도청구대상이 되는 대지에 해당하는 경우에는 사업계획승인을 받기 위하여 해당 대지의 소유권을 100퍼센트를 확보할 필요는 없다.

③ 위 ②에 따라 사업계획승인을 받은 사업주체는 해당 주택건설대지 중 사용할 수 있는 권원을 확보하지 못한 일정한 대지의 소유자에게 그 대지를 시가(市價)로 매도할 것을 청구할 수 있다.

④ 위 ③의 경우 매도청구대상이 되는 대지의 소유자와 매도청구를 하기 전에 3개월 이상 협의를 하여야 한다.

⑤ 사업주체가 신고한 후 공사를 시작하려는 경우 해당 주택건설대지에 매도청구대상이 되는 대지가 포함되어 있으면 해당 매도청구대상 대지에 대하여는 그 대지의 소유자가 매도에 대하여 합의를 하거나 매도청구에 관한 법원의 승소판결(확정되지 아니한 판결을 포함한다)을 받은 경우에만 공사를 시작할 수 있다.

키워드 사업계획의 승인 및 매도청구

풀이 국가·지방자치단체·한국토지주택공사 또는 지방공사가 주택건설사업을 하는 경우에는 사업계획승인을 받아야 한다. 다만, 사업계획승인을 받기 위하여 해당 대지의 소유권을 확보할 필요는 없다.

정답 ①

30 주택법령상 사업주체의 매도청구권의 '상대방'이 될 수 없는 자는?

① 사업주체가 대지면적 중 100분의 95 이상에 대해 사용권원을 확보한 경우, 지구단위계획구역 결정고시일 15년 전에 해당 대지의 소유권을 취득하여 계속 보유하고 있는 자

② 사업주체가 대지면적 중 100분의 90에 대해 사용권원을 확보한 경우, 지구단위계획구역 결정고시일 7년 전에 배우자로부터 상속받아 계속 보유한 자(배우자 1년 보유)

③ 사업주체가 대지면적 중 100분의 85에 대해 사용권원을 확보한 경우, 지구단위계획구역 결정고시일 7년 전에 직계존속으로부터 증여받아 계속 보유한 자(직계존속 5년 보유)

④ 사업주체가 대지면적 중 100분의 85에 대해 사용권원을 확보한 경우, 지구단위계획구역 결정고시일 5년 전에 직계존속으로부터 상속받아 계속 보유한 자(직계존속 7년 보유)

⑤ 사업주체가 대지면적 중 100분의 80에 대해 사용권원을 확보한 경우, 지구단위계획구역 결정고시일 3년 전에 형제자매로부터 상속받아 계속 보유한 자(형제자매 8년 보유)

키워드 **매도청구의 상대방**

풀이 사업주체가 대지면적 중 100분의 85에 대하여 사용권원을 확보한 경우, 지구단위계획구역 결정고시일 5년 전에 직계존속으로부터 상속받아 계속 보유한 자(직계존속 7년 보유)는 직계존속의 보유기간과 합산하면 10년이 넘게 되므로 사업주체의 매도청구권의 '상대방'이 될 수 없다.

① 사업주체가 대지면적 중 100분의 95 이상 사용권원을 확보한 경우에는 확보하지 못한 '모든' 소유자에게 매도청구를 할 수 있으므로, 매도청구의 '상대방'이 된다.

② 피상속인의 소유기간 1년을 합산하더라도, 8년간 소유한 것이 되므로 매도청구의 '상대방'이 된다.

③ 직계존속으로부터 '증여를 받은 경우는 합산이 되지 아니하여 7년간 소유하였으므로 매도청구의 '상대방'이 된다.

⑤ '형제자매'로부터 상속받은 경우는 합산이 되지 아니하여 3년간 소유하였으므로 매도청구의 '상대방'이 된다.

TIP 1. 95% 이상의 사용권원을 '확보한 경우'와 '확보하지 못한 경우'의 매도청구의 상대방에 대해 정확히 이해하여야 한다.

2. 아울러, 상속의 경우 피상속인의 소유기간 합산 여부에 대한 정확한 이해가 필요하다.

정답 ④

---

31 주택법령상 '토지 등의 수용'에 관한 내용으로 옳지 않은 것은?

① 한국토지주택공사 및 지방공사인 사업주체가 국민주택을 건설하는 경우에는 토지나 토지에 정착한 물건 및 그 토지나 물건에 관한 소유권 외의 권리를 수용하거나 사용할 수 있다.

② 위 ①의 국민주택건설사업에 의하여 개발 조성되는 공동주택이 건설되는 용지는 '공공택지'에 해당한다.

③ 위 ②의 공공택지에서 공급하는 주택은 '분양가상한제 적용주택'이다.

④ 공공택지에서 공급하는 도시형 생활주택도 '분양가상한제 적용주택'이다.

⑤ '분양가상한제 적용주택'은 일정 기간 동안 전매가 제한된다.

> **키워드** 토지 등의 수용
> **풀이** 위 ③에도 불구하고 공공택지에서 공급하는 '도시형 생활주택'은 '분양가상한제 적용주택'의 예외에 해당한다.
>
> **정답** ④

32 주택법령상 '간선시설'에 관한 설명으로 옳지 않은 것은?

① 100세대 이상의 공동주택건설사업을 시행하는 경우 지방자치단체는 각각 해당 도로 및 상하수도시설을 설치하여야 한다.

② 1만 6천500제곱미터 이상의 대지조성사업을 시행하는 경우 국가는 우체통을 설치하여야 한다.

③ 위 ① 및 ②의 간선시설은 특별한 사유가 없으면 사용검사일까지 설치를 완료하여야 한다.

④ 간선시설 설치의무자가 사용검사일까지 간선시설의 설치를 완료하지 못할 특별한 사유가 있는 경우에는 사업주체가 그 간선시설을 자기부담으로 설치하고 간선시설 설치의무자에게 그 비용의 상환을 요구할 수 있다.

⑤ 위 ①의 도로 및 상하수도시설의 설치비용은 그 비용의 전부를 국가가 보조할 수 있다.

> **키워드** 간선시설 설치의무자 등
> **풀이** 위 ①의 도로 및 상하수도시설의 설치비용은 그 비용의 50퍼센트의 범위에서 국가가 보조할 수 있다.
>
> **정답** ⑤

33 주택법령상 '간선시설'에 관한 설명으로 옳지 않은 것은?

① 사업계획승인권자는 일정 규모 이상의 주택건설에 관한 사업계획을 승인하였을 때에는 그 사실을 지체 없이 사업주체에게 통지하여야 한다.

② 간선시설 설치의무자는 사업계획에서 정한 사용검사 예정일까지 해당 간선시설을 설치하지 못할 특별한 사유가 있을 때에는 위 ①의 통지를 받은 날부터 1개월 이내에 그 사유와 설치 가능 시기를 명시하여 해당 사업주체에게 통보하여야 한다.

③ 간선시설 설치의무자가 사용검사일까지 간선시설의 설치를 완료하지 못할 특별한 사유가 있는 경우에는 사업주체가 그 간선시설을 자기부담으로 설치하고 간선시설 설치의무자에게 그 비용의 상환을 요구할 수 있다.

④ 위 ③에 따라 사업주체가 간선시설을 자기부담으로 설치하려는 경우 간선시설 설치의무자는 사업주체와 간선시설의 설치비 상환계약을 체결하여야 한다.

⑤ 위 ④에 따른 상환계약에서 정하는 설치비의 상환기한은 해당 사업의 사용검사일부터 3년 이내로 하여야 한다.

키워드 간선시설 설치비용 등

풀이 사업계획승인권자는 일정 규모 이상의 주택건설에 관한 사업계획을 승인하였을 때에는 그 사실을 지체 없이 간선시설 설치의무자에게 통지하여야 한다.

정답 ①

34 주택법령상 '간선시설'에 관한 내용으로 옳지 않은 것은?

① 사업주체가 100세대 이상의 주택건설사업을 시행하는 경우 전기시설은 전기를 공급하는 자가 설치하여야 한다.

② 100세대 이상의 주택건설사업을 시행하는 경우 도로는 지방자치단체가 설치하여야 하나, 사업주체가 주택건설사업계획에 포함하여 설치하려는 경우에는 지방자치단체가 설치할 의무가 없다.

③ 위 ①에도 불구하고 전기간선시설을 지중선로(地中線路)로 설치하는 경우에는 전기를 공급하는 자와 지중에 설치할 것을 요청하는 자가 각각 50퍼센트의 비율로 그 설치비용을 부담한다.

④ 위 ③에도 불구하고 사업지구 밖의 기간시설로부터 그 사업지구 안의 가장 가까운 주택단지의 경계선까지 전기간선시설을 설치하는 경우에는 전기를 공급하는 자가 부담한다.

⑤ '도로'의 경우 간선시설의 설치범위는 주택단지 밖의 기간(基幹)이 되는 도로부터 주택단지의 경계선까지로 하되, 그 길이가 100미터를 초과하는 경우로서 그 초과부분에 한정한다.

키워드 간선시설의 설치범위

풀이 '도로'의 경우 간선시설의 설치범위는 주택단지 밖의 기간(基幹)이 되는 도로부터 주택단지의 경계선(단지의 주된 출입구를 말한다)까지로 하되, 그 길이가 <u>200미터</u>를 초과하는 경우로서 그 초과부분에 한정한다.

이론 ✚

[별표 2] 간선시설의 종류별 설치범위(영 제39조 제5항 관련)

1. 도로
   주택단지 밖의 기간(基幹)이 되는 도로부터 주택단지의 경계선(단지의 주된 출입구를 말한다. 이하 같다)까지로 하되, 그 길이가 200미터를 초과하는 경우로서 그 초과부분에 한정한다.
2. 상하수도시설
   주택단지 밖의 기간이 되는 상·하수도시설부터 주택단지의 경계선까지의 시설로 하되, 그 길이가 200미터를 초과하는 경우로서 그 초과부분에 한정한다.
3. 전기시설
   〈이하 생략〉

정답 ⑤

35 주택법령상 '주택의 감리'에 관한 내용으로 옳지 않은 것은?

① 사업주체는 주택건설사업계획을 승인을 받았을 때에는 감리자격이 있는 자를 해당 주택건설공사의 감리자로 지정하여야 한다.

② 「건축법」 제25조에 따라 공사감리를 하는 도시형 생활주택의 경우는 「주택법」 제43조에 따라 감리자를 지정할 의무가 없다.

③ 사업계획승인권자는 감리자가 감리자의 지정에 관한 서류를 부정 또는 거짓으로 제출하는 경우에는 감리자를 교체하고, 그 감리자에 대하여는 1년의 범위에서 감리업무의 지정을 제한할 수 있다.

④ 사업주체와 감리자 간의 책임 내용 및 범위는 이 법에서 규정한 것 외에는 당사자 간의 계약으로 정한다.

⑤ 국토교통부장관은 위 ④에 따른 계약을 체결할 때 사업주체와 감리자 간에 공정하게 계약이 체결되도록 하기 위하여 감리용역표준계약서를 정하여 보급할 수 있다.

> **키워드** 주택의 감리
>
> **풀이** 사업계획승인권자가 주택건설사업계획을 승인하였을 때에는 「건축사법」 또는 「건설기술 진흥법」에 따른 감리자격이 있는 자를 대통령령으로 정하는 바에 따라 해당 주택건설공사의 감리자로 지정하여야 한다.
>
> **이론 ✚** 원칙적으로 「건축법」상 '건축주'는 대통령령으로 정하는 용도·규모 및 구조의 건축물을 건축하는 경우 건축사나 대통령령으로 정하는 자를 공사감리자로 지정하여 공사감리를 하게 하여야 한다.

정답 ①

36 주택법령상 '주택의 감리'에 관한 내용으로 옳지 않은 것은?

① 주택건설공사에 대한 감리는 주택법령에서 정하는 사항 외에는 「건축사법」 또는 「건설기술 진흥법」에서 정하는 바에 따른다.

② 감리자는 국토교통부령으로 정하는 감리자격이 있는 자를 공사현장에 상주시켜 감리하여야 하며, 감리원을 해당 주택건설공사 외의 건설공사에 중복하여 배치해서는 아니 된다.

③ 감리자 스스로 감리업무 수행의 포기 의사를 밝힌 경우는 감리자의 교체 사유이다.

④ 감리자가 6개월 이상의 착공 지연의 사유로 감리업무 수행을 포기한 경우에는 그 감리자에 대하여 감리업무 지정 제한을 하여서는 아니 된다.

⑤ 사업주체는 공사감리비를 사업계획승인권자에게 예치하여야 하며, 사업계획승인권자는 예치받은 공사감리비를 감리자에게 국토교통부령으로 정하는 절차 등에 따라 지급하여야 한다.

키워드 감리자의 교체 등

풀이 사업주체의 부도·파산 등으로 인한 공사 중단이나 1년 이상의 착공 지연의 사유로 감리업무 수행을 포기한 경우에는 그 감리자에 대하여 감리업무 지정 제한을 하여서는 아니 된다.

이론 ✚

감리자 교체 사유

1. 법 제43조 제2항에서 '업무 수행 중 위반 사항이 있음을 알고도 묵인하는 등 대통령령으로 정하는 사유에 해당하는 경우'란 다음의 어느 하나에 해당하는 경우를 말한다.
   ㉠ 감리업무 수행 중 발견한 위반 사항을 묵인한 경우
   ㉡ 법 제44조 제4항 후단에 따른 이의신청 결과 같은 조 제3항에 따른 시정 통지가 3회 이상 잘못된 것으로 판정된 경우
   ㉢ 공사기간 중 공사현장에 1개월 이상 감리원을 상주시키지 아니한 경우. 이 경우 기간 계산은 영 제47조 제4항에 따라 감리원별로 상주시켜야 할 기간에 각 감리원이 상주하지 아니한 기간을 합산한다.
   ㉣ 감리자 지정에 관한 서류를 거짓이나 그 밖의 부정한 방법으로 작성·제출한 경우
   ㉤ 감리자 스스로 감리업무 수행의 포기 의사를 밝힌 경우
2. 사업계획승인권자는 위 1.의 ㉤에도 불구하고 감리자가 다음의 사유로 감리업무 수행을 포기한 경우에는 그 감리자에 대하여 법 제43조 제2항에 따른 감리업무 지정 제한을 하여서는 아니 된다.
   ㉠ 사업주체의 부도·파산 등으로 인한 공사 중단
   ㉡ 1년 이상의 착공 지연
   ㉢ 그 밖에 천재지변 등 부득이한 사유

정답 ④

37 주택법령상 '감리자의 교체 사유'에 관한 내용으로 옳지 않은 것은?

① 감리업무 수행 중 발견한 위반 사항을 묵인한 경우
② 법 제44조 제4항 후단에 따른 이의신청 결과 같은 조 제3항에 따른 시정 통지가 3회 이상 잘못된 것으로 판정된 경우
③ 공사기간 중 공사현장에 15일 이상 감리원을 상주시키지 아니한 경우. 이 경우 기간 계산은 영 제47조 제4항에 따라 감리원별로 상주시켜야 할 기간에 각 감리원이 상주하지 아니한 기간을 합산한다.
④ 감리자 지정에 관한 서류를 거짓이나 그 밖의 부정한 방법으로 작성·제출한 경우
⑤ 감리자 스스로 감리업무 수행의 포기 의사를 밝힌 경우

키워드 감리자 교체 사유

풀이 공사기간 중 공사현장에 1개월 이상 감리원을 상주시키지 아니한 경우가 감리자의 교체 사유이다.

정답 ③

38 주택법령상 '감리자의 업무수행'에 관한 내용으로 옳지 않은 것은?

① 감리자는 업무의 수행 상황을 국토교통부령으로 정하는 바에 따라 사업계획승인권자(리모델링의 허가만 받은 경우는 허가권자) 및 사업주체에게 보고하여야 한다.

② 감리자는 업무를 수행하면서 위반 사항을 발견하였을 때에는 지체 없이 시공자 및 사업주체에게 위반 사항을 시정할 것을 통지하고, 7일 이내에 사업계획승인권자에게 그 내용을 보고하여야 한다.

③ 시공자 및 사업주체는 위 ②에 따른 시정 통지를 받은 경우에는 즉시 해당 공사를 중지하고 위반 사항을 시정한 후 감리자의 확인을 받아야 한다. 이 경우 감리자의 시정 통지에 이의가 있을 때에는 즉시 그 공사를 중지하고 사업계획승인권자에게 서면으로 이의신청을 할 수 있다.

④ 사업계획승인권자는 위 ③의 이의신청을 받은 경우에는 이의신청을 받은 날부터 15일 이내에 처리 결과를 회신해야 한다. 이 경우 감리자에게도 그 결과를 통보해야 한다.

⑤ 이의신청 결과 시정 통지가 3회 이상 잘못된 것으로 판정된 경우는 감리자의 교체 사유에 해당한다.

[키워드] **감리자의 업무수행**

[풀이] 사업계획승인권자는 위 ③의 이의신청을 받은 경우에는 이의신청을 받은 날부터 <u>10일 이내</u>에 처리 결과를 회신해야 한다.

[정답] ④

최신기출

39 주택법령상 주택건설공사에 대한 감리자에 관한 설명으로 옳지 않은 것은? 제26회

① 감리자는 그의 업무를 수행하면서 위반 사항을 발견하였을 때에는 지체 없이 시공자 및 사업주체에게 위반 사항을 시정할 것을 통지하고, 14일 이내에 사업계획승인권자에게 그 내용을 보고하여야 한다.

② 사업주체는 감리자와 「주택법」 제43조 제3항에 따른 계약을 체결한 경우 사업계획승인권자에게 계약 내용을 통보하여야 하며, 이 경우 통보를 받은 사업계획승인권자는 즉시 사업주체 및 감리자에게 공사감리비 예치 및 지급 방식에 관한 내용을 안내하여야 한다.

③ 사업계획승인권자는 감리자가 감리업무 수행 중 발견한 위반 사항을 알고도 묵인한 경우 감리자를 교체하고, 그 감리자에 대하여는 1년의 범위에서 감리업무의 지정을 제한할 수 있다.

④ 주택건설공사에 대하여 「건설기술 진흥법」 제55조에 따른 품질시험을 하였는지 여부의 확인은 감리자의 업무에 해당한다.

⑤ 예정공정표보다 공사가 지연된 경우 대책의 검토 및 이행 여부의 확인은 감리자의 업무에 해당한다.

키워드 감리자의 업무수행

풀이 감리자는 그의 업무를 수행하면서 위반 사항을 발견하였을 때에는 지체 없이 시공자 및 사업주체에게 위반 사항을 시정할 것을 통지하고, <u>7일 이내</u>에 사업계획승인권자에게 그 내용을 보고하여야 한다.

정답 ①

40 주택법령상 '사전방문'에 관한 설명으로 옳지 않은 것은?

① 사업계획승인권자는 입주예정자가 해당 주택을 방문하여 공사 상태를 미리 점검 (이하 '사전방문'이라 한다)할 수 있게 하여야 한다.

② 입주예정자는 사전방문 결과 하자가 있다고 판단하는 경우 사업주체에게 보수공 사 등 적절한 조치를 해줄 것을 요청할 수 있다.

③ 위 ②에 따라 하자에 대한 조치 요청을 받은 사업주체는 보수공사 등 적절한 조치 를 하여야 한다.

④ 위 ③에도 불구하고 입주예정자가 요청한 사항이 하자가 아니라고 판단하는 사업 주체는 사용검사를 하는 시장·군수·구청장(이하 '사용검사권자'라 한다)에게 하 자 여부를 확인해줄 것을 요청할 수 있다.

⑤ 위 ④의 경우 사용검사권자는 공동주택 품질점검단의 자문을 받는 등 대통령령으 로 정하는 바에 따라 하자 여부를 확인할 수 있다.

> **키워드** 사전방문
>
> **풀이** 사업주체는 사용검사를 받기 전에 입주예정자가 해당 주택을 방문하여 공사 상태를 미리 점검(이하 '사전방문'이라 한다)할 수 있게 하여야 한다.
>
> 정답 ①

41 주택법령상 '사용검사'에 관한 설명으로 옳지 않은 것은?

① 사업주체는 사업계획승인을 받아 시행하는 주택건설사업 또는 대지조성사업을 완료한 경우에는 주택 또는 대지에 대하여 시장·군수·구청장의 사용검사를 받 아야 한다.

② 국토교통부장관으로부터 사업계획의 승인을 받은 경우에는 국토교통부장관의 사 용검사를 받아야 한다.

③ 공구별로 사업계획승인을 받은 경우에는 완공된 주택에 대해 공구별로 사용검사 를 받을 수 있으며, 이를 '공구별 사용검사'라 한다.

④ 사업계획승인 조건의 미이행 등 대통령령으로 정하는 사유가 있는 경우에는 공사 가 완료된 주택에 대하여 동별로 사용검사(이하 '동별 사용검사'라 한다)를 받을 수 있다.

⑤ 사용검사는 신청일부터 15일 이내에 하여야 한다.

키워드 **사용검사**

풀이 공구별로 사업계획승인을 받은 경우에는 완공된 주택에 대해 공구별로 사용검사를 받을 수 있으며, 이를 '분할 사용검사'라 한다.

정답 ③

42 주택법령상 주택의 사용검사에 관한 설명으로 옳지 않은 것은? 제24회

① 입주예정자는 사용검사 또는 임시 사용승인을 받은 후가 아니면 주택을 사용할 수 없다.

② 사업주체는 사용검사를 받기 전에 입주예정자가 해당 주택을 방문하여 공사 상태를 미리 점검할 수 있게 하여야 한다.

③ 사업주체가 정당한 이유 없이 사용검사를 위한 절차를 이행하지 아니하는 경우에는 입주예정자가 사용검사를 받을 수 있다.

④ 입주예정자는 사전방문 결과 하자가 있다고 판단하는 경우 사용검사 이전이라도 사업주체에게 보수공사 등 적절한 조치를 요청할 수 있다.

⑤ 지방공사가 건설하는 300세대 이상인 공동주택의 경우 공동주택 품질점검단으로부터 시공품질에 대한 점검을 받아야 한다.

키워드 **사전방문 및 사용검사**

풀이 품질점검단의 점검 대상은 '국가 등이 아닌' 사업주체가 건설하는 300세대 이상인 공동주택이다. 다만, 시·도지사가 필요하다고 인정하는 경우에는 조례로 정하는 바에 따라 300세대 미만인 공동주택으로 정할 수 있다.

정답 ⑤

43 공동주택관리법 시행규칙상 '영상정보처리기기의 설치 및 관리기준'에 관한 내용으로 옳지 않은 것은?

① 영상정보처리기기를 설치 또는 교체하는 경우에는 「주택건설기준 등에 관한 규칙」 제9조에 따른 설치기준을 따를 것

② 선명한 화질이 유지될 수 있도록 관리할 것

③ 촬영된 자료는 컴퓨터보안시스템을 설치하여 3개월 이상 보관할 것

④ 영상정보처리기기가 고장 난 경우에는 지체 없이 수리할 것

⑤ 영상정보처리기기의 안전관리자를 지정하여 관리할 것

키워드 **영상정보처리기기의 설치 및 관리**

풀이 촬영된 자료는 컴퓨터보안시스템을 설치하여 30일 이상 보관할 것

정답 ③

44 주택건설기준 등에 관한 규칙상 '영상정보처리기기의 설치기준'에 관한 내용으로 옳지 않은 것은?

① 영상정보처리기기의 카메라 수와 녹화장치의 모니터 수가 같도록 설치할 것

② 다채널의 카메라 신호를 1대의 녹화장치에 연결하여 감시할 경우에 연결된 카메라 신호가 전부 모니터 화면에 표시돼야 하며 1채널의 감시화면의 대각선방향 크기는 최소한 4인치 이상이며 일정 요건을 구비한 경우는 위 ①의 예외가 인정될 수 있다.

③ 인터넷 장애가 발생하더라도 영상정보가 끊어지지 않고 지속적으로 저장될 수 있도록 필요한 기술적 조치를 할 것

④ 서버 및 저장장치 등 주요 설비는 국내에 설치할 것

⑤ 「공동주택관리법 시행규칙」 [별표 1]의 안전관리계획의 수립기준에 따른 조정주기 이상으로 운영될 수 있도록 설치할 것

키워드 영상정보처리기기의 설치기준

풀이 「공동주택관리법 시행규칙」 [별표 1]의 장기수선계획의 수립기준에 따른 수선주기 이상으로 운영될 수 있도록 설치할 것

이론 ✚

[지문 ②]
영상정보처리기기의 카메라 수와 녹화장치의 모니터 수가 같도록 설치할 것. 다만, 모니터 화면이 다채널로 분할 가능하고 다음의 요건을 모두 충족하는 경우에는 그렇지 않다.
1. 다채널의 카메라 신호를 1대의 녹화장치에 연결하여 감시할 경우에 연결된 카메라 신호가 전부 모니터 화면에 표시돼야 하며 1채널의 감시화면의 대각선방향 크기는 최소한 4인치 이상일 것
2. 다채널 신호를 표시한 모니터 화면은 채널별로 확대감시기능이 있을 것
3. 녹화된 화면의 재생이 가능하며 재생할 경우에 화면의 크기 조절 기능이 있을 것

정답 ⑤

45 주택 관련 법령상 '영상정보처리기기'에 관한 내용으로 옳지 않은 것은?

① 「공동주택관리법 시행령」에 따른 의무관리대상 공동주택을 건설하는 주택단지에는 보안 및 방범 목적을 위한 「개인정보 보호법 시행령」 제3조 제1호 또는 제2호에 따른 영상정보처리기기를 설치해야 한다.

② 공동주택단지에 영상정보처리기기를 설치하거나 설치된 영상정보처리기기를 보수 또는 교체하려는 경우에는 안전관리계획에 반영하여야 한다.

③ 관리주체는 영상정보처리기기의 촬영자료를 보안 및 방범 목적 외의 용도로 활용하거나 타인에게 열람하게 하거나 제공하여서는 아니 된다.

④ 승강기, 어린이놀이터 및 각 동의 출입구마다 「개인정보 보호법 시행령」에 따른 영상정보처리기기의 카메라를 설치하여야 한다.

⑤ 영상정보처리기기의 카메라는 전체 또는 주요 부분이 조망되고 잘 식별될 수 있도록 설치하되, 카메라의 해상도는 130만 화소 이상이어야 한다.

키워드 **영상정보처리기기**

풀이 공동주택단지에 영상정보처리기기를 설치하거나 설치된 영상정보처리기기를 보수 또는 교체하려는 경우에는 <u>장기수선계획</u>에 반영하여야 한다.

정답 ②

46 주택건설기준 등에 관한 규정상 다음 각각의 경우 설치하여야 할 '주차대수'는? (공동주택 중 '소형 주택'은 제외)

> ⊙ 특별시에서 주거전용면적 100제곱미터인 650세대의 공동주택
> ⊙ 광역시에서 주거전용면적 50제곱미터인 850세대의 공동주택

① ⊙: 650대, ⊙: 595대
② ⊙: 650대, ⊙: 850대
③ ⊙: 686대, ⊙: 850대
④ ⊙: 1,000대, ⊙: 500대
⑤ ⊙: 1,000대, ⊙: 595대

키워드 의무 주차대수

풀이 '⊙: 1,000대, ⊙: 595대'가 옳다.

주택단지에는 주택의 전용면적의 합계를 기준으로 하여 다음 표에서 정하는 면적당 대수의 비율로 산정한 주차대수 이상의 주차장을 설치하되, 세대당 주차대수가 1대(세대당 전용면적이 60제곱미터 이하인 경우에는 0.7대) 이상이 되도록 하여야 한다. 다만, 지역별 차량보유율 등을 고려하여 설치기준의 5분의 1(세대당 전용면적이 60제곱미터 이하인 경우에는 2분의 1)의 범위에서 특별시·광역시·특별자치시·특별자치도·시·군 또는 자치구의 조례로 강화하여 정할 수 있다.

주택규모별 (전용면적: m²)	주차장 설치기준(대/m²)			
	가. 특별시	나. 광역시·특별 자치시 및 수도권 내의 시지역	다. 가. 및 나. 외 의 시지역과 수도권 내의 군지역	라. 그 밖의 지역
85 이하	1/75	1/85	1/95	1/110
85 초과	1/65	1/70	1/75	1/85

그러므로 계산하면,

⊙: 100m² × 650세대 × 1/65 = 1,000대

⊙: 50m² × 850세대 × 1/85 = 500대. 그러나 세대당 주차대수가 세대당 전용면적이 60m² 이하인 경우에는 0.7대 이상이 되도록 하여야 하므로, 850세대 × 0.7 = 595대가 된다.

TIP '소형 주택의 의무 주차대수'에 대해서는 주관식편과 함께 정리하는 것이 필요하다.

정답 ⑤

47 주택건설기준 등에 관한 규정상 '주민공동시설'이 아닌 것은?

① 경로당 및 어린이놀이터
② 어린이집 및 주민운동시설
③ 관리사무소 및 주택단지 안의 도로
④ 주민교육시설 및 청소년수련시설
⑤ 다함께돌봄센터 및 공동육아나눔터

키워드 **주민공동시설의 종류**

풀이 관리사무소 및 주택단지 안의 도로는 <u>부대시설</u>로서 '주민공동시설'이 아니다.
⑤ 다함께돌봄센터 및 공동육아나눔터는 '주민공동시설'에 포함되었다.

이론 ✚

> **주민공동시설**
> '주민공동시설'이란 해당 공동주택의 거주자가 공동으로 사용하거나 거주자의 생활을 지원하는 시설로서 다음의 시설을 말한다.
> 1. 경로당
> 2. 어린이놀이터
> 3. 어린이집
> 4. 주민운동시설
> 5. 도서실(정보문화시설과 도서관법 제4조 제2항 제1호 가목에 따른 작은도서관을 포함한다)
> 6. 주민교육시설(영리를 목적으로 하지 아니하고 공동주택의 거주자를 위한 교육장소를 말한다)
> 7. 청소년수련시설
> 8. 주민휴게시설
> 9. 독서실
> 10. 입주자집회소
> 11. 공용취사장
> 12. 공용세탁실
> 13. 「공공주택 특별법」 제2조에 따른 공공주택의 단지 내에 설치하는 사회복지시설
> 14. 「아동복지법」 제44조의2의 다함께돌봄센터
> 15. 「아이돌봄 지원법」 제19조의 공동육아나눔터
> 16. 그 밖에 위 1.부터 15.까지의 시설에 준하는 시설로서 「주택법」 제15조 제1항에 따른 사업계획의 승인권자가 인정하는 시설

정답 ③

48 주택건설기준 등에 관한 규정상 다음 각각의 경우 설치하여야 할 '주민공동시설의 최소면적'은?

　　㉠ 300세대 공동주택
　　㉡ 1,200세대 공동주택

---

① ㉠: 600m², ㉡: 2,400m²

② ㉠: 650m², ㉡: 2,900m²

③ ㉠: 750m², ㉡: 2,900m²

④ ㉠: 750m², ㉡: 3,000m²

⑤ ㉠: 850m², ㉡: 3,200m²

> **키워드**　주민공동시설의 면적
> **풀이**　'㉠: 750m², ㉡: 2,900m²'가 옳다.
> 　　㉠: 100세대 이상 1,000세대 미만의 경우는 세대당 2.5m²를 더한 면적이므로,
> 　　　　300세대 × 2.5m² = 750m²이다.
> 　　㉡: 1,000세대 이상은 500m²에 세대당 2m²를 더한 면적이므로,
> 　　　　500m² + (1,200세대 × 2m²) = 2,900m²이다.
>
> 　　　　　　　　　　　　　　　　　　　　　　　　　　　　　　　　　　　　　　　**정답** ③

---

49 주택건설기준 등에 관한 규정상 '승강기'에 관한 내용으로 옳지 않은 것은?

① 6층 이상인 공동주택에는 국토교통부령이 정하는 기준에 따라 대당 6인승 이상인 승용 승강기를 설치하여야 한다.

② 6층인 건축물로서 각 층 거실의 바닥면적 300제곱미터 이내마다 1개소 이상의 직통계단을 설치한 공동주택의 경우에는 위 ①의 예외가 인정된다.

③ 10층 이상인 공동주택의 경우에는 비상용 승강기를 추가로 설치하여야 한다.

④ 10층 이상인 공동주택에는 이삿짐 등을 운반할 수 있는 일정한 기준을 충족한 화물용 승강기를 설치하여야 한다.

⑤ 승용 승강기 또는 비상용 승강기로서 일정한 기준에 적합한 것은 화물용 승강기로 겸용할 수 있다.

> **키워드**　승강기 설치기준
> **풀이**　10층 이상인 공동주택의 경우에는 위 ①의 승용 승강기를 <u>비상용 승강기의 '구조'</u>로 하여야 한다.
>
> 　　　　　　　　　　　　　　　　　　　　　　　　　　　　　　　　　　　　　　　**정답** ③

50 주택건설기준 등에 관한 규정에 따르면 일정 층수 이상인 공동주택에는 이삿짐 등을 운반할 수 있는 일정한 기준을 충족한 화물용 승강기를 설치하여야 한다. 그 기준으로 옳지 않은 것은?

① 적재하중이 0.9톤 이상일 것

② 승강기의 폭 또는 너비 중 한 변은 1.35미터 이상, 다른 한 변은 1.5미터 이상일 것

③ 계단실형인 공동주택의 경우에는 계단실마다 설치할 것

④ 복도형인 공동주택의 경우에는 100세대까지 1대를 설치하되, 100세대를 넘는 경우에는 100세대마다 1대를 추가로 설치할 것

⑤ 일정 층수는 10층을 말한다.

키워드 화물용 승강기 설치기준

풀이 승강기의 폭 또는 너비 중 한 변은 <u>1.35미터</u> 이상, 다른 한 변은 <u>1.6미터</u> 이상일 것

이론 ✚

> 「건축법」상 '피난용 승강기'
>
> 1. <u>고층건축물</u>에는 건축물에 설치하는 승용 승강기 중 1대 이상을 '대통령령으로 정하는 바'에 따라 <u>피난용 승강기</u>로 설치하여야 한다(건축법 제64조 제3항).
> 2. 법 제64조 제3항에 따른 피난용 승강기(피난용 승강기의 승강장 및 승강로를 포함한다. 이하 같다)는 다음의 기준에 맞게 설치하여야 한다(건축법 시행령 제91조).
>   ㉠ 승강장의 바닥면적은 승강기 1대당 <u>6제곱미터 이상</u>으로 할 것
>   ㉡ 각 층으로부터 피난층까지 이르는 승강로를 단일구조로 연결하여 설치할 것
>   ㉢ <u>예비전원</u>으로 작동하는 <u>조명설비</u>를 설치할 것
>   ㉣ 승강장의 출입구 부근의 잘 보이는 곳에 해당 승강기가 <u>피난용 승강기임을 알리는</u> 표지를 설치할 것
>   ㉤ 그 밖에 화재예방 및 피해경감을 위하여 국토교통부령으로 정하는 구조 및 설비 등의 기준에 맞을 것

정답 ②

51 주택건설기준 등에 관한 규칙상 다음 각각의 경우 승용 승강기에 탑승할 수 있는 인원수는 몇 명 이상이어야 하는가?

> ㉠ 각 층당 2세대인 10층인 '계단실형' 공동주택
> ㉡ 각 층당 2세대인 20층인 '계단실형' 공동주택

① ㉠: 4명, ㉡: 10명 ② ㉠: 5명, ㉡: 11명
③ ㉠: 6명, ㉡: 11명 ④ ㉠: 6명, ㉡: 12명
⑤ ㉠: 7명, ㉡: 13명

키워드 승강기 탑승 인원수

풀이 '계단실형'인 공동주택에는 계단실마다 1대(한 층에 3세대 이상이 조합된 계단실형 공동주택이 22층 이상인 경우에는 2대) 이상을 설치하되, 그 탑승 인원수는 동일한 계단실을 사용하는 '4층 이상인 층의 세대당' 0.3명(독신자용 주택의 경우에는 0.15명)의 비율로 산정한 인원수(1명 이하의 단수는 1명으로 본다) 이상이어야 한다.
㉠: 4층 이상인 층의 세대수는 14세대이므로, 세대당 0.3인은 4.2이나, 적어도 6인승 이상의 승용 승강기를 설치하여야 하므로 최대 탑승 인원수는 6명이다.
㉡: 4층 이상인 층의 세대수는 34세대이므로, 세대당 0.3인은 10.2이므로 최대 탑승 인원수는 11명이다.
따라서 '㉠: 6명, ㉡: 11명'이 옳다.

이론 ✚

> **승강기(주택건설기준 등에 관한 규칙 제4조)**
> 6층 이상인 공동주택에 설치하는 승용 승강기의 설치기준은 다음과 같다.
> 1. 계단실형인 공동주택에는 계단실마다 1대(한 층에 3세대 이상이 조합된 계단실형 공동주택이 22층 이상인 경우에는 2대) 이상을 설치하되, 그 탑승 인원수는 동일한 계단실을 사용하는 4층 이상인 층의 세대당 0.3명(독신자용 주택의 경우에는 0.15명)의 비율로 산정한 인원수(1명 이하의 단수는 1명으로 본다. 이하 같다) 이상일 것
> 2. 복도형인 공동주택에는 1대에 100세대를 넘는 80세대마다 1대를 더한 대수 이상을 설치하되, 그 탑승 인원수는 4층 이상인 층의 세대당 0.2명(독신자용 주택의 경우에는 0.1명)의 비율로 산정한 인원수 이상일 것

정답 ③

▶ **연계학습** | 에듀윌 기본서 2차 [주택관리관계법규 上] p.103

01 주택법령상 '주택공급의 원칙'에 관한 내용으로 옳지 않은 것은?

① 사업주체(공공주택사업자는 제외한다)가 입주자를 모집하려는 경우에는 시장·군수·구청장의 승인(복리시설의 경우에는 신고를 말한다)를 받아야 한다.

② 사용검사를 받은 주택을 사업주체로부터 일괄하여 양수받은 자도 입주자를 모집하려는 경우에는 시장·군수·구청장의 승인을 받아야 한다.

③ 「건축법」에 따른 건축허가를 받아 주택 외의 시설과 주택을 동일 건축물로 하여 법 제15조 제1항에 따른 호수 이상으로 건설·공급하는 건축주가 입주자를 모집하려는 경우에도 시장·군수·구청장의 승인을 받아야 한다.

④ 사업주체가 건설하는 주택을 공급하려는 경우에는 국토교통부령으로 정하는 입주자모집의 시기·조건·방법·절차, 입주금의 납부 방법·시기·절차, 주택공급계약의 방법·절차 등에 적합하여야 한다.

⑤ 사업주체가 주택을 공급하려는 경우에는 국토교통부령으로 정하는 바에 따라 벽지·바닥재·주방용구·조명기구 등의 가격을 따로 제시하고, 이를 입주자가 선택할 수 있도록 해야 한다.

키워드 **주택공급의 원칙**

풀이 사업주체가 주택을 공급하려는 경우에는 국토교통부령으로 정하는 바에 따라 벽지·바닥재·주방용구·조명기구 등을 <u>제외한 부분</u>의 가격을 따로 제시하고, 이를 입주자가 선택할 수 있도록 하여야 한다.

이론➕ [지문 ④]

주택을 공급받으려는 자는 국토교통부령으로 정하는 입주자자격, 재당첨 제한 및 공급 순위 등에 맞게 주택을 공급받아야 한다. 이 경우 <u>투기과열지구</u> 및 법 제63조의2 제1항에 따른 <u>조정대상지역</u>에서 건설·공급되는 주택을 공급받으려는 자의 입주자자격, 재당첨 제한 및 공급 순위 등은 주택의 수급 상황 및 투기 우려 등을 고려하여 국토교통부령으로 <u>지역별로 달리</u> 정할 수 있다.

정답 ⑤

02 주택법령상 '입주자모집의 승인'에 관한 내용으로 옳지 않은 것은?

① 사업주체가 시장·군수·구청장의 승인을 받으려는 경우에는 견본주택에 사용되는 마감자재 목록표와 견본주택의 각 실의 내부를 촬영한 영상물 등을 제작하여 승인권자에게 제출하여야 한다.

② 시장·군수·구청장은 마감자재 목록표와 영상물 등을 사용검사가 있는 날부터 2년 이상 보관하여야 한다.

③ 사업주체는 공급하려는 주택에 대하여 대통령령으로 정하는 내용이 포함된 표시 및 광고를 한 경우 대통령령으로 정하는 바에 따라 해당 표시 또는 광고의 사본을 시장·군수·구청장에게 제출하여야 한다.

④ 위 ③의 경우 시장·군수·구청장은 제출받은 표시 또는 광고의 사본을 사용검사가 있은 날부터 2년 이상 보관하여야 한다.

⑤ 사업주체가 주택의 판매촉진을 위하여 견본주택을 건설하려는 경우 견본주택의 내부에 사용하는 마감자재 및 가구는 사업계획승인의 내용과 같은 질 이상으로 시공·설치하여야 한다.

| 키워드 | 마감자재 목록표 등 |

풀이 사업주체가 주택의 판매촉진을 위하여 견본주택을 건설하려는 경우 견본주택의 내부에 사용하는 마감자재 및 가구는 사업계획승인의 내용과 <u>같은 것</u>으로 시공·설치하여야 한다.

이론 ✛

[비교]
사업주체가 마감자재 생산업체의 부도 등으로 인한 제품의 품귀 등 부득이한 사유로 인하여 제15조에 따른 사업계획승인 또는 마감자재 목록표의 마감자재와 다르게 마감자재를 시공·설치하려는 경우에는 당초의 마감자재와 <u>같은 질 이상</u>으로 설치하여야 한다.

[지문 ③]
사업주체는 표시 또는 광고의 사본을 '주택공급계약 체결기간의 시작일'부터 <u>30일 이내</u>에 시장·군수·구청장에게 제출해야 한다.

| 정답 | ⑤ |

03 주택법령상 '주택의 공급업무의 대행 등'에 관한 내용으로 옳지 않은 것은?

① 사업주체는 주택을 효율적으로 공급하기 위하여 필요하다고 인정하는 경우 주택의 공급업무의 일부를 제3자로 하여금 대행하게 할 수 있다.

② 위 ①에도 불구하고 사업주체가 '국토교통부령으로 정하는 업무'를 대행하게 하는 경우 등록사업자 등(이하 '분양대행자'라 한다)에게 대행하게 하여야 한다.

③ 입주자자격의 확인 및 부적격 당첨 여부 확인 등의 업무는 위 ②의 '국토교통부령으로 정하는 업무'에 해당한다.

④ 사업주체가 위 ②에 따라 업무를 대행하게 하는 경우 분양대행자에 대한 교육을 실시하는 등 국토교통부령으로 정하는 관리·감독 조치를 시행하여야 한다.

⑤ 위 ④의 조치를 하지 아니한 자에게는 1천만원 이하의 벌금을 부과한다.

키워드 주택의 공급업무의 대행 등

풀이 위 ④의 조치를 하지 아니한 자에게는 <u>1천만원 이하의 과태료</u>를 부과한다.

정답 ⑤

---

04 주택법령상 '분양가상한제 적용주택'에 관한 설명으로 옳지 않은 것은?

① 사업주체가 법 제54조에 따라 일반인에게 공급하는 공동주택 중 '공공택지'에서 공급하는 주택의 경우는 법령에 따라 산정되는 분양가격 이하로 공급해야 한다.

② 위의 ①에 따라 공급되는 주택을 '분양가상한제 적용주택'이라 한다.

③ '분양가상한제 적용지역'에서 공급하는 주택의 경우에도 위의 ①과 같다.

④ 도시형 생활주택은 국민주택규모의 주택이므로 분양가를 규제한다.

⑤ 「관광진흥법」에 따라 지정된 관광특구에서 건설·공급하는 공동주택으로서 해당 건축물의 층수가 50층 이상이거나 높이가 150미터 이상인 경우는 위의 ①을 적용하지 아니한다.

키워드 분양가상한제 적용주택

풀이 위의 ①에도 불구하고 <u>도시형 생활주택</u>은 '분양가상한제 적용주택'의 예외에 해당한다.

이론 ✚

> 분양가상한제 적용주택의 예외 〈시행 2024. 3. 27.〉
> 1. <u>도시형 생활주택</u>
> 2. <u>경제자유구역</u>에서 건설·공급하는 공동주택으로서 경제자유구역위원회에서 외자유치 촉진과 관련이 있다고 인정하여 분양가격 제한을 적용하지 아니하기로 심의·의결한 경우
> 3. 「관광진흥법」에 따라 지정된 <u>관광특구</u>에서 건설·공급하는 <u>공동주택</u>으로서 해당 건축물의 <u>층수가 50층 이상이거나 높이가 150미터 이상</u>인 경우
> 4. <u>한국토지주택공사 또는 지방공사</u>가 다음의 정비사업의 시행자(도시 및 주거환경정비법 제2조 제8호 및 빈집 및 소규모주택 정비에 관한 특례법 제2조 제5호에 따른 사업시행자)로 참여하는 등 대통령령으로 정하는 공공성 요건을 충족하는 경우로서 해당 사업에서 건설·공급하는 주택
>   ㉠ 「도시 및 주거환경정비법」 제2조 제2호에 따른 <u>정비사업</u>으로서 면적, 세대수 등이 대통령령으로 정하는 요건에 해당되는 사업
>   ㉡ 「빈집 및 소규모주택 정비에 관한 특례법」 제2조 제3호에 따른 <u>소규모주택정비사업</u>
> 5. 「도시 및 주거환경정비법」에 따른 <u>주거환경개선사업</u> 및 <u>공공재개발사업</u>에서 건설·공급하는 주택
> 6. 「도시재생 활성화 및 지원에 관한 특별법」에 따른 주거재생혁신지구에서 시행하는 <u>혁신지구재생사업</u>에서 건설·공급하는 주택
> 7. 「공공주택 특별법」 제2조 제3호 마목에 따른 <u>도심 공공주택 복합사업</u>에서 건설·공급하는 주택

정답 ④

CHAPTER 03 · 주택의 공급 등 **75**

05 주택법령상 '분양가상한제 적용주택'에 관한 내용으로 옳지 않은 것은?

① '공공택지 외의 택지'에서 주택을 공급하는 경우의 택지비는 「감정평가 및 감정평가사에 관한 법률」에 따라 감정평가한 가액에 국토교통부령으로 정하는 택지와 관련된 비용을 가산한 금액으로 한다.

② 다만, 부동산등기부에 해당 택지의 거래가액이 기록되어 있는 경우에는 해당 '매입가격'(대통령령으로 정하는 범위 내)에 국토교통부령으로 정하는 택지와 관련된 비용을 가산한 금액을 택지비로 볼 수 있다.

③ 위 ②의 '대통령령으로 정하는 범위 내'란 「감정평가 및 감정평가사에 관한 법률」에 따라 감정평가한 가액의 150퍼센트에 상당하는 금액 또는 「부동산 가격공시에 관한 법률」에 따른 개별공시지가의 120퍼센트에 상당하는 금액 이내를 말한다.

④ 사업주체는 분양가상한제 적용주택으로서 '공공택지'에서 공급하는 주택에 대하여 입주자모집승인을 받았을 때에는 입주자모집공고에 택지비, 공사비, 간접비 등에 대하여 분양가격을 공시하여야 한다.

⑤ 시장·군수·구청장이 '공공택지 외의 택지'에서 공급되는 분양가상한제 적용주택 중 분양가 상승 우려가 큰 지역으로서 일정한 지역에서 공급되는 주택에 대하여 입주자모집승인을 하는 경우에는 택지비, 직접공사비, 간접공사비, 설계비, 감리비, 부대비 등에 대하여 분양가격을 공시하여야 한다.

택지비 산정 및 분양가 공시

위 ②의 '대통령령으로 정하는 범위 내'란 「감정평가 및 감정평가사에 관한 법률」에 따라 감정평가한 가액의 <u>120퍼센트</u>에 상당하는 금액 또는 「부동산 가격공시에 관한 법률」에 따른 개별공시지가의 <u>150퍼센트</u>에 상당하는 금액을 말한다.

> **공공택지 외의 택지에서 택지비의 산정(법 제57조 제3항 제2호)**
> '공공택지 외의 택지'에서 분양가상한제 적용주택을 공급하는 경우에는 「감정평가 및 감정평가사에 관한 법률」에 따라 <u>감정평가한 가액</u>에 국토교통부령으로 정하는 <u>택지와 관련된 비용을 가산한 금액</u>. 다만, 택지 매입가격이 다음의 어느 하나에 해당하는 경우는 해당 <u>매입가격</u>(대통령령으로 정하는 범위로 한정한다)에 국토교통부령으로 정하는 택지와 관련된 비용을 가산한 금액을 택지비로 볼 수 있다. 이 경우 택지비는 주택단지 전체에 동일하게 적용하여야 한다.
> 1. 「민사집행법」, 「국세징수법」 또는 「지방세징수법」에 따른 경매·공매 낙찰가격
> 2. 국가·지방자치단체 등 공공기관으로부터 매입한 가격
> 3. 그 밖에 실제 매매가격을 확인할 수 있는 경우로서 대통령령으로 정하는 경우

정답 ③

06 주택법령상 '분양가심사위원회'에 관한 설명으로 옳지 <u>않은</u> 것은?

① 시장·군수·구청장은 법 제57조에 관한 사항을 심의하기 위하여 분양가심사위원회를 설치·운영하여야 한다.

② 시장·군수·구청장은 입주자모집 승인을 할 때에는 분양가심사위원회의 심사결과에 따라 승인 여부를 결정하여야 한다.

③ 시장·군수·구청장은 사업계획승인 신청(도시 및 주거환경정비법에 따른 사업시행계획인가 및 건축법에 따른 건축허가를 포함한다)이 있는 날부터 20일 이내에 분양가심사위원회를 설치·운영하여야 한다.

④ 사업주체가 국가, 지방자치단체, 한국토지주택공사, 지방공사인 경우에는 국토교통부장관이 위원회를 설치·운영하여야 한다.

⑤ 분양가심사위원회는 주택 관련 전문가 10명 이내로 구성하되, '민간위원 6명'을 위원회 위원으로 위촉해야 하며, 주택관리사 자격을 취득한 후 공동주택 관리사무소장의 직에 5년 이상 근무한 사람이 1명 이상 포함되어야 한다.

키워드 분양가심사위원회의 운영 등

풀이 사업주체가 국가, 지방자치단체, 한국토지주택공사 또는 지방공사인 경우에는 <u>해당 기관의 장이</u> 위원회를 설치·운영하여야 한다.

이론＋

> [지문 ⑤]
> 위원회의 '위원장'은 시장·군수·구청장이 '민간위원' 중에서 <u>지명하는</u> 자가 된다.

정답 ④

07 주택법령상 '분양가심사위원회의 회의'에 관한 내용으로 옳지 않은 것은?

① 위원회의 회의는 시장·군수·구청장이나 위원장이 필요하다고 인정하는 경우에 시장·군수·구청장이 소집한다.

② 시장·군수·구청장은 회의 개최일 5일 전까지 회의와 관련된 사항을 위원에게 알려야 한다.

③ 시장·군수·구청장은 위원회의 위원 명단을 회의 개최 전에 해당 기관의 인터넷 홈페이지 등을 통하여 공개해야 한다.

④ 위원회의 회의는 재적위원 과반수의 출석으로 개의하고 출석위원 과반수의 찬성으로 의결한다.

⑤ 위원장은 위원회의 의장이 된다. 다만, 위원장이 부득이한 사유로 그 직무를 수행할 수 없을 때에는 위원장이 미리 지명한 위원이 그 직무를 대행한다.

> **키워드** 분양가심사위원회의 회의
> **풀이** 시장·군수·구청장은 회의 개최일 <u>7일</u> 전까지 회의와 관련된 사항을 위원에게 알려야 한다.
>
> 정답 ②

08 주택법령상 '주택공급질서 교란 금지'에 관한 내용으로 옳지 않은 것은?

제24회 주관식 적중문제

① 누구든지 「주택법」에 따라 건설·공급되는 주택을 공급받거나 공급받게 하기 위하여 입주자저축증서를 양도·양수 또는 이를 알선하거나 양도·양수 또는 이를 알선할 목적으로 하는 광고(각종 간행물·인쇄물·전화·인터넷, 그 밖의 매체를 통한 행위를 포함한다)를 하여서는 아니 된다.

② 위 ①의 양도·양수에는 매매, 증여, 상속 등 권리변동을 수반하는 모든 행위를 포함한다.

③ 누구든지 거짓이나 그 밖의 부정한 방법으로 「주택법」에 따라 건설·공급되는 주택을 공급받거나 공급받게 하여서는 아니 된다.

④ 국토교통부장관은 위 ①을 위반한 자에 대하여 10년 이내의 범위에서 국토교통부령으로 정하는 바에 따라 주택의 입주자자격을 제한할 수 있다.

⑤ 위 ①을 위반한 자는 3년 이하의 징역 또는 3천만원 이하의 벌금에 처한다. 다만, 그 위반행위로 얻은 이익의 3배에 해당하는 금액이 3천만원을 초과하는 자는 3년 이하의 징역 또는 그 이익의 3배에 해당하는 금액 이하의 벌금에 처한다.

키워드 주택공급질서 교란 금지

풀이 위 ①의 양도·양수에는 매매·증여나 그 밖에 권리변동을 수반하는 모든 행위를 포함하되, 상속·저당의 경우는 제외한다.

이론+

> [지문 ⑤]
> 다음의 위반자는 3년 이하의 징역 또는 3천만원 이하의 '벌금'에 처한다. 그 위반행위로 얻은 이익의 3배에 해당하는 금액이 3천만원을 초과하는 자는 3년 이하의 징역 또는 그 이익의 3배에 해당하는 금액 이하의 '벌금'에 처한다.
> 1. 법 제64조(전매 제한) 제1항을 위반하여 주택을 전매하거나 이의 전매를 알선한 자
> 2. 법 제65조(주택공급질서 교란 금지) 제1항을 위반한 자

정답 ②

09 주택법령상 '주택공급질서 교란 금지'에 관한 내용으로 옳지 않은 것은?

① 누구든지 「주택법」에 따라 건설·공급되는 주택을 공급받거나 공급받게 하기 위하여 입주자저축증서를 양도·양수하여서는 아니 된다.

② 국토교통부장관 또는 사업주체는 위 ①을 위반한 자에 대하여는 그 주택 공급을 신청할 수 있는 지위를 무효로 하거나 이미 체결된 주택의 공급계약을 취소할 수 있다.

③ 사업주체가 위반한 자에게 일정한 주택가격에 해당하는 금액을 지급한 경우에는 그 지급한 날에 그 주택을 취득한 것으로 본다.

④ 위 ③의 금액은 입주금, 융자금의 상환원금, 입주금 및 융자금의 상환원금을 합산한 금액에 생산자물가상승률을 곱한 금액을 모두 합산한 금액에서 감가상각비를 공제한 금액을 말한다.

⑤ 국토교통부장관 또는 사업주체는 공급질서 교란 행위가 있었다는 사실을 알지 못하고 주택 또는 주택의 입주자로 선정된 지위를 취득한 매수인이 해당 공급질서 교란 행위와 관련이 없음을 소명하는 경우에는 이미 체결된 주택의 공급계약을 취소하여서는 아니 된다.

키워드 주택공급질서 교란 금지

풀이 국토교통부장관 또는 사업주체는 위 ①을 위반한 자에 대하여는 그 주택 공급을 신청할 수 있는 지위를 무효로 하거나 이미 체결된 주택의 공급계약을 취소하여야 한다.

정답 ②

10 주택법령상 누구든지 주택법에 따라 건설·공급되는 주택을 공급받거나 공급받게 하기 위하여 일정한 증서 또는 지위를 양도·양수하거나 이를 알선하여서는 아니 된다. 그 증서 또는 지위에 해당하지 않는 것은? 제24회 주관식 적중문제

① 지역 및 직장주택조합원의 지위

② 입주자저축증서(주택청약종합저축)

③ 국민주택채권

④ 시장·군수 또는 구청장이 발행한 무허가건물확인서·건물철거예정증명서 또는 건물철거확인서

⑤ 공공사업의 시행으로 인한 이주대책에 의하여 주택을 공급받을 수 있는 지위 또는 이주대책대상자확인서

키워드 양도·양수 등이 금지되는 증서 또는 지위

풀이 국민주택채권이 아니라 <u>주택상환사채</u>가 해당된다.

정답 ③

11 주택법령상 사업주체가 입주예정자의 동의 없이 할 수 없는 행위에 관련된 내용이다. 이에 관한 설명으로 옳지 않은 것은? 제21회

> 사업주체는 주택건설사업에 의하여 건설된 주택 및 대지에 대하여 (㉠) 이후부터 입주예정자가 그 주택 및 대지의 '소유권이전등기를 신청할 수 있는 날' 이후 (㉡)일까지의 기간 동안 입주예정자의 동의 없이 해당 주택 및 대지에 (㉢)을 설정하는 행위 등을 하여서는 아니 된다.

① A주택조합이 2018. 9. 3. 사업계획승인을 신청하여 2018. 9. 17. 그 승인을 받은 경우, (㉠)에 해당하는 날짜는 2018. 9. 3.이다.

② (㉡) 속에 들어갈 숫자는 60이다.

③ (㉢)에는 저당권뿐만 아니라 등기되는 부동산임차권도 포함된다.

④ '소유권이전등기를 신청할 수 있는 날'이란 입주예정자가 실제로 입주한 날을 말한다.

⑤ 위 주택의 건설을 촉진하기 위하여 입주자에게 주택구입자금의 일부를 융자해 줄 목적으로 「은행법」에 따른 은행으로부터 주택건설자금의 융자를 받는 경우에는 저당권을 설정하는 행위가 허용된다.

12 주택법령상 '저당권 설정 등의 제한'에 관한 내용으로 옳지 않은 것은?

① 사업주체는 주택건설사업에 의하여 건설된 주택 및 대지에 대하여는 일정 기간 저당권을 설정하는 행위 등을 하여서는 아니 된다.

② 위에 따른 저당권 설정 등의 제한을 할 때 사업주체는 해당 주택 또는 대지가 입주예정자의 동의 없이는 양도하거나 제한물권을 설정하거나 압류·가압류·가처분 등의 목적물이 될 수 없는 재산임을 소유권등기에 부기등기하여야 한다.

③ 대지의 경우, 사업주체가 국가·지방자치단체 및 한국토지주택공사등 공공기관인 경우에는 부기등기의 의무가 없다.

④ 건설된 주택에 대하여는 예외 없이 부기등기를 하여야 한다.

⑤ 대지의 경우 부기등기에는 '이 토지는 「주택법」에 따라 입주자를 모집한 토지로서 입주예정자의 동의 없이는 양도하거나 제한물권을 설정하거나 압류·가압류·가처분 등 소유권에 제한을 가하는 일체의 행위를 할 수 없음'이라는 내용을 명시하여야 한다.

키워드 저당권 설정 제한에 대한 부기등기

풀이 건설된 주택에 대하여도 '해당 주택의 입주자로 선정된 지위를 취득한 자가 없는 경우'에는 <u>부기등기의 의무가 없다.</u>

정답 ④

13 주택법령상 '저당권 설정 제한의 부기등기'에 관한 내용으로 옳지 않은 것은?

① 주택의 경우 부기등기에는 '이 주택은 「부동산등기법」에 따라 소유권보존등기를 마친 주택으로서 입주예정자의 동의 없이는 양도하거나 제한물권을 설정하거나 압류·가압류·가처분 등 소유권에 제한을 가하는 일체의 행위를 할 수 없음'이라는 내용을 명시하여야 한다.

② 주택건설대지에 대하여는 사업계획승인의 신청과 동시에 하여야 한다.

③ 건설된 주택에 대하여는 소유권보존등기와 동시에 하여야 한다.

④ 부기등기일 이후에 해당 대지 또는 주택을 양수하거나 제한물권을 설정받은 경우 또는 압류·가압류·가처분 등의 목적물로 한 경우에는 그 효력을 무효로 한다.

⑤ 위 ④에도 불구하고 사업주체의 경영부실로 입주예정자가 그 대지를 양수받는 경우에는 효력이 있다.

> **키워드** 저당권 설정 제한에 대한 부기등기 시기 등
>
> **풀이** 주택건설대지에 대하여는 <u>입주자모집공고 승인신청</u>과 동시에 하여야 한다.
>
> **이론 ✚**
> > [지문 ④]
> > '저당권 설정 제한'에 대한 <u>부기등기일 이후</u>에 해당 대지 또는 주택을 양수하거나 제한물권을 설정받은 경우 또는 압류·가압류·가처분 등의 목적물로 한 경우에는 <u>그 효력을 무효로 한다</u>. 다만, <u>전매 제한</u>에 대한 부기등기에 반하여 전매가 이루어진 경우, '<u>무효'라는 규정이 없으며</u>, 판례 역시 형벌은 별론으로 하고 <u>사법상의 효력까지 무효로 하는 것은 아니라고 한다</u>.

> 정답 ②

14 주택법령상 '저당권 설정 제한 부기등기의 말소사유'에 관한 설명이다. (   )에 들어갈 내용이 순서대로 옳은 것은?

> 사업주체는 (   )이 취소되거나 입주예정자가 (   )를 신청한 경우를 제외하고는 부기등기를 말소할 수 없다. 다만, 소유권이전등기를 신청할 수 있는 날부터 (   )이 지나면 부기등기를 말소할 수 있다.

① 사업계획승인 − 소유권이전등기 − 60일
② 사업계획승인 − 소유권보존등기 − 90일
③ 입주자모집승인 − 소유권이전등기 − 60일
④ 입주자모집승인 − 소유권보존등기 − 60일
⑤ 입주자모집승인 − 소유권이전등기 − 90일

키워드 저당권 설정 제한 부기등기의 말소사유

풀이 '사업계획승인 - 소유권이전등기 - 60일'이 옳다.

정답 ①

15 A가 사업주체로서 건설·공급한 주택에 대한 사용검사 이후에 주택단지 전체 대지에 속하는 일부의 토지에 대한 소유권이전등기 말소소송에 따라 甲이 해당 토지의 소유권을 회복하였다. 주택법령상 이에 관한 설명으로 옳지 않은 것은? 제24회 수정

① 주택의 소유자들이 甲에게 해당 토지에 대한 매도청구를 하는 경우 공시지가를 기준으로 하여야 한다.

② 주택의 소유자들이 대표자를 선정하여 매도청구에 관한 소송을 한 경우, 그 소송에 대한 판결은 주택의 소유자 전체에 대하여 효력이 있다. 이 경우 대표자는 주택의 소유자 전체의 4분의 3 이상의 동의를 받아 선정한다.

③ 주택의 소유자들이 매도청구를 하려면 甲이 소유권을 회복한 토지의 면적이 주택단지 전체 대지면적의 5퍼센트 미만이어야 한다.

④ 주택의 소유자들의 매도청구의 의사표시는 甲이 해당 토지 소유권을 회복한 날부터 2년 이내에 甲에게 송달되어야 한다.

⑤ 주택의 소유자들은 甲에 대한 매도청구로 인하여 발생한 비용의 전부를 A에게 구상할 수 있다.

키워드 사용검사 후 매도청구

풀이 주택의 소유자들이 甲에게 해당 토지에 대한 매도청구를 하는 경우 시가를 기준으로 한다.

정답 ①

16 사업주체가 주택건설사업을 완료하고 주택에 대해 주택법상 사용검사를 받은 이후, 해당 주택단지 전체 대지면적의 3퍼센트에 해당하는 토지에 대해 甲이 소유권이전등기 말소소송을 통해 해당 토지의 소유권을 회복하였다. 주택법령상 이에 관한 설명으로 옳지 않은 것은? 제20회

① 주택의 소유자들은 甲에게 해당 토지를 시가로 매도할 것을 청구할 수 있다.

② 주택소유자들이 甲에 대해 매도청구를 하는 경우 그 의사표시는 甲이 해당 토지 소유권을 회복한 날부터 2년 이내에 甲에게 송달되어야 한다.

③ 甲에게 매도청구권을 행사할 수 있는 주택의 소유자들에는 해당 주택단지의 복리시설의 소유자들도 포함된다.

④ 해당 주택단지에 「공동주택관리법」에 따른 주택관리업자가 선정되어 있는 경우에는 그 주택관리업자가 甲에 대한 매도청구에 관한 소송을 제기할 수 있다.

⑤ 주택의 소유자들은 甲에 대한 매도청구로 인하여 발생한 비용의 전부를 사업주체에게 구상할 수 있다.

키워드 사용검사 후 매도청구

풀이 해당 주택단지에 「공동주택관리법」에 따른 주택관리자가 선정되어 있는 경우에는 그 주택관리업자가 甲에 대한 매도청구에 관한 소송을 제기할 수 있는 것이 아니라, <u>주택(복리시설을 포함한다)의 소유자들</u>이 매도청구에 관한 소송을 제기할 수 있다.

TIP 기출문제 중 '사용검사 후 매도청구'에 대한 수준 높은 문제로서, 이 문제를 통해 '사용검사 후 매도청구'에 대해 정확히 이해하여야 한다.

정답 ④

17 주택법령상 '투기과열지구'에 관한 내용으로 옳지 않은 것은?

① 국토교통부장관 또는 시·도지사는 주택가격의 안정을 위하여 필요한 경우에는 주거정책심의위원회의 심의를 거쳐 일정한 지역을 투기과열지구로 지정하거나 이를 해제할 수 있다.

② 위 ①의 경우 투기과열지구의 지정은 지정 목적을 달성할 수 있는 적정한 범위로 한다.

③ 국토교통부장관 또는 시·도지사는 투기과열지구를 지정하였을 때에는 지체 없이 이를 공고하고, 국토교통부장관은 시장·군수·구청장에게, 특별시장, 광역시장 또는 도지사는 시장, 군수 또는 구청장에게 각각 공고 내용을 통보하여야 한다.

④ 국토교통부장관은 반기마다 주거정책심의위원회의 회의를 소집하여 투기과열지구로 지정된 지역별로 해당 지역의 주택가격 안정 여건의 변화 등을 고려하여 투기과열지구 지정의 유지 여부를 재검토하여야 한다.

⑤ 위 ④의 경우 재검토 결과 투기과열지구 지정의 해제가 필요하다고 인정되는 경우에는 지체 없이 투기과열지구 지정을 해제하고 이를 공고하여야 한다.

> **키워드** **투기과열지구의 지정 등**
>
> **풀이** 위 ①의 경우 투기과열지구는 그 지정 목적을 달성할 수 있는 <u>최소한의 범위</u>에서 <u>시·군·구 또는 읍·면·동</u>의 '지역 단위'로 지정하되, <u>택지개발지구</u>(택지개발촉진법 제2조 제3호에 따른 택지개발지구를 말한다) 등 <u>해당 지역 여건을 고려</u>하여 '지정 단위'를 <u>조정</u>할 수 있다.

정답 ②

18 국토교통부장관은 A지역을 투기과열지구로 지정하였다. 주택법령상 A지역에 관한 설명으로 옳지 않은 것은? 제20회 수정

① A지역에서 주택건설사업이 시행되는 경우, 관할 시장·군수·구청장은 사업주체로 하여금 입주자 모집공고 시 해당 주택건설지역이 투기과열지구에 포함된 사실을 공고하게 하여야 한다.

② A지역에서 주택을 보유하고 있던 자는 투기과열지구의 지정 이후 일정 기간 주택의 전매행위가 제한된다.

③ 사업주체가 A지역에서 분양가상한제 주택을 건설·공급하는 경우에는 그 주택의 소유권을 제3자에게 이전할 수 없음을 소유권에 관한 등기에 부기등기하여야 한다.

④ A지역에서 건설·공급되는 주택을 공급받기 위하여 입주자저축 증서를 상속하는 것은 허용된다.

⑤ A지역에서 건설·공급되는 주택의 입주자로 선정된 지위의 일부를 생업상의 사정으로 한국토지주택공사(사업주체가 공공주택 특별법 제4조의 공공주택사업자인 경우에는 공공주택사업자를 말한다)의 동의를 받아 배우자에게 증여하는 것은 허용된다.

> **키워드** 투기과열지구
> **풀이** A지역에서 '주택을 보유하고 있던 자'가 투기과열지구의 지정 이후 일정 기간 주택의 전매행위가 제한되는 것이 아니라, A지역에서 건설·공급되는 주택의 입주자로 선정된 지위를 일정 기간 전매하는 행위가 제한된다.
>
> 정답 ②

19 주택법령상 사업주체가 수도권정비계획법에 따른 수도권에서 건설·공급하는 분양가상한제 적용주택의 입주자의 거주의무에 관한 설명으로 옳지 않은 것은? 제24회

① 해당 주택을 상속받은 자에 대해서는 거주의무가 없다.

② 해당 주택이 공공택지에서 건설·공급되는 주택인 경우 거주의무기간은 2년이다.

③ 해당 주택에 입주하기 위하여 준비기간이 필요한 경우 해당 주택에 거주한 것으로 보는 기간은 최초 입주가능일부터 90일까지로 한다.

④ 거주의무자는 거주의무기간 동안 계속하여 거주하여야 함을 소유권에 관한 등기에 부기등기하여야 한다.

⑤ 거주의무 위반을 이유로 한국토지주택공사가 취득한 주택을 공급받은 사람은 거주의무기간 중 잔여기간 동안 계속하여 그 주택에 거주하여야 한다.

키워드 **분양가상한제 적용주택의 입주자의 거주의무**

풀이 분양가격이 인근지역주택매매가격의 80% 미만인 주택의 거주의무기간은 5년이고 80% 이상 100% 미만인 주택은 3년이다.

이론 +

> **거주의무기간**
>
> 1. 사업주체가 수도권에서 건설·공급하는 분양가상한제 적용주택의 경우
>   ㉠ 공공택지에서 건설·공급되는 주택의 경우
>   ⓐ 분양가격이 인근지역주택매매가격의 80퍼센트 미만인 주택: 5년
>   ⓑ 분양가격이 인근지역주택매매가격의 80퍼센트 이상 100퍼센트 미만인 주택: 3년
>   ㉡ 공공택지 외의 택지에서 건설·공급되는 주택의 경우
>   ⓐ 분양가격이 인근지역주택매매가격의 80퍼센트 미만인 주택: 3년
>   ⓑ 분양가격이 인근지역주택매매가격의 80퍼센트 이상 100퍼센트 미만인 주택: 2년
> 2. 행정중심복합도시 중 투기과열지구에서 건설·공급하는 주택의 경우: 3년
> 3. 공공재개발사업에서 건설·공급하는 주택으로서 분양가격이 인근지역주택매매가격의 100퍼센트 미만인 주택의 경우: 2년

정답 ②

20 주택법령상 '분양가상한제 적용주택의 전매행위 제한 등'에 관한 내용으로 옳지 않은 것은?

① 분양가상한제 적용주택은 원칙적으로 전매가 제한되나 생업상의 사정 등으로 전매가 불가피하다고 인정되는 경우로서 대통령령으로 정하는 경우에는 전매가 허용된다.

② 위 ①에 따라 전매가 허용되기 위해서는 원칙적으로 사업주체(분양가상한제 적용주택의 경우에는 국토교통부장관을 말하되, 사업주체가 지방공사인 경우에는 지방공사를 말한다)의 동의를 받아야 한다.

③ 분양가상한제 적용주택을 공급받은 자가 위 ①에 따라 예외적으로 전매가 허용되는 경우 한국토지주택공사가 그 주택을 우선 매입할 수 있다.

④ 주택의 전매행위 제한 규정을 위반하여 주택의 입주자로 선정된 지위의 전매가 이루어진 경우, 사업주체가 매입비용을 그 매수인에게 지급한 경우에는 그 지급한 날에 사업주체가 해당 입주자로 선정된 지위를 취득한 것으로 본다.

⑤ 위 ③에 따라 한국토지주택공사가 분양가상한제 적용주택을 우선 매입하는 경우에도 위 ④의 매입비용을 준용하되, 해당 주택의 분양가격과 인근지역 주택매매가격의 비율 등을 고려하여 매입금액을 달리 정할 수 있다.

키워드 **주택의 전매행위 제한 등**

풀이 위 ①에 따라 전매가 허용되기 위해서는 원칙적으로 한국토지주택공사의 동의를 받아야 하나, '사업주체가 「공공주택 특별법」 제4조의 공공주택사업자인 경우'에는 공공주택사업자의 동의를 받아야 한다.

이론 +

> 전매행위가 제한되는 경우에 '토지임대부 분양주택'도 포함된다. 〈신설, 시행 2024. 6. 27.〉

정답 ②

21 주택법령상 조정대상지역의 지정 및 해제에 관한 내용으로 옳지 않은 것은?

제23회 수정

① 국토교통부장관이 조정대상지역을 지정하려면 주거정책심의위원회의 심의를 거쳐야 한다.

② 국토교통부장관은 조정대상지역 지정의 해제를 요청받은 날부터 40일 이내에 해제 여부를 결정하여야 한다.

③ 조정대상지역지정직전월부터 소급하여 6개월간의 평균 주택가격상승률이 마이너스 1.0퍼센트 이하인 지역으로서 시·도별 주택보급률이 전국 평균을 초과하여 주택의 거래가 위축될 우려가 있는 지역은 위축지역에 해당된다.

④ 주택거래량, 미분양주택의 수 및 주택보급률 등을 고려하여 주택의 거래가 위축될 우려가 있는 지역에 대한 조정대상지역의 지정은 그 지정 목적을 달성할 수 있는 최소한의 범위로 한다.

⑤ 조정대상지역의 전매행위 제한기간은 해당 주택의 입주자로 선정된 날부터 기산한다.

> **키워드** 조정대상지역
>
> **풀이** 주택거래량, 미분양주택의 수 및 주택보급률 등을 고려하여 주택의 거래가 <u>과열될 우려가 있는 지역</u>에 대한 조정대상지역의 지정은 그 지정 목적을 달성할 수 있는 <u>최소한의 범위</u>로 한다. 즉, 지정 목적을 달성할 수 있는 <u>최소한의 범위</u>로 하여야 할 지역은 과열지역 및 위축지역 중 <u>과열지역에 한정</u>하는 점을 유의하여야 한다.
>
> 정답 ④

22 주택법령상 '전매제한기간 등'에 관한 설명으로 옳지 않은 것은?

① 전매행위 제한기간은 해당 주택의 입주자로 선정된 날부터 기산한다.

② 주택에 대한 전매행위 제한기간이 둘 이상에 해당하는 경우에는 그중 가장 긴 전매행위 제한기간을 적용한다. 다만, 조정대상지역 중 위축지역에서 건설·공급되는 주택의 경우에는 가장 짧은 전매행위 제한기간을 적용한다.

③ 주택에 대한 전매행위 제한기간 이내에 해당 주택에 대한 소유권이전등기를 완료한 경우 소유권이전등기를 완료한 때에 전매행위 제한기간이 지난 것으로 본다.

④ 수도권인 투기과열지구에서 건설·공급되는 주택의 전매제한기간은 위 ①의 날부터 5년이다.

⑤ 수도권이고 공공택지에서 건설·공급되는 분양가상한제 적용주택의 전매제한기간은 위 ①의 날부터 3년이다.

키워드 전매제한기간

풀이 수도권인 투기과열지구에서 건설·공급되는 주택의 전매제한기간은 위 ①의 날부터 3년이다.

이론 ✚

> **전매행위 제한기간**
>
> 1. 공통사항
>   - ㉠ 전매행위 제한기간은 해당 주택의 입주자로 선정된 날부터 기산한다.
>   - ㉡ 주택에 대한 전매행위 제한기간이 둘 이상에 해당하는 경우는 그중 가장 긴 전매행위 제한기간을 적용한다. 다만, 법 제63조의2 제1항 제2호에 따른 지역(위축지역)에서 건설·공급되는 주택의 경우에는 가장 짧은 전매행위 제한기간을 적용한다.
>   - ㉢ 주택에 대한 전매행위 제한기간 이내에 해당 주택에 대한 소유권이전등기를 완료한 경우 소유권이전등기를 완료한 때에 전매행위 제한기간이 지난 것으로 본다. 이 경우 주택에 대한 소유권이전등기에는 대지를 제외한 건축물에 대해서만 소유권이전등기를 하는 경우를 포함한다.
> 2. 전매제한기간
>   - ㉠ 투기과열지구에서 건설·공급되는 주택: 다음의 구분에 따른 기간
>   - ⓐ 수도권: 3년
>   - ⓑ 수도권 외의 지역: 1년
>   - ㉡ 조정대상지역에서 건설·공급되는 주택: 다음의 구분에 따른 기간
>   - ⓐ 과열지역: 다음의 구분에 따른 기간
>   - 수도권: 3년
>   - 수도권 외의 지역: 1년
>   - ⓑ 위축지역
>
> | 공공택지에서 건설·공급되는 주택 | 공공택지 외의 택지에서 건설·공급되는 주택 |
> |:---:|:---:|
> | 6개월 | – |
>
>   - ㉢ 분양가상한제 적용주택: 다음의 구분에 따른 기간
>   - ⓐ 공공택지에서 건설·공급되는 주택: 다음의 구분에 따른 기간
>   - 수도권: 3년
>   - 수도권 외의 지역: 1년
>   - ⓑ 공공택지 외의 택지에서 건설·공급되는 주택: 다음의 구분에 따른 기간
>   - 투기과열지구: 위 ㉠의 구분에 따른 기간
>   - 투기과열지구가 아닌 지역: 아래 ㉣의 구분에 따른 기간
>   - ㉣ 공공택지 외의 택지에서 건설·공급되는 주택: 다음의 구분에 따른 기간
>
> | 구분 | | 전매행위 제한기간 |
> |:---:|---|:---:|
> | ⓐ 수도권 | • 「수도권정비계획법」 제6조 제1항 제1호에 따른 과밀억제권역 및 성장관리권역 | 1년 |
> | | • 「수도권정비계획법」 제6조 제1항 제2호 및 제3호에 따른 성장관리권역 및 자연보전권역 | 6개월 |
> | ⓑ 수도권 외의 지역 | • '광역시' 중 「국토의 계획 및 이용에 관한 법률」 제36조 제1항 제1호에 따른 도시지역 | 6개월 |
> | | • 그 밖의 지역 | – |
>
>   - ㉤ 법 제64조 제1항 제5호의 주택[공공재개발사업(법 제57조 제1항 제2호의 지역에 한정한다)에서 건설, 공급하는 주택]: 위 ㉢의 ⓑ의 구분에 따른 기간

정답 ④

▶ **연계학습** | 에듀윌 기본서 2차 [주택관리관계법규 上] p.135

01 주택법령상 '리모델링'에 관한 내용으로 옳지 않은 것은?

① 공동주택의 입주자·사용자 또는 관리주체가 공동주택을 리모델링하려고 하는 경우에는 대통령령으로 정하는 기준 및 절차 등에 따라 시장·군수·구청장의 허가를 받아야 한다.

② 위 ①에도 불구하고 대통령령으로 정하는 기준 및 절차 등에 따라 리모델링 결의를 한 리모델링주택조합이나 소유자 전원의 동의를 받은 입주자대표회의가 시장·군수·구청장의 허가를 받아 리모델링을 할 수 있다.

③ 위 ②에 따라 리모델링을 하는 경우 법에 따라 설립인가를 받은 리모델링주택조합의 총회 또는 소유자 전원의 동의를 받은 입주자대표회의에서 「건설산업기본법」에 따른 건설사업자 또는 '건설사업자로 보는 등록사업자'를 시공자로 선정하여야 한다.

④ 위 ③을 위반하여 리모델링주택조합이 설립인가를 받기 전에 또는 입주자대표회의가 소유자 전원의 동의를 받기 전에 시공자를 선정한 자 및 시공자로 선정된 자는 3년 이하의 징역 또는 3천만원 이하의 벌금에 처한다.

⑤ 위 ③에 따른 시공자를 선정하는 경우에는 국토교통부장관이 정하는 경쟁입찰의 방법으로 하여야 한다. 다만, 경쟁입찰의 방법으로 시공자를 선정하는 것이 곤란하다고 인정되는 경우 등 대통령령으로 정하는 경우에는 그러하지 아니하다.

키워드 리모델링

풀이 위 ①에도 불구하고 대통령령으로 정하는 기준 및 절차 등에 따라 리모델링 결의를 한 리모델링주택조합이나 소유자 전원의 동의를 받은 입주자대표회의가 시장·군수·구청장의 <u>허가</u>를 받아 리모델링을 할 수 있다.

이론 ✚

[지문 ②]

②에 따라 리모델링에 동의한 소유자는 리모델링주택조합 또는 입주자대표회의가 시장·군수·구청장에게 '허가신청서를 제출하기 전까지' <u>서면</u>으로 동의를 철회할 수 있다.

[지문 ④] 「도시 및 주거환경정비법」과의 비교

「도시 및 주거환경정비법」상 정비사업조합이 정비사업을 시행하는 경우, 조합설립인가를 받기 전에 시공자를 선정한 자 및 시공자로 선정된 자는 <u>3년 이하의 징역</u> 또는 <u>3천만원 이하의 벌금</u>에 처한다.

정답 ②

02 주택법령상 '리모델링'에 관한 설명으로 옳지 않은 것은? 제19·24회, 제22회 주관식 수정

① 입주자·사용자·관리주체가 리모델링하는 경우에는 공사기간, 공사방법 등이 적혀 있는 동의서에 입주자 전체의 동의를 받아야 한다.

② 입주자대표회의가 리모델링하는 경우에는 결의서에 주택단지의 입주자 전원의 동의를 받아야 한다.

③ 시장·군수·구청장이 50세대 이상으로 세대수가 증가하는 세대수 증가형 리모델링을 허가하려는 경우에는 시·군·구도시계획위원회의 심의를 거쳐야 한다.

④ 리모델링 기본계획 수립 대상지역에서 세대수 증가형 리모델링을 허가하려는 시장·군수·구청장은 해당 리모델링 기본계획에 부합하는 범위에서 허가하여야 한다.

⑤ 공동주택의 입주자·사용자·관리주체·입주자대표회의 또는 리모델링주택조합이 리모델링에 관하여 시장·군수·구청장의 허가를 받은 후 그 공사를 완료하였을 때에는 시장·군수·구청장의 사용검사를 받아야 한다.

키워드 리모델링 허가요건 등

풀이 입주자대표회의가 리모델링하는 경우에는 결의서에 주택단지의 소유자 전원의 동의를 받아야 한다.

정답 ②

03 주택법령상 '공동주택을 리모델링하는 경우의 허용행위'에 관한 내용으로 옳지 않은 것은?

① 복리시설을 분양하기 위한 것이 아니어야 한다.

② 위 ①에도 불구하고 1층을 필로티 구조로 전용하여 세대의 일부 또는 전부를 부대시설 및 복리시설 등으로 이용하는 경우에는 그렇지 않다.

③ 위 ②에 따라 1층을 필로티 구조로 전용하는 경우에는 영 제13조에 따른 수직증축 허용범위를 초과하여 증축하는 것이 허용된다.

④ 입주자 공유가 아닌 복리시설을 리모델링하는 경우는 사용검사를 받은 후 10년 이상 지난 복리시설로서 공동주택과 동시에 리모델링하는 경우로서 시장·군수·구청장이 구조안전에 지장이 없다고 인정하는 경우로 한정한다.

⑤ 위 ④의 경우, 증축은 기존건축물 연면적 합계의 10분의 1 이내여야 하고, 주택과 주택 외의 시설이 동일 건축물로 건축된 경우는 주택의 증축 면적비율의 범위 안에서 증축할 수 있다.

> **키워드** 공동주택을 리모델링하는 경우의 허용행위
>
> **풀이** 위 ②에 따라 1층을 필로티 구조로 전용하는 경우 영 제13조에 따른 수직증축 허용범위를 초과하여 증축하는 것이 아니어야 한다.
>
> **TIP** '공동주택을 리모델링하는 경우는 사용검사일부터 15년(15년 이상 20년 미만의 연수 중 시·도의 조례로 정하는 경우에는 그 연수)이 지나야 하나, '입주자 공유가 아닌 복리시설 등'을 리모델링하는 경우는 사용검사를 받은 후 10년 이상 지난 복리시설로서 공동주택과 동시에 리모델링하는 경우를 말한다.
>
> 정답 ③

04 주택법령상 '권리변동계획 등'에 관한 내용으로 옳지 않은 것은?

① 세대수가 증가되는 리모델링을 하는 경우는 권리변동계획을 수립하여 사업계획 승인 또는 행위허가를 받아야 한다.

② 30세대 미만의 세대수가 증가되는 리모델링을 하는 경우에도 권리변동계획을 수립하여야 한다.

③ '권리변동계획'에는 리모델링 전후의 대지 및 건축물의 권리변동 명세, 조합원 비용분담, 사업비, 조합원 외의 자에 대한 분양계획 등이 포함된다.

④ 공동주택의 소유자가 리모델링에 의하여 전유부분의 면적이 늘거나 줄어드는 경우는 「집합건물의 소유 및 관리에 관한 법률」 제12조 및 제20조 제1항에도 불구하고 대지사용권은 권리변동계획에 따른다.

⑤ 공동주택의 소유자가 리모델링에 의해 일부 공용부분의 면적을 전유부분의 면적으로 변경한 경우에는 「집합건물의 소유 및 관리에 관한 법률」 제12조에도 불구하고 그 소유자의 나머지 공용부분의 면적은 변하지 아니하는 것으로 본다.

키워드 권리변동계획 등

풀이 공동주택의 소유자가 리모델링에 의하여 전유부분의 면적이 늘거나 줄어드는 경우는 「집합건물의 소유 및 관리에 관한 법률」 제12조 및 제20조 제1항에도 불구하고 <u>대지사용권은 변하지 아니하는 것</u>으로 본다. 다만, <u>세대수 증가</u>를 수반하는 리모델링의 경우에는 <u>권리변동계획</u>에 따른다.

정답 ④

05 주택법령상 '안전진단'에 관한 설명으로 옳지 않은 것은?

① 증축형 리모델링을 하려는 자는 시장·군수·구청장에게 안전진단을 요청하여야 하며, 안전진단을 요청받은 시장·군수·구청장은 해당 건축물의 증축 가능 여부의 확인 등을 위하여 안전진단을 실시하여야 한다.

② 시장·군수·구청장은 안전진단을 실시하는 경우에는 대통령령으로 정하는 기관에 안전진단을 의뢰하여야 하며, 안전진단을 의뢰받은 기관은 리모델링을 하려는 자가 추천한 건축구조기술사와 함께 안전진단을 실시하여야 한다.

③ 시장·군수·구청장이 안전진단으로 건축물 구조의 안전에 위험이 있다고 평가하여 「도시 및 주거환경정비법」에 따른 재개발사업의 시행이 필요하다고 결정한 건축물은 증축형 리모델링을 하여서는 아니 된다.

④ 시장·군수·구청장은 수직증축형 리모델링을 허가한 후에 해당 건축물의 구조안전성 등에 대한 상세 확인을 위하여 안전진단을 실시하여야 한다.

⑤ 시장·군수·구청장은 위 ① 및 ④에 따라 안전진단을 실시하는 비용의 전부 또는 일부를 리모델링을 하려는 자에게 부담하게 할 수 있다.

키워드 안전진단

풀이 시장·군수·구청장이 안전진단으로 건축물 구조의 안전에 위험이 있다고 평가하여 「도시 및 주거환경정비법」에 따른 <u>재건축사업</u> 및 「빈집 및 소규모주택 정비에 관한 특례법」에 따른 <u>소규모재건축사업</u>의 시행이 필요하다고 결정한 건축물은 증축형 리모델링을 하여서는 아니 된다.

이론 +
> [지문 ②] '대통령령으로 정하는 기관'
> 안전진단전문기관, 국토안전관리원, 한국건설기술연구원

정답 ③

06 주택법령상 '리모델링 기본계획 등'에 관한 설명으로 옳지 않은 것은?

① '리모델링 기본계획'이란 세대수 증가형 리모델링으로 인한 도시과밀, 이주수요 집중 등을 체계적으로 관리하기 위하여 수립하는 계획을 말한다.

② 특별시장·광역시장 및 대도시의 시장은 리모델링 기본계획을 10년 단위로 수립하고 5년마다 리모델링 기본계획의 타당성을 검토하여 그 결과를 리모델링 기본계획에 반영하여야 한다.

③ 위 ②에도 불구하고 세대수 증가형 리모델링에 따른 도시과밀의 우려가 적은 경우 등 대통령령으로 정하는 경우에는 리모델링 기본계획을 수립하지 아니할 수 있다.

④ 대도시가 아닌 시의 시장은 세대수 증가형 리모델링에 따른 도시과밀이나 일시집중 등이 우려되어 도지사가 리모델링 기본계획의 수립이 필요하다고 인정한 경우 리모델링 기본계획을 수립하여야 한다.

⑤ 특별시장·광역시장 및 대도시의 시장은 리모델링의 원활한 추진을 지원하기 위하여 리모델링 지원센터를 설치하여 운영할 수 있다.

| 키워드 | 리모델링 기본계획 |

풀이 시장·군수·구청장은 리모델링의 원활한 추진을 지원하기 위하여 리모델링 지원센터를 설치하여 운영할 수 있다.

정답 ⑤

07 주택법령상 '세대수 증가형 리모델링의 시기 조정'에 관한 내용으로 옳지 않은 것은?

① 국토교통부장관은 세대수 증가형 리모델링의 시행으로 주변 지역에 현저한 주택부족이나 주택시장의 불안정 등이 발생될 우려가 있는 때에는 주거정책심의위원회의 심의를 거쳐 특별시장, 광역시장, 대도시의 시장에게 리모델링 기본계획을 변경하도록 요청할 수 있다.

② 위 ①의 경우, 국토교통부장관은 시장·군수·구청장에게 세대수 증가형 리모델링의 사업계획 승인 또는 허가의 시기를 조정하도록 요청할 수 있다.

③ 시·도지사는 세대수 증가형 리모델링의 시행으로 주변 지역에 현저한 주택부족이나 주택시장의 불안정 등이 발생될 우려가 있는 때에는 「주거기본법」에 따른 시·도 주거정책심의위원회의 심의를 거쳐 시장·군수·구청장에게 리모델링 기본계획을 변경하도록 요청할 수 있다.

④ 위 ③의 경우, 시·도지사는 시장·군수·구청장에게 세대수 증가형 리모델링의 사업계획 승인 또는 허가의 시기를 조정하도록 요청할 수 있다.

⑤ 시기 조정에 관한 방법 및 절차 등에 관하여 필요한 사항은 국토교통부령 또는 시·도의 조례로 정한다.

키워드 리모델링 기본계획 시기 조정 등

풀이 시·도지사는 세대수 증가형 리모델링의 시행으로 주변 지역에 현저한 주택부족이나 주택시장의 불안정 등이 발생될 우려가 있는 때에는 「주거기본법」에 따른 시·도 주거정책심의위원회의 심의를 거쳐 대도시의 시장에게 리모델링 기본계획을 변경하도록 요청할 수 있다.

정답 ③

08 주택법령상 리모델링주택조합에 관한 설명으로 옳은 것은? 제20회

① 세대별 주거전용면적이 85제곱미터 미만인 12층의 기존 건축물을 리모델링주택조합을 설립하여 수직증축형 리모델링을 하는 경우, 3개 층까지 리모델링할 수 있다.
② 리모델링주택조합이 주택단지 전체를 리모델링하는 경우에는 주택단지 전체 구분소유자 및 의결권 전체의 동의를 받아야 한다.
③ 국민주택에 대한 리모델링을 위하여 리모델링주택조합을 설립하려는 자는 관할 시장·군수·구청장에게 신고하여야 한다.
④ 리모델링주택조합이 대수선인 리모델링을 하려면 해당 주택이 「주택법」에 따른 사용검사일 또는 「건축법」에 따른 사용승인일부터 15년 이상이 경과하여야 한다.
⑤ 리모델링주택조합이 리모델링을 하려면 관할 시장·군수·구청장의 허가를 받아야 한다.

키워드 리모델링주택조합

풀이 ① '수직증축형 리모델링'의 대상이 되는 기존 건축물의 층수가 15층 이상인 경우는 3개 층까지, 기존 건축물의 층수가 14층 이하인 경우는 2개 층까지 리모델링할 수 있다.
② 리모델링주택조합이 주택단지 '전체'를 리모델링하는 경우에는 주택단지 '전체' 구분소유자 및 의결권의 각 75퍼센트 이상의 동의와 '각 동별' 구분소유자 및 의결권의 각 50퍼센트 이상의 동의를 받아야 하며, '동'을 리모델링하는 경우에는 그 동의 구분소유자 및 의결권의 각 75퍼센트 이상의 동의를 받아야 한다.
③ 많은 수의 구성원이 주택을 마련하거나 리모델링하기 위하여 주택조합을 설립하려는 경우에는 관할 '시장·군수·구청장'의 인가를 받아야 한다.
④ '대수선'인 리모델링을 하려고 리모델링주택조합의 설립인가를 신청하는 경우는 10년이 지났음을 증명하는 서류를 첨부하여야 하며, '증축'인 리모델링의 경우는 15년[15년 이상 20년 미만의 연수 중 특별시·광역시·특별자치시·도 또는 특별자치도('시·도')의 조례로 정하는 경우에는 그 연수로 한다]이 지났음을 증명하는 서류를 첨부하여야 한다.

정답 ⑤

09 주택법령상 공동주택의 리모델링에 관한 설명으로 옳은 것은? 제24회

① 공동주택의 관리주체가 리모델링을 하려는 경우 공사기간, 공사방법 등이 적혀 있는 동의서에 입주자 전체의 동의를 받아야 한다.

② 주택의 소유자 3분의 2 이상의 동의를 받은 경우 「공동주택관리법」에 따른 입주자대표회의는 리모델링을 할 수 있다.

③ 30세대 이상으로 세대수가 증가하는 리모델링을 허가하려는 경우에는 「국토의 계획 및 이용에 관한 법률」에 따라 설치된 시·군·구도시계획위원회의 심의를 거쳐야 한다.

④ 증축형 리모델링이 아닌 경우에는 허가받은 리모델링 공사를 완료하였을 때 따로 사용검사를 받지 않아도 된다.

⑤ 동(棟)을 리모델링하기 위하여 리모델링주택조합을 설립하려는 경우에는 그 동의 구분소유자 및 의결권의 각 과반수의 결의를 얻어야 한다.

키워드 **공동주택의 리모델링**

풀이 ② 주택의 소유자 전원의 동의를 받은 경우 「공동주택관리법」에 따른 입주자대표회의는 리모델링을 할 수 있다.

③ 50세대 이상으로 세대수가 증가하는 리모델링을 허가하려는 경우에는 「국토의 계획 및 이용에 관한 법률」에 따라 설치된 시·군·구도시계획위원회의 심의를 거쳐야 한다.

④ 증축형 리모델링이 아닌 경우에도 허가받은 리모델링 공사를 완료하였을 때 따로 사용검사를 받아야 된다.

⑤ 동(棟)을 리모델링하기 위하여 리모델링주택조합을 설립하려는 경우에는 그 동의 구분소유자 및 의결권의 각 3분의 2 이상의 결의를 얻어야 한다.

정답 ①

10 주택법령상 공동주택의 리모델링에 관한 설명으로 옳지 않은 것은? 제26회

① 공동주택의 소유자가 리모델링에 의하여 일부 공용부분(집합건물의 소유 및 관리에 관한 법률에 따른 공용부분을 말한다)의 면적을 전유부분의 면적으로 변경한 경우에는 규약으로 달리 정하지 않는 한 그 소유자의 나머지 공용부분의 면적은 변하지 아니하는 것으로 본다.

② 리모델링주택조합이 동을 리모델링하는 경우 리모델링 설계의 개요, 공사비, 조합원의 비용분담 명세가 적혀 있는 결의서에 그 동의 구분소유자 및 의결권의 각 50퍼센트 이상의 동의를 받아야 한다.

③ 리모델링주택조합은 법인으로 한다.

④ 공동주택의 관리주체가 리모델링을 하려는 경우 공사기간, 공사방법 등이 적혀 있는 동의서에 입주자 전체의 동의를 받아야 한다.

⑤ 수직증축형 리모델링의 설계자는 국토교통부장관이 정하여 고시하는 구조기준에 맞게 구조설계도서를 작성하여야 한다.

키워드 **공동주택의 리모델링**

풀이 리모델링주택조합이 '동'을 리모델링하는 경우에는 그 동의 구분소유자 및 의결권의 각 <u>75퍼센트 이상</u>의 동의를 받아야 한다.

정답 ②

▶ **연계학습** | 에듀윌 기본서 2차 [주택관리관계법규 上] p.145

대표기출

주택법령상 주택상환사채에 관한 설명으로 옳지 않은 것은?   제25회

① 한국토지주택공사와 등록사업자는 주택상환사채를 발행할 수 있다.

② 주택상환사채를 발행하려는 자는 주택상환사채발행계획을 수립하여 금융감독원 원장의 승인을 받아야 한다.

③ 주택상환사채의 상환기간은 3년을 초과할 수 없다.

④ 등록사업자의 등록이 말소된 경우에도 등록사업자가 발행한 주택상환사채의 효력에는 영향을 미치지 아니한다.

⑤ 주택상환사채의 납입금은 해당 보증기관과 주택상환사채발행자가 협의하여 정하는 금융기관에서 관리한다.

키워드 **주택상환사채**

풀이 주택상환사채를 발행하려는 자는 대통령령으로 정하는 바에 따라 주택상환사채발행계획을 수립하여 <u>국토교통부장관</u>의 <u>승인</u>을 받아야 한다.

정답 ②

01 주택법령상 토지임대부 분양주택에 관한 설명으로 옳은 것은? 제20회

① 토지임대부 분양주택을 공급받은 자가 토지소유자와 임대차계약을 체결한 경우 해당 주택의 구분소유권을 목적으로 그 토지 위에 임대차기간 동안 지상권이 설정된 것으로 본다.

② 토지 및 건축물의 소유권은 사업계획의 승인을 받아 토지임대부 분양주택 건설사업을 시행하는 자가 가진다.

③ 토지임대부 분양주택을 양수한 자는 토지소유자와 임대차계약을 새로 체결하여야 한다.

④ 토지임대부 분양주택의 토지임대료는 보증금으로 납부하는 것이 원칙이나, 토지소유자와 주택을 공급받은 자가 합의한 경우 월별 임대료로 전환하여 납부할 수 있다.

⑤ 토지임대부 분양주택의 소유자가 임대차기간이 만료되기 전에 도시개발 관련 법률에 따라 해당 주택을 철거하고 재건축을 한 경우, 재건축한 주택은 토지임대부 분양주택이 아닌 주택으로 한다.

키워드 **토지임대부 분양주택**

풀이 ② '토지임대부 분양주택'의 경우, 토지의 소유권은 사업계획의 승인을 받아 토지임대부 분양주택 건설사업을 시행하는 자가 가진다.

③ 토지임대부 분양주택을 양수한 자 또는 상속받은 자는 토지의 임대차계약을 승계한다. 따라서 임대차계약을 따로 체결하여야 하는 것은 아니다.

④ 토지임대료는 월별 임대료를 원칙으로 하되, 토지소유자와 주택을 공급받은 자가 합의한 경우 대통령령으로 정하는 바에 따라 임대료를 선납하거나 보증금으로 전환하여 납부할 수 있다. 이 경우, 토지임대료를 보증금으로 전환하려는 경우 그 보증금을 산정할 때 적용되는 이자율은 「은행법」에 따른 은행의 3년 만기 정기예금 평균이자율 이상이어야 한다.

⑤ 토지임대부 분양주택의 소유자가 임대차기간이 만료되기 전에 「도시 및 주거환경정비법」 등 도시개발 관련 법률에 따라 해당 주택을 철거하고 재건축을 하고자 하는 경우 「집합건물의 소유 및 관리에 관한 법률」 제47조부터 제49조까지에 따라 토지소유자의 동의를 받아 재건축할 수 있으며, 이에 따라 재건축한 주택은 토지임대부 분양주택으로 한다. 다만, 토지소유자와 주택소유자가 '합의'한 경우에는 토지임대부 분양주택이 아닌 주택으로 전환할 수 있다.

정답 ①

02 주택법령상 토지임대부 분양주택에 관한 설명으로 옳은 것은? 제21회

① 토지임대부 분양주택의 토지에 대한 임대차기간이 40년인 경우, 토지임대부 분양주택 소유자의 75퍼센트 이상이 계약갱신을 청구하면 40년이 넘는 기간을 임대차기간으로 하여 이를 갱신할 수 있다.

② 토지임대부 분양주택을 공급받은 자가 토지소유자와 임대차계약을 체결한 경우 해당 주택의 구분소유권을 목적으로 그 토지 위에 임대차기간 동안 전세권이 설정된 것으로 본다.

③ 토지소유자와 토지임대주택을 분양받은 자가 주택법령이 정하는 기준에 따라 토지임대료에 관한 약정을 체결한 경우, 토지소유자는 약정 체결 후 2년이 지나기 전에는 토지임대료의 증액을 청구할 수 없다.

④ 주택을 공급받은 자는 토지소유자와 합의하여 토지임대료를 보증금으로 전환하여 납부할 수 없다.

⑤ 토지임대부 분양주택에 관하여 「주택법」에서 정하지 아니한 사항에 대하여는 「민법」을 「집합건물의 소유 및 관리에 관한 법률」에 우선하여 적용한다.

키워드 **토지임대부 분양주택**

풀이 ① 토지임대부 분양주택의 토지에 대한 임대차기간은 <u>40년 이내</u>로 한다. 이 경우 토지임대부 분양주택 소유자의 75퍼센트 이상이 계약갱신을 청구하는 경우 <u>40년의 범위</u>에서 이를 갱신할 수 있다.

② 토지임대부 분양주택을 공급받은 자가 토지소유자와 임대차계약을 체결한 경우 해당 주택의 구분소유권을 목적으로 그 토지 위에 임대차기간 동안 <u>지상권</u>이 설정된 것으로 본다.

④ 토지임대료는 월별 임대료를 원칙으로 하되, 토지소유자와 주택을 공급받은 자가 합의한 경우 <u>임대료를 선납하거나 보증금으로 전환하여 납부할 수 있다</u>.

⑤ 토지임대부 분양주택에 관하여 「주택법」에서 정하지 아니한 사항은 「집합건물의 소유 및 관리에 관한 법률」, 「민법」 순으로 적용한다.

정답 ③

03 주택법령상 '토지임대부 분양주택의 공공매입'에 관한 내용으로 옳지 않은 것은?

① 토지임대부 분양주택을 공급받은 자는 법 제64조 제1항에도 불구하고 전매제한 기간이 지나기 전에 한국토지주택공사에 해당 주택의 매입을 신청하여야 한다.

② 한국토지주택공사는 위 ①에 따라 매입신청을 받거나 법 제64조 제1항을 위반하여 토지임대부 분양주택의 전매가 이루어진 경우 대통령령으로 정하는 특별한 사유가 없으면 대통령령으로 정하는 절차를 거쳐 해당 주택을 매입하여야 한다.

③ 한국토지주택공사가 위 ①에 따라 매입신청을 받아 주택을 매입하는 경우, 해당 주택의 매입비용과 보유기간 등을 고려하여 대통령령으로 정하는 금액을 그 주택을 양도하는 자에게 지급한 때에는 그 지급한 날에 한국토지주택공사가 해당 주택을 취득한 것으로 본다.

④ 법 제64조 제1항을 위반하여 전매가 이루어진 경우로서 한국토지주택공사가 주택을 매입하는 경우, '해당 주택의 매입비용'을 그 주택을 양도하는 자에게 지급한 때에는 그 지급한 날에 한국토지주택공사가 해당 주택을 취득한 것으로 본다.

⑤ 한국토지주택공사가 위 ②에 따라 주택을 매입하는 경우에는 법 제64조(주택의 전매행위 제한 등) 제1항을 적용하지 아니한다.

━━ **키워드** ━━ **토지임대부 분양주택의 공공매입**

━━ **풀이** ━━ 토지임대부 분양주택을 공급받은 자는 법 제64조 제1항에도 불구하고 전매제한기간이 지나기 전에 한국토지주택공사에 해당 주택의 매입을 <u>신청할 수 있다</u>. 〈신설, 시행 2024. 6. 27.〉

정답 ①

04 주택법령상 '토지임대부 분양주택'에 관한 내용으로 옳지 않은 것은?

① 토지임대부 분양주택의 토지에 대한 임대차계약을 체결하고자 하는 자는 국토교통부령으로 정하는 표준임대차계약서를 사용하여야 한다.

② 토지임대부 분양주택을 양수한 자 또는 상속받은 자는 위 ①의 임대차계약을 승계한다.

③ 법령에서 정한 사항 외에 토지임대부 분양주택 '토지'의 임대차관계는 토지소유자와 주택을 공급받은 자 간의 임대차계약에 따른다.

④ 토지임대부 분양주택의 소유자가 임대차기간이 만료되기 전에 재건축을 하고자 하는 경우 「집합건물의 소유 및 관리에 관한 법률」 제47조(재건축 결의)부터 제49조(재건축에 관한 합의)까지에 따라 토지소유자의 동의를 받아 재건축할 수 있다. 이 경우, 토지소유자는 정당한 사유 없이 이를 거부할 수 없다.

⑤ 「집합건물의 소유 및 관리에 관한 법률」 제47조 제2항에 따르면, 재건축의 결의는 구분소유자의 과반수 이상 및 의결권의 과반수 이상의 결의에 따른다.

키워드 **토지임대부 분양주택**

풀이 「집합건물의 소유 및 관리에 관한 법률」 제47조 제2항에 따르면, 원칙적으로 재건축의 결의는 구분소유자의 <u>5분의 4</u> 이상 및 의결권의 <u>5분의 4</u> 이상의 결의에 따른다. 다만, 「관광진흥법」 제3조 제1항 제2호 나목에 따른 휴양 콘도미니엄업의 운영을 위한 휴양 콘도미니엄의 재건축 결의는 구분소유자의 3분의 2 이상 및 의결권의 3분의 2 이상의 결의에 따른다.

정답 ⑤

05 주택법령상 주택상환사채에 관한 설명으로 옳지 않은 것은? 제19회 수정

① 등록사업자가 발행할 수 있는 주택상환사채의 규모는 최근 3년간의 연평균 주택건설호수 이내로 한다.

② 주택상환사채의 상환기간은 3년을 초과할 수 없으며, 상환기간은 주택상환사채 발행일부터 주택의 공급계약체결일까지의 기간으로 한다.

③ 주택상환사채의 납입금은 주택건설자재의 구입을 위해 사용할 수 있다.

④ 주택상환사채는 세대원 전원이 해외로 이주하거나 2년 이상 해외에 체류하려는 경우 등의 경우를 제외하고는 양도하거나 중도에 해약할 수 없다.

⑤ 주택상환사채의 납입금은 국토교통부장관이 지정하는 금융기관에서 관리한다.

> **키워드** 주택상환사채
>
> **풀이** 주택상환사채의 납입금은 해당 보증기관과 주택상환사채발행자가 협의하여 정하는 금융기관에서 관리한다. 이에 따라 납입금을 관리하는 금융기관은 국토교통부장관이 요청하는 경우에는 납입금 관리 상황을 보고하여야 한다.

> **이론 ✚**
>
> [지문 ④]
> 1. '예외적으로 양도 또는 중도해약이 가능한 경우'는 다음과 같다.
>   ㉠ 세대원(세대주가 포함된 세대의 구성원을 말한다. 이하 같다)의 근무 또는 생업상의 사정이나 질병치료, 취학 또는 결혼으로 세대원 전원이 다른 행정구역으로 이전하는 경우
>   ㉡ 세대원 전원이 상속으로 취득한 주택으로 이전하는 경우
>   ㉢ 세대원 전원이 해외로 이주하거나 2년 이상 해외에 체류하려는 경우
> 2. 주택상환사채를 상환할 때에는 주택상환사채권자가 원하면 주택상환사채의 '원리금'을 현금으로 상환할 수 있다.

정답 ⑤

06 주택법령상 '주택상환사채의 발행책임과 조건 등'에 관한 내용으로 옳지 않은 것은?

① 주택상환사채를 발행한 자는 발행조건에 따라 주택을 건설하여 사채권자에게 상환하여야 한다.

② 주택상환사채는 기명증권(記名證券)으로 하고, 사채권자의 명의변경은 취득자의 성명과 주소를 사채원부에 기록하는 방법으로 하며, 취득자의 성명을 채권에 기록하지 아니하면 사채발행자 및 제3자에게 대항할 수 없다.

③ 국토교통부장관은 사채의 납입금이 택지의 구입 등 사채발행 목적에 맞게 사용될 수 있도록 그 사용방법·절차 등에 관하여 대통령령으로 정하는 바에 따라 필요한 조치를 하여야 한다.

④ 등록사업자의 등록이 말소된 경우 등록사업자가 발행한 주택상환사채의 효력은 상실한다.

⑤ 주택상환사채의 발행에 관하여 이 법에서 규정한 것 외에는 「상법」 중 사채발행에 관한 규정을 적용한다.

> **키워드** 주택상환사채의 발행책임과 조건 등
> **풀이** 등록사업자의 등록이 말소된 경우에도 등록사업자가 발행한 주택상환사채의 효력에는 영향을 미치지 아니한다.
>
> 정답 ④

07 주택법령상 '국민주택사업특별회계'에 관한 설명으로 옳지 않은 것은?

① 국가는 국민주택사업을 시행하기 위하여 국민주택사업특별회계를 설치·운용하여야 한다.

② 「재건축초과이익 환수에 관한 법률」에 따른 재건축부담금 중 지방자치단체 귀속분은 국민주택사업특별회계의 재원이 된다.

③ 지방자치단체는 대통령령으로 정하는 바에 따라 국민주택사업특별회계의 운용 상황을 국토교통부장관에게 보고하여야 한다.

④ 국민주택을 건설·공급하는 지방자치단체의 장은 국민주택사업특별회계의 분기별 운용 상황을 그 분기가 끝나는 달의 다음 달 20일까지 국토교통부장관에게 보고하여야 한다.

⑤ 위 ④의 경우 시장·군수·구청장의 경우에는 시·도지사를 거쳐(특별자치시장 또는 특별자치도지사가 보고하는 경우는 제외한다) 보고하여야 한다.

키워드 **국민주택사업특별회계**

풀이 지방자치단체는 국민주택사업을 시행하기 위하여 국민주택사업특별회계를 설치·운용하여야 한다.

이론✚

> [지문 ②]
> 「재건축초과이익 환수에 관한 법률」에 따른 재건축부담금 중 국가 귀속분은 주택도시기금의 재원이 되며, 「재건축초과이익 환수에 관한 법률」에 따른 재건축부담금 중 지방자치단체 귀속분은 국민주택사업특별회계의 재원이 된다.

정답 ①

08 주택법령상 '협회'에 관한 내용으로 옳지 않은 것은?

① 등록사업자는 주택건설사업 및 대지조성사업의 전문화와 주택산업의 건전한 발전을 도모하기 위하여 주택사업자단체를 설립할 수 있다.

② 위 ①에 따른 단체(이하 '협회'라 한다)는 법인으로 하며, 그 주된 사무소의 소재지에서 설립등기를 함으로써 성립한다.

③ 「주택법」에 따라 국토교통부장관, 시·도지사 또는 대도시의 시장으로부터 영업의 정지처분을 받은 협회 회원의 권리·의무는 그 영업의 정지기간 중에는 정지되며, 등록사업자의 등록이 말소되거나 취소된 때에는 협회의 회원자격을 상실한다.

④ 협회를 설립하려면 회원자격을 가진 자 50인 이상을 발기인으로 하여 정관을 마련한 후 '창립총회의 의결'을 거쳐 시장·군수·구청장의 승인을 받아야 한다. 협회가 정관을 '변경'하려는 경우에도 또한 같다.

⑤ 협회에 관하여 「주택법」에서 규정한 것 외에는 「민법」 중 사단법인에 관한 규정을 준용한다.

키워드 **협회의 설립 인가 등**

풀이 협회를 설립하려면 회원자격을 가진 자 50인 이상을 발기인으로 하여 정관을 마련한 후 '창립총회의 의결'을 거쳐 국토교통부장관의 인가를 받아야 한다. 협회가 정관을 '변경'하려는 경우에도 또한 같다.

이론✚

> 국토교통부장관은 협회를 지도·감독하며, 감독상 필요한 경우에는 협회로 하여금 총회 또는 이사회의 의결사항 등의 사항을 보고하게 할 수 있다.

정답 ④

09 주택법령상 '분양권 전매 등에 대한 신고포상금'에 관한 내용으로 옳지 않은 것은?

① 시·도지사는 법 제64조를 위반하여 분양권 등을 전매하거나 알선하는 자를 주무관청에 신고한 자에게 대통령령으로 정하는 바에 따라 포상금을 지급할 수 있다.

② 법령을 위반하여 분양권 등을 전매하거나 알선하는 행위(이하 '부정행위'라 한다)를 하는 자를 신고하려는 자는 신고서에 부정행위를 입증할 수 있는 자료를 첨부하여 시·도지사에게 신고하여야 한다.

③ 시·도지사는 위 ②에 따른 신고를 받은 경우에는 관할 수사기관에 '수사를 의뢰'하여야 하며, 수사기관은 해당 수사결과를 시·도지사에게 통보하여야 한다.

④ 시·도지사는 위 ③에 따른 수사결과를 신고자에게 통지하여야 한다.

⑤ 위 ④의 통지를 받은 신고자는 신청서에 수사결과통지서 사본 1부 및 통장 사본 1부를 첨부하여 시·도지사에게 포상금 지급을 신청할 수 있다. 이 경우 시·도지사는 신청일로부터 3개월 이내 국토교통부령으로 정하는 지급기준에 따라 포상금을 지급하여야 한다.

> **키워드** 분양권 전매 등에 대한 신고포상금
>
> **풀이** 위 ④의 통지를 받은 신고자는 신청서에 수사결과통지서 사본 1부 및 통장 사본 1부를 첨부하여 시·도지사에게 포상금 지급을 신청할 수 있다. 이 경우 시·도지사는 신청일로부터 <u>30일 이내</u>에 국토교통부령으로 정하는 지급기준에 따라 포상금을 지급하여야 한다.

정답 ⑤

PART 2

공동주택관리법

01 총칙

▶ **연계학습** | 에듀윌 기본서 2차 [주택관리관계법규 上] p.160

01 공동주택관리법령상 '용어의 뜻'에 관한 설명으로 옳은 것은?

① '장기수선계획'이란 공동주택을 오랫동안 안전하고 효율적으로 사용하기 위하여 필요한 부속시설의 교체 및 보수 등에 관하여 법 제29조 제1항에 따라 수립하는 장기계획을 말한다.

② '입주자대표회의'란 공동주택의 입주자등을 대표하여 관리에 관한 주요사항을 결정하기 위하여 법 제14조에 따라 구성하는 자치 의결기구를 말한다.

③ '관리규약'이란 공동주택의 입주자를 보호하고 주거생활의 질서를 유지하기 위하여 법 제18조 제2항에 따라 입주자대표회의가 정하는 자치규약을 말한다.

④ '주택관리업'이란 공동주택을 안전하고 효율적으로 관리하기 위하여 입주자등으로부터 사업계획승인 대상 공동주택의 관리를 위탁받아 관리하는 업을 말한다.

⑤ 「공공주택 특별법」 제4조 제1항에 따른 공공주택사업자는 관리주체에 해당하지 아니한다.

> **키워드** 용어의 뜻
>
> **풀이** ① '장기수선계획'이란 공동주택을 오랫동안 안전하고 효율적으로 사용하기 위하여 필요한 <u>주요 시설</u>의 교체 및 보수 등에 관하여 법 제29조 제1항에 따라 수립하는 장기계획을 말한다.
> ③ '관리규약'이란 공동주택의 <u>입주자등</u>을 보호하고 주거생활의 질서를 유지하기 위하여 법 제18조 제2항에 따라 <u>입주자등</u>이 정하는 자치규약을 말한다.
> ④ '주택관리업'이란 공동주택을 안전하고 효율적으로 관리하기 위하여 입주자등으로부터 <u>의무관리대상 공동주택</u>의 관리를 위탁받아 관리하는 업(業)으로서, '주택관리업자'가 되기 위해서는 법 제52조 제1항에 따라 '등록'하여야 한다.
> ⑤ '임대사업자'란 「민간임대주택에 관한 특별법」 제2조 제7호에 따른 <u>임대사업자</u> 및 「공공주택 특별법」 제4조 제1항에 따른 <u>공공주택사업자</u>를 말하며, <u>관리주체에 해당한다</u>.

> **정답** ②

02 공동주택관리법령상 '제정목적 및 용어의 정의'에 관한 내용으로 옳지 않은 것은?

① 「공동주택관리법」은 공동주택의 관리에 관한 사항을 정함으로써 공동주택을 투명하고 안전하며 효율적으로 관리할 수 있게 하여 국민의 주거수준 향상에 이바지함을 목적으로 한다.

② 「주택법」 제2조 제13호에 따른 부대시설 및 같은 조 제14호에 따른 일반인에게 분양되는 복리시설은 '공동주택'에 해당한다.

③ '공동주택단지'란 「주택법」 제2조 제12호에 따른 주택단지를 말한다.

④ '임차인대표회의'는 「민간임대주택에 관한 특별법」 제52조에 따른 임차인대표회의 및 「공공주택 특별법」 제50조에 따라 준용되는 임차인대표회의를 말한다.

⑤ 자치관리기구의 대표자인 공동주택의 관리사무소장, 관리업무를 인계하기 전의 사업주체 및 주택관리업자는 공동주택관리법령상 '관리주체'에 해당한다.

키워드 제정목적 및 용어의 정의

풀이 '공동주택'은 다음의 주택 및 시설을 말한다. 이 경우 '일반인에게 분양되는 복리시설'은 <u>제외</u>한다.
1. 「주택법」 제2조 제3호에 따른 공동주택
2. 「건축법」 제11조에 따른 건축허가를 받아 주택 외의 시설과 주택을 동일 건축물로 건축하는 건축물
3. 「주택법」 제2조 제13호에 따른 <u>부대시설</u> 및 같은 조 제14호에 따른 <u>복리시설</u>

정답 ②

---

03 공동주택관리법령상 의무관리대상 공동주택에 해당하지 않는 것은? (다만, 입주자등이 대통령령으로 정하는 기준에 따라 동의하여 의무관리대상 공동주택으로 정하는 공동주택은 제외)

제20회 수정

① 승강기가 설치된 100세대의 공동주택

② 1,000세대의 공동주택

③ 중앙집중식 난방방식인 150세대의 공동주택

④ 「건축법」상 건축허가를 받아 주택 외의 시설과 주택을 동일건축물로 건축한 건축물로서 주택이 200세대인 건축물

⑤ 지역난방방식인 150세대의 공동주택

키워드 의무관리대상 공동주택

풀이 <u>150세대 이상</u>으로서 <u>승강기가 설치된</u> 공동주택이 '의무관리대상 공동주택'이다.

정답 ①

04 공동주택관리법령상 '다른 법률과의 관계 등'에 관한 내용으로 옳지 않은 것은?

① 국가 및 지방자치단체는 공동주택의 관리에 관한 정책을 수립·시행할 때에는 공동주택이 투명하고 체계적이며 평온하게 관리될 수 있도록 노력하여야 한다.

② 관리주체는 공동주택을 효율적이고 안전하게 관리하여야 한다.

③ 입주자등은 공동체 생활의 질서가 유지될 수 있도록 이웃을 배려하고 관리주체의 업무에 협조하여야 한다.

④ 공동주택의 관리에 관하여 이 법에서 정하지 아니한 사항에 대하여는 「민간임대주택에 관한 특별법」 또는 「공공주택 특별법」을 적용한다.

⑤ 임대주택의 관리에 관하여 「민간임대주택에 관한 특별법」 또는 「공공주택 특별법」에서 정하지 아니한 사항에 대하여는 「공동주택관리법」을 적용한다.

키워드 다른 법률과의 관계 등

풀이 공동주택의 관리에 관하여 이 법에서 정하지 아니한 사항에 대하여는 「주택법」을 적용한다.

정답 ④

이론 ✚ 의무관리대상 전환 공동주택 관련 정리표

구분	의무관리대상 공동주택	의무관리대상 전환 공동주택
관리규약의 제정	1. 사업주체 제안 2. 입주예정자 과반수 서면동의	1. 관리인 제안 2. 입주자등 과반수 서면동의
관리규약의 제정 신고	[사업주체] 시, 군, 구청장에게 신고 '제정된 날'부터 30일 이내	[관리인(입주자등 10분의 1 이상)] 시, 군, 구청장에게 신고 '제정된 날'부터 30일 이내
입주자대표회의 구성	[입주자등] 법 제11조 제1항에 따른 요구받은 날부터 3개월 이내	[입주자등] 관리규약의 제정 신고가 수리된 날부터 3개월 이내
관리방법의 결정 등	[입주자등] (기한 없음)	[입주자등] 입주자대표회의 구성 신고가 수리된 날부터 3개월 이내
'관리방법 결정'의 통지 및 신고 (주택관리업자의 선정 포함)	[입주자대표회의 회장] 1. 사업주체에게 통지 2. 시, 군, 구청장에게 신고 　(30일 이내)	[입주자대표회의 회장] 1. 관리인에게 통지 2. 시, 군, 구청장에게 신고 　(30일 이내)
'자치관리기구' 구성 [자치관리]	[입주자대표회의] 법 제11조 제1항에 따른 요구받은 날부터 6개월 이내	[입주자대표회의] 입주자대표회의 구성 신고가 수리된 날부터 6개월 이내
주택관리업자의 선정 [위탁관리]	[입주자대표회의] (기한 없음)	[입주자대표회의] 입주자대표회의 구성 신고가 수리된 날부터 6개월 이내
의무관리대상 '전환 신고'	–	[관리인(입주자등 10분의 1 이상)] '전체 입주자등의 3분의 2 이상 서면동의를 받은 날'부터 30일 이내 시, 군, 구청장에게 전환 신고
의무관리대상 '제외 신고'	–	[입주자대표회의 회장] '전체 입주자등의 3분의 2 이상 서면동의를 받은 날'부터 30일 이내 시, 군, 구청장에게 제외 신고

01 공동주택관리법령상 입주자대표회의의 구성에 관한 설명으로 옳지 않은 것은?

제25회 수정

① 입주자대표회의는 4명 이상으로 구성한다.

② 입주자대표회의에는 회장 1명, 이사 2명 이상, 감사 1명 이상의 임원을 두어야 한다.

③ 이사는 입주자대표회의 구성원 과반수의 찬성으로 선출하며, 입주자대표회의 구성원 과반수 찬성으로 선출할 수 없는 경우로서 최다득표자가 2인 이상인 경우에는 추첨으로 선출한다.

④ 선거관리위원회 위원을 사퇴하였더라도 동별 대표자 선출공고에서 정한 서류제출 마감일을 기준으로 할 때 그 남은 임기 중에 있는 사람은 동별 대표자가 될 수 없다.

⑤ 모든 동별 대표자의 임기가 동시에 시작하는 경우 동별 대표자의 임기는 2년으로 한다.

> **키워드** 입주자대표회의 구성
>
> **풀이** 입주자대표회의에는 다음의 임원을 두어야 한다.
> 1. 회장 1명
> 2. 감사 2명 이상
> 3. 이사 1명 이상

정답 ②

02 공동주택관리법령상 비용지출을 수반하는 경우에만 입주자대표회의의 의결사항이 되는 것은? (단, 관리규약에서 따로 정하는 사항은 고려하지 않음)

제25회

① 단지 안의 전기·도로·상하수도·주차장·가스설비·냉난방설비 및 승강기 등의 유지·운영 기준

② 입주자등 상호간에 이해가 상반되는 사항의 조정

③ 공동체 생활의 활성화 및 질서유지에 관한 사항

④ 장기수선계획 및 안전관리계획의 수립 또는 조정

⑤ 공동주택 관리방법의 제안

> **키워드** 입주자대표회의 의결사항
>
> **풀이** '장기수선계획 및 안전관리계획의 수립 또는 조정(비용지출을 수반하는 경우로 한정한다)'은 입주자대표회의의 의결사항이다.

정답 ④

01 공동주택관리법령에 관한 내용으로 옳지 않은 것은?

① 입주자등은 의무관리대상 공동주택을 자치관리하거나 주택관리업자에게 위탁하여 관리하여야 한다.

② 공동주택 관리방법의 결정 또는 변경은 입주자대표회의의 의결로 제안하고 전체 입주자등의 과반수가 찬성하는 방법 또는 전체 입주자등의 10분의 1 이상이 서면으로 제안하고 전체 입주자등의 과반수가 찬성하는 방법으로 한다.

③ 공동주택 관리방법을 결정하는 방법과 관리방법을 변경하는 방법은 동일하다.

④ 공동주택 분양 후 최초의 관리규약은 사업주체가 제안한 내용을 해당 입주예정자의 과반수가 서면으로 동의하는 방법으로 결정한다.

⑤ 공동주택의 관리규약을 개정하는 방법은 관리규약을 제정하는 방법과 동일하다.

> **키워드** 공동주택 '관리방법'의 결정 또는 변경 및 '관리규약'의 제정 또는 개정
> **풀이** 공동주택의 관리규약을 개정하는 방법은 공동주택 <u>관리방법을 결정 또는 변경하는 방법</u>과 동일하다.

> 정답 ⑤

02 공동주택관리법령에 관한 내용으로 옳지 않은 것은?

① 의무관리대상 공동주택의 입주자등이 공동주택을 자치관리할 것을 정한 경우에는 입주자대표회의는 법 제11조 제1항에 따른 요구가 있은 날부터 6개월 이내에 공동주택의 관리사무소장을 자치관리기구의 대표자로 선임하고, 대통령령으로 정하는 기술인력 및 장비를 갖춘 자치관리기구를 구성하여야 한다.

② 의무관리대상 공동주택으로 전환되는 경우에는 관리규약의 제정 신고가 수리된 날부터 6개월 이내에 자치관리기구를 구성하여야 한다.

③ 주택관리업자에게 위탁관리하다가 자치관리로 관리방법을 변경하는 경우 입주자대표회의는 그 위탁관리의 종료일까지 자치관리기구를 구성하여야 한다.

④ 위 ①의 자치관리기구에는 5미터 이상의 줄자 및 누수탐지기 1대 이상 등을 갖추어야 한다.

⑤ 의무관리대상 전환 공동주택의 입주자등은 해당 공동주택을 의무관리대상에서 제외할 것을 정할 수 있으며, 이 경우 입주자대표회의의 회장은 시장·군수·구청장에게 의무관리대상 공동주택 제외 신고를 하여야 한다.

> **키워드** 의무관리대상 공동주택의 관리
> **풀이** 법 제2조 제1항 제2호 마목에 따라 '의무관리대상 공동주택으로 전환되는 경우'에는 법 제19조 제1항 제2호에 따른 <u>입주자대표회의 구성 신고가 수리된 날부터 6개월 이내</u>에 자치관리기구를 구성하여야 한다.

> 정답 ②

03 공동주택관리법령상 '자치관리'에 관한 설명으로 옳은 것은?

① 자치관리기구는 시장·군수·구청장의 감독을 받는다.

② 자치관리기구 관리사무소장은 입주자대표회의가 입주자대표회의 구성원 과반수의 찬성으로 선임한다.

③ 위 ②의 구성원은 관리규약으로 정한 정원을 말하며, 해당 입주자대표회의 구성원의 4분의 3 이상이 선출되었을 때에는 그 선출된 인원을 말한다.

④ 입주자대표회의는 선임된 관리사무소장이 해임되거나 그 밖의 사유로 결원이 되었을 때에는 그 사유가 발생한 날부터 15일 이내에 새로운 관리사무소장을 선임하여야 한다.

⑤ 입주자는 자치관리기구의 직원을 겸할 수 없다.

키워드 자치관리

풀이 ① 자치관리기구는 <u>입주자대표회의</u>의 감독을 받는다.
③ 위 ②의 구성원은 관리규약으로 정한 정원을 말하며, 해당 입주자대표회의 구성원의 <u>3분의 2 이상</u>이 선출되었을 때에는 그 선출된 인원을 말한다.
④ 입주자대표회의는 선임된 관리사무소장이 해임되거나 그 밖의 사유로 결원이 되었을 때에는 그 사유가 발생한 날부터 <u>30일 이내</u>에 새로운 관리사무소장을 선임하여야 한다.
⑤ <u>입주자대표회의 구성원</u>은 자치관리기구의 직원을 겸할 수 없다.

이론 ✚
> [지문 ③] '선거관리위원회'의 '구성원' (비교)
> 선거관리위원회는 그 <u>구성원(관리규약으로 정한 정원을 말한다) 과반수</u>의 찬성으로 그 의사를 결정한다. 이 경우 이 영 및 관리규약으로 정하지 아니한 사항은 선거관리위원회 규정으로 정할 수 있다.

TIP 입주자대표회의의 '구성원'은 항상 '관리규약으로 정한 정원'이 아니며, <u>예외가 있다</u>는 점을 유의해야 한다. 또한 선거관리위원회의 '구성원'과 구별하여야 한다.

정답 ②

04 공동주택관리법령상 '위탁관리'에 관한 설명으로 옳지 않은 것은?

① 의무관리대상 공동주택의 입주자등이 공동주택을 위탁관리할 것을 정한 경우에는 입주자등은 일정한 기준에 따라 주택관리업자를 선정하여야 한다.

② 경쟁입찰의 경우, 입찰의 종류 및 방법, 낙찰방법, 참가자격 제한 등 입찰과 관련한 중요사항은 전체 입주자등의 과반수의 동의를 얻어야 한다.

③ 계약기간이 만료된 주택관리업자의 재선정은 입주자대표회의 의결로 제안하고 전체 입주자등의 과반수가 찬성하는 방법으로 한다.

④ 계약기간은 장기수선계획의 조정 주기를 고려하여 정하여야 한다.

⑤ 입주자대표회의의 감사가 입찰과정 참관을 원하는 경우에는 참관할 수 있도록 하여야 한다.

> **키워드** 위탁관리
> **풀이** 의무관리대상 공동주택의 입주자등이 공동주택을 위탁관리할 것을 정한 경우에는 <u>입주자대표회의는</u> 일정한 기준에 따라 주택관리업자를 선정하여야 한다.
>
> 정답 ①

05 공동주택관리법령상 '공동관리와 구분관리'에 관한 설명으로 옳지 않은 것은?

① 입주자등은 해당 공동주택의 관리에 필요하다고 인정하는 경우에는 인접한 공동주택단지와 공동으로 관리하거나 500세대 이상의 단위로 나누어 관리하게 할 수 있다.

② 공동관리는 단지별로 입주자등의 과반수의 서면동의를 받은 경우로서 국토교통부령으로 정하는 기준에 적합한 경우에만 해당한다.

③ 위 ②의 경우, '임대주택단지'의 경우에는 임대사업자와 임차인대표회의의 서면동의를 받은 경우를 말한다.

④ 공동관리하는 총세대수가 1천5백 세대 이하이어야 한다. 다만, 의무관리대상 공동주택단지와 인접한 300세대 미만의 공동주택단지를 공동으로 관리하는 경우는 제외한다.

⑤ 입주자대표회의는 공동주택을 공동관리하거나 구분관리할 것을 결정한 경우에는 지체 없이 그 내용을 시장·군수·구청장에게 통보하여야 한다.

> **키워드** 공동관리와 구분관리
> **풀이** <u>입주자대표회의는</u> 해당 공동주택의 관리에 필요하다고 인정하는 경우에는 국토교통부령으로 정하는 바에 따라 인접한 공동주택단지(임대주택단지를 포함한다)와 공동으로 관리하거나 500세대 이상의 단위로 나누어 관리하게 할 수 있다.
>
> 정답 ①

06 공동주택관리법령상 의무관리대상 공동주택의 관리방법에 관한 내용으로 옳은 것은?

제22회

① 의무관리대상 공동주택을 건설한 사업주체는 입주예정자의 과반수가 입주할 때까지 그 공동주택을 관리하여야 한다.
② 입주자등은 전체 입주자등의 3분의 2 이상이 찬성하는 방법으로 공동주택의 관리방법을 결정하여야 한다.
③ 입주자등이 자치관리할 것을 정한 경우, 입주자대표회의는 입주자대표회의의 임원을 대표자로 한 자치관리기구를 구성하여야 한다.
④ 입주자등이 위탁관리할 것을 정한 경우, 전체 입주자등의 10분의 1 이상이 서면으로 요구하는 신규업체가 있으면 입주자대표회의는 그 업체를 수의계약의 방법으로 주택관리업자로 선정할 수 있다.
⑤ 입주자대표회의가 인접한 공동주택단지와 공동으로 관리하고자 하는 경우 전체 입주자등의 3분의 1 이상의 동의를 받아야 한다.

> **키워드** 의무관리대상 공동주택의 관리방법
>
> **풀이** ② 입주자등은 전체 입주자등의 과반수가 찬성하는 방법으로 공동주택의 관리방법을 결정하여야 한다.
> ③ 입주자등이 자치관리할 것을 정한 경우, 입주자대표회의는 관리사무소장을 대표자로 한 자치관리기구를 구성하여야 한다.
> ④ 계약기간이 만료된 주택관리업자의 재선정은 입주자대표회의 의결로 제안하고 전체 입주자등의 과반수가 찬성하는 방법으로 한다.
> ⑤ 입주자대표회의가 인접한 공동주택단지와 공동으로 관리하고자 하는 경우 단지별로 입주자등의 과반수 서면동의를 받아야 한다.

정답 ①

07 공동주택관리법령상 '혼합주택단지의 관리'에 관한 내용으로 옳지 않은 것은?

① 입주자대표회의와 임대사업자는 혼합주택단지의 관리에 관한 사항을 예외 없이 공동으로 결정하여야 한다.

② '관리방법의 결정'을 공동으로 결정하기 위한 입주자대표회의와 임대사업자 간의 합의가 이뤄지지 않는 경우에는 해당 혼합주택단지 공급면적의 2분의 1을 초과하는 면적을 관리하는 입주자대표회의 또는 임대사업자가 결정한다.

③ '장기수선충당금 및 특별수선충당금을 사용하는 주요 시설의 교체 및 보수에 관한 사항'을 공동으로 결정하기 위한 합의가 이뤄지지 않는 경우에는 해당 혼합주택단지 공급면적의 3분의 2 이상을 관리하는 입주자대표회의 또는 임대사업자가 결정한다.

④ 위 ③에도 불구하고 '일정한 요건'을 구비한 경우, 해당 혼합주택단지 공급면적의 2분의 1을 초과하는 면적을 관리하는 자가 결정하는 경우도 있다.

⑤ 입주자대표회의 또는 임대사업자는 위 ②부터 ④까지에도 불구하고 혼합주택단지의 관리에 관한 사항에 관한 결정이 이루어지지 아니하는 경우에는 공동주택관리 분쟁조정위원회에 분쟁의 조정을 신청할 수 있다.

키워드 **혼합주택단지의 관리**

풀이 입주자대표회의와 임대사업자는 혼합주택단지의 관리에 관한 사항을 원칙적으로 공동으로 결정하여야 한다. 다만, 다음의 요건을 모두 갖춘 혼합주택단지에서는 장기수선충당금 및 특별수선충당금을 사용하는 주요 시설의 교체 및 보수에 관한 사항 또는 '관리비 등'을 사용하여 시행하는 각종 공사 및 용역에 관한 사항을 입주자대표회의와 임대사업자가 각자 결정할 수 있다.
1. 분양을 목적으로 한 공동주택과 임대주택이 별개의 동(棟)으로 배치되는 등의 사유로 구분하여 관리가 가능할 것
2. 입주자대표회의와 임대사업자가 공동으로 결정하지 아니하고 각자 결정하기로 합의하였을 것

이론 +

> [지문 ①] 혼합주택단지의 관리(법 제10조 제1항)
>
> '입주자대표회의'와 '임대사업자'는 '혼합주택단지의 관리에 관한 사항'을 공동으로 결정하여야 한다. 이 경우 '임차인대표회의'가 구성된 혼합주택단지에서는 임대사업자는 「민간임대주택에 관한 특별법」 제52조 제4항 각 호의 사항을 '임차인대표회의'와 사전에 협의하여야 한다.

> [지문 ④] '일정한 요건'
>
> 1. 해당 혼합주택단지 '공급면적'의 '3분의 2 이상을 관리'하는 '입주자대표회의' 또는 '임대사업자가' 없을 것
> 2. 영 제33조에 따른 시설물의 안전관리계획 수립대상 등 '안전관리'에 관한 사항일 것
> 3. 입주자대표회의와 임대사업자 간 '2회의 협의'에도 불구하고 합의가 이뤄지지 않을 것

정답 ①

08 공동주택관리법령상 공동주택의 관리방법에 관한 내용으로 옳은 것은? 제23회

① 입주자등이 의무관리대상 공동주택의 관리방법을 변경하는 경우에는 전체 입주자등의 과반수 찬성과 국토교통부장관의 인가를 받아야 한다.

② 자치관리기구 관리사무소장은 입주자대표회의가 입주자대표회의 구성원(관리규약으로 정한 정원을 말하며, 해당 입주자대표회의 구성원 3분의 2 이상이 선출되었을 때에는 그 선출된 인원을 말한다) 과반수의 찬성으로 선임한다.

③ 위탁관리의 경우 「공동주택관리법」에 따른 전자입찰방식의 세부기준, 절차 및 방법 등은 의무관리대상 공동주택 소재지의 시장·군수·구청장이 정하여 고시한다.

④ 혼합주택단지의 관리에 관한 사항은 장기수선계획의 조정에 관한 사항을 포함하여 입주자대표회의가 시장·군수·구청장과 협의하여 결정한다.

⑤ 의무관리대상 공동주택을 건설한 사업주체가 그 공동주택에 대하여 관리하여야 하는 기간은 입주예정자의 3분의 1이 입주할 때까지이다.

키워드 **자치관리 및 위탁관리 등**

풀이 ① 의무관리대상 공동주택의 관리방법을 변경하는 경우에는 <u>국토교통부장관의 인가를 받을 의무가 없으며</u> 다음의 방법으로 관리방법을 변경한다.
　　1. 입주자대표회의의 의결로 제안하고 전체 입주자등의 과반수가 찬성
　　2. 전체 입주자등의 10분의 1 이상이 서면으로 제안하고 전체 입주자등의 과반수가 찬성
③ 위탁관리의 경우 「공동주택관리법」에 따른 전자입찰방식의 세부기준, 절차 및 방법 등은 <u>국토교통부장관</u>이 정하여 고시한다.
④ 혼합주택단지의 관리에 관한 사항은 장기수선계획의 조정에 관한 사항을 포함하여 <u>입주자대표회의와</u> <u>임대사업자가</u> <u>공동으로 결정하여야</u> 한다.
⑤ 의무관리대상 공동주택을 건설한 사업주체가 그 공동주택에 대하여 관리하여야 하는 기간은 입주예정자의 <u>과반수</u>가 입주할 때까지이다.

정답 ②

09 공동주택관리법령상 의무관리대상 공동주택의 관리방법에 관한 설명으로 옳지 않은 것은? 제24회

① 자치관리기구 관리사무소장은 입주자대표회의가 입주자대표회의 구성원 과반수의 찬성으로 선임한다.

② 관리사무소장은 자치관리기구가 갖추어야 하는 기술인력을 겸직할 수 있다.

③ 혼합주택단지의 관리에 관한 사항 중 장기수선계획의 조정은 입주자대표회의와 임대사업자가 공동으로 결정하여야 한다.

④ 공동주택을 건설한 사업주체는 입주예정자의 과반수가 입주할 때까지 그 공동주택을 관리하여야 한다.

⑤ 입주자대표회의는 해당 공동주택의 관리에 필요하다고 인정하는 경우에는 500세대 이상의 단위로 나누어 관리하게 할 수 있다.

> **키워드** 공동주택의 관리방법
> **풀이** '관리사무소장'과 '기술인력' 상호간에는 <u>겸직할 수 없다</u>.

정답 ②

최신기출

10 공동주택관리법령상 공동주택의 관리방법에 관한 설명으로 옳지 않은 것은? 제26회

① 전체 입주자등의 10분의 1 이상이 서면으로 제안하고 전체 입주자등의 과반수가 찬성하면 의무관리대상 공동주택 관리방법을 변경할 수 있다.

② 의무관리대상 공동주택을 입주자등이 자치관리할 것을 정한 경우 자치관리기구의 대표자는 입주자대표회의의 회장이 겸임한다.

③ 입주자대표회의는 국토교통부령으로 정하는 바에 따라 500세대 이상의 단위로 나누어 관리하게 할 수 있다.

④ 입주자대표회의는 공동주택을 공동관리하는 경우에는 공동관리 단위별로 공동주택관리기구를 구성하여야 한다.

⑤ 입주자등은 의무관리대상 공동주택을 자치관리하거나 주택관리업자에게 위탁하여 관리하여야 한다.

> **키워드** 공동주택의 관리방법
> **풀이** 의무관리대상 공동주택의 입주자등이 공동주택을 <u>자치관리할 것을 정한 경우</u>에는 입주자대표회의는 법 제11조 제1항에 따른 요구가 있는 날(의무관리대상 공동주택으로 전환되는 경우에는 입주자대표회의의 구성 신고가 수리된 날을 말한다)부터 6개월 이내에 공동주택의 <u>관리사무소장을 자치관리기구의 대표자로 선임</u>하고, 대통령령으로 정하는 기술인력 및 장비를 갖춘 자치관리기구를 구성하여야 한다.

정답 ②

11 공동주택관리법령상 '의무관리대상 전환 공동주택'에 관한 설명으로 옳지 않은 것은?

① 관리규약 제정안은 관리인이 제안하고, 그 내용을 전체 입주자등 과반수의 서면 동의로 결정한다.

② 관리인은 입주자등이 해당 공동주택의 관리방법을 결정한 경우, 이를 사업주체에게 통지하고, 관할 시장·군수·구청장에게 신고하여야 한다.

③ 입주자대표회의는 입주자대표회의의 구성 신고가 수리된 날부터 6개월 이내에 공동주택의 관리사무소장을 자치관리기구의 대표자로 선임하고, 대통령령으로 정하는 기술인력 및 장비를 갖춘 자치관리기구를 구성하여야 한다.

④ 입주자등이 공동주택을 위탁관리할 것을 결정한 경우 입주자대표회의는 입주자대표회의의 구성 신고가 수리된 날부터 6개월 이내에 주택관리업자를 선정하여야 한다.

⑤ 입주자등은 해당 공동주택을 의무관리대상에서 제외할 것을 정할 수 있으며, 이 경우 입주자대표회의의 회장은 시장·군수·구청장에게 의무관리대상 공동주택 제외 신고를 하여야 한다.

키워드 의무관리대상 전환 공동주택

풀이 입주자대표회의의 회장은 입주자등이 해당 공동주택의 관리방법을 결정(위탁관리하는 방법을 선택한 경우에는 그 주택관리업자의 선정을 포함한다)한 경우에는 이를 <u>사업주체</u> 또는 <u>의무관리대상 전환 공동주택의 관리인</u>에게 통지하고, 대통령령으로 정하는 바에 따라 관할 시장·군수·구청장에게 신고하여야 한다.

이론 ✚

> [참고]
> 1. 입주자대표회의의 회장은 공동주택 관리방법의 결정 또는 변경결정에 관한 신고를 하려는 경우 그 결정일 또는 변경결정일부터 <u>30일 이내</u> 신고서를 시장·군수·구청장에게 제출하여야 한다.
> 2. 시장·군수·구청장은 위 1.에 따른 신고를 받은 날부터 <u>7일 이내</u>에 신고수리 여부를 신고인에게 통지하여야 한다.

정답 ②

12 공동주택관리법령에 관한 내용으로 옳지 않은 것은?

① 입주자대표회의의 회장은 입주자등이 해당 공동주택의 관리방법을 결정한 경우에는 이를 '사업주체' 또는 '의무관리대상 전환 공동주택의 관리인'에게 통지하고, 시장·군수·구청장에게 신고하여야 한다.

② 사업주체는 입주자대표회의로부터 위 ①에 따른 통지가 없거나 입주자대표회의가 자치관리기구를 구성하지 아니하는 경우에는 주택관리업자를 선정하여야 한다. 이 경우 사업주체는 입주자대표회의 및 관할 시장·군수·구청장에게 그 사실을 알려야 한다.

③ 사업주체는 입주자등에게 입주예정자의 과반수가 입주한 사실을 통지할 때에는 통지서에 총 입주예정세대수 및 총 입주세대수 등을 기재하여야 한다.

④ 임대사업자는 「민간임대주택에 관한 특별법」에 따른 민간건설임대주택을 임대사업자 외의 자에게 양도하는 경우로서 해당 양도 임대주택 입주예정자의 과반수가 입주하였을 때에는 위 ③을 준용하여 입주자등에게 통지하여야 한다.

⑤ 사업주체 및 관리주체는 입주자대표회의의 구성에 협력하여야 한다.

키워드 관리의 이관 등

풀이 사업주체 및 <u>임대사업자</u>는 입주자대표회의의 구성에 협력하여야 한다.

이론 ✚

> [지문 ③]
> <u>사업주체는 입주자등에게 입주예정자의 과반수가 입주한 사실을 통지할 때에는 통지서에 다음의 사항을 기재하여야 한다.</u>
> 1. 총 입주예정세대수 및 총 입주세대수
> 2. 동별 입주예정세대수 및 동별 입주세대수
> 3. 공동주택의 관리방법에 관한 결정의 요구
> 4. 사업주체의 성명 및 주소(법인인 경우에는 명칭 및 소재지를 말한다)

> [지문 ④]
> <u>임대사업자는 다음의 어느 하나에 해당하는 경우에는 <u>지문 ③</u>을 준용</u>하여 입주자등에게 통지하여야 한다.
> 1. 「민간임대주택에 관한 특별법」에 따른 민간건설임대주택을 임대사업자 외의 자에게 <u>양도</u>하는 경우로서 해당 양도 임대주택 입주예정자의 <u>과반수가 입주</u>하였을 때
> 2. 「공공주택 특별법」에 따른 공공건설임대주택에 대해 <u>분양전환</u>을 하는 경우로서 해당 공공건설임대주택 전체 세대수의 <u>과반수가 분양전환</u>된 때

정답 ⑤

13 공동주택관리법령상 '입주자대표회의'에 관한 설명으로 옳은 것은?

① 동별 대표자는 원칙적으로 선거구별로 1명씩 선출하지만, 예외적으로 선거구별로 2명 이상을 선출하거나, 2개의 선거구에 1명을 선출할 수도 있다.

② 입주자대표회의는 그 회의를 개최한 때에는 회의록을 작성한 후 보관해야 한다.

③ 입주자대표회의는 구성원 과반수의 투표 및 투표자 과반수의 찬성으로 의결한다.

④ 위탁관리를 하는 경우 직원의 임면에 관한 사항은 입주자대표회의 의결사항이다.

⑤ 입주자대표회의는 주택관리업자가 공동주택을 관리하는 경우에는 주택관리업자의 직원인사·노무관리 등의 업무수행에 부당하게 간섭해서는 아니 된다.

키워드 **입주자대표회의**

풀이 위탁관리인 경우, 입주자대표회의는 주택관리업자가 공동주택을 관리하는 경우에는 주택관리업자의 직원인사·노무관리 등의 업무수행에 부당하게 간섭해서는 아니 된다.
① 동별 대표자는 선거구별로 1명씩 선출하며, 예외가 없다.
② 입주자대표회의는 그 회의를 개최한 때에는 회의록을 작성하여 관리주체에게 보관하게 하여야 한다.

> 1. 300세대 이상 공동주택의 관리주체는 관리규약으로 정하는 범위·방법 및 절차 등에 따라 회의록을 입주자등에게 공개하여야 한다.
> 2. 300세대 미만 공동주택의 관리주체는 관리규약으로 정하는 바에 따라 회의록을 공개할 수 있다.

③ 입주자대표회의는 입주자대표회의 구성원 과반수의 찬성으로 의결한다.
④ 자치관리를 하는 경우 자치관리기구 직원의 임면에 관한 사항은 입주자대표회의의 의결사항이다.

정답 ⑤

고난도

14 공동주택관리법령상 입주자대표회의의 구성원인 동별 대표자가 될 수 없는 자를 모두 고른 것은? (단, 주어진 조건 이외에 다른 조건은 고려하지 않음) 제22회

> ㉠ 최초의 입주자대표회의를 구성하기 위한 동별 대표자를 선출하는 경우, 해당 선거구에 주민등록을 마친 후 계속하여 동별 대표자 선출공고에서 정한 각종 서류 제출 마감일 기준 2개월째 거주하고 있는 공동주택의 소유자
> ㉡ 파산자였으나 동별 대표자 선출공고에서 정한 각종 서류 제출 마감일 기준 1개월 전에 복권된 공동주택의 소유자
> ㉢ 공동주택 소유자의 조카(3촌)로서 해당 주택에 거주하고 있으면서 소유자가 서면으로 위임한 대리권이 있는 자
> ㉣ 「주택법」을 위반한 범죄로 징역 1년, 집행유예 2년을 선고받고 동별 대표자 선출공고에서 정한 각종 서류 제출 마감일 기준 그 집행유예기간 중인 공동주택의 소유자

① ㉠, ㉢
② ㉡, ㉣
③ ㉢, ㉣
④ ㉠, ㉢, ㉣
⑤ ㉠, ㉡, ㉢, ㉣

키워드 동별 대표자의 결격자

풀이 ㉢ 공동주택 소유자의 조카(3촌)로서 해당 주택에 거주하고 있으면서 소유자가 서면으로 위임한 대리권이 있는 자(불가능: <u>조카(3촌)</u>는 대리권이 있더라도 <u>불가능</u>)

㉣ 「주택법」을 위반한 범죄로 징역 1년, 집행유예 2년을 선고받고 동별 대표자 선출공고에서 정한 각종 서류 제출 마감일 기준 그 집행유예기간 중인 공동주택의 소유자(불가능: <u>집행유예기간 중</u>에는 <u>불가능</u>)

㉠ 최초의 입주자대표회의를 구성하기 위한 동별 대표자를 선출하는 경우, 해당 선거구에 주민등록을 마친 후 계속하여 동별 대표자 선출공고에서 정한 각종 서류 제출 마감일 기준 2개월째 거주하고 있는 공동주택의 소유자(가능: <u>최초의 입주자대표회의를 구성</u>하기 위한 동별 대표자를 선출하는 경우에는 <u>거주 요건 불필요함</u>)

㉡ 파산자였으나 동별 대표자 선출공고에서 정한 각종 서류 제출 마감일 기준 1개월 전에 복권된 공동주택의 소유자(가능: <u>복권</u>되었으므로 가능)

TIP 4개 지문 모두 동별 대표자가 될 수 없는 자에 대한 매우 수준 높은 지문으로서, 위의 풀이를 통해 정확히 숙지하여야 한다.

정답 ③

15 공동주택관리법령상 '임원의 선출'에 관한 내용으로 옳지 않은 것은?

① 입주자대표회의에는 회장 1명, 감사 2명 이상, 이사 1명 이상의 임원을 두어야한다.

② '임원'은 동별 대표자 중에서 선출한다.

③ 500세대 이상인 공동주택의 경우, '회장'의 후보자가 2명 이상인 경우에는 전체 입주자등의 10분의 1 이상이 투표하고 투표자 과반수의 찬성으로 선출한다.

④ 감사의 후보자가 선출필요인원을 초과하는 경우는 전체 입주자등의 10분의 1 이상이 투표하고 후보자 중 다득표자 순으로 선출한다.

⑤ 이사는 세대수를 불문하고 입주자대표회의 구성원 과반수의 찬성으로 선출하며, 입주자대표회의 구성원 과반수 찬성으로 선출할 수 없는 경우로서 최다득표자가 2인 이상인 경우는 추첨으로 선출한다.

키워드 **임원의 선출**

풀이 개정된 법령에 따라, 원칙적으로 세대수를 불문하고 '회장'의 후보자가 2명 이상인 경우에는 전체 입주자등의 10분의 1 이상이 투표하고 후보자 중 최다득표자를 선출한다.

이론 ✚

'임원'의 선출

'임원'은 동별 대표자 중에서 다음의 구분에 따른 방법으로 선출한다.

1. '회장' 선출방법
   ㉠ 입주자등의 보통·평등·직접·비밀선거를 통하여 선출
   ㉡ 후보자가 2명 이상인 경우: 전체 입주자등의 10분의 1 이상이 투표하고 후보자 중 최다득표자를 선출
   ㉢ 후보자가 1명인 경우: 전체 입주자등의 10분의 1 이상이 투표하고 투표자 과반수의 찬성으로 선출
   ㉣ 다음의 경우에는 입주자대표회의 구성원 과반수의 찬성으로 선출하며, 입주자대표회의 구성원 과반수 찬성으로 선출할 수 없는 경우로서 최다득표자가 2인 이상인 경우에는 추첨으로 선출
     ⓐ '후보자가 없거나' '위 ㉠부터 ㉢까지의 규정에 따라 선출된 자가 없는 경우'
     ⓑ 위 ㉠부터 ㉢까지의 규정에도 불구하고 500세대 미만의 공동주택단지에서 관리규약으로 정하는 경우

2. '감사' 선출방법
   ㉠ 입주자등의 보통·평등·직접·비밀선거를 통하여 선출
   ㉡ 후보자가 선출필요인원을 초과하는 경우: 전체 입주자등의 10분의 1 이상이 투표하고 후보자 중 다득표자 순으로 선출
   ㉢ 후보자가 선출필요인원과 같거나 미달하는 경우: 후보자별로 전체 입주자등의 10분의 1 이상이 투표하고 투표자 과반수의 찬성으로 선출
   ㉣ 다음의 경우에는 입주자대표회의 구성원 과반수의 찬성으로 선출하며, 입주자대표회의 구성원 과반수의 찬성으로 선출할 수 없는 경우로서 최다득표자가 2인 이상인 경우에는 추첨으로 선출
     ⓐ '후보자가 없거나' '위 ㉠부터 ㉢까지의 규정에 따라 선출된 자가 없는 경우'(선출된 자가 선출필요인원에 미달하여 추가선출이 필요한 경우를 포함한다)

ⓑ '위 ㉠부터 ㉢까지의 규정에도 불구'하고 500세대 미만의 공동주택단지에서 관리규약으로 정하는 경우

3. '이사' 선출방법

'입주자대표회의 구성원 과반수의 찬성'으로 선출하며, 입주자대표회의 구성원 과반수 찬성으로 선출할 수 없는 경우로서 최다득표자가 2인 이상인 경우에는 추첨으로 선출

TIP 특히 최근에 개정 또는 신설된 내용 등에 대한 정확한 숙지가 필요하다.

정답 ③

---

16 공동주택관리법령상 입주자대표회의와 그 임원 구성에 관한 내용으로 옳은 것을 모두 고른 것은? 제23회

㉠ 입주자대표회의는 3명 이상으로 구성하되, 동별 세대수에 비례하여 관리규약으로 정한 선거구에 따라 선출된 대표자로 구성한다.

㉡ 회장 후보자가 3명인 경우, 전체 입주자등의 10분의 1 이상이 투표하고 후보자 중 최다득표를 한 동별 대표자 1명을 입주자대표회의 회장으로 선출한다.

㉢ 이사는 입주자대표회의 구성원 과반수의 찬성으로 동별 대표자 중에서 1명 이상 선출한다.

① ㉢
② ㉠, ㉡
③ ㉠, ㉢
④ ㉡, ㉢
⑤ ㉠, ㉡, ㉢

키워드 동별 대표자 및 임원의 선출

풀이 입주자대표회의는 4명 이상으로 구성하되, 동별 세대수에 비례하여 관리규약으로 정한 선거구에 따라 선출된 대표자로 구성한다.

정답 ④

17 공동주택관리법령상 입주자대표회의의 구성에 관한 설명으로 옳은 것은? 제24회 수정

① 동별 대표자 선거구는 2개 동 이상으로 묶어서 정할 수 있으나, 통로나 층별로 구획하여 정할 수는 없다.

② 하나의 공동주택단지를 여러 개의 공구로 구분하여 순차적으로 건설하는 경우 먼저 입주한 공구의 입주자등은 입주자대표회의를 구성할 수 없다.

③ 동별 대표자가 임기 중에 관리비를 최근 3개월 이상 연속하여 체납한 경우에는 해당 선거구 전체 입주자등의 과반수의 찬성으로 해임한다.

④ 회장의 후보자가 2명 이상인 경우에는 원칙적으로 전체 입주자등의 10분의 1 이상이 투표하고 후보자 중 최다득표자를 회장으로 선출한다.

⑤ 공동주택을 임차하여 사용하는 사람의 동별 대표자 결격사유는 그를 대리하는 자에게 미치지 않는다.

키워드 **입주자대표회의의 구성**

풀이 ① 선거구는 2개 동 이상으로 묶거나 통로나 층별로 구획하여 정할 수 있다.
② 하나의 공동주택단지를 여러 개의 공구로 구분하여 순차적으로 건설하는 경우 먼저 입주한 공구의 입주자등은 입주자대표회의를 구성할 수 있다. 다만, 다음 공구의 입주예정자의 과반수가 입주한 때는 다시 입주자대표회의를 구성하여야 한다.
③ 동별 대표자가 임기 중에 관리비를 최근 3개월 이상 연속하여 체납한 경우에는 그 자격을 상실한다. 동별 대표자가 임기 중에 해당 결격사유에 해당하게 된 경우에는 당연히 퇴임한다.
⑤ 공동주택을 임차하여 사용하는 사람의 동별 대표자 결격사유는 그를 대리하는 자에게 미친다.

정답 ④

18 공동주택관리법령상 입주자대표회의의 의결사항이 아닌 것은? 제21회

① 공용시설물 이용료 부과기준의 결정
② 어린이집을 포함한 주민공동시설 위탁 운영의 제안
③ 비용지출을 수반하는 안전관리계획의 수립 또는 조정
④ 단지 안의 전기·도로·상하수도·주차장·가스설비·냉난방설비 및 승강기 등의 유지·운영 기준
⑤ 관리규약에서 위임한 사항과 그 시행에 필요한 규정의 제정·개정 및 폐지

PART 2

키워드 입주자대표회의 의결사항

풀이 '주민공동시설 위탁 운영의 제안'은 입주자대표회의가 의결하는 사항이지만, 이 경우 일정한 규정의 경우 '입주자대표회의가 의결사항에서 제외되는 주민공동시설'에는 다음의 시설 등이다.
1. 「영유아보육법」 제10조에 따른 어린이집
2. 「아동복지법」 제44조의2에 따른 다함께돌봄센터
3. 「아이돌봄 지원법」 제19조에 따른 공동육아나눔터

이론 ✚
> 1. 어린이집은 주민공동시설에 해당한다.
> 2. 사업주체는 입주예정자와 '관리계약'을 체결할 때 관리규약 제정안을 제안하여야 한다. 다만, 영 제29조의3(다음의 3.)에 따라 사업주체가 입주자대표회의가 구성되기 전에 다음 3.의 시설의 임대계약을 체결하려는 경우에는 입주개시일 3개월 전부터 관리규약 제정안을 제안할 수 있다 (영 제20조 제1항).
> 3. 시장·군수·구청장은 '입주자대표회의가 구성되기 전'에 '다음의 주민공동시설'의 임대계약 체결이 필요하다고 인정하는 경우에는 사업주체로 하여금 입주예정자 과반수의 서면 동의를 받아 해당 시설의 임대계약을 체결하도록 할 수 있다(영 제29조의3 제1항).
>   ㉠ 「영유아보육법」 제10조에 따른 어린이집
>   ㉡ 「아동복지법」 제44조의2에 따른 다함께돌봄센터
>   ㉢ 「아이돌봄 지원법」 제19조에 따른 공동육아나눔터

정답 ②

19 공동주택관리법령상 '선거관리위원회'에 관한 내용으로 옳지 않은 것은?

① 입주자등은 동별 대표자나 입주자대표회의의 임원을 선출하거나 해임하기 위하여 선거관리위원회(이하 '선거관리위원회'라 한다)를 구성한다.

② 동별 대표자 또는 그 후보자는 선거관리위원회의 위원이 될 수 없으며 그 자격을 상실한다.

③ 동별 대표자 또는 선거관리위원회 위원을 사퇴하거나 그 지위에서 해임 또는 해촉된 사람으로서 그 남은 임기 중에 있는 사람은 선거관리위원회의 위원이 될 수 없으며 그 자격을 상실한다.

④ 선거관리위원회는 위 ①에 따른 선거관리를 위하여 「선거관리위원회법」 제2조 제1항 제3호에 따라 해당 소재지를 관할하는 '구·시·군선거관리위원회'에 투표 및 개표 관리 등 선거지원을 요청할 수 있다.

⑤ 선거관리위원회는 그 구성원('관리규약으로 정한 정원'을 말하며, 해당 입주자대표회의 구성원의 3분의 2 이상이 선출되었을 때에는 그 '선출된 인원'을 말한다) 과반수의 찬성으로 그 의사를 결정한다. 이 경우 이 영 및 관리규약으로 정하지 아니한 사항은 선거관리위원회 규정으로 정할 수 있다.

> **키워드** 선거관리위원회
>
> **풀이** 선거관리위원회는 그 구성원('관리규약으로 정한 정원'을 말한다) <u>과반수</u>의 찬성으로 그 의사를 결정한다. 이 경우 이 영 및 관리규약으로 정하지 아니한 사항은 선거관리위원회 규정으로 정할 수 있다.

> **이론 ✚**
>
> **자치관리기구의 구성 및 운영(영 제4조 제3항)**
>
> 자치관리기구 관리사무소장은 입주자대표회의가 입주자대표회의 <u>구성원</u>('관리규약으로 정한 정원'을 말하며, 해당 입주자대표회의 구성원의 <u>3분의 2 이상</u>이 선출되었을 때에는 그 '선출된 인원'을 말한다) <u>과반수</u>의 찬성으로 선임한다.

> **선거관리위원회 위원의 결격자(법 제15조 제2항)**
>
> 1. 동별 대표자 또는 그 후보자
> 2. 위 1.에 해당하는 사람의 배우자 또는 직계존비속
> 3. 그 밖에 '대통령령으로 정하는 다음의 사람'(영 제16조)
>   ㉠ 미성년자, 피성년후견인 또는 피한정후견인
>   ㉡ 동별 대표자를 사퇴하거나 그 지위에서 해임된 사람 또는 법 제14조 제5항에 따라 퇴임한 사람으로서 그 남은 임기 중에 있는 사람
>   ㉢ 선거관리위원회 위원을 사퇴하거나 그 지위에서 해임 또는 해촉된 사람으로서 그 남은 임기 중에 있는 사람

정답 ⑤

20 공동주택관리법령상 '관리규약의 준칙에 포함되어야 할 사항'으로 옳지 않은 것은?

① 공동주택의 층간소음에 관한 사항
② 장기수선충당금의 요율 및 사용절차
③ 지방자치단체와 입주자대표회의 간 체결한 협약에 따라 지방자치단체가 직접 운영·관리하는 방식으로 입주자등 외의 자에게 공동주택의 주차장을 개방하는 경우 주차장의 개방시간 등
④ 부대시설의 위탁에 따른 방법 또는 절차에 관한 사항
⑤ 경비원 등 근로자에 대한 괴롭힘의 금지 및 발생 시 조치에 관한 사항

> **키워드** 관리규약의 준칙에 포함되어야 할 사항
>
> **풀이** '부대시설'이 아니라 <u>주민공동시설</u>의 위탁에 따른 방법 또는 절차에 관한 사항이 관리규약 준칙에 포함되어야 할 사항이다.

> **이론 ➕**
>
> **관리규약의 준칙에 포함되어야 할 사항**
> 1. 입주자등의 권리 및 의무[영 제19조 제2항(관리주체의 동의)에 따른 의무를 포함한다]
> 2. 입주자대표회의의 구성·운영(회의의 녹음·녹화·중계 및 방청에 관한 사항을 포함한다)과 그 구성원의 의무 및 책임
> 3. 동별 대표자의 선거구·선출절차와 해임 사유·절차 등에 관한 사항
> 4. 선거관리위원회의 구성·운영·업무·경비, 위원의 선임·해임 및 임기 등에 관한 사항
> 5. 입주자대표회의 소집절차, 임원의 해임 사유·절차 등에 관한 사항
> 6. 장기수선충당금의 요율 및 사용절차
> 7. 공동주택의 층간소음 및 간접흡연에 관한 사항
> 8. 주민공동시설의 위탁에 따른 방법 또는 절차에 관한 사항
> 9. 경비원 등 근로자에 대한 괴롭힘의 금지 및 발생 시 조치에 관한 사항 등

정답 ④

21 공동주택관리법령상 관리규약에 관한 내용으로 옳은 것은? 제22회

① 입주자등이 정한 관리규약은 관리주체가 정한 관리규약준칙을 따라야 하고, 관리규약준칙에 반하는 관리규약은 효력이 없다.

② 입주자대표회의의 회장은 관리규약을 보관하여야 하고, 입주자등이 열람을 청구하거나 복사를 요구하면 이에 응하여야 한다.

③ 관리규약을 개정한 경우 입주자대표회의의 회장은 관리규약이 개정된 날부터 30일 이내에 시장·군수·구청장에게 이를 신고하여야 한다.

④ 입주자등의 지위를 승계한 사람이 관리규약에 동의하지 않으면 그 사람에게는 관리규약의 효력이 미치지 않는다.

⑤ 입주자대표회의가 공동주택 관리규약을 위반한 경우 공동주택의 관리주체는 전체 입주자등의 10분의 2 이상의 동의를 받아 지방자치단체의 장에게 감사를 요청할 수 있다.

> **키워드** 관리규약
>
> **풀이** ① 입주자등이 정한 관리규약은 시·도지사가 정한 관리규약준칙을 참조하여 정한다.
> ② 관리주체는 관리규약을 보관하여야 하고, 입주자등이 열람을 청구하거나 복사를 요구하면 이에 응하여야 한다.
> ④ 입주자등의 지위를 승계한 사람에게는 관리규약의 효력이 미친다.
> ⑤ 입주자대표회의가 공동주택 관리규약을 위반한 경우 공동주택의 입주자등은 전체 입주자등의 10분의 2 이상의 동의를 받아 지방자치단체의 장에게 감사를 요청할 수 있다.
>
> 정답 ③

22 공동주택관리법령상 '관리주체의 동의를 받아야 할 행위'로 옳지 않은 것은?

① 공동주택에 광고물·표지물 또는 표지를 부착하는 행위

② 공동주택의 발코니 난간 또는 외벽에 돌출물을 설치하는 행위

③ 법 제35조 제1항 제3호에 따른 경미한 행위(창틀, 문틀 교체 등 행위)로서 주택 내부의 구조물과 설비를 교체하는 행위

④ 가축(장애인 보조견을 포함한다)을 사육하거나 방송시설 등을 사용함으로써 공동주거생활에 피해를 미치는 행위

⑤ 「환경친화적 자동차의 개발 및 보급 촉진에 관한 법률」 제2조 제3호에 따른 전기자동차의 이동형 충전기를 이용하기 위한 차량무선인식장치[전자태그(RFID tag)를 말한다]를 콘센트 주위에 부착하는 행위

키워드 관리주체의 동의를 받아야 할 행위

풀이 가축(장애인 보조견은 제외한다)을 사육하거나 방송시설 등을 사용함으로써 공동주거생활에 피해를 미치는 행위

이론 +

> [지문 ②]
>
> 지문 ②에도 불구하고 「주택건설기준 등에 관한 규정」 제37조 제5항 본문에 따라 세대 안에 냉방설비의 배기장치를 설치할 수 있는 공간이 마련된 공동주택의 경우 입주자등은 냉방설비의 배기장치를 설치하기 위하여 돌출물을 설치하는 행위를 하여서는 아니 된다.

정답 ④

최신기출

23 공동주택관리법령상 관리규약에 관한 설명으로 옳지 않은 것은? 제26회

① 공동주택 분양 후 최초의 관리규약은 사업주체가 제안한 내용을 해당 입주예정자의 과반수가 서면으로 동의하는 방법으로 결정한다.

② 의무관리대상 전환 공동주택의 관리규약 제정안은 의무관리대상 전환 공동주택의 관리인이 제안하고, 그 내용을 전체 입주자등 과반수의 서면동의로 결정한다.

③ 관리규약은 입주자등의 지위를 승계한 사람에 대하여도 그 효력이 있다.

④ 입주자등이 공동주택에 광고물을 부착하는 행위를 하려는 경우에는 관리주체의 동의를 받아야 한다.

⑤ 입주자대표회의의 회장은 관리규약을 개정한 경우 시장·군수·구청장으로부터 승인을 받아야 한다.

키워드 관리규약

풀이 입주자대표회의의 회장(관리규약의 제정의 경우에는 사업주체 또는 의무관리대상 전환 공동주택의 관리인을 말한다)은 다음의 사항을 시장·군수·구청장에게 신고하여야 하며, 신고한 사항이 변경되는 경우에도 또한 같다. 다만, 의무관리대상 전환 공동주택의 관리인이 관리규약의 제정 신고를 하지 아니하는 경우에는 입주자등의 10분의 1 이상이 연서하여 신고할 수 있다.

1. 관리규약의 제정·개정
2. 입주자대표회의의 구성·변경
3. 그 밖에 필요한 사항으로서 대통령령으로 정하는 사항

정답 ⑤

24 공동주택관리법령상 공동주택의 층간소음의 방지 등에 관한 설명으로 옳지 않은 것은?

제21회 수정

① 대각선에 위치한 인접한 세대 간의 소음은 층간소음에 포함되지 않는다.
② 층간소음 피해를 끼친 입주자등은 「공동주택관리법」에 따른 관리주체의 조치 및 권고에 협조하여야 한다.
③ 공동주택의 입주자(임대주택의 임차인을 포함한다)등은 층간소음으로 인하여 다른 입주자등에게 피해를 주지 아니하도록 노력하여야 한다.
④ 입주자등은 필요한 경우 층간소음에 따른 분쟁의 예방, 조정, 교육 등을 위하여 자치적인 조직을 구성하여 운영할 수 있다.
⑤ 층간소음으로 피해를 입은 입주자등이 관리주체에게 층간소음 발생 사실을 알리면서 층간소음 피해를 끼친 해당 입주자등에게 층간소음 발생을 중단하거나 소음 차단 조치를 권고하도록 요청한 경우, 관리주체는 사실관계 확인을 위하여 세대 내 확인 등 필요한 조사를 할 수 있다.

> **키워드** 층간소음의 방지 등
> **풀이** 대각선에 위치한 인접한 세대 간의 소음도 <u>층간소음에 포함된다.</u>

정답 ①

25 공동주택관리법령상 '간접흡연의 방지 등'에 관한 내용으로 옳지 않은 것은?

① 공동주택의 입주자등은 발코니, 화장실 등 세대 내에서의 흡연으로 인하여 다른 입주자등에게 피해를 주지 아니하도록 노력하여야 한다.
② 간접흡연으로 피해를 입은 입주자등은 관리주체에게 간접흡연 발생 사실을 알리고, 관리주체가 간접흡연 피해를 끼친 해당 입주자등에게 일정한 장소에서 흡연을 중단하도록 권고할 것을 요청할 수 있다. 이 경우 관리주체는 사실관계 확인을 위하여 세대 내 확인 등 필요한 조사를 할 수 있다.
③ 간접흡연 피해를 끼친 입주자등은 위 ②에 따른 관리주체의 권고에 협조하여야 한다.
④ 시장·군수·구청장은 필요한 경우 입주자등을 대상으로 간접흡연의 예방, 분쟁의 조정 등을 위한 교육을 실시할 수 있다.
⑤ 입주자등은 필요한 경우 간접흡연에 따른 분쟁의 예방, 조정, 교육 등을 위하여 자치적인 조직을 구성하여 운영할 수 있다.

키워드 간접흡연의 방지 등

풀이 관리주체는 필요한 경우 입주자등을 대상으로 간접흡연의 예방, 분쟁의 조정 등을 위한 교육을 실시할 수 있다.

정답 ④

26 공동주택관리법령상 '공동체 생활의 활성화'에 관한 내용으로 옳지 않은 것은?

① 입주자대표회의는 입주자등의 소통 및 화합의 증진을 위하여 그 이사 중 공동체 생활의 활성화에 관한 업무를 담당하는 이사를 선임할 수 있다.

② 공동체 생활의 활성화 및 질서유지에 관한 사항은 입주자대표회의의 의결사항이다.

③ 공동주택의 입주자등은 입주자등의 소통 및 화합 증진 등을 위하여 필요한 활동을 자율적으로 실시할 수 있고, 이를 위하여 필요한 조직을 구성하여 운영할 수 있다.

④ 입주자대표회의 또는 관리주체는 공동체 생활의 활성화에 필요한 경비의 일부를 관리비에서 지원할 수 있다.

⑤ 위 ④에 따른 경비의 지원은 관리규약으로 정하거나 관리규약에 위배되지 아니하는 범위에서 입주자대표회의의 의결로 정한다.

키워드 공동체 생활의 활성화의 지원 등

풀이 입주자대표회의 또는 관리주체는 공동체 생활의 활성화에 필요한 경비의 일부를 재활용품의 매각 수입 등 공동주택을 관리하면서 부수적으로 발생하는 수입에서 지원할 수 있다.

이론 ➕

[지문 ④와 영 제10조 제2항·3항의 비교]

1. 새로운 관리주체는 기존 관리의 종료일까지 공동주택관리기구를 구성하여야 하며, 기존 관리주체는 해당 관리의 종료일까지 공동주택의 관리업무를 인계하여야 한다.

2. 위 1.에도 불구하고 기존 관리의 종료일까지 인계·인수가 이루어지지 아니한 경우 기존 관리주체는 기존 관리의 종료일(기존 관리의 종료일까지 새로운 관리주체가 선정되지 못한 경우에는 새로운 관리주체가 선정된 날을 말한다)부터 1개월 이내에 새로운 관리주체에게 공동주택의 관리업무를 인계하여야 한다. 이 경우 그 인계기간에 소요되는 기존 관리주체의 인건비 등은 해당 공동주택의 관리비로 지급할 수 있다.

정답 ④

27 공동주택관리법령에 관한 내용으로 옳지 않은 것은?

① 입주자등은 동별 대표자를 선출하는 등 공동주택의 관리와 관련하여 의사를 결정하는 경우 전자적 방법을 통하여 그 의사를 결정할 수 있다.

② 위 ①의 경우, 서면동의에 의하여 의사를 결정하는 경우를 제외한다.

③ 위 ①의 경우, 전자적 방법이란 「전자문서 및 전자거래 기본법」 제2조 제2호에 따른 정보처리시스템을 사용하거나 그 밖에 정보통신기술을 이용하는 방법을 말한다.

④ 입주자등은 전자적 방법으로 의결권을 행사(이하 '전자투표'라 한다)하는 경우에는 휴대전화를 통한 본인인증 등의 방법으로 본인확인을 거쳐야 한다.

⑤ 관리주체, 입주자대표회의, 의무관리대상 전환 공동주택의 관리인 또는 선거관리위원회는 전자투표를 실시하려는 경우에는 전자투표를 하는 방법, 전자투표 기간 등의 사항을 입주자등에게 미리 알려야 한다.

> **키워드** 전자적 방법을 통한 의사결정
>
> **풀이** 위 ①의 경우, 서면동의에 의하여 의사를 결정하는 경우를 <u>포함</u>한다.

정답 ②

▶ **연계학습** | 에듀윌 기본서 2차 [주택관리관계법규 上] p.190

대표기출

공동주택관리법령상 공동주택을 건설·공급하는 사업주체가 사용검사를 신청할 때에 공동
주택의 공용부분에 대한 장기수선계획을 수립·제출하여야 하는 경우에 해당하는 공동주택
을 모두 고른 것은? 제25회

> ㉠ 300세대인 공동주택
> ㉡ 승강기가 설치된 100세대인 공동주택
> ㉢ 중앙집중식 난방방식의 150세대인 공동주택
> ㉣ 지역난방방식의 150세대인 공동주택

① ㉠

② ㉡, ㉢

③ ㉡, ㉣

④ ㉠, ㉢, ㉣

⑤ ㉠, ㉡, ㉢, ㉣

키워드 **장기수선계획**

풀이 다음의 어느 하나에 해당하는 공동주택을 건설·공급하는 사업주체 등은 장기수선계획을 수립하여 사용
검사 등을 신청할 때에 사용검사권자에게 제출하고, 사용검사권자는 이를 그 공동주택의 관리주체에게
인계하여야 한다.
1. 300세대 이상의 공동주택
2. 승강기가 설치된 공동주택
3. 중앙집중식 난방방식 또는 지역난방방식의 공동주택
4. 「건축법」 제11조에 따른 건축허가를 받아 주택 외의 시설과 주택을 동일 건축물로 건축한 건축물

정답 ⑤

01 공동주택관리법령 규정에 관한 설명으로 옳지 않은 것은?

① 의무관리대상 공동주택의 관리주체는 그 공동주택의 유지관리를 위하여 필요한 관리비를 입주자등으로부터 징수하여 납부하여야 한다.

② 관리주체는 장기수선계획에 따라 공동주택의 주요 시설의 교체 및 보수에 필요한 장기수선충당금을 해당 주택의 소유자로부터 징수하여 적립하여야 한다.

③ 관리주체는 입주자등이 납부하는 대통령령으로 정하는 사용료 등을 입주자등을 대행하여 그 사용료등을 받을 자에게 납부할 수 있다.

④ 관리주체는 관리비 등을 「은행법」에 따른 은행 등 입주자대표회의가 지정하는 금융기관에 예치하여 관리하되, 장기수선충당금은 별도의 계좌로 예치·관리하여야 한다.

⑤ 위 ④의 경우 계좌는 관리사무소장의 직인 외에 입주자대표회의의 회장 인감을 복수로 등록할 수 있다.

> **키워드** 관리비등
>
> **풀이** 의무관리대상 공동주택의 <u>입주자등</u>은 그 공동주택의 유지관리를 위하여 필요한 <u>관리비</u>를 <u>관리주체</u>에게 납부하여야 한다.
>
> **이론 ✚**
>
> > [참고]
> >
> > <u>사업주체</u>는 대통령령으로 정하는 바에 따라 하자보수를 보장하기 위하여 <u>하자보수보증금</u>을 담보책임기간(보증기간은 공용부분을 기준으로 기산한다) 동안 예치하여야 한다. 다만, 국가·지방자치단체·한국토지주택공사 및 지방공사인 사업주체의 경우에는 그러하지 아니하다.
>
> 정답 ①

02 공동주택관리법령에 관한 내용으로 옳지 않은 것은?

① 관리주체는 장기수선충당금 및 영 제40조 제2항 단서에 따른 안전진단 실시비용에 대해서는 관리비와 구분하여 징수하여야 한다.

② 지역난방방식인 공동주택의 난방비와 급탕비는 관리비에 해당한다.

③ 관리주체는 주민공동시설, 인양기 등 공용시설물의 이용료를 해당 시설의 이용자에게 따로 부과할 수 있다.

④ 관리주체는 보수가 필요한 시설(누수되는 시설을 포함한다)이 2세대 이상의 공동사용에 제공되는 것인 경우에는 직접 보수하고 해당 입주자등에게 그 비용을 따로 부과할 수 있다.

⑤ 관리주체는 관리비등을 통합하여 부과하는 때에는 그 수입 및 집행세부내용을 쉽게 알 수 있도록 정리하여 입주자등에게 알려주어야 한다.

03 공동주택관리법령상 '관리비예치금'에 관한 설명으로 옳지 않은 것은?

① 사업주체는 입주예정자의 과반수가 입주할 때까지 공동주택을 직접 관리하는 경우에는 입주예정자와 관리계약을 체결하여야 한다.

② 위 ①의 경우, 사업주체는 그 관리계약에 따라 관리비예치금을 징수할 수 있다.

③ 관리주체는 해당 공동주택의 공용부분의 관리 및 운영 등에 필요한 경비(이하 '관리비예치금'이라 한다)를 공동주택의 입주자로부터 징수할 수 있다.

④ 관리주체는 소유자가 공동주택의 소유권을 상실한 경우에는 징수한 관리비예치금을 반환하여야 한다.

⑤ 위 ④의 경우, 소유자가 관리비·사용료 및 장기수선충당금 등을 미납한 때에는 관리비예치금에서 정산한 후 그 잔액을 반환할 수 있다.

04 공동주택관리법령상 '관리비등의 사업계획 및 예산안 수립 등'에 관한 설명으로 옳지 않은 것은?

① 의무관리대상 공동주택의 관리주체는 다음 회계연도에 관한 관리비등의 사업계획 및 예산안을 매 회계연도 개시 1개월 전까지 입주자대표회의에 제출하여 승인을 받아야 한다.

② 사업주체로부터 공동주택의 관리업무를 인계받은 관리주체는 지체 없이 다음 회계연도가 시작되기 전까지의 기간에 대한 사업계획 및 예산안을 수립하여 입주자대표회의의 승인을 받아야 한다.

③ 의무관리대상 전환 공동주택의 관리인으로부터 공동주택의 관리업무를 인계받은 관리주체도 위 ②와 동일한 의무가 있다.

④ 위 ② 및 ③의 경우, 다음 회계연도가 시작되기 전까지의 기간이 3개월 미만인 경우로서 입주자대표회의 동의가 있는 경우에는 생략할 수 있다.

⑤ 의무관리대상 공동주택의 관리주체는 회계연도마다 사업실적서 및 결산서를 작성하여 회계연도 종료 후 2개월 이내에 입주자대표회의에 제출하여야 한다.

> **키워드** 관리비등의 사업계획 및 예산안 수립 등
> **풀이** 위 ② 및 ③의 경우, 다음 회계연도가 시작되기 전까지의 기간이 <u>3개월 미만</u>인 경우로서 입주자대표회의 <u>의결</u>이 있는 경우에는 생략할 수 있다.

정답 ④

05 공동주택관리법령상 의무관리대상 공동주택의 관리비등에 관한 내용으로 옳은 것은?

제22회

① 관리비는 관리비 비목의 전년도 금액의 합계액을 12로 나눈 금액을 매월 납부한다.

② 관리비를 납부받는 관리주체는 관리비와 사용료 등의 세대별 부과내역을 해당 공동주택단지의 인터넷 홈페이지에 공개하여야 한다.

③ 관리주체는 장기수선충당금에 대해서는 관리비와 구분하여 징수하여야 한다.

④ 관리주체는 관리비예치금을 납부한 소유자가 공동주택의 소유권을 상실하면 미납한 관리비·사용료가 있더라도 징수한 관리비예치금 전액을 반환하여야 한다.

⑤ 하자보수보증금을 사용하여 보수하는 공사를 할 경우에는 관리주체가 사업자를 선정하고 집행하여야 한다.

키워드 의무관리대상 공동주택의 관리비등

풀이
① 관리비는 일반관리비, 청소비 등 월별금액의 합계액을 매월 납부한다.
② 관리주체는 관리비, 사용료 등의 내역(항목별 산출내역을 말하며, 세대별 부과내역은 제외한다)을 대통령령으로 정하는 바에 따라 해당 공동주택단지의 인터넷 홈페이지(인터넷 홈페이지가 없는 경우에는 인터넷 포털을 통하여 관리주체가 운영·통제하는 유사한 기능의 웹사이트 또는 관리사무소의 게시판을 말한다) 및 동별 게시판(통로별 게시판이 설치된 경우에는 이를 포함한다)과 법 제88조 제1항에 따라 국토교통부장관이 구축·운영하는 공동주택관리정보시스템에 공개하여야 한다.
④ 관리주체는 소유자가 공동주택의 소유권을 상실한 경우에는 징수한 관리비예치금을 반환하여야 한다. 다만, 소유자가 관리비·사용료 및 장기수선충당금 등을 미납한 때에는 관리비예치금에서 정산한 후 그 잔액을 반환할 수 있다.
⑤ 하자보수보증금을 사용하여 보수하는 공사를 할 경우에는 입주자대표회의가 사업자를 선정하고 집행하여야 한다.

정답 ③

06 공동주택관리법령상 의무관리대상 공동주택의 입주자대표회의가 관리비등의 집행을 위한 사업자를 선정하고 관리주체가 집행하는 사항에 해당하지 않는 것을 모두 고른 것은?

제24회

ㄱ 장기수선충당금을 사용하는 공사
ㄴ 하자보수보증금을 사용하여 보수하는 공사
ㄷ 승강기유지, 지능형 홈네트워크를 위한 용역 및 공사
ㄹ 사업주체로부터 지급받은 공동주택 공용부분의 하자보수비용을 사용하여 보수하는 공사

① ㄱ, ㄴ
② ㄷ, ㄹ
③ ㄱ, ㄴ, ㄷ
④ ㄴ, ㄷ, ㄹ
⑤ ㄱ, ㄴ, ㄷ, ㄹ

키워드 사업자의 선정

풀이 '입주자대표회의가 사업자를 선정하고 관리주체가 집행하는 사항'은 다음과 같다.
1. 장기수선충당금을 사용하는 공사
2. 전기안전관리(전기안전관리법 제22조 제2항 및 제3항에 따라 전기설비의 안전관리에 관한 업무를 위탁 또는 대행하게 하는 경우를 말한다)를 위한 용역

정답 ④

07 공동주택관리법령상 '회계감사'에 관한 내용으로 옳지 않은 것은?

① 의무관리대상 공동주택의 관리주체는 「주식회사 등의 외부감사에 관한 법률」 제2조 제7호에 따른 감사인의 회계감사를 매년 1회 이상 받아야 한다.

② 위 ①에도 불구하고 300세대 이상인 공동주택은 해당 연도에 회계감사를 받지 아니하기로 입주자등의 3분의 2 이상의 서면동의를 받은 경우 그 연도에는 회계감사를 받을 의무가 없다.

③ 위 ①에도 불구하고 300세대 미만인 공동주택은 해당 연도에 회계감사를 받지 아니하기로 입주자등의 2분의 1 이상의 서면동의를 받은 경우 그 연도에는 회계감사를 받을 의무가 없다.

④ 회계감사의 감사인은 '입주자대표회의'가 선정한다. 이 경우 입주자대표회의는 시장·군수·구청장 또는 「공인회계사법」에 따른 한국공인회계사회에 감사인의 추천을 의뢰할 수 있다.

⑤ 위 ④의 경우, 입주자등의 10분의 1 이상이 연서하여 감사인의 추천을 요구하는 경우 입주자대표회의는 감사인의 추천을 의뢰한 후 추천을 받은 자 중에서 감사인을 선정하여야 한다.

> **키워드** 회계감사
>
> **풀이** 위 ①에도 불구하고 <u>300세대 미만</u>인 공동주택은 해당 연도에 회계감사를 받지 아니하기로 입주자등의 <u>과반수</u>의 서면동의를 받은 경우 그 연도에는 회계감사를 받을 의무가 없다.
>
> **TIP** 1. '<u>의무관리대상 공동주택이 아닌 공동주택의 경우</u>'에는 어떠한 경우에도 「공동주택관리법」상 <u>회계감사를 받아야 할 의무가 없다.</u>
> 2. 「<u>집합건물의 소유 및 관리에 관한 법률</u>」상 신설된 '<u>회계감사</u>'와 반드시 비교하여 숙지하여야 한다.

> 정답 ③

08 공동주택관리법령상 '300세대 규모인 공동주택의 회계감사 절차'에 관한 설명으로 옳지 않은 것은?

① 회계감사를 받아야 하는 공동주택의 관리주체는 매 회계연도 종료 후 3개월 이내에 재무상태표 등 재무제표에 대하여 회계감사를 받아야 한다.

② 감사인은 관리주체가 회계감사를 받은 날부터 1개월 이내에 관리주체에게 감사보고서를 제출해야 한다.

③ 관리주체는 회계감사를 받은 경우에는 감사보고서 등 회계감사의 결과를 제출받은 날부터 1개월 이내에 입주자대표회의에 보고하고 해당 공동주택단지의 인터넷 홈페이지 및 동별 게시판에 공개하여야 한다.

④ 회계감사의 감사인은 회계감사 완료일부터 1개월 이내에 회계감사 결과를 해당 공동주택을 관할하는 시장·군수·구청장에게 제출하고 공동주택관리정보시스템에 공개하여야 한다.

⑤ 회계감사를 받는 관리주체는 감사인에게 거짓 자료를 제출하여서는 아니 되며, 위반자는 1년 이하의 징역 또는 1천만원 이하의 벌금에 처한다.

> **키워드** 회계감사 절차
> **풀이** 회계감사를 받아야 하는 공동주택의 관리주체는 매 회계연도 종료 후 <u>9개월 이내</u>에 재무상태표 등 재무제표에 대하여 회계감사를 받아야 한다.
>
> 정답 ①

09 공동주택관리법령상 '300세대 이상의 공동주택'에 관한 내용으로 옳지 않은 것은?

① 해당 공동주택을 건설·공급하는 사업주체는 공용부분에 대한 장기수선계획을 수립하여 「주택법」에 따른 사용검사를 신청할 때에 사용검사권자에게 제출하고, 사용검사권자는 이를 그 공동주택의 '관리주체'에게 인계하여야 한다.

② 「건축법」 제11조에 따른 건축허가를 받아 주택 외의 시설과 주택을 동일 건축물로 건축하는 건축주도 위 ①의 의무를 진다.

③ 「주택법」 제66조 제1항 및 제2항에 따라 리모델링을 하는 자도 장기수선계획을 수립할 의무가 있다.

④ 위 ①의 경우 사용검사권자는 사업주체 또는 리모델링을 하는 자에게 장기수선계획의 보완을 요구할 수 있다.

⑤ 수립되거나 조정된 장기수선계획에 따라 주요 시설을 교체하거나 보수하지 아니한 자에게는 1천만원 이하의 벌금을 부과한다.

> **키워드** 장기수선계획의 수립
> **풀이** 수립되거나 조정된 장기수선계획에 따라 주요 시설을 교체하거나 보수하지 아니한 자에게는 <u>1천만원 이하</u>의 <u>과태료</u>를 부과한다.
>
> 정답 ⑤

10 공동주택관리법령상 '장기수선충당금'에 관한 설명으로 옳지 않은 것은?

① 관리주체는 장기수선계획에 따라 공동주택의 주요 시설의 교체 및 보수에 필요한 장기수선충당금을 해당 주택의 입주자로부터 징수하여 적립하여야 한다.

② 장기수선충당금의 사용은 장기수선계획에 따른다.

③ 위 ②에도 불구하고 해당 공동주택의 입주자 과반수의 서면동의가 있는 경우에는 하자진단 및 감정에 드는 비용의 용도로 사용할 수 있다.

④ 장기수선충당금의 적립금액은 장기수선계획으로 정한다.

⑤ 위 ④의 경우 국토교통부장관이 주요 시설의 계획적인 교체 및 보수를 위하여 최소 적립금액의 기준을 정하여 고시하는 경우에는 그에 맞아야 한다.

> **키워드** 장기수선충당금
>
> **풀이** 관리주체는 장기수선계획에 따라 공동주택의 주요 시설의 교체 및 보수에 필요한 장기수선충당금을 해당 주택의 <u>소유자</u>로부터 징수하여 적립하여야 한다.

정답 ①

11 공동주택관리법령상 '장기수선충당금'에 관한 설명으로 옳지 않은 것은?

① 장기수선충당금의 요율은 해당 공동주택의 공용부분의 내구연한 등을 고려하여 관리규약으로 정한다.

② 위 ①에도 불구하고 건설임대주택을 분양전환한 이후 관리업무를 인계하기 전까지의 장기수선충당금 요율은 「민간임대주택에 관한 특별법 시행령」 또는 「공공주택 특별법 시행령」에 따른 특별수선충당금 적립요율에 따른다.

③ 장기수선충당금의 사용절차는 관리규약으로 정한다.

④ 장기수선충당금은 해당 공동주택에 대한 사용검사일 등으로부터 1년이 경과한 날이 속하는 달부터 매달 적립한다.

⑤ 건설임대주택에서 분양전환된 공동주택의 경우에는 임대사업자가 관리주체에게 공동주택의 관리업무를 인계한 날이 속하는 달부터 적립한다.

> **키워드** 장기수선충당금
>
> **풀이** 장기수선충당금은 <u>관리주체가 수선공사의 명칭과 공사내용 등의 사항이 포함된 장기수선충당금 사용계획서</u>를 장기수선계획에 따라 <u>작성</u>하고 <u>입주자대표회의의 의결</u>을 거쳐 사용한다.

이론 ➕

[주의]
1. 장기수선충당금의 <u>요율</u> 및 <u>사용절차</u>는 '관리규약'으로 정한다. (×)
2. 장기수선충당금의 <u>요율</u>은 '관리규약'으로 정하지만, 장기수선충당금의 <u>사용절차</u>는 '관리규약'으로 정하지 아니하고, 장기수선충당금은 관리주체가 수선공사의 명칭과 공사내용 등의 사항이 포함된 장기수선충당금 <u>사용계획서</u>를 장기수선계획에 따라 <u>작성</u>하고 입주자대표회의의 <u>의결</u>을 거쳐 사용한다. (○)
3. 장기수선충당금의 <u>요율</u> 및 <u>사용절차</u>는 '관리규약의 준칙'에 포함되어야 할 사항이다. (○)

정답 ③

12 공동주택관리법령상 '장기수선충당금'에 관한 설명으로 옳지 않은 것은?

① 공동주택 중 분양되지 아니한 세대의 장기수선충당금은 사업주체가 부담한다.
② 공동주택의 소유자는 장기수선충당금을 사용자가 대신하여 납부한 경우에는 그 금액을 반환하여야 한다.
③ 입주자대표회의는 공동주택의 사용자가 장기수선충당금의 납부 확인을 요구하는 경우에는 지체 없이 확인서를 발급해 주어야 한다.
④ 월간 세대별 장기수선충당금은 [장기수선계획기간 중의 수선비총액 ÷ (총공급면적 × 12 × 계획기간(년))] × 세대당 주택공급면적의 계산식에 따라 산정한다.
⑤ 장기수선충당금은 관리주체가 수선공사의 명칭과 공사내용 등의 사항이 포함된 장기수선충당금 사용계획서를 장기수선계획에 따라 작성하고 입주자대표회의의 의결을 거쳐 사용한다.

키워드 장기수선충당금
풀이 <u>관리주체</u>는 공동주택의 사용자가 장기수선충당금의 납부 확인을 요구하는 경우에는 지체 없이 확인서를 발급해 주어야 한다.

정답 ③

13 공동주택관리법령상 '장기수선계획의 수립기준'에 관한 내용으로 옳지 않은 것은?

① 장기수선계획을 수립하는 자는 '국토교통부령으로 정하는 기준'에 따라 장기수선계획을 수립하여야 한다. 이 경우 해당 공동주택의 건설비용을 고려하여야 한다.

② 장기수선계획 조정은 입주자대표회의가 조정안을 작성한 후 의결하는 방법으로 한다.

③ 입주자대표회의와 관리주체는 장기수선계획을 조정하려는 경우에는 「에너지이용 합리화법」에 따라 산업통상자원부장관에게 등록한 에너지절약전문기업이 제시하는 에너지절약을 통한 주택의 온실가스 감소를 위한 시설 개선 방법을 반영할 수 있다.

④ 장기수선계획의 조정교육에 관한 업무를 법령에 따라 위탁받은 기관은 교육 실시 10일 전에 교육의 일시·장소 등을 공고하거나 관리주체에게 통보하여야 한다.

⑤ 위 ④의 수탁기관은 매년 11월 30일까지 교육일시·장소 등의 내용이 포함된 다음 연도의 교육계획서를 작성하여 시·도지사의 승인을 받고, 해당 연도의 교육 종료 후 1개월 이내에 교육대상자 및 이수자 명단 등의 내용이 포함된 교육결과 보고서를 작성하여 시·도지사에게 보고하여야 한다.

> **키워드** 장기수선계획의 수립기준
> **풀이** 장기수선계획 조정은 <u>관리주체</u>가 <u>조정안</u>을 '작성'하고, <u>입주자대표회의</u>가 '의결'하는 방법으로 한다.

정답 ②

14 공동주택관리법령에 관한 내용으로 옳지 않은 것은?

① '의무관리대상 공동주택'의 관리주체는 해당 공동주택의 시설물로 인한 안전사고를 예방하기 위하여 안전관리계획을 수립하고, 이에 따라 시설물별로 '안전관리자' 및 '안전관리책임자'를 지정하여 이를 시행하여야 한다.

② '지방자치단체의 장'은 '의무관리대상 공동주택에 해당하지 아니하는 공동주택(소규모 공동주택)'의 관리와 안전사고의 예방 등을 위하여 시설물에 대한 안전관리계획의 수립 및 시행의 업무를 할 수 있다.

③ 경비업무에 종사하는 사람 및 안전관리계획에 따라 시설물 안전관리자 및 안전관리책임자로 선정된 사람은 공동주택단지의 각종 안전사고의 예방과 방범을 위하여 시장·군수·구청장이 실시하는 방범교육 및 안전교육을 받아야 한다.

④ 시장·군수·구청장은 방범교육을 관할 경찰서장에게, 소방에 관한 안전교육을 관할 소방서장에 '위임'하여 실시할 수 있다.

⑤ '의무관리대상 공동주택'의 '관리주체'는 연탄가스배출기(세대별로 설치된 것을 포함한다)에 관한 안전관리계획을 수립하여야 한다.

키워드 안전관리계획

풀이 의무관리대상 공동주택의 관리주체는 연탄가스배출기(세대별로 설치된 것은 제외한다)에 관한 안전관리계획을 수립하여야 한다.

이론 ✚

> 안전관리계획 수립대상시설
> 1. 고압가스·액화석유가스 및 도시가스시설
> 2. 중앙집중식 난방시설
> 3. 발전 및 변전시설
> 4. 위험물 저장시설
> 5. 소방시설
> 6. 승강기 및 인양기
> 7. 연탄가스배출기(세대별로 설치된 것은 제외한다)
> 8. 주차장
> 9. 그 밖에 국토교통부령으로 정하는 시설
>   ㉠ 석축, 옹벽, 담장, 맨홀, 정화조 및 하수도
>   ㉡ 옥상 및 계단 등의 난간
>   ㉢ 우물 및 비상저수시설
>   ㉣ 펌프실, 전기실 및 기계실
>   ㉤ 경로당 또는 어린이놀이터에 설치된 시설

정답 ⑤

15 공동주택관리법령상 '안전관리에 관한 기준 및 진단사항'을 잘못 연결한 것은?

① 석축 – 해빙기진단 – 연 1회(2월 또는 3월)

② 담장 – 우기진단 – 연 1회(6월)

③ 중앙집중식 난방시설 – 월동기진단 – 연 1회(11월 또는 12월)

④ 어린이놀이터 및 승강기 – 안전진단 – 매분기 1회 이상(승강기의 경우에는 승강기제조 및 관리에 관한 법률에서 정하는 바에 따른다)

⑤ 어린이놀이터 – 위생진단 – 연 2회 이상

| 키워드 | 점검 횟수 등 |

| 풀이 | 중앙집중식 난방시설 – 월동기진단 – 연 1회(<u>9월 또는 10월</u>) |

| 이론 ✚ |

'안전관리계획에 포함되어야 하는 시설'의 안전관리에 관한 기준 및 진단사항

구분	대상시설	점검횟수
1. 해빙기진단	석축, 옹벽, 법면, 교량, 우물 및 비상저수시설	연 1회(2월 또는 3월)
2. 우기진단	석축, 옹벽, 법면, 담장, 하수도 및 주차장	연 1회(6월)
3. 월동기진단	연탄가스배출기, 중앙집중식 난방시설, 노출배관의 동파방지 및 수목보온	연 1회(9월 또는 10월)
4. 안전진단	변전실, 고압가스시설, 도시가스시설, 액화석유가스시설, 소방시설, 맨홀(정화조의 뚜껑을 포함한다), 유류저장시설, 펌프실, 승강기, 인양기, 전기실, 기계실 및 어린이놀이터	매분기 1회 이상. 다만, 승강기의 경우에는 「승강기제조 및 관리에 관한 법률」에서 정하는 바에 따른다.
5. 위생진단	저수시설, 우물 및 어린이놀이터	연 2회 이상

비고: 안전관리진단사항의 세부내용은 시·도지사가 정하여 고시한다.

「시설물의 안전 및 유지관리에 관한 특별법」상 '정기안전점검'의 실시시기

1. 안전등급(<u>A등급, B등급, C등급</u>): <u>반기</u>에 <u>1회 이상</u>
2. 안전등급(<u>D등급, E등급</u>): <u>1년</u>에 <u>3회 이상</u>
    ㉠ '제1종 및 제2종 시설물' 중 D·E등급 시설물의 정기안전점검은 해빙기·우기·동절기 전 각각 1회 이상 실시한다.
    ㉡ 이 경우 '해빙기 전' 점검시기는 <u>2월·3월</u>로, '우기 전' 점검시기는 <u>5월·6월</u>로, '동절기 전' 점검시기는 <u>11월·12월</u>로 한다.

| 정답 | ③ |

16 공동주택관리법령상 시설관리에 관한 설명으로 옳지 않은 것은? 제24회

① 장기수선계획을 수립하는 경우 해당 공동주택의 건설비용을 고려하여야 한다.

② 입주자대표회의와 관리주체는 장기수선계획을 3년마다 검토하여야 한다.

③ 공동주택단지에 「개인정보 보호법 시행령」에 따른 영상정보처리기기를 설치하려는 경우에는 장기수선계획에 반영하여야 한다.

④ 공동주택 중 분양되지 아니한 세대의 장기수선충당금은 사업주체가 부담한다.

⑤ 세대별로 설치된 연탄가스배출기는 의무관리대상 공동주택의 관리주체가 수립하여야 하는 안전관리계획 대상시설에 해당한다.

> **키워드** 시설관리
>
> **풀이** 연탄가스배출기(세대별로 설치된 것은 제외한다)는 의무관리대상 공동주택의 관리주체가 수립하여야 하는 안전관리계획 대상시설에 해당한다.

정답 ⑤

최신기출

17 공동주택관리법령상 의무관리대상 공동주택의 관리주체의 직무에 관한 설명으로 옳지 않은 것은? 제26회

① 공용부분에 관한 시설을 교체한 경우에는 그 실적을 시설별로 이력관리하여야 하며, 공동주택관리정보시스템에도 등록하여야 한다.

② 소방시설에 관한 안전관리계획을 수립하여야 한다.

③ 안전관리계획에 따라 시설물별로 안전관리자 및 안전관리책임자를 지정하여 이를 시행하여야 한다.

④ 회계연도마다 사업실적서 및 결산서를 작성하여 회계연도 종료 후 2개월 이내에 입주자대표회의에 제출하여야 한다.

⑤ 회계감사의 감사인을 선정하여야 한다.

> **키워드** 관리주체의 직무
>
> **풀이** 회계감사의 감사인의 선정은 관리주체의 직무가 아니며, 회계감사의 감사인은 입주자대표회의가 선정한다. 이 경우 입주자대표회의는 시장·군수·구청장 또는 「공인회계사법」 제41조에 따른 한국공인회계사회에 감사인의 추천을 의뢰할 수 있으며, 입주자등의 10분의 1 이상이 연서하여 감사인의 추천을 요구하는 경우 입주자대표회의는 감사인의 추천을 의뢰한 후 추천을 받은 자 중에서 감사인을 선정하여야 한다.

정답 ⑤

18 공동주택관리법령에 관한 내용으로 옳지 않은 것은?

① '의무관리대상 공동주택'의 관리주체는 안전점검을 반기마다 실시하여야 한다.

② 위 ①에도 불구하고 '16층 이상의 공동주택' 및 '대통령령으로 정하는 15층 이하의 공동주택'에 대하여는 '대통령령으로 정하는 자'로 하여금 안전점검을 실시하도록 하여야 한다.

③ 위 ①에 따른 관리주체는 안전점검의 결과 건축물의 구조·설비의 안전도가 매우 낮아 재해 및 재난 등이 발생할 우려가 있는 경우에는 지체 없이 입주자대표회의 (임대주택은 임대사업자를 말한다)에 그 사실을 '통보'한 후 시장·군수·구청장에게 그 사실을 '보고'하고, 해당 건축물의 이용 제한 또는 보수 등 필요한 조치를 하여야 한다.

④ 시장·군수·구청장은 위 ③의 보고를 받은 공동주택에 대해서 매월 1회 이상 점검을 실시하여야 한다.

⑤ 시장·군수·구청장은 관할지역의 공동주택의 안전점검과 재난예방에 필요한 예산을 매년 확보하여야 한다.

키워드 안전점검

풀이 '의무관리대상 공동주택'의 <u>입주자대표회의</u> 및 관리주체는 건축물과 공중의 안전 확보를 위하여 건축물의 안전점검과 재난예방에 필요한 예산을 매년 확보하여야 한다.

정답 ⑤

19 공동주택관리법령상 의무관리대상 공동주택의 '관리주체'는 반기마다 안전점검을 실시하여야 한다. 다만, 16층 이상의 공동주택에 대하여는 '대통령령으로 정하는 자'로 하여금 안전점검을 실시하도록 하여야 한다. '대통령령으로 정하는 자'에 해당하지 않는 것은?

① 「국토안전관리원법」에 따른 국토안전관리원

② 「건설산업기본법」 제9조에 따라 국토교통부장관에게 등록한 유지관리업자

③ 「시설물의 안전 및 유지관리에 관한 특별법」 제28조에 따라 등록한 안전진단전문기관

④ 「시설물의 안전 및 유지관리에 관한 특별법 시행령」 제9조에 따른 책임기술자로서 해당 공동주택단지의 관리직원인 자

⑤ 주택관리사 등이 된 후 국토교통부령으로 정하는 교육기관에서 「시설물의 안전 및 유지관리에 관한 특별법 시행령」 [별표 5]에 따른 정기안전점검교육을 이수한 자 중 관리사무소장으로 배치된 자 또는 해당 공동주택단지의 관리직원인 자

20 공동주택관리법령상 공동주택의 입주자등 또는 관리주체가 시장·군수·구청장의 허가를 받거나 시장·군수·구청장에게 신고를 하여야 하는 행위는 몇 개인가?

> ⊙ 공동주택을 사업계획에 따른 용도 외의 용도에 사용하는 행위
> ⓛ 창틀·문틀의 교체, 세대 내 천장·벽·바닥의 마감재 교체
> ⓒ 조경시설 중 수목(樹木)의 일부 제거 및 교체
> ⓔ 공동주택의 용도폐지
> ⓜ 공동주택의 재축·증설 및 비내력벽의 철거(입주자 공유가 아닌 복리시설의 비내력벽 철거는 제외한다)

① 1개   ② 2개
③ 3개   ④ 4개
⑤ 5개

04 하자담보책임 및 하자분쟁조정

▶ **연계학습** | 에듀윌 기본서 2차 [주택관리관계법규 上] p.210

대표기출

공동주택관리법령상 시설공사별 하자에 대한 담보책임기간으로 옳지 않은 것은? 제25회

① 마감공사: 2년
② 단열공사: 3년
③ 방수공사: 3년
④ 신재생에너지 설비공사: 3년
⑤ 지능형 홈네트워크 설비공사: 3년

키워드 하자담보책임기간
풀이 '방수공사'의 하자담보책임기간은 <u>5년</u>이다.

정답 ③

---

01 **공동주택관리법령상 '하자담보책임이 있는 자'에 해당하지 않는 것은?**

① 「주택법」 제2조 제10호 각 목의 사업주체
② 「건축법」 제11조에 따른 건축허가를 받아 분양을 목적으로 하는 공동주택을 건축한 건축주
③ 「주택법」 제66조에 따른 리모델링을 수행한 시공자
④ 「민간임대주택에 관한 특별법」에 따른 '민간임대주택'을 공급한 사업주체
⑤ 「공공주택 특별법」에 따라 임대한 후 분양전환을 할 목적으로 공급하는 공동주택(이하 '공공임대주택'이라 한다)을 공급한 사업주체

키워드 하자담보책임이 있는 자
풀이 「민간임대주택에 관한 특별법」에 따른 '민간임대주택'을 공급한 <u>사업주체</u>는 공동주택관리법령상 '하자담보책임이 있는 자'가 아니다.

정답 ④

02 공동주택관리법령상 '하자담보책임'에 관한 설명으로 옳지 않은 것은?

① 「주택법」 제2조 제10호 각 목의 사업주체는 분양에 따른 담보책임을 진다.

② 「건축법」 제11조에 따른 건축허가를 받아 분양을 목적으로 하는 공동주택을 건축한 건축주는 분양에 따른 담보책임을 진다.

③ 「주택법」에 따른 리모델링을 수행한 시공자는 수급인의 담보책임을 진다.

④ '공공임대주택'을 공급한 사업주체는 분양전환이 되기 전까지는 임차인에 대하여 하자보수에 대한 담보책임을 진다.

⑤ 위 ④의 담보책임에는 법 제37조 제2항에 따른 손해배상책임을 포함한다.

정답 ⑤

03 공동주택관리법령상 '하자담보책임기간의 기산일'로 옳지 않은 것은?

① 전유부분: 입주자(공공임대주택을 공급한 사업주체가 임차인에 대하여 지는 하자보수에 대한 담보책임의 경우에는 임차인)에게 인도한 날

② 공용부분: 「주택법」 제49조에 따른 사용검사일 또는 「건축법」 제22조에 따른 공동주택의 사용승인일

③ 공용부분: 공동주택의 전부 또는 일부에 대하여 임시 사용승인을 받은 경우에는 그 임시 사용승인일

④ 공용부분: 분할 사용검사를 받은 경우에는 그 분할 사용검사일

⑤ 공용부분: 동별 사용검사를 받은 경우에는 그 동별 사용검사일

정답 ③

PART 2

04 공동주택관리법령상 '주택인도증서'에 관한 설명으로 옳지 않은 것은?

① 사업주체는 해당 공동주택의 전유부분을 입주자에게 인도한 때에는 주택인도증 서를 작성하여 관리주체(의무관리대상 공동주택이 아닌 경우에는 집합건물의 소 유 및 관리에 관한 법률에 따른 관리인)에게 인계하여야 한다.

② 위 ①의 경우, 관리주체는 30일 이내에 공동주택관리정보시스템에 전유부분의 인도일을 공개하여야 한다.

③ 「공공주택 특별법」에 따라 임대한 후 분양전환을 할 목적으로 공급하는 공동주택 을 공급한 사업주체가 해당 공동주택의 전유부분을 공공임대주택의 임차인에게 인도한 때에는 주택인도증서를 작성하여 관리주체에게 인계하여야 한다.

④ 위 ③의 사업주체는 주택인도증서를 작성한 날부터 30일 이내에 공동주택관리정 보시스템에 전유부분의 인도일을 공개하여야 한다.

⑤ 사업주체는 주택의 미분양 등으로 인하여 인계·인수서에 인도일의 현황이 누락 된 세대가 있는 경우에는 주택의 인도일부터 15일 이내에 인도일의 현황을 관리 주체에게 인계하여야 한다.

> **키워드** 주택인도증서
>
> **풀이** 「공공주택 특별법」에 따라 임대한 후 분양전환을 할 목적으로 공급하는 공동주택을 공급한 사업주체 가 해당 공동주택의 전유부분을 공공임대주택의 임차인에게 인도한 때에는 주택인도증서를 작성하 여 <u>분양전환하기 전까지 보관</u>하여야 한다.
>
> 정답 ③

05 공동주택관리법령상 사업주체에게 하자보수를 청구할 수 있는 자에 해당하지 않는 것은?
제20회

① 「집합건물의 소유 및 관리에 관한 법률」에 따른 관리단

② 입주자대표회의

③ 시장·군수·구청장

④ 입주자

⑤ 하자보수청구 등에 관하여 입주자 또는 입주자대표회의를 대행하는 관리주체

키워드 하자보수를 청구할 수 있는 자

풀이 시장·군수·구청장은 하자보수를 청구할 수 있는 자가 아니다.

이론＋

> 하자보수를 청구할 수 있는 자(1.부터 4.까지의 '입주자대표회의등'과 5.의 '임차인등')
>
> 1. 입주자
> 2. 입주자대표회의
> 3. 관리주체(하자보수청구 등에 관하여 입주자 또는 입주자대표회의를 대행하는 관리주체)
> 4. 「집합건물의 소유 및 관리에 관한 법률」에 따른 관리단
> 5. 공공임대주택의 임차인 또는 임차인대표회의(이하 '임차인등'이라 한다)

정답 ③

06 공동주택관리법령에 관한 내용으로 옳지 않은 것은?

① 사업주체는 담보책임기간에 하자가 발생한 경우에는 입주자대표회의등의 청구에 따라 그 하자를 보수하여야 한다.

② 「건설산업기본법」 제28조에 따라 하자담보책임이 있는 자로서 사업주체로부터 건설공사를 일괄 도급받아 건설공사를 수행한 자가 따로 있는 경우에는 그 자는 담보책임기간에 하자가 발생한 경우에 입주자대표회의등의 청구에 따라 그 하자를 보수하여야 한다.

③ 사업주체는 담보책임기간에 하자가 발생한 경우에는 민간임대주택의 임차인 또는 임차인대표회의(이하 '임차인등'이라 한다)의 청구에 따라 그 하자를 보수하여야 한다.

④ 사업주체는 하자보수를 청구받은 날부터 15일 이내에 그 하자를 보수하거나 하자보수계획을 입주자대표회의등 또는 임차인등에 서면으로 통보하고 그 계획에 따라 하자를 보수하여야 한다.

⑤ 시장·군수·구청장은 입주자대표회의등 및 임차인등이 하자보수를 청구한 사항에 대하여 사업주체가 정당한 사유 없이 따르지 아니할 때에는 시정을 명할 수 있다.

키워드 하자보수 의무 등

풀이 사업주체는 담보책임기간에 하자가 발생한 경우에는 공공임대주택의 임차인 또는 임차인대표회의 (이하 '임차인등'이라 한다)의 청구에 따라 그 하자를 보수하여야 한다.

정답 ③

07 공동주택관리법령에 관한 내용으로 옳지 않은 것은?

① 입주자대표회의등 또는 임차인등은 공동주택에 하자가 발생한 경우에는 담보책임기간 내에 사업주체에게 하자보수를 청구하여야 한다.

② 전유부분에 대한 하자보수의 청구는 입주자 또는 공공임대주택의 임차인이 하여야 한다.

③ 공용부분에 대한 하자보수의 청구는 입주자대표회의 또는 공공임대주택의 임차인대표회의, 관리주체, 「집합건물의 소유 및 관리에 관한 법률」에 따른 관리단이 하여야 한다.

④ 입주자는 '전유부분' 및 '공용부분'에 대한 하자보수 청구를 입주자대표회의, 공공임대주택의 임차인대표회의등, 관리주체 및 관리단에게 요청할 수 있다.

⑤ 위 ③ 및 ④에서 관리주체는 하자보수청구 등에 관하여 입주자 또는 입주자대표회의를 대행하는 관리주체를 말한다.

> **키워드** 하자보수의 청구
>
> **풀이** 위 ②의 경우 입주자는 '전유부분'에 대한 청구를 관리주체가 '대행'하도록 할 수 있으며, '공용부분'에 대한 하자보수의 청구를 다음의 자에게 요청할 수 있다.
> 1. 입주자대표회의 또는 공공임대주택의 임차인대표회의
> 2. 관리주체(하자보수청구 등에 관하여 입주자 또는 입주자대표회의를 대행하는 관리주체)
> 3. 「집합건물의 소유 및 관리에 관한 법률」에 따른 관리단
>
> 정답 ④

08 공동주택관리법령상 담보책임기간에 공동주택에 하자가 발생한 경우, 하자보수의 청구에 관한 설명으로 옳지 않은 것은? 　　제22회

① 입주자는 전유부분의 하자에 대해 하자보수의 청구를 할 수 있다.

② 공공임대주택의 임차인대표회의는 전유부분의 하자에 대해 하자보수의 청구를 할 수 있다.

③ 입주자대표회의는 공용부분의 하자에 대해 하자보수의 청구를 할 수 있다.

④ 하자보수청구 등에 관하여 입주자대표회의를 대행하는 관리주체는 공용부분의 하자에 대해 하자보수의 청구를 할 수 있다.

⑤ 「집합건물의 소유 및 관리에 관한 법률」에 따른 관리단은 공용부분의 하자에 대해 하자보수의 청구를 할 수 있다.

> **키워드** 하자보수의 청구
>
> **풀이** 공공임대주택의 임차인대표회의는 공용부분의 하자에 대해 하자보수의 청구를 할 수 있다.
>
> 정답 ②

09 공동주택관리법령에 관한 내용으로 옳지 않은 것은?

① 사업주체는 하자보수를 보장하기 위하여 하자보수보증금을 담보책임기간(보증기간은 공용부분을 기준으로 기산한다) 동안 예치하여야 한다.

② 위 ①에도 불구하고 국가·지방자치단체·한국토지주택공사 및 지방공사인 사업주체의 경우에는 하자보수의 의무가 없다.

③ 입주자대표회의등은 하자보수보증금을 '대통령령으로 정하는 용도'로만 사용하여야 한다.

④ 위 ③을 위반하여 하자보수보증금을 이 법에 따른 용도 외의 목적으로 사용한 자에게는 2천만원 이하의 과태료를 부과한다.

⑤ 입주자대표회의등은 의무관리대상 공동주택의 경우에는 하자보수보증금의 사용후 30일 이내에 그 사용내역을 시장·군수·구청장에게 신고하여야 하며, 위반자에게는 500만원 이하의 과태료를 부과한다.

> **키워드** 하자보수보증금의 예치
>
> **풀이** 위 ①에도 불구하고 국가·지방자치단체·한국토지주택공사 및 지방공사인 사업주체의 경우에는 <u>하자보수보증금을 예치하여야 할 의무가 없다.</u>
>
> **TIP** 국가등의 경우 <u>하자보수의 의무는 있으나,</u> <u>하자보수보증금을 예치하여야 할 의무는 없다.</u>

정답 ②

10 공동주택관리법령상 '하자보수보증금'에 관한 설명으로 옳지 않은 것은?

① 입주자대표회의등은 하자보수보증금을 '대통령령으로 정하는 용도'로만 사용하여야 한다.

② 하자보수보증금을 예치받은 자('하자보수보증금의 보증서 발급기관')는 하자보수보증금을 의무관리대상 공동주택의 입주자대표회의에 지급한 날부터 15일 이내에 지급 내역을 관할 시장·군수·구청장에게 통보하여야 한다.

③ 하자보수보증금의 보증서 발급기관은 별지의 하자보수보증금 지급내역서(이하 '지급내역서'라 한다)에 하자보수보증금을 사용할 시설공사별 하자내역을 첨부하여 관할 시장·군수·구청장에게 제출하여야 한다.

④ '지급내역서'는 담보책임기간별로 구분하여 작성하여야 한다.

⑤ 시장·군수·구청장은 위 ①의 '하자보수보증금 사용내역'과 위 ②의 '하자보수보증금 지급내역'을 매년 국토교통부장관에게 제공하여야 한다.

키워드 **하자보수보증금**

풀이 하자보수보증금을 예치받은 자('하자보수보증금의 보증서 발급기관')는 하자보수보증금을 의무관리대상 공동주택의 입주자대표회의에 지급한 날부터 <u>30일 이내</u>에 지급 내역을 관할 시장·군수·구청장에게 통보하여야 한다.

이론 ✚

> [지문 ①] '대통령령으로 정하는 용도'(영 제43조)
>
> 1. 법 제43조 제2항에 따라 송달된 <u>하자 여부 판정서</u>(같은 조 제8항에 따른 재심의 결정서를 포함) <u>정본</u>에 따라 하자로 판정된 시설공사 등에 대한 <u>하자보수비용</u>
> 2. 법 제44조 제3항에 따라 하자분쟁조정위원회(법 제39조 제1항에 따른 하자심사·분쟁조정위원회를 말한다)가 송달한 <u>조정서 정본</u>에 따른 <u>하자보수비용</u>
> 3. 법 제44조의2 제7항 본문에 따른 재판상 화해와 동일한 효력이 있는 <u>재정</u>에 따른 <u>하자보수비용</u>
> 4. <u>법원의 재판 결과</u>에 따른 <u>하자보수비용</u>
> 5. 법 제48조 제1항에 따라 실시한 <u>하자진단의 결과</u>에 따른 <u>하자보수비용</u>

정답 ②

11 **공동주택관리법령상 하자담보책임에 관한 내용으로 옳은 것은?** 제23회

① 「주택법」제66조에 따른 리모델링을 수행한 시공자는 수급인의 담보책임을 진다.

② 「공공주택 특별법」에 따라 임대한 후 분양전환을 목적으로 공급하는 공동주택을 공급한 사업주체의 분양전환이 되기 전까지의 공용부분에 대한 하자담보책임기간은 임차인에게 인도한 날부터 기산한다.

③ 내력구조부별(건축법 제2조 제1항 제7호에 따른 건물의 주요구조부) 하자에 대한 담보책임기간은 5년이다.

④ 태양광설비공사 등 신재생에너지 설비공사의 담보책임기간은 1년이다.

⑤ 한국토지주택공사가 사업주체인 경우에도 하자보수보증금을 담보책임기간 동안 「은행법」에 따른 은행에 현금으로 예치하여야 한다.

키워드 **하자담보책임기간 및 하자보수보증금**

풀이
② 「공공주택 특별법」에 따라 임대한 후 분양전환을 목적으로 공급하는 공동주택을 공급한 사업주체의 분양전환이 되기 전까지의 <u>전유부분</u>에 대한 하자담보책임기간은 임차인에게 인도한 날부터 기산한다.

③ 내력구조부별(건축법 제2조 제1항 제7호에 따른 건물의 주요구조부) 하자에 대한 담보책임기간은 <u>10년</u>이다.

④ 태양광설비공사 등 신재생에너지 설비공사의 담보책임기간은 <u>3년</u>이다.

⑤ '한국토지주택공사'는 <u>하자보수보증금</u>을 <u>예치하여야</u> 할 <u>의무가 없다</u>.

정답 ①

12 공동주택관리법령상 하자보수 등에 관한 설명으로 옳지 않은 것은? 제26회

① 사업주체는 담보책임기간에 공동주택에 하자가 발생한 경우에는 하자 발생으로 인한 손해를 배상할 책임이 있다.

② 하자보수청구 등에 관하여 입주자대표회의를 대행하는 관리주체는 공용부분의 하자에 대해 하자보수의 청구를 할 수 있다.

③ 의무관리대상 공동주택의 사업주체는 담보책임기간이 만료되기 30일 전까지 그 만료예정일을 해당 의무관리대상 공동주택의 입주자대표회의에 서면으로 통보하여야 한다.

④ 전유부분에 대한 하자보수가 끝난 때에는 사업주체와 입주자는 담보책임기간이 만료되기 전에 공동으로 담보책임 종료확인서를 작성할 수 있다.

⑤ 공공임대주택의 전유부분에 대한 담보책임기간은 임차인에게 인도한 날부터 기산한다.

> **키워드** 하자보수
>
> **풀이** 사업주체와 다음의 구분에 따른 자는 하자보수가 끝난 때에는 공동으로 담보책임 종료확인서를 작성해야 한다. 이 경우 담보책임기간이 만료되기 전에 담보책임 종료확인서를 작성해서는 안 된다.
> 1. 전유부분: 입주자
> 2. 공용부분: 입주자대표회의의 회장(의무관리대상 공동주택이 아닌 경우에는 「집합건물의 소유 및 관리에 관한 법률」에 따른 관리인을 말한다) 또는 5분의 4 이상의 입주자(입주자대표회의의 구성원 중 사용자인 동별 대표자가 과반수인 경우만 해당한다)
>
> **정답** ④

13 공동주택관리법령상 '하자보수보증금의 순차적 반환 비율'로 옳지 않은 것은?

① 사용검사를 받은 날부터 1년이 경과된 때: 하자보수보증금의 100분의 10
② 사용검사를 받은 날부터 2년이 경과된 때: 하자보수보증금의 100분의 15
③ 사용검사를 받은 날부터 3년이 경과된 때: 하자보수보증금의 100분의 40
④ 사용검사를 받은 날부터 5년이 경과된 때: 하자보수보증금의 100분의 25
⑤ 사용검사를 받은 날부터 10년이 경과된 때: 하자보수보증금의 100분의 20

14 공동주택관리법령상 '하자보수청구 서류 등의 보관 등'에 관한 설명으로 옳지 않은 것은?

① 하자보수청구 등에 관하여 입주자 또는 입주자대표회의를 대행하는 관리주체는 하자보수 이력, 담보책임기간 준수 여부 등의 확인에 필요한 것으로서 하자보수청구 서류 등 대통령령으로 정하는 서류를 보관하여야 한다.

② 입주자 또는 입주자대표회의를 대행하는 관리주체는 위 ①의 서류를 문서 또는 전자문서의 형태로 보관해야 하며, 그 내용을 공동주택관리정보시스템에 등록해야 한다.

③ 위 ②에 따라 등록한 내용은 관리주체가 사업주체에게 하자보수를 청구한 날부터 10년간 보관해야 한다.

④ 위 ①에 따라 하자보수청구 서류 등을 보관하는 관리주체는 입주자 또는 입주자대표회의가 해당 하자보수청구 서류 등의 제공을 요구하는 경우 대통령령으로 정하는 바에 따라 이를 제공하여야 한다.

⑤ 공동주택의 관리주체가 변경되는 경우 기존 관리주체는 새로운 관리주체에게 법 제13조(관리업무의 인계) 제1항을 준용하여 해당 공동주택의 하자보수청구 서류 등을 인계하여야 한다.

15 공동주택관리법령에 관한 내용으로 옳지 않은 것은?

① 담보책임 및 하자보수 등과 관련한 일정한 사무를 관장하기 위하여 시·도에 하자심사·분쟁조정위원회(이하 '하자분쟁조정위원회'라 한다)를 둔다.

② 하자담보책임 및 하자보수 등에 대한 사업주체·하자보수보증금의 보증서 발급기관(이하 '사업주체등'이라 한다)과 입주자대표회의등·임차인등 간의 분쟁의 조정 및 재정은 하자분쟁조정위원회의 사무에 속한다.

③ 하자 여부 판정은 하자분쟁조정위원회의 사무에 속한다.

④ 하자 여부의 조사는 현장실사 등을 통하여 하자가 주장되는 부위와 설계도서를 비교하여 측정하는 등의 방법으로 한다.

⑤ 공동주택의 하자보수비용은 실제 하자보수에 소요되는 공사비용으로 산정하되, 하자보수에 필수적으로 수반되는 부대비용을 추가할 수 있다.

> **키워드** 하자심사·분쟁조정위원회
>
> **풀이** 담보책임 및 하자보수 등과 관련한 일정한 사무를 관장하기 위하여 <u>국토교통부</u>에 하자심사·분쟁조정위원회(이하 '하자분쟁조정위원회'라 한다)를 둔다.

정답 ①

16 공동주택관리법령상 '하자심사·분쟁조정위원회'에 관한 내용으로 옳지 않은 것은?

제24회 적중문제

① 하자심사·분쟁조정 또는 분쟁재정(이하 '조정등'이라 한다) 사건 중에서 여러 사람이 공동으로 조정등의 당사자가 되는 사건(이하 '단체사건'이라 한다)의 경우에는 그중에서 3명 이하의 사람을 대표자로 선정할 수 있다.

② 하자분쟁조정위원회는 단체사건의 당사자들에게 위 ①에 따라 대표자를 선정하도록 권고할 수 있다.

③ 위 ①에 따라 선정된 대표자(이하 '선정대표자'라 한다)는 신청한 조정등에 관한 권한 및 신청을 철회하거나 조정안을 수락하는 권한을 갖는다.

④ 대표자가 선정되었을 때에는 다른 당사자들은 특별한 사유가 없는 한 그 선정대표자를 통하여 해당 사건에 관한 행위를 하여야 한다.

⑤ 대표자를 선정한 당사자들은 그 선정결과를 하자분쟁조정위원회에 제출하여야 한다. 선정대표자를 해임하거나 변경한 경우에도 또한 같다.

풀이 위 ①에 따라 선정된 대표자(이하 '선정대표자'라 한다)는 법 제39조 제3항에 따라 신청한 조정등에 관한 권한을 갖는다. 다만, 신청을 철회하거나 조정안을 수락하려는 경우에는 서면으로 다른 당사자의 동의를 받아야 한다.

정답 ③

17 공동주택관리법령상 '하자심사·분쟁조정위원회의 구성'에 관한 내용으로 옳지 않은 것은?

① 하자분쟁조정위원회는 위원장 1명을 포함한 50명 이내의 위원으로 구성하며, 위원장은 상임으로 한다.

② 하자 여부 판정 또는 분쟁조정을 다루는 분과위원회는 하자분쟁조정위원회의 위원장(이하 '위원장'이라 한다)이 지명하는 9명 이상 15명 이하의 위원으로 구성한다.

③ 분쟁재정을 다루는 분과위원회는 위원장이 지명하는 5명의 위원으로 구성하되, '판사·검사 또는 변호사의 직에 6년 이상 재직한 사람'이 1명 이상 포함되어야 한다.

④ 하자분쟁조정위원회의 위원 중에는 주택관리사로서 공동주택의 관리사무소장으로 10년 이상 근무한 사람을 포함할 수 있다.

⑤ 위원장은 분과위원회별로 사건의 심리 등을 위하여 전문분야 등을 고려하여 3명 이상 5명 이하의 위원으로 소위원회를 구성할 수 있다. 이 경우 위원장이 해당 분과위원회 위원 중에서 '소위원장'을 지명한다.

키워드 하자심사·분쟁조정위원회의 구성

풀이 하자분쟁조정위원회는 위원장 1명을 포함한 60명 이내 위원으로 구성하며, 위원장은 상임으로 한다.

이론 +
> [지문 ③과 비교]
> 하자분쟁조정위원회의 위원 중에는 '판사·검사 또는 변호사의 직에 6년 이상 재직한 사람'이 9명 이상 포함되어야 한다.

정답 ①

18 공동주택관리법령상 '하자심사·분쟁조정위원회의 구성'에 관한 내용으로 옳지 않은 것은?

① 분과위원회별로 시설공사의 종류 및 전문분야 등을 고려하여 3개 이내의 소위원회를 둘 수 있다.

② 위원장은 하자분쟁조정위원회를 대표하고 그 직무를 총괄한다. 다만, 위원장이 부득이한 사유로 직무를 수행할 수 없는 경우에는 위원장이 미리 지명한 분과위원장 순으로 그 직무를 대행한다.

③ 소위원회 위원장이 부득이한 사유로 직무를 수행할 수 없을 때에는 해당 소위원회 위원장이 해당 소위원회 위원 중에서 미리 지명한 위원이 그 직무를 대행한다.

④ 하자분쟁조정위원회의 위원 중 공무원이 아닌 위원은 신체상 또는 정신상의 장애로 직무를 수행할 수 없는 경우 등을 제외하고는 본인의 의사에 반하여 해촉되지 아니한다.

⑤ 위원장과 공무원이 아닌 위원의 임기는 2년으로 하되 연임할 수 있으며, 보궐위원의 임기는 전임자의 남은 임기로 한다.

19 공동주택관리법령에 관한 내용으로 옳지 않은 것은?

① 하자분쟁조정위원회의 위원이 최근 5년 이내에 해당 사건의 당사자인 법인 또는 단체의 임원 또는 직원으로 재직하거나 재직하였던 경우에는 그 사건의 조정등에서 제척된다.

② 하자분쟁조정위원회는 제척의 원인이 있는 경우에는 직권 또는 당사자의 신청에 따라 제척결정을 하여야 한다.

③ 당사자는 위원에게 공정한 조정등을 기대하기 어려운 사정이 있는 경우에는 하자분쟁조정위원회에 기피신청을 할 수 있으며, 하자분쟁조정위원회는 기피신청이 타당하다고 인정하면 기피결정을 하여야 한다.

④ 하자분쟁조정위원회는 기피신청을 받으면 그 신청에 대한 결정을 할 때까지 조정등의 절차를 중지하여야 하고, 기피신청에 대한 결정을 한 경우 지체 없이 당사자에게 통지하여야 한다.

⑤ 위원은 위 ① 또는 ③의 사유에 해당하는 경우 스스로 그 사건의 조정등에서 회피(回避)하여야 한다.

위원의 제척 등

풀이 하자분쟁조정위원회의 위원이 최근 3년 이내에 해당 사건의 당사자인 법인 또는 단체의 임원 또는 직원으로 재직하거나 재직하였던 경우에는 그 사건의 조정등에서 제척된다.

이론 ➕

> **제척 사유**
>
> 1. 위원 또는 그 배우자나 배우자였던 사람이 해당 사건의 당사자가 되거나 해당 사건에 관하여 공동의 권리자 또는 의무자의 관계에 있는 경우
> 2. 위원이 해당 사건의 당사자와 친족관계에 있거나 있었던 경우
> 3. 위원이 해당 사건에 관하여 증언이나 하자진단 또는 하자감정을 한 경우
> 4. 위원이 해당 사건에 관하여 당사자의 대리인으로서 관여하였거나 관여한 경우
> 5. 위원이 해당 사건의 원인이 된 처분 또는 부작위에 관여한 경우
> 6. 위원이 최근 3년 이내에 해당 사건의 당사자인 법인 또는 단체의 임원 또는 직원으로 재직하거나 재직하였던 경우
> 7. 위원이 속한 법인 또는 단체(최근 3년 이내에 속하였던 경우를 포함한다)가 해당 사건에 관하여 설계, 감리, 시공, 자문, 감정 또는 조사를 수행한 경우
> 8. 위원이 최근 3년 이내에 해당 사건 당사자인 법인 또는 단체가 발주한 설계, 감리, 시공, 감정 또는 조사를 수행한 경우

정답 ①

---

20 공동주택관리법령에 관한 내용으로 옳지 않은 것은?

① 하자분쟁조정위원회는 조정등 사건의 당사자에게 조정등 기일의 통지에 관한 출석요구서를 서면이나 전자적인 방법으로 송달할 수 있다.

② 하자분쟁조정위원회는 조정등 사건의 당사자로부터 진술을 들으려는 경우에는 위 ①을 준용하여 출석을 요구할 수 있다.

③ 하자분쟁조정위원회는 전유부분에 관한 하자의 원인이 공용부분의 하자와 관련된 조정등의 사건인 경우에는 입주자대표회의의 회장 및 배치된 관리사무소장 등의 이해관계자에게 조정등 기일에 출석하도록 요구할 수 있다.

④ 하자분쟁조정위원회는 분쟁의 조정등의 절차에 관하여 이 법에서 규정하지 아니한 사항 및 소멸시효의 중단에 관하여는 「민사조정법」을 준용한다.

⑤ 조정등에 따른 서류송달에 관하여는 「민사조정법」 제174조부터 제197조까지의 규정을 준용한다.

분쟁의 조정등

풀이 조정등에 따른 서류송달에 관하여는 「민사소송법」 제174조부터 제197조까지의 규정을 준용한다.

정답 ⑤

21 공동주택관리법령에 관한 내용으로 옳지 않은 것은?

① 하자분쟁조정위원회는 당사자 일방으로부터 조정등의 신청을 받은 때에는 그 신청내용을 상대방에게 통지하여야 한다.

② 위 ①에 따라 통지를 받은 상대방은 신청내용에 대한 답변서를 특별한 사정이 없으면 30일 이내에 하자분쟁조정위원회에 제출하여야 하며, 이를 위반한 자에게는 1천만원 이하의 과태료를 부과한다.

③ 위 ①에 따라 하자분쟁조정위원회로부터 조정등의 신청에 관한 통지를 받은 사업주체등, 설계자, 감리자 및 입주자대표회의등 및 임차인등은 분쟁조정에 응하여야 한다.

④ 위 ③에도 불구하고 조정등의 신청에 관한 통지를 받은 입주자가 조정기일에 출석하지 아니한 경우에는 하자분쟁조정위원회가 직권으로 조정안을 결정하고, 이를 각 당사자 또는 그 대리인에게 제시할 수 있다.

⑤ 공공임대주택의 경우에는 임차인이 조정기일에 출석하지 아니한 경우에도 위 ④와 같다.

키워드 조정등의 신청의 통지 등

풀이 위 ①에 따라 통지를 받은 상대방은 신청내용에 대한 답변서를 특별한 사정이 없으면 <u>10일</u> 이내에 하자분쟁조정위원회에 제출하여야 하며, 이를 위반한 자에게는 <u>500만원 이하</u>의 과태료를 부과한다.

정답 ②

22 공동주택관리법령에 관한 내용으로 옳지 않은 것은?

① 사업주체등은 입주자대표회의등 또는 임차인등의 하자보수 청구에 이의가 있는 경우, 입주자대표회의등 또는 임차인등과 협의하여 '대통령령으로 정하는 안전진단기관'에 보수책임이 있는 하자범위에 해당하는지 여부 등 하자진단을 의뢰할 수 있다.

② 하자분쟁조정위원회는 하자진단 결과에 대하여 다투는 사건의 경우에는 '대통령령으로 정하는 안전진단기관'에 그에 따른 감정을 요청할 수 있다.

③ 위 ①의 하자진단에 드는 비용과 ②의 감정에 드는 비용은 당사자가 부담한다.

④ 위 ①에 따른 안전진단기관은 '하자진단'을 의뢰받은 날부터 20일 이내에 그 결과를 사업주체등과 입주자대표회의등에 제출하여야 한다.

⑤ 위 ②에 따른 안전진단기관은 '하자감정'을 의뢰받은 날부터 20일 이내에 그 결과를 사업주체등과 입주자대표회의등에 제출해야 한다.

키워드 하자진단 및 감정

풀이 위 ②에 따른 안전진단기관은 '하자감정'을 의뢰받은 날부터 20일 이내에 그 결과를 하자분쟁조정위원회에 제출하여야 한다. 다만, '하자분쟁조정위원회가 인정하는 부득이한 사유가 있는 때'에는 그 기간을 연장할 수 있다.

이론 ✚

> [지문 ①] 하자진단기관
>
> 1. 국토안전관리원
> 2. 한국건설기술연구원
> 3. 「엔지니어링산업 진흥법」 제21조에 따라 신고한 해당 분야의 엔지니어링사업자
> 4. 「기술사법」 제6조 제1항에 따라 등록한 해당 분야의 기술사
> 5. 「건축사법」 제23조 제1항에 따라 신고한 건축사
> 6. 건축 분야 안전진단전문기관

> [지문 ②] 감정기관
>
> 1. 국토안전관리원
> 2. 한국건설기술연구원
> 3. 국립 또는 공립의 주택 관련 시험·검사기관
> 4. 「고등교육법」 제2조 제1호·제2호에 따른 대학 및 산업대학의 주택 관련 부설 연구기관(상설기관으로 한정한다)
> 5. 위 [지문 ①] 하자진단기관의 3.부터 6.까지의 자. 이 경우 분과위원회(법령에 따라 소위원회에서 의결하는 사건은 소위원회)에서 해당 하자감정을 위한 시설 및 장비를 갖추었다고 인정하고 당사자 쌍방이 합의한 자로 한정한다.

정답 ⑤

▶ **연계학습** | 에듀윌 기본서 2차 [주택관리관계법규 上] p.240

대표기출

공동주택관리법령상 주택관리사등의 자격을 취소하여야 하는 경우가 아닌 것은? 제25회

① 공동주택의 관리업무와 관련하여 금고 이상의 형을 선고받은 경우
② 의무관리대상 공동주택에 취업한 주택관리사등이 다른 공동주택 및 상가·오피스텔 등 주택 외의 시설에 취업한 경우
③ 거짓이나 그 밖의 부정한 방법으로 자격을 취득한 경우
④ 주택관리사등이 업무와 관련하여 금품수수 등 부당이득을 취한 경우
⑤ 주택관리사등이 자격정지기간에 공동주택관리업무를 수행한 경우

키워드 주택관리사등의 필요적 자격취소사유

풀이 '주택관리사등이 업무와 관련하여 금품수수(收受) 등 부당이득을 취한 경우'는 자격을 취소하여야 하는 경우가 아니라, 자격을 정지시킬 수 있는 사유이다.

이론 +

> **법 제69조 【주택관리사등의 자격취소 등】** ① 시·도지사는 주택관리사등이 다음 각 호의 어느 하나에 해당하면 그 자격을 취소하거나 1년 이내의 기간을 정하여 그 자격을 정지시킬 수 있다. 다만, 제1호부터 제4호까지, 제7호 중 어느 하나에 해당하는 경우에는 그 자격을 취소하여야 한다.
> 1. 거짓이나 그 밖의 부정한 방법으로 자격을 취득한 경우
> 2. 공동주택의 관리업무와 관련하여 금고 이상의 형을 선고받은 경우
> 3. 의무관리대상 공동주택에 취업한 주택관리사등이 다른 공동주택 및 상가·오피스텔 등 주택 외의 시설에 취업한 경우
> 4. 주택관리사등이 자격정지기간에 공동주택관리업무를 수행한 경우
> 5. 고의 또는 중대한 과실로 공동주택을 잘못 관리하여 소유자 및 사용자에게 재산상의 손해를 입힌 경우
> 6. 주택관리사등이 업무와 관련하여 금품수수(收受) 등 부당이득을 취한 경우
> 7. 법 제90조 제4항을 위반하여 다른 사람에게 자기의 명의를 사용하여 이 법에서 정한 업무를 수행하게 하거나 자격증을 대여한 경우
> 8. 법 제93조 제1항에 따른 보고, 자료의 제출, 조사 또는 검사를 거부·방해 또는 기피하거나 거짓으로 보고를 한 경우
> 9. 법 제93조 제3항·제4항에 따른 감사를 거부·방해 또는 기피한 경우

정답 ④

01 공동주택관리법령상 '주택관리업'에 관한 설명으로 옳지 않은 것은?

① 주택관리업을 하려는 자는 시장·군수·구청장에게 등록해야 하며, 등록을 하지 아니하고 주택관리업을 운영한 자는 1년 이하의 징역 또는 1천만원 이하의 벌금에 처한다.

② 등록말소처분을 하려면 청문을 거쳐야 한다.

③ 등록을 한 주택관리업자가 그 등록이 말소된 후 2년이 지나지 아니한 때에는 다시 등록할 수 없다.

④ 등록사항 변경신고를 하려는 자는 변경사유가 발생한 날부터 15일 이내에 증명하는 서류를 첨부하여 시장·군수·구청장에게 제출하여야 한다.

⑤ 위 ④를 위반한 자에게는 500만원 이하의 과태료를 부과한다.

> **키워드** **주택관리업**
> **풀이** 등록을 하지 아니하고 주택관리업을 운영한 자는 2년 이하의 징역 또는 2천만원 이하의 벌금에 처한다.

> **이론 ✚**
> [참고]
> 영업정지기간에 영업을 한 자나 주택관리업의 등록이 말소된 후 영업을 한 자는 1년 이하의 징역 또는 1천만원 이하의 벌금에 처한다.

정답 ①

02 공동주택관리법령상 '주택관리업'에 관한 설명으로 옳지 않은 것은?

제20회, 제22회 주관식 수정

① 등록을 한 주택관리업자가 그 등록이 말소된 후 1년이 지나지 아니한 때에는 다시 등록할 수 없다.

② 등록은 주택관리사(임원 또는 사원의 3분의 1 이상이 주택관리사인 상사법인을 포함한다)가 신청할 수 있다.

③ 등록하려는 자는 자본금(법인이 아닌 경우 자산평가액을 말한다)이 2억원 이상이고, 5마력 이상의 양수기 1대 이상을 갖추어야 한다.

④ 주택관리업자가 아닌 자는 주택관리업 또는 이와 유사한 명칭을 사용하지 못하며, 위반자에게는 1천만원 이하의 과태료를 부과한다.

⑤ 주택관리업자의 지위에 관하여 이 법에 규정이 있는 것 외에는 「민법」 중 위임에 관한 규정을 준용한다.

키워드 **주택관리업**

풀이 등록을 한 주택관리업자가 그 등록이 말소된 후 <u>2년</u>이 지나지 아니한 때에는 다시 등록할 수 없다.

정답 ①

03 공동주택관리법령에 관한 내용으로 옳지 않은 것은?

① 시장·군수·구청장은 주택관리업자가 일정한 경우에 해당하면 등록을 말소하거나 1년 이내의 기간을 정하여 영업의 전부 또는 일부의 정지를 명할 수 있다.

② 시장·군수·구청장은 주택관리업자가 법령을 위반하여 부정하게 재물 또는 재산상의 이익을 취득하거나 제공한 경우에는 1년 이내의 기간을 정하여 영업의 전부 또는 일부의 정지를 명하여야 한다.

③ 공동주택의 관리와 관련하여 관리주체는 부정하게 재물을 취득하여서는 아니 되며, 위반자에게는 2년 이하의 징역 또는 2천만원 이하의 벌금에 처한다.

④ 시장·군수·구청장은 주택관리업자가 관리비를 이 법에 따른 용도 외의 목적으로 사용한 경우에는 1년 이내의 기간을 정하여 영업의 전부 또는 일부의 정지를 명하여야 한다.

⑤ 위 ④의 위반자에게는 2천만원 이하의 과태료를 부과한다.

풀이 위 ④의 위반자에게는 <u>1천만원 이하</u>의 과태료를 부과한다.

이론 ➕

> [지문 ③]
> ③에 해당하는 자로서 그 위반행위로 얻은 이익의 100분의 50에 해당하는 금액이 2천만원을
> 초과하는 자는 2년 이하의 징역 또는 그 이익의 2배에 해당하는 금액 이하의 벌금에 처한다.

정답 ⑤

고난도

04 공동주택관리법령상 '과징금'에 관한 내용으로 옳지 <u>않은</u> 것은?

① 시장·군수·구청장은 주택관리업자가 고의 또는 과실로 공동주택을 잘못 관리하여 소유자 및 사용자에게 재산상의 손해를 입힌 경우에는 1년 이내의 기간을 정하여 영업의 전부 또는 일부의 정지를 명할 수 있다.

② 시장·군수·구청장은 주택관리업자가 위 ①에 해당하는 경우에는 '영업정지'를 갈음하여 2천만원 이하의 과징금을 부과할 수 있다.

③ 시장·군수·구청장은 주택관리업자가 관리비를 이 법에 따른 용도 외의 목적으로 사용한 경우, 영업정지를 갈음하여 2천만원 이하의 과징금을 부과할 수 있다.

④ 과징금 납부를 통지받은 자는 통지를 받은 날부터 30일 이내에 과징금을 납부해야 한다.

⑤ 과징금은 영업정지기간 1일당 3만원을 부과하며, 영업정지 1개월은 30일을 기준으로 한다. 이 경우 과징금은 2천만원을 초과할 수 없다.

키워드 **과징금**

풀이 시장·군수·구청장은 주택관리업자가 법 제90조 제3항을 위반하여 '관리비·사용료와 장기수선충당금을 이 법에 따른 용도 외의 목적으로 사용한 경우'에는 <u>필요적으로 영업정지를 하여야</u> 하므로, '영업정지'를 갈음하여 <u>2천만원 이하의 과징금을 부과할 수 없다</u>.

정답 ③

05 공동주택관리법령상 '주택관리업'에 관한 설명으로 옳지 않은 것은?

① 주택관리업자는 관리하는 공동주택에 배치된 주택관리사등이 해임 그 밖의 사유로 결원이 된 때에는 그 사유가 발생한 날부터 15일 이내에 새로운 주택관리사등을 배치하여야 한다.

② 시장·군수·구청장은 주택관리업자에 대하여 등록말소 또는 영업정지처분을 하려는 때에는 처분일 1개월 전까지 해당 주택관리업자가 관리하는 공동주택의 입주자대표회의에 그 사실을 통보하여야 한다.

③ 주택관리업자가 거짓이나 그 밖의 부정한 방법으로 등록을 한 경우 시장·군수·구청장은 그 등록을 말소하여야 한다.

④ 주택관리업자가 부정하게 재물 또는 재산상의 이익을 취득하거나 제공한 경우에도 위 ③과 같다.

⑤ 시장·군수·구청장은 주택관리업자가 과징금을 기한까지 내지 아니하면 「지방행정제재·부과금의 징수 등에 관한 법률」에 따라 징수한다.

> **키워드** 주택관리업
>
> **풀이** 주택관리업자가 부정하게 재물 또는 재산상의 이익을 취득하거나 제공한 경우, 시장·군수·구청장은 '등록을 말소하여야 할 사유'가 아니며, '영업정지를 명하여야 할 경우'로서 <u>반드시 영업정지를 명하여야 하므로 과징금도 부과할 수는 없다.</u>
>
> 정답 ④

06 공동주택관리법령상 '주택관리업자에 대한 필요적 등록말소 사유'가 아닌 것은?

① 거짓이나 그 밖의 부정한 방법으로 등록을 한 경우

② 영업정지기간 중에 주택관리업을 영위한 경우

③ 최근 3년간 2회 이상의 영업정지처분을 받은 자로서 그 정지처분을 받은 기간이 합산하여 12개월을 초과한 경우

④ 법 제90조 제3항을 위반하여 관리비·사용료와 장기수선충당금을 이 법에 따른 용도 외의 목적으로 사용한 경우

⑤ 법 제90조(부정행위 금지 등) 제4항을 위반하여 다른 자에게 자기의 성명 또는 상호를 사용하여 이 법에서 정한 사업이나 업무를 수행하게 하거나 그 등록증을 대여한 경우

07 공동주택관리법령상 '주택관리업자에 대한 행정처분'의 내용으로 옳지 않은 것은?

① 위반행위의 횟수에 따른 행정처분의 기준은 최근 1년간 같은 위반행위로 처분을 받은 경우에 적용한다. 이 경우 기준 적용일은 위반행위에 대한 행정처분일과 그 처분 후에 한 위반행위가 다시 적발된 날을 기준으로 한다.

② 위 ①에 따라 가중된 처분을 하는 경우 가중처분의 적용 차수는 그 위반행위 전 처분 차수(위 ①에 따른 기간 내에 처분이 둘 이상 있었던 경우에는 높은 차수를 말한다)의 다음 차수로 한다.

③ 같은 등록사업자가 둘 이상의 위반행위를 한 경우로서 가장 무거운 위반행위에 대한 처분기준이 등록말소인 경우에는 등록말소처분의 2분의 1까지 가중한다.

④ 같은 등록사업자가 둘 이상의 위반행위를 한 경우로서 각 위반행위에 대한 처분기준이 영업정지인 경우에는 가장 중한 처분의 2분의 1까지 가중할 수 있되, 각 처분기준을 합산한 기간을 초과할 수 없다.

⑤ 위 ④의 경우 그 합산한 영업정지기간이 1년을 초과하는 때에는 1년으로 한다.

키워드 주택관리업자에 대한 행정처분

풀이 같은 등록사업자가 둘 이상의 위반행위를 한 경우로서 가장 무거운 위반행위에 대한 처분기준이 '등록말소인 경우'에는 등록말소처분을 한다.

정답 ③

08 공동주택관리법령상 '주택관리업자에 대한 행정처분기준'에 관한 설명으로 옳지 않은 것은?

① 시장·군수·구청장은 위반행위의 동기·내용·횟수 및 위반의 정도 등을 고려하여 '개별기준에 따른 행정처분'을 가중하거나 감경할 수 있다.

② 시장·군수·구청장은 그 처분이 영업정지인 경우, 그 처분기준의 2분의 1의 범위에서 가중(가중한 영업정지기간은 1년을 초과할 수 없다)하거나 감경할 수 있다.

③ 시장·군수·구청장은 그 처분이 등록말소인 경우(필요적 등록말소의 경우는 제외한다)에는 3개월 이상의 영업정지처분으로 감경할 수 있다.

④ 위반행위가 고의나 중대한 과실에 따른 것으로 인정되는 경우는 가중사유이다.

⑤ 위반행위자가 처음 위반행위를 한 경우로서 3년 이상 해당 사업을 모범적으로 해온 사실이 인정되는 경우는 감경사유이다.

> **키워드** 주택관리업자에 대한 행정처분
>
> **풀이** 시장·군수·구청장은 그 처분이 등록말소인 경우(필요적 등록말소의 경우는 제외한다)에는 <u>6개월 이상</u>의 영업정지처분으로 감경할 수 있다.

정답 ③

09 공동주택관리법령상 '주택관리업자에 대한 행정처분기준'의 내용으로 옳지 않은 것은?

① 고의로 공동주택을 잘못 관리하여 소유자 및 사용자에게 재산상의 손해를 입힌 경우 - 1차(영업정지 6개월), 2차(영업정지 1년)

② 중대한 과실로 공동주택을 잘못 관리하여 소유자 및 사용자에게 재산상의 손해를 입힌 경우 - 1차(영업정지 2개월), 2차(영업정지 3개월), 3차(영업정지 3개월)

③ 경미한 과실로 공동주택을 잘못 관리하여 소유자 및 사용자에게 재산상의 손해를 입힌 경우 - 처분 없음

④ 등록요건에 미달하게 된 날부터 1개월이 지날 때까지 보완하지 않은 경우 - 1차(영업정지 3개월), 2차(영업정지 6개월), 등록말소

⑤ 위 ④에 해당되어 영업정지처분을 받은 후 영업정지기간이 끝나는 날까지 보완하지 않은 경우 - 등록말소

키워드 주택관리업자에 대한 행정처분기준

풀이 경미한 과실로 공동주택을 잘못 관리하여 소유자 및 사용자에게 재산상의 손해를 입힌 경우 – <u>경고</u>, 2차(영업정지 1개월), 3차(영업정지 1개월)

이론+ 주택관리업자, 주택임대관리업자 및 주택관리사등의 행정처분 비교

구분	주택관리업자	주택임대관리업자	주택관리사등
고의	6개월, 1년	6개월, 1년, 등록말소	6개월, 1년
중대한 과실	2개월, 3개월, 3개월	2개월, 3개월, 6개월	<u>3개월, 6개월, 6개월</u>
경미한 과실	경고, 1개월, 1개월	<u>처분 없음</u>	<u>처분 없음</u>

○ 비고
1. 주택관리업자 및 주택임대관리업자: <u>영업정지</u>
2. 주택관리사등: <u>자격정지</u>

정답 ③

10 공동주택관리법령상 '관리주체의 업무 등'에 관한 내용으로 옳지 않은 것은?

① 공동주택의 공용부분의 유지·보수 및 안전관리
② 공동주택단지 안의 경비·청소·소독 및 쓰레기 수거
③ 관리비 및 사용료의 징수와 공과금 등의 납부대행
④ 하자보수보증금의 징수·적립 및 관리
⑤ 관리규약으로 정한 사항 및 입주자대표회의에서 의결한 사항의 집행

키워드 관리주체의 업무 등

풀이 '하자보수보증금'의 징수·적립 및 관리는 '관리주체의 업무'가 아니며, <u>장기수선충당금의 징수·적립 및 관리</u>가 '관리주체의 업무'이다.

이론+

관리주체의 업무 등(법 제63조 제1항)
1. 공동주택의 공용부분의 유지·보수 및 안전관리
2. 공동주택단지 안의 경비·청소·소독 및 쓰레기 수거
3. 관리비 및 사용료의 징수와 공과금 등의 납부대행
4. <u>장기수선충당금의 징수·적립 및 관리</u>
5. 관리규약으로 정한 사항의 집행
6. 입주자대표회의에서 의결한 사항의 집행
7. 그 밖에 국토교통부령으로 정하는 사항

정답 ④

11 공동주택관리법령상 '관리사무소장의 업무'의 내용으로 옳지 않은 것은?

① 관리사무소 업무의 지휘·총괄

② 입주자대표회의에서 의결하는 공동주택의 운영·관리·유지·보수·교체·개량 업무 및 이 업무를 집행하기 위한 관리비·장기수선충당금이나 그 밖의 경비의 청구·수령·지출 및 그 금액을 관리하는 업무

③ 위 ②와 관련한 입주자대표회의를 대리하여 재판상 또는 재판 외의 행위

④ 하자의 발견 및 하자보수의 청구, 장기수선계획의 조정, 시설물 안전관리계획의 수립 및 건축물의 안전점검에 관한 업무. 다만, 비용지출을 수반하는 사항에 대하여는 입주자대표회의의 의결을 거쳐야 한다.

⑤ 안전관리계획의 조정. 이 경우 3년마다 조정하되, 관리여건상 필요하여 관리사무소장이 전체 입주자 과반수의 서면동의를 받은 경우에는 3년이 지나기 전에 조정할 수 있다.

<table><tr><td>키워드</td><td>관리사무소장의 업무</td></tr><tr><td>풀이</td><td>안전관리계획의 조정. 이 경우 3년마다 조정하되, 관리여건상 필요하여 관리사무소장이 <u>입주자대표회의 구성원</u> 과반수의 '서면동의'를 받은 경우에는 '3년이 지나기 전'에 조정할 수 있다.</td></tr></table>

정답 ⑤

12 공동주택관리법령에 관한 내용으로 옳지 않은 것은?

① 입주자대표회의(구성원을 포함한다) 및 입주자등은 폭행, 협박 등 위력을 사용하여 관리사무소장의 정당한 업무를 방해하는 행위를 하여서는 아니 된다.

② 관리사무소장은 입주자대표회의 또는 입주자등이 위 ①을 위반한 경우 입주자대표회의 또는 입주자등에게 그 위반사실을 설명하고 해당 행위를 중단할 것을 요청하거나 부당한 지시 또는 명령의 이행을 거부할 수 있으며, 시장·군수·구청장에게 이를 보고하고, 사실 조사를 의뢰할 수 있다.

③ 시장·군수·구청장은 위 ②에 따라 사실 조사를 의뢰받은 때에는 3일 이내에 조사를 마치고, 위 ①을 위반한 사실이 있다고 인정하는 경우 입주자대표회의 및 입주자등에게 필요한 명령 등의 조치를 하여야 한다. 이 경우 범죄혐의가 있다고 인정될 만한 상당한 이유가 있을 때에는 수사기관에 고발할 수 있다.

④ 시장·군수·구청장은 사실 조사 결과 또는 필요한 명령 등의 조치 결과를 지체 없이 입주자대표회의, 해당 입주자등, 주택관리업자 및 관리사무소장에게 통보하여야 한다.

⑤ 입주자대표회의는 위 ②에 따른 보고나 사실 조사 의뢰 또는 위 ③에 따른 명령 등을 이유로 관리사무소장을 해임하거나 해임하도록 주택관리업자에게 요구하여서는 아니 된다.

PART 2

키워드 관리사무소장의 업무에 대한 부당 간섭 배제

풀이 시장·군수·구청장은 위 ②에 따라 사실 조사를 의뢰받은 때에는 <u>지체 없이</u> 조사를 마치고, 위 ①을 위반한 사실이 있다고 인정하는 경우 입주자대표회의 및 입주자등에게 필요한 명령 등의 조치를 하여야 한다. 이 경우 범죄혐의가 있다고 인정될 만한 상당한 이유가 있을 때에는 수사기관에 고발할 수 있다.

정답 ③

13 공동주택관리법령상 '경비원 등 근로자의 업무 등'에 관한 설명으로 옳지 않은 것은?

① 공동주택에 경비원을 배치한 경비업자는 「경비업법」 제7조 제5항에도 불구하고 '대통령령으로 정하는 공동주택 관리에 필요한 업무'에 경비원을 종사하게 할 수 있다.

② 안내문의 게시와 우편수취함 투입업무는 위 ①의 '대통령령으로 정하는 공동주택 관리에 필요한 업무'에 해당하지 아니한다.

③ 입주자등, 입주자대표회의 및 관리주체 등은 경비원 등 근로자에게 적정한 보수를 지급하고, 처우개선과 인권존중을 위하여 노력하여야 한다.

④ 입주자등, 입주자대표회의 및 관리주체 등은 경비원 등 근로자에게 업무 이외에 부당한 지시를 하거나 명령을 하는 행위를 하여서는 아니 된다.

⑤ 경비원 등 근로자는 입주자등에게 수준 높은 근로 서비스를 제공하여야 한다.

키워드 경비원 등 근로자의 업무 등

풀이 안내문의 게시와 우편수취함 투입업무는 '대통령령으로 정하는 공동주택 관리에 필요한 업무'에 <u>해당한다.</u>

이론 +
> **경비원이 예외적으로 종사할 수 있는 업무**
> 1. <u>청소와 이에 준하는 미화의 보조</u>
> 2. <u>재활용 가능 자원의 분리배출 감시 및 정리</u>
> 3. <u>안내문의 게시와 우편수취함 투입</u>
>   (또한 공동주택 경비원은 공동주택에서의 도난, 화재, 그 밖의 혼잡 등으로 인한 위험발생을 방지하기 위한 범위에서 <u>주차 관리</u>와 <u>택배물품 보관 업무</u>를 수행할 수 있다)

정답 ②

14 공동주택관리법령에 관한 내용으로 옳지 않은 것은?

① 관리사무소장의 손해배상책임을 보장하기 위한 보증설정을 이행한 주택관리사등은 그 보증설정을 다른 보증설정으로 변경하려는 경우에는 '해당 보증설정의 효력이 있는 기간 중'에 다른 보증설정을 하여야 한다.

② 보증보험 또는 공제에 가입한 주택관리사등으로서 보증기간이 만료되어 다시 보증설정을 하려는 자는 '그 보증기간이 만료되기 전'에 다시 보증설정을 하여야 한다.

③ 위 ① 및 ②에 따라 보증설정을 한 경우에는 해당 보증설정을 입증하는 서류를 법 제66조 제3항에 따라 제출하여야 한다.

④ 입주자대표회의는 손해배상금으로 보증보험금 등을 지급받으려는 경우는 확정된 법원의 판결문 사본 등의 서류를 첨부하여 보증보험회사 등에 손해배상금의 지급을 청구하여야 한다.

⑤ 주택관리사등은 보증보험금 등으로 손해배상을 한 때에는 해당 보증설정의 효력이 있는 기간 중에 보증보험 또는 공제에 다시 가입하거나 공탁금 중 부족하게 된 금액을 보전하여야 한다.

> **키워드** 보증설정의 변경 및 보전
>
> **풀이** 주택관리사등은 보증보험금·공제금 또는 공탁금으로 손해배상을 한 때에는 <u>15일 이내</u>에 보증보험 또는 공제에 다시 가입하거나 공탁금 중 부족하게 된 금액을 보전하여야 한다.
>
> 정답 ⑤

15 공동주택관리법령상 관리사무소장에 관한 설명으로 옳지 않은 것은?　　제20회

① 500세대 미만의 의무관리대상 공동주택에는 주택관리사를 갈음하여 주택관리사보를 해당 공동주택의 관리사무소장으로 배치할 수 있다.

② 입주자대표회의가 관리사무소장의 업무에 부당하게 간섭하여 입주자등에게 손해를 초래하는 경우 관리사무소장은 시장·군수·구청장에게 이를 보고하고, 사실조사를 의뢰할 수 있다.

③ 관리사무소장의 손해배상책임을 보장하기 위한 보증보험 또는 공제에 가입한 주택관리사등으로서 보증기간이 만료되어 다시 보증설정을 하려는 자는 그 보증기간이 만료된 후 1개월 내에 다시 보증설정을 하여야 한다.

④ 관리사무소장은 입주자대표회의에서 의결하는 공동주택의 개량업무와 관련하여 입주자대표회의를 대리하여 재판상 또는 재판 외의 행위를 할 수 있다.

⑤ 관리사무소장은 그 배치 내용과 업무의 집행에 사용할 직인을 시장·군수·구청장에게 신고하여야 한다.

키워드 관리사무소장

풀이 보증보험 또는 공제에 가입한 주택관리사등으로서 보증기간이 만료되어 다시 보증설정을 하려는 자는 그 보증기간이 <u>만료되기 전</u>에 다시 보증설정을 하여야 한다.

정답 ③

PART 2

16 공동주택관리법령에 관한 내용으로 옳지 않은 것은?

① 주택관리사보가 되려는 사람은 국토교통부장관이 시행하는 자격시험에 합격한 후 시·도지사(대도시의 경우에는 그 시장)로부터 합격증서를 발급받아야 한다.

② 주택관리사는 주택관리사보 합격증서를 발급받고 주택관리사보 자격시험에 합격하기 전이나 합격한 후 주택 관련 실무 경력을 갖추고 시·도지사로부터 주택관리사 자격증을 발급받은 사람으로 한다.

③ 주택관리사등의 자격이 취소된 후 2년이 지나지 아니한 사람은 주택관리사등이 될 수 없으며 그 자격을 상실한다.

④ 주택관리사 자격증을 발급받으려는 자는 자격증발급신청서(전자문서로 된 신청서를 포함한다)에 실무경력에 대한 증명서류(전자문서를 포함한다)를 첨부하여 주택관리사보 자격시험 합격증서를 발급한 시·도지사에게 제출해야 한다.

⑤ 시·도지사는 주택관리사등이 일정한 경우에 해당하면 그 자격을 취소하거나 1년 이내의 기간을 정하여 그 자격을 정지시킬 수 있다.

키워드 주택관리사

풀이 주택관리사등의 자격이 취소된 후 <u>3년</u>이 지나지 아니한 사람('피성년후견인' 또는 '피한정후견인 및 파산선고를 받은 사람으로서 복권되지 아니한 사람'에 해당하여 주택관리사등의 자격이 취소된 경우는 <u>제외한다</u>)은 주택관리사등이 될 수 없으며 그 자격을 상실한다.

정답 ③

17 공동주택관리법령상 '주택관리사가 되기 위한 주택 관련 실무 경력'에 대한 법률 규정 내용으로 옳지 않은 것은?

① 「주택법」에 따른 사업계획승인을 받아 건설한 50세대 이상 500세대 미만의 공동주택(건축법에 따른 건축허가를 받아 주택과 주택 외의 시설을 동일 건축물로 건축한 건축물 중 주택이 50세대 이상 300세대 미만인 건축물을 포함한다)의 '관리사무소장'으로 근무한 경력 3년 이상

② 「주택법」에 따른 사업계획승인을 받아 건설한 50세대 이상 500세대 미만의 공동주택의 관리사무소의 '직원'(경비원, 청소원 및 소독원은 제외한다) 또는 주택관리업자의 '임직원'으로 주택관리업무에 종사한 경력 3년 이상

③ 한국토지주택공사 또는 지방공사의 직원으로 주택관리업무에 종사한 경력 5년 이상

④ 공무원으로 주택 관련 지도·감독 및 인·허가 업무 등에 종사한 경력 5년 이상

⑤ '주택관리사단체'와 '국토교통부장관이 정하여 고시하는 공동주택관리와 관련된 단체'의 임직원으로 주택 관련 업무에 종사한 경력 5년 이상

> **키워드** 주택관리사가 되기 위한 주택 관련 실무 경력
>
> **풀이** 「주택법」에 따른 <u>사업계획승인</u>을 받아 건설한 <u>50세대 이상</u>의 공동주택(건축법에 따른 <u>건축허가</u>를 받아 주택과 주택 외의 시설을 동일 건축물로 건축한 건축물 중 주택이 <u>50세대 이상 300세대 미만</u>인 건축물을 포함한다)의 관리사무소의 '직원'(경비원, 청소원 및 소독원은 제외한다) 또는 주택관리업자의 '임직원'으로 주택관리업무에 종사한 경력 <u>5년</u> 이상

정답 ②

18 공동주택관리법령상 시·도지사가 주택관리사등의 자격을 취소하여야 하는 경우가 아닌 것은?

① 공동주택의 관리업무와 관련하여 금고 이상의 형을 선고받은 경우

② 의무관리대상 공동주택에 취업한 주택관리사등이 다른 공동주택 및 상가·오피스텔 등 주택 외의 시설에 취업한 경우

③ 고의 또는 중대한 과실로 공동주택을 잘못 관리하여 소유자 및 사용자에게 재산상의 손해를 입힌 경우

④ 다른 사람에게 자기의 명의를 사용하여 「공동주택관리법」에서 정한 업무를 수행하게 한 경우

⑤ 주택관리사등이 자격정지기간에 공동주택관리업무를 수행한 경우

키워드 주택관리사등에 대한 자격 취소 요건

풀이 ③은 자격을 취소하여야 하는 경우가 아니다.

이론 ✚

> **주택관리사의 자격 취소**
>
> 시·도지사는 주택관리사등이 다음의 어느 하나에 해당하면 그 자격을 취소하거나 1년 이내의 기간을 정하여 그 자격을 정지시킬 수 있다. 다만, 1.부터 4.까지, 7. 중 어느 하나에 해당하는 경우에는 그 자격을 취소하여야 한다.
> 1. 거짓이나 그 밖의 부정한 방법으로 자격을 취득한 경우
> 2. 공동주택의 관리업무와 관련하여 금고 이상의 형을 선고받은 경우
> 3. 의무관리대상 공동주택에 취업한 주택관리사등이 다른 공동주택 및 상가·오피스텔 등 주택 외의 시설에 취업한 경우
> 4. 주택관리사등이 자격정지기간에 공동주택관리업무를 수행한 경우
> 5. 고의 또는 중대한 과실로 공동주택을 잘못 관리하여 소유자 및 사용자에게 재산상의 손해를 입힌 경우
> 6. 주택관리사등이 업무와 관련하여 금품수수(收受) 등 부당이득을 취한 경우
> 7. 법 제90조 제4항을 위반하여 다른 사람에게 자기의 명의를 사용하여 이 법에서 정한 업무를 수행하게 하거나 자격증을 대여한 경우
> 8. 법 제93조 제1항에 따른 보고, 자료의 제출, 조사 또는 검사를 거부·방해 또는 기피하거나 거짓으로 보고를 한 경우
> 9. 법 제93조 제3항·제4항에 따른 감사를 거부·방해 또는 기피한 경우

정답 ③

19 공동주택관리법령상 '주택관리사등에 대한 행정처분기준'에 관한 내용으로 옳지 않은 것은?

① 위반행위의 횟수에 따른 행정처분의 기준은 최근 1년간 같은 위반행위로 처분을 받은 경우에 적용한다. 이 경우 기준 적용일은 위반행위에 대한 행정처분일과 그 처분 후에 한 위반행위가 다시 적발된 날을 기준으로 한다.

② 위 ①에 따라 가중된 처분을 하는 경우 가중처분의 적용 차수는 그 위반행위 전 처분 차수(위 ①에 따른 기간 내에 처분이 둘 이상 있었던 경우에는 높은 차수를 말한다)의 다음 차수로 한다.

③ 같은 주택관리사등이 둘 이상의 위반행위를 한 경우로서 각 위반행위에 대한 처분기준이 자격정지인 경우에는 가장 중한 처분의 2분의 1까지 가중할 수 있되, 각 처분기준을 합산한 기간을 초과할 수 없다. 이 경우 그 합산한 자격정지기간이 1년을 초과하는 때에는 1년으로 한다.

④ 시장·군수·구청장은 위반행위의 동기 등을 고려하여 '개별기준에 따른 행정처분'을 감경할 수 있으며, 그 처분이 자격취소인 경우(필요적 자격취소의 경우는 제외한다)에는 3개월의 자격정지처분으로 감경할 수 있다.

⑤ '중대한 과실'로 공동주택을 잘못 관리하여 소유자에게 재산상 손해를 입혀 자격 정지처분을 하려는 경우로써 위반행위자가 손해배상책임을 보장하는 금액을 2배 이상 보장하는 보증보험가입을 한 경우는 '감경사유'이다.

키워드 주택관리사등에 대한 행정처분기준

풀이 시·도지사는 위반행위의 동기 등의 사유를 고려하여 '개별기준에 따른 행정처분'을 가중하거나 감경할 수 있다. 이 경우 그 처분이 자격정지인 경우에는 그 처분기준의 2분의 1의 범위에서 가중(가중한 자격정지기간은 1년을 초과할 수 없다)하거나 감경할 수 있고, '자격취소'인 경우('필요적 자격취소'의 경우는 제외한다)에는 <u>6개월 이상</u>의 '자격정지처분'으로 감경할 수 있다.

정답 ④

20 공동주택관리법령상 '주택관리사등에 대한 행정처분기준'에 관한 내용으로 옳지 않은 것은?

① 고의로 공동주택을 잘못 관리하여 소유자 및 사용자에게 재산상의 손해를 입힌 경우 – 1차(자격정지 6개월), 2차(자격정지 1년)

② 중대한 과실로 공동주택을 잘못 관리하여 소유자 및 사용자에게 재산상의 손해를 입힌 경우 – 1차(자격정지 3개월), 2차(자격정지 6개월), 3차(자격정지 6개월)

③ 경미한 과실로 공동주택을 잘못 관리하여 소유자 및 사용자에게 재산상의 손해를 입힌 경우 – 처분 없음

④ 위반행위가 고의나 중대한 과실에 따른 것으로 인정되는 경우 – 가중사유

⑤ 주택관리사등이 업무와 관련하여 금품수수 등 부당이득을 취한 경우 – 자격취소

키워드 주택관리사등에 대한 행정처분기준

풀이 '주택관리사등이 업무와 관련하여 금품수수 등 부당이득을 취한 경우'는 <u>자격취소 사유가 아니고</u>, 자격정지 사유[1차(<u>자격정지 6개월</u>), 2차(<u>자격정지 1년</u>)]이다.

정답 ⑤

21 공동주택관리법령에 관한 내용으로 옳지 않은 것은?

① 주택관리업자(법인인 경우는 그 대표자)와 관리사무소장으로 배치받은 주택관리사등은 시·도지사로부터 공동주택관리에 관한 교육과 윤리교육을 받아야 한다.

② 관리사무소장으로 배치받으려는 주택관리사등이 배치예정일부터 직전 5년 이내에 관리사무소장·공동주택관리기구의 직원 또는 주택관리업자의 임직원으로서 종사한 경력이 없는 경우에는 시·도지사가 실시하는 공동주택관리에 관한 교육과 윤리교육을 이수하여야 관리사무소장으로 배치받을 수 있다.

③ 위 ②의 교육은 주택관리사와 주택관리사보로 구분하여 실시한다.

④ 국토교통부장관은 위 ①부터 ③까지에 따라 시·도지사가 실시하는 교육의 전국적 균형을 유지하기 위해 교육수준 및 교육방법 등에 필요한 지침을 마련하여 시행할 수 있다.

⑤ 위 ①에 따른 교육기간은 5일로 한다.

> **주택관리업자 등의 교육**
>
> 위 ①에 따른 교육기간은 3일로 한다.
>
> > [지문 ①]
> > 관리사무소장으로 배치받으려는 주택관리사등은 국토교통부령으로 정하는 바에 따라 공동주택관리에 관한 교육과 윤리교육을 받을 수 있고, 그 교육을 받은 경우에는 관리사무소장의 교육의무를 이행한 것으로 본다.

정답 ⑤

22 공동주택관리법령상 관리사무소장의 업무 등에 관한 설명으로 옳은 것은? 제19회 수정

① 500세대 이하의 공동주택에는 주택관리사를 갈음하여 주택관리사보를 관리사무소장으로 배치할 수 있다.

② 관리사무소장은 그 배치 내용과 업무의 집행에 사용할 직인을 국토교통부장관에게 신고하여야 한다.

③ 관리사무소장은 그 업무를 집행하면서 고의로 입주자에게 재산상의 손해를 입힌 경우에만 그 손해를 배상할 책임이 있다.

④ 500세대 이상의 공동주택에 관리사무소장으로 배치된 주택관리사는 관리사무소장의 손해배상책임을 보장하기 위하여 5천만원을 보장하는 보증보험 또는 공제에 가입하거나 공탁하여야 한다.

⑤ 관리사무소장으로 배치받은 주택관리사는 배치받은 날부터 2년 이내에 국토교통부령으로 정하는 바에 따라 시·도지사로부터 주택관리에 관한 교육을 받아야 한다.

키워드 **관리사무소장의 업무 등**

풀이 ① 의무관리대상 공동주택을 관리하는 주택관리업자 등은 '주택관리사'를 해당 공동주택의 관리사무소장으로 배치하여야 한다. 다만, 500세대 미만의 공동주택에는 '주택관리사'를 갈음하여 '주택관리사보'를 해당 공동주택의 관리사무소장으로 배치할 수 있다.
② 관리사무소장은 그 배치 내용과 업무의 집행에 사용할 직인을 국토교통부령으로 정하는 바에 따라 시장·군수·구청장에게 신고하여야 한다.
③ 주택관리사등은 관리사무소장의 업무를 집행하면서 고의 또는 과실로 입주자등에게 재산상의 손해를 입힌 경우에는 그 손해를 배상할 책임이 있다.
⑤ 주택관리업자(법인인 경우에는 그 대표자를 말한다) 또는 관리사무소장은 다음의 구분에 따른 시기에 교육업무를 위탁받은 기관 또는 단체(이하 '교육수탁기관'이라 한다)로부터 공동주택관리에 관한 교육과 윤리교육을 받아야 하며, 교육수탁기관은 관리사무소장으로 배치받으려는 주택관리사등에 대해서도 공동주택관리에 관한 교육과 윤리교육을 시행할 수 있다.
   1. 주택관리업자: 주택관리업의 '등록'을 한 날부터 3개월 이내
   2. 관리사무소장: 관리사무소장으로 '배치'된 날(주택관리사보로서 관리사무소장이던 사람이 주택관리사의 자격을 취득한 경우에는 그 자격취득일을 말한다)부터 3개월 이내

이론✛
[지문 ⑤]
공동주택의 관리사무소장으로 배치받아 근무 중인 주택관리사등은 시·도지사로부터 공동주택관리에 관한 교육과 윤리교육을 받은 후 3년마다 국토교통부령으로 정하는 바에 따라 공동주택관리에 관한 교육과 윤리교육을 받아야 한다.

정답 ④

23 공동주택관리법령상 공동주택관리 분쟁조정위원회의 심의·조정 사항이 아닌 것은? (단, 다른 법령 및 조례는 고려하지 않음)   제23회

① 입주자대표회의의 구성·운영 및 동별 대표자의 자격·선임·해임·임기에 관한 사항
② 공동주택의 하자담보책임 및 하자보수 등과 관련한 분쟁에 관한 사항
③ 관리비·사용료 및 장기수선충당금 등의 징수·사용 등에 관한 사항
④ 공동주택 공용부분의 유지·보수·개량 등에 관한 사항
⑤ 혼합주택단지에서의 분쟁에 관한 사항

키워드 **공동주택관리 분쟁조정위원회의 심의·조정 사항**

풀이 공동주택의 하자담보책임 및 하자보수 등과 관련한 분쟁에 관한 사항은 공동주택관리 분쟁조정위원회의 분쟁 조정사항이 아니고, 하자심사·분쟁조정위원회의 분쟁 조정사항이다.

정답 ②

24 공동주택관리법령상 '중앙분쟁조정위원회'에 관한 내용으로 옳지 않은 것은?

① 중앙분쟁조정위원회의 회의는 재적위원 과반수의 출석으로 개의하고 출석위원 과반수의 찬성으로 의결한다.

② 중앙분쟁조정위원회의 위원장은 위원회의 회의를 소집하려면 특별한 사정이 있는 경우를 제외하고는 회의 개최 3일 전까지 회의의 일시·장소 및 심의안건을 각 위원에게 서면(전자우편을 포함한다)으로 알려야 한다.

③ 중앙분쟁조정위원회는 법령에 따라 당사자나 이해관계인을 중앙분쟁조정위원회에 출석시켜 의견을 들으려면 회의 개최 5일 전까지 서면(전자우편을 포함한다)으로 출석을 요청하여야 한다.

④ '국토교통부장관'은 분쟁조정 사건을 전자적 방법으로 접수·통지 및 송달하거나, 민원상담 및 홍보 등을 인터넷을 이용하여 처리하기 위해 공동주택관리정보시스템을 구축·운영할 수 있다.

⑤ 여러 사람이 공동으로 조정의 당사자가 될 경우의 선정대표자에 대해서는 영 제46조(하자분쟁조정위원회의 선정대표자)를 준용한다.

25 공동주택관리법령상 공동주택관리 분쟁조정위원회(이하 '분쟁조정위원회')에 관한 설명으로 옳은 것은? (단, 조례는 고려하지 않음) 제24회

① 분쟁조정위원회는 공동주택 전유부분의 유지·보수·개량 등에 관한 사항을 심의·조정한다.

② 중앙분쟁조정위원회는 해당 사건들을 분리하거나 병합한 경우에는 조정의 당사자로부터 지체 없이 동의를 받아야 한다.

③ 300세대 이상의 공동주택단지에서 발생한 분쟁은 중앙분쟁조정위원회의 관할이다.

④ 중앙분쟁조정위원회에는 공인회계사·세무사·건축사의 자격이 있는 사람으로서 10년 이상 근무한 사람이 3명 이상 포함되어야 한다.

⑤ 분쟁조정위원회는 여러 사람이 공동으로 조정의 당사자가 되는 사건의 당사자들에게 3명 이하의 사람을 대표자로 선정하도록 권고할 수 있다.

키워드 공동주택관리 분쟁조정위원회

풀이 ① 분쟁조정위원회는 공동주택 공용부분의 유지·보수·개량 등에 관한 사항을 심의·조정한다.
② 중앙분쟁조정위원회는 해당 사건들을 분리하거나 병합한 경우에는 조정의 당사자에게 지체 없이 서면으로 그 뜻을 알려야 한다. 즉, 동의를 받아야 하는 것은 아니다.
③ 500세대 이상의 공동주택단지에서 발생한 분쟁은 중앙분쟁조정위원회의 관할이다.
④ 중앙분쟁조정위원회에는 판사·검사 또는 변호사의 직에 6년 이상 재직한 사람이 3명 이상 포함되어야 한다.

정답 ⑤

26 공동주택관리법령에 관한 내용으로 옳지 않은 것은?

① 주택관리사등은 공동주택관리에 관한 기술·행정 및 법률 문제에 관한 연구와 그 업무를 효율적으로 수행하기 위하여 주택관리사단체를 설립할 수 있다.

② 위 ①의 단체(이하 '협회'라 한다)는 법인으로 한다.

③ 협회는 그 주된 사무소의 소재지에서 설립등기를 함으로써 성립한다.

④ 협회를 설립하려면 공동주택의 50명 이상의 인원수를 발기인으로 하여 '정관'을 마련한 후 '창립총회'의 의결을 거쳐 '국토교통부장관'의 인가를 받아야 한다. 인가받은 정관을 변경하는 경우에도 또한 같다.

⑤ '협회'에 관하여 이 법에서 규정한 것 외에는 「민법」 중 사단법인에 관한 규정을 준용한다.

키워드 주택관리사단체

풀이 협회를 설립하려면 공동주택의 관리사무소장으로 배치된 자의 5분의 1 이상의 인원수를 발기인으로 하여 '정관'을 마련한 후 '창립총회'의 의결을 거쳐 '국토교통부장관'의 인가를 받아야 한다. 인가받은 정관을 변경하는 경우에도 또한 같다.

정답 ④

27 공동주택관리법령상 '공제사업'에 관한 내용으로 옳지 않은 것은?

① 주택관리사단체는 관리사무소장의 손해배상책임과 공동주택에서 발생하는 인적·물적 사고, 그 밖에 공동주택관리업무와 관련한 종사자와 사업자의 손해배상책임 등을 보장하기 위하여 공제사업을 할 수 있다.

② 주택관리사단체는 위 ①의 공제사업을 하려면 공제규정을 제정하여 국토교통부장관의 인가를 받아야 한다. 공제규정을 변경하려는 경우에도 또한 같다.

③ 주택관리사단체는 공제사업을 다른 회계와 구분하여 별도의 회계로 관리하여야 하며, 책임준비금을 다른 용도로 사용하려는 경우에는 국토교통부장관의 승인을 받아야 한다.

④ 국토교통부장관은 주택관리사단체가 이 법 및 공제규정을 지키지 아니하여 공제사업의 건전성을 해칠 우려가 있다고 인정되는 경우에는 시정을 명하여야 한다.

⑤ 「금융위원회의 설치 등에 관한 법률」에 따른 금융감독원 원장은 국토교통부장관이 요청한 경우에는 주택관리사단체의 공제사업에 관하여 검사를 할 수 있다.

> **키워드** 공제사업
>
> **풀이** 주택관리사단체는 위 ①의 공제사업을 하려면 공제규정을 제정하여 국토교통부장관의 <u>승인</u>을 받아야 한다. 공제규정을 변경하려는 경우에도 또한 같다.
>
> 정답 ②

28 공동주택관리법령상 '공동주택관리 지원기구 등'에 관한 내용으로 옳지 않은 것은?

제23회 주관식 수정

① 국토교통부장관은 관리규약 제정·개정의 지원 등의 업무를 수행할 기관 또는 단체를 공동주택관리 지원기구(이하 '공동주택관리 지원기구'라 한다)로 지정하여 고시할 수 있다.

② 국토교통부장관은 예산의 범위에서 공동주택관리 지원기구의 운영 및 사무처리에 필요한 경비를 출연 또는 보조할 수 있다.

③ 공동주택관리와 관련한 민원 상담 및 교육, 관리규약 제정·개정의 지원, 입주자대표회의 구성 및 운영과 관련한 지원 등은 공동주택관리 지원기구의 업무에 속한다.

④ 공동주택관리 지원기구는 위 ③의 업무를 수행하는 데 필요한 경비의 전부 또는 일부를 지방자치단체로부터 받을 수 있다.

⑤ 국가는 공동주택의 보수·개량에 필요한 비용의 일부를 주택도시기금에서 융자할 수 있다.

29 공동주택관리법령상 '업무의 위탁'에 관한 내용으로 옳지 않은 것은?

① 국토교통부장관은 공동주택관리정보시스템의 구축·운영에 관한 업무를 「한국부동산원법」에 따른 '한국부동산원'에 위탁한다.

② 시·도지사는 장기수선계획의 조정교육 및 주택관리업자 및 관리사무소장에 대한 교육의 업무를 주택관리에 관한 전문기관 또는 단체를 지정하여 위탁한다.

③ 시장·군수·구청장은 입주자대표회의 구성원 교육을 국토안전관리원 또는 주택관리사단체를 지정하여 위탁한다.

④ 시장·군수·구청장은 법 제34조에 따른 소규모 공동주택의 안전관리 업무를 '국토안전관리원' 또는 '주택관리사단체'를 지정하여 위탁한다.

⑤ 시장·군수·구청장은 관리사무소장의 배치 내용 및 직인 신고의 접수에 관한 업무를 '주택관리사단체'에 위탁한다.

키워드 업무의 위탁

풀이 시장·군수·구청장은 입주자대표회의 구성원 교육을 법 제86조에 따른 <u>공동주택관리 지원기구</u>에 위탁한다.

정답 ③

30 공동주택관리법령상 '보고·검사 등'에 관한 내용으로 옳지 않은 것은?

① 국토교통부장관 또는 지방자치단체의 장은 필요하다고 인정할 때에는 이 법에 따라 허가를 받거나 신고·등록 등을 한 자에게 필요한 보고를 하게 하거나, 관계 공무원으로 하여금 사업장에 출입하여 필요한 검사를 하게 할 수 있다.

② 위 ①에 따른 검사를 할 때에는 검사 3일 전까지 검사 일시, 검사 이유 및 검사 내용 등 검사계획을 검사를 받을 자에게 알려야 한다.

③ 위 ②에도 불구하고 긴급한 경우나 사전에 통지하면 증거인멸 등으로 검사 목적을 달성할 수 없다고 인정하는 경우에는 그러하지 아니하다.

④ 위 ② 및 ③에 따라 검사를 하는 공무원은 그 권한을 나타내는 증표를 지니고 이를 관계인에게 내보여야 한다.

⑤ 국가 또는 지방자치단체인 관리주체가 관리하는 공동주택의 장기수선충당금 또는 관리비가 체납된 경우 국가 또는 지방자치단체는 국세 또는 지방세 체납처분의 예에 따라 해당 장기수선충당금 또는 관리비를 강제징수할 수 있다.

> 키워드 보고·검사 등
> 풀이 위 ①에 따른 검사를 할 때에는 검사 <u>7일</u> 전까지 검사 일시, 검사 이유 및 검사 내용 등 검사계획을 검사를 받을 자에게 알려야 한다.

정답 ②

31 공동주택관리법령상 '공동주택 관리비리 신고센터'에 관한 내용으로 옳지 않은 것은?

① 국토교통부장관은 공동주택 관리비리와 관련된 불법행위 신고의 접수·처리 등에 관한 업무를 효율적으로 수행하기 위하여 공동주택 관리비리 신고센터(이하 '신고센터'라 한다)를 설치·운영할 수 있다.

② 신고센터는 해당 지방자치단체의 장에게 해당 신고사항에 대한 조사 및 조치 요구 등의 업무를 수행한다.

③ 공동주택관리와 관련하여 불법행위를 인지한 자는 신고센터에 그 사실을 신고할 수 있다. 이 경우 신고를 하려는 자는 자신의 인적사항과 신고의 취지·이유·내용을 적고 서명한 문서와 함께 신고대상 및 증거 등을 제출하여야 한다.

④ 위 ②에 따른 요구를 받은 지방자치단체의 장은 신속하게 해당 요구에 따른 조사 및 조치를 완료하고 완료한 날부터 7일 이내에 그 결과를 국토교통부장관에게 통보하여야 하며, 국토교통부장관은 통보를 받은 경우 즉시 신고자에게 그 결과의 요지를 알려야 한다.

⑤ 위에서 규정한 사항 외에 신고센터의 설치·운영·업무·신고 및 처리 등에 필요한 사항은 대통령령으로 정한다.

키워드 공동주택 관리비리 신고센터
풀이 위 ②에 따른 요구를 받은 지방자치단체의 장은 <u>신속하게</u> 해당 요구에 따른 조사 및 조치를 완료하고 완료한 날부터 <u>10일 이내</u>에 그 결과를 국토교통부장관에게 통보하여야 하며, 국토교통부장관은 통보를 받은 경우 즉시 신고자에게 그 결과의 요지를 알려야 한다.

정답 ④

---

32 공동주택관리법령상 '공동주택 관리비리 신고센터'에 관한 내용으로 옳지 <u>않은</u> 것은?

① 신고센터는 '신고내용이 명백히 거짓인 경우' 접수된 신고를 종결할 수 있다. 이 경우 종결 사실과 그 사유를 신고자에게 통보하여야 한다.

② 신고센터는 영 제96조의3 제1항에 따른 신고서를 받은 날부터 30일 이내(같은 조 제4항에 따른 보완기간은 제외한다)에 해당 지방자치단체의 장에게 신고사항에 대한 조사 및 조치를 요구하고, 그 사실을 신고자에게 통보하여야 한다.

③ 위 ②에 따라 신고사항에 대한 조사 및 조치를 요구받은 지방자치단체의 장은 요구를 받은 날부터 60일 이내에 조사 및 조치를 완료하고, 조사 및 조치를 완료한 날부터 10일 이내에 국토교통부장관에게 통보하여야 한다.

④ 위 ③에도 불구하고 60일 이내에 처리가 곤란한 경우에는 한 차례만 30일 이내의 범위에서 그 기간을 연장할 수 있다.

⑤ 위 ④에 따라 조사 및 조치기간을 연장하려는 지방자치단체의 장은 그 사유와 연장기간을 신고센터에 통보하여야 한다.

키워드 공동주택 관리비리 신고센터
풀이 신고센터는 영 제96조의3 제1항에 따른 신고서를 받은 날부터 <u>10일 이내</u>(같은 조 제4항에 따른 보완기간은 제외한다)에 해당 지방자치단체의 장에게 신고사항에 대한 조사 및 조치를 요구하고, 그 사실을 신고자에게 통보하여야 한다.

이론 ✚

> [지문 ①]
> 신고센터는 다음의 어느 하나에 해당하는 경우 법 제93조의2 제3항에 따라 접수된 신고를 종결할 수 있다. 이 경우 종결 사실과 그 사유를 신고자에게 통보하여야 한다.
> 1. <u>신고내용이 명백히 거짓인 경우</u>
> 2. <u>신고자가 영 제96조의3 제4항에 따른 보완요구를 받고도 보완기간 내 보완하지 아니한 경우</u>
> 3. 신고에 대한 처리결과를 통보받은 사항에 대하여 정당한 사유 없이 다시 신고한 경우로서 새로운 증거자료 또는 참고인이 없는 경우
> 4. 그 밖에 비리행위를 확인할 수 없는 등 조사가 필요하지 아니하다고 신고센터의 장이 인정하는 경우

정답 ②

33 공동주택관리법령상 '공동주택 관리비리의 신고 및 확인'에 관한 내용으로 옳지 않은 것은?

① 신고를 하려는 자는 신고자의 성명, 주소, 연락처 등 인적사항, 신고대상자의 성명, 주소, 연락처 및 근무기관 등 인적사항 및 신고대상 비리행위의 발생일시·장소 및 그 내용 등의 사항을 포함한 신고서(전자문서를 포함한다)를 신고센터에 제출하여야 한다.

② 위 ①에 따른 신고서를 받은 신고센터는 신고자가 신고내용의 조사·처리 등에서 신고센터 및 해당 지방자치단체의 담당 공무원 외의 자에게 그 신분을 밝히거나 암시하는 것(이하 '신분공개'라 한다)에 동의하는지 여부 등의 사항을 확인할 수 있다.

③ 신고센터는 위 ②에 따라 신분공개의 동의 여부를 확인하는 경우에는 신고내용의 처리절차 및 신분공개의 절차 등에 관하여 설명하여야 한다.

④ 신고센터는 위 ②에 따른 확인 결과 신고서가 신고자의 인적사항이나 신고내용의 특정에 필요한 사항을 갖추지 못한 경우에는 신고자로 하여금 30일 이내의 기간을 정하여 이를 보완하게 할 수 있다. 다만, 30일 이내에 자료를 보완하기 곤란한 사유가 있다고 인정되는 경우에는 신고자와 협의하여 보완기간을 따로 정할 수 있다.

⑤ 신고센터 및 법 제93조의2 제2항 제2호에 따른 해당 지방자치단체의 장은 신고내용의 확인을 위하여 신고자로부터 진술을 듣거나 신고자 또는 신고대상자에게 필요한 자료의 제출을 요구할 수 있다.

> **키워드** 공동주택 관리비리의 신고 및 확인

> **풀이** 신고센터는 위 ②에 따른 확인 결과 신고서가 신고자의 인적사항이나 신고내용의 특정에 필요한 사항을 갖추지 못한 경우에는 신고자로 하여금 <u>15일 이내</u>의 기간을 정하여 이를 보완하게 할 수 있다. 다만, <u>15일 이내</u>에 자료를 보완하기 곤란한 사유가 있다고 인정되는 경우에는 신고자와 협의하여 보완기간을 따로 정할 수 있다.

> 정답 ④

34 공동주택관리법령상 공동주택 관리비리에 관한 내용으로 옳은 것은? 제23회

① 시·도지사는 해당 지방자치단체에 공동주택 관리비리 신고센터를 설치하여야 한다.

② 공동주택 관리와 관련한 불법행위를 인지한 자는 익명으로 공동주택 관리비리 신고센터에 구두로 그 사실을 신고할 수 있다.

③ 공동주택 관리비리 신고센터의 장은 시·도지사로 하고, 구성원은 공동주택 관리와 관련된 업무를 담당하는 공무원으로 한다.

④ 공동주택 관리비리 신고센터는 공동주택 관리비리 신고를 확인한 결과 신고서가 신고 내용의 특정에 필요한 사항을 갖추지 못한 경우에는 접수된 신고를 종결한다.

⑤ 공동주택관리법령에 따라 신고사항에 대한 조사 및 조치를 요구받은 지방자치단체의 장은 요구를 받은 날부터 60일 이내에 조사 및 조치를 완료하여야 한다. 다만, 60일 이내에 처리가 곤란한 경우에는 한 차례만 30일 이내의 범위에서 그 기간을 연장할 수 있다.

키워드 **공동주택 관리비리 신고센터**

풀이 ① 국토교통부장관은 국토교통부에 공동주택 관리비리 신고센터를 설치한다.

② 공동주택 관리와 관련하여 불법행위를 인지한 자는 신고센터에 그 사실을 신고할 수 있다. 이 경우 신고를 하려는 자는 자신의 인적사항과 신고의 취지·이유·내용을 적고 서명한 문서와 함께 신고 대상 및 증거 등을 제출하여야 한다.

③ 신고센터의 장은 국토교통부의 공동주택 관리업무를 총괄하는 부서의 장으로 하고, 구성원은 공동주택 관리와 관련된 업무를 담당하는 공무원으로 한다.

④ 신고센터는 신고서가 신고자의 인적사항이나 신고내용의 특정에 필요한 사항을 갖추지 못한 경우에는 신고자로 하여금 15일 이내의 기간을 정하여 이를 보완하게 할 수 있다. 다만, 15일 이내에 자료를 보완하기 곤란한 사유가 있다고 인정되는 경우에는 신고자와 협의하여 보완기간을 따로 정할 수 있다. 또한 신고센터는 신고자가 위의 보완요구를 받고도 보완기간 내 보완하지 아니한 경우에는 접수된 신고를 종결할 수 있다. 즉, 신고서가 신고 내용의 특정에 필요한 사항을 갖추지 못한 경우에는 즉시 접수된 신고를 종결하는 것이 아니라, 보완 요구를 먼저 하고 그 보완 요구를 받고도 보완기간 내 보완하지 아니한 경우에는 비로소 접수된 신고를 종결할 수 있다.

정답 ⑤

35 공동주택관리법령에 관한 내용으로 옳지 않은 것은?

① 국토교통부장관 또는 지방자치단체의 장은 사업주체등 및 공동주택의 입주자등, 관리주체, 입주자대표회의나 그 구성원이 이 법 또는 이 법에 따른 명령이나 처분을 위반한 경우에는 공사의 중지, 원상복구, 하자보수 이행 또는 그 밖에 필요한 조치를 명할 수 있다.

② 국토교통부장관 또는 지방자치단체의 장은 위 ①에 따라 공사의 중지 등 필요한 조치를 명하는 경우 그 내용을 해당 공동주택의 입주자대표회의 및 관리주체에게도 통보하여야 한다.

③ 입주자대표회의는 위 ②에 따라 통보받은 내용을 대통령령으로 정하는 바에 따라 해당 공동주택단지의 공동주택관리정보시스템에 공개하고 입주자등의 열람, 복사 요구에 따라야 한다.

④ 국토교통부장관 또는 지방자치단체의 장은 행위허가의 취소, 주택관리업의 등록 말소 및 주택관리사등의 자격취소 등 처분을 하려면 청문을 하여야 한다.

⑤ 하자분쟁조정위원회의 위원, 공동주택관리 분쟁조정위원회의 위원 등은 「형법」 제129조부터 제132조까지의 규정을 적용할 때에는 공무원으로 본다.

> **키워드** 청문 등
>
> **풀이** 관리주체는 위 ②에 따라 통보받은 내용을 대통령령으로 정하는 바에 따라 해당 공동주택단지의 <u>인터넷 홈페이지</u> 및 <u>동별 게시판</u>에 공개하고 입주자등의 열람, 복사 요구에 따라야 한다.

정답 ③

36 공동주택관리법령상 '벌칙 등'에 관한 내용으로 옳지 않은 것은?

① 등록을 하지 아니하고 주택관리업을 운영한 자 또는 거짓이나 그 밖의 부정한 방법으로 등록한 자는 2년 이하의 징역 또는 2천만원 이하의 벌금에 처한다.

② 주택관리업의 등록이 말소된 후 영업을 한 자는 1년 이하의 징역 또는 1천만원 이하의 벌금에 처한다.

③ 주택관리사등의 자격을 취득하지 아니하고 관리사무소장의 업무를 수행한 자는 1년 이하의 징역 또는 1천만원 이하의 벌금에 처한다.

④ 주택관리업자의 등록증 또는 주택관리사등의 자격증을 대여한 자는 1년 이하의 징역 또는 1천만원 이하의 벌금에 처한다.

⑤ 법 제64조 제1항을 위반하여 주택관리사등을 배치하지 아니한 자는 1천만원 이하의 과태료에 처한다.

키워드 벌칙 등

풀이 법 제64조 제1항을 위반하여 주택관리사등을 배치하지 아니한 자는 1천만원 이하의 <u>벌금</u>에 처한다.

정답 ⑤

37 공동주택관리법령상 '벌칙 등'에 관한 내용으로 옳지 않은 것은?

① 법 제6조(자치관리) 제1항에 따른 기술인력 또는 장비를 갖추지 아니하고 관리행위를 한 자는 1천만원 이하의 벌금에 처한다.

② 법 제13조를 위반하여 공동주택의 관리업무를 인계하지 아니한 자에게는 1천만원 이하의 벌금에 처한다.

③ 법 제29조 제2항을 위반하여 수립되거나 조정된 장기수선계획에 따라 주요 시설을 교체하거나 보수하지 아니한 자에게는 1천만원 이하의 과태료를 부과한다.

④ 법 제65조 제5항을 위반하여 관리사무소장을 해임하거나 해임하도록 주택관리업자에게 요구한 자에게는 1천만원 이하의 과태료를 부과한다.

⑤ 법 제6조 제1항에 따른 자치관리기구를 구성하지 아니한 자에게는 500만원 이하의 과태료를 부과한다.

키워드 벌칙 등

풀이 법 제13조를 위반하여 공동주택의 관리업무를 인계하지 아니한 자에게는 1천만원 이하의 <u>과태료</u>를 부과한다.

정답 ②

38 공동주택관리법령상 '벌칙 등'에 관한 내용으로 옳지 않은 것은?

① 법령을 위반하여 주택관리업자 또는 사업자를 선정한 자에게는 500만원 이하의 과태료를 부과한다.

② 법령을 위반하여 장기수선계획을 수립하지 아니한 자 및 장기수선충당금을 적립하지 아니한 자에게는 500만원 이하의 과태료를 부과한다.

③ 법 제32조에 따른 안전관리계획을 수립 또는 시행하지 아니하거나 교육을 받지 아니한 자에게는 500만원 이하의 과태료를 부과한다.

④ 법 제33조 제1항에 따라 안전점검을 실시하지 아니한 자에게는 500만원 이하의 과태료를 부과한다.

⑤ 의무관리대상 공동주택으로서 하자보수보증금을 사용한 후 30일 이내 시장·군수·구청장에게 신고를 하지 아니한 자에게는 1천만원 이하의 과태료를 부과한다.

> **키워드** 벌칙 등
>
> **풀이** 법 제38조 제2항(의무관리대상 공동주택의 경우, 하자보수보증금 사용 후 30일 이내 신고)에 따른 신고를 하지 아니하거나 거짓으로 신고한 자에게는 <u>500만원 이하</u>의 과태료를 부과한다.

정답 ⑤

민간임대주택에
관한 특별법

▶ **연계학습** | 에듀윌 기본서 2차 [주택관리관계법규 上] p.284

대표기출

민간임대주택에 관한 특별법령상 민간임대협동조합 가입 계약의 청약 철회 및 가입비등에 관한 설명으로 옳은 것은?   제25회

① 모집주체는 민간임대협동조합 가입 계약체결일부터 15일이 지난 경우 예치기관의 장에게 가입비등의 지급을 요청할 수 있다.

② 모집주체는 조합가입신청자가 가입에 관한 청약 철회를 한 경우 청약 철회 의사가 도달한 날부터 7일 이내에 예치기관의 장에게 가입비등의 반환을 요청하여야 한다.

③ 가입에 관한 청약 철회를 서면으로 하는 경우에는 청약 철회의 의사를 표시한 서면이 도달한 날에 그 효력이 발생한다.

④ 예치기관은 가입비등을 예치기관의 명의로 예치해야 하고, 이 경우 이를 다른 금융자산과 통합하여 관리해도 된다.

⑤ 조합가입신청자가 가입 계약체결일부터 15일 이내에 가입에 관한 청약을 철회하는 경우에도 모집주체는 조합가입신청자에게 청약 철회를 이유로 위약금 또는 손해배상을 청구할 수 있다.

키워드 민간임대협동조합

풀이 ① 모집주체는 민간임대협동조합 가입 계약 체결일부터 <u>30일</u>이 지난 경우 예치기관의 장에게 가입비등의 지급을 요청할 수 있다.
③ 청약 철회를 서면으로 하는 경우에는 청약 철회의 의사를 표시한 서면을 <u>발송한 날</u>에 그 효력이 발생한다.
④ 예치기관은 가입비등을 예치기관의 명의로 예치해야 하고, 이를 다른 금융자산과 <u>분리하여 관리해야 한다.</u>
⑤ 조합가입신청자가 가입 계약체결일부터 <u>30일 이내</u>에 청약 철회를 하는 경우 모집주체는 조합가입신청자에게 청약 철회를 이유로 위약금 또는 손해배상을 <u>청구할 수 없다.</u>

정답 ②

01 민간임대주택에 관한 특별법령상 '용어의 뜻'에 관한 설명으로 옳지 않은 것은?

제21회 주관식, 제23회 수정

① '민간임대주택'이란 임대 목적으로 제공하는 주택으로서 임대사업자가 법 제5조에 따라 등록한 주택을 말하며, 민간건설임대주택과 민간매입임대주택으로 구분한다.

② 「주택법」 제4조에 따라 등록한 주택건설사업자가 같은 법 제15조에 따라 사업계획승인을 받아 건설한 주택 중 사용검사 때까지 분양되지 아니하여 임대하는 주택은 '민간건설임대주택'에 해당한다.

③ '민간매입임대주택'이란 임대사업자가 매매 등으로 소유권을 취득하여 임대하는 민간임대주택을 말한다.

④ 임대사업자가 10년 이상 임대할 목적으로 주택도시기금의 출자를 받아 건설하여 임대료 및 임차인의 자격 제한 등을 받아서 임대하는 민간임대주택은 '공공지원 민간임대주택'에 해당한다.

⑤ 도시형 생활주택인 아파트를 임대사업자가 매입하여 장기일반민간임대주택으로 임대할 수 없다.

> **키워드** 용어의 뜻
>
> **풀이** 도시형 생활주택인 아파트를 임대사업자가 매입하여 장기일반민간임대주택으로 임대할 수 있다.
> 도시형 생활주택이 '아닌' 아파트를 임대사업자가 매입하여 장기일반민간임대주택으로 임대할 수 없다.
>
> **이론 ✛**
>
> > '장기일반민간임대주택'이란 임대사업자가 공공지원민간임대주택이 아닌 주택을 10년 이상 임대할 목적으로 취득하여 임대하는 민간임대주택[아파트(주택법 제2조 제20호의 도시형 생활주택이 아닌 것을 말한다)를 임대하는 민간매입임대주택은 제외한다]을 말한다.

> 정답 ⑤

CHAPTER 01 • 총칙 및 민간임대주택의 건설 등 **197**

02 민간임대주택에 관한 특별법령상 '용어의 뜻'에 관한 설명으로 옳지 않은 것은?

제22회 주관식 수정

① '주택임대관리업'이란 주택의 소유자로부터 주택의 관리를 위탁받아 관리하는 업(業)을 말한다.

② '자기관리형 주택임대관리업'은 주택의 소유자로부터 주택을 임차하여 자기책임으로 전대(轉貸)하는 형태의 업을 말한다.

③ '위탁관리형 주택임대관리업'은 주택의 소유자로부터 수수료를 받고 임대료 부과·징수 및 시설물 유지·관리 등을 대행하는 형태의 업을 말한다.

④ '주거지원대상자'란 청년·신혼부부 등 주거지원이 필요한 사람으로서 국토교통부령으로 정하는 요건을 충족하는 사람을 말한다.

⑤ '복합지원시설'이란 공공지원민간임대주택에 거주하는 임차인등의 경제활동과 일상생활을 지원하는 시설로서 대통령령으로 정하는 시설을 말한다.

키워드 용어의 뜻

풀이 '주택임대관리업'이란 주택의 소유자로부터 <u>임대관리</u>를 위탁받아 관리하는 업(業)을 말한다.

정답 ①

03 민간임대주택에 관한 특별법령상 임대사업자의 등록에 관한 설명으로 옳지 않은 것을 모두 고른 것은?

> ㉠ 주택을 임대하려는 자는 시장·군수·구청장에게 등록을 신청할 수 있다.
> ㉡ 등록한 자가 임대주택 면적을 10퍼센트 이하의 범위에서 증축하는 등 '국토교통부령으로 정하는 경미한 사항'을 변경하고자 하는 경우에는 변경신고를 하지 아니하여도 된다.
> ㉢ 민간임대주택으로 등록할 주택을 취득하려는 계획이 확정되어 있는 자로서 민간임대주택으로 등록할 주택을 매입하기 위하여 매매계약을 체결한 자는 임대사업자로 등록할 수 있다.
> ㉣ 민간임대주택으로 사용하기 위하여 주택을 임차한 자도 임대사업자로 등록할 수 있다.
> ㉤ 민간임대주택으로 등록할 주택을 2인 이상이 공동으로 건설하거나 소유하는 경우에는 그중 어느 한 사람 명의로 등록할 수 있다.

① ㉠, ㉡   ② ㉠, ㉢

③ ㉡, ㉤   ④ ㉢, ㉣

⑤ ㉣, ㉤

키워드 **임대사업자의 등록**

풀이 ㉣ 민간임대주택으로 등록할 주택을 소유한 자는 임대사업자로 등록할 수 있으나, 민간임대주택으로 사용하기 위하여 주택을 임차한 자는 임대사업자로 등록할 수 없다.

㉤ 임대사업자로 등록할 수 있는 경우, 2인 이상이 공동으로 건설하거나 소유하는 주택의 경우에는 공동 명의로 등록해야 한다.

이론 +

> [지문 ㉡]
> 1. '국토교통부령으로 정하는 경미한 사항'이란 민간임대주택 면적을 다음의 구분에 따른 해당 민간임대주택의 규모 구간을 벗어나지 않는 범위에서 10퍼센트 이하로 증축하는 것을 말한다.
>   ㉠ 40제곱미터 이하
>   ㉡ 40제곱미터 초과 60제곱미터 이하
>   ㉢ 60제곱미터 초과 85제곱미터 이하
>   ㉣ 85제곱미터를 초과
> 2. 시장·군수·구청장은 법령에 따른 변경신고를 받은 날부터 7일 이내에 신고수리 여부를 신고인에게 통지하여야 한다.
> 3. 시장·군수·구청장이 위 2.에서 정한 기간 내에 신고수리 여부 또는 민원 처리 관련 법령에 따른 처리기간의 연장을 신고인에게 통지하지 아니하면 그 기간(민원 처리 관련 법령에 따라 처리기간이 연장 또는 재연장된 경우에는 해당 처리기간을 말한다)이 끝난 날의 다음 날에 신고를 수리한 것으로 본다.

정답 ⑤

04 민간임대주택에 관한 특별법령상 '임대사업자의 등록'에 관한 설명으로 옳지 않은 것은?

① 등록하는 경우 공공지원민간임대주택 및 장기일반민간임대주택을 구분하여 등록하여야 한다.

② 민간임대주택으로 등록할 주택을 소유하고 있는 자는 임대사업자로 등록할 수 있는 자이다.

③ 민간임대주택으로 등록할 주택을 임차하여 임대사업자로 등록을 신청할 수 있다.

④ 임대사업자로 등록하려는 자가 등록신청 당시 체납한 국세 및 지방세의 합계액이 2억원 이상으로서 임대보증금 보증 가입이 현저히 곤란하다고 판단되는 경우 시장·군수·구청장은 해당 등록신청을 거부할 수 있다.

⑤ 해당 주택이 「도시 및 주거환경정비법」에 따른 정비사업 또는 「빈집 및 소규모주택 정비에 관한 특례법」에 따른 소규모주택정비사업으로 인하여 임대의무기간 내 멸실 우려가 있다고 판단되는 경우에도 위 ④와 같다.

> **키워드** 임대사업자의 등록
>
> **풀이** 민간임대주택으로 등록할 주택을 <u>임차한 자</u>는 '임대사업자로 등록할 수 있는 자'가 <u>아니다.</u>
>
> **이론 ✚**
> > [지문 ④]
> > 위 ④의 경우 체납한 국세 및 지방세와 관련하여 다음에 따른 불복절차가 진행 중인 체납액은 제외하고 산정한다. 〈신설〉
> > 1. 「국세기본법」에 따른 이의신청·심사청구·심판청구
> > 2. 「지방세기본법」에 따른 이의신청·심판청구
> > 3. 「감사원법」에 따른 심사청구
> > 4. 「행정소송법」에 따른 행정소송
>
> 정답 ③

05 민간임대주택에 관한 특별법령상 '임대사업자 등록 및 변경신고 등'에 관한 내용으로 옳지 않은 것은?

① 임대사업자로 등록하려는 자는 신청서에 일정한 서류를 첨부하여 임대사업자의 주소지를 관할하는 시장·군수·구청장 또는 해당 민간임대주택의 소재지를 관할하는 시장·군수·구청장에게 제출하여야 한다.

② 위 ①에 따라 임대사업자의 주소지를 관할하는 시장·군수·구청장이 신청서를 받은 경우에는 즉시 민간임대주택의 소재지를 관할하는 시장·군수·구청장에게 이송하여야 한다.

③ 임대사업자의 주소지를 관할하는 시장·군수·구청장은 등록기준에 적합한지를 확인한 후 적합한 경우에는 등록대장에 올리고 신청인에게 등록증을 발급하여야 한다.

④ 임대사업자는 등록한 사항이 변경된 경우에는 변경 사유가 발생한 날부터 30일 이내에 해당 시장·군수·구청장에게 신고하여야 한다.

⑤ 임대사업자의 주소지를 관할하는 시장·군수·구청장은 위 ④에도 불구하고 「도로명주소법 시행령」에 따라 부여되거나 변경·폐지된 경우 민간임대주택의 주소를 직권으로 변경할 수 있다.

키워드 임대사업자 등록 및 변경신고 등

풀이 위 ①에 따라 <u>민간임대주택의 소재지</u>를 관할하는 시장·군수·구청장이 신청서를 받은 경우에는 즉시 <u>임대사업자의 주소지</u>를 관할하는 시장·군수·구청장에게 이송하여야 한다.

정답 ②

06 민간임대주택에 관한 특별법령에 관한 설명으로 옳지 않은 것은?

① 임대사업자는 민간임대주택이 임대의무기간과 임대료 증액기준을 준수하여야 하는 재산임을 소유권등기에 부기등기(附記登記)하여야 한다.

② 위 ①의 위반자에게는 500만원 이하의 과태료를 부과한다.

③ 미성년자는 임대사업자로 등록할 수 있다.

④ 거짓으로 등록하여 등록이 전부 말소된 후 2년이 지나지 아니한 자가 임원으로 있는 법인은 임대사업자로 등록할 수 없다.

⑤ 거짓으로 등록하여 임대사업자 등록이 일부 말소된 후 2년이 지나지 아니한 자는 등록한 임대주택 외에 등록사항 변경신고를 통하여 임대주택을 변경·추가 등록할 수 없다.

키워드 임대사업자의 부기등기의무 등

풀이 미성년자는 임대사업자로 등록할 수 <u>없다</u>.

정답 ③

07 민간임대주택에 관한 특별법령상 '임대사업자 등록의 말소사유'로서 옳지 않은 것은?

① 등록한 날부터 3개월이 지나기 전(임대주택으로 등록한 이후 체결한 임대차계약이 있는 경우에는 그 임차인의 동의가 있는 경우로 한정한다) 또는 임대의무기간이 지난 후 등록말소를 신청하는 경우

② 준주택에 대한 용도제한을 위반한 경우

③ 임차인이 보증금 반환에 대하여 소송을 제기하여 승소판결이 확정되었으나 임대사업자가 보증금을 반환하지 않는 경우

④ 보증금 반환과 관련하여「주택임대차보호법」제14조에 따른 주택임대차분쟁조정위원회가 작성한 조정안을 각 당사자가 수락하여 조정이 성립되었으나 임대사업자가 보증금을 반환하지 않는 경우

⑤ 임대차계약 신고 또는 변경신고를 하지 아니하여 시장·군수·구청장이 법령에 따라 보고를 하게 하였으나 거짓으로 보고하거나 2회 이상 불응한 경우

> **키워드** 임대사업자 등록의 말소사유
>
> **풀이** 임대차계약 신고 또는 변경신고를 하지 아니하여 시장·군수·구청장이 법령에 따라 보고를 하게 하였으나 거짓으로 보고하거나 <u>3회 이상</u> 불응한 경우
>
> **이론 ➕**
> > 등록말소 사유 〈신설〉
> > 국세 또는 지방세를 체납하여 보증금반환채무의 이행과 관련한 임차인의 피해가 명백히 예상되는 경우(임대사업자의 체납 발생일부터 6개월이 지난 국세 및 지방세의 합계액이 2억원 이상인 경우를 말한다. 이 경우 체납한 국세 및 지방세와 관련하여 제4조 제9항 각 호에 따른 불복절차가 진행 중인 체납액은 제외하고 산정한다)
>
> **정답** ⑤

08 민간임대주택에 관한 특별법령상 '조합원 모집 시 설명의무'에 관한 설명으로 옳지 않은 것은?

① 조합원 모집신고를 하고 조합원을 모집하는 민간임대협동조합 및 민간임대협동조합의 발기인(이하 '모집주체'라 한다)은 민간임대협동조합 가입 계약 체결 시 일정한 사항을 조합가입신청자에게 설명하고 이를 확인받아야 한다.

② 해당 민간임대주택 건설대지에 대한 사용권, 소유권 확보 현황은 위 ①의 '설명하고 이를 확인받아야 할 사항'이다.

③ 청약 철회, 금전의 예치 및 가입비등의 반환 등에 관한 사항도 위 ②와 같다.

④ 모집주체는 설명한 내용을 민간임대협동조합 가입을 신청한 자가 이해했음을 서명 또는 날인의 방법으로 확인받아 조합가입신청자에게 교부해야 한다.

⑤ 위 ④의 위반자에게는 500만원 이하의 과태료를 부과한다.

09 민간임대주택에 관한 특별법령상 '주택임대관리업'에 관한 설명으로 옳지 않은 것은?

제23회 수정

① 주택임대관리업을 하려는 자는 시장·군수·구청장에게 등록하여야 한다.

② 자기관리형 주택임대관리업과 위탁관리형 주택임대관리업을 구분하여 등록하여야 한다. 이 경우 자기관리형 주택임대관리업을 등록한 경우에는 위탁관리형 주택임대관리업도 등록한 것으로 본다.

③ 등록한 사항을 변경하고자 할 경우, 시장·군수·구청장에게 변경 사유가 발생한 날부터 15일 이내에 신고하여야 하지만, 자본금의 증가는 신고하지 아니하여도 된다.

④ 시장·군수·구청장은 위 ③의 신고를 받은 날부터 5일 이내에 신고수리 여부를 신고인에게 통지하여야 한다.

⑤ 시장·군수·구청장이 위 ④에서 정한 기간 내에 신고수리 여부 또는 민원 처리 관련 법령에 따른 처리기간의 연장을 신고인에게 통지하지 아니하면 그 기간이 끝난 날의 다음 날에 신고를 수리한 것으로 본다.

키워드 주택임대관리업

풀이 주택임대관리업을 하려는 자는 시장·군수·구청장에게 <u>등록할 수 있다</u>.

이론 ✚

> [지문 ①]
>
> 1. 주택임대관리업을 하려는 자는 시장·군수·구청장에게 등록할 수 있다.
> 2. 다만, <u>다음 규모 이상</u>으로 주택임대관리업을 하려는 자[국가, 지방자치단체, 공공기관의 운영에 관한 법률 제4조 제1항에 따른 공공기관(이하 '공공기관'이라 한다), 지방공기업법 제49조 제1항에 따라 설립된 지방공사(이하 '지방공사'라 한다)는 제외한다]는 <u>등록하여야 한다</u>.
>   ㉠ 자기관리형 주택임대관리업의 경우
>   ⓐ 단독주택: <u>100호</u>
>   ⓑ 공동주택: <u>100세대</u>
>   ㉡ 위탁관리형 주택임대관리업의 경우
>   ⓐ 단독주택: <u>300호</u>
>   ⓑ 공동주택: <u>300세대</u>

> [지문 ③]
>
> 주택임대관리업자는 등록한 사항이 <u>변경</u>된 경우에는 변경 사유가 발생한 날부터 <u>15일 이내</u>에 시장·군수·구청장(변경 사항이 주택임대관리업자의 주소인 경우에는 전입지의 시장·군수·구청장을 말한다)에게 <u>신고</u>하여야 하며, 주택임대관리업을 <u>폐업</u>하려면 폐업일 <u>30일 이전</u>에 시장·군수·구청장에게 <u>말소신고</u>를 하여야 한다.

정답 ①

10 민간임대주택에 관한 특별법령상 '주택임대관리업의 등록기준'에 관한 설명으로 옳지 않은 것은?

① 자기관리형 주택임대관리업은 자본금 1억 5천만원, 위탁관리형 주택임대관리업은 자본금 1억원 이상을 갖추어 등록을 신청할 수 있다.

② 공인중개사 및 주택관리사 자격을 취득한 후 각각 해당 분야에 2년 이상 종사한 2명 이상은 자기관리형 주택임대관리업의 등록을 신청할 수 있다.

③ 부동산 관련 분야의 석사 이상의 학위를 취득한 후 부동산 관련 업무에 2년 이상 종사한 사람은 혼자 위탁관리형 주택임대관리업의 등록을 신청할 수 있다.

④ 부동산 관련 회사에서 5년 이상 근무한 사람으로서 부동산 관련 업무에 3년 이상 종사한 2명 이상은 자기관리형 주택임대관리업의 등록을 신청할 수 있다.

⑤ 사무실은 「건축법」 및 그 밖의 건축 관련 법령상의 기준을 충족시키는 건물이어야 한다.

> **키워드** 주택임대관리업의 등록기준
> **풀이** 부동산 관련 분야의 석사 이상의 학위를 취득한 후 부동산 관련 업무에 <u>3년 이상</u> 종사한 사람은 혼자 위탁관리형 주택임대관리업의 등록을 신청할 수 있다.
>
> 정답 ③

11 민간임대주택에 관한 특별법령상 '주택임대관리업자에 대한 행정처분기준'에 관한 내용으로 옳지 않은 것은?

① 시장·군수·구청장은 주택임대관리업자가 경미한 과실로 임대를 목적으로 하는 주택을 잘못 관리하여 임대인 및 임차인에게 재산상의 손해를 입힌 경우 영업의 전부 또는 일부의 정지를 명할 수 없다.

② 시장·군수·구청장은 주택임대관리업자가 법 제61조에 따른 보고를 거부한 경우 영업의 전부 또는 일부의 정지를 명할 수 있다.

③ 위 ②의 경우, 시장·군수·구청장은 영업정지를 갈음하여 1천만원 이하의 과징금을 부과할 수 있다.

④ 시장·군수·구청장은 주택임대관리업자가 영업정지기간 중에 주택임대관리업을 영위한 경우 그 등록을 말소하여야 한다.

⑤ 위 ④의 경우로서 주택임대관리업자에게 감경사유가 있는 경우에는 시장·군수·구청장은 6개월 이상의 영업정지처분으로 감경할 수 있다.

키워드 주택임대관리업자에 대한 행정처분기준

풀이 시장·군수·구청장은 위반행위의 동기·내용·횟수 및 위반의 정도 등 다음에 해당하는 사유를 고려하여 영 [별표 2]에서 정하고 있는 개별기준에 따른 행정처분을 가중하거나 감경할 수 있다. 이 경우 그 처분이 <u>영업정지</u>인 경우에는 그 처분기준의 2분의 1의 범위에서 가중(가중한 영업정지기간은 1년을 초과할 수 없다)하거나 감경할 수 있고, <u>등록말소</u>인 경우(<u>필요적 등록말소</u>의 경우는 <u>제외한다</u>)에는 <u>6개월 이상의 영업정지처분</u>으로 감경할 수 있다.

즉, 위 ④의 경우는 <u>필요적 등록말소</u>의 경우이므로 <u>6개월 이상의 영업정지처분</u>으로 감경할 수 없다.

이론 ➕

> [지문 ①]
> 시장·군수·구청장은 주택임대관리업자가 <u>고의</u> 또는 <u>중대한 과실</u>로 임대를 목적으로 하는 주택을 잘못 관리하여 임대인 및 임차인에게 재산상의 손해를 입힌 경우 영업의 전부 또는 일부의 정지를 명할 수 <u>있다</u>.

정답 ⑤

12 민간임대주택에 관한 특별법령상 '주택임대관리업자의 업무 범위'에 해당하지 않는 것은?

① 임대차계약의 체결·해제·해지·갱신 및 갱신거절 등

② 임대료의 부과·징수 등

③ 임차인의 입주 및 명도·퇴거 등(공인중개사법 제2조 제3호에 따른 중개업을 포함한다)

④ 시설물 유지·보수·개량 및 그 밖의 주택관리 업무

⑤ 임차인이 거주하는 주거공간의 관리, 임차인의 안전 확보에 필요한 업무 및 임차인의 입주에 필요한 지원 업무

키워드 주택임대관리업자의 업무 범위

풀이 임차인의 입주 및 명도·퇴거 등(공인중개사법 제2조 제3호에 따른 중개업은 <u>제외한다</u>)이 주택관리업자의 업무 범위에 해당한다.

정답 ③

13 민간임대주택에 관한 특별법령상 '주택임대관리업의 현황 신고'에 관한 내용으로 옳지 않은 것은?

① 주택임대관리업자는 분기마다 그 분기가 끝나는 달의 다음 달 말일까지 자본금, 전문인력, 관리 호수 등 대통령령으로 정하는 정보를 시장·군수·구청장에게 신고하여야 한다.

② 주택임대관리업자로부터 위 ①의 정보를 신고받은 시장·군수·구청장은 신고받은 날부터 7일 이내에 시·도지사에게 보고하여야 한다.

③ '임대사업자인 임대인'이 자기관리형 주택임대관리업자에게 임대관리를 위탁한 경우 주택임대관리업자는 위탁받은 범위에서 이 법에 따른 임대사업자의 의무를 이행하여야 한다. 이 경우 제7장(벌칙)의 적용에 있어서 주택임대관리업자를 임대사업자로 본다.

④ 주택임대관리업자는 다른 자에게 자기의 명의 또는 상호를 사용하여 이 법에서 정한 업무를 수행하게 하거나 그 등록증을 대여하여서는 아니 되며, 위반자에게는 2년 이하의 징역 또는 2천만원 이하의 벌금에 처한다.

⑤ 주택임대관리업자가 아닌 자는 주택임대관리업 또는 이와 유사한 명칭을 사용하지 못하며, 위반자에게는 2년 이하의 징역 또는 2천만원 이하의 벌금에 처한다.

키워드 **주택임대관리업**

풀이 주택임대관리업자로부터 위 ①의 정보를 신고받은 시장·군수·구청장은 신고받은 날부터 <u>30일 이내에 국토교통부장관에게</u> 보고하여야 한다.

이론 ✚
> [지문 ①]
> 국토교통부장관은 지문 ①의 정보를 <u>임대주택정보체계</u> 또는 <u>전자정보처리시스템</u>에 게시하는 등 대통령령으로 정하는 방식에 따라 공개할 수 있다.

정답 ②

14 민간임대주택에 관한 특별법령상 주택임대관리업에 관한 설명으로 옳지 않은 것은?

제22회

① 위탁관리형 주택임대관리업은 주택의 소유자로부터 임대관리를 위탁받아 관리하지만 주택의 소유자로부터 주택을 임차하여 자기책임으로 전대(轉貸)하는 형태의 업을 말한다.

② 「지방공기업법」상 지방공사가 단독주택 100호 이상으로 자기관리형 주택임대관리업을 할 경우에는 등록하지 않아도 된다.

③ 자기관리형 주택임대관리업 등록 시 자본금은 1억 5천만원 이상이어야 한다.

④ 자기관리형 주택임대관리업을 하는 주택임대관리업자는 임대인 및 임차인의 권리보호를 위하여 보증상품에 가입하여야 한다.

⑤ 주택임대관리업자가 아닌 자는 주택임대관리업 또는 이와 유사한 명칭을 사용하지 못한다.

키워드 **주택임대관리업**

풀이 '주택임대관리업'이란 주택의 소유자로부터 임대관리를 위탁받아 관리하는 업(業)을 말하며, 다음으로 구분한다.

1. 자기관리형 주택임대관리업: 주택의 소유자로부터 주택을 임차하여 자기책임으로 전대(轉貸)하는 형태의 업
2. 위탁관리형 주택임대관리업: 주택의 소유자로부터 수수료를 받고 임대료 부과·징수 및 시설물 유지·관리 등을 대행하는 형태의 업

정답 ①

15 민간임대주택에 관한 특별법령상 주택임대관리업에 관한 내용으로 옳은 것은? 제23회

① 위탁관리형 주택임대관리업을 등록한 경우에는 자기관리형 주택임대관리업도 등록한 것으로 본다.

② 주택임대관리업 등록을 한 자가 등록한 사항 중 자본금이 증가한 경우 변경신고를 하여야 한다.

③ 주택임대관리업자는 반기마다 그 반기가 끝나는 달의 다음 달 말일까지 위탁받아 관리하는 주택의 호수·세대수 및 소재지를 국토교통부장관에게 신고하여야 한다.

④ 위탁관리형 주택임대관리업을 하는 주택임대관리업자는 임대인 및 임차인의 권리보호를 위하여 보증상품에 가입하여야 한다.

⑤ 주택임대관리업자는 임대를 목적으로 하는 주택에 대하여 부수적으로 시설물 유지·보수·개량 및 그 밖의 주택관리 업무를 수행할 수 있다.

> **키워드** 자기관리형 및 위탁관리형 주택임대관리업
>
> **풀이** ① 자기관리형 주택임대관리업을 등록한 경우에는 <u>위탁관리형</u> 주택임대관리업도 등록한 것으로 본다.
> ② <u>자본금의 증가</u> 등 국토교통부령으로 정하는 경미한 사항의 변경은 <u>신고하지 아니하여도 된다.</u>
> ③ 주택임대관리업자는 <u>분기</u>마다 그 <u>분기</u>가 끝나는 달의 다음 달 말일까지 위탁받아 관리하는 주택의 호수·세대수 및 소재지를 <u>시장·군수·구청장</u>에게 신고하여야 한다.
> ④ <u>자기관리형</u> 주택임대관리업을 하는 주택임대관리업자는 임대인 및 임차인의 권리보호를 위하여 다음의 보증상품에 가입하여야 한다.
>> 1. <u>임대인</u>의 권리보호를 위한 보증: 자기관리형 주택임대관리업자가 약정한 임대료를 지급하지 아니하는 경우 <u>약정한 임대료의 3개월분 이상</u>의 지급을 책임지는 보증
>> 2. <u>임차인</u>의 권리보호를 위한 보증: 자기관리형 주택임대관리업자가 임대보증금의 반환의무를 이행하지 아니하는 경우 <u>임대보증금의 반환</u>을 책임지는 보증

정답 ⑤

16 민간임대주택에 관한 특별법령상 '공공지원민간임대주택 공급촉진지구'에 관한 내용으로 옳지 않은 것은?

① 시·도지사는 공공지원민간임대주택이 원활하게 공급될 수 있도록 공공지원민간임대주택 공급촉진지구(이하 '촉진지구'라 한다)를 지정할 수 있다.

② 위 ①의 경우, 촉진지구에서 건설·공급되는 전체 주택 호수의 50퍼센트 이상이 공공지원민간임대주택으로 건설·공급되어야 한다.

③ 위 ①의 경우, 촉진지구의 면적은 5천 제곱미터 이상의 범위에서 대통령령으로 정하는 면적 이상이어야 한다. 다만, 역세권 등에서 촉진지구를 지정하는 경우 1만 제곱미터 이상의 범위에서 조례로 정하는 면적 이상이어야 한다.

④ 위 ①의 경우, 유상공급 토지면적 중 주택건설 용도가 아닌 토지로 공급하는 면적이 유상공급 토지면적의 50퍼센트를 초과하지 아니하여야 한다.

⑤ 국토교통부장관은 위 ①에도 불구하고 국민의 주거안정을 위하여 공공지원민간임대주택을 건설·공급할 필요가 있는 경우에는 촉진지구를 지정할 수 있다.

키워드 공공지원민간임대주택 공급촉진지구

풀이 위 ①의 경우, 촉진지구의 면적은 <u>5천 제곱미터 이상</u>의 범위에서 대통령령으로 정하는 다음의 면적 이상이어야 한다. 다만, 역세권 등에서 촉진지구를 지정하는 경우 <u>1천 제곱미터 이상</u>의 범위에서 해당 지방자치단체가 조례로 정하는 면적 이상이어야 한다.

1. '도시지역'의 경우: <u>5천 제곱미터</u>
2. '도시지역'과 '인접'한 다음의 지역의 경우: <u>2만 제곱미터</u>
   ㉠ 도시지역과 경계면이 접한 지역
   ㉡ 도시지역과 경계면이 도로, 하천 등으로 분리되어 있으나 도시지역의 도로, 상하수도, 학교 등 주변 기반시설의 연결 또는 활용이 적합한 지역
3. 부지에 '도시지역'과 위 2.의 어느 하나에 해당하는 지역이 '함께' 포함된 경우: <u>2만 제곱미터</u>
4. 그 밖의 지역의 경우: <u>10만 제곱미터</u>

정답 ③

17 민간임대주택에 관한 특별법령상 '공공지원민간임대주택 공급촉진지구의 시행자'에 관한 내용으로 옳지 않은 것은?

① 지정권자는 국유지·공유지를 제외한 토지면적의 50퍼센트 이상에 해당하는 토지를 소유한 임대사업자를 시행자로 지정할 수 있다.

② 촉진지구 조성사업 및 공공지원민간임대주택 건설사업 등 주택건설사업은 시행자가 할 수 있는 공공지원민간임대주택 개발사업의 범위에 속한다.

③ 지정권자는 「공공주택 특별법」 제4조 제1항 각 호에 해당하는 자(공공주택사업자)를 시행자로 지정할 수 있다.

④ 위 ③의 공공주택사업자는 주택건설사업 중 공공지원민간임대주택 건설사업을 시행할 수 있다.

⑤ 위 ③의 공공주택사업자가 시행자인 경우 지정권자는 촉진지구에 복합지원시설을 건설·운영하도록 요청할 수 있다.

키워드 공공지원민간임대주택 공급촉진지구의 시행자

풀이 위 ③의 공공주택사업자는 주택건설사업 중 공공지원민간임대주택 건설사업을 시행할 수 없다.

이론 ✚

> **촉진지구 지정 제안**
>
> 다음의 자는 지정권자에게 촉진지구의 지정을 제안할 수 있다. 이 경우 지정권자는 그 지정을 제안한 자가 위 문제 ①의 요건을 갖춘 경우에 우선적으로 시행자로 지정할 수 있다.
> 1. 촉진지구에서 국유지·공유지를 제외한 토지면적의 50퍼센트 이상에 해당하는 토지를 소유한 임대사업자
> 2. 촉진지구 안에서 국유지·공유지를 제외한 토지면적의 50퍼센트 이상에 해당하는 토지소유자의 동의를 받은 자

> [참고]
>
> 임대사업자가 시행자인 경우, 시행자는 촉진지구 토지면적의 3분의 2 이상에 해당하는 토지를 소유하고 토지소유자 총수의 2분의 1 이상에 해당하는 자의 동의를 받은 경우 나머지 토지등을 수용 또는 사용할 수 있다.

정답 ④

18 민간임대주택에 관한 특별법령상 '지구계획 승인 및 촉진지구 지정의 해제'에 관한 내용으로 옳지 않은 것은?

① 시행자는 공공지원민간임대주택 공급촉진지구계획(이하 '지구계획'이라 한다)을 작성하여 지정권자의 승인을 받아야 한다.

② 지정권자는 촉진지구가 지정고시된 날부터 3년 이내에 위 ①의 지구계획 승인을 신청하지 아니하는 경우에는 촉진지구의 지정을 해제할 수 있다.

③ 공공지원민간임대주택 개발사업이 완료된 경우도 촉진지구 지정의 해제사유이다.

④ 촉진지구의 지정이 해제되는 경우 지정권자는 관보 또는 공보에 고시하여야 한다.

⑤ 지정권자는 지구계획에 따른 기반시설 확보를 위하여 필요한 부지 또는 설치비용의 전부 또는 일부를 시행자에게 부담시킬 수 있다.

> **키워드** 지구계획 승인 및 촉진지구 지정의 해제
> **풀이** 지정권자는 촉진지구가 지정고시된 날부터 2년 이내에 위 ①의 지구계획 승인을 신청하지 아니하는 경우에는 촉진지구의 지정을 해제할 수 있다.

정답 ②

01 민간임대주택에 관한 특별법령상 '민간임대주택의 공급신고 등'에 관한 내용으로 옳지 않은 것은?

① 공공지원민간임대주택의 임대사업자는 임대기간 중 민간임대주택의 임차인 자격 및 선정방법 등에 대하여 주거지원대상자 등의 주거안정을 위하여 국토교통부령으로 정하는 기준에 따라 공급하여야 한다.

② 장기일반민간임대주택의 임대사업자는 임대기간 중 민간임대주택의 임차인 자격 및 선정방법 등에 대하여 임대사업자가 정한 기준에 따라 공급하여야 한다.

③ 장기일반민간임대주택의 임차인은 국토교통부령으로 정하는 임차인의 자격을 갖추어야 하며, 거짓이나 그 밖의 부정한 방법으로 장기일반민간임대주택을 공급받아서는 아니 된다.

④ 동일한 주택단지에서 30호 이상의 민간임대주택을 건설한 임대사업자가 최초로 민간임대주택을 공급하는 경우에는 임차인을 모집하려는 날의 10일 전까지 신고서에 임차인의 자격 등 서류를 첨부하여 시장·군수·구청장에게 제출해야 한다.

⑤ 시장·군수·구청장은 위 ④에 따라 장기일반민간임대주택 또는 단기민간임대주택의 공급신고를 받은 날부터 7일 이내에 신고수리 여부를 신고인에게 통지하여야 한다.

> **키워드** **민간임대주택의 공급**
>
> **풀이** 공공지원민간임대주택의 임차인은 국토교통부령으로 정하는 임차인의 자격을 갖추어야 하며, 거짓이나 그 밖의 부정한 방법으로 <u>공공지원민간임대주택</u>을 공급받아서는 아니 된다.

정답 ③

02 민간임대주택에 관한 특별법령상 '공공지원민간임대주택의 중복 입주 등의 확인 등'에 관한 내용으로 옳지 않은 것은?

① 국토교통부장관 및 지방자치단체의 장은 공공지원민간임대주택과 「공공주택 특별법」 제2조 제1호 가목에 따른 공공임대주택에 중복하여 입주 또는 계약하고 있는 임차인('실제 거주하는 자'를 말한다)이 있는지를 확인할 수 있다.

② 임대사업자는 임차인의 성명 및 주민등록번호 등에 관한 정보를 국토교통부장관이 지정·고시하는 기관(이하 '전산관리지정기관'이라 한다)에 통보하여야 한다.

③ 전산관리지정기관은 위 ②의 정보를 전산으로 관리하여야 하며, 임차인에 관한 정보가 분실·도난·위조·변조 또는 훼손되지 아니하도록 안정성 확보에 필요한 조치를 마련하여야 한다.

④ 임대사업자는 전산관리지정기관에 공급신청서 접수, 임차인·예비임차인 선정 및 동·호수 배정 업무의 대행을 의뢰할 수 있다.

⑤ 임대사업자는 임차인(입주를 신청하는 자와 계약 중인 임차인을 포함한다) 자격 확인을 위하여 필요한 경우 임차인 및 배우자, 임차인 또는 배우자와 세대를 같이 하는 세대원(이하 '임차인등'이라 한다)으로부터 소득 자료를 제출받아 확인할 수 있다.

키워드 공공지원민간임대주택의 중복 입주 등의 확인 및 공공지원민간임대주택 임차인의 자격 확인

풀이 국토교통부장관 및 지방자치단체의 장은 공공지원민간임대주택과 「공공주택 특별법」 제2조 제1호 가목에 따른 공공임대주택에 중복하여 입주 또는 계약하고 있는 임차인(임대차계약 당사자를 말한다)이 있는지를 확인할 수 있다.

정답 ①

03 민간임대주택에 관한 특별법령상 '임차인의 자격 확인 요청 등'에 관한 내용으로 옳지 않은 것은?

① 임대사업자는 임차인 자격 확인을 위하여 필요한 경우 국토교통부장관에게 법 제42조의5부터 제42조의7까지의 규정에 따라 임차인의 자격을 확인하여 줄 것을 요청할 수 있다.

② 국토교통부장관은 위 ①에 따라 임대사업자가 요청한 대로 임차인의 자격을 확인하여 주는 것이 임차인의 주거 생활 안정 등을 위하여 필요하다고 인정하는 경우 임차인등에게 '금융정보 등'을 제공받는 데 필요한 동의서면을 제출하도록 요청할 수 있다.

③ 국토교통부장관이 위 ②에 따라 동의서면의 제출을 요청하는 경우 임차인등은 동의서면을 제출하여야 한다.

④ 위 ③에 따라 임차인(입주를 신청하는 자와 계약 중인 임차인을 포함한다), 배우자, 임차인 또는 배우자와 세대를 같이 하는 세대원은 금융정보 등의 제공 동의서면을 국토교통부장관에게 직접 제출하거나 우편·팩스 또는 정보통신망을 통하여 제출할 수 있다.

⑤ 위 ②에 따라 제공받은 정보 또는 자료를 사용·제공 또는 누설하여서는 아니 되며, 위반자는 5년 이하의 징역이나 3천만원 이하의 벌금에 처한다.

키워드 임차인의 자격 확인 요청 등

풀이 위 ②에 따라 제공받은 정보 또는 자료를 사용·제공 또는 누설하여서는 아니 되며, 위반자는 5년 이하의 징역이나 <u>5천만원</u> 이하의 벌금에 처한다.

이론 ✚

> [지문 ②] '금융정보 등'
> 1. 「금융실명거래 및 비밀보장에 관한 법률」제2조 제2호·제3호에 따른 금융자산 및 금융거래의 내용에 대한 자료 또는 정보 중 <u>예금</u>·적금·저축의 잔액 또는 불입금·지급금과 <u>유가증권</u> 등 금융자산에 대한 증권·증서의 가액(이하 '금융정보'라 한다)
> 2. 「신용정보의 이용 및 보호에 관한 법률」제2조 제1호에 따른 신용정보 중 <u>채무액</u>과 <u>연체정보</u>(이하 '신용정보'라 한다)
> 3. 「보험업법」제4조 제1항 각 호에 따른 보험에 가입하여 납부한 <u>보험료</u>, <u>환급금</u> 및 <u>지급금</u>(이하 '보험정보'라 한다)

정답 ⑤

04 민간임대주택에 관한 특별법령상 '임대보증금에 대한 보증 가입 등'에 관한 내용으로 옳지 않은 것은?

① 임대사업자는 「주택법」에 따른 사업계획승인, 「건축법」에 따른 건축허가를 신청하기 전에 임대보증금에 대한 보증에 가입하여야 한다.

② 임대사업자는 임대보증금에 대한 보증에 가입하였으면 지체 없이 해당 보증서 사본을 민간임대주택의 소재지를 관할하는 시장·군수·구청장에게 제출하여야 한다.

③ 위 ②에 따라 보증서 사본을 받은 시장·군수·구청장은 임대보증금에 대한 보증 기간이 끝날 때까지 보증서 사본을 보관하여야 한다.

④ 임대사업자는 임대보증금에 대한 보증에 가입한 경우에는 임차인이 해당 민간임대주택에 입주한 후 지체 없이 보증서 및 보증약관 각각의 사본을 임차인에게 내주어야 한다.

⑤ 임대사업자는 임대보증금에 대한 보증 가입 여부를 임차인이 잘 볼 수 있는 장소에 공고하여야 한다. 가입한 보증을 해지하거나 변경하는 경우에도 또한 같다.

> **키워드** 임대보증금에 대한 보증 가입 등
>
> **풀이** 임대사업자는 「주택법」 제49조에 따른 <u>사용검사</u>, 임시 사용승인 또는 「건축법」 제22조에 따른 <u>사용승인</u>, 임시 사용승인을 <u>신청하기 전</u>에 임대보증금에 대한 보증에 가입하여야 한다.
>
> 정답 ①

05 민간임대주택에 관한 특별법령상 '임대료'에 관한 설명으로 옳지 않은 것은?

① 공공지원민간임대주택의 경우, 최초 임대료(임대보증금과 월 임대료를 포함한다)는 주거지원대상자 등의 주거안정을 위하여 국토교통부령으로 정하는 기준에 따라 임대사업자가 정하는 임대료로 한다.

② 장기일반민간임대주택의 경우, 최초 임대료는 '임대사업자'가 정하는 임대료로 한다.

③ 장기일반민간임대주택의 경우, 민간임대주택 등록 당시 존속 중인 임대차계약(이하 '종전임대차계약'이라 한다)이 있는 경우에는 그 종전임대차계약에 따른 임대료로 한다.

④ 임대사업자는 임대기간 동안 임대료의 증액을 청구하는 경우, 임대료의 5퍼센트의 범위에서 주거비물가지수, 인근지역의 임대료변동률, 임대주택 세대수 등을 고려하여 대통령령으로 정하는 증액 비율을 초과하여 청구해서는 아니 된다.

⑤ 위 ④에 따른 임대료 증액 청구는 임대차계약 또는 약정한 임대료의 증액이 있은 후 2년 이내에는 하지 못한다.

키워드 임대료

풀이 위 ④에 따른 임대료 증액 청구는 임대차계약 또는 약정한 임대료의 증액이 있은 후 1년 이내에는 하지 못한다.

이론 ✚

> [지문 ①] 공공지원민간임대주택의 '국토교통부령으로 정하는 기준'
>
> 1. 공공지원민간임대주택의 임대사업자는 공공지원민간임대주택의 최초 임대료를 '표준 임대료 이하의 금액'으로 정하여야 한다.
> 2. 임대사업자는 표준 임대료를 산정하기 위하여 다음의 구분에 따라 임대시세[임대사업자가 인근지역 주택의 전세·월세 거래사례에 해당 지역의 전세·월세 전환율(이하 이 별표에서 '시장전환율'이라 한다)을 적용하여 월 임대료 전액을 임대보증금으로 환산한 값을 말한다. 이하 같다]를 산정하여야 한다.
> 〈이하 생략〉

> [참고]
> 임대사업자는 임대료를 현금 또는 「여신전문금융업법」 제2조에 따른 신용카드, 직불카드, 선불카드를 이용한 결제로 받을 수 있다.

정답 ⑤

06 민간임대주택에 관한 특별법령상 '임대차계약의 해제·해지 등'에 관한 설명으로 옳지 않은 것은?

① 임대보증금에 대한 보증에 가입해야 하는 임대사업자가 임대보증금에 대한 보증에 가입하지 않은 경우는 임차인이 임대차계약을 해지할 수 있는 사유가 아니다.

② 시장·군수·구청장이 민간임대주택에 거주하기 곤란할 정도의 중대한 하자가 있다고 인정하는 경우, 임차인은 임대차계약을 해지할 수 있다.

③ 임대사업자의 귀책사유로 입주지정기간이 끝난 날부터 3개월 이내에 입주할 수 없는 경우, 임차인은 임대차계약을 해지할 수 있다.

④ 공공지원민간임대주택의 임차인이 임대차계약기간 중 다른 주택을 소유하게 된 경우, 임대사업자는 임대차계약을 해지할 수 있다.

⑤ 위 ④에도 불구하고, 상속으로 다른 주택을 소유하게 된 경우로서 임대차계약이 해제·해지되거나 재계약이 거절될 수 있다는 내용을 통보받은 날부터 6개월 이내에 해당 주택을 처분하는 경우에는 해지할 수 없다.

키워드 임대차계약의 해제·해지 등 사유

풀이 임대보증금에 대한 보증에 가입해야 하는 임대사업자가 임대보증금에 대한 보증에 가입하지 않은 경우는 임차인이 임대차계약을 해지할 수 있다.

정답 ①

07 민간임대주택에 관한 특별법령상 '임대의무기간 및 양도 등'에 관한 내용으로 옳지 않은 것은?

① 임대사업자는 '대통령령으로 정하는 시점'부터 '임대의무기간' 동안 민간임대주택을 계속 임대하여야 하며, 그 기간이 지나지 아니하면 이를 양도할 수 없다.

② 위 ①에도 불구하고 임대사업자는 임대의무기간 동안에도 시장·군수·구청장에게 신고한 후 민간임대주택을 다른 임대사업자에게 양도할 수 있다.

③ 위 ②의 경우 양도받는 자는 양도하는 자의 임대사업자로서의 지위를 포괄적으로 승계하며, 이러한 뜻을 양수도계약서에 명시하여야 한다.

④ 임대사업자가 부도로 임대를 계속할 수 없는 경우, 시장·군수·구청장에게 신고를 하고 다른 임대사업자에게 민간임대주택을 양도할 수 있다.

⑤ 위 ①에도 불구하고 공공지원임대주택을 20년 이상 임대하기 위한 경우로서 필요한 운영비용 등을 마련하기 위하여 20년 이상 공급하기로 한 주택 중 일부를 10년 임대 이후 매각하는 경우에는 시장·군수·구청장에게 허가를 받아 임대사업자가 아닌 자에게 민간임대주택을 양도할 수 있다.

> **키워드** 임대의무기간 및 양도 등
> **풀이** 임대사업자가 부도로 임대를 계속할 수 없는 경우, 시장·군수·구청장에게 <u>허가</u>를 받아 <u>임대사업자가 아닌 자</u>에게 민간임대주택을 양도할 수 있다.

정답 ④

08 민간임대주택에 관한 특별법령상 '임대차계약 신고'에 관한 내용으로 옳지 않은 것은?

① 임대차기간, 임대료, 민간임대주택의 소유권을 취득하기 위하여 대출받은 금액 (민간매입임대주택으로 한정한다), 임차인 현황(준주택으로 한정한다)은 임대사업자가 시장·군수·구청장에게 신고 또는 변경신고하여야 하는 사항이다.

② 신고 또는 변경신고하려는 임대사업자는 신고·변경신고서에 표준임대차계약서를 첨부하여 해당 민간임대주택의 소재지를 관할하는 시장·군수·구청장 또는 임대사업자의 주소지를 관할하는 시장·군수·구청장에게 제출해야 한다.

③ 민간임대주택의 소재지를 관할하는 시장·군수·구청장이 신고·변경 신고서를 받은 경우는 즉시 임대사업자의 주소지를 관할하는 시장·군수·구청장에게 이송해야 한다.

④ 신고·변경신고서를 받은 시장·군수·구청장은 신고 또는 변경신고 내용을 확인한 후 신고 또는 변경신고를 받은 날부터 10일 이내에 임대 조건 신고대장에 신고 또는 변경신고 사실을 적고 임대 조건 신고·변경신고 증명서를 신고인에게 발급하여야 한다.

⑤ 위 ④의 시장·군수·구청장은 임대사업자가 신고, 변경신고 또는 재신고한 임대 조건을 매 분기 종료 후 다음 달 말일까지 해당 지방자치단체의 공보에 공고하여야 한다.

키워드 임대차계약 신고

풀이 임대사업자의 주소지를 관할하는 시장·군수·구청장이 신고·변경신고서를 받은 경우에는 즉시 민간임대주택의 소재지를 관할하는 시장·군수·구청장에게 이송해야 한다.

이론 ➕

> [지문 ②] 단서
> 다만, 법 제44조 제1항 제2호 단서(민간임대주택 등록 당시 존속 중인 종전 임대차계약이 있는 경우)에 따른 종전 임대차계약을 신고(변경신고는 제외한다)하는 경우로서 '표준임대차계약서를 사용하지 않은 경우'에는 다음의 서류를 모두 첨부해야 한다.
> 1. 임대차계약서
> 2. 임대사업자가 임차인에게 임대사업자로 등록한 사실을 직접 전달했거나 내용증명우편 등으로 통보한 사실을 객관적으로 증명할 수 있는 자료

정답 ③

---

09 민간임대주택에 관한 특별법령상 임대사업자는 표준임대차계약서를 사용하여야 하며, 표준임대차계약서에는 일정한 사항이 포함되어야 한다. '표준임대차계약서에 포함되어야 할 사항'이 아닌 것은?

① 임대료 및 증액 제한에 관한 사항 및 임대차계약기간
② 법 제49조에 따른 임대보증금의 보증에 관한 사항
③ 임대사업자 및 임차인의 권리·의무에 관한 사항
④ 민간임대주택의 선순위 담보권, 국세·지방세의 체납사실 등 권리관계에 관한 사항 및 수선·유지 및 보수에 관한 사항
⑤ 임대의무기간 중 지나간 기간 및 임대차계약의 해제·해지 등에 관한 사항

키워드 표준임대차계약서에 포함되어야 할 사항

풀이 '임대의무기간 중 남아 있는 기간 및 임대차계약의 해제·해지 등에 관한 사항'이 표준임대차계약서에 포함되어야 할 사항이다.

정답 ⑤

10 민간임대주택에 관한 특별법령상 '임대사업자의 설명의무'에 관한 설명으로 옳지 않은 것은?

① 임대사업자는 임차인과 임대차계약을 체결하는 경우에는 표준임대차계약서를 임차인에게 내주고 임차인이 이해할 수 있도록 설명하여야 하며, 임차인은 서명 또는 기명날인의 방법으로 확인하여야 한다.

② 다가구주택에 둘 이상의 임대차계약이 존재하는 경우, 임대사업자는 그 주택에 대한 임대차계약을 체결하려는 자에게 「주택임대차보호법」 제3조의6 제2항에 따라 확정일자부에 기재된 주택의 차임 및 보증금 등의 정보를 제공하여야 한다.

③ 위 ②의 경우, 임대차목적물, 확정일자부여일, 차임·보증금, 임대차기간은 임대사업자가 임대차계약을 체결하려는 자에게 제공해야 하는 정보이다.

④ 위 ③에 따른 정보는 「주택임대차보호법 시행령」 제6조 제1항에 따라 확정일자부여기관에 요청하여 받은 서면으로 제공해야 한다.

⑤ 위 ①을 위반한 자에게는 1천만원 이하의 벌금에 처한다.

키워드   **임대사업자의 설명의무**

풀이   위 ①을 위반한 자에게는 <u>5백만원 이하</u>의 <u>과태료</u>를 부과한다.

이론➕

[참고]
위 ②의 규정이 적용되는 주택은 「건축법 시행령」 [별표 1] 제1호 가목부터 다목까지의 규정에 따른 주택인 <u>(협의) 단독주택</u>, <u>다중주택</u> 및 <u>다가구주택</u>이다.

정답 ⑤

11 민간임대주택에 관한 특별법령상 '임대보증금에 대한 보증'에 관한 설명으로 옳지 않은 것은?

① 임대사업자는 민간임대주택을 임대하는 경우 임대보증금에 대한 보증에 가입하여야 한다.

② 보증대상은 임대보증금 전액으로 하지만, 임대사업자가 사용검사 전에 임차인을 모집하는 경우 임차인을 모집하는 날부터 사용검사를 받는 날까지의 보증대상액은 임대보증금 중 사용검사 이후 납부하는 임대보증금을 제외한 금액으로 한다.

③ 위 ①에도 불구하고 임대보증금에 대한 보증에 가입하지 아니할 수 있는 예외는 없다.

④ 임대사업자는 임대보증금에 대한 보증에 가입한 경우에는 임차인이 해당 민간임대주택에 입주한 후 지체 없이 보증서 및 보증약관 각각의 사본을 임차인에게 내주어야 한다.

⑤ 임대사업자는 임대보증금에 대한 보증 가입 여부를 임차인이 잘 볼 수 있는 장소에 공고하여야 한다.

PART 3

키워드 임대보증금에 대한 보증

풀이 다음의 어느 하나에 해당하면 임대보증금에 대한 보증에 가입하지 아니할 수 있다.
1. 임대보증금이 「주택임대차보호법」 제8조 제3항에 따른 금액 이하이고 임차인이 임대보증금에 대한 보증에 가입하지 아니하는 것에 동의한 경우
2. 임대사업자가 「공공주택 특별법」 제45조의2에 따라 '기존주택을 임차하는 공공주택사업자'와 임대차계약을 체결하는 경우로서 해당 공공주택사업자가 보증 가입 등 임대보증금 회수를 위하여 필요한 조치를 취한 경우
3. 임차인이 보증회사 및 이에 준하는 기관에서 운용하는 '전세금 반환을 보장하는 보증'에 가입하였고, 임대사업자가 해당 보증의 보증수수료를 임차인에게 전부 지급한 경우

정답 ③

---

12 민간임대주택에 관한 특별법령상 '민간임대주택의 관리'에 관한 설명으로 옳지 않은 것은?

① 모든 '민간매입임대주택'의 회계서류 작성, 보관 등 관리에 필요한 사항은 「공동주택관리법」을 적용한다.

② 임대사업자는 민간임대주택이 300세대 이상의 공동주택인 경우, 「공동주택관리법」에 따른 주택관리업자에게 관리를 위탁하거나 자체관리하여야 한다.

③ 임대사업자가 위 ②에 따라 민간임대주택을 자체관리하려면 대통령령으로 정하는 기술인력 및 장비를 갖추고 시장·군수·구청장의 인가를 받아야 한다.

④ 임대사업자가 동일한 시(특별시·광역시·특별자치시·특별자치도를 포함한다)·군 지역에서 민간임대주택을 관리하는 경우에는 대통령령으로 정하는 바에 따라 공동으로 관리할 수 있다.

⑤ 임대사업자는 국토교통부령으로 정하는 바에 따라 임차인으로부터 민간임대주택을 관리하는 데에 필요한 경비를 받을 수 있다.

키워드 민간임대주택의 관리

풀이 '민간건설임대주택' 및 '대통령령으로 정하는 민간매입임대주택(임대사업자가 주택법 제54조에 따라 사업주체가 건설·공급하는 주택 전체를 매입하여 임대하는 민간매입임대주택')의 회계서류 작성, 보관 등 관리에 필요한 사항은 대통령령으로 정하는 바에 따라 「공동주택관리법」을 적용한다.

이론 ✛
> [지문 ②] '위탁관리하거나 자체관리하여야 하는 경우'
> 1. 300세대 이상의 공동주택
> 2. 150세대 이상의 공동주택으로서 승강기가 설치된 공동주택
> 3. 150세대 이상의 공동주택으로서 중앙집중식 난방방식 또는 지역난방방식인 공동주택

정답 ①

13 민간임대주택에 관한 특별법령상 '공동관리의 요건 등'에 관한 설명으로 옳지 않은 것은?

① 단지별로 임대사업자 또는 임차인 과반수의 서면동의를 받아야 한다.

② 위 ①의 경우, 임차인 과반수의 서면동의를 받은 경우는 임차인대표회의를 구성하지 않은 경우만 해당한다.

③ 둘 이상의 민간임대주택단지를 공동으로 관리하는 것이 합리적이라고 특별시장, 광역시장, 특별자치시장, 특별자치도지사, 시장 또는 군수가 인정하는 경우에 공동관리가 가능하다.

④ 공동관리하는 둘 이상의 민간임대주택단지에 기술인력 및 장비 기준을 적용할 때에는 둘 이상의 민간임대주택단지를 하나의 민간임대주택단지로 본다.

⑤ 위 ④에도 불구하고 특별시장, 광역시장, 특별자치시장, 특별자치도지사, 시장 또는 군수가 민간임대주택단지 간의 거리 및 안전성 등을 고려하여 민간임대주택단지마다 갖출 것을 요구하는 경우에는 하나의 민간임대주택단지로 보지 아니한다.

> **키워드** 공동관리의 요건
> **풀이** 단지별로 <u>임차인대표회의</u> 또는 <u>임차인 과반수</u>의 서면동의를 받아야 한다.

정답 ①

14 민간임대주택에 관한 특별법령에 따르면 민간임대주택의 관리에 대해서는 공동주택관리법 및 공동주택관리법 시행령 중 '일정한 규정'만을 적용한다. 다음 중 '일정한 규정'이 아닌 것은?

① 「공동주택관리법」에 따른 구분관리에 관한 사항

② 「공동주택관리법」에 따른 관리비 등의 공개에 관한 사항

③ 「공동주택관리법 시행령」에 따른 공동주택의 안전점검에 관한 사항

④ 「공동주택관리법」에 따른 장기수선충당금의 적립에 관한 사항

⑤ 「공동주택관리법 시행령」에 따른 관리사무소장의 배치와 주택관리사 및 주택관리사보 등에 관한 사항

> **키워드** 공동주택관리법 중 적용 규정
> **풀이** '「공동주택관리법」에 따른 <u>장기수선충당금의 적립에 관한 사항</u>'은 <u>적용되는 규정이 아니다.</u>

정답 ④

15 민간임대주택에 관한 특별법령상 '관리비 징수 등'에 관한 설명으로 옳지 않은 것은?

① 위탁관리수수료는 관리비에 해당하지 아니한다.

② 관리비의 세대별 부담액 산정방법은 사용자 부담과 공평한 부담의 원칙에 따라야 한다.

③ 임대사업자는 법령으로 정한 관리비 외에 어떠한 명목으로도 관리비를 징수할 수 없다.

④ 임대사업자는 임차인이 내야 하는 사용료 등(임차인대표회의 운영비)을 임차인을 대행하여 그 사용료 등을 받을 자에게 낼 수 있다.

⑤ '중앙집중난방방식인 공동주택'의 난방비와 급탕비는 위 ④의 사용료 등에 해당한다.

> **키워드** 관리비 징수 등
>
> **풀이** '지역난방방식인 공동주택'의 난방비와 급탕비는 위 ④의 사용료 등에 해당한다.

정답 ⑤

16 민간임대주택에 관한 특별법령상 '관리비 징수 등'에 관한 설명으로 옳지 않은 것은?

① 임대사업자는 인양기 등의 사용료를 해당 시설의 사용자에게 따로 부과할 수 있다.

② 임대사업자는 산정·징수한 관리비와 사용료 등의 징수 및 그 사용명세에 관한 장부를 따로 작성하고 증명자료와 함께 보관하여 임차인 또는 임차인대표회의가 열람할 수 있게 해야 한다.

③ 관리비에 대하여 임대사업자와 임차인 간의 다툼이 있을 때에는 '각 임차인'은 임대사업자로 하여금 공인회계사등으로부터 회계감사를 받고 그 감사결과와 감사보고서를 열람할 수 있도록 갖춰 둘 것을 요구할 수 있다.

④ 임차인 또는 임차인대표회의는 시장·군수·구청장에게 공인회계사등의 선정을 의뢰할 수 있다.

⑤ 회계감사 비용은 임차인 또는 임차인대표회의가 부담한다.

> **키워드** 관리비 징수 등
>
> **풀이** 관리비에 대하여 임대사업자와 임차인 간의 다툼이 있을 때에는 임차인(임차인 과반수 이상의 결의가 있는 경우만 해당한다) 또는 임차인대표회의는 임대사업자로 하여금 공인회계사등으로부터 회계감사를 받고 그 감사결과와 감사보고서를 열람할 수 있도록 갖춰 둘 것을 요구할 수 있다.

정답 ③

17 민간임대주택에 관한 특별법령상 '임차인대표회의'에 관한 설명으로 옳지 않은 것은?

① 임대사업자가 20세대 이상의 민간임대주택을 공급하는 공동주택단지에 입주하는 임차인은 임차인대표회의를 구성할 수 있다.

② 임대사업자가 300세대 규모의 민간임대주택을 공급하는 공동주택단지에 입주하는 임차인은 임차인대표회의를 구성하여야 한다.

③ 임대사업자는 입주예정자의 과반수가 입주한 때에는 과반수가 입주한 날부터 30일 이내에 입주 현황과 임차인대표회의를 구성할 수 있다는 사실 또는 구성하여야 한다는 사실을 입주한 임차인에게 통지하여야 한다.

④ 임대사업자가 위 ③에 따른 통지를 하지 아니하는 경우 시장·군수·구청장이 임차인대표회의를 구성하도록 임차인에게 통지할 수 있다.

⑤ 임차인대표회의가 구성된 경우에는 임대사업자는 하자보수에 관하여는 협의하여야 할 의무가 없다.

> **키워드** 임차인대표회의
>
> **풀이** 임차인대표회의가 구성된 경우에는 임대사업자는 다음의 사항에 관하여 <u>협의하여야 한다</u>.
> 1. 민간임대주택 관리규약의 제정 및 개정
> 2. 관리비
> 3. 민간임대주택의 공용부분·부대시설 및 복리시설의 유지·보수
> 4. 임대료 증감
> 5. 민간임대주택의 유지·보수·관리 등에 필요한 사항으로서 대통령령으로 정하는 다음의 사항
>   ㉠ <u>하자보수</u>
>   ㉡ 공동주택의 관리에 관하여 임대사업자와 임차인대표회의가 합의한 사항
>   ㉢ '임차인 외의 자'에게 민간임대주택 주차장을 개방하는 경우 다음의 사항
>   ⓐ 개방할 수 있는 주차대수 및 위치
>   ⓑ 주차장의 개방시간
>   ⓒ 주차료 징수 및 사용에 관한 사항
>   ⓓ 그 밖에 주차장의 적정한 개방을 위해 필요한 사항

정답 ⑤

18 민간임대주택에 관한 특별법령상 '임차인대표회의'에 관한 설명으로 옳지 않은 것은?

① 임차인대표회의는 민간임대주택의 동별 세대수에 비례하여 선출한 대표자(이하 '동별 대표자'라 한다)로 구성한다.

② 동별 대표자가 될 수 있는 사람은 해당 민간임대주택단지에서 6개월 이상 계속 거주하고 있는 임차인으로 한다. 다만, 최초로 임차인대표회의를 구성하는 경우에는 그러하지 아니하다.

③ 임차인대표회의는 회장 1명, 부회장 1명 및 감사 1명을 동별 대표자 중에서 선출하여야 한다.

④ 임차인대표회의를 소집하려는 경우에는 소집일 2일 전까지 회의의 목적·일시 및 장소 등을 임차인에게 알리거나 공고하여야 한다.

⑤ 임차인대표회의는 회의를 개최하였을 때에는 회의록을 작성하여 보관하고, 임차인이 회의록의 열람을 청구하거나 자기의 비용으로 복사를 요구할 경우에는 그에 따라야 한다.

> **키워드** 임차인대표회의
> **풀이** 임차인대표회의를 소집하려는 경우에는 소집일 5일 전까지 회의의 목적·일시 및 장소 등을 임차인에게 알리거나 공고하여야 한다.

정답 ④

19 민간임대주택에 관한 특별법령상 '300세대 규모의 민간임대주택'에 관한 설명으로 옳지 않은 것은?

① 임대사업자는 장기수선계획을 수립하여 사용검사 신청 시 함께 제출하여야 하며, 임대기간 중 해당 민간임대주택단지에 있는 관리사무소에 장기수선계획을 갖춰 놓아야 한다.

② 임대사업자는 주요 시설을 교체하고 보수하는 데에 필요한 특별수선충당금을 적립하여야 한다.

③ 임대사업자가 민간임대주택을 양도하는 경우에는 특별수선충당금을 「공동주택관리법」 제11조에 따라 최초로 구성되는 입주자대표회의에 넘겨주어야 한다.

④ 특별수선충당금은 '임대사업자의 인감'과 '시장·군수·구청장의 직인'을 복수로 등록할 수 있다.

⑤ 임대사업자는 특별수선충당금을 사용하려면 미리 해당 민간임대주택의 소재지를 관할하는 시장·군수·구청장과 협의하여야 한다.

> **키워드** 장기수선계획 및 특별수선충당금
>
> **풀이** 특별수선충당금은 '임대사업자'와 해당 민간임대주택의 소재지를 관할하는 '시장·군수·구청장'의 공동 명의로 금융회사 등에 예치하여 <u>따로 관리</u>하여야 한다.
>
> 정답 ④

최신기출

20 민간임대주택에 관한 특별법령상 임차인대표회의 및 특별수선충당금에 관한 설명으로 옳지 않은 것은?

제26회

① 최초로 임차인대표회의를 구성하는 경우가 아닌 한, 동별 대표자가 될 수 있는 사람은 해당 민간임대주택단지에서 1년 이상 계속 거주하고 있는 임차인으로 한다.

② 임차인대표회의는 회장 1명, 부회장 1명 및 감사 1명을 동별 대표자 중에서 선출하여야 한다.

③ 임차인대표회의를 소집하려는 경우에는 소집일 5일 전까지 회의의 목적·일시 및 장소 등을 임차인에게 알리거나 공고하여야 한다.

④ 임대사업자는 특별수선충당금을 사용하려면 미리 해당 민간임대주택의 소재지를 관할하는 시장·군수·구청장과 협의하여야 한다.

⑤ 특별수선충당금은 임대사업자와 해당 민간임대주택의 소재지를 관할하는 시장·군수·구청장의 공동 명의로 금융회사 등에 예치하여 따로 관리하여야 한다.

키워드 임차인대표회의 및 특별수선충당금

풀이 동별 대표자가 될 수 있는 사람은 해당 민간임대주택단지에서 <u>6개월 이상</u> 계속 거주하고 있는 임차인으로 한다. 다만, 최초로 임차인대표회의를 구성하는 경우에는 그러하지 아니하다.

정답 ①

21 민간임대주택에 관한 특별법령상 '임대주택분쟁조정위원회'에 관한 설명으로 옳지 않은 것은?

① 시장·군수·구청장은 임대주택에 관한 학식 및 경험이 풍부한 자 등으로 임대주택분쟁조정위원회(이하 '조정위원회'라 한다)를 구성한다.

② 조정위원회는 위원장 1명을 포함하여 10명 이내로 구성하며, 위원 중에는 주택관리사가 된 후 관련 업무에 5년 이상 근무한 사람이 1명 이상 포함되어야 하며, 공무원이 아닌 위원이 5명 이상이 되어야 한다.

③ 위원장은 회의 개최일 2일 전까지 회의와 관련된 사항을 위원에게 알려야 한다.

④ 조정위원회의 회의에 참석한 위원에게는 예산의 범위에서 수당과 여비 등을 지급할 수 있다. 다만, 공무원인 위원이 소관 업무와 직접적으로 관련되어 조정위원회에 출석하는 경우에는 그러하지 아니하다.

⑤ 조정위원회는 해당 민간임대주택 또는 공공임대주택의 분쟁을 조정하기 위하여 필요한 자료를 임대사업자 또는 공공주택사업자에게 요청할 수 있다.

키워드 임대주택분쟁조정위원회

풀이 조정위원회는 위원장 1명을 포함하여 10명 이내로 구성하며, 위원 중에는 주택관리사가 된 후 관련 업무에 <u>3년 이상</u> 근무한 사람이 1명 이상 포함되어야 하며, 공무원이 아닌 위원이 <u>6명 이상</u>이 되어야 한다.

이론 ✚

[지문 ③]
임대주택분쟁조정위원회(<u>2일 전</u>), 임차인대표회의(<u>5일 전</u>)

정답 ②

22 민간임대주택에 관한 특별법령상 임대사업자 또는 공공주택사업자와 임차인대표회의는 일정한 분쟁에 관하여 조정위원회에 조정을 신청할 수 있다. 다음 중 '조정을 신청할 수 있는 사항'에 관한 설명으로 옳지 않은 것은?

① 임대료의 증액

② 법 제51조에 따른 주택관리

③ 임차인대표회의와 임대사업자가 협의하여야 할 사항 중 하자보수

④ 공공임대주택의 분양전환가격(분양전환승인에 관한 사항을 포함한다)

⑤ 공공주택사업자, 임차인대표회의 또는 임차인은 「공공주택 특별법」 제50조의3에 따른 우선 분양전환 자격에 대한 분쟁에 관하여 조정위원회에 조정을 신청할 수 있다.

> **키워드** 임대주택분쟁조정위원회
> **풀이** 공공임대주택의 분양전환가격. 다만, <u>분양전환승인에 관한 사항은 제외</u>한다.

정답 ④

23 민간임대주택에 관한 특별법령상 '일정한 임대사업자'의 임대보증금 반환 등에 관한 사항에 대하여 조정위원회에 조정을 신청할 수 있다. 다음 중 '일정한 임대사업자'에 관한 내용으로 옳지 않은 것은?

① 발행한 어음 및 수표를 기한까지 결제하지 못하여 어음교환소로부터 거래정지처분을 받은 임대사업자

② 「주택도시기금법」에 따른 주택도시기금 융자금에 대한 이자를 3개월을 초과하여 내지 아니한 임대사업자

③ 법 제49조 제1항에 따라 임대보증금에 대한 보증에 가입하여야 하는 임대사업자로서 임대보증금에 대한 보증의 가입 또는 재가입이 거절된 이후 6개월이 지난 자

④ 모회사가 위 ①의 처분을 받은 경우로서 자기자본 전부가 잠식된 임대사업자

⑤ 위 ④의 모회사는 「상법」 제342조의2에 따른 모회사를 말한다.

> **키워드** 임대주택분쟁조정위원회의 조정신청대상
> **풀이** 「주택도시기금법」에 따른 주택도시기금 융자금에 대한 이자를 <u>6개월</u>을 초과하여 내지 아니한 임대사업자

정답 ②

24 민간임대주택에 관한 특별법령상 임대주택의 분쟁조정에 관한 설명으로 옳은 것은?

① 공공주택사업자는 관리비를 둘러싼 분쟁에 관하여 임대주택분쟁조정위원회에 조정을 신청할 수 없다.

② 임대사업자는 민간임대주택 관리규약의 개정에 대한 분쟁에 관하여 임대주택분쟁조정위원회에 조정을 신청할 수 있다.

③ 임대사업자는 공공임대주택의 분양전환가격에 관한 분쟁에 대하여 임대주택분쟁조정위원회에 조정을 신청할 수 있다.

④ 임대주택분쟁조정위원회는 위원 중에 호선하는 위원장 1명을 포함하여 10명 이내로 구성한다.

⑤ 임대주택분쟁조정위원회가 제시한 조정안에 대하여 임차인대표회의가 동의하는 경우에는 임대사업자의 이의가 있더라도 조정조서와 같은 내용의 합의가 성립된 것으로 본다.

> **키워드** 임대주택분쟁조정위원회
>
> **풀이** ① 공공주택사업자는 관리비를 둘러싼 분쟁에 관하여 임대주택분쟁조정위원회에 조정을 <u>신청할 수 있다.</u>
> ③ <u>공공주택사업자는</u> 공공임대주택의 분양전환가격에 관한 분쟁에 대하여 임대주택분쟁조정위원회에 조정을 신청할 수 있다.
> ④ 조정위원회는 <u>위원장 1명을</u> 포함하여 <u>10명 이내로</u> 구성하되, 조정위원회의 운영, 절차 등에 필요한 사항은 대통령령으로 정한다. 이 경우 <u>위원장은</u> <u>해당 지방자치단체의 장이 된다.</u>
> ⑤ <u>조정의 각 당사자가</u> <u>조정위원회의 조정안을 받아들이면</u> 당사자간에 조정조서와 같은 내용의 합의가 성립된 것으로 본다.

정답 ②

25 민간임대주택에 관한 특별법령상 '협회의 설립 등'에 관한 내용으로 옳지 않은 것은?

① 임대사업자는 민간임대사업의 건전한 발전을 도모하기 위하여 임대사업자단체를 설립할 수 있다.

② 주택임대관리업자는 주택임대관리업의 효율적인 업무수행을 위하여 주택임대관리업자단체를 설립할 수 있다.

③ 위 ① 및 ②에 따른 단체(이하 '협회'라 한다)는 각각 법인으로 하며, 협회는 그 주된 사무소의 소재지에서 설립등기를 함으로써 성립한다.

④ 협회를 설립하려면 임대사업자단체는 10인 이상, 주택임대관리업자단체는 5인 이상의 인원을 발기인으로 하여 정관을 마련한 후 창립총회의 의결을 거쳐 국토교통부장관의 허가를 받아야 한다.

⑤ 이 법에 따라 국토교통부장관 등으로부터 영업의 정지처분을 받은 협회 회원의 권리·의무는 그 영업 및 자격의 정지기간 중에는 정지되며, 임대사업자 등록이 말소된 때에는 협회의 회원자격을 상실한다.

> **키워드** 협회의 설립 등
> **풀이** 협회를 설립하려면 임대사업자단체는 <u>5인 이상</u>, 주택임대관리업자단체는 <u>10인 이상</u>의 인원을 발기인으로 하여 정관을 마련한 후 창립총회의 의결을 거쳐 국토교통부장관의 <u>인가</u>를 받아야 한다.

> **정답** ④

26 민간임대주택에 관한 특별법령상 '임대주택정보체계'에 관한 설명으로 옳지 않은 것은?

① 국토교통부장관은 임대주택에 대한 국민의 정보 접근을 쉽게 하고 관련 통계의 정확성을 제고하며 부동산 정책 등에 활용하기 위하여 임대주택정보체계(이하 '정보체계'라 한다)를 구축·운영할 수 있다.

② 위 ①의 업무에 종사하고 있는 자는 해당 정보를 다른 자에게 누설하여서는 아니 되며, 위반자에게는 3년 이하의 징역 또는 3천만원 이하의 벌금에 처한다.

③ 국토교통부장관은 이 법에 따라 정보체계에 구축된 정보를 활용하는 경우 개인의 사생활의 비밀을 침해하지 아니하도록 정보를 보호하여야 한다.

④ 국토교통부장관 또는 지방자치단체의 장은 필요하다고 인정할 때에는 임대사업자, 주택임대관리업자 등에게 필요한 보고를 하게 하거나 관계 공무원으로 하여금 사업장에 출입하여 필요한 검사를 하게 할 수 있다.

⑤ 위 ④에 따른 검사를 할 때에는 검사 7일 전까지 검사 일시, 검사 이유 등을 검사를 받을 자에게 알려야 한다. 다만, 긴급한 경우나 사전에 통지하면 증거인멸 등으로 검사 목적을 달성할 수 없다고 인정하는 경우에는 그러하지 아니하다.

키워드 임대주택정보체계
풀이 위 ①의 업무에 종사하고 있는 자는 해당 정보를 다른 자에게 누설하여서는 아니 되며, 위반자에게는 <u>5년 이하의 징역</u> 또는 <u>5천만원 이하</u>의 벌금에 처한다.

정답 ②

27 민간임대주택에 관한 특별법령상 '2년 이하의 징역이나 2천만원 이하의 벌금 사유'가 아닌 것은?

① 등록을 하지 아니하고 주택임대관리업을 한 자 또는 거짓이나 그 밖의 부정한 방법으로 등록한 자
② 영업정지기간 중에 주택임대관리업을 영위한 주택임대관리업자
③ 보증상품에 가입하지 아니한 주택임대관리업자
④ 주택임대관리업자가 그 등록증을 대여한 경우
⑤ 임대보증금에 대한 보증에 가입하여야 하는 임대사업자가 보증에 가입하지 아니한 경우

키워드 벌칙
풀이 임대보증금에 대한 보증에 가입하여야 하는 임대사업자가 보증에 가입하지 아니한 경우에게는 <u>임대보증금의 100분의 10 이하</u>에 상당하는 금액의 <u>과태료를 부과</u>한다. 이 경우 그 금액이 <u>3천만원을 초과하는 경우</u>에는 <u>3천만원</u>으로 한다. 〈개정〉

정답 ⑤

28 민간임대주택에 관한 특별법령상 '1천만원 이하의 과태료 부과 사유'가 아닌 것은?

① 법 제45조를 위반하여 임대차계약을 해제·해지하거나 재계약을 거절한 임대사업자

② 법 제48조 제1항에 따른 설명의무를 위반한 임대사업자

③ 법 제42조 제4항을 위반하여 신고를 하지 아니한 임대사업자

④ 법 제50조를 위반하여 준주택을 주거용이 아닌 용도로 사용한 자

⑤ 법 제53조 제1항 및 제2항에 따라 특별수선충당금을 적립하지 아니하거나 입주자대표회의에 넘겨주지 아니한 자

키워드	과태료

| 풀이 | 법 제48조 제1항에 따른 설명 및 확인의무를 위반하거나 제48조 제2항에 따른 정보제공의무를 위반한 임대사업자에게는 <u>5백만원 이하의</u> 과태료를 부과한다. |

이론 ✚	위 ①③④⑤ 외에 추가적으로 <u>다음의 임대사업자에게는</u> <u>1천만원 이하의</u> 과태료를 부과한다.
	1. 법 제46조에 따른 임대차계약 신고를 하지 아니하거나 거짓으로 신고한 자
	2. 법 제47조에 따른 표준임대차계약서를 사용하지 아니한 임대사업자

정답 ②

PART 4

공공주택 특별법

01 총칙

▶ **연계학습** | 에듀윌 기본서 2차 [주택관리관계법규 上] p.364

01 공공주택 특별법령상 '공공주택'에 관한 설명으로 옳지 않은 것은?

① 공공임대주택과 공공분양주택은 모두 공공주택에 해당한다.

② 공공임대주택을 임대하는 사람을 공공주택사업자라 한다.

③ 공공주택사업자가 150제곱미터 규모의 공동주택을 분양하는 경우, 그 주택은 '공공분양주택'이다.

④ 임대 또는 임대한 후 분양전환을 할 목적으로 공급하는 「주택법」 제2조 제1호에 따른 주택으로서 대통령령으로 정하는 주택은 모두 '공공임대주택'이다.

⑤ 공공임대주택에는 공공건설임대주택과 공공매입임대주택이 있다.

> **키워드** **공공주택**
>
> **풀이** 분양을 목적으로 공급하는 주택으로서 「주택법」 제2조 제5호에 따른 <u>국민주택규모 이하의 주택</u>을 '공공분양주택'이라 한다.

정답 ③

02 공공주택 특별법령상 '용어의 뜻'에 관한 설명으로 옳지 않은 것은?

① 공공분양주택으로서 주택을 공급받은 자가 20년 이상 30년 이하 범위에서 일정기간 동안 주택사업자와 주택의 소유권을 공유하면서 소유 지분을 적립하여 취득하는 주택은 '지분적립형 분양주택'에 해당한다.

② 공공분양주택으로서 주택을 공급받은 자가 해당 주택을 처분하려는 경우 공공주택사업자가 환매하되, 공공주택사업자와 처분 손익을 공유하는 것을 조건으로 분양하는 주택은 '이익공유형 분양주택'에 해당한다.

③ '공공주택지구'란 공공주택의 공급을 위하여 공공주택이 전체 주택 중 100분의 50 이상이 되고, 법 제6조 제1항에 따라 지정·고시하는 지구를 말한다.

④ 공공주택지구의 경우, 공공분양주택은 전체 주택 호수의 100분의 25 이하이어야 한다.

⑤ '분양전환'이란 공공임대주택을 법 제4조 제1항 각 호에 규정된 자가 아닌 자에게 매각하는 것을 말한다.

용어의 뜻

공공주택지구의 공공주택 비율은 다음의 구분에 따른다. 이 경우 다음 1. 및 2.의 주택을 합한 주택이 공공주택지구 전체 주택 호수의 100분의 50 이상이 되어야 한다.
1. '공공임대주택': 전체 주택 호수의 100분의 35 이상
2. '공공분양주택': 전체 주택 호수의 <u>100분의 30</u> 이하

정답 ④

03 공공주택 특별법령상 '지분적립형 분양주택'에 관한 설명으로 옳지 않은 것은?

① '소유권 공유기간'은 20년 또는 30년 중에서 공공주택사업자가 지분적립형 분양주택의 공급가격을 고려해 정하는 기간을 말한다.

② 공공주택사업자는 소유권 공유기간을 정하는 경우 20년 또는 30년 중에서 지분적립형 분양주택을 공급받을 자가 선택하게 하는 방식으로 소유권 공유기간을 정할 수 있다.

③ 지분적립형 분양주택을 공급받은 자는 위 ① 또는 ②에 따른 기간 동안 10퍼센트이상 25퍼센트 이하의 범위에서 공공주택사업자가 정하는 비율에 따라 정해지는 회차별로 공급받은 주택의 지분을 적립하여 취득할 수 있다.

④ 위 ③에 따라 회차별로 취득하는 지분의 가격은 주택공급가격과 이에 대한 이자를 합산한 금액(이하 '취득기준가격'이라 한다)에 취득하는 지분의 비율을 곱한금액으로 한다.

⑤ 공공주택사업자는 지분적립형 분양주택을 공급받은 자와 해당 주택의 소유권을 공유하는 동안 공공주택사업자가 소유한 지분에 대하여 대통령령으로 정하는 기준에 따라 산정한 이자를 받을 수 있다.

지분적립형 분양주택

공공주택사업자는 지분적립형 분양주택을 공급받은 자와 해당 주택의 소유권을 공유하는 동안 공공주택사업자가 소유한 지분에 대하여 대통령령으로 정하는 기준에 따라 산정한 <u>임대료</u>를 받을 수 있다.

정답 ⑤

04 공공주택 특별법령상 '지분적립형 분양주택의 전매행위 제한'에 관한 설명으로 옳지 않은 것은?

① 지분적립형 분양주택의 소유 지분 또는 입주자로 선정된 지위는 10년 이내의 범위에서 대통령령으로 정하는 기간이 지나기 전에는 전매하거나 전매를 알선할 수 없다.

② 지분적립형 분양주택을 공급받은 자가 전매제한기간이 지난 후 해당 주택의 소유권 전부를 취득하기 이전에 소유 지분을 전매하려면 공공주택사업자와 주택의 매매가격 등을 협의한 후 공공주택사업자의 동의를 받아 공공주택사업자의 소유 지분과 함께 해당 주택의 소유권 전부를 전매하여야 한다.

③ 위 ②에 따라 지분적립형 분양주택을 전매하는 경우로서 매매가격이 대통령령으로 정하는 취득가격보다 높은 경우에는 그 차액을 공공주택사업자와 해당 주택을 공급받은 자가 전매 시점의 소유 지분 비율에 따라 나누어야 한다.

④ 지분적립형 분양주택을 공급받은 자(상속받은 자는 제외한다. 이하 '거주의무자'라 한다)는 해당 주택의 최초 입주가능일부터 10년 이내의 범위에서 대통령령으로 정하는 기간 동안 계속하여 해당 주택에 거주하여야 한다.

⑤ 공공주택사업자는 지분적립형 분양주택을 법령에 따라 취득한 경우 국토교통부령으로 정하는 바에 따라 지분적립형 분양주택으로 재공급하여야 한다.

키워드 지분적립형 분양주택의 전매행위 제한

풀이 지분적립형 분양주택을 공급받은 자(상속받은 자는 제외한다. 이하 '거주의무자'라 한다)는 「주택법」 제57조의2 제1항 각 호 외의 부분 본문에도 불구하고 해당 주택의 최초 입주가능일부터 <u>5년 이내의 범위</u>에서 대통령령으로 정하는 기간 동안 계속하여 해당 주택에 거주하여야 한다.

이론 ✚ [지문 ②] 단서
다만, 해당 주택의 소유 지분을 <u>배우자</u>에게 <u>증여</u>하는 경우에는 그러하지 아니하다.

정답 ④

05 공공주택 특별법령상 '이익공유형 분양주택의 공급·처분'에 관한 설명으로 옳지 않은 것은?

① 이익공유형 분양주택의 원활한 공급을 위하여 세부 공급 유형 및 공급대상에 따라 환매조건을 부과할 수 있다.

② 이익공유형 분양주택을 공급받은 자가 해당 주택을 처분하려는 경우, 위 ①에 따른 환매조건에 따라 공공주택사업자에게 해당 주택의 매입을 신청하여야 한다.

③ 위 ②에 따라 매입신청을 받은 공공주택사업자가 이익공유형 분양주택을 환매하는 경우 해당 주택을 공급받은 자는 처분 이익(처분 손실은 제외한다)을 공공주택사업자와 공유하여야 한다.

④ 이익공유형 분양주택의 전매행위 제한에 관하여는 「주택법」 제64조(주택의 전매행위 제한 등)를 적용하지 아니한다.

⑤ 이익공유형 분양주택을 공급받은 자(상속받은 자는 제외한다)는 「주택법」 제57조의2 제1항 각 호 외의 부분 본문에도 불구하고 해당 주택의 최초 입주가능일부터 최대 5년 이내에서 대통령령으로 정하는 거주의무기간 동안 계속하여 해당 주택에 거주하여야 한다.

> **키워드** 이익공유형 분양주택의 공급·처분
>
> **풀이** 위 ②에 따라 매입신청을 받은 공공주택사업자가 이익공유형 분양주택을 환매하는 경우 해당 주택을 공급받은 자는 해당 주택의 공급가격 등을 고려하여 대통령령으로 정하는 기준에 따라 처분 손익을 공공주택사업자와 공유하여야 한다.
>
> 정답 ③

06 공공주택 특별법령상 '공공주택사업'에 관한 내용으로 옳지 않은 것은?

① '공공주택사업'에는 공공주택지구조성사업, 공공주택건설사업, 공공주택매입사업, 공공주택관리사업이 있다.

② 공공주택지구조성사업은 공공주택지구를 조성하는 사업을 말한다.

③ 공공주택건설사업은 공공주택을 건설하는 사업을 말한다.

④ 공공주택매입사업은 공공주택을 공급할 목적으로 주택을 매입하거나 인수하는 사업을 말한다.

⑤ 공공주택관리사업은 공공주택을 운영·관리하는 사업을 말한다.

> **키워드** 공공주택사업
>
> **풀이** '공공주택사업'에는 공공주택지구조성사업, 공공주택건설사업, 공공주택매입사업, 공공주택관리사업 및 도심 공공주택 복합사업이 있다.
>
> 정답 ①

07 공공주택 특별법령에 관한 내용으로 옳지 않은 것은?

① 국가 및 지방자치단체는 매년 공공주택 건설, 매입 또는 임차에 사용되는 자금을 세입예산에 반영하도록 노력하여야 한다.

② 국토교통부장관은 공공주택의 건설, 매입 또는 임차에 주택도시기금을 우선적으로 배정하여야 한다.

③ 다른 법령에 따른 개발사업을 하려는 자가 임대주택을 계획하는 경우 공공임대주택을 우선 고려하여야 하며, 임대주택건설용지를 공급할 때 임대주택 유형이 결정되지 아니한 경우 '공공임대주택을 공급하려는 공공주택사업자'에게 우선적으로 공급하여야 한다.

④ 국가는 그가 소유한 토지를 매각하거나 임대할 때 「주택법」 제30조 제1항 및 「민간임대주택에 관한 특별법」 제18조에도 불구하고 '공공임대주택을 건설하려는 공공주택사업자'에게 우선적으로 매각 또는 임대할 수 있다.

⑤ 국가 및 지방자치단체는 청년층·장애인·고령자·신혼부부 및 저소득층 등 주거지원이 필요한 계층(이하 '주거지원필요계층'이라 한다)의 주거안정을 위하여 공공주택의 건설·취득 또는 관리와 관련한 국세 또는 지방세를 「조세특례제한법」, 「지방세특례제한법」, 그 밖에 조세 관계 법률 및 조례로 정하는 바에 따라 감면할 수 있다.

> **키워드** 공공주택의 재원·세제지원 등
>
> **풀이** 국가 및 지방자치단체는 '매년' 공공주택 건설, 매입 또는 임차에 사용되는 자금을 <u>세출예산</u>에 반영하도록 노력하여야 한다.

정답 ①

08 공공주택 특별법령상 공공주택에 관한 설명으로 옳은 것을 모두 고른 것은? 제21회 수정

> ㉠ 국가 및 지방자치단체는 청년층·장애인·고령자·신혼부부 및 저소득층 등 주거지원이 필요한 계층(이하 '주거지원필요계층'이라 한다)의 주거안정을 위하여 공공주택의 건설·취득 또는 관리와 관련한 국세 또는 지방세를 「조세특례제한법」, 「지방세특례제한법」, 그 밖에 조세 관계 법률 및 조례로 정하는 바에 따라 감면할 수 있다.
> ㉡ 다른 법령에 따른 개발사업을 하려는 자가 임대주택을 계획하는 경우 공공임대주택을 우선 고려하여야 한다.
> ㉢ 장기전세주택이란 국가나 지방자치단체의 재정이나 주택도시기금의 자금을 지원받아 전세계약의 방식으로 공급하는 공공임대주택을 말한다.
> ㉣ 국토교통부장관은 공공주택의 건설, 매입 또는 임차에 주택도시기금을 배정하기에 앞서 국가의 재정을 우선적으로 배정하여야 한다.

① ㉠, ㉡

② ㉢, ㉣

③ ㉠, ㉡, ㉢

④ ㉠, ㉡, ㉣

⑤ ㉡, ㉢, ㉣

키워드 **공공주택의 재원·세제지원 등**

풀이 국토교통부장관은 공공주택의 건설, 매입 또는 임차에 주택도시기금을 우선적으로 배정하여야 한다.

정답 ③

01 공공주택 특별법령상 '공공주택지구의 지정 등'에 관한 설명으로 옳지 않은 것은?

① 국토교통부장관은 공공주택지구조성사업(이하 '지구조성사업'이라 한다)을 추진하기 위하여 필요한 지역을 공공주택지구(이하 '주택지구'라 한다)로 지정할 수 있다.

② 국토교통부장관은 주택지구를 지정하려면 「국토의 계획 및 이용에 관한 법률」에 따른 중앙도시계획위원회의 심의를 거쳐야 한다.

③ 국토교통부장관은 주거지역 안에서 대통령령으로 정하는 규모(10만 제곱미터) 이하의 중소규모 주택지구를 지정 또는 변경하는 경우에는 중앙도시계획위원회의 심의를 생략할 수 있다.

④ 국토교통부장관은 주택지구를 지정하려면 지구개요·지정목적 등의 사항을 포함한 주택지구 지정안에 대하여 주민 등의 의견청취 전에 국방부·농림축산식품부 등 관계 중앙행정기관의 장 및 관할 시·도지사와 협의하여야 한다.

⑤ 국토교통부장관은 주택지구로 지정하고자 하는 지역이 10만 제곱미터 이상인 경우로서 국민의 주거안정과 주거수준 향상을 위하여 국무회의의 심의가 필요하다고 인정되는 경우에는 위 ④에 따른 협의 후 국무회의의 심의를 거쳐 주택지구의 지정 여부를 결정할 수 있다.

> **키워드** 공공주택지구의 지정 등
>
> **풀이** ⑤ 10만 제곱미터 이상 ⇨ 10제곱킬로미터 이상
>
> **이론 ✚**
> | [지문 ③] '중소규모 주택지구' 지정 등 |
> | --- |
> | 1. 국토교통부장관은 주거지역 안에서 '대통령령으로 정하는 규모' 이하의 주택지구를 지정 또는 변경하는 경우에는 중앙도시계획위원회의 심의를 생략할 수 있다. |
> | 2. 위 1.에서 '대통령령으로 정하는 규모'란 10만 제곱미터를 말한다. |

정답 ⑤

02 공공주택 특별법령상 '보안관리 및 부동산투기 방지대책'에 관한 설명으로 옳지 않은 것은?

① 국토교통부장관 등은 주민 등의 의견청취를 위한 공고 전까지는 주택지구의 지정을 위한 조사 등의 과정에서 관련 정보가 누설되지 아니하도록 필요한 조치를 하여야 한다.

② 국토교통부 등에 종사하는 자는 업무 처리 중 알게 된 주택지구 지정 또는 지정 제안과 관련한 '미공개정보'를 부동산 등의 매매, 그 밖의 거래에 사용하거나 타인에게 제공 또는 누설해서는 아니 된다.

③ 위 ②에서 '미공개정보'는 자산 또는 재산상 이익의 취득 여부의 판단에 중대한 영향을 미칠 수 있는 정보로서 불특정 다수인이 알 수 있도록 공개되기 전의 것을 말한다.

④ 국토교통부장관은 주택지구 또는 특별관리지역으로 지정하고자 하는 지역 및 주변지역이 부동산투기가 성행하거나 성행할 우려가 있다고 판단되는 경우에는 대통령령으로 정하는 바에 따라 투기방지대책을 수립하여야 한다.

⑤ 위 ②를 위반한 자는 3년 이하의 징역 또는 그 위반행위로 얻은 재산상의 이익 또는 회피한 손실액의 2배 이상 4배 이하에 상당하는 벌금에 처한다.

키워드 **보안관리 및 부동산투기 방지대책**

풀이 위 ②를 위반한 자는 <u>5년 이하</u>의 징역 또는 그 위반행위로 얻은 재산상의 이익 또는 회피한 손실액의 <u>3배 이상 5배 이하</u>에 상당하는 벌금에 처한다.

정답 ⑤

03 공공주택 특별법령상 공공주택지구(이하 '주택지구'라 함)의 조성에 관한 설명으로 옳지 않은 것은? 제26회

① 공공주택사업자는 주택지구의 조성 또는 공공주택건설을 위하여 필요한 경우에는 토지등을 수용 또는 사용할 수 있다.

② 공공주택사업자는 주택지구로 조성된 토지가 판매시설용지 등 영리를 목적으로 사용될 토지에 해당하는 경우 수의계약의 방법으로 공급할 수 있다.

③ 공공주택사업자는 지구조성사업을 효율적으로 시행하기 위하여 지구계획의 범위에서 주택지구 중 일부지역에 한정하여 국토교통부장관에게 준공검사를 신청할 수 있다.

④ 공공주택사업자는 「주택법」에 따른 국민주택의 건설용지로 사용할 토지를 공급할 때 그 가격을 조성원가 이하로 할 수 있다.

⑤ 주택지구 안에 있는 국가 또는 지방자치단체 소유의 토지로서 지구조성사업에 필요한 토지는 지구조성사업 외의 목적으로 매각하거나 양도할 수 없다.

키워드 **공공주택지구의 조성**

풀이 공공주택사업자는 조성된 토지가 <u>다음의 어느 하나에 해당하는 경우에는 경쟁입찰의 방법으로 공급해야 한다</u>(영 제24조 제3항).

1. 판매시설용지 등 영리를 목적으로 사용될 토지
2. 법 제35조 또는 「주택법」 제15조에 따라 사업계획의 승인을 받아 건설하는 공동주택건설용지 외의 토지(공공주택사업자가 토지가격의 안정과 공공목적을 위하여 필요하다고 인정하는 경우는 제외한다)

정답 ②

04 공공주택 특별법령상 '주택지구 주민에 대한 지원대책의 수립·시행'에 관한 설명으로 옳지 않은 것은?

① 시·도지사, 시장·군수·구청장 또는 공공주택사업자는 '대통령령으로 정하는 규모 이상'의 공공주택사업 또는 「노숙인 등의 복지 및 자립지원에 관한 법률」에 따른 '쪽방 밀집지역'이 포함된 공공주택사업 중 대통령령으로 정하는 사업으로 인하여 생활기반을 상실하게 되는 주택지구 안의 주민에 대하여 직업전환훈련, 소득창출사업지원, 그 밖에 주민의 재정착에 필요한 지원대책을 대통령령으로 정하는 바에 따라 수립·시행할 수 있다.

② 주택지구의 면적이 10만 제곱미터 이상인 공공주택사업으로 생활기반을 상실하게 되는 주택지구 안의 주민에 대하여 전업(轉業)을 희망하는 주택지구 안의 주민에 대한 직업전환훈련의 실시 등 지원대책을 수립·시행할 수 있다.

③ 주택지구의 면적이 50만 제곱미터 이상인 공공주택사업으로 생활기반을 상실하게 되는 주택지구 안의 주민에 대하여는 추가적으로 주택지구 안의 주민으로 구성된 법인 또는 단체에 대한 소득창출사업의 지원 등 지원대책을 수립·시행할 수 있다.

④ 쪽방 밀집지역이 포함된 공공주택사업 중 해당 쪽방 밀집지역의 쪽방 거주자가 50명 이상인 공공주택사업으로 생활기반을 상실하게 되는 주택지구 안의 주민에 대하여는 추가적으로 공공주택사업의 시행으로 철거되는 주택의 소유자 및 세입자에 대한 공공임대주택 등을 활용한 임시 거주 지원 등 지원대책을 수립·시행할 수 있다.

⑤ 시·도지사, 시장·군수·구청장 또는 공공주택사업자는 위 ②의 직업전환훈련을 실시하려는 경우에는 직업전환훈련의 대상·방법과 수당의 지급기준 등 직업전환훈련의 주요 내용을 공보에 고시하거나 인터넷 홈페이지에 게시해야 한다.

> **키워드** 주택지구 주민에 대한 지원대책의 수립·시행
>
> **풀이** 쪽방 밀집지역이 포함된 공공주택사업 중 해당 쪽방 밀집지역의 쪽방 거주자가 100명 이상인 공공주택사업으로 생활기반을 상실하게 되는 주택지구 안의 주민에 대하여는 추가적으로 공공주택사업의 시행으로 철거되는 주택의 소유자 및 세입자에 대한 공공임대주택 등을 활용한 임시 거주 지원 등 지원대책을 수립·시행할 수 있다. 〈신설〉
>
> 정답 ④

대표기출

공공주택 특별법령상 특별수선충당금에 관한 설명으로 옳은 것은? 제25회

① 1997년 3월 1일 전에 주택건설사업계획의 승인을 받은 공공임대주택이라도 300세대 이상의 공동주택이라면 특별수선충당금을 적립하여야 한다.

② 특별수선충당금은 사용검사일이 속하는 달부터 매달 적립한다.

③ 국민임대주택의 경우 특별수선충당금의 적립요율은 국토교통부장관이 고시하는 표준건축비의 1만분의 1이다.

④ 특별수선충당금의 적립요율은 시장·군수 또는 구청장의 허가를 받아 변경할 수 있다.

⑤ 공공주택사업자는 특별수선충당금을 사용하려면 미리 해당 공공임대주택의 주소지를 관할하는 시장·군수 또는 구청장과 협의하여야 한다.

키워드 **특별수선충당금**

풀이 ① 1997년 3월 1일 전의 경우는 특별수선충당금을 적립할 의무가 없다.

② 공공주택사업자는 특별수선충당금을 사용검사일(임시 사용승인을 받은 경우에는 임시 사용승인일을 말한다)부터 1년이 지난 날이 속하는 달부터 매달 적립한다.

③ 특별수선충당금의 적립요율은 다음의 비율에 따른다.

1. 영구임대주택, 국민임대주택, 행복주택, 통합공공임대주택 및 장기전세주택: 국토교통부장관이 고시하는 표준건축비의 1만분의 4

2. 위 1.에 해당하지 아니하는 공공임대주택: 「주택법」에 따른 사업계획승인 당시 표준건축비의 1만분의 1

④ 특별수선충당금의 적립요율은 시장·군수·구청장의 허가를 받아 변경할 수 없다.

정답 ⑤

01 공공주택 특별법령상 '공공임대주택의 중복 입주 등의 확인'에 관한 내용으로 옳지 않은 것은?

① 국토교통부장관 및 시장·군수·구청장은 공공임대주택에 중복하여 입주 또는 계약하고 있는 임차인이 있는지를 확인할 수 있다.

② 위 ①의 임차인은 임대차계약 당사자를 말한다.

③ 공공주택사업자는 임차인의 성명 및 주민등록번호 등 임차인에 관한 정보를 국토교통부장관이 지정·고시하는 기관(이하 '전산관리지정기관'이라 한다)에 통보하여야 한다.

④ 전산관리지정기관은 위 ③의 정보를 전산관리하여야 하며, 임차인에 관한 정보가 분실·도난·변조 또는 훼손되지 아니하도록 안정성 확보에 필요한 조치를 강구하여야 한다.

⑤ 공공임대주택 중복 입주 또는 계약 여부 확인방법 및 절차, 중복 입주자 또는 계약자에 대한 조치 등에 필요한 사항은 국토교통부령으로 정한다.

> **키워드** 공공임대주택의 중복 입주 등의 확인
> **풀이** <u>국토교통부장관은</u> '공공임대주택'에 중복하여 입주 또는 계약하고 있는 임차인(임차계약 당사자를 말한다)이 있는지를 <u>확인하여야 한다</u>.

| 정답 | ① |

02 공공주택 특별법령상 '공공임대주택의 임대조건 등'에 관한 설명으로 옳지 않은 것은?

① 공공임대주택의 공공주택사업자가 임대료 증액을 청구하는 경우에는 임대료의 100분의 5 이내의 범위에서 주거비물가지수, 인근지역의 주택임대료변동률 등을 고려하여 증액하여야 한다.

② 위 ①의 경우 증액이 있은 후 2년 이내에는 증액하지 못한다.

③ 행복주택의 최초의 임대료(임대보증금 및 월 임대료를 말한다)는 국토교통부장관이 정하여 고시하는 표준임대료를 초과할 수 없다.

④ 공공임대주택의 최초의 임대보증금과 월 임대료는 임차인이 동의한 경우에 임대차계약에 따라 상호 전환할 수 있다.

⑤ 공공주택사업자가 임대차계약을 체결할 때 임대차 계약기간이 끝난 후 임대주택을 그 임차인에게 분양전환할 예정이면 「주택임대차보호법」 제4조 제1항에도 불구하고 임대차계약기간을 2년 이내로 할 수 있다.

> **키워드** 공공임대주택의 임대조건 등
> **풀이** 위 ①의 경우 증액이 있은 후 <u>1년 이내</u>에는 증액하지 못한다.

정답 ②

03 공공주택 특별법령상 '공공주택사업자가 임대차계약을 해제 또는 해지하거나 재계약을 거절할 수 있는 사유'에 관한 설명으로 옳지 않은 것은? 제23회 주관식 수정

① 관리비를 3개월 이상 연속하여 연체한 경우

② 공공주택사업자의 귀책사유 없이 법 제49조의2에 따른 표준임대차계약서상의 임대차계약기간이 시작된 날부터 3개월 이내에 입주하지 아니한 경우

③ 공공임대주택(전용면적이 85제곱미터를 초과하는 주택은 제외한다)의 임대차계약기간 중 다른 주택을 소유하게 된 경우

④ 법 제49조의4를 위반하여 공공임대주택의 임차권을 다른 사람에게 양도하거나 공공임대주택을 전대한 경우

⑤ 법 제48조의3에 따라 임차인이 공공임대주택에 중복하여 입주하거나 계약한 것으로 확인된 경우

키워드 **재계약 거절 등**

풀이 월 임대료를 3개월 이상 연속하여 연체한 경우가 공공주택사업자가 임대차계약을 해제 또는 해지하거나 재계약을 거절할 수 있는 사유이다.

이론 ➕

> **공공주택사업자의 임대차계약 해제, 해지, 재계약 거절 등 사유**
>
> 1. 공공주택사업자의 귀책사유 없이 법 제49조의2에 따른 표준임대차계약서상의 임대차계약기간이 시작된 날부터 3개월 이내에 입주하지 아니한 경우
> 2. 월 임대료를 3개월 이상 연속하여 연체한 경우
> 3. 분납임대주택의 분납금(분할하여 납부하는 분양전환금을 말한다)을 3개월 이상 연체한 경우
> 4. 공공임대주택(전용면적이 85제곱미터를 초과하는 주택은 제외한다. 이하 같다)의 임대차계약기간 중 다른 주택을 소유하게 된 경우. 다만, 다음의 어느 하나에 해당하는 경우는 제외한다.
>   ㉠ 상속·판결 또는 혼인 등 그 밖의 부득이한 사유로 다른 주택을 소유하게 된 경우로서 '임대차계약이 해제·해지되거나 재계약이 거절될 수 있다는 내용을 통보받은 날'부터 6개월 이내 해당 주택을 처분하는 경우. 다만, 법원의 소송이 진행 중인 경우 등 주택의 처분이 곤란하다고 객관적으로 입증되는 경우에는 '소송 판결확정일 등 그 사유가 종료된 날'부터 6개월 이내로 한다.
>   ㉡ 혼인 등의 사유로 주택을 소유하게 된 세대구성원이 '소유권을 취득한 날'부터 14일 이내에 전출신고를 하여 세대가 분리된 경우. 다만, 취득한 주택의 보수공사가 진행 중인 경우 등 입주가 곤란하다고 객관적으로 입증되는 경우에는 '공사비를 완전히 납부한 날 등 그 사유가 종료된 날'부터 14일 이내로 한다.
>   ㉢ 공공임대주택의 입주자를 선정하고 남은 공공임대주택에 대하여 선착순의 방법으로 입주자로 선정된 경우

정답 ①

04 공공주택 특별법령상 '임차인이 임대차계약을 해제 또는 해지하거나 재계약을 거절할 수 있는 사유'의 내용으로 옳지 않은 것은?

① 공공주택사업자가 표준임대차계약서상의 의무를 위반한 경우
② 공공주택사업자의 귀책사유로 입주기간 종료일부터 1개월 이내에 입주할 수 없는 경우
③ 공공주택사업자가 시장·군수 또는 구청장이 지정한 기간에 하자보수명령을 이행하지 아니한 경우
④ 시장·군수·구청장이 공공임대주택에 거주하기 곤란할 정도의 중대한 하자가 있다고 인정한 경우
⑤ 공공주택사업자가 임차인의 의사에 반하여 공공임대주택의 부대시설·복리시설을 파손하거나 철거시킨 경우

키워드 재계약 거절 사유

풀이 공공주택사업자의 귀책사유로 입주기간 종료일부터 <u>3개월</u> 이내에 입주할 수 없는 경우가 임차인이 임대차계약을 해제 또는 해지하거나 재계약을 거절할 수 있는 사유이다.

이론 +

> 임차인의 임대차계약 해제, 해지, 재계약 거절 등 사유(영 제47조 제3항)
>
> 1. 시장·군수 또는 구청장이 공공임대주택에 거주하기 곤란할 정도의 중대한 하자가 있다고 인정한 경우
> 2. 공공주택사업자가 시장·군수 또는 구청장이 지정한 기간에 하자보수명령을 이행하지 아니한 경우
> 3. 공공주택사업자가 임차인의 의사에 반하여 공공임대주택의 부대시설·복리시설을 파손하거나 철거시킨 경우
> 4. 공공주택사업자의 귀책사유로 입주기간 종료일부터 3개월 이내에 입주할 수 없는 경우
> 5. 공공주택사업자가 법 제49조의2에 따른 표준임대차계약서상의 의무를 위반한 경우

> '분납임대주택'의 공공주택사업자는 법 제49조의3에 따라 임대차계약을 해제 또는 해지하거나 재계약을 거절하는 경우에는 국토교통부령으로 정하는 기준에 따라 산정된 <u>반환금</u>을 임차인에게 지급하여야 한다.

정답 ②

05 공공주택 특별법령상 공공임대주택의 임차인은 임차권을 양도하거나 전대할 수 없다. 다만, '대통령령으로 정하는 경우'로서 '공공주택사업자의 동의를 받은 경우'에는 양도하거나 전대할 수 있다. '대통령령으로 정하는 경우'의 내용으로 옳지 않은 것은?

① 임대의무기간이 20년인 공공임대주택의 임차인이 의료기관의 장이 6개월 이상의 치료나 요양이 필요하다고 인정하는 사유로 주거를 이전하는 경우

② 임대의무기간이 10년 이하인 공공임대주택의 임차인의 세대구성원 모두가 공공임대주택 입주 후 1년 이상 국외에 머무를 경우로서 무주택 세대구성원에게 임차권을 양도하거나 임대주택을 전대하는 경우

③ 「혁신도시 조성 및 발전에 관한 특별법」에 따라 이전하는 기관이 해당 기관이 이전하기 이전에 공공임대주택을 공급받아 전대하는 경우

④ 임차인이 혼인으로 공공임대주택에서 퇴거하고, 해당 공공임대주택에 계속 거주하려는 형제자매가 자신으로 임차인을 변경할 경우

⑤ 임차인이 이혼으로 공공임대주택에서 퇴거하고, 해당 공공임대주택에 계속 거주하려는 배우자가 자신으로 임차인을 변경할 경우

키워드 **공공임대주택의 전대 제한**

풀이 공공임대주택(임대의무기간이 10년 이하인 경우로 한정한다) 임차인의 세대구성원 모두가 공공임대주택 입주 후 다음에 해당되어 무주택 세대구성원에게 임차권을 양도하거나 임대주택을 전대하는 경우는 양도하거나 전대할 수 있다.
1. 다음 ㉠부터 ㉢까지의 규정에 모두 해당하는 경우
   ㉠ 근무·생업 또는 질병치료(의료법 제3조에 따른 의료기관의 장이 1년 이상의 치료나 요양이 필요하다고 인정하는 경우로 한정한다) 등의 사유로 주거를 이전할 것
   ㉡ 현재 거주하는 시·군 또는 구의 행정구역이 아닌 시·군 또는 구로 주거를 이전할 것
   ㉢ 현재 거주지와 새로 이전하는 거주지 간의 거리(최단 직선거리를 말한다)가 40킬로미터 이상일 것. 다만, 출퇴근 거리 및 교통여건 등을 고려하여 해당 시·도의 조례로 별도 기준을 정하는 경우에는 그에 따른다.
2. 상속 또는 혼인으로 소유하게 된 주택으로 이전할 경우
3. 국외로 이주하거나 1년 이상 국외에 머무를 경우

이론 ✚

[지문 ④ 및 ⑤] 양도 및 전대 허용 사유
임차인이 혼인 또는 이혼으로 공공임대주택에서 퇴거하고, 해당 공공임대주택에 계속 거주하려는 다음의 어느 하나에 해당하는 사람이 자신으로 임차인을 변경할 경우
1. 배우자, 직계혈족 및 형제자매
2. 직계혈족의 배우자, 배우자의 직계혈족 및 배우자의 형제자매

정답 ①

06 공공주택 특별법령상 '공공주택의 거주실태 조사 등'에 관한 내용으로 옳지 않은 것은?

① 공공주택사업자는 임차인의 실제 거주 여부 및 임차인이 아닌 사람의 거주 상황 등을 확인하기 위하여 거주실태 조사를 할 수 있다.

② 거주실태 조사를 하는 자는 조사를 위하여 필요하면 관계 행정기관 등에 대하여 주민등록정보 등의 제공을 요구할 수 있다. 이 경우 자료의 제공을 요구받은 관계 행정기관 등은 특별한 사유가 없으면 이에 따라야 한다.

③ 출입·조사·질문을 하는 자는 국토교통부령으로 정하는 증표를 지니고 이를 관계인에게 내보여야 하며, 조사자의 이름·출입시간 및 출입목적 등이 표시된 문서를 관계인에게 교부하여야 한다.

④ 국토교통부장관 또는 지방자치단체의 장은 임차권의 양도 및 전대의 불법 사실이 확인된 임차인에 관한 정보를 전산관리지정기관에 통보하여야 한다.

⑤ 전산관리지정기관은 위 ④에 따른 정보를 전산관리하여야 한다.

> **키워드** **공공주택의 거주실태 조사 등**
>
> **풀이** <u>국토교통부장관 또는 지방자치단체의 장</u>은 다음의 사항을 확인하기 위하여 <u>입주자 및 임차인</u>에게 필요한 서류 등의 제출을 요구할 수 있으며, 소속 공무원으로 하여금 해당 주택에 출입하여 조사하게 하거나 관계인에게 필요한 질문을 하게 할 수 있다. 이 경우 서류 등의 제출을 요구받거나 해당 주택의 출입·조사 또는 필요한 질문을 받은 <u>입주자 및 임차인</u>은 모든 세대원의 해외출장 등 특별한 사유가 없는 한 이에 따라야 한다.
> 1. 임차인의 실제 거주 여부 및 <u>임차인이 아닌 사람의 거주 상황</u>
> 2. 법 제49조의4에 따른 임차권의 양도 및 전대 여부
> 3. 법 제49조의5 및 법 제49조의10에 따른 거주의무자의 실제 거주 여부
> 4. 임대주택이 다른 용도로 사용되고 있는지 여부

정답 ①

07 공공주택 특별법령상 '공공임대주택의 입주자 자격 제한 등'에 관한 설명으로 옳지 않은 것은?

① 공공임대주택의 임차인은 임차권을 다른 사람에게 양도하거나 공공임대주택을 다른 사람에게 전대(轉貸)할 수 없다.

② 국토교통부장관 또는 지방자치단체의 장은 위 ①을 위반하여 공공임대주택의 임차권을 양도하는 임차인에 대하여 4년의 범위에서 국토교통부령으로 정하는 바에 따라 공공임대주택의 입주자격을 제한할 수 있다.

③ 공공임대주택의 입주자격 제한기간은 공공임대주택 임차인이 '위 ①을 위반한 사실이 확인된 날'부터 4년으로 한다.

④ 국토교통부장관은 공공주택사업자로 하여금 공공임대주택의 임차인 선정 시 전산관리지정기관에 공공임대주택 입주대상자 명단을 송부하여 입주대상자가 입주자격이 제한되는 자에 해당되는지 여부를 확인하도록 할 수 있다.

⑤ 위 ④의 경우 공공주택사업자는 전단에 따라 입주자격 제한이 확인된 입주대상자에게 그 사실을 즉시 통보하고 30일 이상의 기간을 정하여 소명할 기회를 주어야 한다.

키워드 공공임대주택의 입주자 자격 제한 등

풀이 위 ④의 경우 공공주택사업자는 전단에 따라 입주자격 제한이 확인된 입주대상자에게 그 사실을 즉시 통보하고 <u>10일 이상</u>의 기간을 정하여 소명할 기회를 주어야 한다.

정답 ⑤

08 공공주택 특별법령상 '선수관리비'에 관한 설명으로 옳지 않은 것은?

① 공공주택사업자는 공공임대주택을 관리하는 데 필요한 경비를 임차인이 최초로 납부하기 전까지 해당 공공임대주택의 유지관리 및 운영에 필요한 경비(이하 '선수관리비'라 한다)를 대통령령으로 정하는 바에 따라 부담할 수 있다.

② 공공주택사업자는 선수관리비를 부담하는 경우에는 사용검사 전까지「공동주택관리법」제2조 제1항 제10호에 따른 관리주체에게 선수관리비를 지급해야 한다.

③ 관리주체는 해당 임차인의 임대기간이 종료되는 경우 위 ②에 따라 지급받은 선수관리비를 공공주택사업자에게 반환해야 한다.

④ 위 ③에도 불구하고 다른 임차인이 해당 주택에 입주할 예정인 경우 등 공공주택사업자와 관리주체가 협의하여 정하는 경우에는 선수관리비를 반환하지 않을 수 있다.

⑤ 위 ②에 따라 관리주체에게 지급하는 선수관리비의 금액은 해당 공공임대주택의 유형 및 세대수 등을 고려하여 공공주택사업자와 관리주체가 협의하여 정한다.

키워드 선수관리비

풀이 공공주택사업자는 선수관리비를 부담하는 경우에는 <u>해당 임차인의 입주가능일 전까지</u>「공동주택관리법」제2조 제1항 제10호에 따른 관리주체에게 선수관리비를 지급해야 한다.

정답 ②

09 공공주택 특별법령상 '법 제50조의3에 따라 우선 분양전환권이 있는 자'에 해당하지 않는 것은? (①부터 ④까지는 분양전환 시점에 해당 임대주택에 거주하고 있는 임차인임)

① 입주한 후부터 분양전환할 때까지 해당 임대주택에 계속하여 거주한 무주택자인 경우

② 공공건설임대주택에 입주한 후 경매로 다른 주택을 소유하게 되었으나 입주한 후부터 분양전환할 때까지 해당 임대주택에 계속하여 거주하면서 분양전환 이전까지 다른 주택을 처분한 무주택자인 경우

③ 법 제49조의4 단서에 따라 임차권을 양도받은 자로서 양도일부터 분양전환할 때까지 해당 임대주택에 거주한 무주택자인 경우

④ 분양전환 당시에 거주하고 있는 해당 임대주택이 전용면적 85제곱미터를 초과하는 경우

⑤ 분양전환 시점에 해당 임대주택의 임차인인 국가기관이나 법인

> **키워드** 공공임대주택의 우선 분양전환 등
> **풀이** '공공건설임대주택에 입주한 후 <u>상속이나 판결 또는 혼인</u>으로 다른 주택을 소유하게 되었으나 입주한 후부터 분양전환할 때까지 해당 임대주택에 계속하여 거주하면서 분양전환 이전까지 다른 주택을 처분한 무주택자인 경우'가 옳다.

정답 ②

10 공공주택 특별법령상 '공공임대주택의 우선 분양전환 등'에 관한 설명으로 옳지 않은 것은? 제24회 수정

① 공공주택사업자는 공공건설임대주택의 임대의무기간이 지난 후 해당 주택의 임차인에게 우선 분양전환 자격, 우선 분양전환 가격 등 우선 분양전환에 관한 사항을 통보하여야 한다.

② 위 ①의 경우 우선 분양전환 자격이 있다고 통보받은 임차인이 우선 분양전환에 응하려는 경우에는 그 통보를 받은 후 6개월 이내에 우선 분양전환 계약을 하여야 한다.

③ 위 ②의 경우 임대의무기간이 10년인 공공건설임대주택의 경우에는 3개월 이내에 우선 분양전환 계약을 하여야 한다.

④ 공공주택사업자는 임차인이 위 ②를 위반한 경우 해당 임대주택을 위 ①에 따라 통보한 분양전환 가격 이하의 가격으로 제3자에게 매각할 수 있다.

⑤ 우선 분양전환 자격을 갖춘 자가 존재하지 아니하는 경우에도 위 ④와 같다.

풀이 위 ②의 경우 임대의무기간이 10년인 공공건설임대주택의 경우에는 <u>12개월 이내</u>에 우선 분양전환 계약을 하여야 한다.

정답 ③

11 공공주택 특별법령상 '분양전환 가격 산정을 위한 감정평가 등'에 관한 설명으로 옳지 않은 것은?

① 시장·군수 또는 구청장은 감정평가를 「부동산 가격공시에 관한 법률 시행령」 제7조 제2항에 따라 국토교통부장관이 고시하는 기준을 충족하는 감정평가법인 두 곳에 의뢰해야 한다.

② 감정평가법인은 '감정평가를 의뢰받은 날부터 30일 이내에 감정평가를 완료하여야 한다.

③ 위 ②에도 불구하고 시장·군수 또는 구청장이 인정하는 부득이한 사유가 있는 경우에는 10일의 범위에서 이를 연장할 수 있다.

④ 관계 법령을 위반하여 감정평가가 이루어진 경우 이의신청은 시장·군수 또는 구청장으로부터 감정평가 결과를 통보받은 날부터 30일 이내에 해야 한다.

⑤ 재평가의 비용은 이의신청을 한 자가 부담한다.

키워드 분양전환 가격 산정을 위한 감정평가 등
풀이 감정평가법인은 '감정평가를 의뢰받은 날부터 <u>20일 이내</u>에 감정평가를 완료하여야 한다.

정답 ②

12 공공주택 특별법령상 공공주택의 운영·관리에 관한 설명으로 옳지 않은 것은? 제20회 수정

① 공공주택사업자는 공공임대주택의 임대조건 등 임대차계약에 관한 사항을 시장·군수 또는 구청장에게 신고하여야 한다.

② 공공주택사업자가 공공임대주택에 대한 임대차계약을 체결할 때 임대차계약기간이 끝난 후 임대주택을 그 임차인에게 분양전환할 예정이면 임대차계약기간을 2년 이내로 할 수 있다.

③ 공공주택사업자는 공공주택사업자의 귀책사유가 없음에도 임대차계약기간이 시작된 날부터 2개월 이내에 임차인이 입주하지 아니한 경우, 임대차계약을 해제 또는 해지할 수 있다.

④ 공공건설임대주택의 임차인이 임대의무기간이 종료한 후 공공주택사업자가 임차인에게 분양전환을 통보한 날부터 6개월(임대의무기간이 10년인 공공건설임대주택의 경우에는 12개월) 이상 우선 분양전환에 응하지 아니하는 경우에는 공공주택사업자는 해당 공공건설임대주택을 제3자에게 매각할 수 있다.

⑤ 공공임대주택의 임대료(임대보증금 및 월 임대료를 말한다) 등 임대조건에 관한 기준은 대통령령으로 정한다.

> **키워드** 공공주택의 운영·관리
>
> **풀이** 공공주택사업자는 공공주택사업자의 귀책사유 없이 임대차계약기간이 시작된 날부터 3개월 이내에 임차인이 입주하지 아니한 경우, 임대차계약을 해제 또는 해지하거나 재계약을 거절할 수 있다.

정답 ③

13 공공주택 특별법령상 공공주택의 운영·관리에 관한 설명으로 옳은 것은? 제24회

① 공공임대주택의 임차인이 이혼으로 공공임대주택에서 퇴거하고, 해당 주택에 계속 거주하려는 배우자가 자신으로 임차인을 변경할 경우로서 공공주택사업자의 동의를 받은 경우, 임차인은 임차권을 양도할 수 있다.

② 공공주택사업자는 공공임대주택의 임대조건 등 임대차계약에 관한 사항에 대하여 시장·군수 또는 구청장의 허가를 받아야 한다.

③ 공공주택사업자가 임차인에게 우선 분양전환을 통보한 날부터 3개월 이내에 임차인이 우선 분양전환 계약을 하지 아니한 경우 공공주택사업자는 해당 임대주택을 제3자에게 매각할 수 있다.

PART 4

④ 공공주택사업자가 임대차계약을 체결할 때 임대차계약기간이 끝난 후 임대주택을 그 임차인에게 분양전환할 예정이라도 임대차계약기간을 2년 이내로 할 수 없다.

⑤ 공공주택사업자의 귀책사유 없이 임차인이 표준임대차계약서상의 계약기간이 시작된 날부터 2개월 이내에 입주하지 아니한 경우 공공주택사업자는 임대차계약을 해지할 수 있다.

키워드 **공공주택의 운영·관리**

풀이 ② 공공주택사업자는 공공임대주택의 임대조건 등 임대차계약에 관한 사항에 대하여 시장·군수 또는 구청장에게 <u>신고하여야</u> 한다.

③ 공공주택사업자가 임차인에게 우선 분양전환을 통보한 날부터 <u>6개월 이내</u>(임대의무기간이 <u>10년</u>인 공공건설임대주택의 경우에는 <u>12개월</u>을 말한다)에 임차인이 우선 분양전환 계약을 하지 아니한 경우 공공주택사업자는 해당 임대주택을 제3자에게 매각할 수 있다.

④ 공공주택사업자가 임대차계약을 체결할 때 임대차계약기간이 끝난 후 임대주택을 그 임차인에게 <u>분양전환할 예정이면 「주택임대차보호법」 제4조 제1항에도 불구하고 임대차계약기간을 2년 이내</u>로 <u>할 수 있다.</u>

⑤ 공공주택사업자의 귀책사유 없이 임차인이 표준임대차계약서상의 계약기간이 시작된 날부터 <u>3개월 이내</u>에 입주하지 아니한 경우 공공주택사업자는 임대차계약을 해지할 수 있다.

정답 ①

14 공공주택 특별법령상 공공임대주택의 임대의무기간으로 옳은 것을 모두 고른 것은?

제23회

> ㉠ 영구임대주택: 50년
> ㉡ 행복주택: 30년
> ㉢ 장기전세주택: 30년
> ㉣ 국민임대주택: 20년

① ㉠, ㉡ 　　　　　　　　　　② ㉠, ㉢

③ ㉠, ㉣ 　　　　　　　　　　④ ㉡, ㉢

⑤ ㉡, ㉣

키워드　**공공임대주택의 임대의무기간**

풀이　㉢ 장기전세주택: <u>20년</u>
　　　　㉣ 국민임대주택: <u>30년</u>

이론 ✚

> 공공임대주택의 임대의무기간(영 제54조 제1항)
>
> 1. 영구임대주택: 50년
> 2. 국민임대주택: 30년
> 3. 행복주택: 30년
> 4. 통합공공임대주택: 30년
> 5. 장기전세주택: 20년
> 6. 위 1.부터 5.까지의 규정에 해당하지 않는 공공임대주택 중 임대조건을 신고할 때 임대차계약기간을 6년 이상 10년 미만으로 정하여 신고한 주택: 6년
> 7. 위 1.부터 5.까지의 규정에 해당하지 않는 공공임대주택 중 임대조건을 신고할 때 임대차계약기간을 10년 이상으로 정하여 신고한 주택: 10년
> 8. 위 1.부터 7.까지의 규정에 해당하지 않는 공공임대주택: 5년

정답 ①

15 공공주택 특별법령상 '임대의무기간의 예외'에 관한 내용으로 옳지 않은 것은?

① '공공주택사업자'는 공공임대주택을 임대의무기간이 지나지 아니하면 매각할 수 없다.

② 위 ①에도 불구하고 다른 공공주택사업자에게 매각하는 경우에는 임대의무기간이 지나기 전에도 공공임대주택을 매각할 수 있다.

③ 위 ②의 경우, 해당 공공임대주택을 매입한 공공주택사업자는 기존 공공주택사업자의 지위를 포괄적으로 승계한다.

④ 공공주택사업자가 경제적 사정으로 공공임대주택에 대한 임대를 계속할 수 없는 경우로서 공공주택사업자가 시장·군수·구청장의 허가를 받아 임차인에게 분양전환하는 경우에도 위 ②와 같다.

⑤ 임대개시 후 해당 주택의 임대의무기간의 2분의 1이 지난 분양전환공공임대주택에 대해 공공주택사업자와 임차인이 해당 임대주택의 분양전환에 합의하여 공공주택사업자가 임차인에게 분양전환하는 경우에도 위 ②와 같다.

키워드 **공공임대주택의 임대의무기간**

풀이 공공주택사업자가 경제적 사정으로 공공임대주택에 대한 임대를 계속할 수 없는 경우로서 공공주택사업자가 <u>국토교통부장관</u>의 허가를 받아 임차인에게 분양전환하는 경우에도 위 ②와 같다.

이론 ✛

[지문 ④]
위 ④의 경우, 법 제50조의3(공공임대주택의 우선 분양전환) 제1항에 해당하는 임차인에게 우선적으로 분양전환하여야 한다.

정답 ④

16 공공주택 특별법령상 '장기수선계획 및 특별수선충당금'에 관한 설명으로 옳지 않은 것은?

① 지역난방방식의 공동주택의 경우, 해당 공공주택사업자는 장기수선계획을 수립하여야 한다.

② 300세대 규모의 공공임대주택의 공공주택사업자는 주요 시설을 교체하고 보수하는 데에 필요한 특별수선충당금을 적립하여야 한다.

③ 공공주택사업자가 임대의무기간이 지난 공공건설임대주택을 분양전환하는 경우에는 특별수선충당금을 「공동주택관리법」 제11조에 따라 최초로 구성되는 입주자대표회의에 넘겨주어야 한다.

④ 공공주택사업자는 특별수선충당금을 사용검사일부터 1년이 지난 날이 속하는 달부터 매달 적립하여야 한다.

⑤ 장기전세주택의 적립요율은 국토교통부장관이 고시하는 표준건축비의 1만분의 4이다.

> **키워드** 장기수선계획 및 특별수선충당금
>
> **풀이** 다음의 공공임대주택을 건설한 공공주택사업자는 해당 공공임대주택의 공용부분, 부대시설 및 복리시설(분양된 시설은 제외한다)에 대하여 「공동주택관리법」 제29조에 따른 장기수선계획을 수립하여 「주택법」 제29조에 따른 사용검사를 신청할 때 사용검사신청서와 함께 제출하여야 하며, 임대기간 중 해당 임대주택단지에 있는 관리사무소에 장기수선계획을 갖춰 놓아야 한다.
> 1. 300세대 이상의 공동주택
> 2. 승강기가 설치된 공동주택
> 3. 중앙집중식 난방방식의 공동주택
>
> **정답** ①

17 공공주택 특별법령상 '특별수선충당금'에 관한 설명으로 옳지 않은 것은?

① 영구임대주택, 국민임대주택, 행복주택, 통합공공임대주택 및 장기전세주택의 적립요율은 국토교통부장관이 고시하는 표준건축비의 1만분의 4이다.

② 위 ①에 해당하지 아니하는 공공임대주택의 적립요율은 「주택법」 제15조 제1항에 따른 사업계획승인 당시 표준건축비의 1만분의 1이다.

③ 공공주택사업자는 특별수선충당금을 시장·군수·구청장과 공동명의로 금융회사 등에 예치하여 따로 관리하여야 한다.

④ 공공주택사업자는 특별수선충당금을 사용하려면 미리 해당 공공임대주택의 주소지를 관할하는 시장·군수 또는 구청장과 협의하여야 한다.

⑤ 시장·군수 또는 구청장은 공공주택사업자의 특별수선충당금 적립 여부, 적립금액 등을 관할 시·도지사에게 보고하여야 하며, 시·도지사는 시장·군수 또는 구청장의 보고를 받으면 이를 국토교통부장관에게 보고하여야 한다.

18 **공공주택 특별법령상 공공주택의 운영·관리에 관한 설명으로 옳지 않은 것은?** 제21회

① 공공주택사업자는 임차인의 보육수요 충족을 위하여 필요하다고 판단하는 경우 해당 공공임대주택의 일부 세대를 10년 이내의 범위에서 「영유아보육법」에 따른 가정어린이집을 설치·운영하려는 자에게 임대할 수 있다.

② 공공주택사업자는 임차인이 월 임대료를 3개월 이상 연속하여 연체한 경우에는 임대차계약을 해제 또는 해지하거나 재계약을 거절할 수 있다.

③ 「혁신도시 조성 및 발전에 관한 특별법」에 따라 이전하는 기관 또는 그 기관에 종사하는 사람이 해당 기관이 이전하기 이전에 공공임대주택을 공급받아 전대(轉貸)하는 경우로서 공공주택사업자의 동의를 받은 경우에는 그 공공임대주택을 전대할 수 있다.

④ 공공주택사업자는 특별수선충당금을 사용하려면 미리 해당 공공임대주택의 주소지를 관할하는 시장·군수 또는 구청장과 협의하여야 한다.

⑤ 공공임대주택의 임대료 등 임대조건을 정하는 경우에는 임차인의 소득수준 및 공공임대주택의 규모 등을 고려하여 차등적으로 정할 수 있다.

탁월한 능력은
새로운 과제를 만날 때마다
스스로 발전하고 드러낸다.

– 발타사르 그라시안(Baltasar Gracian)

▶ **연계학습** | 에듀윌 기본서 2차 [주택관리관계법규 上] p.446

01 건축법령상 용어의 정의에 관한 설명으로 옳은 것은? 제19회 수정

① '건축'이란 건축물을 신축·증축·재축하는 것을 말하며, 건축물을 이전하는 것은 건축에 해당하지 않는다.

② 건축물의 기능 향상을 위하여 일부 증축 또는 개축하는 행위는 리모델링에 해당하나, 동일한 목적을 위한 대수선은 리모델링이 아니다.

③ 현장 관리인을 두어 스스로 건축설비의 설치 공사를 하는 자는 건축주가 아니다.

④ 층수가 30층 미만이고 높이가 120미터 이상인 건축물은 고층건축물에 해당한다.

⑤ 기둥, 최하층 바닥, 보, 차양, 옥외 계단은 건축물의 주요구조부에 해당하지 않는다.

키워드 용어의 정의

풀이 ① '건축'이란 건축물을 신축·증축·개축·재축(再築)하거나 건축물을 이전하는 것을 말한다(법 제2조 제1항 제8호).

② '리모델링'이란 건축물의 노후화를 억제하거나 기능 향상 등을 위하여 대수선하거나 건축물의 일부를 증축 또는 개축하는 행위를 말한다(법 제2조 제1항 제10호).

③ '건축주'란 건축물의 건축·대수선·용도변경, 건축설비의 설치 또는 공작물의 축조(이하 '건축물의 건축 등'이라 한다)에 관한 공사를 발주하거나 현장 관리인을 두어 스스로 그 공사를 하는 자를 말한다(법 제2조 제1항 제12호).

⑤ '주요구조부'란 내력벽(耐力壁), 기둥, 바닥, 보, 지붕틀 및 주계단(主階段)을 말한다. 다만, 사이 기둥, 최하층 바닥, 작은 보, 차양, 옥외 계단, 그 밖에 이와 유사한 것으로 건축물의 구조상 중요하지 아니한 부분은 제외한다(법 제2조 제1항 제7호).

정답 ④

02 건축법령 및 주택법령상 '용어의 정의'에 관한 내용으로 옳지 않은 것은?

① '난연재료'는 불에 잘 타지 아니하는 성능을 가진 재료로서 국토교통부령으로 정하는 기준에 적합한 재료를 말한다.

② '불연재료'는 불에 타지 아니하는 성질을 가진 재료로서 국토교통부령으로 정하는 기준에 적합한 재료를 말한다.

③ '준불연재료'는 불연재료에 준하는 성질을 가진 재료로서 국토교통부령으로 정하는 기준에 적합한 재료를 말한다.

④ '부속용도'란 건축물의 주된 용도의 기능에 필수적인 용도로서 건축물의 설비, 대피, 위생, 그 밖에 이와 비슷한 시설의 용도 등을 말한다.

⑤ 건축물에 설치하는 지능형 홈네트워크 설비, 가스·급수·배수(配水)·배수(排水)·환기·난방·냉방·소화(消火)·배연(排煙) 및 오물처리의 설비, 승강기 등은 건축법령상 '건축설비'이며, 주택법령상 '복리시설'이기도 하다.

03 건축법령상 '건축'에 관한 설명으로 옳지 않은 것은?

① 기존 3층 건축물을 전부 해체하고 새로 5층 건축물로 축조하는 것은 신축이다.

② 기존 3층 건축물을 전부 해체하고 종전과 같은 규모의 범위에서 건축물을 다시 축조하는 것은 개축이다.

③ 기존 3층 건축물에 2개 층을 추가로 늘려 5층 건축물로 축조하는 것은 증축이다.

④ 건축물의 주요구조부를 해체하지 아니하고 다른 대지로 옮기는 것은 이전이며, 건축에 해당한다.

⑤ 각각 3층이고 10미터 높이의 2개 동의 연면적 합계가 2,000제곱미터인 건축물이 천재지변으로 멸실이 되어 2층이고 8미터 높이의 2개 동의 연면적 합계가 1,800제곱미터인 건축물로 다시 축조하는 것은 재축이다.

키워드 **건축**

풀이 건축물의 주요구조부를 해체하지 아니하고 <u>같은 대지의 다른 위치로 옮기는 것은 이전이며, 건축에</u> 해당한다.

이론 ✚

「건축법」상 행위 중 '건축'

1. '신축'이란 건축물이 없는 대지(기존 건축물이 해체되거나 멸실된 대지를 포함한다)에 새로 건축물을 축조(築造)하는 것[부속건축물만 있는 대지에 새로 주된 건축물을 축조하는 것을 포함하되, 개축(改築) 또는 재축(再築)하는 것은 제외한다]을 말한다.

2. '증축'이란 기존 건축물이 있는 대지에서 건축물의 건축면적, 연면적, 층수 또는 높이를 늘리는 것을 말한다.

3. '개축'이란 기존 건축물의 전부 또는 일부[내력벽·기둥·보·지붕틀(한옥의 경우에는 지붕틀의 범위에서 서까래는 제외한다) 중 셋 이상이 포함되는 경우를 말한다]를 해체하고 그 대지에 종전과 같은 규모의 범위에서 건축물을 다시 축조하는 것을 말한다.

4. '재축'이란 건축물이 천재지변이나 그 밖의 재해(災害)로 멸실된 경우 그 대지에 다음의 요건을 모두 갖추어 다시 축조하는 것을 말한다.
   ㉠ 연면적 합계는 종전 규모 이하로 할 것
   ㉡ 동(棟)수, 층수 및 높이는 다음의 어느 하나에 해당할 것
      ⓐ 동수, 층수 및 높이가 모두 종전 규모 이하일 것
      ⓑ 동수, 층수 또는 높이의 어느 하나가 종전 규모를 초과하는 경우에는 해당 동수, 층수 및 높이가 「건축법」, 이 영 또는 건축조례(이하 '법령등'이라 한다)에 모두 적합할 것

5. '이전'이란 건축물의 주요구조부를 해체하지 아니하고 같은 대지의 다른 위치로 옮기는 것을 말한다.

정답 ④

04 건축법령상 건축물의 대수선에 해당하지 않는 것은? (단, 증축·개축 또는 재축에 해당하지 않음을 전제로 함) 제20회 수정

① 내력벽의 벽면적을 30제곱미터 이상 수선 또는 변경하는 것
② 기둥을 증설 또는 해체하는 것
③ 지붕틀(한옥의 경우에는 지붕틀의 범위에서 서까래는 제외한다)을 증설 또는 해체하거나 세 개 이상 수선 또는 변경하는 것
④ 건축물의 내부에 사용하는 마감재료를 증설 또는 해체하는 것
⑤ 다가구주택의 가구 간 경계벽을 수선 또는 변경하는 것

PART 5

키워드 대수선

풀이 건축물의 외벽에 사용하는 마감재료(법 제52조 제2항에 따른 마감재료를 말한다)를 증설 또는 해체하거나 벽면적 30제곱미터 이상 수선 또는 변경하는 것이 '대수선'에 속한다.

이론+

> 법 제52조 제2항에 따라 외벽에 사용하는 마감재료를 방화에 지장이 없는 재료로 하여야 하는 건축물은 다음과 같다.
> 1. 상업지역('근린상업지역'은 제외한다)의 건축물로서 다음 어느 하나에 해당하는 것
>   ㉠ 제1종 근린생활시설, 제2종 근린생활시설, 문화 및 집회시설, 종교시설, 판매시설, 운동시설 및 위락시설 용도로 쓰는 건축물로서 그 용도로 쓰는 바닥면적의 합계가 2천 제곱미터 이상인 건축물
>   ㉡ 공장('국토교통부령으로 정하는 화재 위험이 적은 공장'은 제외한다)의 용도로 쓰는 건축물로부터 6미터 이내에 위치한 건축물
> 2. 의료시설, 교육연구시설, 노유자시설 및 수련시설의 용도로 쓰는 건축물
> 3. 3층 이상 또는 높이 9미터 이상인 건축물
> 4. 1층의 전부 또는 일부를 '필로티 구조'로 설치하여 주차장으로 쓰는 건축물

정답 ④

05 건축법령상 건축물과 분리하여 공작물을 축조할 때 특별자치시장·특별자치도지사 또는 시장·군수·구청장에게 신고를 하여야 하는 공작물이 아닌 것은? 제15회 수정

① 높이 3미터인 담장
② 높이 7미터인 장식탑
③ 높이 5미터인 광고탑
④ 높이 9미터인 고가수조
⑤ 높이 4미터인 굴뚝

키워드 축조신고대상 공작물

풀이 높이 6미터를 넘는 굴뚝이 신고를 해야 하는 공작물이다.

이론 ✚

공작물을 축조(건축물과 분리하여 축조하는 것을 말한다)할 때 특별자치시장·특별자치도지사 또는 시장·군수·구청장에게 신고를 해야 하는 공작물은 다음과 같다(영 제118조 제1항).
1. 높이 6미터를 넘는 굴뚝
2. 높이 4미터를 넘는 장식탑, 기념탑, 첨탑, 광고탑, 광고판, 그 밖에 이와 비슷한 것
3. 높이 8미터를 넘는 고가수조나 그 밖에 이와 비슷한 것
4. 높이 2미터를 넘는 옹벽 또는 담장
5. 바닥면적 30제곱미터를 넘는 지하대피호
6. 높이 6미터를 넘는 골프연습장 등의 운동시설을 위한 철탑, 주거지역·상업지역에 설치하는 통신용 철탑, 그 밖에 이와 비슷한 것
7. 높이 8미터(위험을 방지하기 위한 난간의 높이는 제외한다) 이하의 기계식 주차장 및 철골 조립식 주차장(바닥면이 조립식이 아닌 것을 포함한다)으로서 외벽이 없는 것
8. 건축조례로 정하는 제조시설, 저장시설(시멘트사일로를 포함한다), 유희시설, 그 밖에 이와 비슷한 것
9. 건축물의 구조에 심대한 영향을 줄 수 있는 중량물로서 건축조례로 정하는 것
10. 높이 5미터를 넘는 「신에너지 및 재생에너지 개발·이용·보급 촉진법」 제2조 제2호 가목에 따른 태양에너지를 이용하는 발전설비와 그 밖에 이와 비슷한 것

정답 ⑤

06 건축법령상 '둘 이상의 필지를 하나의 대지로 할 수 있는 토지'로서 옳지 않은 것은?

① 하나의 건축물을 두 필지 이상에 걸쳐 건축하는 경우 그 건축물이 건축되는 각 필지의 토지를 합한 토지

②「국토의 계획 및 이용에 관한 법률」에 따른 도시·군계획시설에 해당하는 건축물을 건축하는 경우 그 도시·군계획시설이 설치되는 일단의 토지

③「주택법」상 사업계획승인을 받아 주택과 그 부대시설 및 복리시설을 건축하는 경우 그 주택단지

④ 사용승인을 신청할 때 필지를 나눌 것을 조건으로 건축허가를 하는 경우 그 필지가 나누어지는 토지. 다만, 토지의 소유자가 서로 다른 경우는 제외한다.

⑤ 도로의 지표 아래에 건축하는 건축물의 경우 특별시장·광역시장·특별자치시장·특별자치도지사·시장·군수 또는 자치구의 구청장이 그 건축물이 건축되는 토지로 정하는 토지

키워드 둘 이상의 필지를 하나의 대지로 할 수 있는 토지

풀이 사용승인을 신청할 때 둘 이상의 필지를 하나의 필지로 <u>합칠 것을 조건</u>으로 건축허가를 하는 경우 그 필지가 <u>합쳐지는</u> 토지(다만, 토지의 소유자가 서로 '다른 경우'는 제외한다)가 옳다.

이론 ✚

> **「건축법」상 대지**
>
> 「건축법」상 '대지(垈地)'란 「공간정보의 구축 및 관리 등에 관한 법률」에 따라 <u>각 필지(筆地)로 나눈 토지</u>를 말한다. 다만, 대통령령으로 정하는 토지는 <u>둘 이상의 필지를 하나의 대지</u>로 하거나 <u>하나 이상의 필지의 일부를 하나의 대지로 할 수 있다.</u>

정답 ④

PART 5

07 건축법령상 '둘 이상의 필지를 하나의 대지로 할 수 있는 토지'에 관한 설명이다. (   )
에 들어갈 내용이 순서대로 옳은 것은?

> 「공간정보의 구축 및 관리 등에 관한 법률」에 따라 합병이 불가능한 경우 중 다음의 어
> 느 하나에 해당하는 경우 그 (   )이 불가능한 필지의 토지를 합한 토지. 다만, 토지의
> 소유자가 서로 다르거나 소유권 외의 권리관계가 서로 (   )는 제외한다.
> ㉠ 각 필지의 (   )이 서로 다른 경우
> ㉡ 각 필지의 (   )이(가) 다른 경우
> ㉢ 서로 인접하고 있는 필지로서 각 필지의 지반이 연속되지 아니한 경우

① 합병 – 다른 경우 – 지목 – 도면의 용도
② 분할 – 다른 경우 – 지번부여지역 – 도면의 축척
③ 합병 – 같은 경우 – 지번부여지역 – 도면의 용도
④ 분할 – 다른 경우 – 지목 – 도면의 축척
⑤ 합병 – 다른 경우 – 지번부여지역 – 도면의 축척

키워드 둘 이상의 필지를 하나의 대지로 할 수 있는 토지
풀이 '합병 – 다른 경우 – 지번부여지역 – 도면의 축척'이 옳다.

정답 ⑤

08 건축법령상 '하나 이상의 필지의 일부를 하나의 대지로 할 수 있는 토지'로서 옳지 않은 것은?

① 하나 이상의 필지의 일부에 대하여 도시·군계획시설이 결정·고시된 경우 그 결정·고시된 부분의 토지

② 하나 이상의 필지의 일부에 대하여 「농지법」에 따른 농지전용허가를 받은 경우 그 허가받은 부분의 토지

③ 하나 이상의 필지의 일부에 대하여 「산지관리법」에 따른 산지전용허가를 받은 경우 그 허가받은 부분의 토지

④ 하나 이상의 필지의 일부에 대하여 「국토의 계획 및 이용에 관한 법률」에 따른 개발행위허가를 받은 경우 그 허가받은 부분의 토지

⑤ 건축물관리대장의 기재신청을 할 때 필지를 나눌 것을 조건으로 건축허가를 하는 경우 그 필지가 나누어지는 토지

> **키워드** 하나 이상의 필지의 일부를 하나의 대지로 할 수 있는 토지
>
> **풀이** 사용승인을 신청할 때 필지를 나눌 것을 조건으로 건축허가를 하는 경우 그 필지가 나누어지는 토지가 옳다.

정답 ⑤

09 건축법령상 제1종 근린생활시설이 아닌 것은?　　　　　　　　제14회

① 대피소　　　　　　　　② 의원

③ 마을회관　　　　　　　④ 일반음식점

⑤ 변전소

> **키워드** 제1종 근린생활시설
>
> **풀이** 일반음식점은 제2종 근린생활시설이다.

정답 ④

10 건축법령상 '건축물의 용도'에 관한 내용으로 옳은 것은?

① '다중주택'은 학생 또는 직장인 등 여러 사람이 장기간 거주할 수 있는 구조로 되어 있고 독립된 주거의 형태를 갖춘 주택으로서 바닥면적(부설 주차장 면적은 제외한다)의 합계가 660제곱미터 이하이고 주택으로 쓰는 층수(지하층은 제외한다)가 3개 층 이하이어야 한다.

② 다가구주택의 경우 1층 바닥면적 2분의 1 이상을 필로티 구조로 하여 주차장으로 사용하고 나머지 부분을 주택 외 용도로 쓰는 경우에 한하여 해당 층을 주택의 층수에서 제외한다.

③ 다세대주택의 경우 1층 바닥면적 2분의 1 이상을 필로티 구조로 하여 주차장으로 사용하고 나머지 부분을 주택 외 용도로 쓰는 경우에 한하여 해당 층을 주택의 층수에서 제외한다.

④ 연립주택 및 아파트의 경우 1층 전부 또는 일부를 필로티 구조로 하여 주차장으로 사용하고 나머지 부분을 주택 외 용도로 쓰는 경우에는 해당 층을 주택의 층수에서 제외한다.

⑤ 기숙사는 공동주택에 포함된다.

키워드 건축물의 용도 중 '단독주택' 및 '공동주택'

풀이 ① 다중주택: 다음의 요건을 모두 갖춘 주택을 말한다.
　　1. 학생 또는 직장인 등 여러 사람이 장기간 거주할 수 있는 구조로 되어 있는 것
　　2. 독립된 주거의 형태를 갖추지 않은 것(각 실별로 욕실은 설치할 수 있으나, 취사시설은 설치하지 않은 것을 말한다)
　　3. 1개 동의 주택으로 쓰이는 바닥면적(부설 주차장 면적은 제외한다. 이하 같다)의 합계가 660제곱미터 이하이고 주택으로 쓰는 층수(지하층은 제외한다)가 3개 층 이하일 것. 다만, 1층의 전부 또는 일부를 필로티 구조로 하여 주차장으로 사용하고 나머지 부분을 주택 외의 용도로 쓰는 경우에는 해당 층을 주택의 층수에서 제외한다.
　　4. 적정한 주거환경을 조성하기 위하여 건축조례로 정하는 실별 최소 면적, 창문의 설치 및 크기 등의 기준에 적합할 것
② 다가구주택은 주택으로 쓰는 층수(지하층은 제외한다)가 3개 층 이하이어야 하며, 이 경우 1층의 전부 또는 일부를 필로티 구조로 하여 주차장으로 사용하고 나머지 부분을 주택 외의 용도로 쓰는 경우에는 해당 층을 주택의 층수에서 제외한다.
③ 다세대주택은 층수가 4개 층 이하인 주택이며, 층수를 산정할 때 1층의 전부 또는 일부를 필로티 구조로 하여 주차장으로 사용하고 나머지 부분을 주택 외의 용도로 쓰는 경우에는 해당 층을 주택의 층수에서 제외한다.
④ 연립주택 및 아파트의 경우 1층 전부를 필로티 구조로 하여 주차장으로 사용할 때는 필로티 부분을 층수에서 제외한다.

TIP 단독주택 중 '다중주택'의 개념이 전면 개정되었으므로 정확히 숙지하여야 한다(특히 330제곱미터 이하 ⇨ 660제곱미터 이하).

정답 ⑤

11 건축법령상 건축물의 용도 중 '주택'에 관한 내용으로 옳지 않은 것은?

① 공관(公館)은 주택이 아니다.

② 다가구주택은 주택으로 쓰는 층수가 3개 층 이하이고, 1개 동의 주택으로 쓰이는 바닥면적의 합계가 660제곱미터 이하이어야 한다.

③ 다세대주택은 주택으로 쓰는 1개 동의 바닥면적 합계가 660제곱미터 이하이고, 층수가 4개 층 이하인 주택(2개 이상의 동을 지하주차장으로 연결하는 경우에는 각각의 동으로 본다)을 말한다.

④ 기숙사는 '일반기숙사'와 '임대형기숙사'로 구분한다.

⑤ 기숙사는 건축법령상 공동주택에 속하나, 주택법령상 공동주택에 속하지 아니한다.

PART 5

키워드 **주택**

풀이 공관(公館)도 단독주택의 일종이다.

이론 +

[지문 ④] '기숙사' 〈개정 2023. 2. 14.〉
다음의 어느 하나에 해당하는 건축물로서 '공간의 구성과 규모 등'에 관하여 국토교통부장관이 정하여 고시하는 기준에 적합한 것. 다만, 구분소유된 개별 실(室)은 제외한다.
1. 일반기숙사
학교 또는 공장 등의 학생 또는 종업원 등을 위해 사용하는 것으로서 해당 기숙사의 공동취사시설 이용 세대수가 전체 세대수(건축물의 일부를 기숙사로 사용하는 경우에는 기숙사로 사용하는 세대수로 한다)의 50퍼센트 이상인 것(교육기본법 제27조 제2항에 따른 학생복지주택을 포함한다)
2. 임대형기숙사
「공공주택 특별법」 제4조에 따른 공공주택사업자 또는 「민간임대주택에 관한 특별법」 제2조 제7호에 따른 임대사업자가 임대사업에 사용하는 것으로서 '임대 목적으로 제공하는 실'이 20실 이상이고 해당 기숙사의 공동취사시설 이용 세대수가 전체 세대수의 50퍼센트 이상인 것

정답 ①

12 건축법령상 다음과 같은 조건의 건축물은 어디에 해당하는가?

> ㉠ 지하 1층: 주차장으로 사용
> ㉡ 1층: 필로티 구조로서 전부를 부속주차장으로 사용
> ㉢ 2층, 3층, 4층, 5층, 6층: 주택으로 사용(단, 각 층 바닥면적은 각각 200제곱미터 이며, 세대수는 18세대임)

① 다중주택   ② 다가구주택

③ 다세대주택   ④ 연립주택

⑤ 아파트

키워드   **공동주택 중 아파트**

풀이   바닥면적의 합이 1,000m²(200m² × 5)로서 660m²를 초과하나, 주택으로 사용하는 층수가 <u>5개 층</u>이므로 <u>면적의 합계에 관계없이</u> 아파트이다.

정답 ⑤

13 건축법령상 '건축물의 용도'의 연결이 옳지 않은 것은?

① 무도장 및 무도학원 – 위락시설
② 의원 및 치과의원 – 제1종 근린생활시설
③ 안마원 및 안마시술소 – 제2종 근린생활시설
④ 500제곱미터 이상의 사무소 – 일반업무시설
⑤ 호스텔, 소형호텔, 의료관광호텔 및 휴양콘도미니엄 – 숙박시설

키워드   **건축물의 용도**

풀이   안마시술소는 <u>제2종 근린생활시설</u>이나, 안마원은 <u>제1종 근린생활시설</u>이다.

이론 ✚

> [지문 ⑤]
> '숙박시설'에는 <u>일반숙박시설</u> 및 <u>생활숙박시설</u>, <u>관광숙박시설</u>(관광호텔, 수상관광호텔, 한국전통 호텔, 가족호텔, 호스텔, 소형호텔, 의료관광호텔 및 휴양콘도미니엄), <u>다중생활시설</u>(제2종 근린 생활시설에 해당하지 아니하는 것을 말한다)이 포함된다.

정답 ③

14 건축법령상 '건축물의 용도'의 연결이 옳지 않은 것은?

① 식품·잡화 등 일용품을 판매하는 소매점(바닥면적의 합계가 1천 제곱미터 미만)
   – 제1종 근린생활시설
② 경마장, 경륜장, 경정장 등 관람장(관람석의 바닥면적의 합계가 1천 제곱미터 이
   상) – 문화 및 집회시설
③ 바닥면적의 합계가 1천 제곱미터 미만인 다중생활시설 – 제2종 근린생활시설
④ 당구장 및 탁구장(바닥면적의 합계가 500제곱미터 이상) – 운동시설
⑤ 청소년수련원 및 유스호스텔 – 수련시설

키워드 건축물의 용도

풀이 1. 바닥면적 합계가 500제곱미터 미만인 다중생활시설이 제2종 근린생활시설로서 영업시설군에 속하
   며, 바닥면적의 합계가 500제곱미터 이상인 다중생활시설은 숙박시설로서 영업시설군에 속한다.
2. '다중생활시설'은 「다중이용업소의 안전관리에 관한 특별법」에 따른 다중이용업 중 고시원업의 시
   설로서 '국토교통부장관이 고시하는 기준'과 '그 기준에 위배되지 않는 범위에서 적정한 주거환경
   을 조성하기 위하여 건축조례로 정하는 실별 최소 면적, 창문의 설치 및 크기 등의 기준'에 적합한
   것을 말한다.

이론 ➕

> [지문 ④]
> 1. 탁구장, 체육도장: 500제곱미터 미만(제1종 근린생활시설), 500제곱미터 이상(운동시설)
> 2. 테니스장, 체력단련장, 에어로빅장, 볼링장, 당구장, 실내낚시터, 골프연습장, 놀이형시설:
>   500제곱미터 미만(제2종 근린생활시설), 500제곱미터 이상(운동시설)

정답 ③

15 건축법령상 '건축물의 용도'의 연결이 옳지 않은 것은?

① 휴게음식점, 제과점 등 음료·차(茶)·음식·빵·떡·과자 등을 조리하거나 제조하여 판매하는 시설(바닥면적의 합계가 300제곱미터 미만) − 제1종 근린생활시설

② 극장, 영화관 등 공연장(바닥면적의 합계가 500제곱미터 이상) − 문화 및 집회시설

③ 교회, 성당, 사찰 등 종교집회장(바닥면적의 합계가 500제곱미터 미만) − 제2종 근린생활시설

④ 바닥면적 30제곱미터 미만인 부동산중개소나 금융업소 − 제2종 근린생활시설

⑤ 일반음식점, 독서실, 기원 − 제2종 근린생활시설

> **키워드** **건축물의 용도**
>
> **풀이**
>> 금융업소, 사무소, 부동산중개사무소, 결혼상담소 등 소개업소, 출판사 등의 '건축물의 용도'
>> 1. 30제곱미터 미만: <u>제1종 근린생활시설</u>
>> 2. 30제곱미터 이상 500제곱미터 미만: <u>제2종 근린생활시설</u>
>> 3. 500제곱미터 이상: <u>업무시설 중 일반업무시설</u>

정답 ④

---

16 건축법령상 '건축물의 용도'의 연결이 옳지 않은 것은?

① 총포판매소, 노래연습장, 바닥면적의 합계가 150제곱미터 미만인 단란주점 − 제2종 근린생활시설

② 바닥면적의 합계가 150제곱미터 이상인 단란주점 − 위락시설

③ 동물 전용의 장례식장 − 묘지 관련 시설

④ 종교집회장(제2종 근린생활시설에 해당하지 아니하는 것을 말한다)에 설치하는 봉안당(奉安堂) − 종교시설

⑤ 종교집회장[교회, 성당, 사찰, 제실(祭室) 등]으로서 같은 건축물에 해당 용도로 쓰는 바닥면적의 합계가 500제곱미터 미만인 것 − 제2종 근린생활시설

> **키워드** **건축물의 용도**
>
> **풀이** 동물 전용의 장례식장 − <u>장례시설</u>
>
> **이론 ✚**
>> [지문 ③]
>> 동물화장시설, 동물건조장시설 및 동물 전용의 납골시설 − <u>묘지 관련 시설</u>

정답 ③

17 건축법령상 '건축선의 지정'에 관한 규정이 적용되지 않는 지역은?

① 도시지역

② 지구단위계획구역

③ 동이나 읍

④ 동이나 읍에 속하는 섬의 경우에는 인구가 500명 이상인 지역

⑤ 위 ①에서 ④ 이외의 지역

키워드 '건축선의 지정'에 관한 규정이 적용되지 않는 지역

풀이 '위 ①에서 ④ 이외의 지역'은 '건축선의 지정'에 관한 규정이 적용되지 않는다.

이론 ✛

> 1. 「국토의 계획 및 이용에 관한 법률」에 따른 도시지역 및 지구단위계획구역 외 지역으로서 동이나 읍(동이나 읍에 속하는 섬의 경우에는 인구가 500명 이상인 경우만 해당된다)이 아닌 지역은 제44조(대지와 도로의 관계), 제45조(도로의 지정·폐지 또는 변경), 제46조(건축선의 지정), 제47조(건축선에 따른 건축제한), 제51조(방화지구 안의 건축물) 및 제57조(대지의 분할 제한)를 적용하지 아니한다.
> 2. 「국토의 계획 및 이용에 관한 법률」 제47조 제7항에 따른 건축물이나 공작물을 도시·군계획시설로 결정된 도로의 예정지에 건축하는 경우에는 제45조(도로의 지정·폐지 또는 변경)부터 제47조(건축선에 따른 건축제한)까지의 규정을 적용하지 아니한다.

PART 5

18 건축법령상 '건축위원회의 심의사항'의 내용으로 옳지 않은 것은?

① 「건축법」과 조례의 시행에 관한 중요사항

② 건축물의 건축 등과 관련된 분쟁의 조정 또는 재정에 관한 사항. 다만, 국토교통부장관이 두는 건축위원회를 제외한다.

③ 건축물의 건축 등과 관련된 민원에 관한 사항. 다만, 국토교통부장관이 두는 건축위원회는 제외한다.

④ 건축물의 건축 또는 대수선에 관한 사항

⑤ 다른 법령에서 건축위원회의 심의를 받도록 규정한 사항

키워드 건축위원회의 심의사항

풀이 건축물의 건축 등과 관련된 분쟁의 조정 또는 재정에 관한 사항. 다만, 시·도지사 및 시장·군수·구청장이 두는 건축위원회는 제외한다.

정답 ②

19 건축법령상 '건축위원회의 건축 심의 등'에 관한 내용으로 옳지 않은 것은?

① 다중이용 건축물 및 특수구조 건축물의 구조안전에 관한 사항과 관련되는 건축물을 건축하려는 자는 시·도지사 또는 시장·군수·구청장에게 건축위원회의 심의를 신청하여야 한다.

② 시·도지사 또는 시장·군수·구청장은 심의 신청 접수일부터 30일 이내에 심의 안건을 상정하고, 심의 결과를 심의를 신청한 자에게 통보하여야 한다.

③ 위 ②에 따른 건축위원회의 심의 결과에 이의가 있는 자는 심의 결과를 통보받은 날부터 1개월 이내에 시·도지사 또는 시장·군수·구청장에게 건축위원회의 재심의를 신청할 수 있다.

④ 위 ③에 따른 재심의 신청을 받은 시·도지사 또는 시장·군수·구청장은 그 신청을 받은 날부터 15일 이내에 건축위원회에 재심의 안건을 상정하고, 재심의 결과를 재심의를 신청한 자에게 통보하여야 한다.

⑤ 시·도지사 또는 시장·군수·구청장은 지방건축위원회의 심의 또는 재심의를 완료한 날부터 15일 이내에 그 심의 또는 재심의 결과를 심의 또는 재심의를 신청한 자에게 통보하여야 한다.

> **키워드** 건축위원회의 건축 심의 등
>
> **풀이** 시·도지사 또는 시장·군수·구청장은 지방건축위원회의 심의 또는 재심의를 완료한 날부터 <u>14일 이내</u>에 그 심의 또는 재심의 결과를 심의 또는 재심의를 신청한 자에게 통보하여야 한다.
>
> 정답 ⑤

20 건축법령상 '건축민원전문위원회'에 관한 내용으로 옳지 않은 것은?

① '건축민원전문위원회'는 건축물의 건축 등과 관련된 '일정한 민원'을 심의한다.

② 위 ①의 일정한 민원은 '허가권자'의 처분이 완료되기 전의 것으로 한정하며, 이하 질의민원이라 한다.

③ 건축민원전문위원회는 국토교통부장관이 설치하는 건축민원전문위원회(이하 '광역지방건축민원전문위원회'라 한다)와 시·도지사 및 시장·군수·구청장이 설치하는 건축민원전문위원회(이하 '기초지방건축민원전문위원회'라 한다)로 구분한다.

④ 광역지방건축민원전문위원회는 허가권자나 도지사(이하 '허가권자 등'이라 한다)의 건축허가나 사전승인에 대한 질의민원을 심의한다.

⑤ 기초지방건축민원전문위원회는 시장(행정시의 시장을 포함한다)·군수·구청장의 건축허가 또는 건축신고와 관련한 질의민원을 심의한다.

> **키워드** 건축민원전문위원회
> **풀이** '건축민원전문위원회'는 <u>시·도지사</u>가 설치하는 건축민원전문위원회(이하 '광역지방건축민원전문위원회'라 한다)와 <u>시장·군수·구청장</u>이 설치하는 건축민원전문위원회(이하 '기초지방건축민원전문위원회'라 한다)로 구분한다.
>
> **정답** ③

---

21 건축법령상 '질의민원 심의의 신청'에 관한 내용으로 옳지 않은 것은?

① 건축물의 건축 등과 관련된 질의민원의 심의를 신청하려는 자는 관할 건축민원전문위원회에 심의 신청서를 제출하여야 한다.

② 위 ①에 따른 심의를 신청하고자 하는 자는 신청인의 이름과 주소, 신청의 취지·이유와 민원신청의 원인이 된 사실내용 등의 사항을 기재하여 문서로 신청하여야 한다.

③ 문서에 의할 수 없는 특별한 사정이 있는 경우에는 구술로 신청할 수 있다.

④ 건축민원전문위원회는 신청인의 질의민원을 받으면 30일 이내에 심의절차를 마쳐야 한다.

⑤ 위 ④의 경우, 사정이 있으면 건축민원전문위원회의 의결로 15일 이내의 범위에서 기간을 연장할 수 있다.

> **키워드** 질의민원 심의의 신청
> **풀이** 건축민원전문위원회는 신청인의 질의민원을 받으면 <u>15일 이내</u>에 심의절차를 마쳐야 한다.
>
> **정답** ④

22 건축법령상 '질의민원에 대한 의견의 제시 등'에 관한 내용으로 옳지 않은 것은?

① 건축민원전문위원회는 질의민원에 대하여 관계 법령, 관계 행정기관의 유권해석, 유사판례와 현장여건 등을 충분히 검토하여 심의의견을 제시할 수 있다.

② 건축민원전문위원회는 민원심의의 결정내용을 지체 없이 신청인 및 해당 허가권자 등에게 통지하여야 한다.

③ 위 ②에 따라 심의 결정내용을 통지받은 허가권자 등은 이를 존중하여야 하며, 통지받은 날부터 7일 이내에 그 처리결과를 해당 건축민원전문위원회에 통보하여야 한다.

④ 위 ③에 따른 심의 결정내용을 시장·군수·구청장이 이행하지 아니하는 경우에는 법정 관할에도 불구하고 해당 민원인은 시장·군수·구청장이 통보한 처리결과를 첨부하여 광역지방건축민원전문위원회에 심의를 신청할 수 있다.

⑤ 위 ③에 따라 처리결과를 통보받은 건축민원전문위원회는 신청인에게 그 내용을 지체 없이 통보하여야 한다.

풀이 위 ②에 따라 심의 결정내용을 통지받은 허가권자 등은 이를 존중하여야 하며, 통지받은 날부터 <u>10일 이내</u>에 그 처리결과를 해당 건축민원전문위원회에 통보하여야 한다.

정답 ③

23 건축법령상 '지방건축위원회'에 관한 내용으로 옳지 않은 것은?

① 지방건축위원회의 위원은 도시계획 및 건축 관계 공무원 등 중에서 시·도지사 및 시장·군수·구청장이 임명하거나 위촉한다.

② 공무원을 위원으로 임명하는 경우에는 그 수를 전체 위원 수의 4분의 1 이하로 하여야 하며, 다른 법령에 따라 지방건축위원회의 심의를 하는 경우에는 해당 분야의 관계 전문가가 그 심의에 위원으로 참석하는 심의위원 수의 4분의 1 이상이 되게 하여야 한다.

③ 공무원이 아닌 위원의 임기는 3년 이내로 하며, 필요한 경우에는 한 차례만 연임할 수 있게 하여야 한다.

④ 지방건축위원회의 회의는 구성위원 과반수의 출석으로 개의하고, 출석위원 과반수 찬성으로 심의 등을 의결하며, 심의 등을 신청한 자에게 심의 등의 결과를 알려야 한다.

⑤ 지방건축위원회의 위원장은 회의 개최 10일 전까지 회의 안건과 심의에 참여할 위원을 확정하고, 회의 개최 5일 전까지 회의에 부치는 안건을 각 위원에게 알려야 한다.

풀이 지방건축위원회의 위원장은 회의 개최 10일 전까지 회의 안건과 심의에 참여할 위원을 확정하고, 회의 개최 7일 전까지 회의에 부치는 안건을 각 위원에게 알려야 한다. 다만, 대외적으로 기밀 유지가 필요한 사항이나 그 밖에 부득이한 사유가 있는 경우에는 그러하지 아니하다.

정답 ⑤

PART 5

24 건축법령상 '건축분쟁전문위원회'에 관한 설명으로 옳지 않은 것은?

① 건축등과 관련된 건축관계자와 해당 건축물의 건축등으로 피해를 입은 인근주민 간의 분쟁 등의 조정 및 재정을 하기 위하여 국토교통부에 건축분쟁전문위원회 (이하 '분쟁위원회'라 한다)를 둔다.

② 조정신청은 해당 사건의 당사자 중 1명 이상이 하며, 재정신청은 해당 사건 당사자 간의 합의로 한다. 다만, 분쟁위원회는 조정신청을 받으면 해당 사건의 모든 당사자에게 조정신청이 접수된 사실을 알려야 한다.

③ 분쟁위원회는 당사자의 조정신청을 받으면 60일 이내에, 재정신청을 받으면 120일 이내에 절차를 마쳐야 한다. 다만, 부득이한 사정이 있으면 분쟁위원회의 의결로 기간을 연장할 수 있다.

④ 조정은 3명의 위원으로 구성되는 조정위원회에서 하고, 재정은 5명의 위원으로 구성되는 재정위원회에서 한다.

⑤ 조정위원과 재정위원은 사건마다 분쟁위원회의 위원 중에서 위원장이 지명한다. 이 경우 재정위원회에는 판사, 검사 또는 변호사의 직에 6년 이상 재직한 자가 2명 이상 포함되어야 한다.

풀이 조정위원과 재정위원은 사건마다 분쟁위원회의 위원 중에서 위원장이 지명한다. 이 경우 재정위원회에는 판사, 검사 또는 변호사의 직에 6년 이상 재직한 자가 1명 이상 포함되어야 한다.

이론 ✚

[지문 ⑤]
1. 분쟁위원회는 위원장과 부위원장 각 1명을 포함한 15명 이내의 위원으로 구성하며, 위원 중에는 판사, 검사 또는 변호사의 직에 6년 이상 재직한 자가 2명 이상 포함되어야 한다.
2. 재정위원회에는 판사, 검사 또는 변호사의 직에 6년 이상 재직한 자가 1명 이상 포함되어야 한다.

정답 ⑤

25 건축법령상 '건축분쟁전문위원회'에 관한 설명으로 옳지 않은 것은?

① 조정위원회는 조정안을 작성하면 지체 없이 각 당사자에게 조정안을 제시하여야 한다.

② 조정안을 제시받은 당사자는 제시를 받은 날부터 15일 이내에 수락 여부를 조정위원회에 알려야 한다.

③ 조정위원회는 당사자가 조정안을 수락하면 즉시 조정서를 작성하여야 하며, 조정위원과 각 당사자는 이에 기명날인하여야 한다.

④ 당사자가 조정안을 수락하고 조정서에 기명날인하면 조정서의 내용은 재판상 화해와 동일한 효력을 갖는다. 다만, 당사자가 임의로 처분할 수 없는 사항에 관한 것은 그러하지 아니하다.

⑤ 재정위원회가 재정을 한 경우 재정 문서의 정본이 당사자에게 송달된 날부터 15일 이내에 당사자 양쪽이나 어느 한쪽으로부터 그 재정의 대상인 건축물의 건축 등의 분쟁을 원인으로 하는 소송이 제기되지 아니하거나 그 소송이 철회되면 그 재정 내용은 재판상 화해와 동일한 효력을 갖는다.

> **키워드** 건축분쟁전문위원회 조정 및 재정의 효력
>
> **풀이** 재정위원회가 재정을 한 경우 재정 문서의 정본이 당사자에게 송달된 날부터 <u>60일 이내</u>에 당사자 양쪽이나 어느 한쪽으로부터 그 재정의 대상인 건축물의 건축등의 분쟁을 원인으로 하는 소송이 제기되지 아니하거나 그 소송이 철회되면 그 재정 내용은 재판상 화해와 동일한 효력을 갖는다.
>
> 정답 ⑤

26 건축법령상 '건축분쟁전문위원회의 선정대표자'에 관한 내용으로 옳지 않은 것은?

① 여러 사람이 공동으로 조정 등의 당사자가 될 때에는 그중에서 3명 이하의 대표자(이하 '선정대표자'라 한다)를 선정할 수 있다.

② 분쟁위원회는 당사자가 위 ①에 따라 대표자를 선정하지 아니한 경우 필요하다고 인정하면 당사자에게 대표자를 선정할 것을 권고할 수 있다.

③ 선정대표자는 다른 신청인 또는 피신청인을 위하여 그 사건의 조정 등에 관한 모든 행위(신청을 철회하거나 조정안을 수락하는 행위를 포함한다)를 할 수 있다.

④ 대표자가 선정된 경우에는 다른 신청인 또는 피신청인은 그 선정대표자를 통해서만 그 사건에 관한 행위를 할 수 있다.

⑤ 대표자를 선정한 당사자는 필요하다고 인정하면 선정대표자를 해임하거나 변경할 수 있다. 이 경우 당사자는 그 사실을 지체 없이 분쟁위원회에 통지하여야 한다.

건축분쟁전문위원회의 선정대표자

선정대표자는 다른 신청인 또는 피신청인을 위하여 그 사건의 조정 등에 관한 모든 행위를 할 수 있다. 다만, 신청을 철회하거나 조정안을 수락하려는 경우에는 서면으로 다른 신청인 또는 피신청인의 동의를 받아야 한다.

정답 ③

27 건축법의 '적용완화'에 관한 내용으로 옳지 않은 것은?

① 건축주, 설계자, 공사시공자 또는 공사감리자(이하 '건축관계자'라 한다)는 업무를 수행할 때 「건축법」을 적용하는 것이 매우 불합리하다고 인정되는 대지나 건축물 중 일정한 건축물에 대해 이 법의 기준을 완화 적용할 것을 허가권자에게 요청할 수 있다.

② 31층 이상인 건축물은 「건축법」 제43조(공개공지 등 확보) 규정을 완화하여 적용한다.

③ 허가권자가 리모델링 활성화가 필요하다고 인정하여 지정·공고한 구역(이하 '리모델링 활성화 구역'이라 한다) 안의 건축물은 「건축법」 제55조(건축물의 건폐율) 및 제56조(건축물의 용적률) 규정을 완화하여 적용한다.

④ 사용승인받은 후 15년 이상이 되어 리모델링이 필요한 건축물은 「건축법」 제55조(건축물의 건폐율) 및 제56조(건축물의 용적률) 규정을 완화하여 적용한다.

⑤ 도시형 생활주택(아파트를 포함한다)인 경우는 「건축법」 제60조(건축물의 높이제한) 규정을 완화하여 적용한다.

「건축법」의 적용완화

'조화롭고 창의적인 건축을 통하여 아름다운 도시경관을 창출한다고 허가권자가 인정하는 건축물'과 도시형 생활주택(아파트는 제외한다)인 경우는 「건축법」 제60조(건축물의 높이제한) 규정을 완화하여 적용한다.

정답 ⑤

28 건축법령상 '적용완화 규정'에 관한 내용으로 옳지 않은 것은?

① 「자연재해대책법」에 따른 '자연재해위험개선지구'에 건축하는 건축물로서 재해예방을 위한 조치가 필요한 경우: 법 제55조(건축물의 건폐율), 법 제56조(건축물의 용적률)에 따른 기준

② 「공공주택 특별법」 제2조 제1호에 따른 '공공주택'인 경우: 법 제61조 제2항(일조 등의 확보를 위한 건축물의 높이제한, 공동주택)에 따른 기준

③ 전통한옥 등 전통문화의 보존을 위해 시·도의 건축조례로 정하는 지역의 건축물인 경우: 법 제2조 제1항 제11호(도로)에 따른 기준

④ '초고층 건축물'인 경우: 법 제55조(건폐율)에 따른 기준

⑤ '건축협정'을 체결하여 건축물의 건축·대수선 또는 리모델링을 하려는 경우: 법 제55조(건축물의 건폐율) 및 제56조(건축물의 용적률)에 따른 기준

키워드 「**건축법**」의 적용완화

풀이 「국토의 계획 및 이용에 관한 법률」에 따라 지정된 방재지구 또는 「급경사지 재해예방에 관한 법률」에 따라 지정된 붕괴위험지역에 건축하는 건축물로서 재해예방을 위한 조치가 필요한 경우: 법 제55조(건축물의 건폐율), 법 제56조(건축물의 용적률), 법 제60조(건축물의 높이제한) 및 법 제61조(일조 등의 확보를 위한 건축물의 높이제한)에 따른 기준

이론 ✛

> **건축허가를 하지 아니할 수 있는 경우**
>
> 1. 위락시설이나 숙박시설에 해당하는 건축물의 건축을 허가하는 경우 해당 대지에 건축하려는 건축물의 용도·규모 또는 형태가 주거환경이나 교육환경 등 주변 환경을 고려할 때 부적합하다고 인정되는 경우
> 2. 「국토의 계획 및 이용에 관한 법률」에 따른 방재지구 및 「자연재해대책법」에 따른 자연재해위험개선지구 등 상습적으로 침수되거나 침수가 우려되는 지역에 건축하려는 건축물에 대하여 일부 공간에 거실을 설치하는 것이 부적합하다고 인정되는 경우

> **건축 신고대상**
>
> 「국토의 계획 및 이용에 관한 법률」에 따른 관리지역, 농림지역 또는 자연환경보전지역에서 연면적이 200제곱미터 미만이고 3층 미만인 건축물의 건축. 다만, 다음 구역에서의 건축은 제외한다.
> 1. 지구단위계획구역
> 2. 방재지구 등 재해취약지역으로서 다음의 지구 또는 지역
>   ㉠ 「국토의 계획 및 이용에 관한 법률」 제37조에 따라 지정된 방재지구
>   ㉡ 「급경사지 재해예방에 관한 법률」 제6조에 따라 지정된 붕괴위험지역

정답 ①

29 건축법령상 '리모델링에 대비한 특례'에 관한 설명이다. (   )에 들어갈 숫자로 옳은 것은?

제23회 주관식 수정

> 리모델링이 쉬운 구조의 공동주택의 건축을 촉진하기 위하여 공동주택을 대통령령으로
> 정하는 구조로 하여 건축허가를 신청하면 용적률, 건축물의 높이기준, 일조권 확보를
> 위한 건축물의 높이기준을 (   )의 범위에서 대통령령으로 정하는 비율로 완화하여 적
> 용할 수 있다.

① 100분의 110   ② 100분의 120
③ 100분의 130   ④ 100분의 150
⑤ 100분의 200

PART 5

키워드 리모델링에 대비한 특례
풀이   '100분의 120'이 옳다.

정답 ②

02 건축물의 건축

▶ **연계학습** | 에듀윌 기본서 2차 [주택관리관계법규 上] p.488

대표기출

건축법령상 주거업무시설군에 속하는 건축물의 용도가 아닌 것은?   제25회 수정

① 단독주택   ② 공동주택

③ 업무시설   ④ 운동시설

⑤ 교정시설 및 국방·군사시설

키워드 시설군

풀이 '운동시설'은 <u>영업시설군</u>에 해당한다.

정답 ④

01 건축법령상 '사전결정'에 관한 설명으로 옳지 않은 것은?

① 건축허가 대상 건축물을 건축하려는 자는 건축허가를 신청하기 전에 허가권자에게 그 건축물의 건축에 관한 해당 대지에 건축하는 것이 이 법이나 관계 법령에서 허용되는지 여부 등의 사항에 대한 사전결정을 신청할 수 있다.

② 허가권자는 사전결정을 한 후 별지 제1호의3 서식의 사전결정서를 사전결정일부터 7일 이내에 사전결정을 신청한 자에게 송부하여야 한다.

③ 사전결정 통지를 받은 경우에는 「농지법」에 따른 농지전용허가를 받은 것으로 본다.

④ 허가권자는 위 ③의 내용이 포함된 사전결정을 하려면 미리 관계 행정기관의 장과 협의하여야 하며, 협의를 요청받은 관계 행정기관의 장은 요청받은 날부터 15일 이내에 의견을 제출하여야 한다.

⑤ 사전결정신청자는 사전결정을 통지받은 날부터 2년 이내에 건축허가를 신청하여야 하며, 이 기간에 건축허가를 신청하지 아니하면 사전결정을 취소하여야 한다.

풀이 사전결정신청자는 사전결정을 통지받은 날부터 2년 이내에 건축허가를 신청하여야 하며, 이 기간에 건축허가를 신청하지 아니하면 사전결정의 효력이 상실된다.

이론 +

> [참고]
> 1. '사전결정신청자'는 건축위원회 심의와 「도시교통정비 촉진법」에 따른 교통영향평가서의 검토를 동시에 신청할 수 있다.
> 2. 허가권자는 위의 사전결정이 신청된 건축물의 대지면적이 「환경영향평가법」에 따른 소규모 환경영향평가 대상사업인 경우 환경부장관이나 지방환경관서의 장과 소규모환경영양평가에 관한 협의를 하여야 한다.
> 3. 관계 행정기관의 장이 위 ④에서 정한 기간(민원 처리에 관한 법률에 따라 회신기간을 연장한 경우에는 그 연장된 기간을 말한다) 내에 의견을 제출하지 아니하면 협의가 이루어진 것으로 본다.

정답 ⑤

---

02 건축법령상 '사전결정 통지를 받은 경우에는 일정한 허가 등을 받은 것으로 본다. 그 의제 사항이 아닌 것은?

① 「건축법」에 따른 건축허가
② 「산지관리법」에 따른 산지전용허가
③ 「하천법」에 따른 하천점용허가
④ 「농지법」에 따른 농지전용허가
⑤ 「국토의 계획 및 이용에 관한 법률」에 따른 개발행위허가

키워드 사전결정 통지의 효력

풀이 「건축법」에 따른 건축허가는 의제되지 아니한다. 사전결정 통지를 받은 경우에는 농지전용허가 등을 받거나 신고 또는 협의를 한 것으로 보며, 의제사항이 포함된 사전결정을 하려면 미리 관계 행정기관의 장과 협의하여야 하며, 협의를 요청받은 관계 행정기관의 장은 요청받은 날부터 15일 이내에 의견을 제출하여야 한다.

정답 ①

03 건축법령상 '건축 공사현장 안전관리 예치금 등'에 관한 설명으로 옳지 않은 것은?

① 건축허가를 받은 자는 건축물의 건축공사를 중단하고 장기간 공사현장을 방치할 경우 공사현장의 미관 개선과 안전관리 등 필요한 조치를 하여야 한다.

② 허가권자는 연면적이 1천 제곱미터 이상인 건축물로서 조례로 정하는 건축물에 대하여는 착공신고를 하는 건축주에게 장기간 건축물의 공사현장이 방치되는 것에 대비하여 미리 미관 개선과 안전관리에 필요한 비용(이하 '예치금'이라 한다)을 건축공사비의 1퍼센트의 범위에서 예치하게 할 수 있다.

③ 허가권자는 공사현장이 방치되어 도시미관을 저해하고 안전을 위해한다고 판단되면 건축허가를 받은 자에게 건축물 공사현장의 미관과 안전관리를 위한 안전울타리 설치 등 안전조치를 명할 수 있다.

④ 허가권자는 착공신고 이후 건축 중에 공사가 중단된 건축물로서 공사 중단 기간이 1년을 경과한 경우에는 건축주에게 서면으로 알린 후 예치금을 사용하여 공사현장의 미관과 안전관리 개선을 위한 공사현장 안전울타리의 설치를 할 수 있다.

⑤ 허가권자는 위 ③의 개선명령을 받은 자가 개선을 하지 아니하면 「행정대집행법」으로 정하는 바에 따라 대집행을 할 수 있다.

키워드 건축 공사현장 안전관리 예치금 등

풀이 공사 중단 기간이 2년을 경과한 경우에는 공사현장 안전울타리의 설치, 대지 및 건축물의 붕괴 방지 장치, 공사현장의 미관 개선을 위한 조경 또는 시설물 등의 설치 등의 조치를 할 수 있다.

이론 ✚

> [지문 ⑤]
>
> 이 경우 위 ②에 따라 건축주가 예치한 예치금을 행정대집행에 필요한 비용에 사용할 수 있으며, 행정대집행에 필요한 비용이 이미 납부한 예치금보다 많을 때에는 「행정대집행법」 제6조에 따라 '그 차액'을 추가로 징수할 수 있다.

정답 ④

04 건축법령상 건축 공사현장 안전관리예치금을 보증서로 예치할 수 있다. 그 증서가 아닌 것은?

① 「은행법」에 따른 은행이 발행한 지급보증서
② 「보험업법」에 따른 보험회사가 발행한 보증보험증권
③ 「상호저축은행법」에 따른 상호저축은행이 발행한 지급보증서
④ 「주택도시기금법」 제16조에 따른 주택도시보증공사가 발행하는 보증서
⑤ 「건설산업기본법」에 따른 공제조합이 발행한 채무액 등의 지급을 보증하는 보증서

키워드 안전관리예치금의 보증서 예치

풀이 ①②④⑤ 외에 「자본시장과 금융투자업에 관한 법률 시행령」 제192조 제2항에 따른 상장증권이 예치할 수 있는 보증서에 해당한다.

정답 ③

05 건축법령상 '건축허가'의 법적 성격에 관한 내용으로 옳지 않은 것은?

① 명령적 행정행위
② 대물적 행정행위
③ 쌍방적 행정행위
④ 재량적 행정행위
⑤ 수익적 행정행위

키워드 건축허가의 법적 성격

풀이 판례는 「건축법」상 '건축허가'의 법적 성격을 재량적 행정행위가 아니라 기속적 행정행위로 보며, 「주택법」상의 '사업계획승인'은 재량행위로 본다.

이론 +
> 토지형질변경행위를 수반하는 건축허가는 재량행위로 본다는 예외의 판례(대판 2013.10.31, 2013두9625)가 있다.

정답 ④

06 건축법령상 '건축허가'에 관한 내용으로 옳지 않은 것은?

① 건축물을 건축하거나 대수선하려는 자는 특별자치시장·특별자치도지사 또는 시장·군수·구청장의 허가를 받아야 한다.

② 21층 이상의 건축물을 특별시나 광역시에 건축하려면 특별시장이나 광역시장의 허가를 받아야 한다.

③ 허가권자는 허가를 받은 자가 허가를 받은 날부터 2년(산업집적활성화 및 공장설립에 관한 법률에 따라 공장의 신설·증설 또는 업종변경 승인을 받은 공장은 3년) 이내에 공사에 착수하지 아니한 경우에는 허가를 취소하여야 한다.

④ 위 ③에 해당하는 경우로서 정당한 사유가 있다고 인정되면 1년의 범위에서 공사의 착수기간을 연장할 수 있다.

⑤ 허가권자는 착공신고 전에 경매로 건축주가 대지소유권을 상실한 때부터 3개월이 경과한 이후 공사 착수가 불가능하다고 판단되는 경우 허가를 취소해야 한다.

키워드 건축허가

풀이 허가권자는 착공신고 전에 경매 또는 공매 등으로 건축주가 대지의 소유권을 상실한 때부터 6개월이 경과한 이후 공사의 착수가 불가능하다고 판단되는 경우에는 허가를 취소하여야 한다.

이론 ✚

> [지문 ③ 및 ⑤]
> 허가권자는 허가를 받은 자가 다음에 해당하면 허가를 취소하여야 한다. 다만, 다음 1.에 해당하는 경우로서 정당한 사유가 있다고 인정되면 1년의 범위에서 공사의 착수기간을 연장할 수 있다.
> 1. 허가를 받은 날부터 2년(산업집적활성화 및 공장설립에 관한 법률 제13조에 따라 공장의 신설·증설 또는 업종변경의 승인을 받은 공장은 3년) 이내에 공사에 착수하지 아니한 경우
> 2. 위 1.의 기간 이내에 공사에 착수하였으나 공사의 완료가 불가능하다고 인정되는 경우
> 3. 착공신고 전에 경매 또는 공매 등으로 건축주가 대지의 소유권을 상실한 때부터 6개월이 경과한 이후 공사의 착수가 불가능하다고 판단되는 경우

정답 ⑤

07 건축법령상 특별시나 광역시에서 건축되는 경우로서 '특별시장이나 광역시장의 허가를 받아야 하는 경우'는?

① 층수가 21층 이상인 공장의 건축

② 연면적의 합계가 10만 제곱미터 이상인 창고의 건축

③ 층수가 50층인 지방건축위원회의 심의를 거친 백화점의 건축

④ 연면적의 10분의 3 이상을 증축하여 층수가 21층 이상으로 되는 공장의 건축

⑤ 연면적의 10분의 3 이상을 증축하여 연면적 합계가 10만 제곱미터 이상인 창고의 건축

PART 5

키워드 특별시장이나 광역시장의 허가를 받아야 하는 건축물

풀이 지방건축위원회의 심의를 거친 경우에도 초고층 건축물은 허가를 받아야 한다.

이론 ✚

> 특별시장, 광역시장의 허가를 받아야 하는 건축물
> 다음의 건축물을 특별시나 광역시에 건축하려면 특별시장이나 광역시장의 허가를 받아야 한다.
> 1. 층수가 21층 이상이거나 연면적의 합계가 10만 제곱미터 이상인 건축물의 건축(연면적의 10분의 3 이상을 증축하여 층수가 21층 이상으로 되거나 연면적의 합계가 10만 제곱미터 이상으로 되는 경우를 포함)을 말한다.
> 2. 다만, 다음의 어느 하나에 해당하는 건축물의 건축은 제외한다.
>   ㉠ 공장
>   ㉡ 창고
>   ㉢ 지방건축위원회의 심의를 거친 건축물(특별시 또는 광역시의 건축조례로 정하는 바에 따라 해당 지방건축위원회의 심의사항으로 할 수 있는 건축물에 한정하며, 초고층 건축물은 제외한다)

정답 ③

08 건축법령상 건축허가에 관한 설명으로 옳은 것은? (단, 공용건축물에 대한 특례 및 조례는 고려하지 않음)

제24회

① 연면적의 합계가 10만 제곱미터인 공장을 특별시에 건축하려는 자는 특별시장의 허가를 받아야 한다.

② 허가권자는 숙박시설에 해당하는 건축물의 건축허가신청에 대하여 해당 대지에 건축하려는 규모가 교육환경을 고려할 때 부적합하다고 인정되는 경우에는 건축위원회의 심의를 거쳐 건축허가를 하지 아니할 수 있다.

③ 공동주택의 건축허가를 받은 자가 허가를 받은 날부터 1년 이내에 공사에 착수하지 아니한 경우, 허가권자는 건축허가를 취소하여야 한다.

④ 바닥면적의 합계가 85제곱미터인 단층건물을 신축하려는 자는 건축허가를 받아야 한다.

⑤ 분양을 목적으로 하는 공동주택의 경우, 건축주가 대지를 사용할 수 있는 권원을 확보한 때에는 해당 대지의 소유권을 확보하지 못하였더라도 건축허가를 받을 수 있다.

키워드 건축허가

풀이 ① 연면적의 합계가 10만 제곱미터인 건축물을 특별시에 건축하려는 자는 특별시장의 허가를 받아야 하나, 공장은 그러하지 아니하다.

③ 허가권자는 허가를 받은 자가 다음의 어느 하나에 해당하면 허가를 취소하여야 한다. 다만, 다음 1.에 해당하는 경우로서 정당한 사유가 있다고 인정되면 1년의 범위에서 공사의 착수기간을 연장할 수 있다.

  1. 허가를 받은 날부터 2년(산업집적활성화 및 공장설립에 관한 법률 제13조에 따라 공장의 신설·증설 또는 업종변경의 승인을 받은 공장은 3년) 이내에 공사에 착수하지 아니한 경우
  2. 위 1.의 기간 이내에 공사에 착수하였으나 공사의 완료가 불가능하다고 인정되는 경우
  3. 착공신고 전에 경매 또는 공매 등으로 건축주가 대지의 소유권을 상실한 때부터 6개월이 지난 이후 공사의 착수가 불가능하다고 판단되는 경우

④ 연면적의 합계가 100제곱미터 이하인 건축물의 건축(신축 포함)은 신고대상이다. 그러므로 바닥면적의 합계가 85제곱미터인 단층건물을 신축하려는 자는 건축허가를 받아야 할 필요가 없으며, 신고를 하면 건축허가를 받은 것으로 본다.

⑤ 건축허가를 받으려는 자는 해당 대지의 소유권을 확보하여야 한다. 다만, 다음의 어느 하나에 해당하는 경우에는 그러하지 아니하다.

  1. 건축주가 대지의 소유권을 확보하지 못하였으나 그 대지를 사용할 수 있는 권원을 확보한 경우. 다만, 분양을 목적으로 하는 공동주택은 제외한다.
  2. 건축주가 건축물의 노후화 또는 구조안전 문제 등 대통령령으로 정하는 사유로 건축물을 신축·개축·재축 및 리모델링을 하기 위하여 건축물 및 해당 대지의 공유자 수의 100분의 80 이상의 동의를 얻고 동의한 공유자의 지분 합계가 전체 지분의 100분의 80 이상인 경우 등

정답 ②

09 건축법령에 관한 설명으로 옳지 않은 것은?

① 경기도 성남시에서 21층 건축물을 신축하는 경우, 허가권자는 경기도지사이다.

② 아파트는 사전승인 대상 건축물이 될 수 있다.

③ 위락시설 및 숙박시설은 사전승인 대상 건축물이 될 수 있다.

④ 1천 제곱미터 규모의 일반음식점은 사전승인 대상 건축물이 될 수 있다.

⑤ 사전승인의 신청을 받은 도지사는 승인요청을 받은 날부터 50일 이내에 승인 여부를 시장·군수에게 통보(전자문서에 의한 통보를 포함한다)하여야 한다. 다만, 건축물의 규모가 큰 경우 등 불가피한 경우에는 30일의 범위 내에서 그 기간을 연장할 수 있다.

PART 5

키워드 사전승인

풀이 경기도 성남시에서 21층 건축물을 신축하는 경우, 허가권자는 <u>성남시장</u>이다. 이 경우 성남시장은 경기도지사의 사전 승인을 받아야 한다.

이론 ✚

> 시장·군수는 다음의 어느 하나에 해당하는 건축물의 건축을 허가하려면 미리 건축계획서와 국토교통부령으로 정하는 건축물의 용도, 규모 및 형태가 표시된 기본설계도서를 첨부하여 <u>도지사의 승인</u>을 받아야 한다.
> 1. '특별시장, 광역시장의 허가를 받아야 할 규모'에 해당하는 건축물. 다만, 도시환경, 광역교통 등을 고려하여 해당 도의 조례로 정하는 건축물은 제외한다.
> 2. '자연환경'이나 '수질을 보호'하기 위하여 도지사가 지정·공고한 구역에 건축하는 <u>3층 이상</u> 또는 연면적의 합계가 <u>1천 제곱미터 이상</u>인 건축물로서 대통령령으로 정하는 용도에 해당하는 건축물[공동주택, 제2종 근린생활시설(일반음식점만 해당한다), 업무시설(일반업무시설만 해당한다), 숙박시설, 위락시설]
> 3. '주거환경'이나 '교육환경' 등 주변 환경을 보호하기 위하여 필요하다고 인정하여 도지사가 지정·공고한 구역에 건축하는 <u>위락시설 및 숙박시설</u>에 해당하는 건축물

정답 ①

10 건축법령상 건축신고를 함으로써 건축허가를 받은 것으로 보는 경우가 아닌 것은?

제13회 수정

① 바닥면적의 합계가 85제곱미터 이내인 증축·개축 또는 재축. 다만, 3층 이상 건축물인 경우에는 증축·개축 또는 재축하려는 부분의 바닥면적의 합계가 건축물 연면적의 10분의 1 이내인 경우로 한정한다.

② 지구단위계획구역에서 연면적이 200제곱미터 미만이고 3층 미만인 건축물의 건축

③ 연면적이 200제곱미터 미만이고 3층 미만인 건축물의 대수선

④ 주요구조부의 해체가 없고, 내력벽의 면적을 30제곱미터 이상 수선하는 건축물의 대수선

⑤ 건축물의 높이를 3미터 이하의 범위에서 증축하는 건축물의 건축

> **키워드** 건축신고 대상
>
> **풀이** 「국토의 계획 및 이용에 관한 법률」에 따른 관리지역, 농림지역 또는 자연환경보전지역에서 연면적이 200제곱미터 미만이고 3층 미만인 건축물의 건축은 '신고대상'이다. 다만, 다음 구역에서의 건축은 제외한다.
> 1. 지구단위계획구역
> 2. 방재지구 등 재해취약지역으로서 대통령령으로 정하는 다음의 지구 또는 지역
>   ㉠ 「국토의 계획 및 이용에 관한 법률」 제37조에 따라 지정된 방재지구
>   ㉡ 「급경사지 재해예방에 관한 법률」 제6조에 따라 지정된 붕괴위험지역

> 정답 ②

11 건축법령상 건축허가의 제한에 관한 설명으로 옳은 것은?

제11회 수정

① 국토교통부장관이 건축허가나 건축물의 착공을 제한하는 경우 그 제한기간은 2년 이내로 하되, 1회에 한하여 2년 이내의 범위에서 제한기간을 연장할 수 있다.

② 특별시장·광역시장·도지사는 주무부장관이 국민경제를 위하여 특히 필요하다고 인정하여 요청하는 경우에는 허가권자의 건축허가를 제한할 수 있다.

③ 특별시장·광역시장·도지사는 국토관리를 위하여 특히 필요하다고 인정하는 경우에는 허가권자의 건축허가를 제한할 수 있다.

④ 특별시장·광역시장·도지사는 지역계획이나 도시·군계획에 특히 필요하다고 인정하면 시장·군수·구청장의 건축허가나 허가를 받은 건축물의 착공을 제한할 수 있다.

⑤ 특별시장·광역시장·도지사가 건축허가를 제한하는 경우에는 그 목적·기간, 대상 건축물의 용도 등을 상세하게 정하여 국토교통부장관에게 통보하여야 한다.

건축허가의 제한

① 제한기간은 2년 이내로 하되, 1회에 한하여 <u>1년</u> 이내의 범위에서 제한기간을 연장할 수 있다.

②③ <u>특별시장·광역시장·도지사</u> ⇨ <u>국토교통부장관</u>

⑤ <u>국토교통부장관 또는 특별시장·광역시장·도지사</u>가 건축허가를 제한하는 경우에는 그 목적·기간, 대상 건축물의 용도 등을 상세하게 정하여 <u>허가권자</u>에게 통보하여야 한다. 통보를 받은 <u>허가권자</u>는 지체 없이 이를 <u>공고</u>하여야 한다.

정답 ④

12 건축법령상 '건축허가'에 관한 설명으로 옳지 않은 것은? 제24회 수정

① 건축허가를 받으려는 자는 해당 대지의 소유권을 확보하여야 한다.

② 분양 목적으로 공동주택을 건축하려는 건축주가 대지의 소유권을 확보하지 못하였으나 대지를 사용할 수 있는 권원을 확보한 경우는 위 ①의 예외가 인정된다.

③ 건축허가를 받은 건축주는 해당 건축물 또는 대지의 공유자가 거주하는 곳을 확인하기가 현저히 곤란한 경우에는 전국적으로 배포되는 둘 이상의 일간신문에 두 차례 이상 공고하고, 공고한 날부터 30일 이상이 지났을 때에는 매도청구 대상이 되는 건축물 또는 대지로 본다.

④ 건축주는 매도청구 대상 공유지분의 감정평가액에 해당하는 금액을 법원에 공탁(供託)하고 착공할 수 있다.

⑤ 위 ④에 따른 공유지분의 감정평가액은 허가권자가 추천하는 「감정평가 및 감정평가사에 관한 법률」에 따른 감정평가법인등 2인 이상이 평가한 금액을 산술평균하여 산정한다.

건축허가의 요건

건축허가를 받으려는 자는 해당 <u>대지의 소유권</u>을 <u>확보</u>하여야 한다. 다만, <u>다음의 어느 하나에 해당하는 경우</u>에는 <u>그러하지 아니하다</u>.

1. 건축주가 대지의 <u>소유권을 확보하지 못하였으나</u> 그 대지를 <u>사용할 수 있는 권원</u>을 확보한 경우. 다만, <u>분양을 목적으로 하는 공동주택</u>은 <u>제외</u>한다.

2. 건축주가 건축물 노후화 또는 구조안전 문제 등 대통령령으로 정하는 사유로 건축물을 신축·개축·재축 및 리모델링을 하기 위해 건축물 및 해당 대지의 공유자 수의 <u>100분의 80 이상의 동의</u>를 얻고 동의한 공유자의 지분 합계가 전체 지분의 <u>100분의 80 이상</u>인 경우

3. 건축주가 건축허가를 받아 주택과 주택 외의 시설을 동일 건축물로 건축하기 위하여 「주택법」 제21조를 준용한 대지 소유 등의 권리관계를 증명한 경우. 다만, 「주택법」 제15조 제1항 각 호 외의 부분 본문에 따른 대통령령으로 정하는 호수 이상으로 건설·공급하는 경우에 한정한다.

4. 건축하려는 대지에 포함된 국유지 또는 공유지에 대하여 허가권자가 해당 토지의 관리청이 해당 토지를 건축주에게 매각하거나 양여할 것을 확인한 경우

5. 건축주가 집합건물의 공용부분을 변경하기 위해 「집합건물의 소유 및 관리에 관한 법률」 제15조 제1항에 따른 결의가 있었음을 증명한 경우

6. 건축주가 집합건물을 재건축하기 위하여 「집합건물의 소유 및 관리에 관한 법률」 제47조에 따른 결의가 있었음을 증명한 경우

정답 ②

13 건축법령상 '건축물 안전영향평가'에 관한 설명으로 옳지 않은 것은?

① 연면적이 10만 제곱미터 이상인 건축물은 건축물 안전영향평가를 받아야 하는 건축물이다.

② 안전영향평가기관은 안전영향평가를 의뢰받은 날부터 30일 이내에 안전영향평가 결과를 허가권자에게 제출하여야 한다. 다만, 부득이한 경우에는 20일의 범위에서 그 기간을 한 차례만 연장할 수 있다.

③ 허가권자는 안전영향평가 결과를 제출받은 경우에는 지체 없이 안전영향평가를 의뢰한 자에게 그 내용을 통보하여야 한다.

④ 안전영향평가에 드는 비용은 안전영향평가를 의뢰한 자가 부담한다.

⑤ 안전영향평가 결과는 건축위원회의 심의를 거쳐 확정한다. 이 경우 건축위원회의 심의를 받아야 하는 건축물은 건축위원회 심의에 안전영향평가 결과를 포함하여 심의할 수 있다.

> **키워드** 건축물 안전영향평가
>
> **풀이** 허가권자는 다음의 건축물에 대하여 건축허가를 하기 전에 건축물의 구조, 지반 및 풍환경(風環境) 등이 건축물의 구조안전과 인접 대지의 안전에 미치는 영향 등을 평가하는 건축물 안전영향평가를 안전영향평가기관에 의뢰하여 실시하여야 한다.
> 1. 초고층 건축물
> 2. 다음의 요건을 <u>모두 충족하는</u> 건축물
>   ㉠ 연면적(하나의 대지에 둘 이상의 건축물을 건축하는 경우에는 각각의 건축물의 연면적)이 <u>10만 제곱미터 이상일 것</u>
>   ㉡ <u>16층 이상일 것</u>

정답 ①

---

14 건축법상 건축물 안전영향평가(이하 '안전영향평가'라 한다)에 관한 설명으로 옳지 않은 것은?   제26회

① 초고층 건축물은 안전영향평가의 대상이다.

② 안전영향평가에서는 건축물의 구조, 지반 및 풍환경(風環境) 등이 건축물의 구조안전과 인접 대지의 안전에 미치는 영향 등을 평가한다.

③ 안전영향평가 결과는 지방의회의 동의를 얻어 시·도지사가 확정한다.

④ 안전영향평가 대상 건축물의 건축주는 건축허가 신청 시 제출하여야 하는 도서에 안전영향평가 결과를 반영하여야 한다.

⑤ 허가권자는 건축위원회의 심의 결과 및 안전영향평가 내용을 즉시 공개하여야 한다.

안전영향평가 결과는 건축위원회의 심의를 거쳐 확정한다. 이 경우 건축위원회의 심의를 받아야 하는 건축물은 건축위원회 심의에 안전영향평가 결과를 포함하여 심의할 수 있다.

정답 ③

15 건축법령상 '매도청구 등'에 관한 설명으로 옳지 않은 것은?

① 건축주가 건축물의 노후화 등의 사유로 건축물을 신축하기 위하여 건축물 및 해당 대지의 공유자 수의 100분의 80 이상의 동의를 얻고 동의한 공유자의 지분 합계가 전체 지분의 100분의 80 이상인 경우에는 건축허가를 받을 수 있다.

② 위 ①에 따라 건축허가를 받은 건축주는 해당 건축물 또는 대지의 공유자 중 동의하지 아니한 공유자에게 그 공유지분을 시가로 매도할 것을 청구할 수 있다.

③ 위 ②의 경우 매도청구를 하기 전에 매도청구 대상이 되는 공유자와 3개월 이상 협의를 하여야 한다.

④ 허가권자는 건축주가 위 ①의 사유로 위 ①의 동의요건을 갖추어 건축허가를 신청한 경우에는 그 사유 해당 여부를 확인하기 위하여 현지조사를 하여야 한다.

⑤ 위 ④의 경우 필요한 경우에는 건축주에게 건축구조기술사 등으로부터 안전점검을 받고 그 결과를 제출하도록 할 수 있다.

키워드 **매도청구 등**

풀이 위 ④의 경우 필요한 경우에는 건축주에게 다음의 어느 하나에 해당하는 자로부터 안전진단을 받고 그 결과를 제출하도록 할 수 있다.

1. 건축사
2. 「기술사법」 제5조의7에 따라 등록한 건축구조기술사
3. 「시설물의 안전 및 유지관리에 관한 특별법」에 따라 등록한 건축 분야 안전진단전문기관

TIP 위 지문 ④ 및 ⑤의 '현지조사' 및 '안전진단'에 대해 정확히 이해하여야 한다.

정답 ⑤

16 건축법령상 '건축복합민원 일괄협의회'에 관한 설명으로 옳지 않은 것은?

① 허가권자는 건축허가를 하려면 해당 용도·규모 또는 형태의 건축물을 건축하려는 대지에 건축하는 것이 「국토의 계획 및 이용에 관한 법률」 등의 규정에 맞는지를 확인하기 위하여 건축복합민원 일괄협의회를 개최하여야 한다.

② 위 ①에 따라 확인이 요구되는 법령의 관계 행정기관의 장은 소속 공무원을 건축복합민원 일괄협의회에 참석하게 하여야 한다.

③ 허가권자는 건축복합민원 일괄협의회(이하 '협의회'라 한다)의 회의를 사전결정 신청일 또는 건축허가 신청일부터 7일 이내에 개최하여야 한다.

④ 허가권자는 협의회의 회의를 개최하기 3일 전까지 회의 개최 사실을 관계 행정기관 및 관계 부서에 통보하여야 한다.

⑤ 사전결정 또는 건축허가를 하는 관계 행정기관 및 관계 부서는 그 협의회의 회의를 개최한 날부터 5일 이내에 동의 또는 부동의 의견을 허가권자에게 제출하여야 한다.

> **키워드** 건축복합민원 일괄협의회
> **풀이** 허가권자는 건축복합민원 일괄협의회(이하 '협의회'라 한다)의 회의를 사전결정 신청일 또는 건축허가 신청일부터 <u>10일 이내</u>에 개최하여야 한다.
>
> 정답 ③

17 건축법령상 '신고 및 착공신고'에 관한 설명으로 옳지 않은 것은?

① 신고대상 건축물의 신고를 받은 특별자치시장 등은 신고를 받은 날부터 5일 이내에 신고수리 여부 등을 신고인에게 통지하여야 한다. 다만, 이 법 또는 다른 법령에 따라 심의, 동의, 협의, 확인 등이 필요한 경우에는 20일 이내에 통지하여야 한다.

② 특별자치시장 등은 신고가 위 ① 단서에 해당하는 경우에는 신고를 받은 날부터 5일 이내에 신고인에게 그 내용을 통지하여야 한다.

③ 법 제11조(건축허가)·법 제14조(건축신고) 또는 법 제20조 제1항(가설건축물의 허가)에 따라 허가를 받거나 신고를 한 건축물의 공사를 착수하려는 건축주는 허가권자에게 공사계획을 신고하여야 한다.

④ 허가권자는 위 ③에 따른 신고를 받은 날부터 5일 이내 신고수리 여부 또는 민원 처리 관련 법령에 따른 처리기간의 연장 여부를 신고인에게 통지하여야 한다.

⑤ 허가권자가 위 ④에서 정한 기간 내에 신고수리 여부 등을 신고인에게 통지하지 아니하면 그 기간이 끝난 날의 다음 날에 신고를 수리한 것으로 본다.

키워드 신고 및 착공신고

풀이 허가권자는 위 ③에 따른 신고를 받은 날부터 <u>3일 이내</u> 신고수리 여부 또는 민원 처리 관련 법령에 따른 처리기간의 연장 여부를 신고인에게 통지하여야 한다.

정답 ④

18 건축법령상 '용도변경'에 관한 내용으로 옳지 않은 것은?

① 건축물의 용도변경은 변경하려는 용도의 건축기준에 맞게 하여야 한다.

② 건축물의 용도를 변경하려는 자는 원칙적으로 특별자치시장·특별자치도지사 또는 시장·군수·구청장에게 신고를 하여야 한다.

③ 같은 시설군 안에서 용도를 변경하려는 자는 특별자치시장·특별자치도지사 또는 시장·군수·구청장에게 건축물대장 기재내용의 변경을 신청하여야 한다.

④ 허가나 신고대상인 경우로서 용도변경하려는 부분의 바닥면적 합계가 100제곱미터 이상인 경우의 사용승인에 관하여는 「건축법」 제22조(사용승인)를 준용한다.

⑤ 허가대상인 경우로서 용도변경하려는 부분의 바닥면적 합계가 500제곱미터 이상인 용도변경의 설계에 관하여는 「건축법」 제23조(설계규정)를 준용하여 건축사가 설계하여야 한다.

키워드 용도변경

풀이 사용승인을 받은 건축물의 용도를 변경하려는 자는 다음에 따라 특별자치시장·특별자치도지사 또는 시장·군수·구청장의 허가를 받거나 신고를 하여야 한다.
1. <u>허가대상</u>: 「건축법」 제19조 제4항 각 호의 어느 하나에 해당하는 시설군에 속하는 건축물의 용도를 <u>상위군</u>에 해당하는 용도로 변경하는 경우
2. <u>신고대상</u>: 「건축법」 제19조 제4항 각 호의 어느 하나에 해당하는 시설군에 속하는 건축물의 용도를 <u>하위군</u>에 해당하는 용도로 변경하는 경우

이론 ➕

> **[지문 ①] 용도변경(영 제14조 제3항)**
> '국토교통부장관'은 용도변경을 할 때 적용되는 '건축기준'을 고시할 수 있다. 이 경우 다른 행정기관의 권한에 속하는 건축기준에 대하여는 미리 '관계 행정기관의 장'과 협의하여야 한다.

> **[지문 ④] 단서**
> 다만, 용도변경하려는 부분의 바닥면적의 합계가 500제곱미터 미만으로서 대수선에 해당되는 공사를 수반하지 아니하는 경우에는 그러하지 아니하다.

> **[지문 ⑤] 용도변경(법 제19조 제6항)**
> 허가대상인 경우로서 용도변경하려는 부분의 바닥면적의 합계가 500제곱미터 이상인 용도변경(<u>1층인 축사</u>를 공장으로 용도변경하는 경우로서 <u>증축·개축 또는 대수선이 수반되지 아니하고 구조 안전이나 피난 등에 지장이 없는 경우는 제외</u>한다)의 설계에 관하여는 법 제23조(<u>건축사가 설계</u>)를 준용한다.

정답 ②

고난도

19 건축법령상 '건축물대장 기재내용의 변경을 신청하여야 하는 경우'는?

① 운수시설을 종교시설로 용도변경하는 경우

② 철도시설을 여객자동차터미널로 용도변경하는 경우

③ 제2종 근린생활시설 중 '일반음식점'을 제1종 근린생활시설 중 '휴게음식점'으로 용도변경하는 경우

④ 제2종 근린생활시설 중 다중생활시설을 위락시설로 용도변경하는 경우

⑤ 판매시설을 운동시설로 용도변경하는 경우

키워드　건축물대장 기재내용의 변경을 신청해야 하는 경우

풀이　판매시설을 운동시설로 용도변경하는 경우는 모두 '영업시설군'으로서 '같은 시설군'으로의 용도변경 이므로 건축물대장 기재내용의 변경을 신청하여야 한다.

① 운수시설(산업등시설군)을 종교시설(문화집회시설군)로 용도변경하는 경우(하위군)는 신고대상 이다.

② 철도시설을 여객자동차터미널로 용도변경하는 경우는 모두 '운수시설'로서 '같은 호 상호간의 용 도변경'이므로 건축물대장 기재내용의 변경을 신청할 필요가 없다.

③ 제2종 근린생활시설 중 일반음식점을 제1종 근린생활시설 중 '휴게음식점'으로 용도변경하는 경 우는 '제1종 근린생활시설과 제2종 근린생활시설 상호간의 용도변경'이므로 건축물대장 기재내용 의 변경을 신청할 필요가 없다.

④ 제2종 근린생활시설 중 다중생활시설(영업시설군)을 위락시설(문화집회시설군)로 용도변경하는 경우(상위군)는 허가대상이다.

이론＋

[지문 ③] 용도변경(영 제14조 제4항)

'영 [별표 1]의 같은 호에 속하는 건축물 상호간의 용도변경'과 「국토의 계획 및 이용에 관한 법률」이나 그 밖의 관계 법령에서 정하는 용도제한에 적합한 범위에서 제1종 근린생활시설과 제2종 근린생활시설 상호간의 용도변경'은 건축물대장 기재내용의 변경을 신청하지 않는다. 다만, [별표 1] 제3호 다목(목욕장만 해당한다)·라목(의원 등), 같은 표 제4호 가목(공연장)·사 목(청소년게임제공업소 등)·카목(학원 등)·파목(골프연습장, 놀이형시설만 해당한다)·더목(단 란주점)·러목(안마시술소, 노래연습장), 같은 표 제7호 다목 2)(청소년게임제공업의 시설 등), 같 은 표 제15호 가목(생활숙박시설만 해당한다) 및 같은 표 제16호 가목(단란주점)·나목(유흥주점 등)에 해당하는 용도로 변경하는 경우는 제외한다.

'시설군'(9개)

1. 자동차 관련 시설군: 자동차 관련 시설

2. 산업 등 시설군

　　가. 운수시설　　　　　　　　　　나. 창고시설

　　다. 공장　　　　　　　　　　　　라. 위험물저장 및 처리시설

　　마. 자원순환 관련 시설　　　　　바. 묘지 관련 시설

　　사. 장례시설

3. 전기통신시설군

　　가. 방송통신시설　　　　　　　　나. 발전시설

4. 문화집회시설군

　　가. 문화 및 집회시설　　　　　　나. 종교시설

　　다. 위락시설　　　　　　　　　　라. 관광휴게시설

5. 영업시설군
    가. 판매시설   나. 운동시설
    다. 숙박시설   라. 제2종 근린생활시설 중 다중생활시설
6. 교육 및 복지시설군
    가. 의료시설   나. 교육연구시설
    다. 노유자(노인 및 어린이)시설   라. 수련시설
    마. 야영장시설
7. 근린생활시설군
    가. 제1종 근린생활시설
    나. 제2종 근린생활시설(다중생활시설은 제외한다)
8. 주거업무시설군
    가. 단독주택   나. 공동주택
    다. 업무시설   라. 교정시설
    마. 국방·군사시설
9. 그 밖의 시설군: 동물 및 식물 관련 시설

정답 ⑤

20 건축법령상 '시설군'의 순서를 상위군으로부터 올바르게 나열한 것은?

① 자동차 관련 시설군 − 문화 및 집회시설군 − 영업시설군 − 주거업무시설군 − 그 밖의 시설군

② 그 밖의 시설군 − 주거업무시설군 − 영업시설군 − 문화 및 집회시설군 − 자동차 관련 시설군

③ 자동차 관련 시설군 − 영업시설군 − 문화 및 집회시설군 − 주거업무시설군 − 그 밖의 시설군

④ 자동차 관련 시설군 − 주거업무시설군 − 문화 및 집회시설군 − 영업시설군 − 그 밖의 시설군

⑤ 자동차 관련 시설군 − 문화 및 집회시설군 − 주거업무시설군 − 영업시설군 − 그 밖의 시설군

키워드 '시설군'의 순서
풀이 '자동차 관련 시설군 − 문화 및 집회시설군 − 영업시설군 − 주거업무시설군 − 그 밖의 시설군'이 옳다.

정답 ①

21 건축법령상 '문화 및 집회시설군'에 해당하지 않는 것은?

① 위락시설　　　　　　　　　② 종교시설

③ 숙박시설　　　　　　　　　④ 관광휴게시설

⑤ 문화 및 집회시설

키워드　문화 및 집회시설군

풀이　숙박시설은 <u>영업시설군</u>이다.

정답 ③

---

22 건축법령상 '영업시설군'에 속하는 것이 아닌 것은?

① 판매시설　　　　　　　　　② 운동시설

③ 숙박시설　　　　　　　　　④ 위락시설

⑤ 300제곱미터 규모의 다중생활시설

키워드　영업시설군

풀이　'위락시설은 <u>문화 및 집회시설군</u>에 속한다. 또한 '500제곱미터 미만의 다중생활시설'은 <u>제2종 근린</u><u>생활시설</u>로서 <u>영업시설군</u>에 속한다. '500제곱미터 이상의 다중생활시설'은 숙박시설로서 <u>영업시설</u><u>군</u>에 속한다. 따라서 '다중생활시설'은 <u>규모 불문</u>하고 <u>영업시설군</u>에 속한다. 다중생활시설은 '제2종 근린생활시설'이나 '근린생활시설군'에 속할 수는 없다.

정답 ④

---

23 건축법령상 '허가'를 요하는 용도변경은?

① 업무시설을 공동주택으로 용도변경

② 의료시설을 수련시설로 용도변경

③ 공장을 종교시설로 용도변경

④ 위락시설을 숙박시설로 용도변경

⑤ 판매시설을 장례시설로 용도변경

키워드　'허가'를 요하는 용도변경

풀이　장례시설은 '산업 등 시설군'이다. 따라서 판매시설(영업시설군)을 장례시설(산업 등 시설군)로의 용도변경은 '상위군'으로 용도변경하고자 하는 경우이므로 <u>허가</u>를 요한다.
　　　①② '같은 시설군' 내에서 용도를 변경하고자 하는 경우로서 원칙적으로 <u>건축물대장 기재사항의 변</u><u>경</u>을 신청하여야 한다.
　　　③④ '하위군'으로 용도변경하고자 하는 경우로서 <u>신고</u>를 요한다.

정답 ⑤

24 건축법령상 '500제곱미터 규모의 다중생활시설'과 관련이 있는 것만으로 묶은 것은?

ㄱ 제1종 근린생활시설   ㄴ 제2종 근린생활시설
ㄷ 숙박시설   ㄹ 문화집회시설군
ㅁ 영업시설군   ㅂ 근린생활시설군

---

① ㄱ – ㅂ   ② ㄴ – ㅂ

③ ㄴ – ㅁ   ④ ㄷ – ㄹ

⑤ ㄷ – ㅁ

PART 5

키워드 500제곱미터 규모의 다중생활시설

풀이 ㄷ(숙박시설) – ㅁ(영업시설군)이다.

정답 ⑤

고난도
25 건축법령상 사용승인을 받은 건축물의 용도를 변경하려는 경우에 특별자치시장·특별자치도지사 또는 시장·군수·구청장의 허가를 받아야 하는 경우는?

① 운동시설을 업무시설로 용도변경하는 경우

② 공동주택을 제1종 근린생활시설로 용도변경하는 경우

③ 문화 및 집회시설을 판매시설로 용도변경하는 경우

④ 종교시설을 수련시설로 용도변경하는 경우

⑤ 교육연구시설을 교정시설로 용도변경하는 경우

키워드 용도변경

풀이 공동주택(주거업무시설군)을 제1종 근린생활시설(근린생활시설군)로 용도변경하는 경우는 '상위군'으로의 용도변경이므로 특별자치시장·특별자치도지사 또는 시장·군수·구청장의 허가를 받아야 하는 경우이다.

① 운동시설(영업시설군)을 업무시설(주거업무시설군)로 용도변경하는 경우는 '하위군'으로의 용도변경이므로 특별자치시장·특별자치도지사 또는 시장·군수·구청장에게 신고를 하여야 하는 경우이다.

③ 문화 및 집회시설(문화집회시설군)을 판매시설(영업시설군)로 용도변경하는 경우는 '하위군'으로의 용도변경이므로 특별자치시장·특별자치도지사 또는 시장·군수·구청장에게 신고를 하여야 하는 경우이다.

④ 종교시설(문화집회시설군)을 수련시설(교육 및 복지시설군)로 용도변경하는 경우는 '하위군'으로의 용도변경이므로 특별자치시장·특별자치도지사 또는 시장·군수·구청장에게 신고를 하여야 하는 경우이다.

⑤ 교육연구시설(교육 및 복지시설군)을 교정시설(주거업무시설군)로 용도변경하는 경우는 '하위군'으로의 용도변경이므로 특별자치시장·특별자치도지사 또는 시장·군수·구청장에게 신고를 하여야 하는 경우이다.

정답 ②

26 건축법령상 A시에 소재한 단독주택의 용도를 다음 각 시설의 용도로 변경하려는 경우, A시장의 허가를 받아야 하는 것을 모두 고른 것은? (단, 공용건축물에 대한 특례 및 조례는 고려하지 않음)

제24회

> ㉠ 제1종 근린생활시설　　　　　　㉡ 공동주택
> ㉢ 업무시설　　　　　　　　　　　　㉣ 공장
> ㉤ 노유자시설

① ㉠, ㉡, ㉢　　　　　　　　　　　② ㉠, ㉡, ㉣
③ ㉠, ㉣, ㉤　　　　　　　　　　　④ ㉡, ㉢, ㉤
⑤ ㉢, ㉣, ㉤

> **키워드** 용도변경
>
> **풀이** '상위군'으로의 용도변경은 허가대상이다. '단독주택'은 8. 주거업무시설군인데 '제1종 근린생활시설'(㉠)은 7. 근린생활시설군이고, '공장'(㉣)은 2. 산업 등 시설군이며, '노유자시설'(㉤)은 6. 교육 및 복지시설군이다. 즉, 단독주택의 용도를 ㉠, ㉣, ㉤의 용도로 변경하는 것은 모두 '상위군'으로의 용도변경이므로 허가대상이다.
> '공동주택'(㉡) 및 '업무시설'(㉢)은 8. 주거업무시설군으로서 같은 시설군으로의 용도변경이므로, 건축물대장 기재내용의 변경신청대상이다.
>
> 정답 ③

27 건축법령상 '가설건축물'에 관한 설명으로 옳지 않은 것은?

① 도시·군계획시설예정지에서 가설건축물을 건축하려는 자는 특별자치시장·특별자치도지사 또는 시장·군수·구청장의 허가를 받아야 한다.

② 위 ①의 경우 존치기간은 3년 이내이어야 한다. 다만, 건축조례로 정하는 횟수만큼 존치기간을 연장할 수 있다.

③ 위 ①에도 불구하고 재해복구, 공사용 가설건축물 등 용도의 가설건축물을 축조하려는 자는 특별자치시장·특별자치도지사 또는 시장·군수·구청장에게 신고한 후 착공하여야 한다.

④ 신고해야 하는 가설건축물의 존치기간은 3년 이내로 하며, 존치기간의 연장이 필요한 경우에는 횟수별 3년의 범위에서 영 제15조 제5항 각 호의 가설건축물별로 건축조례로 정하는 횟수만큼 존치기간을 연장할 수 있다.

⑤ 위 ④에도 불구하고 영 제5항 제3호의 공사용 가설건축물 및 공작물의 경우에는 해당 공사의 완료일까지의 기간으로 한다.

가설건축물의 존치기간 등

위 ①의 경우 존치기간은 3년 이내이어야 한다. 다만, 도시·군계획사업이 시행될 때까지 그 기간을 연장할 수 있다.

정답 ②

28 건축법령상 '가설건축물의 존치기간 등'에 관한 설명으로 옳지 않은 것은?

① 특별자치시장·특별자치도지사 또는 시장·군수·구청장은 가설건축물의 존치기간 만료일 15일 전까지 해당 가설건축물의 건축주에게 존치기간 만료일 등의 사항을 알려야 한다.

② 허가대상 가설건축물은 존치기간 만료일 14일 전까지 허가 신청을 하여야 한다.

③ 신고대상 가설건축물은 존치기간 만료일 7일 전까지 신고를 하여야 한다.

④ 위 ② 및 ③에도 불구하고 일정 요건을 충족하는 공장에 설치한 가설건축물로서 건축주가 위 ② 및 ③의 기간까지 특별자치시장·특별자치도지사 또는 시장·군수·구청장에게 그 존치기간의 연장을 원하지 않는다는 사실을 통지하지 않는 경우에는 기존 가설건축물과 동일한 기간으로 존치기간을 연장한 것으로 본다.

⑤ 특별자치시장 등이 가설건축물의 건축허가 신청 또는 축조신고를 받은 때에는 관계 행정기관의 장과 미리 협의하여야 하고, 협의 요청을 받은 관계 행정기관의 장은 요청을 받은 날부터 15일 이내에 의견을 제출하여야 한다.

가설건축물의 존치기간 연장 등

특별자치시장·특별자치도지사 또는 시장·군수·구청장은 가설건축물의 존치기간 만료일 30일 전까지 해당 가설건축물의 건축주에게 존치기간 만료일 등의 사항을 알려야 한다.

> [지문 ⑤]
> 위 ⑤의 경우, 관계 행정기관의 장이 협의 요청을 받은 날부터 15일 이내에 의견을 제출하지 아니하면 협의가 이루어진 것으로 본다.

정답 ①

29 건축법령상 '사용승인'에 관한 설명으로 옳지 않은 것은?

① 건축주가 법령에 따라 허가를 받은 건축물의 건축공사를 완료한 후 그 건축물을 사용하려면 시·도지사에게 사용승인을 신청하여야 한다.

② 허가권자는 사용승인신청을 받은 경우에는 그 신청서를 받은 날부터 7일 이내에 사용승인을 위한 현장검사를 실시하여야 하며, 현장검사에 합격된 건축물에 대하여는 별지 제18호 서식의 사용승인서를 신청인에게 발급하여야 한다.

③ 위 ②에도 불구하고 해당 지방자치단체의 조례로 정하는 건축물은 사용승인을 위한 검사를 실시하지 아니하고 사용승인서를 내줄 수 있다.

④ 특별시장 또는 광역시장은 사용승인을 한 경우 지체 없이 그 사실을 군수 또는 구청장에게 알려서 건축물대장에 적게 하여야 한다.

⑤ 위 ④의 건축물대장에는 설계자, 대통령령으로 정하는 주요 공사의 시공자, 공사감리자를 적어야 한다.

> **키워드** 사용승인
> **풀이** 건축주가 법령에 따라 허가를 받은 건축물의 건축공사를 완료한 후 그 건축물을 사용하려면 공사감리자가 작성한 '감리완료보고서'와 국토교통부령으로 정하는 '공사완료도서'를 첨부하여 <u>허가권자</u>에게 사용승인을 신청하여야 한다.

> 정답 ①

30 건축법령상 '건축물의 임시 사용승인 등'에 관한 설명으로 옳지 않은 것은?

① 건축주는 사용승인서를 받기 전에 공사가 완료된 부분에 대한 임시사용의 승인을 받으려는 경우에는 임시사용승인신청서를 허가권자에게 제출(전자문서에 의한 제출을 포함한다)하여야 한다.

② 허가권자는 위 ①의 신청서를 접수한 경우에는 공사가 완료된 부분이 법 제22조 제3항 제2호에 따른 기준에 적합한 경우에만 임시 사용을 승인할 수 있다.

③ 식수 등 조경에 필요한 조치를 하기에 부적합한 시기에 건축공사가 완료된 건축물은 허가권자가 지정하는 시기까지 식수(植樹) 등 조경에 필요한 조치를 할 것을 조건으로 임시 사용을 승인할 수 있다.

④ 임시 사용승인의 기간은 3년 이내로 한다.

⑤ 위 ④에도 불구하고 허가권자는 대형 건축물 또는 암반공사 등으로 인하여 공사기간이 긴 건축물에 대하여는 그 기간을 연장할 수 있다.

정답 ④

31 건축법령상 건축물의 건축등을 위한 설계를 건축사가 아니라도 할 수 있는 경우에 해당하는 것은? (단, 건축물의 소재지는 읍·면지역이 아니며, 가설건축물은 고려하지 않음)

제26회

PART 5

① 바닥면적의 합계가 85제곱미터인 건축물의 증축
② 바닥면적의 합계가 100제곱미터인 건축물의 개축
③ 바닥면적의 합계가 150제곱미터인 건축물의 재축
④ 연면적이 150제곱미터이고 층수가 2층인 건축물의 대수선
⑤ 연면적이 200제곱미터이고 층수가 4층인 건축물의 대수선

키워드 건축사가 아닌 자의 설계
풀이 건축허가를 받아야 하거나 건축신고를 하여야 하는 건축물 또는 「주택법」 제66조 제1항 또는 제2항에 따른 리모델링을 하는 건축물의 건축등을 위한 설계는 건축사가 아니면 할 수 없다. 다만, 다음의 어느 하나에 해당하는 경우에는 그러하지 아니하다.
1. 바닥면적의 합계가 85제곱미터 미만인 증축·개축 또는 재축
2. 연면적이 200제곱미터 미만이고 층수가 3층 미만인 건축물의 대수선
3. 그 밖에 건축물의 특수성과 용도 등을 고려하여 대통령령으로 정하는 다음 건축물의 건축등
　ⓐ 읍·면지역에서 건축하는 건축물 중 연면적이 200제곱미터 이하인 창고 및 농막(농지법에 따른 농막을 말한다)과 연면적 400제곱미터 이하인 축사, 작물재배사, 종묘배양시설, 화초 및 분재 등의 온실
　ⓑ 영 제15조 제5항 각 호의 어느 하나에 해당하는 가설건축물로서 건축조례로 정하는 가설건축물

정답 ④

32 건축법령상 '건축시공'에 관한 설명으로 옳지 않은 것은?

① 공사시공자는 법 제15조 제2항에 따른 계약대로 성실하게 공사를 수행하여야 하며, 이 법과 이 법에 따른 명령이나 처분, 그 밖의 관계 법령에 맞게 건축물을 건축하여 건축주에게 인도하여야 한다.

② 연면적이 200제곱미터를 초과하는 건축물은 「건설산업기본법」 제41조 제1항 각 호에 해당하는 건축물로서 그 건축물의 건축 또는 대수선에 관한 건설공사는 '건설사업자'가 하여야 한다.

③ 「건설산업기본법」 제41조 제1항 각 호에 해당하지 아니하는 건축물의 건축주는 공사현장의 공정 및 안전을 관리하기 위하여 같은 법 제2조 제15호에 따른 건설기술인 1명을 현장관리인으로 지정하여야 한다.

④ 모든 공동주택의 공사시공자는 건축주, 공사감리자 및 허가권자가 설계도서에 따라 적정하게 공사되었는지를 확인할 수 있도록 공사의 공정이 대통령령으로 정하는 진도에 다다른 때마다 사진 및 동영상을 촬영하고 보관하여야 한다.

⑤ 공사시공자는 공사를 하는 데에 필요하다고 인정하거나 5천 제곱미터 이상인 건축공사의 공사감리자로부터 상세시공도면을 작성하도록 요청을 받으면 상세시공도면을 작성하여 공사감리자의 확인을 받아야 하며, 이에 따라 공사를 하여야 한다.

키워드 **건축시공**

풀이 <u>공동주택</u>, 종합병원, 관광숙박시설 등 <u>다음</u> 건축물의 공사시공자는 건축주, 공사감리자 및 허가권자가 설계도서에 따라 적정하게 공사되었는지를 확인할 수 있도록 공사의 공정이 대통령령으로 정하는 진도에 다다른 때마다 사진 및 동영상을 촬영하고 보관하여야 한다.
1. <u>다중이용 건축물</u>
2. <u>특수구조 건축물</u>
3. 건축물의 하층부가 필로티나 그 밖에 이와 비슷한 구조(벽면적의 2분의 1 이상이 그 층의 바닥면에서 위층 바닥 아래면까지 공간으로 된 것만 해당한다)로서 상층부와 다른 구조형식으로 설계된 건축물(이하 '<u>필로티형식 건축물</u>'이라 한다) 중 <u>3층 이상인 건축물</u>

정답 ④

33 건축법령상 '공사감리'에 관한 설명으로 옳지 않은 것은?

① 건축주는 건축사나 대통령령으로 정하는 자를 공사감리자(공사시공자 본인 및 독점규제 및 공정거래에 관한 법률 제2조에 따른 계열회사는 제외한다)로 지정하여 공사감리를 하게 하여야 한다.

② 위 ①에도 불구하고 「건설산업기본법」 제41조 제1항 각 호에 해당하지 아니하는 소규모 건축물로서 건축주가 직접 시공하는 건축물의 경우에는 '허가권자'가 해당 건축물의 설계에 참여하지 아니한 자 중에서 공사감리자를 지정하여야 한다.

③ 「건축법 시행령」 [별표 1] 제1호 가목의 (협의) 단독주택의 경우에도 '허가권자'가 공사감리자를 지정하여야 한다.

④ 공사감리자는 감리일지를 기록·유지하여야 하고, 공사의 공정(工程)이 대통령령으로 정하는 진도에 다다른 경우에는 감리중간보고서를, 공사를 완료한 경우에는 감리완료보고서를 각각 작성하여 건축주에게 제출하여야 한다.

⑤ 위 ④의 경우 건축주는 감리중간보고서는 제출받은 때, 감리완료보고서는 건축물의 사용승인을 신청할 때 허가권자에게 제출하여야 한다.

PART 5

키워드 **공사감리자의 지정**

풀이 「건축법 시행령」 [별표 1] 제1호 가목의 '(협의) 단독주택'은 건축주가 공사감리자를 지정하며, '아파트, 연립주택, 다세대주택, 다중주택 및 다가구주택'의 경우에는 허가권자가 공사감리자를 지정하여야 한다.

이론 ✚

> [지문 ①]
> 1. 위 ①을 위반하여 공사시공자 본인 및 「독점규제 및 공정거래에 관한 법률」 제2조에 따른 계열회사를 지정한 경우에는 2년 이하의 징역 또는 1억원 이하의 벌금에 처한다.
> 2. 공사감리의 방법 및 범위 등은 건축물의 용도·규모 등에 따라 대통령령으로 정하되, 이에 따른 세부기준이 필요한 경우에는 국토교통부장관이 정하거나 건축사협회로 하여금 국토교통부장관의 승인을 받아 정하도록 할 수 있다.

정답 ③

34 건축법령상 '허가권자가 공사감리자를 지정하는 건축물 등'에 관한 설명으로 옳지 않은 것은?

① 시·도지사는 허가권자가 공사감리자를 지정하는 경우를 대비하여 미리 자격자를 대상으로 모집공고를 거쳐 공사감리자의 명부를 작성하고 관리해야 한다. 이 경우 시·도지사는 미리 국토교통부장관과 협의해야 한다.

② 건축물의 건축주는 착공신고를 하기 전에 허가권자에게 공사감리자의 지정을 신청하여야 한다. 이 경우 허가권자는 위 ①의 명부에서 공사감리자를 지정하여야 한다.

③ 건축주가 공사감리자를 지정하거나 허가권자가 공사감리자를 지정하는 건축물의 건축주는 착공신고를 하는 때에 감리비용이 명시된 감리계약서를 허가권자에게 제출하여야 한다.

④ 위 ③의 건축주는 사용승인을 신청하는 때에는 감리용역 계약내용에 따라 감리비용을 지급하여야 한다.

⑤ 위 ④의 경우 허가권자는 감리계약서에 따라 감리비용이 지급되었는지를 확인한 후 사용승인을 하여야 한다.

> **키워드** 허가권자가 공사감리자를 지정하는 건축물 등
>
> **풀이** 시·도지사는 허가권자가 공사감리자를 지정하는 경우를 대비하여 미리 자격자를 대상으로 모집공고를 거쳐 공사감리자의 명부를 작성하고 관리해야 한다. 이 경우 시·도지사는 미리 관할 시장·군수·구청장과 협의해야 한다.

> 정답 ①

35 건축법령상 '공사감리'에 관한 내용으로 옳지 않은 것은?

① 공사감리자는 공사감리를 할 때 공사시공자가 설계도서대로 공사를 하지 아니하면 이를 건축주에게 알린 후 공사시공자에게 시정하거나 재시공하도록 요청하여야 하며, 공사시공자가 시정이나 재시공 요청에 따르지 아니하면 서면으로 그 건축공사를 중지하도록 요청할 수 있다.

② 위 ①의 경우 공사중지를 요청받은 공사시공자는 정당한 사유가 없으면 즉시 공사를 중지하여야 한다.

③ 공사감리자는 건축공사기간 중 발견한 위법사항에 관하여 시정·재시공 또는 공사중지의 요청을 하였음에도 불구하고 공사시공자가 이에 따르지 아니하는 경우에는 시정 등을 요청할 때에 명시한 기간이 만료되는 날부터 5일 이내에 위법건축공사보고서를 허가권자에게 제출하여야 한다.

④ 건축주나 공사시공자는 위반사항에 대한 시정이나 재시공을 요청하거나 위반사항을 허가권자에게 보고한 공사감리자에게 이를 이유로 공사감리자의 지정을 취소하거나 보수의 지급을 거부하거나 지연시키는 등 불이익을 주어서는 아니 된다.

⑤ 「주택법」에 따른 사업계획 승인 대상과 「건설기술 진흥법」에 따라 건설사업관리를 하게 하는 건축물의 공사감리는 법 제25조 제1항 등의 규정에도 불구하고 각각 해당 법령으로 정하는 바에 따른다.

키워드 공사감리

풀이 공사감리자는 건축공사기간 중 발견한 위법사항에 관하여 시정·재시공 또는 공사중지의 요청을 하였음에도 불구하고 공사시공자가 이에 따르지 아니하는 경우에는 시정 등을 요청할 때에 명시한 기간이 만료되는 날부터 <u>7일</u> 이내에 별지 제20호 서식의 위법건축공사보고서를 허가권자에게 제출(전자문서로 제출하는 것을 포함한다)하여야 한다(규칙 제19조 제1항).

PART 5

정답 ③

---

36 건축법령상 '공사감리'에 관한 내용으로 옳지 않은 것은?

① 건축허가를 받아야 하는 건축물(건축신고대상 건축물을 포함한다)을 건축하는 경우 또는 사용승인을 받은 후 15년 이상이 되어 리모델링하는 경우에는 '건축사'를 공사감리자로 지정하여야 한다.

② 다중이용 건축물을 건축하는 경우에는 「건설기술 진흥법」에 따른 건설엔지니어링사업자 또는 건축사(건설기술 진흥법 시행령에 따라 건설사업관리기술인을 배치하는 경우만 해당한다)를 공사감리자로 지정하여야 한다.

③ 공사현장에 건축사보를 두는 공사감리자는 최초로 건축사보를 배치하는 경우에는 착공 예정일부터 7일 이내에 건축사보의 배치현황을 허가권자에게 제출하여야 한다.

④ 허가권자는 위 ③에 따라 공사감리자로부터 건축사보의 배치현황을 받으면 지체 없이 그 배치현황을 「건축사법」에 따른 대한건축사협회에 보내야 한다.

⑤ 위 ④에 따라 건축사보의 배치현황을 받은 대한건축사협회는 이를 관리해야 하며, 건축사보가 이중으로 배치된 사실 등을 발견한 경우에는 지체 없이 그 사실 등을 관계 시·도지사에게 알려야 한다.

키워드 공사감리

풀이 건축허가를 받아야 하는 건축물(<u>건축신고대상 건축물은 제외한다</u>)을 건축하는 경우 또는 사용승인을 받은 후 15년 이상이 되어 리모델링하는 경우에는 '건축사'를 공사감리자로 지정하여야 한다.

이론 +

[지문 ①]
'<u>건축신고</u>'를 하고 건축 중에 있는 건축물의 '<u>시공 지도</u>'와 위법 시공 여부의 '<u>확인·지도 및 단속</u>'은 '<u>건축지도원의 업무</u>'이다.

정답 ①

37 건축법령상 '건축관계자등에 대한 업무제한'에 관한 내용으로 옳지 않은 것은?

① 허가권자는 '건축관계자등'이 다중이용 건축물에 대해 중대한 과실로 주요구조부에 중대한 손괴를 일으켜 사람을 사망하게 한 경우에는 1년 이내의 기간을 정하여 이 법에 의한 업무를 수행할 수 없도록 업무정지를 명할 수 있다.

② 허가권자는 건축관계자등이 법령을 위반하여 주요구조부에 중대한 손괴를 일으켜 도급받은 금액의 100분의 10 이상으로서 그 금액이 1억원 이상인 재산상의 피해가 발생한 경우에는 최초로 위반행위가 발생한 경우에는 업무정지일부터 3개월 이내의 범위에서 다중이용 건축물에 대하여 이 법에 의한 업무를 수행할 수 없도록 업무정지를 명할 수 있다.

③ 허가권자는 건축관계자등이 제40조(대지의 안전 등)를 위반한 경우에는 기간을 정하여 시정을 명하거나 필요한 지시를 할 수 있다.

④ 허가권자는 위 ③에 따른 시정명령 등에도 불구하고 이를 이행하지 아니한 경우에는 최초의 위반행위가 발생하여 허가권자가 지정한 시정기간 동안 시정하지 아니하는 경우에는 업무정지일부터 3개월 이내의 범위에서 이 법에 의한 업무를 수행할 수 없도록 업무정지를 명할 수 있다.

⑤ 허가권자는 위 ④에 따른 업무정지처분을 갈음하여 건축관계자등에게 3억원 이하의 과징금을 부과할 수 있다.

키워드 건축관계자등에 대한 업무제한(법 제25조의2, 영 제19조의3)

풀이 허가권자는 건축관계자등이 법 제40조(대지의 안전 등) 등을 위반하여 건축물의 기초 및 주요구조부에 중대한 손괴를 일으켜 대통령령으로 정하는 규모 이상의 재산상의 피해가 발생한 경우에는 최초로 위반행위가 발생한 경우에는 업무정지일부터 <u>6개월 이내</u>의 범위에서 다중이용 건축물 등 대통령령으로 정하는 주요 건축물에 대하여 이 법에 의한 업무를 수행할 수 없도록 업무정지를 명할수 있다.

이론＋

> 건축관계자등에 대한 업무제한 대상(영 제19조의3)
>
> 1. 건축물에 중대한 손괴를 일으켜 인명·재산 피해를 발생하게 한 건축관계자 등에 대하여 업무정지를 명할 수 있는 대상 건축물의 범위는 <u>다중이용 건축물</u>과 <u>준다중이용 건축물</u>이다.
> 2. 건축관계자등에 대한 업무정지처분의 요건 중 하나인 재산상의 피해 규모는 도급 또는 하도급받은 금액의 <u>100분의 10 이상</u>으로서 그 금액이 <u>1억원 이상</u>인 재산상의 피해를 말한다.

> [지문 ②] 업무정지기간
> 1. 최초로 위반행위가 발생한 경우: 업무정지일부터 <u>6개월</u>
> 2. 2년 이내에 동일한 현장에서 위반행위가 다시 발생한 경우: 다시 업무정지를 받는 날부터 <u>1년</u>

PART 5

정답 ②

38 건축법령상 '대지 관련 허용오차'에 관한 내용으로 옳지 않은 것은?

① 건축선의 후퇴거리: 3퍼센트 이내

② 건폐율: 0.5퍼센트 이내(건축면적 10제곱미터를 초과할 수 없음)

③ 용적률: 1퍼센트 이내(연면적 30제곱미터를 초과할 수 없음)

④ 인접 대지경계선과의 거리: 3퍼센트 이내

⑤ 인접 건축물과의 거리: 3퍼센트 이내

키워드 대지 관련 허용오차

풀이 건폐율: 0.5퍼센트 이내(건축면적 <u>5제곱미터</u>를 초과할 수 없음)

정답 ②

39 건축법령상 '건축물 관련 건축기준의 허용오차'를 잘못 표시한 것은?

① 반자 높이: 2퍼센트 이내

② 출구 너비: 2퍼센트 이내

③ 벽체 두께 및 바닥판 두께: 3퍼센트 이내

④ 건축물 높이: 2퍼센트 이내(1미터를 초과할 수 없음)

⑤ 평면 길이: 3퍼센트 이내(건축물 전체 길이는 1미터를 초과할 수 없고, 벽으로 구획된 각 실의 경우에는 10센티미터를 초과할 수 없음)

키워드 건축물 관련 건축기준의 허용오차

풀이 평면 길이: <u>2퍼센트</u> 이내

정답 ⑤

40 건축법령상 '건축지도원'에 관한 설명으로 옳지 않은 것은?

① 특별자치시장·특별자치도지사 또는 시장·군수·구청장은 이 법 또는 이 법에 따른 명령이나 처분에 위반되는 건축물의 발생을 예방하고 건축물을 적법하게 유지·관리하도록 지도하기 위하여 건축지도원을 지정할 수 있다.

② 건축지도원은 특별자치시장·특별자치도지사 또는 시장·군수·구청장이 특별자치시·특별자치도 또는 시·군·구에 근무하는 건축직렬의 공무원과 건축에 관한 학식이 풍부한 자로서 건축조례로 정하는 자격을 갖춘 자 중에서 지정한다.

③ 건축허가를 받고 건축 중에 있는 건축물의 시공 지도와 위법 시공 여부의 확인·지도 및 단속은 건축지도원의 업무에 해당한다.

④ 허가를 받지 아니하거나 신고를 하지 아니하고 건축하거나 용도변경한 건축물의 해체는 건축지도원의 업무에 해당하지 아니한다.

⑤ 건축지도원은 해당 업무를 수행할 때에는 권한을 나타내는 증표를 지니고 관계인에게 내보여야 한다.

> **키워드** 건축지도원
>
> **풀이** 건축신고를 하고 건축 중에 있는 건축물의 시공 지도와 위법 시공 여부의 확인·지도 및 단속은 건축지도원의 업무에 해당한다.

> **이론 ✚**
>
> **건축지도원의 업무**
> 1. 건축신고를 하고 건축 중에 있는 건축물의 시공 지도와 위법 시공 여부의 확인·지도 및 단속
> 2. 건축물의 대지, 높이 및 형태, 구조 안전 및 화재 안전, 건축설비 등이 법령 등에 적합하게 유지·관리되고 있는지의 확인·지도 및 단속
> 3. 허가를 받지 아니하거나 신고를 하지 아니하고 '건축'하거나 '용도변경'한 건축물의 단속

정답 ③

41 건축법령상 특별자치시장·특별자치도지사 또는 시장·군수·구청장은 일정한 경우 관할 등기소에 그 등기를 촉탁하여야 한다. '등기촉탁 사유'로서 옳지 않은 것은?

① 지번이나 행정구역의 명칭이 변경된 경우

② 사용승인을 받은 건축물로서 사용승인 내용 중 건축물의 면적·구조·용도 및 층수가 변경된 경우

③ 「건축물관리법」 제30조에 따라 건축물을 해체한 경우

④ 「건축물관리법」 제34조에 따른 건축물의 멸실 후 멸실신고를 한 경우

⑤ 소유권이전등기가 된 경우

풀이 '소유권이전등기가 된 경우'는 반대로 관할 등기소가 특별자치시장·특별자치도지사 또는 시장·군수·구청장에게 등기필정보전송(등기필통지)을 한다.

정답 ⑤

42 건축법령상 '건축물대장'에 관한 내용으로 옳지 않은 것은?

① 허가권자는 건축물의 소유·이용 및 유지·관리 상태를 확인하거나 건축정책의 기초 자료로 활용하기 위하여 사용승인서를 내준 경우에는 건축물대장에 건축물과 그 대지의 현황 및 국토교통부령으로 정하는 건축물의 구조내력(構造耐力)에 관한 정보를 적어서 보관하고 이를 지속적으로 정비하여야 한다.

② 특별자치시장·특별자치도지사 또는 시장·군수·구청장은 건축물대장의 작성·보관 및 정비를 위하여 필요한 자료나 정보의 제공을 중앙행정기관의 장 또는 지방자치단체의 장에게 요청할 수 있다.

③ 건축물대장은 건축물 1동을 단위로 하여 각 건축물마다 작성하고, 부속건축물이 있는 경우 부속건축물은 주된 건축물대장에 포함하여 작성한다.

④ 집합건축물대장은 표제부와 전유부(專有部)로 나누어 작성한다.

⑤ 건축물대장은 영구히 보존하여야 한다. 건축물대장이 말소·폐쇄된 때에도 또한 같다.

키워드 건축물대장

풀이 허가권자가 아니라 특별자치시장·특별자치도지사 또는 시장·군수·구청장이다.

이론+

> 특별자치시장·특별자치도지사 또는 시장·군수·구청장은 건축물의 소유·이용 및 유지·관리 상태를 확인하거나 건축정책의 기초 자료로 활용하기 위하여 다음의 어느 하나에 해당하면 건축물대장에 건축물과 그 대지의 현황 및 국토교통부령으로 정하는 건축물의 구조내력(構造耐力)에 관한 정보를 적어서 보관하고 이를 지속적으로 정비하여야 한다.
> 1. 사용승인서를 내준 경우
> 2. 건축허가대상 건축물(신고대상 건축물을 포함한다) 외의 건축물의 공사를 끝낸 후 기재를 요청한 경우
> 3. 그 밖에 대통령령으로 정하는 경우
>   ㉠ 「집합건물의 소유 및 관리에 관한 법률」 제56조 및 제57조에 따른 건축물대장의 신규등록 및 변경등록의 신청이 있는 경우
>   ㉡ 법 시행일 전에 법령 등에 적합하게 건축되고 유지·관리된 건축물의 소유자가 그 건축물의 건축물관리대장이나 그 밖에 이와 비슷한 공부(公簿)를 법 제38조에 따른 건축물대장에 옮겨 적을 것을 신청한 경우
>   ㉢ 그 밖에 기재내용의 변경 등이 필요한 경우로서 국토교통부령으로 정하는 경우

정답 ①

▶ **연계학습** | 에듀윌 기본서 2차 [주택관리관계법규 上] p.531

01 건축법령상 용도지역 중 공개공지등을 설치하지 않아도 되는 지역은? (단, 도시화의 가능성이 크거나 노후 산업단지의 정비가 필요하다고 인정되는 지역은 아니며, 건축물의 종류·용도·규모는 고려하지 않음)   제20·24·25회 수정

① 일반주거지역   ② 준주거지역
③ 녹지지역   ④ 상업지역
⑤ 준공업지역

> **키워드** 공개공지등
> **풀이** 다음의 어느 하나에 해당하는 지역의 환경을 쾌적하게 조성하기 위하여 대통령령으로 정하는 용도와 규모의 건축물은 일반이 사용할 수 있도록 소규모 휴식시설 등의 공개공지(空地: 공터) 또는 공개공간(이하 '공개공지등'이라 한다)을 설치하여야 한다.
> 1. 일반주거지역, 준주거지역
> 2. 상업지역
> 3. 준공업지역
> 4. 특별자치시장·특별자치도지사 또는 시장·군수·구청장이 도시화의 가능성이 크거나 노후 산업단지의 정비가 필요하다고 인정하여 지정·공고하는 지역
>
> **정답** ③

02 건축법령상 방화문의 구분과 그에 대한 설명으로 옳은 것은?   제25회

① 180분+ 방화문: 연기 및 열을 차단할 수 있는 시간이 180분 이상이고, 불꽃을 차단할 수 있는 시간이 60분 이상인 방화문
② 120분+ 방화문: 연기 및 불꽃을 차단할 수 있는 시간이 120분 이상이고, 열을 차단할 수 있는 시간이 60분 이상인 방화문
③ 60분+ 방화문: 연기 및 열을 차단할 수 있는 시간이 60분 이상인 방화문
④ 60분 방화문: 연기 및 열을 차단할 수 있는 시간이 60분이고, 불꽃을 차단할 수 있는 시간이 30분인 방화문
⑤ 30분 방화문: 연기 및 불꽃을 차단할 수 있는 시간이 30분 이상 60분 미만인 방화문

키워드 방화문
풀이 1. 60분+ 방화문: 연기 및 불꽃을 차단할 수 있는 시간이 <u>60분 이상</u>이고, 열을 차단할 수 있는
시간이 <u>30분 이상</u>인 방화문
2. 60분 방화문: 연기 및 불꽃을 차단할 수 있는 시간이 <u>60분 이상</u>인 방화문
3. 30분 방화문: 연기 및 불꽃을 차단할 수 있는 시간이 <u>30분 이상 60분 미만</u>인 방화문

정답 ⑤

03 건축법령상 피난용 승강기의 설치에 관한 설명으로 옳지 않은 것은? (단, 특수구조건축물은 고려하지 않음)

제22·25회 수정

① 고층건축물에는 승용 승강기 외에 2대 이상의 피난용 승강기를 추가로 설치하여야 한다.
② 승강장의 바닥면적은 승강기 1대당 6제곱미터 이상으로 하여야 한다.
③ 예비전원으로 작동하는 조명설비를 설치하여야 한다.
④ 각 층으로부터 피난층까지 이르는 승강로를 단일구조로 연결하여 설치하여야 한다.
⑤ 승강장의 출입구 부근의 잘 보이는 곳에 해당 승강기가 피난용 승강기임을 알리는 표지를 설치하여야 한다.

키워드 피난용 승강기

풀이 '고층건축물'에는 '법 64조 제1항에 따라 건축물에 설치하는 승용 승강기' 중 <u>1대 이상</u>을 대통령령으로 정하는 바에 따라 피난용 승강기로 설치하여야 한다.

이론 ✛

피난용 승강기의 설치
피난용 승강기(피난용 승강기의 승강장 및 승강로를 포함한다)는 다음의 기준에 맞게 설치하여야 한다.
1. 승강장의 바닥면적은 승강기 1대당 <u>6제곱미터 이상</u>으로 할 것
2. 각 층으로부터 피난층까지 이르는 승강로를 <u>단일구조</u>로 연결하여 설치할 것
3. 예비전원으로 작동하는 <u>조명설비</u>를 설치할 것
4. 승강장의 출입구 부근의 <u>잘 보이는 곳</u>에 해당 승강기가 피난용 승강기임을 알리는 <u>표지를 설치할 것</u>
5. 그 밖에 화재예방 및 피해경감을 위하여 국토교통부령으로 정하는 구조 및 설비 등의 기준에 맞을 것

정답 ①

01 건축법령상 '대지의 안전 및 대지의 조경'에 관한 내용으로 옳지 않은 것은?

① 대지는 인접한 도로면보다 낮아서는 아니 된다. 다만, 대지의 배수에 지장이 없거나 건축물의 용도상 방습의 필요가 없는 경우에는 인접한 도로면보다 낮아도 된다.

② 습한 토지, 물이 나올 우려가 많은 토지, 쓰레기, 그 밖에 이와 유사한 것으로 매립된 토지에 건축물을 건축하는 경우에는 성토, 지반 개량 등 필요한 조치를 하여야 한다.

③ 대지에는 빗물과 오수를 배출하거나 처리하기 위하여 필요한 하수관, 하수구, 저수탱크, 그 밖에 이와 유사한 시설을 하여야 한다.

④ 연면적이 200제곱미터 이상인 건축물을 건축하는 건축주는 용도지역 및 건축물의 규모에 따라 대지에 조경이나 그 밖에 필요한 조치를 하여야 한다.

⑤ 옥상에 조경을 하는 경우에는 옥상부분 조경면적의 3분의 2에 해당하는 면적을 대지의 조경면적으로 산정할 수 있으며, 옥상 조경면적으로 산정하는 면적은 의무조경면적의 100분의 50을 초과할 수 없다.

> **키워드** 대지의 안전 및 대지의 조경
> **풀이** 면적이 200제곱미터 이상인 대지에 건축을 하는 건축주는 용도지역 및 건축물의 규모에 따라 대지에 조경이나 그 밖에 필요한 조치를 하여야 한다.

> 정답 ④

고난도

02 건축법령상 대지에 조경 등의 조치를 하여야 하는 건축물은? (단, 건축법상 적용제외 규정, 특별건축구역의 특례 및 건축조례는 고려하지 않음) 제22회

① 녹지지역인 면적 5천 제곱미터인 대지에 건축하는 건축물

② 도시·군계획시설예정지에서 건축하는 연면적 합계가 2천 제곱미터인 가설건축물

③ 상업지역인 면적 1천 제곱미터인 대지에 건축하는 숙박시설

④ 농림지역인 면적 3천 제곱미터인 대지에 건축하는 축사

⑤ 관리지역인 면적 1천500제곱미터인 대지에 건축하는 공장

> **키워드** 조경의무
> **풀이** ① 녹지지역은 조경의무가 없다.
> ② 가설건축물은 조경의무가 없다.
> ④ 농림지역은 조경의무가 없다.
> ⑤ 관리지역은 조경의무가 없다.

> 정답 ③

03 건축법령상 '공개공지'에 관한 설명으로 옳지 않은 것은? 제20·24·25회 수정

① 모든 상업지역은 공개공지를 확보하여야 할 지역이다.

② 운수시설(여객용 시설을 제외한다)의 용도로 쓰는 바닥면적의 합계가 5천 제곱미터 이상인 건축물은 공개공지를 확보하여야 할 건축물이다.

③ 공개공지는 필로티의 구조로 설치할 수 있다.

④ 공개공지등을 설치할 때에는 모든 사람들이 환경친화적으로 편리하게 이용할 수 있도록 긴 의자 또는 조경시설 등 건축조례로 정하는 시설을 설치해야 한다.

⑤ 공개공지등에는 연간 60일 이내의 기간 동안 건축조례로 정하는 바에 따라 주민들을 위한 문화행사를 열거나 판촉활동을 할 수 있다. 다만, 울타리를 설치하는 등 공중이 해당 공개공지등을 이용하는 데 지장을 주는 행위를 해서는 아니 된다.

PART 5

> **키워드** 공개공지
>
> **풀이** 다음의 건축물은 '공개공지를 확보하여야 할 건축물'이다.
> 1. 문화 및 집회시설, 종교시설, 판매시설(농수산물 유통 및 가격안정에 관한 법률에 따른 농수산물 유통시설은 제외한다), 운수시설(여객용 시설만 해당한다), 업무시설 및 숙박시설로서 해당 용도로 쓰는 바닥면적의 합계가 5천 제곱미터 이상인 건축물
> 2. 그 밖에 다중이 이용하는 시설로서 건축조례로 정하는 건축물

정답 ②

04 건축법령상 '공개공지'에 관한 설명으로 옳지 않은 것은?

① 공개공지등의 면적은 연면적의 100분의 10 이하의 범위에서 건축조례로 정한다.

② 위 ①의 경우 법 제42조에 따른 조경면적과「매장문화재 보호 및 조사에 관한 법률」제14조 제1항 제1호에 따른 매장문화재의 현지보존 조치 면적을 공개공지등의 면적으로 할 수 있다.

③ 해당 건축물에 공개공지등을 설치하는 경우에는 용적률 및 건축물 높이제한은 해당 지역에 적용하는 용적률 및 건축물 높이제한의 1.2배 이하 범위에서 완화하여 적용한다.

④ 공개공지등을 설치하는 경우에는 긴폐율을 대통령령으로 정하는 바에 따라 완화하여 적용할 수 있다.

⑤ 울타리나 담장 등의 시설을 설치하거나 출입구를 폐쇄하는 등 공개공지등의 출입을 차단하는 행위를 하여서는 아니 된다.

> **키워드** 공개공지
>
> **풀이** 공개공지등의 면적은 대지면적의 100분의 10 이하의 범위에서 건축조례로 정한다.

정답 ①

05 건축법령상 '도로의 소요너비'에 관한 설명으로 옳지 않은 것은?

① 원칙: 보행과 자동차 통행이 가능한 너비 4미터 이상

② 특별자치시장·특별자치도지사 또는 시장·군수·구청장이 지형적 조건으로 인하여 차량 통행을 위한 도로의 설치가 곤란하다고 인정하여 그 위치를 지정·공고하는 구간: 너비 3미터 이상

③ 막다른 도로의 길이가 10미터 미만인 경우: 2미터 이상

④ 막다른 도로의 길이가 10미터 이상 35미터 미만인 경우: 3미터 이상

⑤ 막다른 도로의 길이가 35미터 이상인 경우: 6미터(도시지역이 아닌 읍·면 지역은 5미터) 이상

> **키워드** 소요너비
> **풀이** 막다른 도로의 길이가 35미터 이상인 경우: 6미터(도시지역이 아닌 읍·면 지역은 <u>4미터</u>) 이상이다.
>
> 정답 ⑤

06 건축법령상 '대지와 도로의 관계'에 관한 설명으로 옳지 않은 것은?

제20·22·24회 수정

① 건축물의 대지는 2미터 이상이 도로(자동차만의 통행에 사용되는 도로를 포함한다)에 접하여야 한다.

② 위 ①에도 불구하고 「농지법」 제2조 제1호 나목에 따른 농막을 건축하는 경우에는 그 대지는 2미터 이상이 도로에 접하여야 할 필요가 없다.

③ 연면적의 합계가 2천 제곱미터 이상인 건축물의 대지는 너비 6미터 이상의 도로에 4미터 이상 접하여야 한다.

④ 연면적의 합계가 3천 제곱미터 이상인 공장의 대지는 너비 6미터 이상의 도로에 4미터 이상 접하여야 한다.

⑤ 축사 및 작물재배사의 경우에는 규모를 불문하고 너비 6미터 이상의 도로에 4미터 이상 접하여야 할 필요가 없다.

대지와 도로의 관계

건축물의 대지는 2미터 이상이 도로(자동차만의 통행에 사용되는 도로는 <u>제외한다</u>)에 접하여야 한다.

[지문 ②]

건축물의 대지는 2미터 이상이 도로(자동차만의 통행에 사용되는 도로는 <u>제외한다</u>)에 접하여야
한다. 다만, 다음의 어느 하나에 해당하면 그러하지 아니하다.
1. 해당 건축물의 출입에 지장이 없다고 인정되는 경우
2. 건축물의 주변에 대통령령으로 정하는 공지가 있는 경우
3. 「농지법」 제2조 제1호 나목에 따른 농막을 건축하는 경우

[지문 ③④⑤]

연면적의 합계가 <u>2천 제곱미터</u>(공장인 경우에는 <u>3천 제곱미터</u>) 이상인 건축물(축사, 작물재배사,
그 밖에 이와 비슷한 건축물로서 건축조례로 정하는 규모의 건축물은 <u>제외한다</u>)의 대지는 너비
<u>6미터 이상</u>의 도로에 <u>4미터 이상</u> 접하여야 한다.

정답 ①

07 건축법령상 '도로의 지정·폐지 또는 변경'에 관한 내용으로 옳지 <u>않은</u> 것은?

① 허가권자는 법 제2조 제1항 제11호 나목에 따라 도로의 위치를 지정·공고하려면
국토교통부령으로 정하는 바에 따라 그 도로에 대한 이해관계인의 동의를 받아야
한다.

② 허가권자가 이해관계인이 해외에 거주하는 등의 사유로 이해관계인의 동의를 받
기가 곤란하다고 인정하는 경우에는 이해관계인의 동의를 받지 아니하고 건축위
원회의 심의를 거쳐 도로를 지정할 수 있다.

③ 주민이 오랫동안 통행로로 이용하고 있는 사실상의 통로로서 해당 지방자치단체
의 조례로 정하는 것인 경우에도 위 ②와 같다.

④ 허가권자는 위 ①에 따라 지정한 도로를 폐지하거나 변경하려 경우에는 그 도로
에 대한 이해관계인의 동의를 받지 아니하여도 된다.

⑤ 허가권자는 도로를 지정하거나 변경하면 국토교통부령으로 정하는 바에 따라 도
로관리대장에 이를 적어서 관리하여야 한다.

도로의 지정·폐지 또는 변경

허가권자는 위 ①에 따라 지정한 도로를 폐지하거나 변경하려면 그 도로에 대한 <u>이해관계인의 동의
를 받아야 한다</u>. 그 도로에 편입된 토지의 소유자, 건축주 등이 허가권자에게 위 ①에 따라 지정된
도로의 폐지나 변경을 신청하는 경우에도 또한 같다.

정답 ④

08 건축법령상 건축물의 대지와 도로에 관한 설명으로 옳지 않은 것은? (단, 건축법상 적용 제외 규정 및 건축협정에 따른 특례는 고려하지 않음) 제20회

① 건축물의 대지는 건축물의 용도상 방습(防濕)의 필요가 없는 경우에는 인접한 도로면보다 낮아도 된다.

② 건축물의 대지에 확보하여야 하는 공개공지 등의 면적은 대지면적의 100분의 10 이하의 범위에서 건축조례로 정한다.

③ 건축물의 대지에 확보하는 공개공지는 필로티의 구조로 설치할 수 없다.

④ 해당 건축물의 출입에 지장이 없다고 인정되는 경우 건축물의 대지는 도로(자동차만의 통행에 사용되는 도로는 제외한다)에 2미터 이상 접할 것이 요구되지 아니한다.

⑤ 지표 아래 부분을 제외하고는 건축물과 담장은 건축선의 수직면을 넘어서는 아니 된다.

> **키워드** 건축물의 대지와 도로
>
> **풀이** 일정한 건축물의 대지에는 공개공지 또는 공개공간(이하 이 조에서 '공개공지등'이라 한다)을 설치해야 한다. 이 경우 공개공지는 필로티의 구조로 설치할 수 있다.

정답 ③

09 건축법령상 건축물의 대지와 도로에 관한 설명으로 옳은 것은? (단, 건축법 제3조에 따른 적용제외, 제73조에 따른 적용 특례, 건축협정 및 조례는 고려하지 않음) 제24회

① 면적 3천 제곱미터인 대지에 건축하는 공장에 대하여는 조경 등의 조치를 하여야 한다.

② 공개공지등을 설치하는 경우 건축물의 용적률은 완화하여 적용할 수 있으나, 건축물의 높이제한은 완화하여 적용할 수 없다.

③ 공개공지등의 면적은 대지면적의 최대 100분의 15이다.

④ 상업지역에 설치하는 공개공지는 필로티의 구조로 설치할 수 있다.

⑤ 건축물의 주변에 유원지가 있는 경우, 건축물의 대지는 6미터 이상이 도로에 접하여야 한다.

대지의 조경, 공개공지 및 대지와 도로 등

풀이 ① 면적 5천 제곱미터 미만인 대지에 건축하는 공장에 대하여는 <u>조경 등의 조치를 하여야 할 의무가 없다.</u>

② 법령에 따라 공개공지등을 설치하는 경우에는 법 제55조(건축물의 건폐율), 법 제56조(건축물의 용적률, <u>1.2배</u>)와 법 제60조(건축물의 높이 제한, <u>1.2배</u>)를 대통령령으로 정하는 바에 따라 <u>완화 하여 적용할 수 있다.</u>

③ 공개공지등의 면적은 대지면적의 <u>100분의 10</u> 이하의 범위에서 <u>건축조례로</u> 정한다. 이 경우 조경 면적과 「매장문화재 보호 및 조사에 관한 법률」 제14조 제1항 제1호에 따른 매장문화재의 현지보 존 조치 면적을 공개공지등의 면적으로 할 수 있다.

⑤ 건축물의 대지는 <u>2미터 이상이 도로</u>(자동차만의 통행에 사용되는 도로는 제외한다)에 접하여야 한다. 다만, <u>다음의 어느 하나</u>에 해당하면 <u>그러하지 아니하다.</u>
1. 해당 건축물의 출입에 지장이 없다고 인정되는 경우
2. 건축물의 주변에 대통령령으로 정하는 공지(광장, 공원, <u>유원지</u>, 그 밖에 관계 법령에 따라 건 축이 금지되고 공중의 통행에 지장이 없는 공지로서 허가권자가 인정한 것)가 있는 경우

정답 ④

10 건축법령상 '건축선'에 관한 설명으로 옳지 않은 것은?

① 도로와 접한 부분에 건축물을 건축할 수 있는 선을 '건축선'이라 한다.

② '건축선'은 원칙적으로 대지와 도로의 경계선으로 한다.

③ 법 제2조 제1항 제11호에 따른 소요너비에 못 미치는 너비의 도로인 경우에는 그 중심선으로부터 그 소요너비의 2분의 1의 수평거리만큼 물러난 선을 건축선으로 한다.

④ 그 도로의 반대쪽에 경사지, 하천, 철도, 선로부지, 그 밖에 이와 유사한 것이 있 는 경우에는 그 경사지 등이 있는 쪽의 도로경계선에서 소요너비의 2분의 1의 수 평거리만큼 물러난 선을 건축선으로 한다.

⑤ 특별자치시장·특별자치도지사 또는 시장·군수·구청장은 「국토의 계획 및 이용 에 관한 법률」에 따른 도시지역에는 4미터 이하의 범위에서 건축선을 따로 지정 할 수 있다.

건축선

풀이 그 도로의 반대쪽에 경사지, 하천, 철도, 선로부지, 그 밖에 이와 유사한 것이 있는 경우에는 그 경사 지 등이 있는 쪽의 도로경계선에서 <u>소요너비</u>에 해당하는 수평거리의 선을 건축선으로 한다.

이론 ✚
1. 위 ③ 및 ④에 따라 대지에 건축선이 정하여진 경우: 그 건축선과 도로 사이의 대지면적은 '대지면적'을 산정할 때 <u>제외</u>된다.
2. 위 ⑤에 따라 대지에 건축선이 정하여진 경우: 그 건축선과 도로 사이의 대지면적은 '대지면 적'을 산정할 때 <u>포함</u>된다.

정답 ④

11 건축법령상 '도로의 모퉁이의 건축선'에 관한 설명으로 옳지 않은 것은? 제19회 수정

① 교차각 80도이고 너비 5미터 도로와 너비 7미터 도로의 모퉁이의 대지의 경우, 교차점으로부터 각각 3미터를 후퇴한 두 점을 연결한 선이 건축선이다.

② 교차각 90도이고 너비 6미터 도로와 너비 7미터 도로의 모퉁이의 대지의 경우, 교차점으로부터 각각 4미터를 후퇴한 두 점을 연결한 선이 건축선이다.

③ 교차각 115도이고 너비 5미터 도로와 너비 5미터 도로의 모퉁이의 대지의 경우, 교차점으로부터 각각 2미터를 후퇴한 두 점을 연결한 선이 건축선이다.

④ 교차각이 120도인 경우에는 위 ①의 경우처럼 건축선이 후퇴되지 아니한다.

⑤ 도로 중 1개라도 4미터 미만인 도로인 경우에는 위 ①의 경우처럼 건축선이 후퇴되지 아니한다.

키워드 도로 모퉁이의 건축선

풀이 교차각 90도이고 너비 6미터 도로(큰 도로)와 너비 7미터 도로(큰 도로)의 모퉁이의 대지의 경우, 교차점으로부터 각각 3미터를 후퇴한 두 점을 연결한 선이 건축선이다.

이론 +

1. 위 ①의 경우, 그 건축선과 도로 사이의 면적은 '대지면적'에서 제외한다.
2. 8미터 미만인 도로의 모퉁이에 위치한 대지의 도로모퉁이 부분의 건축선은 그 대지에 접한 도로경계선의 교차점으로부터 도로경계선에 따라 다음의 표에 따른 거리를 각각 후퇴한 두 점을 연결한 선으로 한다.

교차도로의 너비	90° 미만	90° 이상 120° 미만
큰 도로와 큰 도로	4m	3m
큰 도로와 작은 도로	3m	2m
작은 도로와 작은 도로	2m	2m

○ 큰 도로: 6m 이상 8m 미만, 작은 도로: 4m 이상 6m 미만

정답 ②

12 건축법령상 '건축선에 따른 건축제한'에 관한 설명으로 옳지 않은 것은? 제19회 수정

① 건축물은 건축선의 수직면을 넘어서는 아니 된다.

② 담장은 건축선의 수직면을 넘어서는 아니 된다.

③ 지표(地表) 아래 부분은 건축선의 수직면을 넘어도 된다.

④ 도로면으로부터 높이 4.5미터 이하에 있는 출입구는 열고 닫을 때 건축선의 수직면을 넘지 아니하는 구조로 하여야 한다.

⑤ 지표면으로부터 높이 4.5미터 이하에 있는 창문은 열고 닫을 때 건축선의 수직면을 넘지 아니하는 구조로 하여야 한다.

PART 5

> **키워드** 건축선에 따른 건축제한
>
> **풀이** 도로면으로부터 높이 4.5미터 이하에 있는 출입구, 창문, 그 밖에 이와 유사한 구조물은 열고 닫을 때 건축선의 수직면을 넘지 아니하는 구조로 하여야 한다.

정답 ⑤

13 건축법령상 그림과 같은 도로(소요너비는 4m)에 접한 A 대지에서 건폐율이 60퍼센트일 경우 건축면적은?

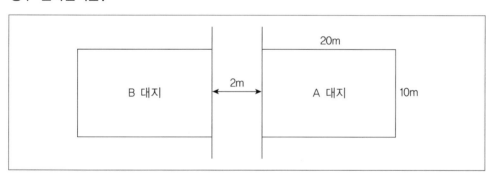

① 114m²
② 120m²

③ 126m²
④ 130m²

⑤ 190m²

> **키워드** 건축선과 건축면적
>
> **풀이** • 대지면적 = 19m × 10m = 190m²
> (소요너비 미달도로이므로 대지와 도로의 경계선으로부터 1m가 후퇴되고, 후퇴됨으로써 건축할 수 없는 건축선과 도로 사이의 면적인 10m²는 대지면적에서 제외된다)
> • 건폐율 = 건축면적 ÷ 대지면적
> ∴ 건축면적 = 대지면적 × 건폐율 = 190m² × 0.6 = 114m²

정답 ①

14 건축법령상 A대지의 대지면적은? (단, 두 도로의 교차각은 90°, 소요너비는 각 5m, 7m임)

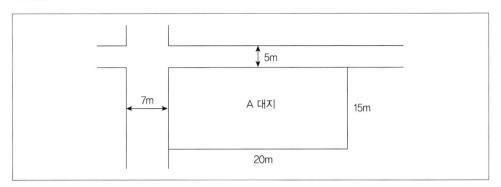

① 295m^2

② 295.5m^2

③ 297m^2

④ 298m^2

⑤ 300m^2

키워드 **건축선과 대지면적**

풀이 교차각이 90°이고 두 도로폭이 7m와 5m에 접한 경우 도로모퉁이에서 후퇴하는 거리가 2m이다. '도로모퉁이'로 건축선이 후퇴된 경우, 그 건축선과 도로 사이의 대지면적은 (2m × 2m) ÷ 2 = 2m²이다. 2m²는 대지면적의 산정 시에 '제외'되므로 대지면적은 (20m × 15m) − 2m² = 298m²가 된다.

정답 ④

15 건축법령상 '구조안전의 확인'에 관한 설명으로 옳지 <u>않은</u> 것은? 제17회 주관식 수정

① '허가대상 건축물'을 건축하거나 대수선하는 경우 해당 건축물의 공사감리자는 국토교통부령으로 정하는 구조기준 등에 따라 그 구조의 안전을 확인해야 한다.

② 위 ①에 따라 구조안전을 확인한 건축물 중 층수가 2층 이상인 건축물의 건축주는 해당 건축물의 설계자로부터 구조안전의 확인서류를 받아 착공신고를 하는 때에 그 확인서류를 허가권자에게 제출하여야 한다.

③ 위 ②의 건축물을 건축하고자 하는 자는 사용승인을 받는 즉시 건축물이 지진 발생 시에 견딜 수 있는 능력(이하 '내진능력'이라 한다)을 공개하여야 한다.

④ 위 ③에도 불구하고 법 제48조 제2항에 따른 구조안전 확인대상 건축물이 아니거나 내진능력 산정이 곤란한 건축물로서 대통령령으로 정하는 건축물은 공개하지 아니한다.

⑤ 국토교통부장관은 지진으로부터 건축물의 구조안전을 확보하기 위하여 건축물의 용도, 규모 및 설계구조의 중요도에 따라 내진등급을 설정하여야 한다.

 키워드 **구조안전의 확인**

 풀이 허가대상 건축물을 건축하거나 대수선하는 경우 해당 건축물의 <u>설계자</u>는 국토교통부령으로 정하는 구조기준 등에 따라 그 구조의 안전을 확인하여야 한다.

 이론 ✚

> **확인서류를 허가권자에게 제출하여야 하는 건축물 = 내진능력 공개대상 = 내진설계대상**
>
> 위 ②에 해당하는 다음의 건축물은 위 ③의 '내진능력 공개대상'이며, 동시에 화재예방법령상 '내진설계기준에 따라 소방시설을 설치하여야 할 대상'이기도 하다.
>
> 1. 층수가 <u>2층</u>[주요구조부인 기둥과 보를 설치하는 건축물로서 그 기둥과 보가 목재인 목구조 건축물(이하 '목구조 건축물'이라 한다)의 경우에는 <u>3층</u>] 이상인 건축물
> 2. 연면적이 <u>200제곱미터</u>(목구조 건축물의 경우에는 <u>500제곱미터</u>) 이상인 건축물. 다만, 창고, 축사, 작물재배사는 제외한다.
> 3. 높이가 13미터 이상인 건축물
> 4. 처마높이가 9미터 이상인 건축물
> 5. 기둥과 기둥 사이의 거리가 10미터 이상인 건축물
> 6. 건축물의 용도 및 규모를 고려한 중요도가 높은 건축물로서 국토교통부령으로 정하는 건축물 ([별표 11]에 따른 중요도 특 또는 중요도 1에 해당하는 건축물)
> 7. 국가적 문화유산으로 보존할 가치가 있는 박물관·기념관 그 밖에 이와 유사한 것으로서 연면적의 합계가 <u>5천 제곱미터</u> 이상인 건축물
> 8. 영 제2조 제18호(특수구조 건축물) 중 다음의 건축물
>   ㉠ 한쪽 끝은 고정되고 다른 끝은 지지되지 아니한 구조로 된 보·차양 등이 외벽(외벽이 없는 경우에는 외곽 기둥을 말한다)의 중심선으로부터 3미터 이상 돌출된 건축물
>   ㉡ 특수한 설계·시공·공법 등이 필요한 건축물로서 국토교통부장관이 정해 고시하는 구조로 된 건축물
> 9. 영 [별표 1] 제1호의 <u>단독주택</u> 및 같은 표 제2호의 <u>공동주택</u>

정답 ①

16 건축법령상 피난과 소화를 위해 관람실 또는 집회실로부터의 출구를 건축물에 설치해야 하는 시설이 아닌 것은?

제26회

① 전시장

② 종교시설

③ 위락시설

④ 장례시설

⑤ 제2종 근린생활시설 중 공연장(해당 용도로 쓰는 바닥면적의 합계가 300제곱미터인 경우)

키워드 **관람실 또는 집회실로부터의 출구 설치**

풀이 다음의 어느 하나에 해당하는 건축물에는 국토교통부령으로 정하는 기준에 따라 관람실 또는 집회실로부터의 출구를 설치해야 한다.
  1. 제2종 근린생활시설 중 공연장·종교집회장(해당 용도로 쓰는 바닥면적의 합계가 각각 300제곱미터 이상인 경우만 해당한다)
  2. 문화 및 집회시설(전시장 및 동·식물원은 제외한다)
  3. 종교시설
  4. 위락시설
  5. 장례시설

정답 ①

17 건축법령에 관한 설명으로 옳지 않은 것은?

① 초고층 건축물에는 피난층 또는 지상으로 통하는 직통계단과 직접 연결되는 피난안전구역을 지상층으로부터 최대 30개 층마다 1개소 이상 설치하여야 한다.

② 준초고층 건축물에는 피난층 또는 지상으로 통하는 직통계단과 직접 연결되는 피난안전구역을 해당 건축물 전체 층수의 2분의 1에 해당하는 층으로부터 상하 5개 층 이내에 1개소 이상 설치하여야 한다.

③ 피난안전구역은 건축물의 피난·안전을 위하여 건축물 중간층에 설치하는 '대피공간'으로서 건축법령상 '피난층'이기도 하다.

④ 고층건축물에는 대통령령으로 정하는 바에 따라 피난안전구역을 설치하거나 대피공간을 확보한 계단을 설치하여야 한다.

⑤ 층수가 11층 이상이고 연면적의 합계가 1만 제곱미터 이상인 건축물의 옥상을 평지붕으로 하는 경우에는 헬리포트를 설치하거나 헬리콥터를 통하여 인명 등을 구조할 수 있는 공간을 확보하여야 한다.

피난안전구역 등

층수가 11층 이상인 건축물로서 11층 이상인 층의 바닥면적의 합계가 1만 제곱미터 이상인 건축물의 옥상을 평지붕으로 하는 경우에는 헬리포트를 설치하거나 헬리콥터를 통하여 인명 등을 구조할 수 있는 공간을 확보하여야 한다.

정답 ⑤

18 **건축법령에 관한 설명으로 옳지 않은 것은?** 제19회 수정

① 연면적 1천 제곱미터 이상인 건축물은 방화벽으로 구획하되, 각 구획된 바닥면적의 합계는 1천 제곱미터 미만이어야 한다.

② 연면적 1천 제곱미터 이상인 목조 건축물의 구조는 국토교통부령으로 정하는 바에 따라 방화구조로 하거나 불연재료로 하여야 한다.

③ 「국토의 계획 및 이용에 관한 법률」에 따른 방화지구 안에서는 건축물의 주요구조부와 지붕·외벽을 내화구조로 하여야 한다.

④ 방화지구 안의 공작물로서 간판, 광고탑, 그 밖에 대통령령으로 정하는 공작물 중 건축물의 지붕 위에 설치하는 공작물이나 높이 2미터 이상의 공작물은 주요부를 불연(不燃)재료로 하여야 한다.

⑤ 방화지구 안의 지붕·방화문 및 인접 대지경계선에 접하는 외벽은 국토교통부령으로 정하는 구조 및 재료로 하여야 한다.

방화구조, 내화구조 및 불연재료

방화지구 안의 공작물로서 간판, 광고탑, 그 밖에 대통령령으로 정하는 공작물 중 건축물의 지붕 위에 설치하는 공작물이나 높이 3미터 이상의 공작물은 주요부를 불연(不燃)재료로 하여야 한다.

정답 ④

PART 5

19 건축법령에 관한 설명으로 옳지 않은 것은? 제21·24·25회 수정

① 공동주택으로서 4층 이상인 층의 각 세대가 2개 이상의 직통계단을 사용할 수 없는 경우에는 발코니에 인접 세대와 공동으로 또는 각 세대별로 일정 요건을 모두 갖춘 대피공간을 하나 이상 설치해야 한다.

② 다중이용건축물 등 대통령령으로 정하는 용도 및 규모의 건축물의 벽, 반자 등 내부의 마감재료는 방화에 지장이 없는 재료로 하여야 한다.

③ 국토교통부장관은 범죄를 예방하고 안전한 생활환경을 조성하기 위하여 건축물, 건축설비 및 대지에 관한 범죄예방 기준을 정하여 고시할 수 있다.

④ 다가구주택, 아파트, 연립주택 및 다세대주택는 모두 위 ③의 범죄예방 기준에 따라 건축하여야 한다.

⑤ 60분+ 방화문은 연기 및 불꽃을 차단할 수 있는 시간이 60분 이상이고, 열을 차단할 수 있는 시간이 30분 이상인 방화문이다.

> **키워드** 발코니에 대피공간 설치의무, 범죄예방 기준 및 방화문 등
>
> **풀이** 공동주택 중 아파트로서 4층 이상인 층의 각 세대가 2개 이상의 직통계단을 사용할 수 '없는' 경우에는 발코니에 인접 세대와 공동으로 또는 각 세대별로 일정 요건을 모두 갖춘 대피공간을 하나 이상 설치해야 한다.

> **이론 ✚**
>
> [지문 ⑤]
> 방화문은 다음과 같이 구분한다.
> 1. 60분+ 방화문: 연기 및 불꽃을 차단할 수 있는 시간이 60분 이상이고, 열을 차단할 수 있는 시간이 30분 이상인 방화문
> 2. 60분 방화문: 연기 및 불꽃을 차단할 수 있는 시간이 60분 이상인 방화문
> 3. 30분 방화문: 연기 및 불꽃을 차단할 수 있는 시간이 30분 이상 60분 미만인 방화문

정답 ①

20 건축법령상 건축물의 구조 및 재료 등에 관한 설명으로 옳지 않은 것은?

① 지방자치단체의 장은 구조안전 확인대상 건축물에 대하여 대수선 허가를 하는 경우 내진성능 확보 여부를 확인하여야 한다.

② 국토교통부장관은 지진으로부터 건축물의 구조안전을 확보하기 위하여 건축물의 용도, 규모 및 설계구조의 중요도에 따라 내진등급을 설정하여야 한다.

③ 불연재료란 불에 타지 아니하는 성질을 가진 재료로서 국토교통부령으로 정하는 기준에 적합한 재료를 말한다.

④ 아파트로서 3층 이상인 층의 각 세대가 2개 이상의 직통계단을 사용할 수 없는 경우에는 발코니에 인접 세대와 공동으로 또는 각 세대별로 건축법령의 요건을 모두 갖춘 피난안전구역을 하나 이상 설치하여야 한다.

⑤ 구조안전 확인대상 건축물이 아니거나 내진능력 산정이 곤란한 건축물로서 대통령령으로 정하는 건축물은 내진능력을 공개하지 아니한다.

키워드	구조안전의 확인 및 피난시설

풀이 공동주택 중 아파트로서 <u>4층 이상</u>인 층의 각 세대가 2개 이상의 직통계단을 사용할 수 없는 경우에는 발코니에 인접 세대와 공동으로 또는 각 세대별로 다음의 요건을 모두 갖춘 <u>대피공간</u>을 하나 이상 설치해야 한다. 이 경우 인접 세대와 공동으로 설치하는 대피공간은 인접 세대를 통하여 2개 이상의 직통계단을 쓸 수 있는 위치에 우선 설치되어야 한다.

1. 대피공간은 바깥의 공기와 접할 것
2. 대피공간은 실내의 다른 부분과 방화구획으로 구획될 것
3. 대피공간의 바닥면적은 인접 세대와 공동으로 설치하는 경우에는 3제곱미터 이상, 각 세대별로 설치하는 경우에는 2제곱미터 이상일 것
4. 국토교통부장관이 정하는 기준에 적합할 것

정답	④

21 건축법령상 건축물이 있는 대지는 용도지역별로 '대통령령으로 정하는 규모 이상'의 범위에서 해당 지방자치단체의 조례로 정하는 면적에 못 미치게 분할할 수 없다. 그 규모로 옳지 않은 것은?

① 주거지역 – 60제곱미터
② 상업지역 – 150제곱미터
③ 공업지역 – 180제곱미터
④ 녹지지역 – 200제곱미터
⑤ 그 밖의 지역 – 60제곱미터

키워드 대지의 분할 제한
풀이 공업지역 – 150제곱미터
이론 ✚

> 1. 건축물이 있는 대지는 '대통령령으로 정하는 범위'에서 해당 지방자치단체의 조례로 정하는 면적에 못 미치게 분할할 수 없다.
> 2. 위 1.에서 '대통령령으로 정하는 범위'란 다음의 어느 하나에 해당하는 규모 '이상'을 말한다.
>   ㉠ 주거지역: 60제곱미터
>   ㉡ 상업지역: 150제곱미터
>   ㉢ 공업지역: 150제곱미터
>   ㉣ 녹지지역: 200제곱미터
>   ㉤ 위 ㉠부터 ㉣까지의 규정에 해당하지 아니하는 지역: 60제곱미터

정답 ③

22 건축법령상 건축물을 건축하는 경우에는 '건축선'으로부터 6미터 이내의 범위에서 대통령령으로 정하는 바에 따라 해당 지방자치단체의 조례로 정하는 거리 이상을 띄워야 한다. 그 거리로 옳지 않은 것은?

① 아파트 – 3미터 이상 6미터 이하
② 연립주택 – 2미터 이상 5미터 이하
③ 다세대주택 – 1미터 이상 4미터 이하
④ 바닥면적 합계가 1,000제곱미터 이상인 판매시설 – 3미터 이상 6미터 이하
⑤ 다중이 이용하는 건축물로서 건축조례로 정하는 건축물 – 3미터 이상 6미터 이하

키워드 대지 안의 공지
풀이 아파트 – 2미터 이상 6미터 이하

정답 ①

23 건축법령상 건축물을 건축하는 경우에는 '인접 대지경계선'으로부터 6미터 이내 범위에서 대통령령으로 정하는 바에 따라 해당 지방자치단체의 조례로 정하는 거리 이상을 띄워야 한다. 그 거리로 옳지 않은 것은?

① 아파트 – 2미터 이상 6미터 이하

② 연립주택 – 1미터 이상 5미터 이하

③ 다세대주택 – 0.5미터 이상 4미터 이하

④ 전용주거지역의 '한옥' – 처마선 2미터 이하, 외벽선 1미터 이상 2미터 이하

⑤ 기타 건축조례로 정하는 '한옥' – 처마선 2미터 이하, 외벽선 1미터 이상 2미터 이하

키워드 대지 안의 공지

풀이 연립주택 – 1.5미터 이상 5미터 이하

정답 ②

---

24 건축법령상 '건축물의 높이제한'에 관한 내용으로 옳지 않은 것은?

① 허가권자는 가로구역을 단위로 하여 대통령령으로 정하는 기준과 절차에 따라 건축물의 높이를 지정·공고할 수 있다.

② 허가권자는 가로구역별로 건축물의 높이를 지정·공고함에 있어서는 해당 가로구역이 접하는 도로의 너비, 해당 가로구역의 상·하수도 등 간선시설의 수용능력 등을 고려하여야 한다.

③ 허가권자는 가로구역별 건축물의 높이를 지정하려면 지방건축위원회의 심의를 거쳐야 한다. 이 경우 주민의 의견청취 절차 등은 「토지이용규제 기본법」 제8조에 따른다.

④ 허가권자는 같은 가로구역에서 건축물의 용도 및 형태에 따라 건축물의 높이를 다르게 정할 수 있다.

⑤ 시·도지사는 도시의 관리를 위해 필요하면 가로구역별 건축물의 높이를 시·도의 조례로 정할 수 있다.

키워드 건축물의 높이제한

풀이 특별시장이나 광역시장은 도시의 관리를 위하여 필요하면 가로구역별 건축물의 최고 높이를 특별시나 광역시의 조례로 정할 수 있다.

이론 +

> 건축물의 높이제한(법 제60조 제4항)
> 허가권자는 위 규정(문제)에도 불구하고 일조(日照)·통풍 등 주변 환경 및 도시미관에 미치는 영향이 크지 않다고 인정하는 경우에는 건축위원회의 심의를 거쳐 이 법 및 다른 법률에 따른 가로구역의 높이 완화에 관한 규정을 중첩하여 적용할 수 있다.

정답 ⑤

25 건축법령상 '일조 등의 확보를 위한 건축물의 높이제한'에 관한 설명으로 옳지 않은 것은?

제14·21회 수정

① 전용주거지역과 일반주거지역 안에서 건축하는 건축물의 높이는 일조 등의 확보를 위하여 정북방향의 인접 대지경계선으로부터의 거리에 따라 대통령령으로 정하는 높이 이하로 하여야 한다.

② 공동주택(일반상업지역과 중심상업지역에 건축하는 것은 제외한다)은 채광(採光) 등의 확보를 위하여 대통령령으로 정하는 높이 이하로 하여야 한다.

③ 일반주거지역에서 높이 20미터 규모의 5층 아파트를 건축하는 경우, 위 ① 및 ②의 제한을 모두 받는다.

④ 일반상업지역에서 4층 규모의 연립주택을 건축하는 경우, 위 ① 및 ②의 제한을 모두 받지 않는다.

⑤ 2층 이하이거나 높이가 8미터 이하인 건축물에는 해당 지방자치단체의 조례로 정하는 바에 따라 일조 등의 확보를 위한 건축물의 높이제한의 규정을 적용하지 아니할 수 있다.

> **키워드** 일조 등의 확보를 위한 건축물의 높이제한
>
> **풀이** '2층 이하'로서 높이가 '8미터 이하'인 건축물에는 해당 지방자치단체의 조례로 정하는 바에 따라 일조 등의 확보를 위한 건축물의 높이제한의 규정을 적용하지 아니할 수 있다.

> 정답 ⑤

26 건축법령상 전용주거지역과 일반주거지역 안에서 건축하는 건축물의 높이는 일조 등의 확보를 위하여 '정북방향'의 인접 대지경계선으로부터의 거리에 따라 대통령령으로 정하는 높이 이하로 하여야 한다. 다만, 일정한 경우는 '정남방향'의 인접 대지경계선으로부터의 거리에 따라 대통령령으로 정하는 높이 이하로 할 수 있다. 그 경우로서 옳지 않은 것은?

① 「주택법」에 따른 대지조성사업지구인 경우

② 「도시개발법」에 따른 도시개발구역인 경우

③ 「도시 및 주거환경정비법」에 따른 정비구역인 경우

④ 정남방향으로 도로, 공원, 하천 등 건축이 금지된 공지에 접하는 대지인 경우

⑤ 정북방향으로 접하고 있는 대지의 소유자와 합의한 경우

풀이   '정북방향으로 도로, 공원, 하천 등 건축이 금지된 공지에 접하는 대지인 경우'가 옳다.

이론 +

> '정남방향'의 인접 대지경계선으로부터 띄울 수 있는 경우
> 1. 「택지개발촉진법」 제3조에 따른 택지개발지구인 경우
> 2. 「주택법」 제15조에 따른 대지조성사업지구인 경우
> 3. 「지역 개발 및 지원에 관한 법률」 제11조에 따른 지역개발사업구역인 경우
> 4. 「산업입지 및 개발에 관한 법률」 제6조, 제7조, 제7조의2 및 제8조에 따른 국가산업단지, 일반산업단지, 도시첨단산업단지 및 농공단지인 경우
> 5. 「도시개발법」 제2조 제1항 제1호에 따른 도시개발구역인 경우
> 6. 「도시 및 주거환경정비법」 제8조에 따른 정비구역인 경우
> 7. 정북방향으로 도로, 공원, 하천 등 건축이 금지된 공지에 접하는 대지인 경우
> 8. 정북방향으로 접하고 있는 대지의 소유자와 합의한 경우나 그 밖에 대통령령으로 정하는 경우

정답 ④

---

27 **건축법령상 건축설비에 관한 설명으로 옳은 것은?**   제22회

① 층수가 30층 이상인 건축물에는 건축물에 설치하는 승용 승강기 중 1대 이상을 피난용 승강기로 설치하여야 한다.

② 공동주택에는 방송수신에 지장이 없도록 위성방송 수신설비를 설치하여야 한다.

③ 지능형건축물로 인증을 받은 건축물에 대해서는 건폐율을 100분의 115의 범위에서 완화하여 적용할 수 있다.

④ 높이 31미터인 8층의 건축물에는 비상용 승강기를 1대 이상 설치하여야 한다.

⑤ 대지면적이 500제곱미터 이상인 건축물에는 「전기사업법」에 따른 전기사업자가 전기를 배전하는 데 필요한 전기설비를 설치할 수 있는 공간을 확보하여야 한다.

키워드   건축설비

풀이   층수가 30층 이상인 건축물은 고층건축물로서 피난용 승강기 설치의무가 있다.
  ② 건축물에는 방송수신에 지장이 없도록 공동시청 안테나, 유선방송 수신시설, 위성방송 수신설비, 에프엠(FM)라디오방송 수신설비 또는 방송 공동수신설비를 설치할 수 있다. 다만, 다음의 건축물에는 방송 공동수신설비를 설치하여야 한다.
    1. 공동주택
    2. 바닥면적의 합계가 5천 제곱미터 이상으로서 업무시설이나 숙박시설의 용도로 쓰는 건축물
  ③ 지능형건축물로 인증을 받은 건축물에 대해서는 용적률 및 건축물의 높이를 100분의 115의 범위에서 완화하여 적용할 수 있다.
  ④ 높이 31미터를 초과하는 건축물에는 비상용 승강기를 추가로 설치하여야 한다.
  ⑤ 연면적이 500제곱미터 이상인 건축물에는 「전기사업법」에 따른 전기사업자가 전기를 배전하는 데 필요한 전기설비를 설치할 수 있는 공간을 확보하여야 한다.

정답 ①

28 건축법령상 지능형건축물의 인증에 관한 내용으로 옳은 것은? (단, 다른 조건과 예외 및 다른 법령과 조례는 고려하지 않음) 제23회

① 시·도지사는 지능형건축물의 건축을 활성화하기 위하여 지능형건축물 인증제도를 실시하여야 한다.

② 지능형건축물의 인증을 받으려는 자는 시·도지사에게 인증을 신청하여야 한다.

③ 지능형건축물 인증기준에는 인증기준 및 절차, 인증표시 홍보기준, 유효기간, 수수료, 인증등급 및 심사기준 등이 포함된다.

④ 지능형건축물로 인증을 받은 건축물에 대해서는 조경설치면적을 100분의 50까지 완화하여 적용할 수 있다.

⑤ 지능형건축물로 인증을 받은 건축물에 대해서는 용적률 및 건축물의 높이를 100분의 115를 초과하는 범위로 완화하여 적용할 수 있다.

키워드 **지능형건축물의 인증**

풀이 ① 국토교통부장관은 지능형건축물의 건축을 활성화하기 위하여 지능형건축물 인증제도를 실시하여야 한다.

② 지능형건축물의 인증을 받으려는 자는 국토교통부장관이 지정한 인증기관에 인증을 신청하여야 한다.

④ 지능형건축물로 인증을 받은 건축물에 대해서는 조경설치면적을 100분의 85까지 완화하여 적용할 수 있다.

⑤ 지능형건축물로 인증을 받은 건축물에 대해서는 용적률 및 건축물의 높이를 100분의 115의 범위에서 완화하여 적용할 수 있다.

정답 ③

29 건축법령상 '특별건축구역'에 관한 설명으로 옳지 않은 것은?

① '특별건축구역'이란 조화롭고 창의적인 건축물의 건축을 통하여 도시경관의 창출, 건설기술 수준향상 및 건축 관련 제도개선을 도모하기 위하여 이 법 또는 관계 법령에 따라 일부 규정을 적용하지 아니하거나 완화 또는 통합하여 적용할 수 있도록 특별히 지정하는 구역을 말한다.

② 국토교통부장관 또는 허가권자는 일정한 구역이 특별건축구역으로 특례 적용이 필요하다고 인정하는 경우에는 특별건축구역을 지정할 수 있다.

③ '모니터링'은 특례를 적용한 건축물에 대하여 해당 건축물의 건축시공, 공사감리, 유지·관리 등의 과정을 검토하고 실제로 건축물에 구현된 기능·미관·환경 등을 분석하여 평가하는 것을 말한다.

④ 허가권자는 특별건축구역의 건축물에 대하여 설계자의 창의성·심미성 등의 발휘와 제도개선·기술발전 등이 유도될 수 있도록 노력하여야 한다.

⑤ 허가권자는 모니터링 결과를 국토교통부장관 또는 특별시장·광역시장·도지사에게 제출하여야 하며, 국토교통부장관 또는 특별시장·광역시장·도지사는 법 제77조에 따른 검사 및 모니터링 결과 등을 분석하여 필요한 경우 이 법 또는 관계 법령의 제도개선을 위하여 노력하여야 한다.

키워드 **특별건축구역**

풀이 국토교통부장관 또는 시·도지사는 일정한 구역이 특별건축구역으로 특례 적용이 필요하다고 인정하는 경우에는 특별건축구역을 지정할 수 있다.

이론 ✚

> [지문 ③]
> 국토교통부장관 또는 특별시장·광역시장·도지사는 건축제도의 개선 및 건설기술의 향상을 위하여 허가권자의 의견을 들어 특별건축구역 내에서 건축허가를 받은 건축물에 대하여 모니터링을 실시할 수 있다.

정답 ②

30 건축법령상 특별건축구역으로 지정할 수 없는 지역·지구·구역은? 제12회 수정

① 「도로법」에 따른 접도구역

② 「도시 및 주거환경정비법」에 따른 정비구역

③ 「도시재정비 촉진을 위한 특별법」에 따른 재정비촉진구역

④ 「택지개발촉진법」에 따른 택지개발사업구역

⑤ 「공공주택 특별법」 제2조 제2호에 따른 공공주택지구

> **키워드** **특별건축구역으로 지정할 수 없는 지역·지구·구역**
>
> **풀이** 「도로법」에 따른 접도구역은 특별건축구역으로 지정할 수 없는 구역이다.
>
> **이론 ✚**
>
> > 특별건축구역으로 지정할 수 없는 구역
> >
> > 1. 「개발제한구역의 지정 및 관리에 관한 특별조치법」에 따른 개발제한구역
> > 2. 「자연공원법」에 따른 자연공원
> > 3. 「도로법」에 따른 접도구역
> > 4. 「산지관리법」에 따른 보전산지
>
> > 「군사기지 및 군사시설 보호법」상 군사기지 및 군사시설 보호구역의 특별건축구역 지정
> >
> > 국토교통부장관 또는 시·도지사는 특별건축구역으로 지정하고자 하는 지역이 「군사기지 및 군사시설 보호법」에 따른 군사기지 및 군사시설 보호구역에 해당하는 경우에는 국방부장관과 사전에 협의하여야 한다.

정답 ①

---

31 건축법령상 '특별건축구역에서 적용하지 아니할 수 있는 규정'에 관한 내용으로 옳지 않은 것은?

① 건폐율 및 용적률

② 대지의 조경 및 공개공지

③ 건축물의 높이제한 및 일조권 확보를 위한 건축물의 높이제한

④ 「주택건설기준 등에 관한 규정」 중 공동주택의 배치 규정

⑤ 「주택건설기준 등에 관한 규정」 중 유치원의 설치 규정

특별건축구역에서 적용하는 규정

법 제42조(대지의 조경), 제55조(건축물의 건폐율), 제56조(건축물의 용적률), 제58조(대지 안의 공지), 제60조(건축물의 높이제한) 및 제61조(일조 등의 확보를 위한 건축물의 높이제한) 규정이 특별건축구역에서 적용하지 아니할 수 있는 규정이다. 즉, '대지 안의 공지' 규정은 특별건축구역에서 적용하지 아니할 수 있는 규정이지만, '공개공지' 규정은 적용되는 규정이다.

'건폐율'만 적용하지 아니할 수 있었으나, '용적률'도 적용하지 아니할 수 있도록 개정되었다.

> **특별건축구역에서 적용하지 아니할 수 있는 규정**
>
> 1. 법 제42조(대지의 조경), 제55조(건축물의 건폐율), 제56조(건축물의 용적률), 제58조(대지 안의 공지), 제60조(건축물의 높이제한) 및 제61조(일조 등의 확보를 위한 건축물의 높이제한)
> 2. 「주택법」 제35조 중 '대통령령으로 정하는 규정[주택건설기준 등에 관한 규정 제10조(공동주택의 배치), 제13조(기준척도), 제35조(비상급수시설), 제37조(난방설비 등), 제50조(근린생활시설 등), 제52조(유치원) 등의 규정]

PART 5

정답 ②

---

32 건축법령상 '특별가로구역'에 관한 설명으로 옳지 않은 것은?

① 국토교통부장관 및 시·도지사는 도로에 인접한 건축물의 건축을 통한 조화로운 도시경관의 창출을 위하여 일정한 구역을 특별가로구역으로 지정할 수 있다.

② 경관지구는 특별가로구역으로 지정할 수 있는 지구이다.

③ 지구단위계획구역 중 미관유지를 위하여 필요하다고 인정하는 구역은 특별가로구역으로 지정할 수 있는 구역이다.

④ 국토교통부장관 등은 특별가로구역을 지정하려는 경우에는 특별가로구역의 위치·범위 및 면적 등의 자료를 갖추어 국토교통부장관 등이 두는 건축위원회의 심의를 거쳐야 한다.

⑤ 특별가로구역에서는 건축물의 높이제한규정을 적용하지 아니할 수 있다.

특별가로구역

국토교통부장관 및 허가권자는 도로에 인접한 건축물의 건축을 통한 조화로운 도시경관의 창출을 위하여 이 법 및 관계 법령에 따라 일부 규정을 적용하지 아니하거나 완화하여 적용할 수 있도록 대통령령으로 정하는 도로에 접한 대지의 일정 구역을 특별가로구역으로 지정할 수 있다.

> [지문 ①]
> 특별가로구역의 지정권자는 '국토교통부장관 및 허가권자'이고, 특별건축구역의 지정권자는 '국토교통부장관 또는 시·도지사'이다.

정답 ①

33 건축법령상 국토교통부장관 및 허가권자는 경관지구에서 '대통령령으로 정하는 도로'에 접한 대지의 일정 구역을 '특별가로구역'으로 지정할 수 있다. '대통령령으로 정하는 도로'가 아닌 것은?

① 건축선을 후퇴한 대지에 접한 도로로서 허가권자(허가권자가 '구청장'인 경우에는 구청장을 '포함'한다)가 건축조례로 정하는 도로

② 허가권자가 리모델링 활성화가 필요하다고 인정하여 지정·공고한 지역 안의 도로

③ 보행자전용도로로서 도시미관 개선을 위하여 허가권자가 건축조례로 정하는 도로

④ 「지역문화진흥법」 제18조에 따른 문화지구 안의 도로

⑤ 그 밖에 조화로운 도시경관 창출을 위하여 필요하다고 인정하여 국토교통부장관이 고시하거나 허가권자가 건축조례로 정하는 도로

> **키워드** 특별가로구역 관련 도로
> **풀이** 건축선을 후퇴한 대지에 접한 도로로서 허가권자(허가권자가 '구청장'인 경우는 특별시장이나 광역시장을 말한다)가 건축조례로 정하는 도로

정답 ①

34 건축법령상 '건축협정'에 관한 설명으로 옳지 않은 것은?

① 토지 또는 건축물의 소유자, 지상권자 등 대통령령으로 정하는 자(이하 '소유자 등'이라 한다)는 전원의 합의로 일정한 지역 등에서 건축물의 건축·대수선 또는 리모델링에 관한 협정(이하 '건축협정'이라 한다)을 체결할 수 있다.

② 소유자등이 건축협정을 체결하는 경우에는 건축협정서를 작성하여야 한다.

③ 협정체결자는 건축협정서 작성 및 건축협정 관리 등을 위하여 '건축협정운영회'를 설립하여야 한다.

④ 건축협정운영회를 설립하려면 협정체결자 과반수의 동의를 받아 건축협정운영회의 대표자를 선임하고, 건축협정인가권자에게 신고하여야 한다.

⑤ 협정체결자 또는 건축협정운영회의 대표자는 건축협정서를 작성하여 국토교통부령으로 정하는 바에 따라 해당 건축협정인가권자의 인가를 받아야 한다.

키워드 건축협정
풀이 협정체결자는 건축협정서 작성 및 건축협정 관리 등을 위하여 필요한 경우 협정체결자 간의 자율적 기구로서 운영회(이하 '건축협정운영회'라 한다)를 <u>설립할 수 있다.</u>

이론 ✚

> [지문 ⑤]
> ⑤의 경우, 인가신청을 받은 건축협정인가권자는 인가를 하기 전에 건축협정인가권자가 두는 <u>건축위원회의 심의</u>를 거쳐야 한다.

정답 ③

35 건축법령상 건축협정을 체결할 수 있는 지역 또는 구역에 해당하지 않는 것은? 제23회

PART 5

① 「국토의 계획 및 이용에 관한 법률」 제51조에 따라 지정된 지구단위계획구역
② 「도시 및 주거환경정비법」 제2조 제2호 가목에 따른 주거환경개선사업을 시행하기 위하여 같은 법 제8조에 따라 지정·고시된 정비구역
③ 「도시재정비 촉진을 위한 특별법」 제2조 제6호에 따른 존치지역
④ 「도시재생 활성화 및 지원에 관한 특별법」 제2조 제1항 제5호에 따른 도시재생활성화 지역
⑤ 「건축법」 제77조의4 제1항 제5호에 따라 국토교통부장관이 도시 및 주거환경개선이 필요하다고 인정하여 지정하는 구역

키워드 건축협정
풀이 <u>시·도지사 및 시장·군수·구청장</u>(이하 '건축협정인가권자'라 한다)이 도시 및 주거환경개선이 필요하다고 인정하여 해당 <u>지방자치단체의 조례로 정하는 구역</u>이 건축협정을 체결할 수 있는 지역 또는 구역에 해당한다.

정답 ⑤

36 건축법령상 '결합건축'에 관한 설명으로 옳지 않은 것은? 제22회 주관식 수정

① '결합건축'이란 법 제56조에 따른 용적률을 개별 대지마다 적용하지 아니하고, 2 개 이상의 대지를 대상으로 통합적용하여 건축물을 건축하는 것을 말한다.

② 상업지역에서 대지 간의 최단거리가 100미터 이내의 범위에서 대통령령으로 정 하는 범위에 있는 2개의 대지의 건축주가 서로 합의한 경우 2개의 대지를 대상으로 결합건축을 할 수 있다.

③ 2개의 대지 모두가 동일한 지역에 속하면서 너비 12미터 이상인 도로로 둘러싸인 하나의 구역 안에 있는 경우, 2개의 대지를 대상으로 결합건축을 할 수 있다.

④ 국가가 소유 또는 관리하는 건축물과 결합건축하는 경우 상업지역에서 '대통령령 으로 정하는 범위에 있는 3개 이상 대지'의 건축주 등이 서로 합의한 경우 3개 이상의 대지를 대상으로 결합건축을 할 수 있다.

⑤ 대지 모두가 법 제77조의15 제1항 각 호의 지역 중 같은 지역에 속하면서 모든 대지 간 최단거리가 1천 미터 이내인 경우, 3개 이상의 대지를 대상으로 결합건 축을 할 수 있다.

키워드 결합건축

풀이 위 ④에서 '대통령령으로 정하는 범위에 있는 3개 이상의 대지'란 다음의 요건을 모두 충족하는 3개 이상의 대지를 말한다.
1. 대지 모두가 법 제77조의15 제1항 각 호의 지역 중 같은 지역에 속할 것
2. 모든 대지 간 최단거리가 500미터 이내일 것

이론 ✚

[지문 ③]

위 ②에서 '대통령령으로 정하는 범위에 있는 2개의 대지'란 다음의 요건을 모두 충족하는 2개 의 대지를 말한다.
1. 2개의 대지 모두가 법 제77조의15 제1항 각 호의 지역 중 동일한 지역에 속할 것
2. 2개의 대지 모두가 너비 12미터 이상인 도로로 둘러싸인 하나의 구역 안에 있을 것. 이 경우 그 구역 안에 너비 12미터 이상인 도로로 둘러싸인 더 작은 구역이 있어서는 아니 된다.

[참고]

위 ② 및 ④에도 불구하고 도시경관의 형성, 기반시설 부족 등의 사유로 해당 지방자치단체의 조례로 정하는 지역 안에서는 결합건축을 할 수 없다.

정답 ⑤

37 건축법령상 '위반건축물 등에 대한 조치'에 관한 내용으로 옳지 않은 것은?

① 허가권자는 건축법령에 위반되는 대지나 건축물에 대하여 그 건축물의 건축주 등에게 상당한 기간을 정해 해체·개축·증축·수선·용도변경·사용금지·사용제한 등 필요한 조치를 명할 수 있다.

② 허가권자는 시정명령을 받고 이행하지 아니한 건축물에 대하여는 다른 법령에 따른 영업이나 그 밖의 행위를 허가하지 아니하도록 요청할 수 있으며, 요청을 받은 자는 특별한 이유가 없으면 요청에 따라야 한다.

③ 허가권자는 이 법 또는 이 법에 따른 명령이나 처분에 위반되는 대지나 건축물에 대한 실태를 파악하기 위하여 조사를 할 수 있다.

④ 위반건축물에 대하여 허가권자는 전기, 수도, 가스 등의 공급자에게 그 공급의 중지를 요청할 수 있다.

⑤ 허가권자는 시정명령을 하는 경우 국토교통부령으로 정하는 바에 따라 건축물대장에 위반내용을 적어야 한다.

키워드 위반건축물 등에 대한 조치
풀이 '전기, 수도, 가스 공급중지 요청제도'는 삭제되었다.

정답 ④

38 건축법령상 '이행강제금'에 관한 내용으로 옳지 않은 것은?

① 허가권자는 위반 건축물에 대하여 상당한 기간을 정하여 그 건축물의 철거·개축·증축·수선·용도변경·사용금지·사용제한 등의 조치('시정명령')를 명할 수 있다.

② 허가권자는 위 ①의 시정명령을 받은 후에 시정기간 내에 시정명령을 이행하지 아니한 건축주 등에 대하여는 그 시정명령의 이행에 필요한 상당한 이행기한을 정하여 그 기한까지 시정명령을 이행하지 아니하면 이행강제금을 부과한다.

③ 허가권자는 이행강제금을 부과하기 전에 이행강제금을 부과·징수한다는 뜻을 미리 문서로써 계고하여야 하며, 이행강제금을 부과하는 경우 금액, 부과사유 등을 구체적으로 밝힌 문서로 하여야 한다.

④ 허가권자는 시정명령을 받은 자가 이를 이행하면 새로운 이행강제금의 부과를 즉시 중지하되, 이미 부과된 이행강제금은 이를 면제하여야 한다.

⑤ 허가권자는 이행강제금 부과처분을 받은 자가 이행강제금을 납부기한까지 내지 아니하면 「지방행정제재·부과금의 징수 등에 관한 법률」에 따라 징수한다.

키워드 이행강제금

풀이 허가권자는 시정명령을 받은 자가 이를 이행하면 새로운 이행강제금의 부과를 즉시 중지하되, 이미 부과된 이행강제금은 <u>징수하여야</u> 한다.

정답 ④

고난도
39 건축법령상 '이행강제금 부과 금액'에 관한 내용으로 옳지 않은 것은?

① 건축물이 건폐율이나 용적률을 초과하여 건축된 경우 또는 허가를 받지 아니하거나 신고를 하지 아니하고 건축된 경우에는 1제곱미터의 시가표준액의 100분의 50에 해당하는 금액에 위반면적을 곱한 금액 이하의 범위에서 위반 내용에 따라 대통령령으로 정하는 비율을 곱한 금액의 이행강제금을 부과한다.

② 건축물이 위 ① 외의 위반 건축물에 해당하는 경우는 그 건축물에 적용되는 시가표준액에 해당하는 금액의 100분의 10의 범위에서 위반 내용에 따라 대통령령으로 정하는 금액의 이행강제금을 부과한다.

③ 연면적이 60제곱미터 이하인 '주거용 건축물'은 위 ① 및 ② 금액의 2분의 1의 범위에서 해당 지방자치단체의 조례로 정하는 금액을 부과한다.

④ 위 ③의 경우, 공동주택의 경우에는 세대 면적이 60제곱미터 이하인 경우에 2분의 1의 범위에서 해당 지방자치단체의 조례로 정하는 금액을 부과한다.

⑤ 위 ③의 경우, 허가권자는 최초 시정명령이 있었던 날을 기준으로 총 부과 횟수가 5회를 넘지 아니하는 범위에서 조례로 부과 횟수를 따로 정할 수 있다.

> **키워드** 이행강제금의 감경
>
> **풀이** 허가권자는 최초의 시정명령이 있었던 날을 기준으로 하여 <u>1년에 2회 이내의 범위</u>에서 해당 지방자치단체의 조례로 정하는 횟수만큼 그 시정명령이 이행될 때까지 반복하여 이행강제금을 부과·징수할 수 있다.

> **이론 ✚**
>
> **2분의 1의 범위에서 감경되는 경우**
> 1. 연면적(공동주택의 경우에는 '세대 면적'을 기준으로 한다)이 <u>60제곱미터 이하</u>인 '주거용 건축물'
> 2. 위 1.의 '주거용 건축물'로서 대통령령으로 정하는 다음의 경우
>   ㉠ 사용승인을 받지 아니하고 건축물을 사용한 경우
>   ㉡ 대지의 조경에 관한 사항을 위반한 경우
>   ㉢ 건축물의 높이제한을 위반한 경우
>   ㉣ 일조 등의 확보를 위한 건축물의 높이제한을 위반한 경우
>   ㉤ 그 밖에 법 또는 법에 따른 명령이나 처분을 위반한 경우로서 건축조례로 정하는 경우

정답 ⑤

40 건축법령상 허가권자는 건폐율이나 용적률을 초과하여 건축된 경우 또는 허가를 받지 아니하거나 신고를 하지 아니하고 건축된 경우에는 지방세법에 따라 해당 건축물에 적용되는 1제곱미터의 시가표준액의 100분의 50에 해당하는 금액에 위반면적을 곱한 금액 이하의 범위에서 위반 내용에 따라 '대통령령으로 정하는 비율'을 곱한 금액을 부과한다. 이 경우 '대통령령으로 정하는 비율'에 관한 내용으로 옳지 않은 것은?

① 건폐율을 초과하여 건축한 경우: 100분의 80
② 용적률을 초과하여 건축한 경우: 100분의 90
③ 허가를 받지 아니하고 건축한 경우: 100분의 100
④ 신고를 하지 아니하고 건축한 경우: 100분의 90
⑤ 다만, 건축조례로 법정 비율을 낮추어 정할 수 있되, 낮추는 경우에도 그 비율은 100분의 60 이상이어야 한다.

> **키워드** 이행강제금의 탄력적 운영
>
> **풀이** 신고를 하지 아니하고 건축한 경우: <u>100분의 70</u>

> **이론 ✚**
>
> **영 제115조의3【이행강제금의 탄력적 운영】** ① 법 제80조 제1항 제1호에서 '대통령령으로 정하는 비율'이란 다음 각 호의 구분에 따른 비율을 말한다. 다만, 건축조례로 다음 각 호의 비율을 낮추어 정할 수 있되, 낮추는 경우에도 그 비율은 100분의 60 이상이어야 한다.
> 1. 건폐율을 초과하여 건축한 경우: 100분의 80
> 2. 용적률을 초과하여 건축한 경우: 100분의 90
> 3. 허가를 받지 아니하고 건축한 경우: 100분의 100
> 4. 신고를 하지 아니하고 건축한 경우: 100분의 70

정답 ④

41 건축법령상 용적률을 초과하여 건축된 건축물에 부과하는 이행강제금의 산정방식이다. ( )에 들어갈 내용으로 옳은 것은? (단, 가중·감경 특례 및 조례는 고려하지 않음)

제24회

> 「지방세법」에 따라 해당 건축물에 적용되는 1제곱미터의 시가표준액의 100분의 50에 해당하는 금액에 위반면적을 곱한 금액 이하의 범위에서 100분의 ( )을 곱한 금액

① 60 ② 70 ③ 80
④ 90 ⑤ 100

키워드 이행강제금의 탄력적 운영
풀이 용적률을 초과하여 건축한 경우는 <u>100분의 90</u>을 곱한 금액으로 한다.

정답 ④

42 건축법령상 이행강제금 부과·징수절차에 관한 내용으로 옳은 것은? 제23회

① 이행강제금을 부과하기 전에 이행강제금을 부과·징수한다는 뜻을 미리 구두로 계고(戒告)하여야 한다.

② 이행강제금은 금액, 부과 사유, 납부기한, 수납기관, 이의제기 방법 및 이의제기 기관 등을 구체적으로 밝히는 경우 구두로 부과할 수 있다.

③ 최초의 시정명령이 있었던 날을 기준으로 하여 1년에 2회 이내의 범위에서 해당 지방자치단체의 조례로 정하는 횟수만큼 그 시정명령이 이행될 때까지 반복하여 이행강제금을 부과·징수할 수 있다.

④ 시정명령을 받은 자가 이를 이행하면 새로운 이행강제금의 부과는 즉시 중지하고, 이미 부과된 이행강제금은 징수할 수 없다.

⑤ 이행강제금 부과처분을 받은 자가 이행강제금을 납부기한까지 내지 아니하면 「국세징수법」상 국세체납의 예에 따라 징수한다.

키워드 이행강제금
풀이 ① 이행강제금을 부과하기 전에 이행강제금을 부과·징수한다는 뜻을 미리 <u>문서로써</u> 계고(戒告)하여야 한다.
② 이행강제금을 부과하는 경우 금액, 부과 사유, 납부기한, 수납기관, 이의제기 방법 및 이의제기 기관 등을 <u>구체적으로 밝힌 문서</u>로 하여야 한다.
④ 시정명령을 받은 자가 이를 이행하면 새로운 이행강제금의 부과는 즉시 중지하고, 이미 부과된 이행강제금은 <u>징수하여야 한다</u>.
⑤ 이행강제금 부과처분을 받은 자가 이행강제금을 납부기한까지 내지 아니하면 「<u>지방행정제재·부과금의 징수 등에 관한 법률</u>」에 따라 징수한다.

정답 ③

43 건축법령상 공무원이 아니더라도 형법상 '뇌물죄'를 적용할 때에는 공무원으로 의제되는 자가 있다. 다음 중 공무원으로 의제되지 않는 자는?

① 건축지도원

② 「건축법」상의 공사감리자

③ 건축위원회의 위원

④ 법 제27조(현장조사·검사 및 확인업무의 대행)에 따라 현장조사·검사 및 확인업무를 대행하는 사람

⑤ 법 제87조의2 제3항에 따라 지역건축안전센터에 배치된 전문인력

PART 5

> **키워드** 공무원으로 의제되는 자
> **풀이** 「건축법」상의 공사감리자는 공무원으로 의제되지 않는다.

정답 ②

---

44 건축법령상 '대지면적의 산정방법'에 관한 설명이다. A, B, C에 들어갈 내용이 순서대로 옳은 것은?

> 대지면적: 대지의 수평투영면적으로 한다. 다만, 다음의 면적은 제외한다.
> ㉠ (A)인 경우 및 (B)인(진) 경우로서 대지에 건축선이 정하여진 경우 그 건축선과 도로 사이의 대지면적
> ㉡ 대지에 (C)인 도로·공원이 있는 경우 (C)에 포함되는 대지면적

① A: 「건축법」 제46조 제2항에 의한 지정 건축선, B: 도로의 모퉁이, C: 도시·군계획시설

② A: 소요너비에 못미치는 너비의 도로, B: 도로의 모퉁이, C: 도시·군계획시설

③ A: 소요너비에 못미치는 너비의 도로, B: 도로경계선에 건축선이 정해, C: 도시·군계획시설

④ A: 소요너비에 못미치는 너비의 도로, B: 도로의 모퉁이, C: 기반시설

⑤ A: 「건축법」 제46조 제2항에 의한 지정 건축선, B: 도로의 모퉁이, C: 기반시설

> **키워드** 대지면적의 산정방법
> **풀이** 'A: 소요너비에 못미치는 너비의 도로, B: 도로의 모퉁이, C: 도시·군계획시설'이 옳다.

정답 ②

45 건축법령상 건축면적의 산정대상인 것은?

① 건축물 지상층에 일반인이나 차량이 통행할 수 있도록 설치한 보행통로나 차량통로

② 지하주차장의 경사로

③ 건축물 지하층의 출입구 상부(출입구 너비에 상당하는 규모의 부분)

④ 생활폐기물 보관시설(음식물쓰레기, 의류 등의 수거함)

⑤ 태양열을 주된 에너지원으로 이용하는 주택

> **키워드** 건축면적의 산정대상
>
> **풀이** 다음의 건축물의 건축면적은 <u>국토교통부령으로 정하는 바에 따라</u> <u>산정</u>한다. 즉, <u>건축면적의 산정대상</u>이다.
> 1. <u>태양열을 주된 에너지원으로 이용하는 주택</u>
> 2. 창고 또는 공장 중 물품을 입출고하는 부위의 상부에 한쪽 끝은 고정되고 다른 쪽 끝은 지지되지 아니한 구조로 설치된 돌출차양
> 3. 단열재를 구조체의 외기 측에 설치하는 단열공법으로 건축된 건축물
> ①②③④는 모두 <u>건축면적에 산입하지 아니하는 경우</u>에 해당한다.

> **이론 ✚**
> 태양열을 이용하는 주택 등의 건축면적 산정방법 등(규칙 제43조 제1항)
> 영 제119조 제1항 제2호 나목 1) 및 3)에 따라 '태양열을 주된 에너지원으로 이용하는 주택'의 건축면적과 '단열재를 구조체의 외기 측에 설치하는 단열공법으로 건축된 건축물'의 건축면적은 건축물<u>의 외벽 중 내측 내력벽의 중심선</u>을 기준으로 한다. 이 경우 태양열을 주된 에너지원으로 이용하는 주택의 범위는 국토교통부장관이 정하여 고시하는 바에 따른다.

> 정답 ⑤

46 건축법령상 '바닥면적의 산정방법'에 관한 설명이다. ( )에 들어갈 내용이 순서대로 옳은 것은?

> 건축물의 각 층 또는 일부로서 벽, 기둥, 그 밖에 이와 비슷한 구획의 ( )으로 둘러싸인 부분의 수평투영면적으로 한다. 다만, 다음의 경우에는 각 목에서 정하는 바에 따른다.
> ㉠ 벽·기둥의 구획이 없는 건축물은 그 지붕 끝부분으로부터 수평거리 ( )를 후퇴한 선으로 둘러싸인 수평투영면적으로 한다.
> ㉡ 건축물의 노대 등의 바닥은 난간 등의 설치 여부에 관계없이 노대 등의 면적(외벽의 중심선으로부터 노대 등의 끝부분까지의 면적을 말한다)에서 노대 등이 접한 가장 긴 외벽에 접한 길이에 ( )를 곱한 값을 뺀 면적을 바닥면적에 산입한다.

① 중심선 – 1미터 – 1.5미터   ② 내부선 – 1미터 – 1.5미터

③ 중심선 – 2미터 – 1.5미터   ④ 중심선 – 1미터 – 2미터

⑤ 외부선 – 1미터 – 2미터

풀이 '중심선 – 1미터 – 1.5미터'가 옳다.

정답 ①

47 건축법령상 연면적은 하나의 건축물 각 층의 바닥면적의 합계로 하되, 용적률을 산정할 때에는 연면적에서 제외되는 경우가 있다. 그 경우로서 옳지 않은 것은?

① 지하층의 면적
② 지상층의 주차용(해당 건축물의 부속용도인 경우만 해당한다)으로 쓰는 면적
③ 초고층 건축물 및 준초고층 건축물의 피난안전구역의 면적
④ 헬리포트 설치대상 건축물로서 평지붕의 옥상에 설치된 헬리포트 설치면적
⑤ '헬리포트 설치대상 건축물'의 경사지붕 아래에 설치하는 대피공간의 면적

키워드 연면적의 산정
풀이 '헬리포트 설치대상 건축물로서 평지붕의 옥상에 설치된 헬리포트 설치면적'은 연면적에서 제외되는 경우가 아니다.

정답 ④

48 건축법령상 '높이 등의 산정방법'에 관한 내용으로 옳지 않은 것은?

① 건축물의 높이는 지표면으로부터 그 건축물의 상단까지의 높이로 한다.
② 처마높이는 지표면으로부터 건축물의 지붕틀 또는 이와 비슷한 수평재를 지지하는 벽·깔도리 또는 기둥의 상단까지의 높이로 한다.
③ 반자높이는 방의 바닥면으로부터 반자까지의 높이로 한다.
④ 층고는 방의 바닥구조체 아랫면으로부터 위층 바닥구조체의 아랫면까지의 높이로 한다.
⑤ 지하층의 지표면은 각 층의 주위가 접하는 각 지표면 부분의 높이를 그 지표면 부분의 수평거리에 따라 가중평균한 높이의 수평면을 지표면으로 산정한다.

키워드 높이 등의 산정방법
풀이 층고는 방의 바닥구조체 윗면으로부터 위층 바닥구조체의 윗면까지 높이로 한다.

정답 ④

49 건축법령상 건축물의 면적 등의 산정방법에 관한 설명으로 옳은 것은? 제22회 수정

① 지하층은 건축물의 층수에 산입한다.

② 건축물 지상층에 일반인이 통행할 수 있도록 설치한 보행통로는 건축면적에 산입한다.

③ 공동주택으로서 지상층에 설치한 어린이놀이터의 면적은 바닥면적에 산입한다.

④ 지하층의 면적은 용적률을 산정할 때에는 연면적에 포함한다.

⑤ 생활폐기물 보관시설은 건축면적에 산입하지 않는다.

키워드 **건축물의 면적 등의 산정방법**

풀이 ① 지하층은 건축물의 층수에 산입하지 않는다.
② 건축물 지상층에 일반인이 통행할 수 있도록 설치한 보행통로는 건축면적에 산입하지 않는다.
③ 공동주택으로서 지상층에 설치한 어린이놀이터의 면적은 바닥면적에 산입하지 않는다.
④ 지하층의 면적은 용적률을 산정할 때에는 연면적에서 제외한다.

정답 ⑤

PART 6~14

기타 법령

01 도시 및 주거환경정비법령상 '용어의 뜻'에 관한 설명으로 옳은 것은?   제24회 수정

① 주거환경개선사업: 단독주택 및 공동주택이 밀집한 지역에서 정비기반시설과 공동이용시설 확충을 통하여 주거환경을 보전·정비·개량하기 위한 사업

② 재개발사업: 정비기반시설이 열악하고 노후·불량건축물이 밀집한 지역에서 주거환경을 개선하거나 주거지역·상업지역 등에서 도시기능의 회복 및 상권활성화 등을 위하여 도시환경을 개선하기 위한 사업

③ 공공재개발사업: 건설·공급되는 주택의 세대수 또는 연면적의 100분의 50 이상을 공공임대주택으로 건설·공급할 것

④ 재건축사업: 정비기반시설은 양호하나 노후·불량건축물에 해당하는 단독주택 및 공동주택이 밀집한 지역에서 주거환경을 개선하기 위한 사업

⑤ 공공재건축사업: 종전의 용적률 등을 고려하여 공공재건축사업을 추진하는 단지의 종전 세대수의 100분의 160에 해당하는 세대수 이상을 건설·공급할 것

키워드 **정비사업**

풀이 공공재건축사업: 시장·군수등이 사업시행자이고 종전의 용적률 등을 고려하여 공공재건축사업을 추진하는 단지의 종전 세대수의 100분의 160에 해당하는 세대수 이상을 건설·공급할 것

① 주거환경개선사업: 도시저소득 주민이 집단거주하는 지역으로서 정비기반시설이 극히 열악하고 노후·불량건축물이 과도하게 밀집한 지역의 주거환경을 개선하거나 단독주택 및 다세대주택이 밀집한 지역에서 정비기반시설과 공동이용시설 확충을 통하여 주거환경을 보전·정비·개량하기 위한 사업

② 재개발사업: 정비기반시설이 열악하고 노후·불량건축물이 밀집한 지역에서 주거환경을 개선하거나 상업지역·공업지역 등에서 도시기능의 회복 및 상권활성화 등을 위하여 도시환경을 개선하기 위한 사업

③ 공공재개발사업: 시장·군수등이 사업시행자이고 건설·공급되는 주택의 전체 세대수 또는 전체 연면적 중 토지등소유자 대상 분양분(지분형주택은 제외한다)을 제외한 나머지 주택의 세대수 또는 연면적의 100분의 20 이상 100분의 50 이하의 범위에서 대통령령으로 정하는 기준에 따라 특별시·광역시·특별자치시·도·특별자치도 또는 「지방자치법」 제198조에 따른 서울특별시·광역시 및 특별자치시를 제외한 인구 50만 이상 대도시(이하 '대도시'라 한다)의 조례(이하 '시·도 조례'라 한다)로 정하는 비율 이상을 지분형주택, 「공공주택 특별법」에 따른 공공임대주택 또는 「민간임대주택에 관한 특별법」에 따른 공공지원민간임대주택으로 건설·공급할 것 〈개정, 시행일: 2024. 1. 19.〉

④ 재건축사업: 정비기반시설은 양호하나 '노후·불량건축물에 해당하는 공동주택'이 밀집한 지역에서 주거환경을 개선하기 위한 사업

공공재개발사업의 공공임대주택 건설비율(영 제1조의2)〈개정, 시행 2024. 1. 19.〉

1. 위 ③ 전단에 따른 '대통령령으로 정하는 기준'이란 다음의 구분에 따른 기준을 말한다.
   ㉠ '과밀억제권역'에서 시행하는 경우: <u>100분의 30 이상 100분의 40 이하</u>
   ㉡ '과밀억제권역 외의 지역'에서 시행하는 경우: <u>100분의 20 이상 100분의 30 이하</u>
2. 위 ③에 따라 건설·공급해야 하는 '공공임대주택'의 건설비율은 건설·공급되는 주택의 전체 세대수의 100분의 20 이하에서 <u>국토교통부장관이 정하여 고시하는 비율</u> 이상으로 한다.
3. 특별시장·광역시장·특별자치시장·특별자치도지사·시장 또는 군수(광역시의 군수는 제외, 이하 '정비구역지정권자'라 한다)는 위 2.에도 불구하고 다음의 어느 하나에 해당하는 경우에는 「국토의 계획 및 이용에 관한 법률」에 따라 해당 지방자치단체에 설치된 '지방도시계획위원회'(이하 '지방도시계획위원회'라 하며, 정비구역이 도시재정비 촉진을 위한 특별법에 따른 재정비촉진지구 내에 있는 경우로서 '도시재정비위원회'가 설치된 지역의 경우 도시재정비위원회를 말한다)의 심의를 거쳐 공공임대주택 건설비율을 <u>위 2.의 비율보다 완화</u>할 수 있다.
   ㉠ 건설하는 주택의 전체 세대수가 <u>200세대 미만인 경우</u>
   ㉡ 정비구역의 입지, 정비사업의 규모, 토지등소유자의 수 등을 고려할 때 토지등소유자의 부담이 지나치게 높아 제2항에 따른 공공임대주택 건설비율을 확보하기 어렵다고 인정하는 경우

소규모주택정비사업(빈집 및 소규모주택 정비에 관한 특례법 제2조 제1항 제3호)

'소규모주택정비사업'이란 이 법에서 정한 절차에 따라 노후·불량건축물의 밀집 등 대통령령으로 정하는 요건에 해당하는 지역 또는 가로구역(街路區域)에서 시행하는 다음의 사업을 말한다.
1. <u>자율주택정비사업</u>: 단독주택, 다세대주택 및 연립주택을 <u>스스로 개량 또는 건설하기 위한 사업</u>
2. <u>가로주택정비사업</u>: 가로구역에서 종전의 가로를 유지하면서 소규모로 주거환경을 개선하기 위한 사업
3. <u>소규모재건축사업</u>: 정비기반시설이 양호한 지역에서 소규모로 공동주택을 재건축하기 위한 사업
4. 소규모재개발사업: 역세권 또는 준공업지역에서 소규모로 주거환경 또는 도시환경을 개선하기 위한 사업

개정 전 '정비사업'의 재편

1. 개정 전의 '주택재건축사업'이 「도시 및 주거환경정비법」의 재건축사업과 「빈집 및 소규모주택 정비에 관한 특례법」의 소규모재건축사업으로 분리되었음
2. 개정 전의 「도시 및 주거환경정비법」의 '가로주택정비사업'이 「빈집 및 소규모주택 정비에 관한 특례법」의 가로주택정비사업으로 이관되었음
3. 개정 전 「도시 및 주거환경정비법」의 '주거환경관리사업' 중 '단독주택 및 다세대주택을 스스로 개량 또는 건설하기 위한 사업'을 「빈집 및 소규모주택 정비에 관한 특례법」의 자율주택정비사업으로 신설하였음

정답 ⑤

02 도시 및 주거환경정비법령상 '용어의 정의'에 관한 내용으로 옳지 않은 것은?

① '토지주택공사등'이란 「한국토지주택공사법」에 따라 설립된 한국토지주택공사 또는 「지방공기업법」에 따라 주택사업을 수행하기 위하여 설립된 지방공사를 말한다.

② 주거환경개선사업 및 재개발사업의 경우에는 정비구역에 위치한 토지 또는 건축물의 소유자 또는 그 지상권자가 '토지등소유자'이며, 재건축사업의 경우에는 정비구역에 위치한 건축물 또는 그 부속토지의 소유자가 '토지등소유자'이다.

③ '정관 등'이란 법령에 따른 조합의 정관, 사업시행자인 토지등소유자가 자치적으로 정한 규약 및 '시장·군수등', 토지주택공사등 또는 신탁업자가 법령에 따라 작성한 시행규정을 말한다.

④ '대지'란 정비사업으로 조성된 토지를 말한다.

⑤ '사업시행자'란 정비사업을 시행하는 자를 말한다.

> **키워드** 용어의 정의
>
> **풀이** 주거환경개선사업 및 재개발사업의 경우에는 정비구역에 위치한 토지 또는 건축물의 소유자 또는 그 지상권자가 '토지등소유자'이며, 재건축사업의 경우에는 정비구역에 위치한 건축물 및 그 부속토지의 소유자가 '토지등소유자'이다.

> 정답 ②

03 도시 및 주거환경정비법령상 재건축사업에 관한 설명으로 옳은 것은? 　제22회

① 재건축사업은 정비기반시설이 열악하고 노후·불량건축물이 밀집한 지역에서 주거환경을 개선하기 위한 사업이다.

② 재건축사업에 있어 토지등소유자는 정비구역에 위치한 건축물의 소유자 및 임차인을 말한다.

③ 재건축사업은 주택단지를 대상으로 하며, 주택단지가 아닌 지역을 정비구역에 포함할 수 없다.

④ 조합설립을 위한 동의자 수 산정에 있어, 1인이 둘 이상의 소유권을 소유하고 있는 경우에는 소유권의 수에 관계없이 토지등소유자를 1인으로 산정한다.

⑤ 재건축사업의 경우 재건축사업에 동의하지 않은 토지등소유자도 정비사업의 조합원이 될 수 있다.

키워드 재건축사업

키워드 재건축사업

풀이 ① 재건축사업은 정비기반시설은 <u>양호</u>하나 노후·불량건축물에 해당하는 <u>공동주택</u>이 밀집한 지역에서 주거환경을 개선하기 위한 사업이다.
② 재건축사업에 있어 토지등소유자는 정비구역에 위치한 <u>건축물 및 그 부속토지의 소유자</u>를 말한다.
③ 재건축사업은 주택단지를 대상으로 하며, 주택단지가 아닌 지역을 정비구역에 포함할 수 <u>있다</u>.
⑤ 재건축사업의 경우 재건축사업에 동의하지 않은 토지등소유자는 정비사업의 조합원이 될 수 없다.

정답 ④

04 도시 및 주거환경정비법령상 '노후·불량건축물'과 가장 관련이 없는 것은?

① 건축물이 훼손되거나 일부가 멸실되어 붕괴, 그 밖의 안전사고의 우려가 있는 건축물

② 내진성능이 확보되지 아니한 건축물 중 중대한 기능적 결함 또는 부실 설계·시공으로 구조적 결함 등이 있는 건축물로서 '대통령령으로 정하는 건축물'

③ 도시미관을 저해하거나 노후화된 건축물로서 대통령령으로 정하는 바에 따라 시·도조례로 정하는 건축물

④ 해당 건축물을 준공일 기준으로 40년까지 사용하기 위하여 보수·보강하는 데 드는 비용이 철거 후 새로운 건축물을 건설하는 데 드는 비용보다 클 것으로 예상되는 건축물

⑤ 도시미관을 저해하거나 노후화된 건축물로서 준공된 후 10년 이상 20년 이하의 범위에서 시·도조례로 정하는 기간이 지난 건축물

키워드 노후·불량건축물

풀이 도시미관을 저해하거나 노후화된 건축물로서 준공된 후 <u>20년 이상 30년 이하</u>의 범위에서 시·도조례로 정하는 기간이 지난 건축물이 '노후·불량건축물'이 될 수 있다.

이론+

> [지문 ②]
> 지문 ②에서 '대통령령으로 정하는 건축물'이란 건축물을 건축하거나 대수선할 당시 건축법령에 따른 지진에 대한 안전 여부 확인대상이 아닌 건축물로서 다음의 어느 하나에 해당하는 건축물을 말한다.
> 1. 급수·배수·오수 설비 등의 설비 또는 지붕·외벽 등 마감의 노후화나 손상으로 그 기능을 유지하기 곤란할 것으로 우려되는 건축물
> 2. 법 제12조 제4항에 따른 안전진단기관이 실시한 안전진단 결과 건축물의 내구성·내하력(耐荷力) 등이 같은 조 제5항에 따라 국토교통부장관이 정하여 고시하는 기준에 미치지 못할 것으로 예상되어 구조안전의 확보가 곤란할 것으로 우려되는 건축물

정답 ⑤

05 도시 및 주거환경정비법령상 '안전진단'에 관한 설명으로 옳지 않은 것은?

① 정비계획의 입안권자는 재건축사업 정비계획의 입안을 위하여 정비예정구역별 정비계획의 수립시기가 도래한 때에 안전진단을 실시하여야 한다.

② 정비계획의 입안권자는 위 ①에도 불구하고 정비예정구역을 지정하지 아니한 지역에서 재건축사업을 하려는 자가 사업예정구역에 있는 건축물 및 그 부속토지의 소유자 100분의 5 이상의 동의를 받아 안전진단의 실시를 요청하는 경우에는 안전진단을 실시하여야 한다.

③ 재건축사업의 안전진단은 주택단지의 건축물을 대상으로 한다.

④ 정비계획의 입안권자는 현지조사 등을 통하여 해당 건축물의 구조안전성 등을 심사하여 안전진단의 실시 여부를 결정하여야 하며, 안전진단의 실시가 필요하다고 결정한 경우에는 '대통령령으로 정하는 안전진단기관'에 안전진단을 의뢰하여야 한다.

⑤ 정비계획의 입안권자는 안전진단의 결과와 도시계획 및 지역여건 등을 종합적으로 검토하여 정비계획의 입안 여부를 결정하여야 한다.

<kbd>키워드</kbd> **안전진단**

<kbd>풀이</kbd> 정비계획의 입안권자는 위 ①에도 불구하고 다음의 어느 하나에 해당하는 경우에는 안전진단을 실시하여야 한다. 이 경우 정비계획의 입안권자는 안전진단에 드는 비용을 해당 안전진단의 실시를 요청하는 자에게 부담하게 할 수 있다.
1. 정비계획의 입안을 제안하려는 자가 입안을 제안하기 전에 해당 정비예정구역에 위치한 건축물 및 그 부속토지의 소유자 <u>10분의 1 이상</u>의 동의를 받아 안전진단의 실시를 요청하는 경우
2. 정비예정구역을 지정하지 아니한 지역에서 재건축사업을 하려는 자가 사업예정구역에 있는 건축물 및 그 부속토지의 소유자 <u>10분의 1 이상</u>의 동의를 받아 안전진단의 실시를 요청하는 경우
3. 법 제2조 제3호 나목에 해당하는 건축물의 소유자로서 재건축사업을 시행하려는 자가 해당 사업예정구역에 위치한 건축물 및 그 부속토지의 소유자 <u>10분의 1 이상</u>의 동의를 받아 안전진단의 실시를 요청하는 경우

<kbd>이론 ➕</kbd>
> **[지문 ④]**
> 1. 위 ④에서 '대통령령으로 정하는 안전진단기관'이란 다음의 기관을 말한다.
>   ㉠ 「과학기술분야 정부출연연구기관 등의 설립·운영 및 육성에 관한 법률」에 따른 <u>한국건설기술연구원</u>
>   ㉡ 「시설물의 안전 및 유지관리에 관한 특별법」 제28조에 따른 <u>안전진단전문기관</u>
>   ㉢ 「국토안전관리원법」에 따른 <u>국토안전관리원</u>
> 2. 정비계획의 입안권자는 현지조사의 전문성 확보를 위하여 위 1.의 ㉠ 또는 ㉢의 기관에 현지조사를 의뢰할 수 있다. 이 경우 현지조사를 의뢰받은 기관은 의뢰를 받은 날부터 <u>20일 이내</u>에 조사결과를 정비계획의 입안권자에게 제출하여야 한다.

06 도시 및 주거환경정비법령상 '안전진단 결과의 적정성 검토'에 관한 내용으로 옳지 않은 것은?

① 정비계획의 입안권자(특별자치시장 및 특별자치도지사는 제외한다)는 정비계획의 입안 여부를 결정한 경우에는 지체 없이 특별시장·광역시장·도지사에게 결정내용과 해당 안전진단 결과보고서를 제출하여야 한다.

② '시·도지사'는 필요한 경우 안전진단전문기관에 안전진단 결과의 적정성 여부에 대한 검토를 의뢰할 수 있다.

③ 국토교통부장관은 시·도지사에게 안전진단 결과보고서의 제출을 요청할 수 있으며, 필요한 경우 시·도지사에게 안전진단 결과의 적정성에 대한 검토를 요청할 수 있다.

④ 위 ② 및 ③에 따른 안전진단 결과의 적정성 여부에 따른 검토 비용은 적정성 여부에 대한 검토를 의뢰 또는 요청한 국토교통부장관 또는 시·도지사가 부담한다.

⑤ 위 ② 및 ③에 따라 안전진단 결과의 적정성 여부에 따른 검토를 의뢰받은 기관은 적정성 여부에 따른 검토를 의뢰받은 날부터 60일 이내에 그 결과를 시·도지사에게 제출하여야 한다. 다만, 부득이한 경우에는 30일의 범위에서 한 차례만 연장할 수 있다.

키워드 안전진단 결과의 적정성 검토

풀이 '시·도지사'는 필요한 경우 국토안전관리원 또는 한국건설기술연구원에 안전진단 결과의 적정성에 대한 검토를 의뢰할 수 있다.

정답 ②

07 도시 및 주거환경정비법령상 '정비구역 등의 해제'에 관한 설명으로 옳지 않은 것은?

제18회 수정

① 정비구역의 지정권자는 정비예정구역에 대하여 기본계획에서 정한 정비구역 지정 예정일부터 3년이 되는 날까지 구청장 등이 정비구역의 지정을 신청하지 아니하는 경우에는 정비예정구역을 해제하여야 한다.

② '조합'이 시행하는 재개발사업이 토지등소유자가 정비구역으로 지정·고시된 날부터 3년이 되는 날까지 조합설립추진위원회의 승인을 신청하지 아니하는 경우는 정비구역 등의 해제사유이다.

③ 구청장 등은 정비구역 등의 해제사유에 해당하는 경우에는 특별시장·광역시장에게 정비구역 등의 해제를 요청하여야 한다.

④ 정비구역의 지정권자는 정비구역 등을 해제하려면 지방도시계획위원회의 심의를 거쳐야 한다.

⑤ 위 ①에도 불구하고 정비구역의 지정권자는 정비구역 등의 토지등소유자가 100분의 30 이상의 동의로 해제되는 기간이 도래하기 전까지 연장을 요청하는 경우에는 해제되는 기간을 2년의 범위에서 연장하여 정비구역 등을 해제하지 아니할 수 있다.

키워드 정비구역 등의 해제

풀이 '조합'이 시행하는 재개발사업이 토지등소유자가 정비구역으로 지정·고시된 날부터 2년이 되는 날까지 조합설립추진위원회의 승인을 신청하지 아니하는 경우는 정비구역 등의 해제사유이다.

이론 ➕

> **법 제20조 【정비구역 등의 해제】** ① 정비구역의 지정권자는 다음의 어느 하나에 해당하는 경우에는 정비구역 등을 해제하여야 한다.
> 1. 정비예정구역에 대하여 기본계획에서 정한 정비구역 지정 예정일부터 3년이 되는 날까지 특별자치시장, 특별자치도지사, 시장 또는 군수가 정비구역을 지정하지 아니하거나 구청장 등이 정비구역의 지정을 신청하지 아니하는 경우
> 2. 재개발사업·재건축사업('조합'이 시행하는 경우로 한정한다)이 다음의 어느 하나에 해당하는 경우
>   가. 토지등소유자가 '정비구역'으로 지정·고시된 날부터 2년이 되는 날까지 '조합설립추진위원회'(이하 '추진위원회'라 한다)의 승인을 신청하지 아니하는 경우
>   나. 토지등소유자가 '정비구역'으로 지정·고시된 날부터 3년이 되는 날까지 '조합설립인가'를 신청하지 아니하는 경우(추진위원회를 구성하지 아니하는 경우로 한정한다)
>   다. 추진위원회가 '추진위원회 승인일'부터 2년이 되는 날까지 '조합설립인가'를 신청하지 아니하는 경우
>   라. 조합이 '조합설립인가'를 받은 날부터 3년이 되는 날까지 '사업시행계획인가'를 신청하지 아니하는 경우
> 3. 토지등소유자가 시행하는 재개발사업으로서 토지등소유자가 '정비구역'으로 지정·고시된 날부터 5년이 되는 날까지 '사업시행계획인가'를 신청하지 아니하는 경우
> ② 구청장 등은 제1항 각 호의 어느 하나에 해당하는 경우에는 특별시장·광역시장에게 정비구역 등의 해제를 요청하여야 한다.

정답 ②

08 도시 및 주거환경정비법령상 '정비구역 등의 직권해제 등'에 관한 내용으로 옳지 않은 것은?

① 정비구역의 지정권자는 토지등소유자의 100분의 30 이상이 정비구역 등(추진위원회가 구성되지 아니한 구역으로 한정한다)의 해제를 요청하는 경우 정비구역 등을 해제할 수 있다.

② 사업시행자가 일정한 방법으로 시행 중인 주거환경개선사업의 정비구역이 지정·고시된 날부터 5년 이상 지나고, 추진 상황으로 보아 지정 목적을 달성할 수 없다고 인정되는 경우로서 토지등소유자의 3분의 2 이상이 정비구역의 해제에 동의하는 경우도 위 ①과 같다.

③ 위 ①에 따라 정비구역 등을 해제하여 조합설립인가가 취소되는 경우 정비구역의 지정권자는 조합이 사용한 비용의 일부를 보조할 수 있다.

④ 정비구역 등이 해제된 경우에는 정비계획으로 변경된 용도지역, 정비기반시설 등은 정비구역 지정 이전의 상태로 환원된 것으로 본다.

⑤ 정비구역 등(재개발사업 및 재건축사업을 시행하려는 경우로 한정한다)이 해제된 경우 정비구역의 지정권자는 해제된 정비구역 등을 일정한 방법으로 시행하는 '주거환경개선구역'으로 지정할 수 있다.

키워드 정비구역 등의 직권해제 등

풀이 10년 이상이 지나고, 토지등소유자의 과반수가 동의하는 경우여야 한다.

이론✚

> **법 제21조【정비구역 등의 직권해제】** ① 정비구역의 지정권자는 각 호의 어느 하나에 해당하는 경우 지방도시계획위원회의 심의를 거쳐 정비구역 등을 해제할 수 있다. 이 경우 다음 제1호 및 제2호에 따른 구체적인 기준 등에 필요한 사항은 시·도조례로 정한다.
> 1. 정비사업의 시행으로 토지등소유자에게 과도한 부담이 발생할 것으로 예상되는 경우
> 2. 정비구역 등의 추진 상황으로 보아 지정 목적을 달성할 수 없다고 인정되는 경우
> 3. 토지등소유자의 100분의 30 이상이 정비구역 등(추진위원회가 구성되지 아니한 구역으로 한정한다)의 해제를 요청하는 경우
> 4. 법 제23조 제1항 제1호에 따른 방법으로 시행 중인 주거환경개선사업의 정비구역이 지정·고시된 날부터 10년 이상 지나고, 추진 상황으로 보아 지정 목적을 달성할 수 없다고 인정되는 경우로서 토지등소유자의 과반수가 정비구역의 해제에 동의하는 경우
> 5. 추진위원회 구성 또는 조합 설립에 동의한 토지등소유자의 2분의 1 이상 3분의 2 이하의 범위에서 시·도조례로 정하는 비율 이상의 동의로 정비구역의 해제를 요청하는 경우(사업시행계획인가를 신청하지 아니한 경우로 한정한다)
> 6. 추진위원회가 구성되거나 조합이 설립된 정비구역에서 토지등소유자 과반수의 동의로 정비구역의 해제를 요청하는 경우(사업시행계획인가를 신청하지 아니한 경우로 한정한다)

정답 ②

09 도시 및 주거환경정비법령상 '주거환경개선사업'에 관한 내용으로 옳지 않은 것은?

① 사업시행자가 정비구역에서 정비기반시설 및 공동이용시설을 새로 설치하거나 확대하고 토지등소유자가 스스로 주택을 보전·정비하거나 개량하는 방법으로 할 수 있다.

② 사업시행자가 정비구역의 전부 또는 일부를 수용하여 주택을 건설한 후 토지등소유자에게 우선 공급하거나 대지를 토지등소유자 또는 토지등소유자 외의 자에게 공급하는 방법으로 할 수 있다.

③ 사업시행자가 환지로 공급하는 방법으로 할 수 있다.

④ 사업시행자가 정비구역에서 인가받은 관리처분계획에 따라 건축물을 건설하여 공급하는 방법으로 할 수 있다.

⑤ 위 ①의 방법으로 시행하는 주거환경개선사업은 시장·군수등이 직접 시행하되, 토지주택공사등을 사업시행자로 지정하여 시행하게 하려는 경우에는 공람공고일 현재 토지등소유자의 과반수의 동의를 받아야 한다.

> **키워드** 주거환경개선사업
>
> **풀이** 주거환경개선사업은 사업시행자가 정비구역에서 인가받은 '관리처분계획'에 따라 <u>주택 및 부대시설·복리시설</u>을 건설하여 공급하는 방법으로 할 수 있다.
>
> 정답 ④

10 도시 및 주거환경정비법령상 '정비사업의 시행방법'에 관한 설명으로 옳지 않은 것은?

① 주거환경개선사업: 사업시행자가 환지로 공급하는 방법 또는 사업시행자가 정비구역에서 인가받은 관리처분계획에 따라 주택 및 부대시설·복리시설을 건설하여 공급하는 방법

② 재개발사업: 정비구역에서 인가받은 관리처분계획에 따라 건축물을 건설하여 공급하거나 환지로 공급하는 방법

③ 재건축사업: 환지로 공급하는 방법

④ 재건축사업: 정비구역에서 인가받은 관리처분계획에 따라 주택, 부대시설·복리시설 및 오피스텔을 건설하여 공급하는 방법

⑤ 위 ④에 따라 오피스텔을 건설하여 공급하는 경우에는 준주거지역 및 상업지역에서만 건설할 수 있다. 이 경우 오피스텔의 연면적은 전체 건축물 연면적의 100분의 30 이하이어야 한다.

11 도시 및 주거환경정비법령상 '재개발사업·재건축사업의 공공시행자'에 관한 설명으로 옳지 않은 것은?

① 시장·군수등은 재개발사업 및 재건축사업이 천재지변으로 긴급하게 정비사업을 시행할 필요가 있다고 인정하는 때에는 직접 정비사업을 시행하거나 토지주택공사등을 사업시행자로 지정하여 정비사업을 시행하게 할 수 있다.

② 추진위원회가 시장·군수등의 구성승인을 받은 날부터 2년 이내에 조합설립인가를 신청하지 아니한 경우도 위 ①과 같다.

③ 시장·군수등은 직접 정비사업을 시행하거나 토지주택공사등을 사업시행자로 지정하는 때에는 토지등소유자에게 알릴 필요가 있는 사항을 해당 지방자치단체의 공보에 고시하여야 한다.

④ 위 ③에 따라 시장·군수등이 직접 정비사업을 시행하거나 토지주택공사등을 사업시행자로 지정·고시한 때에는 그 고시일 다음 날에 추진위원회의 구성승인이 취소된 것으로 본다.

⑤ 위 ④의 경우, 그 고시일 다음 날에 조합설립인가도 취소된 것으로 본다.

이론 ✛

> **재개발사업·재건축사업의 공공시행자**
>
> 시장·군수등은 재개발사업 및 재건축사업이 다음의 어느 하나에 해당하는 때에는 법 제25조에도 불구하고 직접 정비사업을 시행하거나 토지주택공사등(토지주택공사등이 건설업자 또는 등록사업자와 공동으로 시행하는 경우를 포함한다)을 사업시행자로 지정하여 정비사업을 시행하게 할 수 있다.
>
> 1. 천재지변 등의 불가피한 사유로 긴급하게 정비사업을 시행할 필요가 있다고 인정하는 때
> 2. 법 제16조 제2항 전단에 따라 고시된 정비계획에서 정한 정비사업시행 예정일부터 2년 이내에 사업시행계획인가를 신청하지 아니하거나 사업시행계획인가를 신청한 내용이 위법 또는 부당하다고 인정하는 때(재건축사업의 경우는 제외한다)
> 3. 추진위원회가 시장·군수등의 구성승인을 받은 날부터 3년 이내에 조합설립인가를 신청하지 아니하거나 조합이 조합설립인가를 받은 날부터 3년 이내에 사업시행계획인가를 신청하지 아니한 때
> 4. 사업시행계획인가가 취소된 때 등

정답 ②

12 도시 및 주거환경정비법령상 '재개발사업·재건축사업의 지정개발자'에 관한 설명으로 옳지 않은 것은?

① 시장·군수등은 재개발사업 및 재건축사업이 천재지변으로 긴급하게 정비사업을 시행할 필요가 있다고 인정하는 때에는 '지정개발자'를 사업시행자로 지정하여 정비사업을 시행하게 할 수 있다.

② 정비구역의 토지 중 정비구역 전체 면적 대비 30퍼센트 이상의 토지를 소유한 자로서 토지등소유자의 30퍼센트 이상의 추천을 받은 자는 '지정개발자'가 될 수 있다.

③ 재개발사업 및 재건축사업의 조합설립을 위한 동의요건 이상에 해당하는 자가 신탁업자를 사업시행자로 지정하는 것에 동의하는 때에는 신탁업자는 '지정개발자'가 될 수 있다.

④ 위 ③에 따른 토지등소유자의 동의는 국토교통부령으로 정하는 동의서에 동의를 받는 방법으로 한다.

⑤ 시장·군수등이 지정개발자를 사업시행자로 지정·고시한 때에는 그 고시일 다음 날에 추진위원회의 구성승인 또는 조합설립인가가 취소된 것으로 본다.

> **키워드** 재개발사업·재건축사업의 지정개발자
>
> **풀이** '지정개발자가 될 수 있는 자'란 다음의 어느 하나에 해당하는 자를 말한다. 〈개정 2024. 1. 19.〉
> 1. 정비구역의 토지 중 정비구역 전체 면적 대비 <u>50퍼센트 이상의 토지</u>를 소유한 자로서 <u>토지등소유자의 2분의 1 이상의 추천</u>을 받은 자
> 2. 「사회기반시설에 대한 민간투자법」 제2조 제12호에 따른 <u>민관합동법인</u>(민간투자사업의 부대사업으로 시행하는 경우에만 해당한다)으로서 <u>토지등소유자의 2분의 1 이상의 추천</u>을 받은 자
> 3. 신탁업자로서 <u>토지등소유자의 2분의 1 이상의 추천</u>을 받거나 <u>법 제27조 제1항 제3호 또는 법 제28조 제1항 제2호에 따른 동의</u>를 받은 자

정답 ②

13 도시 및 주거환경정비법령상 '재개발사업·재건축사업의 사업대행자'에 관한 내용으로 옳지 않은 것은?

① 시장·군수등은 장기간 정비사업이 지연되는 경우에는 해당 조합 또는 토지등소유자를 대신하여 직접 정비사업을 시행하거나 토지주택공사등 또는 지정개발자에게 해당 조합 또는 토지등소유자를 대신하여 정비사업을 시행하게 할 수 있다.

② 위 ①에 따라 정비사업을 대행하는 '사업대행자'는 사업시행자에게 청구할 수 있는 보수 또는 비용의 상환에 대한 권리로써 사업시행자에게 귀속될 대지 또는 건축물을 압류할 수 있다.

③ 시장·군수등은 위 ①에 따라 정비사업을 직접 시행하거나 '지정개발자' 등에게 정비사업을 대행하도록 결정(이하 '사업대행개시결정'이라 한다)한 경우에는 사업대행개시결정을 한 날 등을 해당 지방자치단체의 공보 등에 고시하여야 한다.

④ 사업대행자는 위 ①에 따라 정비사업을 대행하는 경우 위 ③에 따른 고시를 한 날의 다음 날부터 사업대행완료를 고시하는 날까지 자기의 이름 및 계산으로 사업시행자의 업무를 집행하고 재산을 관리한다.

⑤ 시장·군수등이 아닌 사업대행자는 재산의 처분 등 사업시행자에게 재산상 부담을 주는 행위를 하려는 때에는 미리 시장·군수등의 승인을 받아야 한다.

키워드 재개발사업·재건축사업의 사업대행자

풀이 사업대행자는 위 ①에 따라 정비사업을 대행하는 경우 위 ③에 따른 고시를 한 날의 다음 날부터 사업대행완료를 고시하는 날까지 <u>자기의 이름</u> 및 <u>사업시행자의 계산</u>으로 사업시행자의 업무를 집행하고 재산을 관리한다.

정답 ④

14 도시 및 주거환경정비법령상 '추진위원회 및 조합'에 관한 설명으로 옳지 않은 것은?

제24회 수정

① 조합을 설립하려는 경우에는 정비구역 지정·고시 후 '일정한 사항'에 대하여 토지등소유자 과반수의 동의를 받아 조합설립을 위한 추진위원회를 구성하여 시장·군수등의 승인을 받아야 한다.

② 추진위원장을 포함한 5명 이상의 추진위원회 위원과 운영규정에 대하여 위 ①의 동의를 받아야 한다.

③ 정비사업에 대하여 법 제118조에 따른 공공지원을 하려는 경우에는 추진위원회를 구성하지 아니할 수 있다.

④ 시장·군수등, 토지주택공사등 또는 지정개발자가 아닌 자가 정비사업을 시행하려는 경우에는 토지등소유자로 구성된 조합을 설립하여야 한다.

⑤ 위 ④에도 불구하고 토지등소유자가 10인 미만인 경우로서 토지등소유자가 재건축사업을 시행하려는 경우에는 그러하지 아니하다.

키워드 추진위원회 및 조합

풀이 위 ④에도 불구하고 토지등소유자가 <u>20인 미만</u>인 경우로서 토지등소유자가 <u>재개발사업</u>을 시행하려는 경우에는 그러하지 아니하다.

이론 +

> [지문 ③] '공공지원'
>
> 1. <u>시장·군수등</u>은 '정비사업의 투명성 강화 및 효율성 제고'를 위하여 시·도조례로 정하는 정비사업에 대하여 사업시행 과정을 지원(이하 '공공지원'이라 한다)하거나 <u>토지주택공사등, 신탁업자</u>, 「주택도시기금법」에 따른 <u>주택도시보증공사</u> 또는 이 법 제102조 제1항 각 호 외의 부분 단서에 따라 '대통령령으로 정하는 기관'에 공공지원을 <u>위탁</u>할 수 있다.
> 2. 위 1.에 따라 정비사업을 공공지원하는 시장·군수등 및 공공지원을 위탁받은 자(이하 '위탁지원자'라 한다)는 <u>추진위원회 또는 주민대표회의 구성 등의 업무</u>를 수행한다.
> 3. <u>시장·군수등</u>은 위탁지원자의 공정한 업무수행을 위하여 관련 자료의 제출 및 조사, 현장점검 등 필요한 조치를 할 수 있다. 이 경우 '위탁지원자의 행위에 대한 대외적인 책임'은 <u>시장·군수등</u>에게 있다.
> 4. 공공지원에 필요한 <u>비용</u>은 <u>시장·군수등</u>이 부담하되, <u>특별시장, 광역시장 또는 도지사</u>는 관할 구역의 <u>시장, 군수 또는 구청장</u>에게 특별시·광역시 또는 도의 조례로 정하는 바에 따라 그 비용의 일부를 <u>지원</u>할 수 있다.

정답 ⑤

15 도시 및 주거환경정비법령상 '조합'에 관한 설명으로 옳지 않은 것은? 제24회 수정

① 조합은 법인으로 하며, 조합설립인가를 받은 날부터 15일 이내에 주된 사무소의 소재지에서 대통령령으로 정하는 사항을 등기하는 때에 성립한다.

② 조합은 명칭에 '정비사업조합'이라는 문자를 사용하여야 한다.

③ 조합에 관하여는 이 법에 규정된 사항을 제외하고는 「민법」 중 사단법인에 관한 규정을 준용한다.

④ 조합장은 조합을 대표하고, 그 사무를 총괄하며, 총회 또는 법 제46조에 따른 대의원회의 의장이 되며, 조합장이 대의원회의 의장이 되는 경우에는 대의원으로 본다.

⑤ 조합장 또는 이사가 자기를 위하여 조합과 계약이나 소송을 할 때에는 감사가 조합을 대표한다.

키워드 조합

풀이 조합은 법인으로 하며, 조합설립인가를 받은 날부터 <u>30일 이내</u>에 주된 사무소의 소재지에서 대통령령으로 정하는 사항을 등기하는 때에 성립한다.

정답 ①

16 도시 및 주거환경정비법령상 재개발사업의 시행자인 조합에 관한 설명으로 옳지 않은 것은? 제24회

① 시장·군수등이 정비사업에 대하여 공공지원을 하려는 경우에는 조합설립을 위한 추진위원회를 구성하지 아니할 수 있다.

② 조합설립을 위한 추진위원회를 구성하는 경우에는 시장·군수등의 승인을 받아야 한다.

③ 조합이 인가받은 사항을 변경하고자 하는 때에는 총회에서 조합원의 2분의 1 이상의 찬성으로 의결하고, 시장·군수등의 인가를 받아야 한다.

④ 조합은 법인으로 하고, 그 명칭에 '정비사업조합'이라는 문자를 사용하여야 한다.

⑤ 조합은 조합설립인가를 받은 날부터 30일 이내에 주된 사무소의 소재지에서 대통령령으로 정하는 사항을 등기하는 때에 성립한다.

키워드 재개발사업의 시행자인 조합

풀이 <u>설립된 조합</u>이 <u>인가받은 사항</u>을 <u>변경</u>하고자 하는 때에는 총회에서 조합원의 <u>3분의 2 이상</u>의 찬성으로 의결하고, 정관 등을 첨부하여 시장·군수등의 <u>인가</u>를 받아야 한다.

정답 ③

17 도시 및 주거환경정비법령상 '총회'에 관한 내용으로 옳지 않은 것은?

① 조합에는 조합원으로 구성되는 총회를 둔다.

② 총회는 조합장이 직권으로 소집하거나 조합원 5분의 1 이상 또는 대의원 3분의 2 이상의 요구로 조합장이 소집한다.

③ 위 ②에도 불구하고 조합임원의 사임, 해임 또는 임기만료 후 6개월 이상 조합임원이 선임되지 아니한 경우에는 시장·군수등이 조합임원 선출을 위한 총회를 소집할 수 있다.

④ 조합임원은 위 ②에도 불구하고 조합원 10분의 1 이상의 요구로 소집된 총회에서 조합원 과반수의 출석과 출석 조합원 과반수의 동의를 받아 해임할 수 있다. 이 경우 요구자 대표로 선출된 자가 해임총회의 소집 및 진행을 할 때에는 조합장의 권한을 대행한다.

⑤ 총회를 소집하려는 자는 총회가 개최되기 3일 전까지 회의 목적·안건·일시 및 장소와 서면의결권의 행사기간 및 장소 등 서면의결권 행사에 필요한 사항을 정하여 조합원에게 통지하여야 한다.

> **키워드** 총회
>
> **풀이** 총회를 소집하려는 자는 총회가 개최되기 <u>7일</u> 전까지 회의 목적·안건·일시 및 장소와 서면의결권의 행사기간 및 장소 등 서면의결권 행사에 필요한 사항을 정하여 조합원에게 통지하여야 한다.
>
> 정답 ⑤

고난도
18 도시 및 주거환경정비법령상 조합에 관한 내용으로 옳은 것은?　　　　제23회

① 조합임원의 사임, 해임 또는 임기만료 후 6개월 이상 조합임원이 선임되지 아니한 경우에는 시장·군수등이 조합임원 선출을 위한 총회를 소집할 수 있다.

② 대의원회는 정비사업전문관리업자의 선정 및 변경에 관한 총회의 권한을 대행할 수 있다.

③ 조합임원은 같은 목적의 정비사업을 하는 다른 조합의 임원 또는 직원을 겸할 수 있다.

④ 조합장이 아닌 조합임원은 대의원이 될 수 있다.

⑤ 재개발사업의 추진위원회가 조합을 설립하려면 토지등소유자의 2분의 1 이상 및 토지면적의 4분의 3 이상의 토지소유자의 동의를 받아야 한다.

정비사업조합

② 총회의 의결사항 중 '정비사업전문관리업자의 선정 및 변경에 관한 사항'은 대의원회가 총회의 권한을 대행할 수 없다. 즉, 대의원회는 총회의 의결사항 중 '정비사업전문관리업자의 선정 및 변경에 관한 사항' 등 대통령령으로 정하는 사항 '외'에는 총회의 권한을 대행할 수 있다.

③ 조합임원은 같은 목적의 정비사업을 하는 다른 조합의 임원 또는 직원을 겸할 수 없다.

④ 조합장이 아닌 조합임원은 대의원이 될 수 없다.

⑤ 재개발사업의 추진위원회가 조합을 설립하려면 토지등소유자의 4분의 3 이상 및 토지면적의 2분의 1 이상의 토지소유자의 동의를 받아야 한다.

대의원회는 총회의 의결사항 중 정비사업전문관리업자의 선정 및 변경에 관한 사항 등 대통령령으로 정하는 사항 '외'의 사항에 대해서만 총회의 권한을 대행할 수 있다.

정답 ①

19 도시 및 주거환경정비법령상 '토지등소유자 전체회의'에 관한 내용으로 옳지 않은 것은?

① 시장·군수등은 재개발사업 및 재건축사업이 재개발사업 및 재건축사업의 조합설립을 위한 동의요건 이상에 해당하는 자가 신탁업자를 사업시행자로 지정하는 것에 동의하는 때에는 '지정개발자'를 사업시행자로 지정하여 정비사업을 시행하게 할 수 있다.

② 위 ①에 따라 사업시행자로 지정된 신탁업자는 시행규정의 확정 및 변경 등의 사항에 관하여 해당 정비사업의 토지등소유자 전원으로 구성되는 회의(이하 '토지등소유자 전체회의'라 한다)의 의결을 거쳐야 한다.

③ 시행규정의 확정, 변경 및 정비사업비의 사용, 변경에 관한 사항에 관하여도 위의 ②와 같다.

④ 청산금의 징수·지급(분할징수·분할지급을 포함한다)과 조합 해산 시의 회계보고에 관한 사항에 관하여도 위의 ②와 같다.

⑤ 토지등소유자 전체회의는 사업시행자가 직권으로 소집하거나 토지등소유자 3분의 1 이상의 요구로 사업시행자가 소집한다.

토지등소유자 전체회의

토지등소유자 전체회의는 사업시행자가 직권으로 소집하거나 토지등소유자 5분의 1 이상의 요구로 사업시행자가 소집한다.

정답 ⑤

20 도시 및 주거환경정비법령상 '재건축사업 등의 용적률 완화 및 국민주택규모 주택 건설비율'에 관한 내용으로 옳지 않은 것은?

① 사업시행자는 재건축사업을 시행하는 경우 정비계획으로 정하여진 용적률에도 불구하고 '법적상한용적률'까지 건축할 수 있다.

② 과밀억제권역에서 시행하는 재건축사업의 사업시행자는 법적상한용적률에서 정비계획으로 정하여진 용적률을 뺀 용적률(이하 '초과용적률'이라 한다)의 100분의 50 이상 100분의 75 이하로서 시·도 조례로 정하는 비율에 해당하는 면적에 국민주택규모 주택을 건설하여야 한다.

③ 사업시행자는 위 ②에 따라 건설한 국민주택규모 주택을 국토교통부장관, 시·도지사, 시장, 군수, 구청장 또는 토지주택공사등(이하 '인수자'라 한다)에 공급하여야 한다.

④ 국민주택규모 주택의 공급가격은 「공공주택 특별법」에 따라 국토교통부장관이 고시하는 공공건설임대주택의 표준건축비로 하며, 부속 토지는 인수자에게 기부채납한 것으로 본다.

⑤ 인수된 국민주택규모 주택은 임대의무기간이 '20년 이상인 장기공공임대주택'으로 활용하여야 한다.

[키워드] 재건축사업 등의 용적률 완화 및 국민주택규모 주택 건설비율

[풀이] 과밀억제권역에서 시행하는 재건축사업의 사업시행자는 법적상한용적률에서 정비계획으로 정하여진 용적률을 뺀 용적률(이하 '초과용적률'이라 한다)의 다음에 따른 비율에 해당하는 면적에 국민주택규모 주택을 건설하여야 한다.

1. 과밀억제권역에서 시행하는 <u>재건축사업</u>은 초과용적률의 <u>100분의 30</u> 이상 <u>100분의 50</u> 이하로서 시·도조례로 정하는 비율
2. 과밀억제권역에서 시행하는 재개발사업은 초과용적률의 <u>100분의 50</u> 이상 <u>100분의 75</u> 이하로서 시·도조례로 정하는 비율
3. 과밀억제권역 외의 지역에서 시행하는 재건축사업은 초과용적률의 <u>100분의 50 이하</u>로서 시·도조례로 정하는 비율
4. 과밀억제권역 외의 지역에서 시행하는 재개발사업은 초과용적률의 <u>100분의 75 이하</u>로서 시·도조례로 정하는 비율

[이론 +]

> [지문 ①]
> 1. 「수도권정비계획법」에 따른 과밀억제권역에서 시행하는 재개발사업 및 재건축사업[국토의 계획 및 이용에 관한 법률에 따른 <u>주거지역</u> 및 대통령령으로 정하는 공업지역(<u>준공업지역</u>)으로 한정한다]
> 2. 위 1. 외의 경우 시·도조례로 정하는 지역에서 시행하는 재개발사업 및 재건축사업

법 제55조【국민주택규모 주택의 공급 및 인수】 ④ 인수된 국민주택규모 주택은 '대통령령으로 정하는 장기공공임대주택'으로 활용하여야 한다. 다만, '토지등소유자의 부담 완화 등 대통령령으로 정하는 요건에 해당하는 경우'에는 인수된 국민주택규모 주택을 '장기공공임대주택이 아닌 임대주택'으로 활용할 수 있다.

⑤ 제2항(부속 토지는 인수자에게 기부채납한 것으로 본다)에도 불구하고 제4항 단서에 따른 임대주택의 인수자는 임대의무기간에 따라 감정평가액의 100분의 50 이하의 범위에서 '대통령령으로 정하는 가격'으로 부속 토지를 인수하여야 한다.

영 제48조【국민주택규모 주택의 공급방법 등】 ④ 법 제55조 제4항 본문에서 '대통령령으로 정하는 장기공공임대주택'이란 공공임대주택으로서 '임대의무기간'이 20년 이상인 것을 말한다.

⑤ 법 제55조 제4항 단서에서 '토지등소유자의 부담 완화 등 대통령령으로 정하는 요건에 해당하는 경우'란 다음 각 호의 어느 하나에 해당하는 경우를 말한다.

1. 가목의 가액을 나목의 가액으로 나눈 값이 100분의 80 미만인 경우. 이 경우 가목 및 나목의 가액은 사업시행계획인가 고시일을 기준으로 하여 산정하되 구체적인 산정방법은 국토교통부장관이 정하여 고시한다.

   가. 정비사업 후 대지 및 건축물의 총가액에서 총사업비를 제외한 가액

   나. 정비사업 전 토지 및 건축물의 총가액

2. 시·도지사가 정비구역의 입지, 토지등소유자의 조합설립 동의율, 정비사업비의 증가규모, 사업기간 등을 고려하여 토지등소유자의 부담이 지나치게 높다고 인정하는 경우

⑥ 법 제55조 제5항에서 '대통령령으로 정하는 가격'이란 다음 각 호의 구분에 따른 가격을 말한다.

1. 임대의무기간이 10년 이상인 경우: 감정평가액(시장·군수등이 지정하는 둘 이상의 감정평가법인등이 평가한 금액을 산술평균한 금액을 말한다. 이하 제2호에서 같다)의 100분의 30에 해당하는 가격

2. 임대의무기간이 10년 미만인 경우: 감정평가액의 100분의 50에 해당하는 가격

정답 ②

21 도시 및 주거환경정비법령상 '순환정비방식의 정비사업 및 임시거주시설·임시상가의 설치 등'에 관한 내용으로 옳지 않은 것은?

① 사업시행자는 정비구역의 안과 밖에 새로 건설한 주택 또는 이미 건설되어 있는 주택의 경우 그 정비사업의 시행으로 철거되는 주택의 소유자 또는 세입자를 임시로 거주하게 하는 등 그 정비구역을 순차적으로 정비하여 주택의 소유자 또는 세입자의 이주대책을 수립하여야 한다.

② 사업시행자는 위 ①에 따른 방식으로 정비사업을 시행하는 경우에는 임시로 거주하는 주택(이하 '순환용주택'이라 한다)을 「주택법」 제54조에도 불구하고 임시거주시설로 사용하거나 임대할 수 있으며, 토지주택공사등이 보유한 공공임대주택을 순환용주택으로 우선 공급할 것을 요청할 수 있다.

③ 사업시행자는 재개발사업 및 재건축사업의 시행으로 철거되는 주택의 소유자 또는 세입자에게 해당 정비구역 안과 밖에 위치한 임대주택 등의 시설에 임시로 거주하게 하거나 주택자금의 융자를 알선하는 등 임시거주에 상응하는 조치를 하여야 한다.

④ 사업시행자는 정비사업의 공사를 완료한 때에는 완료한 날부터 30일 이내에 임시거주시설을 철거하고, 사용한 건축물이나 토지를 원상회복하여야 한다.

⑤ 재개발사업의 사업시행자는 사업시행으로 이주하는 상가세입자가 사용할 수 있도록 정비구역 또는 정비구역 인근에 임시상가를 설치할 수 있다.

키워드 순환정비방식의 정비사업 및 임시거주시설·임시상가의 설치 등

풀이 사업시행자는 주거환경개선사업 및 재개발사업의 시행으로 철거되는 주택의 소유자 또는 세입자에게 해당 정비구역 안과 밖에 위치한 임대주택 등의 시설에 임시로 거주하게 하거나 주택자금의 융자를 알선하는 등 임시거주에 상응하는 조치를 하여야 한다.

이론 ✚

> [지문 ②]
> 사업시행자는 순환용주택에 거주하는 자가 정비사업이 완료된 후에도 순환용주택에 계속 거주하기를 희망하는 때에는 대통령령으로 정하는 바에 따라 분양하거나 계속 임대할 수 있다. 이 경우 사업시행자가 소유하는 순환용주택은 법 제74조에 따라 인가받은 관리처분계획에 따라 토지등소유자에게 처분된 것으로 본다.

정답 ③

22 도시 및 주거환경정비법령상 '재건축사업에서의 매도청구'에 관한 내용으로 옳지 않은 것은?

① 사업시행자는 사업시행계획인가의 고시가 있은 날부터 2개월 이내에 조합설립에 동의하지 아니한 자에게 조합설립에 관한 동의 여부를 회답할 것을 서면으로 촉구하여야 한다.

② 시장·군수등, 토지주택공사등 또는 신탁업자의 사업시행자 지정에 동의하지 아니한 자에게도 위 ①의 촉구를 하여야 한다.

③ 위 ①의 촉구를 받은 토지등소유자는 촉구를 받은 날부터 2개월 이내에 회답하여야 한다.

④ 위 ③의 기간 내에 회답하지 아니한 경우 그 토지등소유자는 조합설립 또는 사업시행자의 지정에 동의하지 아니하겠다는 뜻을 회답한 것으로 본다.

⑤ 위 ③의 기간이 지나면 사업시행자는 그 기간이 만료된 때부터 2개월 이내에 조합설립에 동의하지 아니하겠다는 뜻을 회답한 토지등소유자에게 건축물 또는 토지의 소유권과 그 밖의 권리를 매도할 것을 청구할 수 있다.

키워드 **재건축사업에서의 매도청구**

풀이 재건축사업의 사업시행자는 사업시행계획인가의 고시가 있은 날부터 <u>30일 이내</u>에 조합설립에 동의하지 아니한 자에게 조합설립 또는 사업시행자의 지정에 관한 동의 여부를 회답할 것을 서면으로 촉구하여야 한다.

TIP <u>재건축사업의 경우에만</u> 본 문제의 매도청구의 규정이 적용되며, 촉구 기간 등을 숙지하여야 한다.

정답 ①

23 도시 및 주거환경정비법령상 '지상권 등 계약의 해지'에 관한 내용으로 옳지 않은 것은?

① 정비사업의 시행으로 지상권·전세권 또는 임차권의 설정 목적을 달성할 수 없는 때에는 그 권리자는 계약을 해지할 수 있다.

② 위 ①에 따라 계약을 해지할 수 있는 자가 가지는 전세금·보증금, 그 밖의 계약상의 금전의 반환청구권은 사업시행자에게 행사할 수 있다.

③ 위 ②에 따른 금전의 반환청구권의 행사로 해당 금전을 지급한 사업시행자는 해당 토지등소유자에게 구상할 수 있다.

④ 사업시행자는 위 ③에 따른 구상이 되지 아니하는 때에는 해당 토지등소유자에게 귀속될 대지 또는 건축물을 압류할 수 있다. 이 경우 압류한 권리는 지상권과 동일한 효력을 가진다.

⑤ 관리처분계획의 인가를 받은 경우 지상권·전세권설정계약 또는 임대차계약의 계약기간은 「민법」 제280조·제281조 및 제312조 제2항, 「주택임대차보호법」 제4조 제1항(2년 보장), 「상가건물 임대차보호법」 제9조 제1항(1년 보장)을 적용하지 아니한다.

> **키워드** 지상권 등 계약의 해지
>
> **풀이** 사업시행자는 위 ③에 따른 구상이 되지 아니하는 때에는 해당 토지등소유자에게 귀속될 대지 또는 건축물을 압류할 수 있다. 이 경우 압류한 권리는 <u>저당권</u>과 동일한 효력을 가진다.

정답 ④

24 도시 및 주거환경정비법령상 '분양신청을 하지 아니한 자 등에 대한 조치'에 관한 내용으로 옳지 않은 것은?

① 사업시행자는 관리처분계획이 인가·고시된 다음 날부터 60일 이내에 분양신청을 하지 아니한 자와 손실보상에 관한 협의를 하여야 한다.

② 위 ①에도 불구하고 사업시행자는 분양신청기간 종료일의 다음 날부터 협의를 시작할 수 있다.

③ 사업시행자는 위 ①에 따른 협의가 성립되지 아니하면 그 기간의 만료일 다음 날부터 60일 이내에 수용재결을 신청하거나 매도청구소송을 제기하여야 한다.

④ 사업시행자는 위 ③에 따른 기간을 넘겨서 수용재결을 신청하거나 매도청구소송을 제기한 경우에는 해당 토지등소유자에게 지연일수에 따른 이자를 지급하여야 한다.

⑤ 위 ④의 경우, 이자는 100분의 15 이하의 범위에서 대통령령으로 정하는 이율을 적용하여 산정한다.

키워드 분양신청을 하지 아니한 자 등에 대한 조치

풀이 사업시행자는 관리처분계획이 인가·고시된 다음 날부터 90일 이내에 다음에서 정하는 자와 토지, 건축물 또는 그 밖의 권리의 손실보상에 관한 협의를 하여야 한다. 다만, 사업시행자는 분양신청기간 종료일의 다음 날부터 협의를 시작할 수 있다.
1. 분양신청을 하지 아니한 자
2. 분양신청기간 종료 이전에 분양신청을 철회한 자
3. 법 제72조 제6항 본문에 따라 분양신청을 할 수 없는 자
4. 법 제74조에 따라 인가된 관리처분계획에 따라 분양대상에서 제외된 자

이론 ➕

> [지문 ⑤]
> 지문 ⑤에서 '대통령으로 정하는 이율'이란 다음을 말한다.
> 1. 6개월 이내의 지연일수에 따른 이자의 이율: 100분의 5
> 2. 6개월 초과 12개월 이내의 지연일수에 따른 이자의 이율: 100분의 10
> 3. 12개월 초과의 지연일수에 따른 이자의 이율: 100분의 15

TIP 분양신청을 하지 아니한 자 등에 대해서는 '현금 청산'이 문제되었으나, '수용재결' 또는 '매도청구소송'의 문제로 개정되었으니 정확한 숙지가 필요하다.

정답 ①

25 도시 및 주거환경정비법령상 '분양통지 및 분양공고'에 관한 설명으로 옳지 않은 것은?

① 사업시행자는 사업시행계획인가의 고시가 있은 날부터 120일 이내에 분양대상 자별 분담금의 추산액 등의 사항을 토지등소유자에게 통지하고, 분양의 대상이 되는 대지 또는 건축물의 내역 등을 해당 지역에서 발간되는 일간신문에 공고하여야 한다.

② 위 ①에도 불구하고 토지등소유자 20인 미만이 시행하는 재개발사업의 경우에는 그러하지 아니하다.

③ 분양신청기간은 통지한 날부터 30일 이상 60일 이내로 하여야 한다. 다만, 사업 시행자는 관리처분계획의 수립에 지장이 없다고 판단하는 경우에는 분양신청기 간을 20일의 범위에서 한 차례만 연장할 수 있다.

④ 사업시행자는 분양신청기간이 종료된 때에는 분양신청의 현황을 기초로 분양설계 등의 사항이 포함된 관리처분계획을 수립하여 시장·군수등의 인가를 받아야 한다.

⑤ 분양설계에 관한 계획은 분양신청기간이 만료하는 날을 기준으로 하여 수립한다.

키워드 분양통지 및 분양공고

풀이 위 ①에도 불구하고 토지등소유자 1인이 시행하는 재개발사업의 경우에는 그러하지 아니하다.

이론 ✛

> [지문 ①]
> 사업시행자는 '사업시행계획인가의 고시가 있은 날'(사업시행계획인가 이후 시공자를 선정한 경우에는 시공자와 계약을 체결한 날)부터 120일 이내에 '일정한 사항'을 토지등소유자에게 통지하고, 분양의 대상이 되는 대지 또는 건축물의 내역 등 대통령령으로 정하는 사항을 해당 지역에서 발간되는 일간신문에 공고하여야 한다.

정답 ②

26 도시 및 주거환경정비법령상 '관리처분계획의 내용'으로 옳지 않은 것은?

① 재해 또는 위생상의 위해를 방지하기 위하여 토지의 규모를 조정할 특별한 필요가 있는 때에는 너무 좁은 토지를 넓혀 토지를 갈음하여 보상을 하거나 건축물의 일부와 그 건축물이 있는 대지의 공유지분을 교부할 수 있다.

② 1세대 또는 1명이 하나 이상의 주택 또는 토지를 소유한 경우 1주택을 공급하고, 같은 세대에 속하지 아니하는 2명 이상이 1주택 또는 1토지를 공유한 경우에는 1주택만 공급한다.

③ 위 ②에도 불구하고 과밀억제권역에 위치하지 아니한 재건축사업의 토지등소유자에게는 소유한 주택 수만큼 공급할 수 있다.

④ 위 ③에도 불구하고 '투기과열지구' 또는 '조정대상지역'에서 최초 사업시행계획인가를 신청하는 재건축사업의 토지등소유자에게는 소유한 주택 수만큼 공급할 수 없다.

⑤ 과밀억제권역에 위치한 재건축사업의 경우에는 토지등소유자가 소유한 주택 수의 범위에서 2주택까지 공급할 수 있다.

키워드 관리처분계획의 내용

풀이 과밀억제권역에 위치한 재건축사업의 경우에는 토지등소유자가 소유한 주택 수의 범위에서 3주택까지 공급할 수 있다. 다만, 투기과열지구 또는 조정대상지역에서 사업시행계획인가(최초 사업시행계획인가를 말한다)를 신청하는 재건축사업의 경우에는 그러하지 아니하다.

이론 ✚

> 위 ④에도 불구하고 과밀억제권역 외의 조정대상지역 또는 투기과열지구에서 조정대상지역 또는 투기과열지구로 지정되기 전에 1명의 토지등소유자로부터 토지 또는 건축물의 소유권을 양수하여 여러 명이 소유하게 된 경우에는 양도인과 양수인에게 각각 1주택을 공급할 수 있다.

정답 ⑤

27 도시 및 주거환경정비법령상 '사업시행계획인가 및 관리처분계획인가의 시기 조정'에 관한 내용으로 옳지 않은 것은?

① 특별시장·광역시장 또는 도지사는 정비사업의 시행으로 정비구역 주변 지역에 주택이 현저하게 부족한 경우에는 주거정책심의위원회의 심의를 거쳐 사업시행계획인가 또는 관리처분계획인가 시기를 조정하도록 해당 시장, 군수 또는 구청장에게 요청할 수 있다.

② 위 ①의 경우 요청을 받은 시장, 군수 또는 구청장은 특별한 사유가 없으면 그 요청에 따라야 하며, 사업시행계획인가 또는 관리처분계획인가의 조정 시기는 인가를 신청한 날부터 2년을 넘을 수 없다.

③ 특별자치시장 및 특별자치도지사는 정비사업의 시행으로 정비구역 주변 지역에 주택이 현저하게 부족한 경우에는 시·도 주거정책심의위원회의 심의를 거쳐 사업시행계획인가 또는 관리처분계획인가의 시기를 조정할 수 있다.

④ 위 ③의 경우 사업시행계획인가 또는 관리처분계획인가의 조정 시기는 인가를 신청한 날부터 1년을 넘을 수 없다.

⑤ 사업시행계획인가 또는 관리처분계획인가의 시기 조정의 방법 및 절차 등에 필요한 사항은 특별시·광역시·특별자치시·도 또는 특별자치도의 조례로 정한다.

> **키워드** 사업시행계획인가 및 관리처분계획인가의 시기 조정
>
> **풀이** 위 ①의 경우 요청을 받은 시장, 군수 또는 구청장은 특별한 사유가 없으면 그 요청에 따라야 하며, 사업시행계획인가 또는 관리처분계획인가의 조정 시기는 인가를 신청한 날부터 <u>1년</u>을 넘을 수 없다.

정답 ②

28 도시 및 주거환경정비법령상 '지분형주택'에 관한 설명으로 옳지 않은 것은?

제22·23회 수정

① 사업시행자가 토지주택공사등인 경우에는 분양대상자와 사업시행자가 공동소유하는 방식으로 주택(이하 '지분형주택'이라 한다)을 공급할 수 있다.

② 지분형주택의 규모는 주거전용면적 60제곱미터 이하인 주택으로 한정한다.

③ 지분형주택의 공동소유기간은 법 제86조 제2항에 따라 소유권을 취득한 날부터 10년의 범위에서 사업시행자가 정하는 기간으로 한다.

④ 세대주로서 정비계획의 공람 공고일 당시 해당 정비구역에 1년 이상 실제 거주한 사람은 지분형주택의 분양대상자가 될 수 있다.

⑤ 국토교통부장관, 시·도지사, 시장, 군수, 구청장 또는 토지주택공사등은 정비구역에 세입자와 대통령령으로 정하는 면적 이하의 토지 또는 주택을 소유한 자의 요청이 있는 경우에는 법 제79조 제5항에 따라 인수한 임대주택의 일부를 「주택법」에 따른 토지임대부 분양주택으로 전환하여 공급하여야 한다.

PART 6

키워드 지분형주택

풀이 '지분형주택의 분양대상자'는 다음의 요건을 모두 충족하는 자로 한다.
1. 법 제74조 제1항 제5호에 따라 산정한 '종전에 소유하였던 토지 또는 건축물의 가격'이 '주택의 분양가격' 이하에 해당하는 사람
2. 세대주로서 정비계획의 공람 공고일 당시 해당 정비구역에 2년 이상 실제 거주한 사람
3. 정비사업의 시행으로 철거되는 주택 외 다른 주택을 소유하지 아니한 사람

이론 ＋

> [비교 ⑤] '지분적립형 분양주택'(공공주택 특별법)
>
> '지분적립형 분양주택'이란 '공공주택사업자'가 직접 건설하거나 매매 등으로 취득하여 공급하는 공공분양주택으로서 주택을 공급받은 자가 20년 이상 30년 이하의 범위에서 대통령령으로 정하는 기간 동안 '공공주택사업자'와 주택의 소유권을 공유하면서 대통령령으로 정하는 바에 따라 소유 지분을 적립하여 취득하는 주택을 말한다.

정답 ④

29 도시 및 주거환경정비법령상 '건축물 등의 사용·수익의 중지 및 철거 등'에 관한 설명으로 옳지 않은 것은?

① 종전의 토지 또는 건축물의 소유자·지상권자·전세권자·임차권자 등 권리자는 관리처분계획인가의 고시가 있은 때에는 법 제86조에 따른 소유권이전고시가 있는 날까지 종전의 토지 또는 건축물을 사용하거나 수익할 수 없다.

② 위 ①에도 불구하고 「공익사업을 위한 토지 등의 취득 및 보상에 관한 법률」에 따른 손실보상이 완료되지 아니한 경우에는 그러하지 아니하다.

③ 사업시행자는 관리처분계획인가를 받은 후 기존의 건축물을 철거하여야 한다.

④ 사업시행자는 폐공가의 밀집으로 범죄발생의 우려가 있는 경우에는 위 ③에도 불구하고 기존 건축물 소유자의 승인 및 시장·군수등의 인가를 받아 해당 건축물을 철거할 수 있다.

⑤ 시장·군수등은 사업시행자가 기존의 건축물을 철거하는 경우 일출 전과 일몰 후에는 건축물을 철거하는 것을 제한할 수 있다.

> **키워드** 건축물 등의 사용·수익의 중지 및 철거 등
> **풀이** 사업시행자는 폐공가의 밀집으로 범죄발생의 우려가 있는 경우에는 위 ③에도 불구하고 기존 건축물 '소유자'의 <u>동의</u> 및 '시장·군수등'의 <u>허가</u>를 받아 해당 건축물을 철거할 수 있다.

> 정답 ④

30 도시 및 주거환경정비법령에 관한 내용으로 옳지 않은 것은?

① 분양받은 자가 종전에 소유하고 있던 건축물의 가격과 분양받은 건축물의 가격 사이에 차이가 있는 경우 사업시행자는 소유권이전고시가 있은 후에 그 차액에 상당하는 금액(이하 '청산금'이라 한다)을 분양받은 자로부터 징수하거나 분양받은 자에게 지급하여야 한다.

② 위 ①에도 불구하고 사업시행자는 정관 등에서 분할징수 및 분할지급을 정하고 있는 경우에는 관리처분계획인가 후부터 소유권이전고시가 있은 날까지 일정 기간별로 분할징수하거나 분할지급할 수 있다.

③ 청산금을 지급(분할지급을 포함한다)받을 권리 또는 이를 징수할 권리는 소유권 이전고시일의 다음 날부터 10년간 행사하지 아니하면 소멸한다.

④ 정비구역에 있는 건축물에 저당권을 설정한 권리자는 사업시행자가 저당권이 설정된 건축물의 소유자에게 청산금을 지급하기 전에 압류절차를 거쳐 저당권을 행사할 수 있다.

⑤ 정비사업비는 이 법 또는 다른 법령에 특별한 규정이 있는 경우를 제외하고는 사업시행자가 부담한다.

키워드 청산금 등

풀이 청산금을 지급(분할지급을 포함한다)받을 권리 또는 이를 징수할 권리는 법 제86조 제2항에 따른 소유권이전고시일의 다음 날부터 5년간 행사하지 아니하면 소멸한다.

정답 ③

31 도시 및 주거환경정비법령에 관한 내용으로 옳지 않은 것은?

① 조합설립의 동의 등에 관한 업무의 대행사항을 사업시행자로부터 이와 관련한 자문을 하려는 자는 국토교통부장관에게 등록 또는 변경 등록하여야 한다.

② 주택의 건설 등 정비사업 관련 업무를 하는 한국토지주택공사 및 한국부동산원은 등록할 의무가 없다.

③ 정비사업전문관리업자는 정비사업전문관리업의 전문화와 정비사업의 건전한 발전을 도모하기 위하여 정비사업전문관리업자단체(이하 '협회'라 한다)를 설립할 수 있다.

④ 협회에 관하여 이 법에 규정된 사항을 제외하고는 「민법」 중 사단법인에 관한 규정을 준용한다.

⑤ 협회를 설립하려는 때에는 회원의 자격이 있는 50명 이상을 발기인으로 하여 정관을 작성한 후 창립총회의 의결을 거쳐 국토교통부장관의 인가를 받아야 한다.

키워드 정비사업전문관리업자 및 협회

풀이 조합설립의 동의 및 정비사업의 동의에 관한 업무의 대행사항을 추진위원회 또는 사업시행자로부터 위탁받거나 이와 관련한 자문을 하려는 자는 시·도지사에게 등록 또는 변경 등록하여야 한다.

정답 ①

▶ **연계학습** | 에듀윌 기본서 2차 [주택관리관계법규 下] p.126

01 도시재정비 촉진을 위한 특별법령상 '재정비촉진지구 등'에 관한 설명으로 옳지 않은 것은? 제20회 주관식 수정

① '재정비촉진지구'란 도시의 낙후된 지역에 대한 주거환경의 개선, 기반시설의 확충 및 도시기능의 회복을 광역적으로 계획하고 체계적·효율적으로 추진하기 위하여 법 제5조에 따라 지정하는 지구(地區)를 말한다.

② 주거지형은 노후·불량 주택과 건축물이 밀집한 지역으로서 주로 주거환경의 개선과 기반시설의 정비가 필요한 지구이다.

③ 중심지형은 상업지역, 공업지역 등으로서 토지의 효율적 이용과 도심 또는 부도심 등의 도시기능의 회복이 필요한 지구이다.

④ 고도복합형은 주요 역세권, 간선도로의 교차지 등 양호한 기반시설을 갖추고 있어 대중교통 이용이 용이한 지역으로서 도심 내 소형주택의 공급 확대, 토지의 고도이용과 건축물의 복합개발이 필요한 지구이다.

⑤ '재정비촉진계획'이란 재정비촉진지구의 재정비촉진사업을 계획적이고 체계적으로 추진하기 위한 법 제9조에 따른 재정비촉진지구의 토지 이용, 기반시설의 설치 등에 관한 계획을 말한다.

키워드 재정비촉진지구 및 재정비촉진계획

풀이 고밀복합형은 주요 역세권, 간선도로의 교차지 등 양호한 기반시설을 갖추고 있어 대중교통 이용이 용이한 지역으로서 도심 내 소형주택의 공급 확대, 토지의 고도이용과 건축물의 복합개발이 필요한 지구이다.

정답 ④

02 도시재정비 촉진을 위한 특별법상 재정비촉진사업에 해당하는 것을 모두 고른 것은?

제21 · 26회

> ㉠ 「도시 및 주거환경정비법」에 따른 재개발사업 및 재건축사업
> ㉡ 「빈집 및 소규모주택 정비에 관한 특례법」에 따른 소규모재건축사업
> ㉢ 「전통시장 및 상점가 육성을 위한 특별법」에 따른 시장정비사업
> ㉣ 「국토의 계획 및 이용에 관한 법률」에 따른 도시 · 군계획시설사업

① ㉠

② ㉠, ㉡

③ ㉢, ㉣

④ ㉡, ㉢, ㉣

⑤ ㉠, ㉡, ㉢, ㉣

키워드 재정비촉진사업

풀이 '재정비촉진사업'이란 재정비촉진지구에서 시행되는 다음의 사업을 말한다.
1. 「도시 및 주거환경정비법」에 따른 주거환경개선사업, 재개발사업 및 재건축사업, 「빈집 및 소규모주택 정비에 관한 특례법」에 따른 가로주택정비사업, 소규모재건축사업 및 소규모재개발사업
2. 「도시개발법」에 따른 도시개발사업
3. 「도시재생 활성화 및 지원에 관한 특별법」에 따른 주거재생혁신지구의 혁신지구재생사업
4. 「공공주택 특별법」에 따른 도심 공공주택 복합사업
5. 「전통시장 및 상점가 육성을 위한 특별법」에 따른 시장정비사업
6. 「국토의 계획 및 이용에 관한 법률」에 따른 도시 · 군계획시설사업

정답 ⑤

---

03 도시재정비 촉진을 위한 특별법령상 '용어의 뜻'에 관한 설명으로 옳지 않은 것은?

① '우선사업구역'이란 재정비촉진구역 중 재정비촉진사업의 활성화, 소형주택 공급 확대, 주민 이주대책 지원 등을 위하여 다른 구역에 우선하여 개발하는 구역으로 서 재정비촉진계획으로 결정되는 구역을 말한다.

② '존치지역'이란 재정비촉진지구에서 재정비촉진사업을 할 필요성이 적어 재정비 촉진계획에 따라 존치하는 지역을 말한다.

③ '존치촉진구역'은 재정비촉진구역의 지정 요건에는 해당하지 아니하나 시간의 경 과 등 여건의 변화에 따라 재정비촉진사업 요건에 해당할 수 있거나 재정비촉진 사업의 필요성이 높아질 수 있는 구역이다.

④ '존치관리구역'은 재정비촉진구역의 지정 요건에 해당하지 아니하거나 기존의 시 가지로 유지 · 관리할 필요가 있는 구역이다.

⑤ '재정비촉진구역'이란 법 제2조 제2호 각 목의 해당 사업별로 결정된 구역을 말한다.

키워드 용어의 뜻

풀이 '존치정비구역'은 재정비촉진구역의 지정 요건에는 해당하지 아니하나 시간의 경과 등 여건의 변화에 따라 재정비촉진사업 요건에 해당할 수 있거나 재정비촉진사업의 필요성이 높아질 수 있는 구역이다.

정답 ③

04 도시재정비 촉진을 위한 특별법령상 '재정비촉진지구의 지정'에 관한 설명으로 옳지 않은 것은?

① 시장·군수·구청장(자치구의 구청장을 말한다. 이하 같다)은 특별시장·광역시장 또는 도지사에게 재정비촉진지구의 지정을 신청할 수 있다.

② 위 ①에서 시장 중 '대도시 시장'에 대하여는 재정비촉진사업이 필요하다고 인정 되는 지역이 그 관할지역 및 다른 시·군·구에 걸쳐 있지 않은 경우로 한정한다.

③ 특별시장·광역시장 또는 도지사는 재정비촉진지구의 지정을 신청받은 경우에는 관계 행정기관의 장과 협의를 거쳐 「국토의 계획 및 이용에 관한 법률」 제113조 에 따른 지방도시계획위원회의 심의를 거쳐 재정비촉진지구를 지정한다.

④ 위 ③에도 불구하고 특별시장·광역시장 또는 도지사는 시장·군수·구청장이 재 정비촉진지구의 지정을 신청하지 아니하더라도 해당 시장·군수·구청장과의 협 의를 거쳐 직접 재정비촉진지구를 지정할 수 있다.

⑤ 특별자치시장, 특별자치도지사는 직접 재정비촉진지구를 지정하거나 변경한다.

> **키워드** 재정비촉진지구의 지정
>
> **풀이** 위 ①에서 시장 중 '대도시 시장'에 대하여는 재정비촉진사업이 필요하다고 인정되는 지역이 그 관할 지역 및 다른 시·군·구에 걸쳐 있는 경우로 한정한다.

> **이론 ✚**
>
> [지문 ⑤]
> 다음의 자는 직접 재정비촉진지구를 지정하거나 변경한다.
> ㉠ 특별자치시장
> ㉡ 특별자치도지사
> ㉢ 대도시 시장. 다만, 재정비촉진사업이 필요하다고 인정되는 지역이 그 관할지역에 있고 다른 시·군·구에 걸쳐 있지 아니하는 경우에 한정한다.

정답 ②

05 도시재정비 촉진을 위한 특별법령에 관한 내용으로 옳지 않은 것은?

① '재정비촉진지구 지정을 고시한 날'부터 '2년이 되는 날'까지 재정비촉진계획이 결정되지 아니하면 그 2년이 되는 날의 다음 날에 재정비촉진지구 지정의 효력이 상실된다. 다만, 시·도지사 또는 대도시 시장은 해당 기간을 1년의 범위에서 연 장할 수 있다.

② 시·도지사 또는 대도시 시장은 그 밖에 재정비촉진사업의 추진 상황으로 보아 재정비촉진지구의 지정 목적을 달성하였거나 달성할 수 없다고 인정하는 경우에 는 재정비촉진지구의 지정을 해제할 수 있다.

③ 위 ②에 따라 재정비촉진지구의 지정이 해제된 경우 재정비촉진계획 결정을 취소
하여야 한다.

④ 시·도지사 또는 대도시 시장은 위 ① 및 ②에 따라 재정비촉진지구 지정의 효력
이 상실되거나 지정을 해제하는 경우에는 그 사실을 지체 없이 해당 지방자치단
체의 공보에 고시하여야 한다.

⑤ 시·도지사 또는 대도시 시장은 위 ④에 따른 고시를 한 때에는 국토교통부장관에
게 통보해야 한다.

키워드 재정비촉진지구 지정의 효력 상실 등

풀이 위 ②에 따라 재정비촉진지구의 지정이 해제된 경우 재정비촉진계획 결정의 효력은 <u>상실된 것으로</u>
<u>본다</u>.

정답 ③

PART 7

06 도시재정비 촉진을 위한 특별법령상 '재정비촉진계획의 수립 및 결정'에 관한 설명으로 옳
지 않은 것은?

① 시장·군수·구청장은 재정비촉진계획을 수립하여 특별시장·광역시장 또는 도지
사에게 결정을 신청하여야 한다.

② 위 ①의 경우 재정비촉진지구가 둘 이상의 시·군·구의 관할지역에 걸쳐 있는 경
우에는 관할 시장·군수·구청장이 공동으로 이를 수립한다.

③ '위 ②의 경우로서 시·군·구 간의 협의가 어려운 경우'나 '특별시장·광역시장 또
는 도지사가 직접 재정비촉진지구를 지정한 경우'에는 특별시장·광역시장 또는
도지사가 직접 재정비촉진계획을 수립할 수 있다.

④ 특별자치시장, 특별자치도지사 또는 대도시 시장이 직접 재정비촉진지구를 지정
한 경우에는 특별자치시장, 특별자치도지사 또는 대도시 시장이 직접 재정비촉진
계획을 수립한다.

⑤ 시·도지사 또는 대도시 시장은 재정비촉진계획 수립의 모든 과정을 총괄 진행·
조정하게 하기 위하여 한국토지주택공사 또는 지방공사를 '총괄사업관리자'로 지
정할 수 있다.

키워드 재정비촉진계획의 수립 및 결정

풀이 1. '시·도지사 또는 대도시 시장'은 재정비촉진계획 수립의 모든 과정을 총괄 진행·조정하게 하기
위하여 도시계획·도시설계·건축 등 분야의 전문가를 <u>총괄계획가</u>로 위촉할 수 있다.
2. '재정비촉진계획 수립권자'는 사업을 효율적으로 추진하기 위하여 재정비촉진계획 수립단계에서
부터 한국토지주택공사 또는 지방공사를 <u>총괄사업관리자</u>로 지정할 수 있다.

정답 ⑤

07 도시재정비 촉진을 위한 특별법령상 '재정비촉진계획 결정의 효력'에 관한 설명이다. ( )에 들어갈 용어를 순서대로 나열한 것은?

> 재정비촉진계획이 결정·고시되었을 때에는 그 고시일에 다음의 승인 등이 있은 것으로 본다.
> ㉠ 「도시 및 주거환경정비법」에 따른 ( )의 수립 또는 변경, ( )의 지정 또는 변경 및 ( )의 수립 또는 변경
> ㉡ 「도시개발법」에 따른 도시개발구역의 지정 및 개발계획의 수립 또는 변경 등

① 도시·주거환경정비기본계획 – 정비구역 – 관리처분계획

② 정비계획 – 정비구역 – 사업시행계획

③ 도시·주거환경정비기본계획 – 정비구역 – 정비계획

④ 정비계획 – 정비구역 – 관리처분계획

⑤ 도시·주거환경정비기본계획 – 재정비촉진구역 – 정비계획

> **키워드** 재정비촉진계획 결정의 효력
> **풀이** '도시·주거환경정비기본계획 – 정비구역 – 정비계획'이 옳다.

정답 ③

08 도시재정비 촉진을 위한 특별법령상 '사업시행자 및 사업시행의 촉진'에 관한 설명으로 옳지 않은 것은?

① 재정비촉진사업은 법 제2조 제2호 각 목의 관계 법령에 따른 사업시행자가 시행한다.

② 우선사업구역의 재정비촉진사업은 관계 법령에도 불구하고 토지등소유자의 과반수의 동의를 받아 특별자치시장, 특별자치도지사, 시장·군수·구청장이 직접 시행하거나 총괄사업관리자를 사업시행자로 지정하여 시행하도록 하여야 한다.

③ 재정비촉진계획의 결정·고시일부터 2년 이내에 재정비촉진사업과 관련하여 해당 사업을 규정하고 있는 관계 법률에 따른 조합설립인가를 신청하지 아니한 경우에는 특별자치시장, 특별자치도지사, 시장·군수·구청장이 그 사업을 직접 시행할 수 있다.

④ 재정비촉진계획의 결정·고시일부터 2년 이내에 해당 사업에 관하여 규정하고 있는 관계 법률에 따른 사업시행인가를 신청하지 아니한 경우에는 특별자치시장, 특별자치도지사, 시장·군수·구청장이 총괄사업관리자를 사업시행자로 우선하여 지정할 수 있다.

⑤ 특별자치시장, 특별자치도지사, 시장·군수·구청장은 총괄사업관리자가 법 제2조 제2호 각 목의 관계 법률에 규정된 각각의 재정비촉진사업에 대하여 해당 법률에 따라 사업시행자가 될 수 있는 사업에 한정하여 총괄사업관리자를 사업시행자로 지정할 수 있다.

> **키워드** 사업시행자 및 사업시행의 촉진
>
> **풀이** 재정비촉진계획의 결정·고시일부터 3년 이내에 해당 사업에 관하여 규정하고 있는 관계 법률에 따른 사업시행(계획)인가를 신청하지 아니한 경우에는 특별자치시장, 특별자치도지사, 시장·군수·구청장이 총괄사업관리자를 사업시행자로 우선하여 지정할 수 있다.

정답 ④

고난도

09 도시재정비 촉진을 위한 특별법령상 '사업협의회의 구성'에 관한 내용으로 옳지 않은 것은?

제17·18회 수정

① 재정비촉진계획 수립권자는 재정비촉진계획의 수립, 재정비촉진사업의 시행 및 재정비촉진사업별 지역주민의 의견 조정을 위하여 필요한 사항 등에 관한 협의 또는 자문을 위하여 사업협의회를 구성·운영할 수 있다.

② 특별시장·광역시장 또는 도지사가 직접 재정비촉진계획을 수립하는 경우에는 재정비촉진계획이 결정될 때까지 특별시장·광역시장 또는 도지사가 사업협의회를 구성·운영할 수 있다.

③ 사업협의회는 10인 이내(재정비촉진구역이 10곳 이상인 경우에는 20인 이내)의 위원으로 구성한다.

④ 총괄계획가와 총괄사업관리자는 사업협의회의 위원이 되며, 그 외의 위원은 재정비촉진계획 수립권자가 해당 지방자치단체의 관계 공무원 등 중에서 임명하거나 위촉한다.

⑤ 재정비촉진계획 수립권자는 사업협의회 위원의 2분의 1 이상이 요청하거나 재정비촉진계획 수립권자가 필요하다고 판단하는 경우에 사업협의회를 개최한다.

> **키워드** 사업협의회의 구성
>
> **풀이** 사업협의회는 20인 이내(재정비촉진구역이 10곳 이상인 경우에는 30인 이내)의 위원으로 구성한다.

정답 ③

10 도시재정비 촉진을 위한 특별법령상 '토지 등 분할거래'에 관한 설명이다. (   )에 들어갈 용어를 순서대로 나열한 것은?

> 재정비촉진사업별로 해당 사업에 관하여 정하고 있는 관계 법률에 따라 주택 등 건축물을 공급하는 경우 (   )가 있은 날 또는 (   )이(가) 투기 억제 등을 위하여 따로 정하는 날(이하 '기준일'이라 한다) 이후에 다음의 어느 하나에 해당하는 경우에는 해당 토지 또는 주택 등 건축물의 분양받을 권리는 '기준일'을 기준으로 산정한다.
> ㉠ 한 필지의 토지가 여러 개의 필지로 분할되는 경우
> ㉡ 단독주택 또는 다가구주택이 (   )으로 전환되는 경우

① 재정비촉진지구계획의 결정·고시 − 시·도지사나 대도시 시장 − 다세대주택
② 재정비촉진지구계획의 결정·고시 − 시·도지사나 대도시 시장 − 연립주택
③ 재정비촉진지구 지정의 고시 − 국토교통부장관 또는 시·도지사 − 다세대주택
④ 재정비촉진지구 지정의 고시 − 시·도지사 − 다세대주택
⑤ 재정비촉진지구 지정의 고시 − 시·도지사나 대도시 시장 − 다세대주택

키워드 토지 등 분할거래
풀이 '재정비촉진지구 지정의 고시 − 시·도지사나 대도시 시장 − 다세대주택'이 옳다.

정답 ⑤

시설물의 안전 및 유지관리에 관한 특별법

▶ **연계학습** | 에듀윌 기본서 2차 [주택관리관계법규 下] p.162

대표기출

시설물의 안전 및 유지관리에 관한 특별법령상 시설물의 안전관리에 관한 설명으로 옳지 않은 것은? 제25회 수정

① 안전점검등을 실시하는 자는 건축물의 구조안전에 중대한 영향을 미치는 것으로 인정되는 기둥·보 또는 내력벽의 내력(耐力) 손실을 발견하는 경우에는 지체 없이 그 사실을 관리주체 및 관할 시장·군수·구청장에게 통보하여야 한다.

② 관리주체는 시설물의 붕괴·전도 등이 발생할 위험이 있다고 판단하는 경우 긴급안전점검을 실시하여야 한다.

③ 국토교통부장관이 소속 공무원으로 하여금 긴급안전점검을 하게 한 경우 그 긴급안전점검을 종료한 날부터 15일 이내에 그 결과를 해당 관리주체에게 서면으로 통보하여야 한다.

④ 제3종 시설물의 경우 정밀안전점검을 실시하지 아니한다.

⑤ 국가는 지방자치단체에 대하여 제3종 시설물의 지정과 안전점검등에 필요한 지원을 할 수 있다.

키워드 안전점검의 실시 등

풀이 '관리주체 또는 시장·군수·구청장'은 소관 시설물의 안전과 기능을 유지하기 위하여 <u>정기안전점검</u> 및 <u>정밀안전점검</u>을 실시해야 한다. 다만, <u>제3종 시설물</u>에 대한 <u>정밀안전점검</u>은 '정기안전점검 결과' 해당 시설물의 '안전등급'이 <u>D등급(미흡)</u> 또는 <u>E등급(불량)</u>인 경우에 한정하여 실시한다. 〈개정〉

정답 ④

01 시설물의 안전 및 유지관리에 관한 특별법령상 '용어의 뜻'에 관한 설명으로 옳지 않은 것은? 제21·23회 수정

① '안전점검'이란 경험과 기술을 갖춘 자가 육안이나 점검기구 등으로 검사하여 시설물에 내재되어 있는 위험요인을 조사하는 행위를 말하며, 정기안전점검 및 정밀안전점검으로 구분한다.

② '정밀안전점검'이란 시설물의 물리적·기능적 결함을 발견하고 그에 대한 신속하고 적절한 조치를 하기 위하여 구조적 안전성과 결함의 원인 등을 조사·측정·평가하여 보수·보강 등의 방법을 제시하는 행위를 말한다.

③ '긴급안전점검'이란 시설물의 붕괴·전도 등으로 인한 재난 또는 재해가 발생할 우려가 있는 경우에 시설물의 물리적·기능적 결함을 신속하게 발견하기 위하여 실시하는 점검을 말한다.

④ '내진성능평가'란 지진으로부터 시설물의 안전성을 확보하고 기능을 유지하기 위하여 「지진·화산재해대책법」제14조 제1항에 따라 시설물별로 정하는 내진설계기준에 따라 시설물이 지진에 견딜 수 있는 능력을 평가하는 것을 말한다.

⑤ '성능평가'란 시설물의 기능을 유지하기 위하여 요구되는 시설물의 구조적 안전성, 내구성, 사용성 등의 성능을 종합적으로 평가하는 것을 말한다.

> **키워드** **용어의 뜻**
> **풀이** '정밀안전진단'이란 시설물의 물리적·기능적 결함을 발견하고 그에 대한 신속하고 적절한 조치를 하기 위하여 구조적 안전성과 결함의 원인 등을 조사·측정·평가하여 보수·보강 등의 방법을 제시하는 행위를 말한다.

정답 ②

02 시설물의 안전 및 유지관리에 관한 특별법령상 '용어의 뜻'에 관한 설명으로 옳지 않은 것은?

① '관리주체'란 관계 법령에 따라 해당 시설물의 관리자로 규정된 자나 해당 시설물의 소유자를 말한다.

② '도급'이란 원도급·하도급·위탁, 그 밖에 명칭 여하에도 불구하고 안전점검·정밀안전진단이나 긴급안전점검, 유지관리 또는 성능평가를 완료하기로 약정하고, 상대방이 그 일의 결과에 대하여 대가를 지급하기로 한 계약을 말한다.

③ '하도급'이란 도급받은 안전점검·정밀안전진단이나 긴급안전점검, 유지관리 또는 성능평가 용역의 전부 또는 일부를 도급하기 위하여 수급인이 제3자와 체결하는 계약을 말한다.

④ '유지보수'란 완공된 시설물의 기능을 보전하고 시설물이용자의 편의와 안전을 높이기 위하여 시설물을 일상적으로 점검·정비하고 손상된 부분을 원상복구하며 경과시간에 따라 요구되는 시설물의 개량·보수·보강에 필요한 활동을 하는 것을 말한다.

⑤ '하자담보책임기간'이란 「건설산업기본법」과 「공동주택관리법」 등 관계 법령에 따른 하자담보책임기간 또는 하자보수기간 등을 말한다.

| 키워드 | 용어의 뜻 |

| 풀이 | '유지관리'란 완공된 시설물의 기능을 보전하고 시설물이용자의 편의와 안전을 높이기 위하여 시설물을 일상적으로 점검·정비하고 손상된 부분을 원상복구하며 경과시간에 따라 요구되는 시설물의 개량·보수·보강에 필요한 활동을 하는 것을 말한다.

정답 ④

03 시설물의 안전 및 유지관리에 관한 특별법령상 '시설물'을 잘못 연결한 것은?

① 연면적 5만 제곱미터 이상의 건축물 – 제1종 시설물

② 21층 이상 공동주택 – 제1종 시설물

③ 연면적 3만 제곱미터 이상의 철도역시설 – 제1종 시설물

④ 연면적 5천 제곱미터 이상의 문화 및 집회시설 – 제2종 시설물

⑤ 연면적 5천 제곱미터 이상의 지하도상가(지하보도면적을 포함한다) – 제2종 시설물

> **키워드** **시설물의 종류**
>
> **풀이** '16층 이상 공동주택'은 <u>제2종 시설물</u>이다. 즉, 21층 이상 공동주택도 제2종 시설물에 해당하며, <u>공동주택이 제1종 시설물이 되는 경우는 없다.</u>

> **이론 ✚**
>
> **법 제7조 【시설물의 종류】**
> 1. 제1종 시설물
>   가. 고속철도 교량, 연장 500미터 이상의 도로 및 철도 교량
> 2. 제2종 시설물
>   가. 연장 100미터 이상의 도로 및 철도 교량
> 3. 제3종 시설물
>   제1종 시설물 및 제2종 시설물 외에 안전관리가 필요한 소규모 시설물로서 제8조에 따라 지정·고시된 시설물

> **영 제4조 [별표 1] 시설물 중 건축물**
> 1. 공동주택
>   ㉠ 제1종 시설물: <u>없음</u>
>   ㉡ 제2종 시설물: <u>16층 이상의 공동주택</u>
> 2. 공동주택 외의 건축물
>   ㉠ 제1종 시설물
>   ⓐ <u>21층 이상 또는 연면적 5만 제곱미터 이상의 건축물</u>
>   ⓑ 연면적 3만 제곱미터 이상의 철도역시설 및 관람장
>   ⓒ 연면적 1만 제곱미터 이상의 지하도상가(지하보도면적을 포함한다)
>   ㉡ 제2종 시설물
>   ⓐ 제1종 시설물에 해당하지 않는 건축물로서 <u>16층 이상</u> 또는 <u>연면적 3만 제곱미터 이상의</u> 건축물
>   ⓑ 제1종 시설물에 해당하지 않는 건축물로서 연면적 <u>5천 제곱미터 이상</u>(각 용도별 시설의 합계)의 <u>문화 및 집회시설</u>, 종교시설, 판매시설, 운수시설 중 여객용 시설, 의료시설, 노유자시설, 수련시설, 운동시설, 숙박시설 중 관광숙박시설 및 관광휴게시설
>   ⓒ 제1종 시설물에 해당하지 않는 철도역시설로서 고속철도, 도시철도, 광역철도 역시설
>   ⓓ 제1종 시설물에 해당하지 않는 지하도상가로서 연면적 5천 제곱미터 이상의 지하도상가 (지하보도면적을 포함한다)

> **정답** ②

04 시설물의 안전 및 유지관리에 관한 특별법령상 '제3종 시설물의 지정 등 및 해제'에 관한 내용으로 옳지 않은 것은?

① 중앙행정기관의 장 또는 지방자치단체의 장은 재난을 예방하기 위하여 계속적으로 관리할 필요가 있다고 인정되는 제1종 시설물 및 제2종 시설물 외의 시설물을 대통령령으로 정하는 바에 따라 제3종 시설물로 지정·고시하여야 한다.

② 중앙행정기관의 장 또는 지방자치단체의 장은 제3종 시설물이 보수·보강의 시행 등으로 재난 발생 위험이 없어지거나 재난을 예방하기 위하여 계속적으로 관리할 필요성이 없는 경우에는 그 지정을 해제하여야 한다.

③ 시설물의 관리주체가 민간관리주체인 경우에는 관할 시·도지사에게 해당 시설물을 제3종 시설물로 지정해 줄 것을 요청할 수 있다.

④ 제3종 시설물의 관리주체는 시설물의 보수·보강 등으로 인하여 재난발생의 위험이 해소된 경우에는 해당 시설물의 지정권자에게 제3종 시설물의 지정을 해제해 줄 것을 요청할 수 있다.

⑤ 중앙행정기관의 장 또는 지방자치단체의 장은 제3종 시설물을 지정·고시 또는 해제할 때는 그 사실을 해당 관리주체에게 통보하여야 한다.

키워드 **제3종 시설물의 지정 등 및 해제**

풀이 시설물의 관리주체가 민간관리주체인 경우에는 관할 <u>시장·군수·구청장</u>에게 해당 시설물을 제3종 시설물로 지정해 줄 것을 요청할 수 있다.

이론 +

> 제1종 시설물 및 제2종 시설물 외의 시설물의 관리주체는 재난발생의 위험이 높거나 재난을 예방하기 위하여 계속적으로 관리할 필요가 있는 경우에는 다음의 자에게 해당 시설물을 제3종 시설물로 지정해 줄 것을 요청할 수 있다.
> 1. 시설물의 관리주체가 공공관리주체인 경우: 다음의 구분에 따른 자
>   ㉠ 중앙행정기관의 소속 기관이거나 감독을 받는 기관인 공공관리주체: 소속 중앙행정기관의 장
>   ㉡ 위 ㉠ 외의 공공관리주체: 특별시장, 광역시장, 도지사, 특별자치시장 또는 특별자치도지사(이하 '시·도지사'라 한다)
> 2. 시설물의 관리주체가 <u>민간관리주체</u>인 경우: <u>관할 시장·군수·구청장</u>

TIP 시설물 중 제3종 시설물은 '법정 시설물'이 아니고 '지정 시설물'인 만큼 지정 절차를 숙지하여야 한다.

정답 ③

05 시설물의 안전 및 유지관리에 관한 특별법령상 '시설물의 안전 및 유지관리 기본계획 및 시설물관리계획의 수립·시행에 관한 설명으로 옳지 않은 것은?

① 국토교통부장관은 시설물이 안전하게 유지관리될 수 있도록 하기 위하여 5년마다 시설물의 안전 및 유지관리에 관한 기본계획(이하 '기본계획'이라 한다)을 수립·시행하여야 한다.

② 관리주체는 시설물의 안전 및 유지관리계획(이하 '시설물관리계획'이라 한다)을 소관 시설물별로 매년 수립·시행하여야 한다.

③ 위 ②에도 불구하고 제3종 시설물 중 「건축법」 제2조 제2항 제11호에 따른 노유자시설의 경우에는 특별자치시장·특별자치도지사·시장·군수 또는 구청장(구청장은 자치구의 구청장을 말하며, 이하 '시장·군수·구청장'이라 한다)이 수립하여야 한다.

④ 제3종 시설물 중 「공동주택관리법」 제2조 제2호에 따른 의무관리대상 공동주택의 경우에도 위 ③과 같다.

⑤ 위 ②에도 불구하고 「공동주택관리법」에 따른 공동주택의 경우에는 법 제6조 제2항 제1호 및 제2호의 사항에 대해서는 「공동주택관리법」에 따른 '공동주택단지'에 소재하는 공동주택 전체를 대상으로 수립할 수 있다.

키워드 시설물의 안전 및 유지관리 '기본계획' 및 '시설물관리계획'의 수립·시행

풀이 '제3종 시설물' 중 「공동주택관리법」 제2조 제2호에 따른 <u>의무관리대상 공동주택이 아닌 공동주택</u>의 경우에도 위 ③과 같다.

이론 ✚

> **'보고' 및 '제출'**
> 1. <u>공공관리주체</u>는 시설물관리계획을 수립한 경우 다음에 해당하는 관계 행정기관의 장에게 보고하여야 한다.
>   ㉠ <u>공공관리주체가 중앙행정기관의 소속 기관이거나 감독을 받는 기관</u>인 경우에는 <u>소속 중앙행정기관의 장</u>
>   ㉡ <u>위 ㉠ 외의 공공관리주체</u>는 특별시장·광역시장·도지사·특별자치시장 또는 특별자치도지사(이하 '<u>시·도지사</u>'라 한다)
> 2. <u>민간관리주체</u>는 시설물관리계획을 수립한 경우 <u>관할 시장·군수·구청장</u>에게 제출하여야 한다.

정답 ④

06 시설물의 안전 및 유지관리에 관한 특별법령상 '설계도서 등의 제출 등'에 관한 내용으로 옳지 않은 것은?

① 제1종 시설물 및 제2종 시설물을 건설·공급하는 사업주체는 설계도서 및 시설물 관리대장을 관리주체와 국토교통부장관에게 제출하여야 한다.

② 제3종 시설물의 사업주체는 제3종 시설물로 지정·고시된 경우에는 위 ①의 서류를 3개월 이내에 국토교통부장관에게 제출하여야 한다.

③ 위 ①에도 불구하고 제1종 시설물 및 제2종 시설물을 건설·공급하는 사업주체는 보안상 비밀유지가 필요한 시설물에 대해 관계 중앙행정기관의 장의 요구가 있을 경우에는 그 시설물과 관련된 위 ①의 서류를 제출하지 아니할 수 있다. 이 경우 관계 중앙행정기관의 장은 그 사유를 국토교통부장관에게 통보하여야 한다.

④ 제1종 시설물 및 제2종 시설물에 대한 준공 또는 사용승인을 하는 관계 행정기관의 장은 제1종 시설물 및 제2종 시설물을 건설·공급하는 사업주체가 위 ①에 따른 서류를 제출한 것을 확인한 후 준공 또는 사용승인을 하여야 한다.

⑤ 위 ④에 따라 시설물의 준공 또는 사용승인을 한 관계 행정기관의 장은 준공 또는 사용승인을 한 날부터 1개월 이내에 준공 또는 사용승인 사실을 국토교통부장관에게 통보하여야 한다.

PART 8

| 키워드 | 설계도서 등의 제출 등 |

풀이　제3종 시설물의 관리주체는 제3종 시설물로 지정·고시된 경우에는 위 ①의 서류를 1개월 이내에 국토교통부장관에게 제출하여야 한다.

정답 ②

07 시설물의 안전 및 유지관리에 관한 특별법령상 '안전점검'에 관한 설명으로 옳지 않은 것은?

① 관리주체는 소관 시설물의 안전과 기능을 유지하기 위하여 정기적으로 안전점검을 실시하여야 한다.

② 관리주체는 시설물의 하자담보책임기간이 끝나기 전에 마지막으로 실시하는 정밀안전점검의 경우에는 안전진단전문기관이나 국토안전관리원에 의뢰하여 실시하여야 한다.

③ 민간관리주체가 어음·수표의 지급불능으로 인한 부도(不渡) 등 부득이한 사유로 인하여 안전점검을 실시하지 못하게 될 때에는 관할 시장·군수·구청장이 민간관리주체를 대신하여 안전점검을 실시할 수 있다.

④ 관리주체 또는 시장·군수·구청장은 소관 시설물의 안전과 기능을 유지하기 위하여 정기안전점검 및 정밀안전점검을 실시해야 한다.

⑤ 위의 ④에도 불구하고 제1종 시설물에 대한 정밀안전점검은 정기안전점검 결과 해당 시설물의 안전등급이 D등급(미흡) 또는 E등급(불량)인 경우에 한정하여 실시한다.

키워드 안전점검

풀이 위의 ④에도 불구하고 제3종 시설물에 대한 정밀안전점검은 정기안전점검 결과 해당 시설물의 안전등급이 D등급(미흡) 또는 E등급(불량)인 경우에 한정하여 실시한다.

이론 ✚

> [지문 ③]
> 위 ③에 따라 시장·군수·구청장이 안전점검을 대신 실시한 후 민간관리주체에게 비용을 청구하는 경우에 해당 민간관리주체가 그에 따르지 아니하면 시장·군수·구청장은 지방세 체납처분의 예에 따라 징수할 수 있다.

정답 ⑤

08 시설물의 안전 및 유지관리에 관한 특별법령상 '안전점검, 정밀안전진단 및 성능평가의 실시시기'의 연결이 옳지 않은 것은?

① 정기안전점검(안전등급: A등급) − 반기에 1회 이상

② 정밀안전점검(건축물, 안전등급: B등급) − 3년에 1회 이상

③ 정밀안전점검(건축물 외 시설물, 안전등급: C등급) − 2년에 1회 이상

④ 정밀안전진단(제1종 시설물로서 안전등급: D등급) − 4년에 1회 이상

⑤ 성능평가(등급 불문) − 10년에 1회 이상

키워드 안전점검, 정밀안전진단 및 성능평가의 실시시기

풀이 성능평가(등급 불문) − <u>5년</u>에 1회 이상

이론 ✚ 안전점검, 정밀안전진단 및 성능평가의 실시시기

안전등급	정기안전점검	정밀안전점검		정밀안전진단 [제1종 시설물]	성능평가
		건축물	건축물 외 시설물		
A등급	반기에 1회 이상	4년에 1회 이상	3년에 1회 이상	6년에 1회 이상	5년에 1회 이상
B·C등급		3년에 1회 이상	2년에 1회 이상	5년에 1회 이상	
D·E등급	1년에 3회 이상	2년에 1회 이상	1년에 1회 이상	4년에 1회 이상	

TIP 정기안전점검, 정밀안전점검, 정밀안전진단, 성능평가 등을 정기적으로 실시해야 하는 경우, 그 점검시기를 정확히 구분하여 암기하여야 한다.

정답 ⑤

09 시설물의 안전 및 유지관리에 관한 특별법령상 '안전점검, 정밀안전진단 및 성능평가의 실시시기'에 관한 내용으로 옳지 않은 것은?

① 최초로 실시하는 성능평가는 성능평가 대상시설물 중 제1종 시설물의 경우에는 최초로 정밀안전진단을 실시하는 때, 제2종 시설물의 경우에는 하자담보책임기간이 끝나기 전에 마지막으로 실시하는 정밀안전점검을 실시하는 때에 실시한다.

② 제1종 및 제2종 시설물 중 D·E등급 시설물의 정기안전점검은 해빙기·우기·동절기 전 각각 1회 이상 실시한다. 이 경우 해빙기 전 점검시기는 2월·3월로, 우기 전 점검시기는 5월·6월로, 동절기 전 점검시기는 11월·12월로 한다.

③ 공동주택의 정기안전점검은 「공동주택관리법」에 따른 안전점검(지방자치단체의 장이 의무관리대상이 아닌 공동주택에 대하여 안전점검을 실시한 경우에는 이를 포함한다)으로 갈음한다.

④ 정기안전점검 결과 안전등급이 D등급(미흡) 또는 E등급(불량)으로 지정된 제3종 시설물의 최초 정밀안전점검은 해당 정기안전점검을 완료한 날부터 2년 이내에 실시한다.

⑤ 최초로 실시하는 정밀안전진단은 준공일 또는 사용승인일 후 10년이 지난 때부터 1년 이내에 실시한다.

키워드	안전점검, 정밀안전진단 및 성능평가의 실시시기

풀이	정기안전점검 결과 안전등급이 D등급(미흡) 또는 E등급(불량)으로 지정된 제3종 시설물의 최초 정밀안전점검은 해당 정기안전점검을 완료한 날부터 <u>1년 이내</u>에 실시한다.

이론 ➕

[지문 ④] 안전점검, 정밀안전진단 및 성능평가의 실시시기(영 별표 3 비고)

1. 준공 또는 사용승인 후부터 <u>최초 안전등급이 지정되기 전까지의 기간</u>에 실시하는 <u>정기안전점검</u>은 <u>반기</u>에 1회 이상 실시한다.
2. 제1종 및 제2종 시설물 중 <u>D·E등급 시설물</u>의 정기안전점검은 해빙기·우기·동절기 전 각각 1회 이상 실시한다. 이 경우 <u>해빙기 전</u> 점검시기는 <u>2월·3월</u>로, <u>우기 전</u> 점검시기는 <u>5월·6월</u>로, <u>동절기 전</u> 점검시기는 <u>11월·12월</u>로 한다.
3. 공동주택의 <u>정기안전점검</u>은 「공동주택관리법」 제33조에 따른 <u>안전점검</u>(지방자치단체의 장이 <u>의무관리대상이 아닌 공동주택</u>에 대하여 같은 법 제34조에 따라 안전점검을 실시한 경우에는 이를 포함한다)으로 <u>갈음</u>한다.
4. <u>최초로 실시하는</u> 정밀안전점검은 시설물의 준공일 또는 사용승인일(구조형태의 변경으로 시설물로 된 경우에는 구조형태의 변경에 따른 준공일 또는 사용승인일을 말한다)을 기준으로 <u>3년 이내</u>(건축물은 <u>4년 이내</u>)에 실시한다. 다만, 임시 사용승인을 받은 경우에는 임시 사용승인일을 기준으로 한다.
5. 위 4.에도 불구하고 <u>정기안전점검</u> 결과 안전등급이 <u>D등급(미흡)</u> 또는 <u>E등급(불량)</u>으로 지정된 <u>제3종 시설물</u>의 <u>최초</u> 정밀안전점검은 <u>해당 정기안전점검을 완료한 날부터</u> <u>1년 이내</u>에 실시한다. 다만, <u>이 기간 내 정밀안전진단을 실시한 경우</u>에는 해당 <u>정밀안전점검을 생략</u>할 수 있다.

6. <u>최초로 실시하는 정밀안전진단</u>은 준공일 또는 사용승인일(준공 또는 사용승인 후에 구조형태의 변경으로 제1종 시설물로 된 경우에는 최초 준공일 또는 사용승인일을 말한다) 후 <u>10년이 지난 때부터 1년 이내에 실시한다.</u> 다만, 준공 및 사용승인 후 10년이 지난 후에 구조형태의 변경으로 인하여 제1종 시설물로 된 경우에는 구조형태의 변경에 따른 준공일 또는 사용승인일부터 1년 이내에 실시한다.

7. <u>최초로 실시하는 성능평가</u>는 성능평가대상 시설물 중 제1종 시설물의 경우에는 <u>최초로 정밀안전진단을 실시하는 때,</u> 제2종 시설물의 경우에는 하자담보책임기간이 끝나기 전에 <u>마지막으로 실시하는 정밀안전점검을 실시하는 때에 실시한다.</u> 다만, 준공 및 사용승인 후 구조형태의 변경으로 인하여 성능평가대상 시설물로 된 경우에는 위 4. 및 6.에 따라 정밀안전점검 또는 정밀안전진단을 실시하는 때에 실시한다.

8. 정밀안전점검 및 정밀안전진단의 실시 주기는 이전 정밀안전점검 및 정밀안전진단을 완료한 날을 기준으로 한다. 다만, 정밀안전점검 실시 주기에 따라 정밀안전점검을 실시한 경우에도 법 제12조에 따라 정밀안전진단을 실시한 경우에는 그 정밀안전진단을 완료한 날을 기준으로 정밀안전점검의 실시 주기를 정한다.

9. <u>정밀안전점검, 긴급안전점검 및 정밀안전진단의 '실시 완료일'이 속한 반기에 실시하여야 하는 정기안전점검은 생략할 수 있다.</u>

10. <u>정밀안전진단의 실시 완료일부터 6개월 전 이내에 그 실시 주기의 마지막 날이 속하는 정밀안전점검은 생략</u>할 수 있다.

11. 성능평가 실시 주기는 이전 성능평가를 완료한 날을 기준으로 한다.

12. 증축, 개축 및 리모델링 등을 위하여 공사 중이거나 철거예정인 시설물로서, 사용되지 않는 시설물에 대해서는 국토교통부장관과 협의하여 안전점검, 정밀안전진단 및 성능평가의 실시를 생략하거나 그 시기를 조정할 수 있다.

TIP 특히 최초로 정기안전점검, 정밀안전점검, 정밀안전진단, 성능평가 등을 실시해야 하는 경우, 그 최초의 점검시기를 정확히 구분하여 암기하여야 한다.

정답 ④

10 시설물의 안전 및 유지관리에 관한 특별법령상 '정밀안전진단'에 관한 설명으로 옳지 않은 것은? 제20·21·24회 수정

① 관리주체는 제1종 시설물에 대하여 정기적으로 정밀안전진단을 실시하여야 한다.

② 관리주체는 안전점검 또는 긴급안전점검을 실시한 결과 재해 및 재난을 예방하기 위하여 필요하다고 인정되는 경우에는 정밀안전진단을 실시하여야 한다.

③ 위 ②의 경우 법 제13조 제7항 및 법 제17조 제4항에 따른 결과보고서 제출일부터 1년 이내에 정밀안전진단을 착수하여야 한다.

④ 관리주체는 「지진·화산재해대책법」 제14조 제1항에 따른 내진설계대상 시설물 중 내진성능평가를 받지 않은 시설물에 대하여 정밀안전진단을 실시하는 경우에는 해당 시설물에 대한 내진성능평가를 포함하여 실시할 수 있다.

⑤ 국토교통부장관은 내진성능평가가 포함된 정밀안전진단의 실시결과를 법 제18조에 따라 평가한 결과 내진성능의 보강이 필요하다고 인정되면 내진성능을 보강하도록 권고할 수 있다.

> **키워드** 정밀안전진단
>
> **풀이** 관리주체는 「지진·화산재해대책법」 제14조 제1항에 따른 내진설계대상 시설물 중 내진성능평가를 받지 않은 시설물에 대하여 정밀안전진단을 실시하는 경우에는 해당 시설물에 대한 내진성능평가를 포함하여 <u>실시하여야 한다</u>.
>
> **정답** ④

11 시설물의 안전 및 유지관리에 관한 특별법령의 내용으로 옳지 않은 것은? 제23회

① 정밀안전점검이란 시설물의 물리적·기능적 결함을 발견하고 그에 대한 신속하고 적절한 조치를 하기 위하여 구조적 안전성과 결함의 원인 등을 조사·측정·평가하여 보수·보강 등의 방법을 제시하는 행위를 말한다.

② 구조상 안전 및 유지관리에 고도의 기술이 필요한 대규모 시설물로서 21층 이상 또는 연면적 5만 제곱미터 이상의 건축물은 제1종 시설물에 해당한다.

③ 제1종 시설물 외에 사회기반시설 등 재난이 발생할 위험이 높거나 재난을 예방하기 위하여 계속적으로 관리할 필요가 있는 시설물로서 16층 이상 또는 연면적 3만 제곱미터 이상의 건축물은 제2종 시설물에 해당한다.

④ 관리주체는 소관 시설물의 안전과 기능을 유지하기 위하여 정기적으로 안전점검을 실시하여야 한다.

⑤ 준공 또는 사용승인 후부터 최초 안전등급이 지정되기 전까지의 기간에 실시하는 정기안전점검은 반기에 1회 이상 실시한다.

풀이 '정밀안전진단'이란 시설물의 물리적·기능적 결함을 발견하고 그에 대한 신속하고 적절한 조치를 하기 위하여 구조적 안전성과 결함의 원인 등을 조사·측정·평가하여 보수·보강 등의 방법을 제시하는 행위를 말한다.

'안전점검'이란 경험과 기술을 갖춘 자가 육안이나 점검기구 등으로 검사하여 시설물에 내재(內在)되어 있는 위험요인을 조사하는 행위를 말하며, 점검목적 및 점검수준을 고려하여 국토교통부령으로 정하는 바에 따라 <u>정기안전점검</u> 및 <u>정밀안전점검</u>으로 구분한다.

정답 ①

---

12 시설물의 안전 및 유지관리에 관한 특별법령상 '긴급안전점검의 실시'에 관한 설명으로 옳지 않은 것은? 제22회 수정

① 관리주체는 시설물의 붕괴·전도 등이 발생할 위험이 있다고 판단하는 경우 긴급안전점검을 실시하여야 한다.

② 국토교통부장관 및 관계 행정기관의 장은 시설물의 구조상 공중의 안전한 이용에 중대한 영향을 미칠 우려가 있다고 판단되는 경우에는 소속 공무원으로 하여금 긴급안전점검을 하게 할 수 있다.

③ 위 ②의 경우, 국토교통부장관 및 관계 행정기관의 장은 해당 관리주체 또는 시장·군수·구청장(법 제6조 제1항 단서에 해당하는 시설물의 경우에 한정한다)에게 긴급안전점검을 실시할 것을 요구할 수 있다.

④ 위 ③에 따라 관리주체 또는 관계 행정기관의 장이 긴급안전점검을 실시한 경우 그 결과보고서를 시·도지사에게 제출하여야 한다.

⑤ 위 ②에 따라 긴급안전점검을 하는 공무원은 정당한 사유 없이 긴급안전점검을 거부 또는 기피하거나 방해하는 경우 등 긴급안전점검과 관련된 범죄에 관하여는 「사법경찰관리의 직무를 수행할 자와 그 직무범위에 관한 법률」에서 정하는 바에 따라 사법경찰관리의 직무를 수행한다.

키워드 긴급안전점검의 실시

풀이 위 ③에 따라 관리주체 또는 관계 행정기관의 장이 긴급안전점검을 실시한 경우 그 결과보고서를 <u>국토교통부장관</u>에게 제출하여야 한다.

정답 ④

13 시설물의 안전 및 유지관리에 관한 특별법령상 '책임기술자 및 긴급안전점검의 실시'에 관한 설명으로 옳지 않은 것은?

① 안전점검등 또는 성능평가를 자신의 책임하에 실시할 수 있는 사람을 '책임기술자'라 한다.

② '책임기술자'는 [별표 5]에 따른 자격요건을 갖추고 국토교통부령으로 정하는 바에 따라 시설물통합정보관리체계에 책임기술자로 등록한 사람으로 한다.

③ 책임기술자는 안전점검등 또는 성능평가를 실시할 때 필요한 경우에는 일정한 요건을 모두 갖춘 사람(이하 '참여기술자'라 한다)으로 하여금 자신의 감독하에 안전점검등 또는 성능평가를 하게 할 수 있다.

④ 국토교통부장관 및 관계 행정기관의 장은 긴급안전점검을 실시할 때는 미리 긴급안전점검 대상 시설물의 관리주체에게 긴급안전점검의 목적·날짜 및 대상 등을 서면으로 통지하여야 한다. 다만, 서면 통지로는 긴급안전점검의 목적을 달성할 수 없는 경우에는 구두(口頭)로 또는 전화 등으로 통지할 수 있다.

⑤ 국토교통부장관 또는 관계 행정기관의 장은 긴급안전점검을 종료한 날부터 30일 이내에 그 결과를 해당 관리주체에게 서면 또는 구술로 통보하여야 한다.

키워드 책임기술자 및 긴급안전점검의 실시

풀이 국토교통부장관 또는 관계 행정기관의 장은 긴급안전점검을 종료한 날부터 <u>15일 이내</u>에 그 결과를 해당 관리주체에게 <u>서면</u>으로 <u>통보</u>하여야 한다.

이론 ✚

> [지문 ③]
> 책임기술자는 안전점검등 또는 성능평가를 실시할 때 필요한 경우에는 다음의 요건을 모두 갖춘 사람(이하 '참여기술자'라 한다)으로 하여금 자신의 감독하에 안전점검등 또는 성능평가를 하게 할 수 있다. 다만, <u>안전점검 및 긴급안전점검을 실시하는 참여기술자의 경우 다음 2.의 요건</u>은 <u>제외</u>한다.
> 1. 「건설기술 진흥법 시행령」[별표 1]에 따른 토목·건축·안전관리(건설안전 기술자격자 분야만 해당한다) 분야의 초급기술인 이상 또는 「건축사법」에 따른 건축사의 자격요건을 갖춘 사람일 것
> 2. '국토교통부장관이 인정'하는 해당 분야(교량 및 터널, 수리, 항만, 건축 분야로 구분한다)의 정밀 안전진단교육 또는 성능평가교육을 이수하였을 것
> 3. 국토교통부령으로 정하는 바에 따라 <u>시설물통합정보관리체계에 참여기술자</u>로 <u>등록</u>하였을 것

정답 ⑤

14 시설물의 안전 및 유지관리에 관한 특별법령상 '안전점검 및 정밀안전진단 결과보고 등'에 관한 설명으로 옳지 않은 것은?

① 안전점검 및 정밀안전진단을 실시한 자는 해당 안전점검 및 정밀안전진단을 완료한 경우에는 관리주체 및 시장·군수·구청장(법 제11조 제1항 단서 및 같은 조 제3항의 경우로 한정한다)에게 서면 또는 전자문서로 안전점검 및 정밀안전진단 결과보고서를 작성하여 제출해야 한다.

② 관리주체 및 시장·군수·구청장은 위 ①에 따른 안전점검 및 정밀안전진단 결과보고서를 국토교통부장관에게 제출하여야 한다.

③ 국토교통부장관은 관리주체 및 시장·군수·구청장이 위 ②에 따른 결과보고서를 제출하지 아니하는 경우에는 기한을 정하여 제출을 명할 수 있다.

④ 관리주체는 위 ①에 따른 결과보고서를 안전점검 및 정밀안전진단을 완료한 날부터 30일 이내에 공공관리주체의 경우는 소속 중앙행정기관 또는 시·도지사에게, 민간관리주체의 경우는 관할 시장·군수·구청장에게 각각 제출하여야 한다.

⑤ 국토교통부장관은 결과보고서와 그 작성의 기초가 되는 자료를 부실하게 작성한 것으로 판단하는 때에는 부실의 정도 등을 고려하여 양호, 미흡 및 매우 불량으로 구분하여 판단한다.

> **키워드** 안전점검 및 정밀안전진단 결과보고 등
>
> **풀이** 국토교통부장관은 결과보고서와 그 작성의 기초가 되는 자료를 부실하게 작성한 것으로 판단하는 때에는 부실의 정도 등을 고려하여 <u>매우 불량, 불량 및 미흡</u>으로 구분하여 판단한다.
>
> **이론 ✚**
>
> [지문 ③]
> 1. 국토교통부장관은 <u>위 ③의 위반자</u>에게는 해당 명령이 이행될 때까지 매달 <u>50만원의 이행강제금</u>을 부과할 수 있다.
> 2. 위 1.에 따라 이행강제금을 부과·징수한다는 뜻을 미리 '문서'로써 알려줄 때에는 <u>10일 이상</u>의 기간을 정하여 구술 또는 서면(전자문서를 포함한다)으로 <u>의견</u>을 진술할 수 있는 기회를 주어야 한다. 이 경우 지정된 기일까지 의견진술이 없는 때에는 의견이 없는 것으로 본다.
>
> **정답** ⑤

15 시설물의 안전 및 유지관리에 관한 특별법령상 '정밀안전점검 또는 정밀안전진단 실시결과에 대한 평가'에 관한 설명으로 옳지 않은 것은?

① 국토교통부장관은 정밀안전점검이나 정밀안전진단의 결과보고서를 받은 때에는 정밀안전점검 또는 정밀안전진단의 기술수준을 향상시키고 부실 점검 및 진단을 방지하기 위하여 정밀안전점검이나 정밀안전진단의 실시결과를 평가할 수 있다.

② 국토교통부장관은 정밀안전점검이나 정밀안전진단의 실시결과를 평가한 결과 부실 등 부적정한 것으로 밝혀진 경우 관리주체 또는 시장·군수·구청장에게 이를 통보하고, 관리주체 또는 시장·군수·구청장은 해당 결과보고서를 수정 또는 보완하여 국토교통부장관에게 제출하여야 한다.

③ '정밀안전점검'의 경우, 수정·보완의 제출기한은 평가결과를 통보받은 날부터 3개월 이내이다.

④ 국토교통부장관은 관리주체, 시장·군수·구청장 또는 정밀안전점검이나 정밀안전진단을 대행한 자가 결과보고서를 수정 또는 보완하여 제출하지 아니하는 경우에는 기한을 정하여 제출을 명할 수 있다.

⑤ 국토교통부장관은 위 ④의 위반자에게는 해당 명령이 이행될 때까지 매달 50만원의 이행강제금을 부과할 수 있다.

키워드 정밀안전점검 또는 정밀안전진단 실시결과에 대한 평가

풀이 수정·보완의 제출기한은 다음의 구분에 따른다. 이 경우 평가결과에 대한 이의제기 등 불복절차의 진행 기간은 제외하고 계산한다.
1. 정밀안전점검: 법 제18조 제3항 본문에 따라 평가결과를 통보받은 날부터 2개월 이내
2. 정밀안전진단: 법 제18조 제3항 본문에 따라 평가결과를 통보받은 날부터 3개월 이내

이론 ✚

[지문 ②] 단서
다만, 법 제26조 제1항 및 제2항에 따라 '정밀안전점검이나 정밀안전진단'을 대행한 경우에는 대행한 자가 수정 또는 보완하여 국토교통부장관에게 제출하여야 한다.

정답 ③

16 시설물의 안전 및 유지관리에 관한 특별법령상 '안전점검등의 대행'에 관한 설명으로 옳지 않은 것은?

① 관리주체는 안전점검 및 긴급안전점검을 국토안전관리원, 안전진단전문기관 또는 안전점검전문기관에 대행하게 할 수 있다.

② 관리주체는 정밀안전진단을 실시하려는 경우 이를 직접 수행할 수 없고 국토안전관리원 또는 안전진단전문기관에 대행하게 하여야 한다.

③ 위 ②에도 불구하고 연장 1천 미터 이상인 터널 등 '대통령령으로 정하는 시설물'의 경우에는 국토안전관리원에만 대행하게 하여야 한다.

④ 관리주체는 안전점검, 긴급안전점검 및 정밀안전진단을 국토안전관리원, 안전진단전문기관 또는 안전점검전문기관에 대행하게 하는 경우에는 안전상태를 사실과 다르게 진단하게 하거나, 결과보고서를 거짓으로 또는 부실하게 작성하도록 요구해서는 아니 된다.

⑤ 위 ②에 따라 국토안전관리원이나 안전진단전문기관이 정밀안전진단을 실시할 때에는 관리주체의 동의를 받아 다른 안전진단전문기관과 공동으로 정밀안전진단을 실시할 수 있다.

PART 8

키워드 안전점검등의 대행

풀이 위 ②에 따라 국토안전관리원이나 안전진단전문기관이 정밀안전진단을 실시할 때에는 관리주체의 승인을 받아 다른 안전진단전문기관과 공동으로 정밀안전진단을 실시할 수 있다.

이론 ✚

> [지문 ③] '국토안전관리원'에만 대행하게 하여야 하는 경우
> 1. 다음의 교량
>   ㉠ 도로교량 중 상부구조형식이 현수교(懸垂橋)·사장교(斜張橋)·아치교(arch橋)·트러스교(truss橋)인 교량 및 최대 경간장(徑間長) 50미터 이상인 교량(한 경간 교량은 제외한다)
>   ㉡ 철도교량 중 상부구조형식이 아치교·트러스교인 교량
>   ㉢ 고속철도 교량
> 2. 연장 1천 미터 이상인 터널 등

정답 ⑤

17 시설물의 안전 및 유지관리에 관한 특별법령상 '안전진단전문협회'에 관한 설명으로 옳지 않은 것은?

① 안전진단전문기관은 시설물 안전 산업의 건전한 발전과 시설물의 안전 및 유지관리에 관한 기술개발 등을 위하여 안전진단전문협회(이하 '협회'라 한다)를 설립할 수 있다.

② 협회는 법인으로 하며, 주된 사무소의 소재지에서 설립등기를 함으로써 성립한다.

③ 협회를 설립하려면 회원 자격이 있는 안전진단전문기관 50인 이상이 발기하고 회원 자격이 있는 안전진단전문기관 중 회원 자격이 있는 안전진단전문기관 수의 5분의 1 이상의 동의를 받아 창립 총회에서 정관을 작성한 후 국토교통부장관에게 승인을 신청하여야 한다.

④ 협회가 성립되고 임원이 선임될 때까지 필요한 사무는 발기인이 처리한다.

⑤ 협회에 관하여 이 법에 규정된 사항을 제외하고는 「민법」 중 사단법인에 관한 규정을 준용한다.

> **키워드** 안전진단전문협회
> **풀이** 협회를 설립하려면 회원 자격이 있는 안전진단전문기관 50인 이상이 발기하고 회원 자격이 있는 안전진단전문기관 중 회원 자격이 있는 안전진단전문기관 수의 <u>10분의 1 이상</u>의 동의를 받아 창립 총회에서 정관을 작성한 후 국토교통부장관에게 <u>인가</u>를 신청하여야 한다.
>
> 정답 ③

18 시설물의 안전 및 유지관리에 관한 특별법령상 '유지관리등'에 관한 설명으로 옳지 않은 것은?

제24회 수정

① 관리주체는 시설물의 기능을 보전하고 편의와 안전을 높이기 위하여 소관 시설물을 유지관리하여야 한다. 다만, 대통령령으로 정하는 시설물(공동주택)로서 다른 법령에 따라 유지관리하는 경우에는 그러하지 아니하다.

② 관리주체는 국토안전관리원 또는 그 시설물을 시공한 자로 하여금 시설물의 유지관리를 대행하게 할 수 있다.

③ 시설물의 유지관리에 드는 비용은 관리주체가 부담한다.

④ 관리주체는 대통령령으로 정하는 유지관리를 시행한 경우에는 그 결과보고서를 작성하고 이를 국토교통부장관에게 제출하여야 한다.

⑤ 시설물의 유지관리 또는 성능평가를 하는 자는 국토교통부장관이 작성, 고시한 유지관리·성능평가지침에서 정하는 유지관리 또는 성능평가의 실시방법 및 절차 등에 따라 성실하게 그 업무를 수행하여야 한다.

풀이 관리주체는 <u>건설사업자</u> 또는 그 시설물을 시공한 자로 하여금 시설물의 유지관리를 대행하게 할 수 있다.

정답 ②

19 시설물의 안전 및 유지관리에 관한 특별법령상 '성능평가'에 관한 설명으로 옳지 않은 것은?

① 도로, 철도, 항만, 댐, 제1종 시설물 및 제2종 시설물에 해당하는 공항청사 등 시설물의 관리주체는 시설물의 성능을 유지하기 위하여 시설물에 대한 성능평가를 실시하여야 한다.

② 위 ①에 따른 관리주체는 성능평가를 국토안전관리원과 안전진단전문기관에게 대행하게 할 수 있다.

③ 성능평가를 실시한 자는 대통령령으로 정하는 바에 따라 그 결과보고서를 작성하고, 이를 관리주체에게 통보하여야 한다.

④ 관리주체는 성능평가 결과보고서를 국토교통부장관에게 제출하여야 한다.

⑤ 성능평가를 실시한 자는 실시결과에 따라 대통령령으로 정하는 기준에 적합하게 해당 시설물의 안전등급을 지정하여야 한다.

키워드 성능평가

풀이 성능평가를 실시한 자는 실시결과에 따라 대통령령으로 정하는 기준에 적합하게 해당 시설물의 <u>성능등급</u>을 지정하여야 한다.

이론 ✚

> 관리주체는 성능평가를 실시할 때 다음의 <u>정밀안전점검</u> 또는 정밀안전진단에서 실시한 <u>현장조사ㆍ시험 등의 결과를 활용</u>할 수 있다.
> 1. 성능평가에 포함하여 실시한 정밀안전점검 또는 정밀안전진단
> 2. 성능평가를 하는 날부터 <u>1년</u> 이내에 실시한 정밀안전점검 또는 정밀안전진단

TIP ⑤의 경우 정답이 <u>안전등급</u>이 아니라 <u>성능등급</u>인 점을 유의하여야 한다.

정답 ⑤

20 시설물의 안전 및 유지관리에 관한 특별법령상 제1종 시설물인 X의 관리주체인 지방공기업 A에 관한 설명으로 옳지 않은 것을 모두 고른 것은? 제22회

> ㉠ A는 X에 대하여 정기적으로 정밀안전진단을 실시하여야 한다.
> ㉡ A는 X의 구조상 공중의 안전한 이용에 미치는 영향이 중대하여 긴급한 조치가 필요하다고 인정되는 경우에는 시설물의 사용제한·사용금지·철거, 주민대피 등의 안전조치를 하여야 한다.
> ㉢ A는 긴급안전점검을 실시한 경우 그 결과보고서를 행정안전부장관에게 제출하여야 한다.
> ㉣ A는 X에 대한 시설물관리계획을 수립하는 경우 시설물의 보수·보강 등 유지관리 및 그에 필요한 비용에 관한 사항을 생략할 수 있다.

① ㉠, ㉢
② ㉠, ㉣
③ ㉡, ㉢
④ ㉡, ㉣
⑤ ㉢, ㉣

키워드 긴급안전조치 등

풀이 ㉢ A는 긴급안전점검을 실시한 경우 그 결과보고서를 <u>국토교통부장관</u>에게 제출하여야 한다.
㉣ A가 아니라 <u>시장·군수·구청장</u>이 X에 대한 시설물관리계획을 수립하는 경우 시설물의 보수·보강 등 유지관리 및 그에 필요한 비용에 관한 사항을 생략할 수 있다.

정답 ⑤

21 시설물의 안전 및 유지관리에 관한 특별법령상 시설물의 유지관리 등에 관한 설명으로 옳지 않은 것을 모두 고른 것은? 제24회

> ㉠ 연면적이 3만 제곱미터인 21층의 업무시설인 건축물은 제2종 시설물에 해당한다.
> ㉡ 시·도지사는 3년마다 시설물의 안전 및 유지관리에 관한 기본계획을 수립·시행하여야 한다.
> ㉢ 국토교통부장관은 성능평가비용산정기준을 정하여 고시하려는 경우 기획재정부장관과 협의하여야 한다.
> ㉣ 시설물을 시공한 자는 시설물의 유지관리에 드는 비용을 부담하지만, 시설물의 유지관리를 대행할 수는 없다.

① ㉠, ㉡
② ㉢, ㉣
③ ㉠, ㉡, ㉣
④ ㉡, ㉢, ㉣
⑤ ㉠, ㉡, ㉢, ㉣

시설물의 유지관리

㉠ 연면적이 3만 제곱미터인 21층의 업무시설인 건축물은 <u>제1종 시설물</u>에 해당한다.

㉡ <u>국토교통부장관</u>은 시설물이 안전하게 유지관리될 수 있도록 하기 위하여 <u>5년마다</u> 시설물의 안전 및 유지관리에 관한 기본계획(이하 '기본계획'이라 한다)을 수립·시행하여야 한다.

㉢ <u>시설물의 유지관리에 드는 비용은 관리주체가 부담</u>하고, 관리주체는 건설사업자 또는 <u>그 시설물을 시공한 자</u>[하자담보책임기간(동일한 시설물의 각 부분별 하자담보책임기간이 다른 경우에는 가장 긴 하자담보책임기간을 말한다) 내인 경우에 한정한다]로 하여금 시설물의 유지관리를 <u>대행하게 할 수 있다.</u>

정답 ③

22 시설물의 안전 및 유지관리에 관한 특별법령에 관한 내용으로 옳지 않은 것은?

① 안전점검 등을 하는 자는 안전점검 등에 관한 지침에서 정하는 안전점검 등의 실시 방법 및 절차 등에 따라 성실하게 업무를 수행하여야 한다.

② 안전점검 등을 하는 자는 보유 기술인력 또는 등록분야에 따라 대통령령으로 정하는 실시범위에서 안전점검 등을 실시하여야 한다.

③ 시·도지사는 안전점검·정밀안전진단 및 긴급안전점검의 실시시기·방법·절차 등의 안전점검 등에 관한 지침을 작성하여 공보에 고시하여야 한다.

④ 관리주체는 안전점검 등을 실시한 결과 해당 시설물에 중대한 결함 등이 있거나 법 제16조에 따라 안전등급을 지정한 결과 해당 시설물이 긴급한 보수·보강이 필요하다고 판단되는 경우에는 해당 시설물에 위험을 알리는 표지를 설치하고, 방송·인터넷 등의 매체를 통하여 주민에게 알려야 한다.

⑤ 누구든지 관리주체의 허락 없이 위험표지를 이전하거나 훼손하여서는 아니 된다.

안전점검 등에 관한 '지침' 및 위험표지의 설치 등

<u>국토교통부장관</u>은 안전점검·정밀안전진단 및 긴급안전점검의 실시시기·방법·절차 등의 안전점검 등에 관한 지침을 작성하여 <u>관보</u>에 고시하여야 한다.

정답 ③

PART 8

23 시설물의 안전 및 유지관리에 관한 특별법령상 '소규모 취약시설'에 관한 내용으로 옳지 않은 것은?

① 국토교통부장관은 법 제7조 각 호의 시설물이 아닌 시설 중에서 안전에 취약하거나 재난의 위험이 있다고 판단되는 '소규모 취약시설'에 대하여 해당 시설의 관리자, 소유자 또는 관계 행정기관의 장이 요청하는 경우 안전점검 등을 실시할 수 있다.

② 국토교통부장관은 위 ①의 요청을 받은 경우 해당 소규모 취약시설에 대한 안전점검 등을 실시하고, 그 결과와 안전조치에 필요한 사항을 소규모 취약시설의 관리자, 소유자 또는 관계 행정기관의 장에게 통보하여야 한다.

③ 소규모 취약시설의 관리자, 소유자 또는 관계 행정기관의 장은 위 ②에 따라 통보를 받은 경우 보수·보강 등의 조치가 필요한 사항에 대해 '보수·보강 조치계획'을 관계 행정기관의 장에게 제출하고 이를 성실히 이행하도록 노력하여야 한다.

④ 위 ③에 해당하는 관계 행정기관의 장은 관할 소규모 취약시설에 대한 체계적인 안전관리를 위하여 5년마다 소규모 취약시설의 현황 등 대통령령으로 정하는 사항이 포함된 소규모 취약시설의 안전점검 및 관리계획을 수립하여야 한다.

⑤ 국토교통부장관 및 관계 행정기관의 장은 소규모 취약시설의 관리자, 소유자 등에 대하여 소규모 취약시설의 안전 및 유지관리에 관한 교육을 실시할 수 있다.

키워드 소규모 취약시설

풀이 위 ③에 해당하는 관계 행정기관의 장은 관할 소규모 취약시설에 대한 체계적인 안전관리를 위하여 매년 소규모 취약시설의 현황 등 대통령령으로 정하는 사항이 포함된 소규모 취약시설의 안전점검 및 관리계획을 수립하여야 한다.

이론 ✚

> 소규모 취약시설의 범위(영 제15조)
>
> 1. 「사회복지사업법」 제2조 제4호에 따른 사회복지시설
> 2. 「전통시장 및 상점가 육성을 위한 특별법」 제2조 제1호에 따른 전통시장
> 3. 「농어촌도로 정비법 시행령」 제2조 제1호에 따른 교량
> 4. 「도로법 시행령」 제2조 제2호에 따른 지하도 및 육교
> 5. 옹벽 및 절토사면(깎기비탈면). 다만, 「도로법」 및 「급경사지 재해예방에 관한 법률」의 적용을 받는 시설은 제외한다.
> 6. 그 밖에 안전에 취약하거나 재난의 위험이 있어 안전점검 등을 실시할 필요가 있는 시설로서 국토교통부장관이 정하여 고시하는 시설

정답 ④

24 시설물의 안전 및 유지관리에 관한 특별법령상 시설물의 안전점검 등에 관한 설명으로 옳은 것을 모두 고른 것은?

제26회

> ㉠ 제3종 시설물에 대한 정밀안전점검은 정기안전점검 결과 해당 시설물의 안전등급이 D등급(미흡) 또는 E등급(불량)인 경우에 한정하여 실시한다.
> ㉡ 정밀안전점검, 긴급안전점검 및 정밀안전진단의 실시 완료일이 속한 반기에 실시하여야 하는 정기안전점검은 생략할 수 있다.
> ㉢ 관리주체로부터 안전점검 등의 실시에 관한 도급을 받은 안전진단전문기관은 전문기술이 필요한 경우 총 도급금액의 100분의 60 이하의 범위에서 한 차례만 하도급할 수 있다.

① ㉠

② ㉡

③ ㉠, ㉡

④ ㉡, ㉢

⑤ ㉠, ㉡, ㉢

키워드 시설물의 안전점검

풀이 ㉢ 안전진단전문기관, 안전점검전문기관 또는 국토안전관리원은 관리주체로부터 안전점검등의 실시에 관한 도급을 받은 경우에는 이를 하도급할 수 없다. 다만, 총 도급금액의 <u>100분의 50 이하의</u> 범위에서 전문기술이 필요한 경우 등 대통령령으로 정하는 경우에는 분야별로 한 차례만 하도급할 수 있다.

정답 ③

25 시설물의 안전 및 유지관리에 관한 특별법령상 '사고조사 등'에 관한 내용으로 옳지 않은 것은?

① 민간관리주체는 소관 시설물에 사고가 발생한 경우에는 지체 없이 응급 안전조치를 하여야 하며, 사망자가 2명 이상인 사고가 발생한 경우에는 관할 시장·군수·구청장에게 사고 발생 사실을 알려야 한다.

② 위 ①에 따라 사고 발생 사실을 통보받은 시장·군수·구청장은 사고 발생 사실을 국토교통부장관에게 알려야 한다.

③ 국토교통부장관이 위 ②에 따라 사고 발생 사실을 통보받은 경우 그 사고원인 등에 대한 조사를 할 수 있다.

④ 국토교통부장관은 '중앙시설물사고조사위원회'를, 중앙행정기관의 장이나 지방자치단체의 장은 '시설물사고조사위원회'를 구성·운영할 수 있다.

⑤ 관리주체는 중앙시설물사고조사위원회 및 시설물사고조사위원회의 사고조사에 필요한 현장보존, 자료제출, 관련 장비의 제공 및 관련자 의견청취 등에 적극 협조하여야 한다.

키워드 **사고조사 등**

풀이 1. 관리주체는 소관 시설에 사고가 발생한 경우에는 지체 없이 응급 안전조치를 하여야 하며, '대통령령으로 정하는 다음 규모 이상의 사고'가 발생한 경우에는 공공관리주체는 주무부처의 장 또는 관할 시·도지사 및 시장·군수·구청장에게, 민간관리주체는 관할 시장·군수·구청장에게 사고 발생 사실을 알려야 한다.
    ㉠ 시설물이 붕괴되거나 쓰러지는 등 재시공이 필요한 시설물피해
    ㉡ 사망자 또는 실종자가 3명 이상이거나 사상자가 10명 이상인 인명피해
    ㉢ 그 밖에 국토교통부장관이 조사가 필요하다고 정하여 고시하는 시설물피해 또는 인명피해
2. 위 1.에 따라 사고 발생 사실을 통보받은 주무부처의 장, 관할 시·도지사 , 시장·군수·구청장은 사고 발생 사실을 국토교통부장관에게 알려야 한다.

이론 ✚

> [지문 ④ 및 ⑤]
> 1. 중앙행정기관의 장이나 지방자치단체의 장은 지문 ⑤에 따라 사고조사를 실시한 경우 그 결과를 지체 없이 국토교통부장관에게 통보하여야 한다.
> 2. 국토교통부장관, 중앙행정기관의 장 또는 지방자치단체의 장은 지문 ④에 따른 중앙시설물사고조사위원회 또는 시설물사고조사위원회의 사고조사 결과를 공표하여야 한다.

정답 ①

▶ **연계학습** | 에듀윌 기본서 2차 [주택관리관계법규 下] p.218

대표기출

소방기본법상 일정한 지역에서 화재로 오인할 만한 우려가 있는 불을 피우려는 자는 관할 소방본부장 또는 소방서장에게 신고하여야 한다. 이에 해당하지 않는 지역은? (단, 시·도 조례로 정하는 지역 또는 장소는 고려하지 않음) 제25회

① 목조건물이 밀집한 지역

② 위험물의 저장 및 처리시설이 밀집한 지역

③ 소방시설·소방용수시설 또는 소방출동로가 없는 지역

④ 공장·창고가 밀집한 지역

⑤ 석유화학제품을 생산하는 공장이 있는 지역

키워드 화재 등의 통지

풀이 다음의 어느 하나에 해당하는 지역 또는 장소에서 화재로 오인할 만한 우려가 있는 불을 피우거나 연막(煙幕) 소독을 하려는 자는 시·도의 조례로 정하는 바에 따라 관할 소방본부장 또는 소방서장에게 신고하여야 한다.
1. 시장지역
2. 공장·창고가 밀집한 지역
3. 목조건물이 밀집한 지역
4. 위험물의 저장 및 처리시설이 밀집한 지역
5. 석유화학제품을 생산하는 공장이 있는 지역
6. 그 밖에 시·도의 조례로 정하는 지역 또는 장소

이론 ✚

[참고]
위의 신고를 하지 아니하여 소방자동차를 출동하게 한 자에게는 20만원 이하의 과태료를 부과한다.

정답 ③

PART 9

01 소방기본법령상 '용어의 뜻'에 관한 설명으로 옳은 것은?

① '소방대상물'이란 건축물, 차량, 선박(항해 중인 선박만 해당한다), 선박 건조 구조물, 산림, 그 밖의 인공 구조물 또는 물건을 말한다.

② '화재예방강화지구'란 소방대상물이 있는 장소 및 그 이웃 지역으로서 화재의 예방·경계·진압, 구조·구급 등의 활동에 필요한 지역을 말한다.

③ 소방대상물의 점유자는 '관계인'에 해당하지 아니한다.

④ '소방본부장'이란 특별시·광역시·특별자치시·도 또는 특별자치도(이하 '시·도'라 한다)에서 화재의 예방·경계·진압·조사 및 구조·구급 등의 업무를 담당하는 부서의 장을 말한다.

⑤ '소방대장'이란 소방청장 또는 소방서장 등 화재, 재난·재해, 그 밖의 위급한 상황이 발생한 현장에서 소방대를 지휘하는 사람을 말한다.

키워드 **용어의 뜻**

풀이 ① '소방대상물'이란 건축물, 차량, 선박(선박법 제1조의2 제1항에 따른 선박으로서 <u>항구에 매어둔 선박만 해당</u>한다), 선박 건조 구조물, 산림, 그 밖의 인공 구조물 또는 물건을 말한다.

② '<u>관계지역</u>'이란 소방대상물이 있는 장소 및 그 이웃 지역으로서 화재의 예방·경계·진압, 구조·구급 등의 활동에 필요한 지역을 말한다.

③ '관계인'이란 소방대상물의 소유자·관리자 또는 <u>점유자</u>를 말한다.

⑤ '소방대장'이란 <u>소방본부장</u> 또는 소방서장 등 화재, 재난·재해, 그 밖의 위급한 상황이 발생한 현장에서 소방대를 지휘하는 사람을 말한다.

정답 ④

02 소방기본법령상 '119종합상황실'에 관한 설명으로 옳지 않은 것은?

① 소방청장, 소방본부장 및 소방서장은 화재, 재난·재해, 그 밖에 구조·구급이 필요한 상황이 발생하였을 때에 신속한 소방활동을 위한 정보의 수집·분석과 판단·전파, 상황관리, 현장 지휘 및 조정·통제 등의 업무를 수행하기 위하여 119종합상황실을 설치·운영하여야 한다.

② 종합상황실은 소방청과 '시·도'의 소방본부 및 소방서에 각각 설치·운영하여야 한다.

③ 소방청장, 소방본부장 또는 소방서장은 신속한 소방활동을 위한 정보를 수집·전파하기 위하여 종합상황실에 「소방력 기준에 관한 규칙」에 의한 전산·통신요원을 배치하고, 소방청장이 정하는 유·무선통신시설을 갖추어야 한다.

④ 종합상황실은 24시간 운영체제를 유지하여야 한다.

⑤ 종합상황실의 '실장'[종합상황실에 근무하는 자 중 최고직위에 있는 자(최고직위에 있는 자가 2인 이상인 경우에는 연장자)를 말한다]은 '재난상황'의 발생의 신고접수 등의 업무를 행하고, 그에 관한 내용을 기록·관리하여야 한다.

PART 9

키워드   **119종합상황실**

풀이   종합상황실의 '실장'[종합상황실에 근무하는 자 중 최고직위에 있는 자(최고직위에 있는 자가 2인 이상인 경우에는 <u>선임자</u>)를 말한다]은 '재난상황'의 발생의 신고접수 등의 업무를 행하고, 그에 관한 내용을 기록·관리하여야 한다.

정답 ⑤

03 소방기본법령상 특별시, 광역시 또는 도의 소방본부에 설치된 종합상황실의 실장이 소방청의 종합상황실에 서면, 팩스 또는 컴퓨터통신 등으로 지체 없이 보고해야 하는 상황에 해당하는 것을 모두 고른 것은?

제17회 수정

㉠ 사상자가 10인 이상 발생한 화재

㉡ 재산피해액이 50억원 이상 발생한 화재

㉢ 이재민이 100인 이상 발생한 화재

㉣ 건축법령상 층수가 10층 이상인 건축물에서 발생한 화재

---

① ㉠, ㉡, ㉢

② ㉠, ㉡, ㉣

③ ㉠, ㉢, ㉣

④ ㉡, ㉢, ㉣

⑤ ㉠, ㉡, ㉢, ㉣

키워드 종합상황실의 실장이 소방청의 종합상황실에 보고하여야 하는 상황

풀이 ㉠㉡㉢은 지체 없이 보고하여야 하는 상황에 해당하나, ㉣은 건축법령상 층수가 11층 이상인 건축물에서 발생한 화재가 보고하여야 하는 상황에 해당한다(규칙 제3조 제2항).

이론 ✚

> **종합상황실의 실장의 업무(규칙 제3조 제2항)**
>
> 종합상황실의 실장은 다음 상황이 발생하는 때에는 그 사실을 지체 없이 서면·팩스 또는 컴퓨터통신 등으로 소방서의 종합상황실의 경우는 소방본부의 종합상황실에, 소방본부의 종합상황실의 경우는 소방청의 종합상황실에 각각 보고해야 한다.
>
> 1. 다음의 어느 하나에 해당하는 화재
>   ㉠ 사망자가 5인 이상 발생하거나 사상자가 10인 이상 발생한 화재
>   ㉡ 이재민이 100인 이상 발생한 화재
>   ㉢ 재산피해액이 50억원 이상 발생한 화재
>   ㉣ 관광호텔, 층수가 11층 이상인 건축물, 지하상가, 시장, 백화점 등
>   〈이하 생략〉

TIP 종합상황실의 실장이 상급 종합상황실에 보고하여야 할 화재 등을 암기하여야 한다.

정답 ①

04 소방기본법령에 관한 내용으로 옳지 않은 것은?

① 소방의 역사와 안전문화를 발전시키고 국민의 안전의식을 높이기 위하여 소방청장은 소방체험관(화재 현장에서의 피난 등을 체험할 수 있는 체험관을 말한다. 이하 이 조에서 같다)을, 시·도지사는 소방박물관을 설립하여 운영할 수 있다.

② 소방박물관의 설립과 운영에 필요한 사항은 행정안전부령으로 정하고, 소방체험관의 설립과 운영에 필요한 사항은 행정안전부령으로 정하는 기준에 따라 시·도의 조례로 정한다.

③ 국민의 안전의식과 화재에 대한 경각심을 높이고 안전문화를 정착시키기 위하여 매년 11월 9일을 소방의 날로 정하여 기념행사를 한다.

④ 소방의 날 행사에 관하여 필요한 사항은 소방청장 또는 시·도지사가 따로 정하여 시행할 수 있다.

⑤ 소방청장은 「의사상자 등 예우 및 지원에 관한 법률」 제2조에 따른 의사상자(義死傷者)로서 같은 법 제3조 제3호 또는 제4호에 해당하는 사람이나 소방행정 발전에 공로가 있다고 인정되는 사람을 명예직 소방대원으로 위촉할 수 있다.

> **키워드** 소방박물관 등의 설립과 운영 및 소방의 날 제정과 운영 등
>
> **풀이** 소방의 역사와 안전문화를 발전시키고 국민의 안전의식을 높이기 위하여 소방청장은 소방박물관을, 시·도지사는 소방체험관(화재 현장에서의 피난 등을 체험할 수 있는 체험관을 말한다. 이하 이 조에서 같다)을 설립하여 운영할 수 있다.

정답 ①

05 소방기본법령상 '소방력의 동원'에 관한 내용으로 옳지 않은 것은?

① 소방청장은 해당 시·도의 소방력만으로는 소방활동을 효율적으로 수행하기 어려운 화재 등 구조·구급이 필요한 상황이 발생한 때는 각 시·도지사에게 소방력을 동원할 것을 요청할 수 있다.

② 동원 요청을 받은 시·도지사는 정당한 사유 없이 요청을 거절하여서는 아니 된다.

③ 소방청장은 시·도지사에게 동원된 소방력을 화재 등이 발생한 지역에 지원·파견하여 줄 것을 요청하거나 직접 소방대를 편성하여 화재진압 등의 소방에 필요한 활동을 하게 할 수 있다.

④ 위 ①에 따라 동원된 소방대원이 다른 시·도에 파견·지원되어 소방활동을 수행할 때에는 특별한 사정이 없으면 화재 등이 발생한 지역을 관할하는 소방본부장 또는 소방서장의 지휘에 따라야 한다.

⑤ 위 ④에도 불구하고 소방청장이 직접 소방대를 편성하여 소방활동을 하게 하는 경우에는 소방본부장의 지휘에 따라야 한다.

키워드 소방력의 동원

풀이 위 ④에도 불구하고 소방청장이 직접 소방대를 편성하여 소방활동을 하게 하는 경우에는 <u>소방청장</u>의 지휘에 따라야 한다.

이론 ➕

> **소방력의 동원(영 제2조의3)**
>
> 1. 법령에 따라 동원된 소방력의 소방활동 수행 과정에서 발생하는 경비는 화재, 재난·재해나 그 밖의 구조·구급이 필요한 상황이 발생한 <u>시·도</u>에서 부담하는 것을 <u>원칙</u>으로 하며, 구체적인 내용은 해당 시·도가 서로 협의하여 정한다.
> 2. 법령에 따라 동원된 <u>민간 소방 인력</u>이 소방활동을 수행하다가 사망하거나 부상을 입은 경우 화재, 재난·재해 또는 그 밖의 구조·구급이 필요한 상황이 발생한 <u>시·도가</u> 해당 시·도의 조례로 정하는 바에 따라 <u>보상</u>한다.
> 3. 위 1. 및 2.에서 규정한 사항 외에 법 제11조의2에 따라 동원된 소방력의 운용과 관련하여 필요한 사항은 <u>소방청장</u>이 정한다.

정답 ⑤

06 소방기본법령상 '소방업무의 응원'에 관한 내용으로 옳지 않은 것은?

① 소방본부장이나 소방서장은 소방활동을 할 때에 긴급한 경우에는 이웃한 소방본부장 또는 소방서장에게 소방업무의 응원(應援)을 요청할 수 있다.

② 소방업무의 응원 요청을 받은 소방본부장 또는 소방서장은 정당한 사유 없이 그 요청을 거절하여서는 아니 된다.

③ 소방업무의 응원을 위하여 파견된 소방대원은 응원을 요청한 소방본부장 또는 소방서장의 지휘에 따라야 한다.

④ 시·도지사는 소방업무의 응원을 요청하는 경우를 대비하여 출동 대상지역 및 규모와 필요한 경비의 부담 등에 관하여 필요한 사항을 관할 소방본부장 또는 소방서장과 협의하여 미리 규약으로 정하여야 한다.

⑤ 시·도지사는 이웃하는 다른 시·도지사와 소방업무에 관하여 상호응원협정을 체결하고자 하는 때에는 응원출동의 요청방법 등이 포함되도록 하여야 한다.

PART 9

키워드 소방업무의 응원

풀이 시·도지사는 행정안전부령으로 정하는 바에 따라 <u>이웃하는 시·도지사</u>와 협의하여 미리 규약으로 정하여야 한다.

정답 ④

07 소방기본법령상 소방력(消防力) 및 소방용수시설 등에 관한 설명으로 옳지 않은 것은?

제22회

① 소방기관이 소방업무를 수행하는 데에 필요한 인력과 장비 등을 소방력이라 한다.

② 시·도지사는 소방력의 기준에 따라 관할구역의 소방력을 확충하기 위하여 필요한 계획을 수립하여 시행하여야 한다.

③ 소방활동에 필요한 소화전·급수탑·저수조를 소방용수시설이라 한다.

④ 소방본부장 또는 소방서장은 소방활동에 필요한 소방용수시설을 설치하고 유지·관리하여야 한다.

⑤ 소방본부장이나 소방서장은 소방활동을 할 때에 긴급한 경우에는 이웃한 소방본부장 또는 소방서장에게 소방업무의 응원(應援)을 요청할 수 있다.

키워드 소방력(消防力) 및 소방용수시설 등

풀이 시·도지사는 소방활동에 필요한 소화전(消火栓)·급수탑(給水塔)·저수조(貯水槽)(이하 '소방용수시설'이라 한다)를 설치하고 유지·관리하여야 한다. 다만, 「수도법」 제45조에 따라 소화전을 설치하는 일반수도사업자는 관할 소방서장과 사전협의를 거친 후 소화전을 설치하여야 하며, 설치 사실을 관할 소방서장에게 통지하고, 그 소화전을 유지·관리하여야 한다.

TIP '소방용수시설'을 설치하고 유지·관리하여야 할 의무자를 정확히 암기해야 한다.

정답 ④

08 소방기본법령상 '소방활동'에 관한 설명으로 옳지 않은 것은?

제19회 수정

① 소방청장, 소방본부장 또는 소방서장은 화재, 재난·재해, 그 밖의 위급한 상황이 발생하였을 때에는 소방대를 현장에 신속하게 출동시켜 화재진압과 인명구조·구급 등 소방에 필요한 활동(이하 이 조에서 '소방활동'이라 한다)을 하게 하여야 한다.

② 누구든지 정당한 사유 없이 위 ①에 따라 출동한 소방대의 소방활동을 방해하여서는 아니 된다.

③ 위 ②를 위반하여 위력(威力)을 사용하여 출동한 소방대의 화재진압·인명구조 또는 구급활동을 방해하는 행위를 한 사람은 5년 이하의 징역 또는 5천만원 이하의 벌금에 처한다.

④ 위 ②를 위반하여 출동한 소방대원에게 폭행 또는 협박을 행사하여 화재진압·인명구조 또는 구급활동을 방해하는 행위를 한 사람은 위 ③과 같다.

⑤ 음주 또는 약물로 인한 심신장애 상태에서 위 ④의 죄를 범한 때에는 「형법」 제10조(심신장애인의 감경) 제1항 및 제2항을 적용하여 형벌을 감경하여야 한다.

09 소방기본법령상 '소방지원활동 및 생활안전활동'에 관한 설명으로 옳지 않은 것은?

제24회 수정

① 소방청장·소방본부장 또는 소방서장은 공공의 안녕질서 유지 또는 복리증진을 위하여 필요한 경우 소방활동 외에 집회·공연 등 각종 행사 시 사고에 대비한 근접대기 등 지원활동(이하 '소방지원활동'이라 한다)을 하게 할 수 있다.

② 소방지원활동은 법 제16조의 소방활동 수행에 지장을 주지 아니하는 범위에서 할 수 있다.

③ 유관기관·단체 등의 요청에 따른 소방지원활동에 드는 비용은 지원요청을 한 유관기관·단체 등에게 부담하게 할 수 있다.

④ 소방청장·소방본부장 또는 소방서장은 신고가 접수된 생활안전 및 위험제거 활동에 대응하기 위하여 소방대를 출동시켜 위해동물, 벌 등의 포획 및 퇴치 활동(이하 '생활안전활동'이라 한다)을 하게 하여야 한다.

⑤ 누구든지 정당한 사유 없이 위 ④에 따라 출동하는 소방대의 생활안전활동을 방해하여서는 아니 되며, 위반자에게는 1년 이하의 징역 또는 1천만원 이하의 벌금에 처한다.

10 소방기본법령상 소방청장·소방본부장 또는 소방서장이 신고에 따라 소방대를 출동시켜 하게 하는 생활안전활동에 해당하지 않는 것은? 제24회

① 낙하가 우려되는 고드름의 제거활동
② 위해동물의 포획활동
③ 소방시설 오작동 신고에 따른 조치활동
④ 단전사고 시 조명의 공급
⑤ 끼임에 따른 구출활동

키워드 **생활안전활동**

풀이 '소방시설 오작동 신고에 따른 조치활동'은 생활안전활동에 해당하지 않는다.

이론 ✚

> 생활안전활동(법 제16조의3 제1항)
> 1. 붕괴, 낙하 등이 우려되는 고드름, 나무, 위험 구조물 등의 제거 활동
> 2. 위해동물, 벌 등의 포획 및 퇴치 활동
> 3. 끼임, 고립 등에 따른 위험제거 및 구출 활동
> 4. 단전사고 시 비상전원 또는 조명의 공급
> 5. 그 밖에 방치하면 급박해질 우려가 있는 위험을 예방하기 위한 활동

정답 ③

11 소방기본법령상 '소방자동차의 우선 통행 등'에 관한 설명으로 옳지 않은 것은?

① 모든 차와 사람은 소방자동차(지휘를 위한 자동차와 구조·구급차를 포함한다. 이하 같다)가 화재진압 및 구조·구급 활동을 위하여 출동을 할 때에는 이를 방해하여서는 아니 된다.
② 소방자동차가 화재진압 및 구조·구급 활동을 위하여 출동하거나 훈련을 위하여 필요할 때에는 사이렌을 사용할 수 있다.
③ 모든 차와 사람은 소방자동차가 화재진압 및 구조·구급 활동을 위하여 위 ②에 따라 사이렌을 사용하여 출동하는 경우에는 소방자동차에 진로를 양보하지 아니하는 행위를 하여서는 아니 된다.
④ 소방자동차 앞에 끼어들거나 소방자동차를 가로막는 행위 및 그 밖에 소방자동차의 출동에 지장을 주는 행위도 위 ③의 금지행위에 해당한다.
⑤ 위 ③ 및 ④의 경우를 제외하고 소방자동차의 우선 통행에 관하여는 「소방기본법」에서 정하는 바에 따른다.

위 ③ 및 ④의 경우를 제외하고 소방자동차의 우선 통행에 관하여는 「도로교통법」에서 정하는 바에 따른다.

정답 ⑤

12 소방기본법령상 '자체소방대 및 소방자동차 교통안전 분석 시스템'에 관한 설명으로 옳지 않은 것은?

① 관계인은 화재를 진압하거나 구조·구급 활동을 하기 위하여 상설 조직체(위험물 안전관리법 제19조 및 그 밖의 다른 법령에 따라 설치된 자체소방대를 포함하며, 이하 이 조에서 '자체소방대'라 한다)를 설치·운영할 수 있다.

② '자체소방대'는 소방대가 현장에 도착한 경우 소방청장의 지휘·통제에 따라야 한다.

③ 소방청장 또는 소방본부장은 대통령령으로 정하는 소방자동차에 행정안전부령으로 정하는 기준에 적합한 운행기록장치(이하 이 조에서 '운행기록장치'라 한다)를 장착하고 운용하여야 한다.

④ 소방청장은 소방자동차의 안전한 운행 및 교통사고 예방을 위하여 운행기록장치 데이터의 수집·저장·통합·분석 등의 업무를 전자적으로 처리하기 위한 시스템(이하 이 조에서 '소방자동차 교통안전 분석 시스템'이라 한다)을 구축·운영할 수 있다.

⑤ 소방청장, 소방본부장 및 소방서장은 소방자동차 교통안전 분석 시스템으로 처리된 자료(이하 이 조에서 '전산자료'라 한다)를 이용하여 소방자동차의 장비운용자 등에게 어떠한 불리한 제재나 처벌을 하여서는 아니 된다.

키워드 '자체소방대의 설치·운영 등' 및 '소방자동차 교통안전 분석 시스템 구축·운영'

풀이 자체소방대는 소방대가 현장에 도착한 경우 소방대장의 지휘·통제에 따라야 한다.

정답 ②

13 소방기본법령상 화재예방, 소방활동 또는 소방훈련을 위하여 사용되는 소방신호의 종류로 명시되지 않은 것은? 　제17회

① 예비신호　　　　　　　　　　② 훈련신호

③ 발화신호　　　　　　　　　　④ 경계신호

⑤ 해제신호

키워드 **소방신호의 종류**

풀이 예비신호는 소방신호의 종류에 포함되지 않는다.

이론 ✚

> **소방신호의 종류(규칙 제10조 제1항)**
> 1. 경계신호: 화재예방상 필요하다고 인정되거나 「화재의 예방 및 안전관리에 관한 법률」 제20조의 규정에 의한 화재위험경보 시 발령
> 2. 발화신호: 화재가 발생한 때 발령
> 3. 해제신호: 소화활동이 필요 없다고 인정되는 때 발령
> 4. 훈련신호: 훈련상 필요하다고 인정되는 때 발령

정답 ①

14 소방기본법령상 '손실보상'에 관한 내용으로 옳지 않은 것은?

① 소방청장 또는 시·도지사는 법 제16조의3(생활안전활동)에 따른 조치로 인하여 손실을 입은 자에게 손실보상심의위원회의 심사·의결에 따라 정당한 보상을 하여야 한다.

② 손실보상청구 사건을 심사·의결하기 위하여 손실보상심의위원회를 둔다.

③ 손실보상을 청구할 수 있는 권리는 손실이 있음을 안 날부터 1년, 손실이 발생한 날부터 3년간 행사하지 아니하면 시효의 완성으로 소멸한다.

④ 위 ①의 자에게 물건의 멸실·훼손으로 인한 손실보상을 하는 때로서 손실을 입은 물건을 수리할 수 있는 때에는 수리비에 상당하는 금액으로 보상한다.

⑤ 위 ④의 경우, 물건의 멸실·훼손으로 인한 손실 외의 재산상 손실에 대해서는 직무집행과 상당한 인과관계가 있는 범위에서 보상한다.

PART 9

키워드 손실보상

풀이 손실보상을 청구할 수 있는 권리는 손실이 있음을 안 날부터 <u>3년</u>, 손실이 발생한 날부터 <u>5년간</u> 행사하지 아니하면 시효의 완성으로 소멸한다.

이론＋

> [지문 ①] 손실보상심의위원회의 심사·의결에 따라 정당한 보상을 하여야 하는 경우
>
> 1. 법 제16조의3(생활안전활동) 제1항에 따른 조치로 인하여 손실을 입은 자
> 2. 소방활동 종사로 인하여 사망하거나 부상을 입은 자
> 3. 법 제25조(강제처분 등) 제2항 또는 제3항에 따른 처분으로 인하여 손실을 입은 자. 다만, 같은 조 제3항에 해당하는 경우로서 <u>법령을 위반</u>하여 소방자동차의 통행과 소방활동에 방해가 된 경우는 <u>제외</u>한다.
> 4. 법 제27조(위험시설 등에 대한 긴급조치) 제1항 또는 제2항에 따른 조치로 인하여 손실을 입은 자
> 5. 그 밖에 소방기관 또는 소방대의 적법한 소방업무 또는 소방활동으로 인하여 손실을 입은 자

> [지문 ④ 및 ⑤] 손실보상의 기준 및 보상금액(영 제11조)
>
> 1. 물건의 멸실·훼손으로 인한 손실보상을 하는 때에는 다음의 기준에 따른 금액으로 보상한다. 이 경우 영업자가 손실을 입은 물건의 수리나 교환으로 인하여 영업을 계속할 수 없는 때에는 영업을 계속할 수 없는 기간의 영업이익액에 상당하는 금액을 더하여 보상한다.
>   ㉠ 손실을 입은 물건을 수리할 수 있는 때: <u>수리비</u>에 상당하는 금액
>   ㉡ 손실을 입은 물건을 수리할 수 없는 때: 손실을 입은 당시의 해당 물건의 <u>교환가액</u>
> 2. 물건의 멸실·훼손으로 인한 손실 외의 재산상 손실에 대해서는 <u>직무집행과 상당한 인과관계가 있는 범위</u>에서 보상한다.

TIP 과거 개별적으로 손실보상 규정을 두었으나, 개정이 되어 '총괄적으로 손실보상에 대해 규정'하고 있으므로 정확히 숙지하여야 한다.

정답 ③

15 소방기본법령상 '손실보상의 지급절차 및 방법'에 관한 내용으로 옳지 않은 것은?

① 소방청장 등은 손실보상심의위원회의 심사·의결을 거쳐 특별한 사유가 없으면 보상금 지급 청구서를 받은 날부터 30일 이내에 보상금 지급 여부 및 보상금액을 결정하여야 한다.

② 소방청장 등은 청구인이 같은 청구 원인으로 보상금 청구를 하여 보상금 지급 여부 결정을 받은 경우에는 그 청구를 각하(却下)하는 결정을 하여야 한다.

③ 소방청장 등은 위 ①에 따른 결정일부터 10일 이내에 결정 내용을 청구인에게 통지하고, 보상금을 지급하기로 결정한 경우에는 특별한 사유가 없으면 통지한 날부터 30일 이내에 보상금을 지급하여야 한다.

④ 소방청장 등은 보상금을 지급받을 자가 지정하는 예금계좌(우체국예금·보험에 관한 법률에 따른 체신관서 또는 은행법에 따른 은행의 계좌를 말한다)에 입금하는 방법으로 보상금을 지급한다.

⑤ 보상금은 일시불로 지급하되, 예산 부족 등의 사유로 일시불로 지급할 수 없는 특별한 사정이 있는 경우에는 청구인의 동의를 받아 분할하여 지급할 수 있다.

| 키워드 | 손실보상의 지급절차 및 방법 |

풀이 소방청장 등은 손실보상심의위원회의 심사·의결을 거쳐 특별한 사유가 없으면 보상금 지급 청구서를 받은 날부터 <u>60일 이내</u>에 보상금 지급 여부 및 보상금액을 결정하여야 한다.

이론 ✚

[지문 ②] 각하결정하여야 할 사유

1. 청구인이 같은 청구 원인으로 보상금 청구를 하여 보상금 지급 여부 결정을 받은 경우. 다만, 기각결정을 받은 청구인이 손실을 증명할 수 있는 새로운 증거가 발견되었음을 소명(疏明)하는 경우는 제외한다.
2. 손실보상청구가 요건과 절차를 갖추지 못한 경우. 다만, 그 잘못된 부분을 시정할 수 있는 경우는 제외한다.

[지문 ④]

지문 ④에도 불구하고 보상금을 지급받을 자가 체신관서 또는 은행이 없는 지역에 거주하는 등 <u>부득이한 사유가 있는 경우</u>에는 그 보상금을 지급받을 자의 신청에 따라 <u>현금으로 지급</u>할 수 있다.

| 정답 | ①

16 소방기본법령상 내용에 관한 설명으로 옳은 것은?

제19회 수정

① 소방대상물의 점유자는 관계인에 포함되지 아니한다.

② 소방청장은 소방업무에 필요한 기본계획을 5년마다 수립·시행하여야 한다.

③ 「수도법」에 따라 소화전을 설치하는 일반수도사업자는 관할 소방서장과 사전협의를 거친 후 소화전을 설치하여야 한다.

④ 관할 소방서장은 시장지역 중 화재가 발생할 우려가 높거나 화재가 발생한 경우 그로 인하여 피해가 클 것으로 예상되는 지역을 화재경계지구로 지정할 수 있다.

⑤ 한국소방안전원이 정관을 변경하려면 관할 시·도지사의 인가를 받아야 한다.

키워드 「소방기본법」 전반

풀이
① '관계인'이란 소방대상물의 소유자·관리자 또는 <u>점유자</u>를 말한다.
② <u>소방청장</u>은 화재, 재난·재해, 그 밖의 위급한 상황으로부터 국민의 생명·신체 및 재산을 보호하기 위하여 소방업무에 관한 <u>종합계획</u>을 5년마다 수립·시행하여야 하고, 이에 필요한 재원을 확보하도록 노력하여야 한다.
④ <u>시·도지사</u>는 다음의 어느 하나에 해당하는 지역을 '화재예방강화지구'로 지정할 수 있다(화재의 예방 및 안전관리에 관한 법률 제18조 제1항).
  1. 시장지역
  2. 공장·창고가 밀집한 지역
  3. 목조건물이 밀집한 지역
  4. 노후·불량건축물이 밀집한 지역
  5. 위험물의 저장 및 처리시설이 밀집한 지역
  6. 석유화학제품을 생산하는 공장이 있는 지역
  7. 「산업입지 및 개발에 관한 법률」 제2조 제8호에 따른 산업단지
  8. 소방시설·소방용수시설 또는 소방출동로가 없는 지역
  9. 「물류시설의 개발 및 운영에 관한 법률」 제2조 제6호에 따른 물류단지
  10. 그 밖에 위 1.부터 9.까지에 준하는 지역으로서 소방관서장이 '화재예방강화지구'로 지정할 필요가 있다고 인정하는 지역
⑤ 한국소방안전원은 정관을 변경하려면 <u>소방청장</u>의 인가를 받아야 한다.

정답 ③

17 소방기본법령상 소방활동 등에 관한 설명으로 옳지 않은 것은? 제26회

① 소방서장은 공공의 안녕질서 유지 또는 복리증진을 위하여 필요한 경우 소방활동 외에 방송제작 또는 촬영 관련 소방지원활동을 하게 할 수 있다.

② 화재발생 현장에서 소방활동 종사 명령에 따라 소방활동에 종사한 소방대상물의 점유자는 시·도지사로부터 소방활동의 비용을 지급받을 수 있다.

③ 소방대장은 화재 발생을 막기 위하여 가스·전기 또는 유류 등의 시설에 대하여 위험물질의 공급을 차단할 수 있다.

④ 시장지역에서 화재로 오인할 만한 우려가 있는 불을 피우려는 자는 시·도의 조례로 정하는 바에 따라 관할 소방본부장 또는 소방서장에게 신고하여야 한다.

⑤ 경찰공무원은 소방대가 화재발생 현장의 소방활동구역에 있지 아니한 경우 소방활동에 필요한 사람으로서 대통령령으로 정하는 사람 외에는 그 구역의 출입을 제한할 수 있다.

키워드 **소방활동**

풀이 소방활동에 종사한 사람은 시·도지사로부터 소방활동의 비용을 지급받을 수 있다. 다만, <u>다음의 어느 하나에 해당하는 사람의 경우에는</u> <u>그러하지 아니하다.</u>
1. <u>소방대상물에 화재, 재난·재해, 그 밖의 위급한 상황이 발생한 경우 그 관계인</u>
2. 고의 또는 과실로 화재 또는 구조·구급 활동이 필요한 상황을 발생시킨 사람
3. 화재 또는 구조·구급 현장에서 물건을 가져간 사람

정답 ②

화재의 예방 및 안전관리에 관한 법률

▶ **연계학습** | 에듀윌 기본서 2차 [주택관리관계법규 下] p.250

1 총칙, 화재의 예방 및 안전관리 기본계획의 수립·시행 등

01 화재의 예방 및 안전관리에 관한 법령상 '용어의 뜻'에 관한 설명으로 옳지 않은 것은?

제21회 수정

① '예방'이란 화재의 위험으로부터 사람의 생명·신체 및 재산을 보호하기 위하여 화재발생을 사전에 제거하거나 방지하기 위한 모든 활동을 말한다.

② '안전관리'란 화재로 인한 피해를 최소화하기 위한 예방, 대비, 대응 등의 활동을 말한다.

③ '화재안전조사'란 소방청장, 소방본부장 또는 소방서장(이하 '소방관서장'이라 한다)이 소방대상물, 관계지역 또는 관계인에 대하여 소방시설등이 소방 관계 법령에 적합하게 설치·관리되고 있는지, 소방대상물에 화재의 발생 위험이 있는지 등을 확인하기 위하여 실시하는 현장조사·문서열람·보고요구 등을 하는 활동을 말한다.

④ '화재경계지구'란 시·도지사가 화재발생 우려가 크거나 화재가 발생할 경우 피해가 클 것으로 예상되는 지역에 대하여 화재의 예방 및 안전관리를 강화하기 위해 지정·관리하는 지역을 말한다.

⑤ '화재예방안전진단'이란 화재가 발생할 경우 사회·경제적으로 피해 규모가 클 것으로 예상되는 소방대상물에 대하여 화재위험요인을 조사하고 그 위험성을 평가하여 개선대책을 수립하는 것을 말한다.

> **키워드** 용어의 뜻
> **풀이** '화재예방강화지구'란 시·도지사가 화재발생 우려가 크거나 화재가 발생할 경우 피해가 클 것으로 예상되는 지역에 대하여 화재의 예방 및 안전관리를 강화하기 위해 지정·관리하는 지역을 말한다.
>
> 정답 ④

02 화재의 예방 및 안전관리에 관한 법령상 '화재안전조사'에 관한 설명으로 옳지 않은 것은?

① 소방청장은 화재예방안전진단이 불성실하다고 인정되는 경우에는 화재안전조사를 실시하여야 한다.

② 위 ①에도 불구하고 개인의 주거(실제 주거용도로 사용되는 경우에 한정한다)에 대한 화재안전조사는 관계인의 승낙이 있거나 화재발생의 우려가 뚜렷하여 긴급한 필요가 있는 때에 한정한다.

③ 「소방기본법」 제21조의2에 따른 소방자동차 전용구역의 설치에 관한 사항은 화재안전조사의 항목이다.

④ '화재안전조사의 항목'에는 화재의 예방조치 상황, 소방시설등의 관리 상황 및 소방대상물의 화재 등의 발생 위험과 관련된 사항이 포함되어야 한다.

⑤ 소방관서장은 화재안전조사를 실시하는 경우 다른 목적을 위하여 조사권을 남용하여서는 아니 된다.

키워드 화재안전조사

풀이 소방관서장은 다음의 어느 하나에 해당하는 경우 화재안전조사를 실시할 수 있다.
1. 「소방시설 설치 및 관리에 관한 법률」에 따른 자체점검이 불성실하거나 불완전하다고 인정되는 경우
2. 화재예방강화지구 등 법령에서 화재안전조사를 하도록 규정되어 있는 경우
3. 화재예방안전진단이 불성실하거나 불완전하다고 인정되는 경우
4. 국가적 행사 등 주요 행사가 개최되는 장소 및 그 주변의 관계 지역에 대하여 소방안전관리 실태를 조사할 필요가 있는 경우
5. 화재가 자주 발생하였거나 발생할 우려가 뚜렷한 곳에 대한 조사가 필요한 경우
6. 재난예측정보, 기상예보 등을 분석한 결과 소방대상물에 화재의 발생 위험이 크다고 판단되는 경우
7. 위 1.부터 6.까지에서 규정한 경우 외에 화재, 그 밖의 긴급한 상황이 발생할 경우 인명 또는 재산 피해의 우려가 현저하다고 판단되는 경우

이론 ✚

[지문 ③] 화재안전조사의 항목
1. 화재의 예방조치 등에 관한 사항
2. 소방안전관리 업무 수행에 관한 사항
3. 피난계획의 수립 및 시행에 관한 사항
4. 소화·통보·피난 등의 훈련 및 소방안전관리에 필요한 교육(이하 '소방훈련·교육'이라 한다)에 관한 사항
5. 「소방기본법」에 따른 소방자동차 전용구역의 설치에 관한 사항
6. 「소방시설 설치 및 관리에 관한 법률」에 따른 소방시설의 설치 및 관리에 관한 사항 등

정답 ①

03 화재의 예방 및 안전관리에 관한 법령상 '손실보상'에 관한 설명으로 옳지 않은 것은?

① 소방청장 또는 시·도지사는 법 제14조(화재안전조사 결과에 따른 조치명령) 제1항에 따른 명령으로 인하여 손실을 입은 자가 있는 경우에는 대통령령으로 정하는 바에 따라 보상하여야 한다.

② 소방청장 또는 시·도지사가 손실을 보상하는 경우에는 시가(時價)로 보상해야 한다.

③ 손실보상에 관하여는 소방청장 또는 시·도지사와 손실을 입은 자가 협의해야 한다.

④ 소방청장 또는 시·도지사는 보상금액에 관한 협의가 성립되지 않은 경우에는 그 보상금액을 지급하거나 공탁하고 이를 상대방에게 알려야 한다.

⑤ 위 ④에 따른 보상금의 지급 또는 공탁의 통지에 불복하는 자는 지급 또는 공탁의 통지를 받은 날부터 15일 이내에 중앙토지수용위원회에 재결(裁決)을 신청하여야 한다.

`키워드` **손실보상**

`풀이` 위 ④에 따른 보상금의 지급 또는 공탁의 통지에 불복하는 자는 지급 또는 공탁의 통지를 받은 날부터 30일 이내에 「공익사업을 위한 토지 등의 취득 및 보상에 관한 법률」 제49조에 따른 중앙토지수용위원회 또는 관할 지방토지수용위원회에 재결(裁決)을 신청할 수 있다.

`정답` ⑤

04 화재의 예방 및 안전관리에 관한 법령상 '화재의 예방조치 등'에 관한 설명으로 옳지 않은 것은?

① 소방관서장은 소방차량의 통행이나 소화활동에 지장을 줄 수 있는 물건에 대하여 행위 당사자나 그 물건의 소유자, 관리자 또는 점유자에게 이동명령을 할 수 있다.

② 소방관서장은 위 ①에 따라 옮긴 물건 등을 보관하는 경우에는 그날부터 14일 동안 해당 소방관서의 인터넷 홈페이지에 그 사실을 공고해야 한다.

③ 옮긴 물건 등의 보관기간은 위 ②에 따른 '공고기간의 종료일 다음 날'부터 14일까지로 한다.

④ 소방관서장은 위 ③에 따른 보관기간이 종료된 때에는 보관하고 있는 옮긴 물건 등을 매각해야 한다. 다만, 보관하고 있는 옮긴 물건 등이 부패·파손 또는 이와 유사한 사유로 정해진 용도로 계속 사용할 수 없는 경우에는 폐기할 수 있다.

⑤ 소방관서장은 위 ④에 따라 매각되거나 폐기된 옮긴 물건 등의 소유자가 보상을 요구하는 경우에는 보상금액에 대하여 소유자와의 협의를 거쳐 이를 보상해야 한다.

키워드 화재의 예방조치 등

풀이 '옮긴 물건 등'의 보관기간은 위 ②에 따른 '공고기간의 종료일 다음 날'부터 <u>7일까지로</u> 한다.

이론 ✛
> [지문 ④]
> 소방관서장은 보관하던 옮긴 물건 등을 위 ④에 따라 매각한 경우에는 지체 없이 「국가재정법」에 따라 <u>세입조치</u>를 해야 한다.

정답 ③

05 화재의 예방 및 안전관리에 관한 법령상 '화재예방강화지구의 지정대상지역'에 관한 설명으로 옳지 않은 것은? 제21회 수정

① 시장지역 및 공장·창고가 밀집한 지역

② 벽돌조건물 및 노후·불량건축물이 밀집한 지역

③ 위험물의 저장 및 처리시설이 밀집한 지역 및 석유화학제품을 생산하는 공장이 있는 지역

④ 「산업입지 및 개발에 관한 법률」 제2조 제8호에 따른 산업단지

⑤ 소방시설·소방용수시설 또는 소방출동로가 없는 지역

풀이 ①③④⑤ 외에 '목조건물 및 노후·불량건축물이 밀집한 지역, 「물류시설의 개발 및 운영에 관한 법률」 제2조 제6호에 따른 물류단지'가 화재예방강화지구로 지정될 수 있는 지역이다.

정답 ②

06 화재의 예방 및 안전관리에 관한 법령상 '화재예방강화지구'에 관한 설명으로 옳지 않은 것은?

제21회 수정

① 소방청장은 벽돌조건축물이 밀집한 지역을 화재예방강화지구로 지정하여 관리하여야 한다.

② 소방관서장은 화재예방강화지구 안의 소방대상물의 위치·구조 및 설비 등에 대한 화재안전조사를 연 1회 이상 실시해야 한다.

③ 소방관서장은 화재예방강화지구 안의 관계인에 대하여 소방에 필요한 훈련 및 교육을 연 1회 이상 실시할 수 있다.

④ 소방관서장은 위 ③에 따라 훈련 및 교육을 실시하려는 경우에는 화재예방강화지구 안의 관계인에게 훈련 또는 교육 10일 전까지 그 사실을 통보해야 한다.

⑤ 시·도지사는 매년 화재안전조사의 결과 등의 사항을 화재예방강화지구 관리대장에 작성하고 관리해야 한다.

키워드 화재예방강화지구

풀이 1. 시·도지사는 노후·불량건축물이 밀집한 지역을 화재예방강화지구로 지정하여 관리할 수 있다.

2. 시·도지사가 화재예방강화지구로 지정할 필요가 있는 지역을 지정하지 아니하는 경우 소방청장은 해당 시·도지사에게 해당 지역의 화재예방강화지구 지정을 요청할 수 있다.

이론 +

> [지문 ②]
> 소방관서장은 위 ②의 화재안전조사를 한 결과 화재의 예방강화를 위하여 필요하다고 인정할 때에는 관계인에게 소화기구, 소방용수시설 또는 그 밖에 소방에 필요한 설비(이하 '소방설비등' 이라 한다)의 설치(보수, 보강을 포함한다)를 명할 수 있다.

정답 ①

07 화재의 예방 및 안전관리에 관한 법령상 '화재예방강화지구'에 관한 설명으로 옳지 않은 것은?

제21회 수정

① 소방관서장은 화재안전조사를 한 결과 화재의 예방강화를 위하여 필요하다고 인정할 때에는 관계인에게 '소방설비등'의 설치(보수, 보강을 포함한다)를 명할 수 있다.

② 소방관서장은 위 ①에 따라 소방설비등의 설치를 명하는 경우 해당 관계인에게 소방설비등의 설치에 필요한 지원을 할 수 있다.

③ 소방청장은 관계 중앙행정기관의 장 및 시·도지사에게 위 ②에 따른 지원에 필요한 협조를 요청할 수 있다.

④ 시·도지사는 위 ③에 따라 소방청장의 요청이 있거나 화재예방강화지구 안의 소방대상물의 화재안전성능 향상을 위하여 필요한 경우 소방설비등의 설치에 필요한 비용을 지원할 수 있다.

⑤ 소방관서장은 「기상법」에 따른 기상현상 및 기상영향에 대한 예보·특보·태풍예보에 따라 화재의 발생 위험이 높다고 분석·판단되는 경우에는 행정안전부령으로 정하는 바에 따라 화재에 관한 위험경보를 발령하고 그에 따른 필요한 조치를 할 수 있다.

> **키워드** 화재예방강화지구
> **풀이** 소방청장은 위 ①에 따라 소방설비등의 설치를 명하는 경우 해당 관계인에게 소방설비등의 설치에 필요한 지원을 할 수 있다.

> 정답 ②

08 화재의 예방 및 안전관리에 관한 법령상 '화재안전영향평가'에 관한 설명으로 옳지 않은 것은?

① 소방청장은 화재발생 원인 및 연소과정을 조사·분석하는 등의 과정에서 법령이나 정책의 개선이 필요하다고 인정되는 경우 그 법령이나 정책에 대한 화재 위험성의 유발요인 및 완화 방안에 대한 평가(이하 '화재안전영향평가'라 한다)를 실시할 수 있다.

② 화재안전영향평가를 하는 경우 화재현장 및 자료조사 등을 기초로 화재·피난 모의실험 등 과학적인 예측·분석 방법으로 실시할 수 있다.

③ 소방청장은 화재안전영향평가를 실시한 경우 그 결과를 해당 법령이나 정책의 소관 기관의 장에게 통보하여야 하며, 결과를 통보받은 소관 기관의 장은 특별한 사정이 없는 한 이를 해당 법령이나 정책에 반영하도록 노력하여야 한다.

④ 소방청장은 화재안전영향평가를 위하여 필요한 경우 해당 법령이나 정책의 소관 기관의 장에게 관련 자료의 제출을 요청할 수 있다. 이 경우 자료 제출을 요청받은 소관 기관의 장은 특별한 사유가 없으면 이에 따라야 한다.

⑤ 국토교통부장관은 법령이나 정책의 화재위험 유발요인 등의 사항이 포함된 화재안전영향평가의 기준을 '화재안전영향평가기준심의회'의 심의를 거쳐 정한다.

> **키워드** 화재안전영향평가
>
> **풀이** 소방청장은 법령이나 정책의 화재위험 유발요인 등의 사항이 포함된 화재안전영향평가의 기준을 화재안전영향평가심의회의 심의를 거쳐 정한다.

정답 ⑤

09 화재의 예방 및 안전관리에 관한 법령상 '화재안전취약자에 대한 지원'에 관한 설명으로 옳지 않은 것은?

PART 10

① 소방관서장은 어린이, 노인, 장애인 등 화재의 예방 및 안전관리에 취약한 자(이하 '화재안전취약자'라 한다)의 안전한 생활환경을 조성하기 위하여 소방용품의 제공 및 소방시설의 개선 등 필요한 사항을 지원하기 위하여 노력하여야 한다.

② 「국민기초생활 보장법」에 따른 수급자는 화재안전취약자에 대한 지원대상자이다.

③ 소방관서장은 위 ②의 사람에게 소방용품의 제공을 지원할 수 있다.

④ 소방관서장은 관계 행정기관의 장에게 위 ①에 따른 지원이 원활히 수행되는 데 필요한 협력을 요청할 수 있다. 이 경우 요청받은 관계 행정기관의 장은 특별한 사정이 없으면 요청에 따라야 한다.

⑤ 위에서 규정한 사항 외에 지원의 방법 및 절차 등에 관하여 필요한 사항은 시·도지사가 정한다.

> **키워드** 화재안전취약자에 대한 지원
>
> **풀이** 위에서 규정한 사항 외에 지원의 방법 및 절차 등에 관하여 필요한 사항은 소방청장이 정한다.
>
> **이론 ➕**
>
> [지문 ②]
> 법 제23조 제1항에 따른 어린이, 노인, 장애인 등 화재의 예방 및 안전관리에 취약한 자(이하 '화재안전취약자'라 한다)에 대한 지원의 대상은 다음과 같다.
> 1. 「국민기초생활 보장법」 제2조 제2호에 따른 수급자
> 2. 「장애인복지법」 제6조에 따른 중증장애인
> 3. 「한부모가족지원법」 제5조에 따른 지원대상자
> 4. 「노인복지법」 제27조의2에 따른 홀로 사는 노인
> 5. 「다문화가족지원법」 제2조 제1호에 따른 다문화가족의 구성원
> 6. 그 밖에 화재안전에 취약하다고 소방관서장이 인정하는 사람

정답 ⑤

10 화재의 예방 및 안전관리에 관한 법령상 '특정소방대상물의 소방안전관리'에 관한 설명으로 옳지 않은 것은?
제18회 주관식, 제23·24회 수정

① 특정소방대상물 중 전문적인 안전관리가 요구되는 대통령령으로 정하는 특정소방대상물(이하 '소방안전관리대상물'이라 한다)의 관계인은 소방안전관리업무를 수행하기 위하여 소방안전관리자 자격증을 발급받은 사람을 소방안전관리자로 선임하여야 한다.

② 소방안전관리자의 업무에 대하여 보조가 필요한 대통령령으로 정하는 소방안전관리대상물의 경우에는 소방안전관리자 외에 소방안전관리보조자를 추가로 선임하여야 한다.

③ 다른 안전관리자(다른 법령에 따라 전기·가스·위험물 등의 안전관리 업무에 종사하는 자를 말한다)는 소방안전관리대상물 중 소방안전관리업무의 전담이 필요한 '대통령령으로 정하는 소방안전관리대상물'의 소방안전관리자를 겸할 수 없다.

④ 소방안전관리대상물의 관계인이 소방안전관리자를 선임한 경우에는 선임한 날부터 30일 이내에 소방본부장에게 신고하고, 소방안전관리자의 성명을 게시하여야 한다.

⑤ 소방안전관리대상물의 관계인이 소방안전관리자 또는 소방안전관리보조자를 해임한 경우에는 그 관계인 또는 해임된 소방안전관리자 또는 소방안전관리보조자는 소방본부장이나 소방서장에게 그 사실을 알려 해임한 사실의 확인을 받을 수 있다.

키워드 **특정소방대상물의 소방안전관리**

풀이 소방안전관리대상물의 관계인이 소방안전관리자 또는 소방안전관리보조자를 선임한 경우에는 선임한 날부터 14일 이내에 소방본부장 또는 소방서장에게 신고하고, 소방안전관리대상물의 출입자가 쉽게 알 수 있도록 소방안전관리자의 성명과 그 밖에 행정안전부령으로 정하는 사항을 게시하여야 한다.

이론 ➕

[지문 ①]
소방본부장 또는 소방서장은 위 ①에 따른 소방안전관리자 또는 소방안전관리보조자를 선임하지 아니한 소방안전관리대상물의 관계인에게 소방안전관리자 또는 소방안전관리보조자를 <u>선임하도록 명할 수 있다.</u>

[지문 ③]
위 ③에서 '대통령령으로 정하는 소방안전관리대상물'이란 다음의 소방안전관리대상물을 말한다.
1. 영 [별표 4] 제1호에 따른 <u>특급 소방안전관리대상물</u>
2. 영 [별표 4] 제2호에 따른 <u>1급 소방안전관리대상물</u>

정답 ④

11 화재의 예방 및 안전관리에 관한 법령에 관한 설명으로 옳지 않은 것은? 제23회 수정

① 소방안전관리대상물의 범위와 같은 조 제4항에 따른 소방안전관리자의 선임 대상별 자격 및 인원기준은 [별표 4]와 같다.

② 위 ①에도 불구하고 건축물대장의 건축물현황도에 표시된 대지경계선 안의 지역 또는 인접한 2개 이상의 대지에 소방안전관리자를 두어야 하는 특정소방대상물이 둘 이상 있고, 그 관리에 관한 권원(權原)을 가진 자가 동일인인 경우에는 이를 하나의 특정소방대상물로 본다.

③ 위 ②의 경우 해당 특정소방대상물이 [별표 4]에 따른 등급 중 둘 이상에 해당하면 그중에서 등급이 높은 특정소방대상물로 본다.

④ 법 제24조 제1항 후단에 따라 소방안전관리보조자를 추가로 선임해야 하는 소방안전관리대상물의 범위와 같은 조 제4항에 따른 소방안전관리보조자의 선임 대상별 자격 및 인원기준은 [별표 5]와 같다.

⑤ 「건축법 시행령」에 따른 아파트 중 150세대 이상인 아파트는 소방안전관리보조자를 선임해야 하는 소방안전관리대상물이다.

PART 10

키워드 소방안전관리보조자를 선임해야 하는 소방안전관리대상물

풀이 「건축법 시행령」에 따른 아파트 중 300세대 이상인 아파트는 소방안전관리보조자를 선임해야 하는 소방안전관리대상물이다.

이론 ✚

> **소방안전관리보조자를 선임해야 하는 소방안전관리대상물의 범위**
> 소방안전관리자를 선임해야 하는 소방안전관리대상물 중 다음에 해당하는 소방안전관리대상물
> 1. 「건축법 시행령」 [별표 1] 제2호 가목에 따른 아파트 중 300세대 이상인 아파트
> 2. 연면적이 1만 5천 제곱미터 이상인 특정소방대상물(아파트 및 연립주택은 제외한다)
>   [연립주택은 2024. 12. 1.부터 시행한다.]
> 3. 위 1. 및 2.에 따른 특정소방대상물을 제외한 특정소방대상물 중 다음의 어느 하나에 해당하는 특정소방대상물
>   ㉠ 공동주택 중 기숙사
>   ㉡ 의료시설
>   ㉢ 노유자시설
>   ㉣ 수련시설
>   ㉤ 숙박시설(숙박시설로 사용되는 바닥면적의 합계가 1천500제곱미터 미만이고 관계인이 24시간 상시 근무하고 있는 숙박시설은 제외한다)

정답 ⑤

12 화재의 예방 및 안전관리에 관한 법령상 '소방안전관리대상물'에 관한 설명으로 옳지 않은 것은? 제23회 수정

① 50층 이상(지하층은 제외한다)이거나 지상으로부터 높이가 200미터 이상인 아파트: 특급 소방안전관리대상물

② 30층 이상(지하층은 제외한다)이거나 지상으로부터 높이가 120미터 이상인 아파트: 1급 소방안전관리대상물

③ 「공동주택관리법」상 모든 의무관리대상 공동주택: 2급 소방안전관리대상물

④ 「소방시설 설치 및 관리에 관한 법률 시행령」[별표 4] 제2호 다목에 따른 자동화재탐지설비를 설치해야 하는 특정소방대상물: 3급 소방안전관리대상물

⑤ 자동화재탐지설비를 설치해야 하는 특정소방대상물 중 아파트: 3급 소방안전관리대상물

> **키워드** 소방안전관리대상물
>
> **풀이** 「공동주택관리법」 제2조 제1항 제2호의 어느 하나에 해당하는 의무관리대상 공동주택(소방시설 설치 및 관리에 관한 법률 시행령 [별표 4] 제호 다목 또는 라목에 따른 옥내소화전설비 또는 스프링클러설비가 설치된 공동주택으로 한정한다): 2급 소방안전관리대상물
>
> 정답 ③

---

13 화재의 예방 및 안전관리에 관한 법령상 '소방안전관리대상물'에 관한 설명으로 옳지 않은 것은? 제23회 수정

① 30층 이상(지하층을 포함한다)이거나 지상으로부터 높이가 120미터 이상인 특정소방대상물(아파트는 제외한다): 특급 소방안전관리대상물

② 위 ①에 해당하지 않는 특정소방대상물로서 연면적이 10만 제곱미터 이상인 특정소방대상물(아파트는 제외한다): 특급 소방안전관리대상물

③ 연면적 1만 5천 제곱미터 이상인 특정소방대상물(아파트는 제외한다): 1급 소방안전관리대상물

④ 위 ③에 해당하지 않는 특정소방대상물로서 지상층의 층수가 11층 이상인 특정소방대상물(아파트는 제외한다): 1급 소방안전관리대상물

⑤ 지하구: 3급 소방안전관리대상물

키워드 **소방안전관리대상물**

풀이 지하구는 2급 소방안전관리대상물이다.

이론 ✚

1. 특급 소방안전관리대상물의 범위
   ㉠ 50층 이상(지하층은 제외한다)이거나 지상으로부터 높이가 200미터 이상인 아파트
   ㉡ 30층 이상(지하층을 포함한다)이거나 지상으로부터 높이가 120미터 이상인 특정소방대상물 (아파트는 제외한다)
   ㉢ 위 ㉡에 해당하지 않는 특정소방대상물로서 연면적이 10만 제곱미터 이상인 특정소방대상물 (아파트는 제외한다)
2. 1급 소방안전관리대상물의 범위
   ㉠ 30층 이상(지하층은 제외한다)이거나 지상으로부터 높이가 120미터 이상인 아파트
   ㉡ 연면적 1만 5천 제곱미터 이상인 특정소방대상물(아파트 및 연립주택은 제외한다) [연립주택은 2024. 12. 1.부터 시행한다.]
   ㉢ 위 ㉡에 해당하지 않는 특정소방대상물로서 지상층의 층수가 11층 이상인 특정소방대상물(아파트는 제외한다)
   ㉣ 가연성 가스를 1천 톤 이상 저장·취급하는 시설
3. 2급 소방안전관리대상물의 범위
   ㉠ 「소방시설 설치 및 관리에 관한 법률 시행령」에 따라 옥내소화전설비를 설치해야 하는 특정소방대상물, 스프링클러설비를 설치해야 하는 특정소방대상물 또는 물분무등소화설비[화재안전기준에 따라 호스릴(hose reel) 방식의 물분무등소화설비만을 설치할 수 있는 특정소방대상물은 제외한다]를 설치해야 하는 특정소방대상물
   ㉡ 가스 제조설비를 갖추고 도시가스사업의 허가를 받아야 하는 시설 또는 가연성 가스를 100톤 이상 1천 톤 미만 저장·취급하는 시설
   ㉢ 지하구
   ㉣ 「공동주택관리법」 제2조 제1항 제2호의 어느 하나에 해당하는 의무관리대상 공동주택(소방시설 설치 및 관리에 관한 법률 시행령에 따른 옥내소화전설비 또는 스프링클러설비가 설치된 공동주택으로 한정한다)
   ㉤ 「문화재보호법」 제23조에 따라 보물 또는 국보로 지정된 목조건축물
4. 3급 소방안전관리대상물의 범위
   ㉠ 「소방시설 설치 및 관리에 관한 법률 시행령」에 따라 간이스프링클러설비(주택전용 간이스프링클러설비는 제외한다)를 설치해야 하는 특정소방대상물
   ㉡ 「소방시설 설치 및 관리에 관한 법률 시행령」에 따른 자동화재탐지설비를 설치해야 하는 특정소방대상물

정답 ⑤

PART 10

14 화재의 예방 및 안전관리에 관한 법령상 '소방안전관리자가 될 수 있는 사람'에 관한 설명으로 옳지 않은 것은?

① 특급 소방안전관리대상물: 소방공무원으로 20년 이상 근무한 경력이 있는 사람

② 특급 소방안전관리대상물: 소방설비기사의 자격을 취득한 후 5년 이상 1급 소방안전관리대상물의 소방안전관리자로 근무한 실무경력(법 제24조 제3항에 따라 소방안전관리자로 선임되어 근무한 경력은 제외한다)이 있는 사람

③ 1급 소방안전관리대상물: 소방공무원으로 5년 이상 근무한 경력이 있는 사람

④ 2급 소방안전관리대상물: 소방공무원으로 3년 이상 근무한 경력이 있는 사람

⑤ 3급 소방안전관리대상물: 소방공무원으로 1년 이상 근무한 경력이 있는 사람

> **키워드** 소방안전관리자가 될 수 있는 사람
> **풀이** 1급 소방안전관리대상물: 소방공무원으로 <u>7년 이상</u> 근무한 경력이 있는 사람

정답 ③

---

15 화재의 예방 및 안전관리에 관한 법령상 '특정소방대상물의 소방안전관리'에 관한 설명으로 옳지 않은 것은?

① 소방안전관리대상물의 관계인은 소방안전관리업무를 수행하기 위하여 소방안전관리자 자격증을 발급받은 사람을 소방안전관리자로 선임하여야 한다.

② 위 ①에도 불구하고 법 제25조 제1항에 따른 소방안전관리대상물의 관계인은 소방안전관리업무를 대행하는 관리업자를 감독할 수 있는 사람을 지정하여 소방안전관리자로 선임할 수 있다.

③ 1급 소방안전관리대상물 중 '연면적 1만 5천 제곱미터 이상인 특정소방대상물'과 '아파트'의 관계인은 위 ①에도 불구하고 관리업자로 하여금 같은 조 제5항에 따른 소방안전관리업무 중 피난시설, 방화구획 및 방화시설의 관리업무를 대행하게 할 수 있다.

④ 2급 소방안전관리대상물 및 3급 소방안전관리대상물의 경우에도 위 ③과 같다.

⑤ 위 ②의 경우 소방안전관리자로 선임된 자는 선임된 날부터 3개월 이내에 법 제34조에 따른 소방안전관리자 등에 대한 교육을 받아야 한다.

풀이 지상층의 층수가 11층 이상인 1급 소방안전관리대상물('연면적 1만 5천 제곱미터 이상인 특정소방대상물'과 '아파트'는 제외한다)의 관계인은 위 ①에도 불구하고 관리업자로 하여금 같은 조 제5항에 따른 소방안전관리업무 중 피난시설, 방화구획 및 방화시설의 관리업무를 대행하게 할 수 있다.

이론 ✚

> [참고]
>
> 1. '소방안전관리대상물'의 관계인은 소방안전관리업무를 수행하기 위해 소방안전관리자 자격증을 발급받은 사람을 소방안전관리자로 선임하여야 한다.
> 2. 위 1.에도 불구하고 '법 제25조 제1항'에 따른 소방안전관리대상물의 관계인은 소방안전관리업무를 '대행'하는 관리업자(소방시설 설치 및 관리에 관한 법률에 따른 소방시설관리업의 등록을 한 자를 말한다. 이하 '관리업자'라 한다)를 감독할 수 있는 사람을 지정하여 소방안전관리자로 선임할 수 있다. 이 경우 소방안전관리자로 선임된 자는 선임된 날부터 3개월 이내에 법 제34조에 따른 교육을 받아야 한다.

> **소방안전관리업무의 대행(법 제25조 제1항, 영 제28조)**
>
> 1. 소방안전관리대상물 중 연면적 등이 일정규모 미만인 '대통령령으로 정하는 소방안전관리대상물'의 관계인은 위 ①에도 불구하고 관리업자로 하여금 법 제24조 제5항에 따른 소방안전관리업무 중 대통령령으로 정하는 업무를 대행하게 할 수 있다. 이 경우 법 제24조 제3항에 따라 선임된 소방안전관리자는 관리업자의 대행업무 수행을 감독하고 대행업무 외의 소방안전관리업무는 직접 수행하여야 한다.
> 2. 위 1.에서 '대통령령으로 정하는 소방안전관리대상물'이란 다음의 소방안전관리대상물을 말한다.
>   ㉠ 지상층의 층수가 11층 이상인 1급 소방안전관리대상물('연면적 1만 5천 제곱미터 이상인 특정소방대상물'과 '아파트'는 제외한다)
>   ㉡ 2급 소방안전관리대상물
>   ㉢ 3급 소방안전관리대상물
> 3. 법 제25조 제1항 전단에서 '대통령령으로 정하는 업무'란 다음의 업무를 말한다.
>   ㉠ 피난시설, 방화구획 및 방화시설의 관리
>   ㉡ 소방시설이나 그 밖의 소방 관련 시설의 관리

정답 ③

PART 10

16 화재의 예방 및 안전관리에 관한 법령상 '건설현장 소방안전관리'에 관한 설명으로 옳지 않은 것은?

① 「소방시설 설치 및 관리에 관한 법률」 제15조 제1항에 따른 건설공사를 하는 자 (이하 '공사시공자'라 한다)가 '건설현장 소방안전관리대상물'을 신축·증축 등을 하는 경우에는 법 제24조 제1항에 따른 소방안전관리자로서 법 제34조에 따른 교육을 받은 사람을 소방시설공사 '착공 신고일'부터 '건축물 사용승인일'까지 소 방안전관리자로 선임하여야 한다.

② '건설현장 소방안전관리대상물'의 공사시공자는 소방안전관리자를 선임한 경우 에는 선임한 날부터 14일 이내에 일정한 서류를 첨부하여 소방본부장 또는 소방 서장에게 신고해야 한다.

③ 신축하려는 부분의 연면적의 합계가 1만 5천 제곱미터 이상인 것은 '건설현장 소 방안전관리대상물'에 해당한다.

④ 신축하려는 부분의 연면적이 5천 제곱미터이고 지상층의 층수가 10층 이상인 것 은 '건설현장 소방안전관리대상물'에 해당한다.

⑤ 공사진행 단계별 피난안전구역, 피난로 등의 확보와 관리는 건설현장 소방안전관 리대상물의 소방안전관리자의 업무이다.

키워드 건설현장 소방안전관리

풀이 '건설현장 소방안전관리대상물'은 다음과 같다.
1. 신축·증축·개축·재축·이전·용도변경 또는 대수선을 하려는 부분의 연면적의 합계가 <u>1만 5천 제곱미터 이상</u>인 것
2. 신축·증축·개축·재축·이전·용도변경 또는 대수선을 하려는 부분의 연면적이 <u>5천 제곱미터 이 상</u>인 것으로서 다음의 어느 하나에 해당하는 것
   ㉠ <u>지하층의 층수가 2개 층 이상</u>인 것
   ㉡ <u>지상층의 층수가 11층 이상</u>인 것
   ㉢ <u>냉동창고, 냉장창고 또는 냉동·냉장창고</u>

이론 ✛

> [지문 ①]
> 위 ①에서 '건축물 사용승인일'은 「건축법」 제22조에 따라 <u>건축물을 사용할 수 있게 된 날</u>을 말한다.

> '건설현장 소방안전관리대상물'의 소방안전관리자의 업무
> 1. 건설현장의 소방계획서의 작성
> 2. 「소방시설 설치 및 관리에 관한 법률」 제15조 제1항에 따른 임시소방시설의 설치 및 관리에 대한 감독
> 3. 공사진행 단계별 피난안전구역, 피난로 등의 확보와 관리
> 4. 건설현장의 작업자에 대한 소방안전 교육 및 훈련
> 5. 초기대응체계의 구성·운영 및 교육
> 6. 화기취급의 감독, 화재위험작업의 허가 및 관리
> 7. 그 밖에 건설현장의 소방안전관리와 관련하여 소방청장이 고시하는 업무

정답 ④

17 화재의 예방 및 안전관리에 관한 법령상 '관리의 권원이 분리된 특정소방대상물의 소방안전관리'에 관한 설명으로 옳지 않은 것은? 제24회 수정

① 복합건축물로서 그 관리의 권원(權原)이 분리되어 있는 특정소방대상물의 경우 그 관리의 권원별 관계인은 법 제24조 제1항에 따른 소방안전관리자를 선임하여야 한다.

② 지하층을 제외한 층수가 10층인 건축물은 복합건축물에 해당한다.

③ 위 ①에도 불구하고 소방본부장 또는 소방서장은 관리의 권원이 많아 효율적인 소방안전관리가 이루어지지 아니한다고 판단되는 경우 관리의 권원을 조정하여 소방안전관리자를 선임하도록 할 수 있다.

④ 위 ①에 따른 관리의 권원별 관계인은 상호 협의하여 특정소방대상물의 전체에 걸쳐 소방안전관리상 필요한 업무를 총괄하는 소방안전관리자(이하 '총괄소방안전관리자'라 한다)를 위 ①에 따라 선임된 소방안전관리자 중에서 선임하거나 별도로 선임하여야 한다.

⑤ 위 ① 및 ④에 따라 선임된 소방안전관리자 및 총괄소방안전관리자는 해당 특정소방대상물의 소방안전관리를 효율적으로 수행하기 위하여 '공동소방안전관리협의회'를 구성하고, 해당 특정소방대상물에 대한 소방안전관리를 공동으로 수행하여야 한다.

PART 10

키워드 **관리의 권원이 분리된 특정소방대상물의 소방안전관리**

풀이 지하층을 제외한 층수가 <u>11층 이상</u>인 건축물은 복합건축물에 해당한다.

이론 ✚

> 다음의 어느 하나에 해당하는 특정소방대상물로서 그 관리의 권원(權原)이 분리되어 있는 특정소방대상물의 경우 그 관리의 '권원별 관계인'은 법 제24조 제1항에 따른 소방안전관리자를 선임하여야 한다. 다만, 소방본부장 또는 소방서장은 관리의 권원이 많아 효율적인 소방안전관리가 이루어지지 아니한다고 판단되는 경우 관리의 권원을 조정하여 소방안전관리자를 선임하도록 할 수 있다.
> 1. 복합건축물(<u>지하층을</u> 제외한 층수가 <u>11층 이상</u> 또는 연면적 <u>3만 제곱미터 이상</u>인 건축물)
> 2. <u>지하가</u>(지하의 인공구조물 안에 설치된 상점 및 사무실, 그 밖에 이와 비슷한 시설이 연속하여 지하도에 접하여 설치된 것과 그 지하도를 합한 것을 말한다)
> 3. 「소방시설 설치 및 관리에 관한 법률 시행령」에 따른 '판매시설' 중 <u>도매시장, 소매시장 및 전통시장</u>

정답 ②

18 화재의 예방 및 안전관리에 관한 법령상 '피난계획의 수립 및 시행'에 관한 설명으로 옳지 않은 것은?

① 소방안전관리대상물의 관계인은 그 장소에 근무하거나 거주 또는 출입하는 사람들이 화재가 발생한 경우에 안전하게 피난할 수 있도록 피난계획을 수립·시행하여야 한다.

② 피난계획에는 그 소방안전관리대상물의 구조, 피난시설 등을 고려하여 설정한 피난경로가 포함되어야 한다.

③ 소방안전관리대상물의 관계인은 피난시설의 위치, 피난경로 또는 대피요령이 포함된 피난유도 안내정보를 근무자 또는 거주자에게 정기적으로 제공하여야 한다.

④ 소방안전관리대상물의 관계인은 해당 소방안전관리대상물의 구조·위치, 소방시설 등을 고려하여 피난계획을 수립해야 한다.

⑤ 피난유도 안내정보는 반기별 1회 이상 피난안내방송을 실시하는 방법으로 할 수 있다.

> **키워드** 피난계획의 수립 및 시행
>
> **풀이** '피난유도 안내정보'는 다음의 어느 하나의 방법으로 제공한다.
> 1. 연 2회 피난안내 교육을 실시하는 방법
> 2. 분기별 1회 이상 피난안내방송을 실시하는 방법
> 3. 피난안내도를 층마다 보기 쉬운 위치에 게시하는 방법
> 4. 엘리베이터, 출입구 등 시청이 용이한 장소에 피난안내영상을 제공하는 방법
>
> 정답 ⑤

19 화재의 예방 및 안전관리에 관한 법령상 '소방안전관리대상물 근무자 및 거주자 등에 대한 소방훈련 등'에 관한 설명으로 옳지 않은 것은?

① 소방안전관리대상물의 관계인은 그 장소에 근무하거나 거주하는 사람 등(이하 '근무자등'이라 한다)에게 소화·통보·피난 등의 훈련(이하 '소방훈련'이라 한다)과 소방안전관리에 필요한 교육을 하여야 하고, 피난훈련은 그 소방대상물에 출입하는 사람을 안전한 장소로 대피시키고 유도하는 훈련을 포함하여야 한다.

② 소방안전관리대상물 중 소방안전관리업무의 전담이 필요한 대통령령으로 정하는 소방안전관리대상물의 관계인은 위 ①에 따른 소방훈련 및 교육을 한 날부터 30일 이내에 소방훈련 및 교육 결과를 소방본부장 또는 소방서장에게 제출하여야 한다.

③ 소방본부장 또는 소방서장은 위 ①에 따라 소방안전관리대상물의 관계인이 실시하는 소방훈련과 교육을 지도·감독할 수 있다.

④ 소방본부장 또는 소방서장은 「건축법 시행령」 [별표 1]에 따른 제1종 근린생활시설의 근무자등에게 불시에 소방훈련과 교육을 실시할 수 있다.

⑤ 소방본부장 또는 소방서장은 위 ④에 따라 소방훈련과 교육을 실시한 경우에는 그 결과를 평가할 수 있다.

키워드 **소방안전관리대상물 근무자 및 거주자 등에 대한 소방훈련 등**

풀이 위 ④에서 '불시 소방훈련·교육의 대상'은 다음과 같다.

1. 「소방시설 설치 및 관리에 관한 법률 시행령」 [별표 2] 제7호에 따른 의료시설
2. 「소방시설 설치 및 관리에 관한 법률 시행령」 [별표 2] 제8호에 따른 교육연구시설
3. 「소방시설 설치 및 관리에 관한 법률 시행령」 [별표 2] 제9호에 따른 노유자시설
4. 그 밖에 화재 발생 시 불특정 다수의 인명피해가 예상되어 소방본부장 또는 소방서장이 소방훈련·교육이 필요하다고 인정하는 특정소방대상물

이론 ✚

[지문 ②]

위 ②에서 '대통령령으로 정하는 소방안전관리대상물(소방훈련·교육 결과 제출의 대상물)'이란 다음의 소방안전관리대상물을 말한다.

1. 영 [별표 4] 제1호에 따른 특급 소방안전관리대상물
2. 영 [별표 4] 제2호에 따른 1급 소방안전관리대상물

[지문 ⑤]

위 ⑤의 경우 소방훈련과 교육의 평가방법 및 절차 등에 필요한 사항은 행정안전부령으로 정한다.

특정소방대상물의 관계인에 대한 소방안전교육

1. 소방본부장이나 소방서장은 '법 제37조(소방안전관리대상물 근무자 및 거주자 등에 대한 소방훈련 등)를 적용받지 아니하는 특정소방대상물'의 관계인에 대하여 특정소방대상물의 화재예방과 소방안전을 위하여 행정안전부령으로 정하는 바에 따라 소방안전교육을 할 수 있다(법 제38조 제1항).
2. 소방본부장 또는 소방서장은 위 1.에 따른 소방안전교육을 실시하려는 경우에는 교육일 10일 전까지 별지 제32호 서식의 특정소방대상물 관계인 소방안전교육 계획서를 작성하여 통보해야 한다(규칙 제40조 제2항).

정답 ④

20 화재의 예방 및 안전관리에 관한 법령상 '소방안전 특별관리시설물의 안전관리'에 관한 설명으로 옳지 않은 것은?

① 소방청장은 화재 등 재난이 발생할 경우 사회·경제적으로 피해가 큰 공항시설 등의 시설(이하 '소방안전 특별관리시설물'이라 한다)에 대하여 소방안전 특별관리를 하여야 한다.

② 500세대 이상의 공동주택은 '소방안전 특별관리시설물'에 해당한다.

③ 소방청장은 위 ①에 따른 특별관리를 체계적이고 효율적으로 하기 위하여 시·도지사와 협의하여 소방안전 특별관리기본계획을 5년마다 기본계획에 포함하여 수립 및 시행하여야 한다.

④ 시·도지사는 특별관리기본계획을 시행하기 위하여 매년 '특별관리시행계획'을 수립·시행하고, 그 결과를 다음 연도 1월 31일까지 소방청장에게 통보해야 한다.

⑤ 소방청장 및 시·도지사는 특별관리기본계획 또는 특별관리시행계획을 수립하는 경우 성별, 연령별, 화재안전취약자별 화재 피해현황 및 실태 등을 고려해야 한다.

키워드 **소방안전 특별관리시설물의 안전관리**

풀이 점포가 500개 이상인 전통시장이 '소방안전 특별관리시설물'에 해당되며, '500세대 이상의 공동주택'은 '소방안전 특별관리시설물'에 해당하지 아니한다.

정답 ②

21 화재의 예방 및 안전관리에 관한 법령상 '화재예방안전진단'에 관한 설명으로 옳지 않은 것은?

① 5천 제곱미터 이상인 철도시설의 관계인은 화재의 예방 및 안전관리를 체계적·효율적으로 수행하기 위해 한국소방안전원(이하 '안전원'이라 한다)으로부터 정기적으로 화재예방안전진단을 받아야 한다.

② 소방안전관리대상물이 건축되어 소방안전 특별관리시설물에 해당하게 된 경우 해당 소방안전 특별관리시설물의 관계인은 「건축법」 제22조에 따른 사용승인을 받은 날부터 3년이 경과한 날이 속하는 해에 최초의 화재예방안전진단을 받아야 한다.

③ 화재예방안전진단 결과는 우수, 양호, 보통, 미흡 및 불량의 안전등급으로 구분한다.

④ 화재예방안전진단을 받은 소방안전 특별관리시설물의 관계인은 안전등급에 따라 정기적으로 일정한 기간에 화재예방안전진단을 받아야 한다.

⑤ 안전등급이 양호·보통인 경우에는 안전등급을 통보받은 날부터 5년이 경과한 날이 속하는 해에 화재예방안전진단을 받아야 한다.

키워드 화재예방안전진단의 실시 절차 등

풀이 소방안전관리대상물이 건축되어 영 제43조 각 호의 소방안전 특별관리시설물에 해당하게 된 경우 해당 소방안전 특별관리시설물의 관계인은 「건축법」 제22조에 따른 사용승인 또는 「소방시설공사업법」 제14조에 따른 완공검사를 받은 날부터 5년이 경과한 날이 속하는 해에 최초의 화재예방안전진단을 받아야 한다.

이론＋

> [지문 ②]
> 화재예방안전진단을 받은 소방안전 특별관리시설물의 관계인은 '안전등급'에 따라 정기적으로 다음의 기간에 화재예방안전진단을 받아야 한다.
> 1. 안전등급이 '우수': 안전등급을 통보받은 날부터 6년이 경과한 날이 속하는 해
> 2. 안전등급이 '양호·보통': 안전등급을 통보받은 날부터 5년이 경과한 날이 속하는 해
> 3. 안전등급이 '미흡·불량': 안전등급을 통보받은 날부터 4년이 경과한 날이 속하는 해

정답 ②

11 소방시설 설치 및 관리에 관한 법률

▶ **연계학습** | 에듀윌 기본서 2차 [주택관리관계법규 下] p.298

01 소방시설 설치 및 관리에 관한 법령상 '용어의 뜻'에 관한 설명으로 옳지 않은 것은?

① '소방시설'이란 소화설비, 경보설비, 피난구조설비, 소화용수설비, 그 밖에 소화활동설비로서 대통령령으로 정하는 것을 말한다.

② '소방시설등'이란 소방시설과 비상구(非常口), 그 밖에 소방 관련 시설로서 대통령령으로 정하는 것을 말한다.

③ '특정소방대상물'이란 건축물 등의 규모·용도 및 수용인원 등을 고려하여 소방시설을 설치하여야 하는 소방대상물로서 대통령령으로 정하는 것을 말한다.

④ '화재예방성능'이란 화재를 예방하고 화재발생 시 피해를 최소화하기 위하여 소방대상물의 재료, 공간 및 설비 등에 요구되는 안전성능을 말한다.

⑤ '소방용품'이란 소방시설등을 구성하거나 소방용으로 사용되는 제품 또는 기기로서 대통령령으로 정하는 것을 말한다.

> **키워드** 용어의 뜻
> **풀이** '화재안전성능'이란 화재를 예방하고 화재발생 시 피해를 최소화하기 위하여 소방대상물의 재료, 공간 및 설비 등에 요구되는 안전성능을 말한다.

> **정답** ④

02 소방시설 설치 및 관리에 관한 법령상 '용어의 뜻'에 관한 설명으로 옳지 않은 것은?

① 연립주택과 다세대주택은 '특정소방대상물'에 해당한다.

② 비상구는 '소방시설'이 아니고 '소방시설등'에 해당한다.

③ 50층 이상(지하층은 제외한다)이거나 지상으로부터 높이가 200미터 이상인 아파트등에 소방시설을 설치하려는 자는 성능위주설계를 하여야 한다.

④ 소화기는 소화설비로서 '소방시설'에 해당한다.

⑤ 단독경보형 감지기는 경보설비로서 '소방시설'에 해당한다.

> **키워드** 용어의 뜻
> **풀이** 연립주택과 다세대주택은 '특정소방대상물'에 해당하지 아니한다. 공동주택 중 아파트등과 기숙사만 '특정소방대상물'에 해당한다.
> [다만, 연립주택과 다세대주택은 2024년 12월 1일부터 '특정소방대상물'에 해당한다. 〈개정〉]

[지문 ②]

'소방시설등'이란 소방시설과 <u>비상구</u>, 그 밖에 소방 관련 시설로서 대통령령으로 정하는 것(<u>방화문</u> 및 <u>자동방화셔터</u>)을 말한다.

[지문 ③]

<u>다음의 특정소방대상물</u>(신축하는 것만 해당한다)에 소방시설을 설치하려는 자는 <u>성능위주설계</u>를 하여야 한다.
1. 연면적 <u>20만 제곱미터 이상</u>인 특정소방대상물. 다만, <u>아파트등은 제외</u>한다.
2. <u>50층 이상</u>(지하층은 <u>제외</u>한다)이거나 지상으로부터 높이가 <u>200미터 이상</u>인 <u>아파트등</u>
3. <u>30층 이상</u>(지하층을 <u>포함</u>한다)이거나 지상으로부터 높이가 <u>120미터 이상</u>인 특정소방대상물(<u>아파트등은 제외</u>한다) 등

정답 ①

03 소방시설 설치 및 관리에 관한 법령상 '소방시설'에 관한 설명으로 옳지 않은 것은?

제21회 수정

① 스프링클러설비 및 옥내소화전설비[호스릴(hose reel) 옥내소화전설비를 포함한다] – 소화설비
② 자동화재탐지설비 및 자동화재속보설비 – 경보설비
③ 방열복, 방화복(안전모, 보호장갑 및 안전화를 포함한다) – 소화활동설비
④ 공기호흡기 및 인공소생기 – 피난구조설비
⑤ 상수도소화용수설비, 소화수조, 저수조 – 소화용수설비

소방시설

방열복, 방화복(안전모, 보호장갑 및 안전화를 포함한다) – <u>피난구조설비</u>

1. <u>피난구조설비</u>
   ㉠ 피난기구: 피난사다리, 구조대, 완강기, 간이완강기 등
   ㉡ 인명구조기구: <u>방열복, 방화복</u>(안전모, 보호장갑, 안전화 포함), <u>공기호흡기, 인공소생기</u>
   ㉢ 유도등: 피난유도선, 피난구유도등, 통로유도등, 객석유도등, 유도표지
   ㉣ 비상조명등 및 휴대용 비상조명등
2. <u>소화활동설비</u>
   ㉠ 제연설비
   ㉡ 연결송수관설비
   ㉢ 연결살수설비
   ㉣ 비상콘센트설비
   ㉤ 무선통신보조설비
   ㉥ 연소방지설비

정답 ③

04 소방시설 설치 및 관리에 관한 법령상 '무창층'에 관한 설명으로 옳지 않은 것은?

제21회 수정

① 지하층은 무창층이 될 수 있다.

② '개구부'란 건축물에서 채광·환기·통풍 또는 출입 등을 위하여 만든 창·출입구, 그 밖에 이와 비슷한 것을 말한다.

③ '무창층'이란 개구부의 면적의 합계가 해당 층의 바닥면적의 30분의 1 이하가 되는 층을 말한다.

④ 개구부의 크기는 지름 50센티미터 이상의 원이 통과할 수 있어야 한다.

⑤ 개구부는 해당 층의 바닥면으로부터 개구부 밑부분까지의 높이가 1.2미터 이내이어야 한다.

키워드 **무창층**

풀이 '지하층'은 무창층이 될 수 없다.

이론 ✚

> '무창층'(無窓層)이란 지상층 중 다음의 요건을 모두 갖춘 개구부의 면적의 합계가 해당 층의 바닥면적의 30분의 1 이하가 되는 층을 말한다.
> 1. 크기는 지름 50센티미터 이상의 원이 통과할 수 있을 것
> 2. 해당 층의 바닥면으로부터 개구부 밑부분까지의 높이가 1.2미터 이내일 것
> 3. 도로 또는 차량이 진입할 수 있는 빈터를 향할 것
> 4. 화재 시 건축물로부터 쉽게 피난할 수 있도록 창살이나 그 밖의 장애물이 설치되지 않을 것
> 5. 내부 또는 외부에서 쉽게 부수거나 열 수 있을 것

정답 ①

05 소방시설 설치 및 관리에 관한 법령상 '건축허가등의 동의 등'에 관한 설명으로 옳지 않은 것은?

① 건축물 등의 신축 등 '건축허가등'의 권한이 있는 행정기관은 건축허가등을 할 때 미리 그 건축물 등의 시공지 또는 소재지를 관할하는 소방본부장이나 소방서장의 동의를 받아야 한다.

② 건축물 등의 증축, 대수선 등의 신고를 수리할 권한이 있는 행정기관은 그 신고를 수리하면 그 건축물 등의 시공지 또는 소재지를 관할하는 소방본부장이나 소방서장에게 지체 없이 그 사실을 알려야 한다.

③ 동의 요구를 받은 소방본부장 또는 소방서장은 건축허가등의 동의 요구 서류를 접수한 날부터 5일(허가를 신청한 건축물 등이 '3급 소방안전관리대상물'인 경우에는 10일) 이내에 건축허가등의 동의 여부를 회신해야 한다.

④ 다른 법령에 따른 인허가등의 시설기준에 소방시설등의 설치·관리 등에 관한 사항이 포함되어 있는 경우 해당 인허가등의 권한이 있는 행정기관은 인허가등을 할 때 미리 그 시설의 소재지를 관할하는 소방본부장이나 소방서장에게 그 시설이 이 법 또는 이 법에 따른 명령을 따르고 있는지를 확인하여 줄 것을 요청할 수 있다.

⑤ 위 ④의 경우 요청을 받은 소방본부장 또는 소방서장은 행정안전부령으로 정하는 기간인 7일 이내에 확인 결과를 알려야 한다.

키워드 **건축허가등의 동의 등**

풀이 동의 요구를 받은 소방본부장 또는 소방서장은 건축허가등의 동의 요구 서류를 접수한 날부터 5일 (허가를 신청한 건축물 등이 '특급 소방안전관리대상물'인 경우에는 10일) 이내에 건축허가등의 동의 여부를 회신해야 한다.

이론 ✚

> 건축허가등의 권한이 있는 행정기관은 건축허가등의 동의를 받을 때 관할 소방본부장이나 소방서장에게 건축허가등을 할 때 건축허가등을 받으려는 자가 제출한 설계도서 중 건축물의 내부 구조를 알 수 있는 설계도면을 제출하여야 한다.

정답 ③

06 소방시설 설치 및 관리에 관한 법령상 '소방본부장이나 소방서장의 동의를 받아야 하는 건축물'이 아닌 것은?

① 층수가 3층 이상인 건축물
② 연면적이 400제곱미터 이상인 건축물
③ 연면적이 100제곱미터 이상인 「학교시설사업 촉진법」에 따른 학교시설
④ 연면적이 300제곱미터 이상인 「장애인복지법」에 따른 장애인 의료재활시설
⑤ 무창층이 있는 건축물로서 바닥면적이 150제곱미터(공연장의 경우에는 100제곱미터) 이상인 층이 있는 것

키워드 소방본부장이나 소방서장의 동의를 받아야 하는 건축물

풀이 층수가 6층 이상인 건축물이 옳다.

이론 ➕

소방본부장이나 소방서장의 동의를 받아야 하는 건축물

1. 연면적이 400제곱미터 이상인 건축물이나 시설. 다만, 다음의 어느 하나에 해당하는 건축물이나 시설은 다음에서 정한 기준 이상인 건축물이나 시설로 한다.
   ㉠ 「학교시설사업 촉진법」 제5조의2 제1항에 따라 건축등을 하려는 학교시설: 100제곱미터
   ㉡ 영 [별표 2]의 특정소방대상물 중 노유자(老幼者)시설 및 수련시설: 200제곱미터
   ㉢ 「정신건강증진 및 정신질환자 복지서비스 지원에 관한 법률」에 따른 정신의료기관(입원실이 없는 정신건강의학과 의원은 제외한다): 300제곱미터
   ㉣ 「장애인복지법」에 따른 장애인 의료재활시설: 300제곱미터
2. 지하층 또는 무창층이 있는 건축물로서 바닥면적이 150제곱미터(공연장의 경우에는 100제곱미터) 이상인 층이 있는 것
3. 차고·주차장 또는 주차 용도로 사용되는 시설로서 다음의 어느 하나에 해당하는 것
   ㉠ 차고·주차장으로 사용되는 바닥면적이 200제곱미터 이상인 층이 있는 건축물이나 주차시설
   ㉡ 승강기 등 기계장치에 의한 주차시설로서 자동차 20대 이상을 주차할 수 있는 시설
4. 층수가 6층 이상인 건축물 등

정답 ①

07 소방시설 설치 및 관리에 관한 법령상 '성능위주설계'에 관한 설명으로 옳지 않은 것은?

제20회 수정

① 50층 이상(지하층은 제외한다)인 아파트등의 '대통령령으로 정하는 특정소방대상물'에 소방시설을 설치하려는 자는 성능위주설계를 하여야 한다.

② 위 ①에 따라 소방시설을 설치하려는 자가 성능위주설계를 한 경우에는 「건축법」에 따른 건축허가를 신청하기 전에 해당 특정소방대상물의 시공지 또는 소재지를 관할하는 소방서장에게 신고하여야 한다.

③ 위 ②에 따라 성능위주설계의 신고를 하려는 자는 해당 특정소방대상물이 건축위원회의 심의를 받아야 하는 건축물인 경우에는 그 심의를 받은 후 성능위주설계의 기본설계도서 등에 대해서 해당 특정소방대상물의 시공지 또는 소재지를 관할하는 소방서장의 사전검토를 받아야 한다.

④ 소방서장은 위 ② 또는 ③에 따라 성능위주설계의 신고, 변경신고 또는 사전검토 신청을 받은 경우에는 소방청 또는 관할 소방본부에 설치된 성능위주설계평가단의 검토·평가를 거쳐야 한다.

⑤ 소방서장은 위 ④에 따른 검토·평가 결과 성능위주설계의 수정이 필요하다고 인정되는 경우에는 성능위주설계를 한 자에게 그 수정을 요청할 수 있으며, 수정요청을 받은 자는 정당한 사유가 없으면 그 요청에 따라야 한다.

PART 11

키워드 성능위주설계

풀이 위 ②에 따라 성능위주설계의 신고를 하려는 자는 해당 특정소방대상물이 건축위원회의 심의를 받아야 하는 건축물인 경우는 그 <u>심의를 신청하기 전</u>에 성능위주설계의 기본설계도서 등에 대해서 해당 특정소방대상물의 시공지 또는 소재지를 관할하는 소방서장의 사전검토를 받아야 한다.

정답 ③

08 소방시설 설치 및 관리에 관한 법령에 관한 설명으로 옳지 않은 것은? 제22회 수정

① 「건축법」 제2조 제2항 제1호의 단독주택의 소유자는 주택용소방시설을 설치해야 한다.

② 「건축법」 제2조 제2항 제2호의 공동주택(아파트 및 기숙사는 제외한다)의 소유자는 주택용소방시설을 설치하여야 한다.

③ 소화기 및 단독경보형 감지기는 위 ① 및 ②의 '주택용소방시설'에 해당한다.

④ 특정소방대상물의 관계인은 내용연수가 경과한 소방용품을 교체하여야 한다.

⑤ 내용연수를 설정해야 하는 소방용품은 분말형태의 소화약제를 사용하는 소화기로 하며, 내용연수는 5년으로 한다.

> **키워드** 주택용소방시설 및 소방용품의 내용연수 등
>
> **풀이** 내용연수를 설정해야 하는 소방용품은 분말형태의 소화약제를 사용하는 소화기로 하며, 그 내용연수는 <u>10년</u>으로 한다.

정답 ⑤

최신기출

09 소방시설 설치 및 관리에 관한 법률상 건축법에 따른 단독주택 또는 공동주택의 소유자가 주택용소방시설을 설치하지 않아도 되는 것은? 제26회

① 기숙사

② 연립주택

③ 다세대주택

④ 다중주택

⑤ 다가구주택

> **키워드** 주택용소방시설 설치
>
> **풀이** 다음의 주택의 소유자는 소화기 등 대통령령으로 정하는 소방시설(이하 '주택용소방시설'이라 한다)을 설치하여야 한다.
> 1. 「건축법」 제2조 제2항 제1호의 <u>단독주택</u>
> 2. 「건축법」 제2조 제2항 제2호의 <u>공동주택(아파트 및 기숙사는 제외한다)</u>

정답 ①

10 소방시설 설치 및 관리에 관한 법령상 '화재안전기준 등'에 관한 설명으로 옳지 않은 것은?

① 특정소방대상물의 관계인은 대통령령으로 정하는 소방시설을 화재안전기준에 따라 설치·관리하여야 한다.

② 공동주택 중 연립주택 및 다세대주택은 자동화재탐지설비를 설치해야 하는 특정소방대상물이다.

③ 공동주택 중 아파트등·기숙사 및 숙박시설의 경우에는 모든 층에 자동화재탐지설비를 설치해야 한다.

④ 위 ①의 경우 「장애인·노인·임산부 등의 편의증진 보장에 관한 법률」 제2조 제1호에 따른 장애인등이 사용하는 소방시설(경보설비 및 피난구조설비를 말한다)은 대통령령으로 정하는 바에 따라 장애인등에 적합하게 설치·관리하여야 한다.

⑤ 소방본부장이나 소방서장은 소방시설이 화재안전기준에 따라 설치·관리되고 있지 아니할 때에는 해당 특정소방대상물의 관계인에게 필요한 조치를 명할 수 있다.

키워드 **화재안전기준 등**

풀이 공동주택 중 아파트등·기숙사 및 숙박시설의 경우에는 모든 층에 자동화재탐지설비를 설치하여야 하며, 공동주택 중 '연립주택 및 다세대주택'은 <u>단독경보형 감지기</u>를 설치해야 하는 특정소방대상물이다.

이론 ✚

> 1. <u>자동화재탐지설비를 설치해야 하는 특정소방대상물</u>은 다음의 어느 하나에 해당하는 것으로 한다.
>   ㉠ 공동주택 중 <u>아파트등·기숙사</u> 및 숙박시설의 경우에는 <u>모든 층</u>
>   ㉡ 층수가 <u>6층 이상인</u> 건축물의 경우에는 <u>모든 층</u> 등
> 2. <u>단독경보형 감지기를 설치</u>해야 하는 특정소방대상물은 다음의 어느 하나에 해당하는 것으로 한다. 이 경우 다음 ㉣의 연립주택 및 다세대주택에 설치하는 단독경보형 감지기는 연동형으로 설치해야 한다.
>   ㉠ 교육연구시설 내에 있는 기숙사 또는 합숙소로서 연면적 2천 제곱미터 미만인 것
>   ㉡ 수련시설 내에 있는 기숙사 또는 합숙소로서 연면적 2천 제곱미터 미만인 것
>   ㉢ 연면적 400제곱미터 미만의 유치원
>   ㉣ 공동주택 중 연립주택 및 다세대주택

정답 ②

11 소방시설 설치 및 관리에 관한 법령상 '특정소방대상물별로 설치하여야 하는 소방시설의 정비 등'에 관한 설명으로 옳지 않은 것은?

① 법 제12조 제1항에 따라 대통령령으로 소방시설을 정할 때에는 특정소방대상물의 규모·용도·수용인원 및 이용자 특성 등을 고려하여야 한다.

② 6층 이상인 특정소방대상물의 경우에는 모든 층에 스프링클러설비를 설치해야 한다.

③ 소방청장은 건축 환경 및 화재위험특성 변화사항을 효과적으로 반영할 수 있도록 위 ①에 따른 소방시설 규정을 2년에 1회 이상 정비하여야 한다

④ 소방청장은 건축 환경 및 화재위험특성 변화 추세를 체계적으로 연구하여 위 ③에 따른 정비를 위한 개선방안을 마련하여야 한다.

⑤ 위 ④에 따른 연구의 수행 등에 필요한 사항은 행정안전부령으로 정한다.

키워드 특정소방대상물별로 설치하여야 하는 소방시설의 정비 등

풀이 소방청장은 건축 환경 및 화재위험특성 변화사항을 효과적으로 반영할 수 있도록 위 ①에 따른 소방시설 규정을 <u>3년</u>에 1회 이상 정비하여야 한다.

이론 +

[지문 ①] 특정소방대상물의 관계인이 특정소방대상물에 설치·관리해야 하는 소방시설의 종류

1. <u>자동소화장치를 설치해야 하는 특정소방대상물</u> (해당 주방에 자동소화장치 설치의무)
   ㉠ 주거용 주방자동소화장치를 설치해야 하는 것: <u>아파트등</u> 및 오피스텔의 <u>모든 층</u>
   ㉡ 〈생략〉
2. <u>스프링클러설비를 설치해야 하는 특정소방대상물</u>
   ㉠ 층수가 <u>6층 이상인 특정소방대상물</u>의 경우에는 <u>모든 층</u>. 다만, <u>다음의 경우는</u> <u>제외한다</u>.
      ⓐ 주택 관련 법령에 따라 기존의 아파트등을 리모델링하는 경우로서 건축물의 연면적 및 층의 높이가 변경되지 않는 경우. 이 경우 해당 아파트등의 사용검사 당시의 소방시설의 설치에 관한 대통령령 또는 화재안전기준을 적용한다.
      ⓑ 〈이하 생략〉
3. <u>간이스프링클러설비를 설치해야 하는 특정소방대상물</u>
   ㉠ 공동주택 중 <u>연립주택 및 다세대주택</u>(연립주택 및 다세대주택에 설치하는 간이스프링클러설비는 화재안전기준에 따른 <u>주택전용 간이스프링클러설비</u>를 설치한다) [2024. 12. 1.부터 적용]
   ㉡ 〈생략〉
4. <u>단독경보형 감지기를 설치해야 하는 특정소방대상물</u>
   ㉠ 공동주택 중 <u>연립주택 및 다세대주택</u>(연동형으로 설치해야 함) [2024. 12. 1.부터 적용]
   ㉡ 〈생략〉
5. <u>자동화재탐지설비를 설치해야 하는 특정소방대상물</u>
   ㉠ 공동주택 중 <u>아파트등·기숙사</u> 및 숙박시설의 경우에는 <u>모든 층</u>
   ㉡ 층수가 <u>6층 이상인 건축물</u>의 경우에는 <u>모든 층</u>
   ㉢ 〈생략〉

정답 ③

12 소방시설 설치 및 관리에 관한 법령상 '건설현장의 임시소방시설 설치 및 관리'에 관한 설명으로 옳지 않은 것은? 제22회 수정

① 「건설산업기본법」 제2조 제4호에 따른 건설공사를 하는 자(이하 '공사시공자'라한다)는 특정소방대상물의 신축 등을 위한 공사현장에서 '화재위험작업'을 하기 전에 '임시소방시설'을 설치하고 관리하여야 한다.

② 위 ①에서 인화성·가연성·폭발성 물질을 취급하거나 가연성 가스를 발생시키는 작업은 '화재위험작업'에 해당한다.

③ 위 ①에서 설치 및 철거가 쉬운 화재대비시설을 '임시소방시설'이라 한다.

④ 비상조명등 및 방화포는 위 ①의 '임시소방시설'에 해당하지 아니한다.

⑤ 위 ①에도 불구하고 소방시설공사업자가 화재위험작업 현장에 소방시설 중 임시소방시설과 기능 및 성능이 유사한 것으로서 대통령령으로 정하는 소방시설을 화재안전기준에 맞게 설치 및 관리하고 있는 경우에는 공사시공자가 임시소방시설을 설치하고 관리한 것으로 본다.

PART 11

키워드	건설현장의 임시소방시설 설치 및 관리

풀이 '비상조명등' 및 '방화포'는 위 ①의 '임시소방시설'에 해당한다. 〈신설〉

이론 ✚

> **임시소방시설의 종류**
>
> 1. 소화기
> 2. 간이소화장치: 물을 방사(放射)하여 화재를 진화할 수 있는 장치로서 소방청장이 정하는 성능을 갖추고 있을 것
> 3. 비상경보장치: 화재가 발생한 경우 주변에 있는 작업자에게 화재사실을 알릴 수 있는 장치로서 소방청장이 정하는 성능을 갖추고 있을 것
> 4. 가스누설경보기: 가연성 가스가 누설되거나 발생된 경우 이를 탐지하여 경보하는 장치로서 법 제37조에 따른 형식승인 및 제품검사를 받은 것
> 5. 간이피난유도선: 화재가 발생한 경우 피난구 방향을 안내할 수 있는 장치로서 소방청장이 정하는 성능을 갖추고 있을 것 (제22회 주관식)
> 6. 비상조명등: 화재가 발생한 경우 안전하고 원활한 피난활동을 할 수 있도록 자동 점등되는 조명장치로서 소방청장이 정하는 성능을 갖추고 있을 것
> 7. 방화포: 용접·용단 등의 작업 시 발생하는 불티로부터 가연물이 점화되는 것을 방지해주는 천 또는 불연성 물품으로서 소방청장이 정하는 성능을 갖추고 있을 것

> **임시소방시설과 기능 및 성능이 유사한 소방시설로서 임시소방시설을 설치한 것으로 보는 소방시설**
>
> 1. 간이소화장치를 설치한 것으로 보는 소방시설: 소방청장이 정하여 고시하는 기준에 맞는 소화기(연결송수관설비의 방수구 인근에 설치한 경우로 한정한다) 또는 옥내소화전설비
> 2. 비상경보장치를 설치한 것으로 보는 소방시설: 비상방송설비 또는 자동화재탐지설비
> 3. 간이피난유도선을 설치한 것으로 보는 소방시설: 피난유도선, 피난구유도등, 통로유도등 또는 비상조명등

정답 ④

13 소방시설 설치 및 관리에 관한 법령상 '소방시설관리업'에 관한 설명으로 옳지 않은 것은?

① 소방시설등의 점검 및 관리를 업으로 하려는 자 또는 「화재의 예방 및 안전관리에 관한 법률」 제25조에 따른 소방안전관리업무의 대행을 하려는 자는 업종별로 시·도지사에게 소방시설관리업(이하 '관리업'이라 한다) 등록을 하여야 한다.

② 관리업자는 등록한 사항 중 명칭 등 행정안전부령으로 정하는 중요사항이 변경되었을 때에는 시·도지사에게 변경사항을 신고하여야 한다.

③ 시·도지사는 관리업자가 등록증 또는 등록수첩을 빌려준 경우에는 등록을 취소하여야 한다.

④ 시·도지사는 관리업자가 법 제34조 제1항에 따른 점검능력 평가를 받지 아니하고 자체점검을 한 경우에는 6개월 이내의 기간을 정하여 이의 시정이나 그 영업의 정지를 명할 수 있다.

⑤ 시·도지사는 위 ④에 따라 영업정지를 명하는 경우로서 그 영업정지가 이용자에게 불편을 주거나 그 밖에 공익을 해칠 우려가 있을 때에는 영업정지처분을 갈음하여 5천만원 이하의 과징금을 부과할 수 있다.

| 키워드 | 소방시설관리업의 등록, 등록의 취소와 영업정지 및 과징금 |

| 풀이 | 시·도지사는 위 ④에 따라 영업정지를 명하는 경우로서 그 영업정지가 이용자에게 불편을 주거나 그 밖에 공익을 해칠 우려가 있을 때에는 영업정지처분을 갈음하여 3천만원 이하의 과징금을 부과할 수 있다. |

| 정답 | ⑤ |

14 소방시설 설치 및 관리에 관한 법령상 '우수품질 제품에 대한 인증'에 관한 설명으로 옳지 않은 것은? 제18회 수정

① 소방청장은 형식승인의 대상이 되는 소방용품 중 품질이 우수하다고 인정하는 소방용품에 대하여 인증(이하 '우수품질인증'이라 한다)을 할 수 있다.

② 우수품질인증을 받으려는 자는 별지 제21호 서식의 우수품질인증 신청서에 일정한 서류를 첨부하여 소방청장이 정하여 고시하는 수량의 견본품과 함께 기술원에 제출하여야 한다.

③ 소방용품의 인증시험과 품질관리체계평가를 실시하여 우수품질인증기준과 품질관리체계 평가기준에 적합하다고 인정되는 경우에는 별지 제22호 서식에 따른 우수품질인증서(이하 '우수품질인증서'라 한다)를 발급하여야 한다.

④ 우수품질인증의 유효기간은 3년의 범위에서 행정안전부령으로 정한다.

⑤ 우수품질인증서의 유효기간은 발급한 날부터 3년으로 한다.

키워드 **우수품질 제품에 대한 인증**

풀이 우수품질인증의 유효기간은 <u>5년</u>의 범위에서 행정안전부령으로 정한다.

이론 +

> 다음의 어느 하나에 해당하는 기관 및 단체는 건축물의 신축·증축 및 개축 등으로 소방용품을 변경 또는 신규 비치하여야 하는 경우 우수품질인증 소방용품을 우선 구매·사용하도록 노력하여야 한다.
> 1. 중앙행정기관
> 2. 지방자치단체
> 3. 「공공기관의 운영에 관한 법률」 제4조에 따른 공공기관(이하 '공공기관'이라 한다) 등

PART 11

정답 ④

12 전기사업법

▶ **연계학습** | 에듀윌 기본서 2차 [주택관리관계법규 下] p.354

대표기출

전기사업법상 토지 등의 사용에 관한 설명으로 옳지 않은 것은? 제25회

① 전기사업자는 전기사업용 전기설비의 설치를 위한 측량을 위하여 필요한 경우에는 「공익사업을 위한 토지 등의 취득 및 보상에 관한 법률」에서 정하는 바에 따라 다른 자의 토지 또는 이에 정착된 건물을 사용할 수 있다.

② 전기사업자는 전기사업용 전기설비의 유지·보수를 위하여 필요한 경우에는 「공익사업을 위한 토지 등의 취득 및 보상에 관한 법률」에서 정하는 바에 따라 다른 자의 식물을 제거할 수 있다.

③ 천재지변으로 전기사업용 전기설비가 파손될 우려가 있는 경우 전기사업자가 주거용으로 사용되고 있는 다른 자의 토지등을 일시사용하려면 그 사용 일시 및 기간에 관하여 미리 거주자와 협의하여야 한다.

④ 긴급한 사태로 전기사업용 전기설비가 파손되어 전기사업자가 다른 자의 토지 등을 일시사용한 경우에는 즉시 그 점유자나 소유자에게 그 사실을 통지하여야 한다.

⑤ 전기설비의 안전관리를 위하여 다른 자의 토지 등에 출입하려는 전기사업자는 토지 등의 소유자 또는 점유자와 협의를 거친 후 시·도지사에게 신고하여야 한다.

키워드 토지 등의 사용

풀이 전기사업자는 전기설비의 설치·유지 및 안전관리를 위하여 필요한 경우에는 다른 자의 토지 등에 출입할 수 있다. 이 경우 전기사업자는 출입방법 및 출입기간 등에 대하여 미리 <u>토지 등의 소유자 또는 점유자와 협의</u>하여야 하며, 전기사업자는 <u>협의가 성립되지 아니하거나 협의를 할 수 없는 경우</u>에는 <u>시장·군수 또는 구청장</u>의 <u>허가</u>를 받아 토지 등에 출입할 수 있다.

정답 ⑤

01 전기사업법령상 '전기사업'에 관한 설명으로 옳지 않은 것은?

① '발전사업'이란 전기를 생산하여 이를 전력시장을 통하여 전기판매사업자에게 공급하는 것을 주된 목적으로 하는 사업을 말한다.

② '전기판매사업'이란 전기사용자에게 전기를 공급하는 것을 주된 목적으로 하는 사업(전기자동차충전사업, 재생에너지전기공급사업 및 재생에너지전기저장판매사업을 포함한다)을 말한다.

③ '송전사업'이란 발전소에서 생산된 전기를 배전사업자에게 송전하는 데 필요한 전기설비를 설치·관리하는 것을 주된 목적으로 하는 사업을 말한다.

④ '배전사업'이란 발전소로부터 송전된 전기를 전기사용자에게 배전하는 데 필요한 전기설비를 설치·운용하는 것을 주된 목적으로 하는 사업을 말한다.

⑤ '구역전기사업'이란 대통령령으로 정하는 규모(35,000킬로와트) 이하의 발전설비를 갖추고 특정한 공급구역의 수요에 맞추어 전기를 생산하여 전력시장을 통하지 아니하고 그 공급구역의 전기사용자에게 공급하는 것을 주된 목적으로 하는 사업을 말한다.

PART 12

키워드 **전기사업**

풀이 '전기판매사업'이란 전기사용자에게 전기를 공급하는 것을 주된 목적으로 하는 사업(전기자동차충전사업, 재생에너지전기공급사업 및 재생에너지전기저장판매사업은 제외한다)을 말한다.

정답 ②

02 전기사업법령상 '전기신사업'에 관한 설명으로 옳지 않은 것은?

① '전기신사업'이란 전기자동차충전사업, 소규모전력중개사업, 재생에너지전기공급사업, 통합발전소사업 및 재생에너지전기저장판매사업을 말한다.

② '전기자동차충전사업'이란 「환경친화적 자동차의 개발 및 보급 촉진에 관한 법률」에 따른 전기자동차에 전기를 유상으로 공급하는 것을 주된 목적으로 하는 사업을 말한다.

③ '재생에너지전기공급사업'이란 「신에너지 및 재생에너지 개발·이용·보급 촉진법」에 따른 재생에너지를 이용하여 생산한 전기를 전기사용자에게 공급하는 것을 주된 목적으로 하는 사업을 말한다.

④ '소규모전력중개사업'이란 '소규모전력자원'에서 생산 또는 저장된 전력을 모아서 전력시장을 통하여 거래하는 것을 주된 목적으로 하는 사업을 말한다.

⑤ 대통령령으로 정하는 규모(충전·방전설비용량 1천 킬로와트 이하)의 전기저장장치는 위 ④의 '소규모전력자원'에 해당한다.

키워드 전기신사업

풀이 '소규모전력중개사업'이란 다음의 설비(이하 '소규모전력자원'이라 한다)에서 생산 또는 저장된 전력을 모아서 전력시장을 통하여 거래하는 것을 주된 목적으로 하는 사업을 말한다.
1. 대통령령으로 정하는 종류 및 규모(해당 법령에 따른 신에너지 및 재생에너지의 발전설비로서 발전설비용량 2만 킬로와트 이하)의 「신에너지 및 재생에너지 개발·이용·보급 촉진법」 제2조 제3호에 따른 신에너지 및 재생에너지 설비
2. 대통령령으로 정하는 규모(충전·방전설비용량 2만 킬로와트 이하)의 전기저장장치
3. 대통령령으로 정하는 유형(환경친화적 자동차의 개발 및 보급 촉진에 관한 법률 제2조 제3호에 따른 전기자동차)의 전기자동차

이론 ✚
> 1. '통합발전소사업'이란 정보통신 및 자동제어 기술을 이용해 대통령령으로 정하는 에너지자원을 연결·제어하여 하나의 발전소처럼 운영하는 시스템을 활용하는 사업을 말한다. 〈신설, 시행 2024. 6. 14.〉
> 2. '재생에너지전기저장판매사업'이란 재생에너지를 이용하여 생산한 전기를 전기저장장치에 저장하여 전기사용자에게 판매하는 것을 주된 목적으로 하는 사업으로서 산업통상자원부령으로 정하는 것을 말한다. 〈신설, 시행 2024. 5. 1.〉

정답 ⑤

03 전기사업법령상 '용어의 뜻'에 관한 설명으로 옳지 않은 것은? 제21·22·24회 수정

① '전력시장'이란 전력거래를 위하여 법 제35조에 따라 설립된 한국전력거래소가 개설하는 시장을 말한다.

② '소규모전력중개시장'이란 소규모전력중개사업자가 소규모전력자원을 모집·관리할 수 있도록 한국전력거래소가 개설하는 시장을 말한다.

③ '전력관리체계'란 전기의 원활한 흐름과 품질유지를 위하여 전기의 흐름을 통제·관리하는 체제를 말한다.

④ '보편적 공급'이란 전기사용자가 언제 어디서나 적정한 요금으로 전기를 사용할 수 있도록 전기를 공급하는 것을 말한다.

⑤ '안전관리'란 국민의 생명과 재산을 보호하기 위하여 이 법 및 「전기안전관리법」에서 정하는 바에 따라 전기설비의 공사·유지 및 운용에 필요한 조치를 하는 것을 말한다.

> **키워드** 용어의 뜻
> **풀이** '전력계통'이란 전기의 원활한 흐름과 품질유지를 위하여 전기의 흐름을 통제·관리하는 체제를 말한다.
>
> 정답 ③

04 전기사업법령상 '전기설비'에 관한 설명으로 옳지 않은 것은? 제25회 주관식 수정

① '전기설비'에는 전기사업용 전기설비, 일반용 전기설비 및 자가용 전기설비가 있다.

② '전기사업용 전기설비'란 전기설비 중 전기사업자가 전기사업에 사용하는 전기설비를 말한다.

③ '일반용 전기설비'란 산업통상자원부령으로 정하는 소규모의 전기설비로서 한정된 구역에서 전기를 사용하기 위하여 설치하는 전기설비를 말한다.

④ 저압에 해당하는 용량 30킬로와트 이하인 발전설비는 '일반용 전기설비'에 해당한다.

⑤ '자가용 전기설비'란 전기사업용 전기설비 및 일반용 전기설비 외의 전기설비를 말한다.

> **키워드** 전기설비
> **풀이** '일반용 전기설비'는 다음의 어느 하나에 해당하는 전기설비로 한다.
> 1. '저압'에 해당하는 용량 75킬로와트(제조업 또는 심야전력을 이용하는 전기설비는 용량 100킬로와트) 미만의 전력을 타인으로부터 수전하여 그 수전장소(담·울타리 또는 그 밖의 시설물로 타인의 출입을 제한하는 구역을 포함한다. 이하 같다)에서 그 전기를 사용하기 위한 전기설비
> 2. '저압'에 해당하는 용량 10킬로와트 이하인 발전설비
>
> 정답 ④

05 전기사업법령상 '분산형전원'에 관한 설명으로 옳지 않은 것은?

① '분산형전원'이란 전력수요 지역 인근에 설치하여 송전선로의 건설을 최소화할 수 있는 일정 규모 이하의 발전설비로서 산업통상자원부령으로 정하는 것을 말한다.

② 발전설비용량 50만 킬로와트 이하의 발전설비는 '분산형전원'에 해당한다.

③ 「집단에너지사업법」 제48조에 따라 발전사업의 허가를 받은 것으로 보는 집단에너지사업자가 설치한 발전설비용량 50만 킬로와트 이하의 발전설비는 '분산형전원'에 해당한다.

④ 구역전기사업자가 설치한 발전설비용량 50만 킬로와트 이하의 발전설비는 '분산형전원'에 해당한다.

⑤ 자가용 전기설비를 설치한 자가 설치한 발전설비용량 50만 킬로와트 이하의 발전설비는 '분산형전원'에 해당한다.

▮키워드▮ 분산형전원

▮풀이▮ 발전설비용량 <u>4만 킬로와트 이하</u>의 발전설비는 '분산형전원'에 해당한다.

정답 ②

06 전기사업법령상 '용어의 뜻'에 관한 설명으로 옳지 않은 것은?

① '전선로'란 발전소·변전소·개폐소 및 이에 준하는 장소와 전기를 사용하는 장소 상호간의 전선 및 이를 지지하거나 수용하는 시설물을 말한다.

② '변전소'란 변전소의 밖으로부터 전압 5만 볼트 이상의 전기를 전송받아 이를 변성(전압을 올리거나 내리는 것 또는 전기의 성질을 변경시키는 것을 말한다)하여 변전소 밖의 장소로 전송할 목적으로 설치하는 변압기와 그 밖의 전기설비 전체를 말한다.

③ '저압'이란 직류에서는 1,000볼트 이하의 전압을 말하고, 교류에서는 1,500볼트 이하의 전압을 말한다.

④ '고압'이란 직류에서는 1,500볼트를 초과하고 7천 볼트 이하인 전압을 말하고, 교류에서는 1,000볼트를 초과하고 7천 볼트 이하인 전압을 말한다.

⑤ '특고압'이란 7천 볼트를 초과하는 전압을 말한다.

▮키워드▮ 용어의 뜻

▮풀이▮ '저압'이란 직류에서는 <u>1,500볼트 이하</u>의 전압을 말하고, 교류에서는 <u>1,000볼트 이하</u>의 전압을 말한다.

정답 ③

07 전기사업법령상 '용어의 뜻'에 관한 설명으로 옳지 않은 것은? 제21회 수정

① '전기수전설비'란 수전설비와 구내배전설비를 말한다.

② '수전설비'란 타인의 전기설비 또는 구내발전설비로부터 전기를 공급받아 구내배전설비로 전기를 공급하기 위한 전기설비로서 수전지점으로부터 배전반(구내배전설비로 전기를 배전하는 전기설비를 말한다)까지의 설비를 말한다.

③ '구내배전설비'란 수전설비의 배전반에서부터 전기사용기기에 이르는 전선로·개폐기·차단기·분전함·콘센트·제어반·스위치 및 그 밖의 부속설비를 말한다.

④ '송전선로'란 발전소 상호간, 변전소 상호간, 발전소와 변전소 간을 연결하는 전선로(통신용으로 전용하는 것은 제외한다. 이하 같다)와 이에 속하는 전기설비를 말한다.

⑤ '배전선로'란 발전소와 전기수용설비, 변전소와 전기수용설비, 송전선로와 전기수용설비, 전기수용설비 상호간을 연결하는 전선로와 이에 속하는 전기설비를 말한다.

> **키워드** 용어의 뜻
> **풀이** '전기수용설비'란 수전설비와 구내배전설비를 말한다(전기안전관리법 시행규칙 제2조 제1호).

정답 ① **PART 12**

08 전기사업법령상 '전기사업의 허가'에 관한 설명으로 옳지 않은 것은?

① 전기사업을 하려는 자는 전기사업의 종류별 또는 규모별로 산업통상자원부장관 또는 시·도지사(이하 '허가권자'라 한다)의 허가를 받아야 한다.

② 산업통상자원부장관은 전기사업을 허가 또는 변경허가를 하려는 경우에는 미리 전기위원회의 심의를 거쳐야 한다.

③ 동일인에게는 두 종류 이상의 전기사업을 허가할 수 없다.

④ 위 ③에도 불구하고 발전사업과 전기판매사업을 겸업하는 경우에는 그러하지 아니하다.

⑤ 허가권자는 필요한 경우 사업구역 및 특정한 공급구역별로 구분하여 전기사업의 허가를 할 수 있다. 다만, 발전사업의 경우에는 발전소별로 허가할 수 있다.

> **키워드** 전기사업의 허가
> **풀이** 두 종류 이상의 전기사업을 허가할 수 있는 경우는 다음과 같다.
> 1. 배전사업과 전기판매사업을 겸업하는 경우
> 2. 도서지역에서 전기사업을 하는 경우
> 3. 「집단에너지사업법」에 따라 발전사업의 허가를 받은 것으로 보는 집단에너지사업자가 전기판매사업을 겸업하는 경우. 다만, 동법에 따라 허가받은 공급구역에 전기를 공급하려는 경우로 한정한다.

정답 ④

09 전기사업법령상 '전기신사업'에 관한 설명으로 옳지 않은 것은?

① 전기신사업을 하려는 자는 전기신사업의 종류별로 산업통상자원부장관에게 등록하여야 한다.

② 전기신사업을 등록하려는 자는 산업통상자원부령으로 정하는 바에 따라 산업통상자원부장관에게 신청하여야 한다.

③ 위 ②에 따라 전기신사업의 등록을 하려는 자는 별지 제5호의2 서식의 전기신사업 등록신청서에 등록기준을 갖추었음을 증명할 수 있는 서류와 사업계획서를 첨부하여 한국전력거래소에 제출하여야 한다.

④ 전기신사업자는 등록한 사항 중 '대통령령으로 정하는 중요한 사항'을 변경하려면 산업통상자원부장관에게 변경등록을 하여야 한다.

⑤ 위 ④에서 '대통령령으로 정하는 중요한 사항'이란 상호 또는 명칭, 대표자, 사무소의 소재지, [별표 1]에 따른 인력의 보유 현황을 말한다.

> **키워드** 전기신사업의 등록
> **풀이**
> 1. 위 ②에 따라 전기신사업의 등록을 하려는 자는 별지 제5호의2 서식의 전기신사업 등록신청서에 등록기준을 갖추었음을 증명할 수 있는 서류와 사업계획서를 첨부하여 「지능형전력망의 구축 및 이용촉진에 관한 법률」에 따른 지능형전력망 협회에 제출하여야 한다.
> 2. 위 1.에 따라 변경등록을 하려는 전기신사업자는 등록사항이 변경된 날부터 30일 이내에 별지 제5호의2 서식의 전기신사업 변경등록신청서에 변경사항을 증명하는 서류를 첨부하여 지능형전력망 협회에 제출하여야 한다.
>
> **정답** ③

10 전기사업법령상 '전기판매사업자'가 전기의 공급을 거부할 수 있는 정당한 사유가 아닌 것은? 제20회 수정

① 전기의 공급을 요청하는 자가 전기판매사업자의 정당한 조건에 따르지 아니하고 다른 방법으로 전기의 공급을 요청하는 경우

② 1만 킬로와트 이상 10만 킬로와트 미만으로 전기를 사용하려는 자가 사용 예정일 2년 전까지 전기판매사업자에게 미리 전기의 공급을 요청하지 아니하는 경우

③ 발전용 전기설비의 정기적인 보수기간 중 전기의 공급을 요청하는 경우

④ 전기요금을 미납한 전기사용자가 납기일의 다음 날부터 공급약관에서 정하는 기한까지 해당 요금을 납부하지 아니하는 경우

⑤ 재난이나 그 밖의 비상사태로 인하여 전기공급이 불가능한 경우

전기의 공급을 거부할 수 있는 사유

발전용 전기설비의 정기적인 보수기간 중 전기의 공급을 요청하는 경우(발전사업자만 해당한다)가 전기의 공급을 거부할 수 있는 사유이다. 따라서 '전기판매사업자'의 경우는 전기공급의 거부사유가 아니다.

> **전기공급의 거부 사유(전기사업법 시행령 제5조의5)**
>
> 발전사업자, 전기판매사업자, 전기자동차충전사업자 및 재생에너지전기공급사업자는 다음의 사유 없이 전기의 공급을 거부하여서는 아니 된다.
> 1. 전기요금을 납기일까지 납부하지 아니한 전기사용자가 납기일의 다음 날부터 법 제16조 제4항에 따른 공급약관(이하 '공급약관'이라 한다)에서 정하는 기한까지 해당 요금을 납부하지 아니하는 경우
> 2. 전기사용자가 다음의 약관이나 계약에서 정한 기한까지 전기요금을 지급하지 않은 경우
>   ㉠ 전기신사업(소규모전력중개사업은 제외한다) 약관
>   ㉡ 재생에너지전기공급사업자와 전기사용자 간에 체결한 전기공급 계약
>   ㉢ 전기판매사업자와 전기사용자 간에 체결한 전기공급 계약
> 3. 전기의 공급을 요청하는 자가 불합리한 조건을 제시하거나 전기판매사업자, 전기자동차충전사업자 또는 재생에너지전기공급사업자의 정당한 조건에 따르지 않고 다른 방법으로 전기의 공급을 요청하는 경우
> 4. 발전사업자(한국전력거래소가 법 제45조에 따라 전력계통의 운영을 위하여 전기공급을 지시한 발전사업자는 제외한다)가 법 제5조에 따라 환경을 적정하게 관리·보존하는 데 필요한 조치로서 전기공급을 정지하는 경우
> 5. 전기사용자가 법 제18조 제1항에 따른 전기의 품질에 적합하지 아니한 전기의 공급을 요청하는 경우
> 6. 발전용 전기설비의 정기적인 보수기간 중 전기의 공급을 요청하는 경우(발전사업자만 해당한다)
> 7. 전기설비의 정기적인 점검 및 보수 등 위 2. ㉠~㉢의 약관이나 계약에서 정한 정당한 전기공급 중단 또는 정지 사유가 발생하는 경우
> 8. 전기를 대량으로 사용하려는 자가 다음에서 정하는 시기까지 전기판매사업자에게 미리 전기의 공급을 요청하지 아니하는 경우
>   ㉠ 사용량이 5천 킬로와트(건축법 시행령 [별표 1] 제14호 나목의 일반업무시설인 경우에는 2천 킬로와트) 이상 1만 킬로와트 미만인 경우: 사용 예정일 1년 전
>   ㉡ 사용량이 1만 킬로와트 이상 10만 킬로와트 미만인 경우: 사용 예정일 2년 전
>   ㉢ 사용량이 10만 킬로와트 이상 30만 킬로와트 미만인 경우: 사용 예정일 3년 전
>   ㉣ 사용량이 30만 킬로와트 이상인 경우: 사용 예정일 4년 전
> 9. 제5호에 따라 전기를 대량으로 사용하려는 자에 대한 전기의 공급으로 전기판매사업자가 다음의 기준을 유지하기 어려운 경우
>   ㉠ 법 제18조 제1항에 따른 전기의 품질 유지 기준
>   ㉡ 법 제27조의2 제1항에 따른 전력계통의 신뢰도 유지 기준
> 10. 「전기안전관리법」 제12조 제1항 본문에 따른 일반용 전기설비의 사용전점검을 받지 아니하고 전기공급을 요청하는 경우
> 11. 「전기안전관리법」 제12조 제6항 또는 다른 법률에 따라 시장·군수·구청장(자치구의 구청장을 말한다) 또는 그 밖의 행정기관의 장이 전기공급의 정지를 요청하는 경우
> 12. 재난이나 그 밖의 비상사태로 인하여 전기공급이 불가능한 경우

PART 12

정답 ③

11 전기사업법령상 '전기의 공급약관'에 관한 설명으로 옳지 않은 것은?   제22·24회 수정

① 전기판매사업자는 전기요금과 그 밖의 공급조건에 관한 약관(이하 '기본공급약관'이라 한다)을 작성하여 산업통상자원부장관의 인가를 받아야 한다.

② 산업통상자원부장관은 위 ①에 따른 인가를 하려는 경우에는 전기위원회의 심의를 거쳐야 한다.

③ 전기판매사업자는 그 전기수요를 효율적으로 관리하기 위하여 필요한 범위에서 기본공급약관으로 정한 것과 다른 요금이나 그 밖의 공급조건을 내용으로 정하는 약관(이하 '선택공급약관'이라 한다)을 작성할 수 있으며, 전기사용자는 기본공급약관을 갈음하여 선택공급약관으로 정한 사항을 선택할 수 있다.

④ 산업통상자원부장관은 선택공급약관을 인가하려는 경우에는 전기위원회의 심의를 거쳐야 한다.

⑤ 전기판매사업자는 선택공급약관을 포함한 기본공급약관(이하 '공급약관'이라 한다)을 시행하기 전에 영업소 및 사업소 등에 이를 갖춰 두고 전기사용자가 열람할 수 있게 하여야 한다.

키워드 전기의 공급약관

풀이 <u>선택공급약관은 '인가' 및 '전기위원회의 심의'를 요하지 아니한다.</u>

정답 ④

12 전기사업법령상 '구역전기사업자와 전기판매사업자의 전력거래 등'에 관한 설명으로 옳지 않은 것은?

① 구역전기사업자는 사고나 그 밖에 산업통상자원부령으로 정하는 사유로 전력이 부족하거나 남는 경우에는 부족한 전력 또는 남는 전력을 전기판매사업자와 거래할 수 있다.

② 전기판매사업자는 정당한 사유 없이 위 ①의 거래를 거부하여서는 아니 된다.

③ 전기판매사업자는 위 ①의 거래에 따른 전기요금과 그 밖의 거래조건에 관한 사항을 내용으로 하는 약관(이하 '보완공급약관'이라 한다)을 작성하여 산업통상자원부장관의 인가를 받아야 한다.

④ 산업통상자원부장관은 위 ③에 따른 인가를 하려는 경우에는 전력정책심의회의 심의를 거쳐야 한다.

⑤ 위 ③의 인가받은 내용을 변경하는 경우에도 산업통상자원부장관의 인가를 받아야 한다.

키워드 구역전기사업자와 전기판매사업자의 전력거래 등
풀이 산업통상자원부장관은 위 ③에 따른 인가를 하려는 경우에는 <u>전기위원회</u>의 심의를 거쳐야 한다.

정답 ④

고난도

13 전기사업법령상 '전기신사업의 약관'에 관한 설명으로 옳지 않은 것은?

① 전기신사업자는 대통령령으로 정하는 바에 따라 요금과 그 밖의 이용조건에 관한 약관을 작성하여 산업통상자원부장관에게 신고할 수 있다.

② 전기신사업자는 위 ①에 따라 약관의 신고 또는 변경신고를 한 경우에는 신고 또는 변경신고한 약관을 사용하여야 한다.

③ 전기신사업자가 위 ①에 따라 약관의 신고 또는 변경신고를 하지 아니한 경우에는 약관 사용의무가 없다.

④ 산업통상자원부장관은 위 ①에 따른 신고 또는 변경신고를 받은 날부터 7일 이내에 수리(受理) 여부 또는 수리 지연 사유 및 민원 처리 관련 법령에 따른 처리기간의 연장을 통지하여야 한다.

⑤ 위 ①에 따라 전기신사업 약관을 신고하려는 전기신사업자는 별지 제13호의2 서식의 전기신사업 약관 신고서에 일정한 서류를 첨부하여 한국전력거래소에 제출하여야 한다.

키워드 전기신사업 약관의 신고 등
풀이 1. '산업통상자원부장관'은 전기신사업의 공정한 거래질서를 확립하기 위하여 <u>공정거래위원회 위원장과 협의</u>를 거쳐 <u>표준약관</u>을 <u>제정 또는 개정</u>할 수 있다.
2. 위 ①에 따라 약관의 <u>신고 또는 변경신고를 하지 아니한 전기신사업자</u>는 위 1.에 따른 <u>표준약관</u>을 <u>사용하여야 한다.</u>
TIP 전기신사업의 약관은 반드시 신고하여야 하는 것은 아니고, 할 수 있다는 점과 신고를 하지 않는 경우에는 산업통상자원부장관이 정한 '표준약관'을 사용하여야 한다는 점을 유의하여야 한다.

정답 ③

14 전기사업법령상 '전력시장운영규칙 및 중개시장운영규칙'에 관한 설명으로 옳지 않은 것은?

① 한국전력거래소는 전력시장 및 전력계통의 운영에 관한 규칙(이하 '전력시장운영규칙'이라 한다)을 정하여야 한다.

② 한국전력거래소는 전력시장운영규칙을 제정·변경 또는 폐지하려는 경우에는 산업통상자원부장관의 승인을 받아야 한다.

③ 한국전력거래소는 소규모전력중개시장의 운영에 관한 규칙(이하 '중개시장운영규칙'이라 한다)을 정하여야 한다.

④ 한국전력거래소는 중개시장운영규칙을 제정·변경 또는 폐지하려는 경우에는 산업통상자원부장관의 승인을 받아야 한다.

⑤ 산업통상자원부장관은 위 ② 및 ④에 따른 승인을 하려면 전력정책심의회의 심의를 거쳐야 한다.

키워드 전력시장운영규칙 및 중개시장운영규칙

풀이 산업통상자원부장관은 위 ② 및 ④에 따른 승인을 하려면 전기위원회의 심의를 거쳐야 한다.

이론 ✚

구분	산업통상자원부장관	비고
전기사업	허가	'배전사업' 및 '전기판매사업' 겸업 허용 ※ 허가권자: 산업통상자원부장관 또는 시·도지사
전기신사업	등록	'지능형전력망 협회'에 등록신청서를 제출
전기신사업의 약관	신고	'한국전력거래소'에 약관 신고서를 제출
전기공급약관	인가	'전기판매사업자'가 작성 기본공급약관 및 보완공급약관만 인가 (○) 선택공급약관은 인가 (×)
전기설비 이용요금 등	인가	'송전사업자' 및 '배전사업자'가 정함
전력시장운영규칙	승인	'한국전력거래소'가 전력시장운영규칙 제정
중개시장운영규칙	승인	'한국전력거래소'가 중개시장운영규칙 제정

❑ 1. 산업통상자원부장관은 허가, 인가, 승인하려는 경우 미리 전기위원회의 심의를 거쳐야 한다.
2. '원자력발전연료의 제조·공급계획': 산업통상자원부장관의 승인

정답 ⑤

15 전기사업법령상 '전력거래'에 관한 설명으로 옳지 않은 것은?

① 발전사업자 및 전기판매사업자는 전력시장운영규칙으로 정하는 바에 따라 전력 시장에서 전력거래를 하여야 한다.

② 위 ①에도 불구하고 한국전력거래소가 운영하는 전력계통에 연결되어 있지 아니 한 도서지역에서 전력을 거래하는 경우에는 그러하지 아니하다.

③ 자가용 전기설비를 설치한 자는 그가 생산한 전력을 전력시장에서 거래할 수 없다.

④ 위 ③에도 불구하고 태양광 설비를 설치한 자가 해당 설비를 통하여 생산한 전력 중 자기가 사용하고 남은 전력을 거래하는 경우에는 그러하지 아니하다.

⑤ 소규모전력중개사업자는 모집한 소규모전력자원에서 생산 또는 저장한 전력을 중개시장운영규칙으로 정하는 바에 따라 전력시장에서 거래하여야 한다.

키워드 **전력거래**

풀이 소규모전력중개사업자는 모집한 소규모전력자원에서 생산 또는 저장한 전력을 <u>전력시장운영규칙</u>으로 정하는 바에 따라 전력시장에서 거래하여야 한다.

이론 ✛

> **자가용 전기설비를 설치한 자가 그가 생산한 전력을 전력시장에서 거래할 수 있는 경우**
> 1. 태양광 설비를 설치한 자가 해당 설비를 통하여 생산한 전력 중 자기가 사용하고 <u>남은 전력</u>을 거래하는 경우
> 2. 태양광 설비 외의 설비(석탄을 에너지원으로 이용하는 설비는 2017년 2월 28일까지 전기안 전관리법 제8조 제1항 전단 또는 같은 조 제2항 전단에 따른 설치공사·변경공사의 공사계획 의 인가 신청 또는 신고를 한 경우로 한정한다)를 설치한 자가 해당 설비를 통하여 <u>생산한 전력</u>의 <u>연간 총생산량의 50퍼센트 미만의 범위</u>에서 전력을 거래하는 경우

> [참고]
> <u>통합발전소사업자</u>는 <u>전력시장운영규칙</u>에서 정하는 바에 따라 통합발전소에서 생산 또는 저장한 전력을 <u>전력시장에서 거래할 수 있다.</u> 〈신설, 시행 2024. 6. 14.〉

정답 ⑤

16 전기사업법령상 '한국전력거래소'에 관한 설명으로 옳지 않은 것은?

① 전력시장 및 전력계통의 운영을 위하여 한국전력거래소를 설립한다.

② 한국전력거래소는 법인으로 하며, 주된 사무소의 소재지에서 설립등기를 함으로 써 성립한다.

③ 한국전력거래소의 주된 사무소는 정관으로 정한다.

④ 한국전력거래소에 대하여 이 법 및 「공공기관의 운영에 관한 법률」에 규정된 것을 제외하고는 「민법」 중 재단법인에 관한 규정(같은 법 제39조는 제외한다)을 준용한다.

⑤ 전력시장에서 전력을 직접 구매하는 전기사용자는 한국전력거래소의 회원이 될 수 있다.

> **키워드** 한국전력거래소
>
> **풀이** 한국전력거래소에 대하여 이 법 및 「공공기관의 운영에 관한 법률」에 규정된 것을 제외하고는 「민법」 중 <u>사단법인</u>에 관한 규정(같은 법 제39조는 제외한다)을 준용한다.

> 정답 ④

최신기출

17 전기사업법령상 전력거래에 관한 설명으로 옳은 것은?   제26회

① 발전사업자 및 전기판매사업자는 한국전력거래소가 운영하는 전력계통에 연결되어 있지 아니한 도서지역에서 전력을 거래하는 경우 전력시장에서 전력거래를 하여야 한다.

② 태양광 설비를 설치한 자가 해당 설비를 통하여 생산한 전력 중 자기가 사용하고 남은 전력을 거래하는 경우에는 전력시장에서 거래할 수 없다.

③ 전기판매사업자는 설비용량이 3만 킬로와트인 발전사업자가 생산한 전력을 전력시장운영규칙으로 정하는 바에 따라 우선적으로 구매할 수 있다.

④ 구역전기사업자는 발전기의 고장, 정기점검 및 보수 등으로 인하여 해당 특정한 공급구역의 수요에 부족한 전력을 전력시장에서 거래할 수 있다.

⑤ 소규모전력중개사업자는 모집한 소규모전력자원에서 생산 또는 저장한 전력을 전력시장에서 거래하지 아니할 수 있다.

① 발전사업자 및 전기판매사업자는 전력시장운영규칙으로 정하는 바에 따라 전력시장에서 전력거래를 하여야 한다. 다만, 도서지역 등 대통령령으로 정하는 다음의 경우에는 그러하지 아니하다.

    1. 한국전력거래소가 운영하는 전력계통에 연결되어 있지 아니한 도서지역에서 전력을 거래하는 경우

    2. 「신에너지 및 재생에너지 개발·이용·보급 촉진법」 제2조 제5호에 따른 신·재생에너지발전사업자(이하 '신·재생에너지발전사업자'라 한다)가 발전설비용량이 1천 킬로와트 이하인 발전설비를 이용하여 생산한 전력을 거래하는 경우

    3. 산업통상자원부장관이 정하여 고시하는 요건을 갖춘 신·재생에너지발전사업자(자가용전기설비를 설치한 자는 제외한다)가 발전설비용량이 1천 킬로와트를 초과하는 발전설비를 이용하여 생산한 전력을 전기판매사업자에게 공급하고, 전기판매사업자가 그 전력을 산업통상자원부장관이 정하여 고시하는 요건을 갖춘 전기사용자에게 공급하는 방법으로 전력을 거래하는 경우

    4. 산업통상자원부장관이 정하여 고시하는 요건을 갖춘 신·재생에너지발전사업자가 발전설비용량이 1천 킬로와트를 초과하는 발전설비를 이용하여 생산한 전력을 재생에너지전기공급사업자에게 공급하는 경우

    5. 「수소경제 육성 및 수소 안전관리에 관한 법률」 제2조 제7호의4에 따른 수소발전사업자가 생산한 전력을 같은 법 제25조의6 제2항에 따른 수소발전 입찰시장에서 거래하는 경우

② 자가용전기설비를 설치한 자는 그가 생산한 전력을 전력시장에서 거래할 수 없다. 다만, 대통령령으로 정하는 다음의 경우에는 그러하지 아니하다.

    1. 태양광 설비를 설치한 자가 해당 설비를 통하여 생산한 전력 중 자기가 사용하고 남은 전력을 거래하는 경우

    2. 태양광 설비 외의 설비를 설치한 자가 해당 설비를 통하여 생산한 전력의 연간 총생산량의 50퍼센트 미만의 범위에서 전력을 거래하는 경우

③ 전기판매사업자는 다음의 어느 하나에 해당하는 자가 생산한 전력을 전력시장운영규칙으로 정하는 바에 따라 우선적으로 구매할 수 있다.

    1. 대통령령으로 정하는 규모 이하(설비용량이 2만 킬로와트 이하)의 발전사업자

    2. 자가용전기설비를 설치한 자(법 제31조 제2항 단서에 따라 전력거래를 하는 경우만 해당한다)

    3. 「신에너지 및 재생에너지 개발·이용·보급 촉진법」 제2조 제1호 및 제2호에 따른 신에너지 및 재생에너지를 이용하여 전기를 생산하는 발전사업자

    4. 「집단에너지사업법」 제48조에 따라 발전사업의 허가를 받은 것으로 보는 집단에너지사업

    5. 수력발전소를 운영하는 발전사업자

⑤ 소규모전력중개사업자는 모집한 소규모전력자원에서 생산 또는 저장한 전력을 전력시장운영규칙으로 정하는 바에 따라 전력시장에서 거래하여야 한다.

정답 ④

PART 12

18 전기사업법령상 '과징금'에 관한 내용으로 옳지 않은 것은?

① 전기사업자 등은 전력거래가격을 부당하게 높게 형성할 목적으로 발전소에서 생산되는 전기에 대한 거짓 자료를 한국전력거래소에 제출하는 행위를 해서는 아니된다.

② 허가권자는 전기사업자 등이 위 ①의 금지행위를 한 경우는 매출액의 100분의 5 범위에서 과징금을 부과·징수할 수 있다.

③ 위 ②에도 불구하고 매출액이 없거나 '매출액 산정이 곤란한 경우로서 대통령령으로 정하는 경우'에는 10억원 이하의 과징금을 부과·징수할 수 있다.

④ 허가권자는 전기사업자가 정당한 사유 없이 전기공급을 거부한 경우에는 6개월 이내 기간을 정하여 사업정지를 명할 수 있다.

⑤ 산업통상자원부장관은 전기사업자가 위 ④의 경우로서 그 사업정지가 전기사용자 등에게 심한 불편을 줄 우려가 있는 경우에는 사업정지명령을 갈음하여 3천만원 이하의 과징금을 부과할 수 있다.

키워드 과징금

풀이 허가권자는 전기사업자가 위 ④의 경우로서 그 사업정지가 전기사용자 등에게 심한 불편을 주거나 공공의 이익을 해칠 우려가 있는 경우에는 사업정지명령을 갈음하여 5천만원 이하의 과징금을 부과할 수 있다.

이론 ✚

> 전기사업자의 금지행위
>
> 1. 전력거래가격을 부당하게 높게 형성할 목적으로 발전소에서 생산되는 전기에 대한 거짓 자료를 한국전력거래소에 제출하는 행위
> 2. 송전용 또는 배전용 전기설비의 이용을 제공할 때 부당하게 차별을 하거나 이용을 제공하는 의무를 이행하지 아니하는 행위 또는 지연하는 행위 등

정답 ⑤

19 전기사업법령상 전기사업자 및 전기사용자에 관한 설명으로 옳은 것은? 제22회

① 배전사업자는 전기판매사업을 겸업할 수 있다.

② 전기판매사업자는 발전용 전기설비의 정기적인 보수기간 중 전기 공급의 요청이 있는 경우에는 전기의 공급을 거부할 수 있다.

③ 전기판매사업자는 기본공급약관을 작성하여 산업통상자원부장관의 허가를 받아야 한다.

④ 전기사업자의 지위가 승계되더라도 종전의 전기사업자에 대한 사업정지처분의 효과는 그 지위를 승계받은 자에게 승계되지 않는다.

⑤ 전력시장에서 전력을 직접 구매하는 전기사용자는 시간대별로 전력거래량을 측정할 수 있는 전력량계를 설치하지 않아도 된다.

키워드 **전기사업자 및 전기사용자**

풀이 ② '전기판매사업자'가 아니라, 발전사업자는 발전용 전기설비의 정기적인 보수기간 중 전기 공급의 요청이 있는 경우에는 전기의 공급을 거부할 수 있다.

③ 전기판매사업자는 기본공급약관을 작성하여 산업통상자원부장관의 인가를 받아야 한다.

④ 전기사업자의 지위가 승계된 경우, 종전의 전기사업자에 대한 사업정지처분의 효과는 그 지위를 승계받은 자에게 승계된다.

⑤ 전력시장에서 전력을 직접 구매하는 전기사용자는 시간대별로 전력거래량을 측정할 수 있는 전력량계를 설치·관리하여야 한다.

PART 12

정답 ①

20 전기사업법령상 전기사업 및 전력시장에 관한 설명으로 옳은 것을 모두 고른 것은?

제24회 수정

> ㉠ 전기신사업이란 전기자동차충전사업, 구역전기사업 및 재생에너지전기공급사업을
>   말한다.
> ㉡ 전기판매사업자는 전기요금과 그 밖의 공급조건에 관한 약관을 작성하여 산업통상
>   자원부장관에게 신고하여야 한다.
> ㉢ 수전설비(受電設備)의 용량이 3만 킬로볼트암페어 이상인 전기사용자는 전력시장에
>   서 전력을 직접 구매할 수 있다.
> ㉣ 전기판매사업자는 설비용량이 2만 킬로와트 이하인 발전사업자가 생산한 전력을 전
>   력시장운영규칙으로 정하는 바에 따라 우선적으로 구매할 수 있다.

① ㉠, ㉡
② ㉠, ㉣
③ ㉡, ㉢
④ ㉡, ㉣
⑤ ㉢, ㉣

키워드 용어의 정의 및 전력거래

풀이 ㉠ 전기신사업이란 전기자동차충전사업, <u>소규모전력중개사업</u>, 재생에너지전기공급사업 및 <u>재생에너</u>
<u>지전기저장판매사업</u>을 말한다.
　　㉡ 전기판매사업자는 대통령령으로 정하는 바에 따라 전기요금과 그 밖의 공급조건에 관한 약관(이
　　하 '기본공급약관'이라 한다)을 작성하여 산업통상자원부장관의 <u>인가</u>를 받아야 한다. 이를 변경하
　　려는 경우에도 또한 같다.

정답 ⑤

---

21 전기사업법령상 한국전력거래소에 관한 설명으로 옳지 않은 것은?

제19회 수정

① 한국전력거래소는 전력시장 및 전력계통의 운영에 관한 규칙을 정하여야 한다.
② 한국전력거래소의 회원이 아닌 자는 전력시장에서 전력거래를 하지 못한다.
③ 한국전력거래소는 전기사업자 및 수요관리사업자에게 전력계통의 운영을 위하여
  필요한 지시를 할 수 있다. 이 경우 발전사업자 및 수요관리사업자에 대한 지시는
  전력시장에서 결정된 우선순위에 따라 하여야 한다.
④ 전력시장에서 전력거래를 하는 자가용 전기설비를 설치한 자는 한국전력거래소
  의 회원이 될 자격이 없다.
⑤ 산업통상자원부장관은 천재지변 등의 사태가 발생하여 전력시장에서 전력거래가
  정상적으로 이루어질 수 없다고 인정하는 경우에는 전력시장에서의 전력거래의
  정지·제한이나 그 밖에 필요한 조치를 할 수 있다.

한국전력거래소

'한국전력거래소의 회원'은 다음의 자로 한다.

1. 전력시장에서 전력거래를 하는 발전사업자
2. 전기판매사업자
3. 전력시장에서 전력을 직접 구매하는 전기사용자
4. <u>전력시장에서 전력거래를 하는 자가용 전기설비를 설치한 자</u>
5. 전력시장에서 전력거래를 하는 구역전기사업자
6. 전력시장에서 전력거래를 하지 아니하는 자 중 한국전력거래소의 정관으로 정하는 요건을 갖춘 자
7. 전력시장에서 전력거래를 하는 수요관리사업자
8. 전력시장에서 전력거래를 하는 소규모전력중개사업자
9. 전력시장에서 전력거래를 하는 <u>통합발전소사업자</u> 〈신설, 시행 2024. 6. 14.〉

정답 ④

---

22 전기사업법령상 다른 자의 토지 등의 사용에 관한 설명으로 옳지 않은 것은?

제14·25회 수정

① 전기사업자는 전기사업용 전기설비의 설치를 위하여 필요한 경우에는 「공익사업을 위한 토지 등의 취득 및 보상에 관한 법률」에서 정하는 바에 따라 다른 자의 토지 또는 이에 정착된 건물이나 그 밖의 공작물을 사용할 수 있다.

② 전기사업자는 전기설비의 설치를 위하여 필요한 경우에 다른 자의 토지 등에 출입하는 경우 소유자 또는 점유자와 미리 협의하여야 하며, 협의가 성립되지 아니하거나 협의를 할 수 없는 경우는 시장·군수 또는 구청장의 허가를 받아야 한다.

③ 전기사업자는 국가·지방자치단체나 그 밖의 공공기관이 관리하는 공공용 토지에 전기사업용 전선로를 설치할 필요가 있는 경우에는 그 토지관리자의 허가 없이 토지를 사용할 수 있다.

④ 전기사업자는 토지 등의 일시사용이 끝난 경우에는 토지 등을 원상으로 회복하거나 이에 필요한 비용을 토지 등의 소유자 또는 점유자에게 지급하여야 한다.

⑤ 전기사업자는 천재지변 등 긴급한 사태로 전기사업용 전기설비 등이 파손되거나 파손될 우려가 있는 경우 15일 이내에서 다른 자의 토지 등을 일시사용할 수 있다.

다른 자의 토지 등의 사용

전기사업자는 국가·지방자치단체나 그 밖의 공공기관이 관리하는 공공용 토지에 전기사업용 전선로를 설치할 필요가 있는 경우에는 그 <u>토지관리자의 허가를 받아</u> 토지를 사용할 수 있다.

정답 ③

13 승강기 안전관리법

▶ **연계학습** Ⅰ 에듀윌 기본서 2차 [주택관리관계법규 下] p.418

대표기출

승강기 안전관리법령상 승강기 안전관리자에 관한 설명으로 옳지 않은 것은? 제25회

① 관리하는 승강기로 인하여 사망자가 발생한 사고인 경우 해당 사고를 한국승강기안 전공단에 통보하는 것은 승강기 안전관리자의 직무범위에 속한다.

② 승강기 안전관리자가 변경되었을 때에는 관리주체는 1개월 이내에 행정안전부장관 에게 그 사실을 통보하여야 한다.

③ 관리주체는 승강기 안전관리자를 선임하였을 때에는 선임 후 3개월 이내에 한국승 강기안전공단이 실시하는 승강기관리교육을 받게 하여야 한다.

④ 법인인 관리주체가 승강기 안전관리자를 선임하지 않고 직접 승강기를 관리하는 경 우에는 그 법인의 대표자가 승강기관리교육을 받아야 한다.

⑤ 승강기관리교육은 집합교육, 현장교육 또는 인터넷 원격교육 등의 방법으로 할 수 있다.

키워드 승강기 안전관리자

풀이 관리주체는 승강기 안전관리자(관리주체가 직접 승강기를 관리하는 경우에는 그 관리주체를 말한다)를 선임하였을 때에는 행정안전부령으로 정하는 바에 따라 3개월 이내에 행정안전부장관에게 그 사실을 통 보하여야 한다. 승강기 안전관리자나 관리주체가 <u>변경되었을</u> 때에도 <u>또한 같다</u>.

이론 ✚

[지문 ⑤]

1. 관리주체는 승강기 운행에 대한 지식이 풍부한 사람을 승강기 안전관리자로 선임하여 승강기를 관리하게 하여야 한다. 다만, 관리주체가 직접 승강기를 관리하는 경우에는 그러하지 아니하다.
2. 승강기관리교육의 주기는 <u>3년</u>으로 한다.
3. 위 2.에도 불구하고 공단은 안전검사가 연기된 승강기를 관리하는 승강기 안전관리자에 대해서 는 그 연기 사유가 없어진 날까지 승강기관리교육을 연기할 수 있다.

정답 ②

01 승강기 안전관리법령상 '용어의 뜻'에 관한 설명으로 옳지 않은 것은?

① '승강기'란 건축물이나 고정된 시설물에 설치되어 일정한 경로에 따라 사람이나 화물을 승강장으로 옮기는 데에 사용되는 설비로서 구조나 용도 등의 구분에 따라 대통령령으로 정하는 설비를 말한다.

② 「광산안전법 시행령」에 따른 사람을 운반하거나 150킬로와트 이상의 동력을 사용하는 권양장치는 적용이 제외되는 승강기이다.

③ 엘리베이터는 일정한 수직로 또는 수평로를 따라 위·아래로 움직이는 디딤판을 통해 사람이나 화물을 승강장으로 운송시키는 설비이다.

④ 에스컬레이터는 일정한 경사로 또는 수평로를 따라 위·아래 또는 옆으로 움직이는 디딤판을 통해 사람이나 화물을 승강장으로 운송시키는 설비이다.

⑤ 휠체어리프트는 일정한 수직로 또는 경사로를 따라 위·아래로 움직이는 운반구를 통해 휠체어에 탑승한 장애인 또는 그 밖의 장애인·노인·임산부 등 거동이 불편한 사람을 승강장으로 운송시키는 설비이다.

키워드 **용어의 뜻**

풀이 엘리베이터는 일정한 수직로 또는 경사로를 따라 위·아래로 움직이는 운반구(運搬具)를 통해 사람이나 화물을 승강장으로 운송시키는 설비이다.

이론 ✚

> [지문 ②] 적용이 제외되는 승강기
> 1. 「궤도운송법」 제2조 제1호에 따른 궤도
> 2. 「선박안전법」 제2조 제2호에 따른 선박시설 중 승강설비
> 3. 「주차장법」 제2조 제2호에 따른 기계식주차장치
> 4. 「광산안전법 시행령」 제10조 제1항 제3호에 따른 사람을 운반하거나 150킬로와트 이상의 동력을 사용하는 권양장치(중량물을 높은 곳으로 들어 올리거나 끌어당기는 장치를 말한다)
> 5. 「산업안전보건법 시행령」 제74조 제1항 제1호 라목에 따른 리프트
> 6. 주한외국공관 또는 이에 준하는 기관에 설치된 승강기 등 국제협약 또는 국가 간 협정을 준수하기 위해 행정안전부장관이 필요하다고 인정하는 승강기

PART 13

정답 ③

02 승강기 안전관리법령상 '용어의 뜻'에 관한 설명으로 옳지 않은 것은?

① '승강기부품'이란 승강기를 구성하는 제품이나 그 부분품 또는 부속품을 말한다.

② '제조'란 승강기나 승강기부품을 판매·대여하거나 설치할 목적으로 생산·조립하거나 가공하는 것을 말한다.

③ '설치'란 승강기의 설계도면 등 기술도서(技術圖書)에 따라 승강기를 건축물이나 고정된 시설물에 장착(행정안전부령으로 정하는 범위에서의 승강기 교체를 포함한다)하는 것을 말한다.

④ '유지관리'란 설치검사를 받은 승강기가 그 설계에 따른 기능 및 안전성을 유지할 수 있도록 하는 주기적인 점검, 승강기 또는 승강기부품의 수리, 승강기부품의 교체 등의 안전관리활동을 말한다.

⑤ 승강기 소유자는 '관리주체'에 해당하지 아니한다.

> **키워드** 용어의 뜻
>
> **풀이** '관리주체'란 다음의 어느 하나에 해당하는 자를 말한다.
>   1. <u>승강기 소유자</u>
>   2. 다른 법령에 따라 승강기 관리자로 규정된 자
>   3. 위 1. 또는 2.에 해당하는 자와의 계약에 따라 승강기를 안전하게 관리할 책임과 권한을 부여받은 자
>
> 　　정답 ⑤

03 승강기 안전관리법령상 '승강기사업자'에 관한 설명으로 옳지 않은 것은?

① 승강기나 승강기부품의 제조업 또는 수입업을 하기 위하여 등록을 한 자는 '승강기사업자'에 해당한다.

② 승강기의 유지관리를 업(業)으로 하기 위하여 등록을 한 자는 '승강기사업자'에 해당한다.

③ 「건설산업기본법」 제9조 제1항에 따라 건설업의 등록을 한 자로서 대통령령으로 정하는 승강기설치공사업에 종사하는 자(이하 '설치공사업자'라 한다)는 '승강기사업자'에 해당한다.

④ 승강기사업자는 승강기나 승강기부품을 제조·수입 또는 설치하거나 유지관리할 때 이 법과 이 법에서 정하는 기준 등을 준수하여 승강기 이용자 등에게 발생할 수 있는 피해를 방지하도록 노력하여야 한다.

⑤ 승강기사업자는 승강기의 기능 및 안전성이 지속적으로 유지되도록 이 법에서 정하는 바에 따라 승강기를 안전하게 관리하여야 한다.

승강기사업자

관리주체는 승강기의 기능 및 안전성이 지속적으로 유지되도록 이 법에서 정하는 바에 따라 승강기를 안전하게 관리하여야 한다.

> [지문 ③]
>
> 1. 위 ③에서 '대통령령으로 정하는 승강기설치공사업'이란 「건설산업기본법 시행령」 [별표 1]에 따른 승강기·삭도공사업(승강기설치공사를 주력분야로 등록한 경우로 한정한다)을 말한다.
> 2. 삭도설치공사: 사고를 신설, 개설, 유지관리 또는 제거하는 공사(케이블카, 리프트 등 설치공사)

정답 ⑤

---

04 승강기 안전관리법령상 '승강기안전위원회'에 관한 설명으로 옳지 않은 것은?

① 행정안전부장관은 정기검사 업무의 대행기관 지정 등의 사항을 심의하기 위해 승강기안전위원회(이하 '위원회'라 한다)를 구성·운영한다.

② 위원회는 위원장 1명을 포함하여 10명 이내의 위원으로 구성한다.

③ 위원회 위원(승강기 안전관리 업무를 담당하는 행정안전부의 4급 이상 공무원 또는 고위공무원단에 속하는 일반직공무원은 제외한다)의 임기는 3년으로 하며, 한 번만 연임할 수 있다.

④ 위원회의 위원장은 위원회 회의를 소집하고, 그 회의의 의장이 되며, 회의는 재적위원 과반수의 출석으로 개의하고, 출석위원 과반수의 찬성으로 의결한다.

⑤ 위원회의 회의에 출석하는 위원에게는 예산의 범위에서 수당과 여비 등을 지급할 수 있다. 다만, 공무원인 위원이 그 소관 업무와 직접적으로 관련되어 출석하는 경우에는 그렇지 않다.

승강기안전위원회

위원회는 위원장 1명을 포함하여 <u>15명 이내</u>의 위원으로 구성한다.

정답 ②

05 승강기 안전관리법령에 관한 내용으로 옳지 않은 것은?

① 승강기나 승강기부품의 제조업 또는 수입업을 하려는 자는 행정안전부령으로 정하는 바에 따라 국토교통부장관에게 등록하여야 한다.

② '행정안전부령으로 정하는 사항'을 변경할 때에도 등록을 하여야 한다.

③ 등록을 하려는 자는 대통령령으로 정하는 자본금(법인인 경우는 자본금, 개인인 경우는 자산평가액이 각각 2억원 이상)·기술인력 및 설비를 갖추어야 한다.

④ 위 ②의 변경등록은 등록사항이 변경된 날부터 30일 이내에 하여야 한다.

⑤ 제조업 또는 수입업을 하기 위하여 등록을 한 자(이하 '제조·수입업자'라 한다)는 그 사업을 폐업 또는 휴업하거나 휴업한 사업을 다시 시작한 경우에는 그날부터 30일 이내에 시·도지사에게 신고하여야 한다.

키워드	승강기 등의 제조업 또는 수입업의 등록 등
풀이	승강기나 대통령령으로 정하는 승강기부품의 제조업 또는 수입업(이하 '제조업 또는 수입업'이라 한다)을 하려는 자는 행정안전부령으로 정하는 바에 따라 특별시장·광역시장·특별자치시장·도지사·특별자치도지사(이하 '<u>시·도지사</u>'라 한다)에게 <u>등록</u>하여야 한다.

이론 ✚	[지문 ②] 위 ②의 '행정안전부령으로 정하는 사항'이란 다음의 사항을 말한다. 1. 상호(법인인 경우에는 법인의 명칭을 말한다. 이하 같다) 2. 주된 사무소의 소재지 3. 공장(승강기 또는 승강기부품을 제조하는 산업집적활성화 및 공장설립에 관한 법률 제2조 제1호에 따른 공장을 말한다)의 수 및 소재지 4. 대표자 5. 영 제8조 및 [별표 1]에 따른 제조업 또는 수입업의 종류

정답 ①

06 승강기 안전관리법령상 '제조·수입업자의 결격사유'가 아닌 것은?

① 피성년후견인, 피한정후견인 또는 파산선고를 받고 복권되지 아니한 자

② 이 법을 위반하여 징역 이상의 실형을 선고받고 그 집행이 끝나거나(집행이 끝난 것으로 보는 경우를 포함한다) 집행이 면제된 날부터 2년이 지나지 아니한 자

③ 이 법을 위반하여 형의 집행유예를 받고 그 유예기간 중에 있는 자

④ 법 제9조 제1항에 따라 등록이 취소(위 ①에 따른 사유에 해당하여 취소된 경우는 제외한다)된 후 2년이 지나지 아니한 자

⑤ 대표자가 피성년후견인인 법인

키워드 제조·수입업자의 결격사유

풀이 '피한정후견인'은 결격자가 아니다. [2021. 1. 12. '피한정후견인'은 결격자에서 삭제]
※ 유지관리업자의 결격자에서도 '피한정후견인'은 결격자에서 삭제되었다.

TIP 제조·수입업자 및 유지관리업자의 '결격자'에 포함되었던 피한정후견인이 2021. 1. 12. 개정으로 결격자에서 삭제되어 결격자가 아닌 점을 유의하여야 한다.

정답 ①

PART 13

07 승강기 안전관리법령상 '제조·수입업자의 사후관리'에 관한 설명으로 옳지 않은 것은?

① 관리주체는 승강기 또는 승강기부품에 대하여 사후관리의 의무가 있다.

② 제조·수입업자는 관리주체로부터 승강기 유지관리용 부품의 제공을 요청받은 경우에는 특별한 이유가 없으면 2일 이내에 그 요청에 따라야 한다.

③ 제조·수입업자는 승강기 유지관리용 부품 등의 원활한 제공을 위해 동일한 형식의 유지관리용 부품 및 장비 등을 최종 판매하거나 양도한 날부터 10년 이상 제공할 수 있도록 해야 한다.

④ 제조·수입업자는 승강기 또는 승강기부품을 판매하거나 양도했을 때에는 그 구매인 또는 양수인에게 사용설명서 및 품질보증서를 제공해야 한다.

⑤ 품질보증기간은 3년 이상으로 하며, 그 기간에 구매인 또는 양수인이 사용설명서에 따라 정상적으로 사용·관리했음에도 불구하고 고장이나 결함이 발생한 경우에는 제조·수입업자가 무상으로 유지관리용 부품 및 장비등을 제공(정비를 포함한다)해야 한다.

> **키워드** 제조·수입업자의 사후관리
>
> **풀이** 제조·수입업자가 사후관리의 의무가 있다. 즉, 제조·수입업자는 승강기 또는 승강기부품을 판매하거나 양도하였을 때에는 대통령령으로 정하는 바에 따라 다음(3.의 경우에는 승강기의 유지관리를 업으로 하기 위하여 등록을 한 자가 요청하는 경우로 한정한다)의 조치를 하여야 한다.
>
> 1. 행정안전부령으로 정하는 승강기 유지관리용 부품의 유상 또는 무상 제공
> 2. 승강기의 결함 여부, 결함 부위 및 내용 등에 대한 점검·정비 및 검사에 필요한 장비 또는 소프트웨어(비밀번호 등 정보에 접근할 수 있는 권한을 포함한다)의 유상 또는 무상 제공
> 3. 승강기의 유지관리를 업으로 하기 위하여 등록을 한 자에 대한 다음의 조치
>   ㉠ 기술지도 및 교육의 유상 또는 무상 실시
>   ㉡ 유지관리 매뉴얼 등 행정안전부령으로 정하는 유지관리 관련 자료의 제공
> 4. 승강기부품의 권장 교체주기 및 가격 자료의 공개

> **이론 ✚**
>
> [지문 ① 및 ②]
> 시·도지사는 위 ① 및 ②에 따른 의무를 이행하지 아니한 제조·수입업자에 대해서는 그 의무 이행을 명할 수 있다.

> [지문 ③]
> 1. 제조·수입업자는 승강기부품(유지관리용 부품으로 한정한다)의 권장 교체주기 및 가격 자료를 10년 이상 해당 제조·수입업자의 인터넷 홈페이지에 공개해야 한다. 다만, 인터넷 홈페이지를 갖추고 있지 않은 제조·수입업자는 그가 가입한 협회나 단체의 인터넷 홈페이지 등에 공개할 수 있다.
> 2. 제조·수입업자는 위 1.에 따른 승강기부품의 권장 교체주기 및 가격 자료를 매년 갱신해야 한다.

정답 ①

08 승강기 안전관리법령상 '제조업 또는 수입업 등록의 취소 등'에 관한 설명으로 옳지 않은 것은?

① 시·도지사는 제조·수입업자가 일정한 사유에 해당하는 경우에는 제조업 또는 수입업의 등록을 취소하거나 6개월 이내의 기간을 정하여 그 사업의 전부 또는 일부의 정지를 명할 수 있다.

② 시·도지사는 등록기준을 충족하지 못한 정도가 경미하다고 인정되는 경우에는 기간을 정하여 등록기준에 맞게 보완할 것을 명하고, 그 명령을 이행하면 사업의 전부 또는 일부의 정지를 명하지 아니할 수 있다.

③ 시·도지사는 사업정지를 명하여야 하는 경우로서 그 사업의 정지가 이용자 등에게 심한 불편을 주거나 공익을 해칠 우려가 있는 경우에는 사업정지처분을 갈음하여 3천만원 이하의 과징금을 부과할 수 있다.

④ 과징금 부과 통지를 받은 자는 20일 이내에 과징금을 시·도지사가 정하는 수납기관에 납부해야 한다. 다만, 천재지변 등 사유로 납부기한까지 과징금을 낼 수 없을 때에는 그 사유가 없어진 날부터 7일 이내에 납부해야 한다.

⑤ 시·도지사는 과징금을 부과받은 자에게 법령에 따라 과징금의 납부기한을 연기하거나 분할 납부하게 하는 경우 납부기한 연기 및 분할 납부의 기한은 원래 납부기한의 다음 날부터 1년 이내로 하고, 분할 납부 횟수는 3회 이내로 하여야 한다.

PART 13

키워드 제조업 또는 수입업 등록의 취소 등

풀이 시·도지사는 사업정지를 명하여야 하는 경우로서 그 사업의 정지가 이용자 등에게 심한 불편을 주거나 공익을 해칠 우려가 있는 경우에는 사업정지처분을 갈음하여 <u>1억원 이하</u>의 과징금을 부과할 수 있다.

이론 ✚

> [지문 ③ 및 ④] 주택관리업자의 경우
> 1. <u>2천만원 이하</u> 과징금
> 2. <u>30일 이내</u> 납부 의무

정답 ③

09 승강기 안전관리법령상 '부품안전인증의 면제 사유'에 관한 내용으로 옳지 않은 것은?

① 연구를 목적으로 제조하는 승강기안전부품으로서 대통령령으로 정하는 승강기안전부품에 대하여 행정안전부장관의 확인을 받은 경우

② 수출을 목적으로 수입하는 승강기안전부품으로서 대통령령으로 정하는 승강기안전부품에 대하여 행정안전부장관의 확인을 받은 경우

③ 수출을 목적으로 승강기안전부품을 제조하는 경우

④ 국가 간 상호인정협정에 따라 행정안전부장관이 정하여 고시하는 외국의 기관에서 부품안전인증에 준하는 안전인증을 받은 경우

⑤ 행정안전부령으로 정하는 바에 따라 승강기안전부품을 일회성으로 수입하거나 제조하는 경우

> **키워드** 부품안전인증의 면제 사유
> **풀이** 수출을 목적으로 수입하는 승강기안전부품으로서 대통령령으로 정하는 승강기안전부품에 대하여 '시·도'의 조례로 정하는 바에 따라 해당 시·도지사의 확인을 받은 경우가 '부품안전인증의 면제 사유'에 해당한다.

정답 ②

---

10 승강기 안전관리법령상 '승강기의 안전인증'에 관한 내용으로 옳지 않은 것은?

① 승강기의 제조·수입업자는 승강기에 대하여 모델별로 행정안전부장관이 실시하는 안전인증을 받아야 한다.

② 위 ①에도 불구하고 모델이 정하여지지 아니한 승강기에 대해서는 안전인증을 받지 아니한다.

③ 승강기의 제조·수입업자는 위 ①의 '승강기안전인증'을 받은 사항을 변경하려는 경우에는 행정안전부장관으로부터 변경사항에 대한 승강기안전인증을 받아야 한다.

④ 행정안전부장관은 승강기가 행정안전부장관이 정하여 고시하는 승강기 자체의 안전성에 관한 기준(이하 '승강기 안전기준'이라 한다) 등에 모두 맞는 경우 승강기안전인증을 하여야 한다.

⑤ 행정안전부장관은 승강기안전인증을 하는 경우 조건을 붙일 수 있다. 이 경우 그 조건은 승강기의 제조·수입업자에게 부당한 의무를 부과하는 것이어서는 아니 된다.

키워드 **승강기의 안전인증**

풀이 위 ①에도 불구하고 모델이 정하여지지 아니한 승강기에 대해서는 행정안전부령으로 정하는 기준과 절차에 따라 승강기의 안전성에 관한 <u>별도의 안전인증</u>을 받아야 한다.

이론 ➕

> **[지문 ①] 승강기 안전인증의 내용**
>
> 승강기의 제조·수입업자가 지문 ①에 따라 모델별 승강기에 대한 안전인증(이하 '모델승강기안전인증'이라 한다)을 받으려는 경우에는 다음의 심사 및 시험을 거쳐야 한다.
> 1. 설계심사: 승강기의 기계도면, 전기회로 등 행정안전부장관이 정하여 고시하는 기술도서가 법 제17조 제3항 제1호에 따른 기준(이하 '승강기 안전기준'이라 한다)에 맞는지를 심사하는 것
> 2. 안전성시험: 승강기가 승강기 안전기준에 맞는지를 확인하기 위해 시험하는 것
> 3. 공장심사: 승강기를 제조하는 공장의 설비 및 기술능력 등 제조체계가 법 제17조 제3항 제2호에 따른 기준(이하 '승강기공장심사기준'이라 한다)에 맞는지를 심사하는 것

정답 ②

---

11 승강기 안전관리법령상 '승강기안전인증의 면제 사유'에 관한 내용으로 옳지 않은 것은?

① 연구·개발, 전시 또는 승강기안전인증을 위한 시험을 목적으로 제조하거나 수입하는 승강기로서 시·도지사의 확인을 받은 경우

② 수출을 목적으로 수입하는 승강기로서 대통령령으로 정하는 승강기에 대하여 시·도의 조례로 정하는 바에 따라 해당 시·도지사의 확인을 받은 경우

③ 수출을 목적으로 승강기를 제조하는 경우

④ 행정안전부령으로 정하는 일정 수준 이상의 시험능력을 갖춘 승강기의 제조·수입업자가 승강기 자체의 안전성에 관한 시험을 하여 행정안전부장관이 적합함을 확인한 경우

⑤ 행정안전부령으로 정하는 바에 따라 승강기를 일회성으로 수입하거나 제조하는 경우

PART 13

키워드 **승강기안전인증의 면제 사유**

풀이 연구·개발, 전시 또는 승강기안전인증을 위한 시험을 목적으로 제조하거나 수입하는 승강기로서 대통령령으로 정하는 승강기에 대하여 행정안전부령으로 정하는 바에 따라 <u>행정안전부장관의 확인</u>을 받은 경우가 '승강기안전인증의 면제 사유'이다.

정답 ①

12 승강기 안전관리법령상 승강기의 안전인증에 관한 내용으로 옳은 것을 모두 고른 것은?

제23회

> ㉠ 승강기의 제조·수입업자는 승강기에 대하여 모델별로 국토교통부장관이 실시하는 안전인증을 받아야 한다.
> ㉡ 국토교통부장관은 수출을 목적으로 승강기를 제조하는 경우에는 승강기안전인증의 전부를 면제할 수 있다.
> ㉢ 승강기안전인증을 받은 승강기의 제조·수입업자는 승강기안전인증을 받은 후 제조하거나 수입하는 같은 모델의 승강기에 대하여 안전성에 대한 자체심사를 하고, 그 기록을 작성·보관하여야 한다.

① ㉢   ② ㉠, ㉡
③ ㉠, ㉢   ④ ㉡, ㉢
⑤ ㉠, ㉡, ㉢

키워드 **승강기의 안전인증**

풀이 ㉠ 승강기의 제조·수입업자는 승강기에 대하여 모델별로 <u>행정안전부장관</u>이 실시하는 안전인증을 받아야 한다.
㉡ <u>행정안전부장관</u>은 수출을 목적으로 승강기를 제조하는 경우에는 승강기안전인증의 전부를 면제할 수 있다.

정답 ①

---

13 승강기 안전관리법령의 내용으로 옳지 않은 것은?

제22회

① 승강기 소유자와의 계약에 따라 승강기를 안전하게 관리할 책임과 권한을 부여받은 자는 승강기의 관리주체에 해당한다.
② 승강기안전인증이 취소된 승강기의 제조·수입업자는 취소된 날부터 1년 이내에는 같은 모델의 승강기에 대한 승강기안전인증을 신청할 수 없다.
③ 승강기의 제조·수입업자는 설치를 끝낸 승강기에 대하여 설치검사를 받아야 한다.
④ 승강기의 관리주체는 안전검사에 불합격한 승강기에 대하여 안전검사에 불합격한 날부터 2개월 이내에 안전검사를 다시 받아야 한다.
⑤ 정밀안전검사를 받아야 하는 승강기에 대해서는 해당 연도의 정기검사를 면제할 수 있다.

풀이 승강기의 관리주체는 안전검사에 불합격한 승강기에 대하여 안전검사에 불합격한 날부터 <u>4개월 이내</u>에 안전검사를 다시 받아야 한다.

정답 ④

14 승강기 안전관리법령상 '지정인증기관의 지정 및 지정 취소 등'에 관한 설명으로 옳지 않은 것은?

① 행정안전부장관은 승강기 안전관리와 관련된 업무를 수행하는 법인·단체 또는 기관 중 대통령령으로 정하는 지정기준을 갖춘 법인·단체 또는 기관을 부품안전인증 업무의 대행기관(이하 '지정인증기관'이라 한다)으로 지정할 수 있다.

② 행정안전부장관은 업무정지를 명하여야 하는 경우로서 그 업무의 정지가 이용자 등에게 심한 불편을 주거나 공익을 해칠 우려가 있는 경우에는 그 업무정지처분을 갈음하여 1억원 이하의 과징금을 부과할 수 있다.

③ 과징금의 부과기준은 업무정지 일수에 200만원을 곱한 금액으로 한다.

④ 과징금의 부과통지를 받은 자는 20일 이내에 과징금을 행정안전부장관이 정하는 수납기관에 납부해야 한다. 다만, 천재지변 등 사유로 납부기한까지 과징금을 낼 수 없을 때에는 그 사유가 없어진 날부터 7일 이내에 납부해야 한다.

⑤ 지정이 취소된 법인·단체 또는 기관은 지정이 취소된 날부터 1년 이내에는 지정인증기관의 지정신청을 할 수 없다.

키워드 지정인증기관의 지정 및 지정 취소 등

풀이 행정안전부장관은 업무정지를 명하여야 하는 경우로서 그 업무의 정지가 이용자 등에게 심한 불편을 주거나 공익을 해칠 우려가 있는 경우에는 그 업무정지처분을 갈음하여 <u>3억원 이하</u>의 과징금을 부과할 수 있다.

이론➕

> [지문 ②]
> '지정검사기관'에 대해 업무정지처분을 갈음하여 부과하는 과징금도 <u>3억원 이하</u>이다.
> ['지정검사기관'에 대해서도 위 규정이 준용됨]

> 주택관리업자의 경우
> 1. 과징금 부과기준: <u>영업정지기간</u> 1일당 <u>3만원</u> 부과, <u>2천만원 초과 금지</u>
> 2. <u>30일 이내</u> 납부 의무

정답 ②

15 승강기 안전관리법령상 '설치신고 및 설치검사'에 관한 설명으로 옳지 않은 것은?

제21·22회 수정

① 설치공사업자는 승강기의 설치를 끝냈을 때에는 행정안전부령으로 정하는 바에 따라 행정안전부장관에게 그 사실을 신고하여야 한다.

② 설치공사업자는 승강기의 설치를 끝낸 날부터 10일 이내에 공단에 승강기의 설치신고를 해야 한다.

③ 승강기의 제조·수입업자는 설치를 끝낸 승강기에 대하여 행정안전부령으로 정하는 바에 따라 행정안전부장관이 실시하는 설치검사(이하 '설치검사'라 한다)를 받아야 한다.

④ 승강기의 제조·수입업자가 설치검사를 받으려는 경우에는 별지 제23호 서식의 설치검사 신청서(전자문서를 포함한다)에 사업자등록증 사본(전자문서를 포함한다) 등을 첨부하여 공단에 제출해야 한다.

⑤ 승강기의 제조·수입업자 또는 관리주체는 설치검사를 받지 아니하거나 설치검사에 불합격한 승강기를 운행하게 하거나 운행하여서는 아니 된다.

> **키워드** 설치신고 및 설치검사
> **풀이** 설치공사업자는 승강기의 설치를 끝냈을 때에는 행정안전부령으로 정하는 바에 따라 관할 시·도지사에게 그 사실을 신고하여야 한다.

> 정답 ①

16 승강기 안전관리법령상 '보험 가입'에 관한 설명으로 옳지 않은 것은?

① 관리주체는 승강기의 사고로 승강기 이용자 등 다른 사람의 생명·신체 또는 재산상의 손해를 발생하게 하는 경우 그 손해에 대한 배상을 보장하기 위한 보험(이하 '책임보험'이라 한다)에 가입하여야 한다.

② '책임보험'의 종류는 승강기 사고배상책임보험 또는 승강기 사고배상책임보험과 같은 내용이 포함된 보험으로 한다.

③ 책임보험의 보상한도액은 사망의 경우에는 1인당 8천만원 이상으로 한다. 다만, 사망에 따른 실손해액이 2천만원 미만인 경우에는 2천만원으로 한다.

④ 지급보험금액은 위 ③ 단서의 경우를 제외하고는 실손해액을 초과할 수 없다.

⑤ 책임보험에 가입한 관리주체는 책임보험의 가입 사실을 가입한 날부터 5일 이내에 승강기안전종합정보망에 입력하여야 한다.

풀이 책임보험에 가입한 관리주체는 <u>책임보험 판매자로 하여금</u> 책임보험의 가입 사실을 가입한 날부터 <u>14</u> <u>일 이내</u>에 승강기안전종합정보망에 <u>입력하게 해야 한다.</u>

이론 +

> [지문 ③ 및 ④]
>
> 책임보험의 보상한도액은 다음의 기준에 해당하는 금액 이상으로 한다. 다만, 지급보험금액은
> 다음 1. 단서의 경우를 제외하고는 실손해액을 초과할 수 없다.
> 1. <u>사망의 경우</u>에는 <u>1인당 8천만원</u>. 다만, 사망에 따른 <u>실손해액이 2천만원 미만</u>인 경우에는 <u>2천</u>
>   <u>만원</u>으로 한다.
> 2. 부상의 경우에는 1인당 영 [별표 6] 제1호에 따른 상해 등급별 보험금액에서 정하는 금액
> 3. 부상의 경우 그 치료가 완료된 후 그 부상이 원인이 되어 신체장애(이하 '후유장애'라 한다)가
>   생긴 경우에는 1인당 영 [별표 6] 제2호에 따른 후유장애 등급별 보험금액에서 정하는 금액
> 4. <u>재산피해의 경우</u>에는 <u>사고당 1천만원</u> 등

정답 ⑤

---

17 승강기 안전관리법령상 '자체점검'에 관한 설명으로 옳지 않은 것은?

① 관리주체는 승강기의 안전에 관한 자체점검(이하 '자체점검'이라 한다)을 월 1회
   이상 하고, 그 결과를 승강기안전종합정보망에 입력하여야 한다.

② 관리주체는 자체점검 결과 승강기에 결함이 있다는 사실을 알았을 경우에는 즉시
   보수하여야 하며, 보수가 끝날 때까지 해당 승강기의 운행을 중지하여야 한다.

③ 승강기안전인증을 면제받은 승강기에 대해서는 자체점검의 전부 또는 일부를 면
   제할 수 있다.

④ 승강기 실무경력이 3년 이상인 사람은 자체점검을 담당할 수 있다.

⑤ 자체점검을 담당하는 사람은 자체점검을 마치면 지체 없이 자체점검 결과를 양
   호, 주의관찰, 긴급수리로 구분하여 관리주체에 통보해야 하며, 관리주체는 자체
   점검 결과를 자체점검 후 5일 이내에 승강기안전종합정보망에 입력해야 한다.

키워드 **자체점검**

풀이 자체점검을 담당하는 사람은 자체점검을 마치면 지체 없이 자체점검 결과를 양호, 주의관찰, 긴급수
리로 구분하여 관리주체에 통보해야 하며, 관리주체는 자체점검 결과를 자체점검 후 <u>10일 이내</u>에 승
강기안전종합정보망에 입력해야 한다.

이론 +

> 다음의 어느 하나에 해당하는 인증 또는 검사를 한 자는 법 제72조 제2항에 따라 그 결과를
> 인증 또는 검사 후 <u>5일 이내</u>에 <u>승강기안전종합정보망에 입력</u>해야 한다.
> 1. <u>부품안전인증</u>
> 2. <u>승강기안전인증</u>
> 3. 법 제28조 제1항에 따른 <u>설치검사</u>
> 4. 법 제32조 제1항에 따른 <u>안전검사</u>

정답 ⑤

18 승강기 안전관리법령상 '자체점검의 주기 조정 등'에 관한 설명으로 옳지 <u>않은</u> 것은?

① 원격점검 및 실시간 고장 감시 등 행정안전부장관이 정하여 고시하는 원격관리기능이 있는 승강기를 관리하는 경우에는 자체점검의 전부 또는 일부를 면제할 수 있다.

② 위 ①에 해당하는 경우의 관리주체는 관리하는 승강기에 대해 6개월의 범위에서 자체점검의 주기를 조정할 수 있다.

③ 위 ②에도 불구하고 설치검사를 받은 날부터 15년이 지난 승강기의 경우에는 그렇지 않다.

④ 최근 3년 이내에 중대한 사고가 발생한 승강기 또는 최근 1년 이내에 중대한 고장이 3회 이상 발생한 승강기의 경우도 위의 ③과 같다.

⑤ 자체점검을 대행하는 유지관리업자는 자체점검의 주기를 조정하려는 경우에는 미리 해당 관리주체의 서면 동의를 받아야 한다.

> **키워드** 자체점검의 주기 조정 등
>
> **풀이** 위 ①에 해당하는 경우의 관리주체는 관리하는 승강기에 대해 <u>3개월의 범위</u>에서 자체점검의 주기를 조정할 수 있다.
>
> **이론 ✚**
> [지문 ①]
> 다음의 경우에는 <u>자체점검의 전부 또는 일부를 면제</u>할 수 있다.
> 1. 원격점검 및 실시간 고장 감시 등 행정안전부장관이 정하여 고시하는 <u>원격관리기능이 있는 승강기</u>를 관리하는 경우
> 2. '유지관리업자'가 법 제2조 제5호 각 목의 안전관리활동을 모두 포함하는 <u>포괄적인 유지관리 도급계약</u>을 체결하여 승강기를 관리하는 경우
> 3. <u>유지관리업자가 법 제2조 제7호 다목에 따른 계약(유지관리업자가 관리주체가 되는 계약)</u>을 체결하여 승강기를 관리하는 경우
> 4. <u>안전관리우수기업으로 선정된 유지관리업자가 최근 2년 동안 안전검사에 합격한 승강기</u>를 관리하는 경우
> 5. 다른 법령에서 정하는 바에 따라 건축물이나 고정된 시설물에 설치하도록 <u>의무화되지 않은 승강기(다음의 어느 하나에 해당하는 승강기는 제외한다)</u>를 관리하는 경우
>   ㉠ 다중이용 건축물 및 준다중이용 건축물에 설치된 엘리베이터 중 <u>사람이 탑승하는 용도의 엘리베이터</u>
>   ㉡ 에스컬레이터
>   ㉢ 휠체어리프트
>
> **정답** ②

19 승강기 안전관리법령상 '안전검사'에 관한 설명으로 옳지 <u>않은</u> 것은? 제21·23·25회 수정

① 안전검사에는 정기검사, 수시검사, 정밀안전검사가 있다.

② 관리주체는 승강기에 대해 행정안전부장관이 실시하는 안전검사를 받아야 한다.

③ 정기검사는 설치검사 후 정기적으로 하는 검사로서, 검사주기는 2년 이하로 하되, 승강기별로 검사주기를 다르게 할 수 있다.

④ 승강기에 중대한 사고가 발생하여 수리한 경우는 수시검사의 대상이다.

⑤ 설치검사를 받은 날부터 15년이 지난 경우는 정밀안전검사를 받고, 그 후 3년마다 정기적으로 정밀안전검사를 받아야 한다.

키워드 안전검사

풀이
1. <u>수시검사</u>: 다음의 어느 하나에 해당하는 경우에 하는 검사
   ㉠ 승강기 종류, 제어방식, 정격속도, 정격용량 또는 왕복운행거리를 변경한 경우(변경된 승강기에 대한 검사의 기준이 완화되는 경우 등 행정안전부령으로 정하는 경우는 제외한다)
   ㉡ 승강기의 제어반(制御盤) 또는 구동기(驅動機)를 교체한 경우
   ㉢ 승강기에 <u>사고</u>가 발생하여 <u>수리</u>한 경우(승강기의 결함으로 <u>중대한 사고 또는 중대한 고장</u>이 발생한 경우는 <u>제외</u>한다)
   ㉣ 관리주체가 요청하는 경우

2. <u>정밀안전검사</u>: 다음의 어느 하나에 해당하는 경우에 하는 검사
   이 경우 <u>다음 ㉢</u>에 해당할 때에는 정밀안전검사를 받고, 그 후 <u>3년마다</u> 정기적으로 정밀안전검사를 받아야 한다.
   ㉠ 정기검사 또는 수시검사 결과 <u>결함의 원인이 불명확</u>하여 사고 예방과 안전성 확보를 위하여 행정안전부장관이 정밀안전검사가 필요하다고 인정하는 경우
   ㉡ 승강기의 결함으로 <u>중대한 사고 또는 중대한 고장</u>이 발생한 경우
   ㉢ <u>설치검사를 받은 날</u>부터 <u>15년</u>이 지난 경우

정답 ④

20 승강기 안전관리법령상 '정기검사 주기'에 관한 설명으로 옳지 않은 것은? 제24회 수정

① 정기검사의 검사주기는 1년(설치검사 또는 직전 정기검사를 받은 날부터 매 1년을 말한다)으로 한다.

② 설치검사를 받은 날부터 15년이 지난 승강기의 검사주기는 6개월이다.

③ 정기검사의 검사기간은 정기검사의 검사주기 도래일 전후 각각 30일 이내로 한다. 이 경우 해당 검사기간 이내에 검사에 합격한 경우에는 정기검사의 검사주기 도래일에 정기검사를 받은 것으로 본다.

④ 정기검사의 검사주기 도래일 전에 수시검사 또는 정밀안전검사를 받은 경우 해당 정기검사의 검사주기는 수시검사 또는 정밀안전검사를 받은 날부터 계산한다.

⑤ 안전검사가 연기된 경우 해당 정기검사의 검사주기는 연기된 안전검사를 받은 날부터 계산한다.

> **키워드** **정기검사의 검사주기**
>
> **풀이** 다음의 어느 하나에 해당하는 승강기의 경우에는 정기검사의 검사주기를 직전 정기검사를 받은 날부터 다음의 구분에 따른 기간으로 한다.
> 1. 설치검사를 받은 날부터 25년이 지난 승강기: 6개월
> 2. 승강기의 결함으로 중대한 사고 또는 중대한 고장이 발생한 후 2년이 지나지 않은 승강기: 6개월
> 3. 다음의 엘리베이터: 2년
>   ㉠ 규칙 [별표 1] 제2호 가목 9)에 따른 화물용 엘리베이터
>   ㉡ 규칙 [별표 1] 제2호 가목 10)에 따른 자동차용 엘리베이터
>   ㉢ 규칙 [별표 1] 제2호 가목 11)에 따른 소형화물용 엘리베이터(Dumbwaiter)
> 4. 「건축법 시행령」 [별표 1] 제1호 가목에 따른 단독주택에 설치된 승강기: 2년
>
> 정답 ②

21 승강기 안전관리법령상 '안전검사'에 관한 설명으로 옳지 않은 것은? 제22·23·24회 수정

① 관리주체는 안전검사를 받지 아니하거나 안전검사에 불합격한 승강기를 운행할 수 없으며, 운행을 하려면 안전검사에 합격하여야 한다. 이 경우 관리주체는 안전검사에 불합격한 승강기에 대하여 3개월 이내에 안전검사를 다시 받아야 한다.

② 행정안전부장관은 행정안전부령으로 정하는 바에 따라 안전검사를 받을 수 없다고 인정하면 그 사유가 없어질 때까지 안전검사를 연기할 수 있다.

③ 관리주체가 안전검사를 받고 자체점검을 한 경우에는 「건축물관리법」 제12조에 따른 건축설비(승강기에 한정한다)의 유지·관리를 한 것으로 본다.

④ 장애인용 엘리베이터를 승객용 엘리베이터로 변경한 경우는 수시검사의 대상이 아니다.

⑤ 승강기가 설치된 건축물이나 고정된 시설물에 중대한 결함이 있어 승강기를 정상적으로 운행하는 것이 불가능한 경우는 안전검사를 연기할 수 있는 사유이다.

키워드 **안전검사**

풀이 관리주체는 안전검사를 받지 아니하거나 안전검사에 불합격한 승강기를 운행할 수 없으며, 운행을 하려면 안전검사에 합격하여야 한다. 이 경우 관리주체는 안전검사에 불합격한 승강기에 대하여 <u>4개월</u> 이내에 안전검사를 다시 받아야 한다.

정답 ①

22 승강기 안전관리법령상 승강기의 자체점검 및 안전검사에 관한 내용으로 옳지 않은 것은?

제23회 수정

① 관리주체는 행정안전부장관이 실시하는 안전검사에서 불합격한 승강기에 대해서는 자체점검의 전부 또는 일부를 면제할 수 있다.

② 관리주체는 승강기의 자체점검을 월 1회 이상 하고, 자체점검 결과를 자체점검 후 5일 이내에 승강기안전종합정보망에 입력하여야 한다.

③ 관리주체는 승강기의 제어반 또는 구동기를 교체한 경우에 행정안전부장관이 실시하는 수시검사를 받아야 한다.

④ 관리주체는 설치검사를 받은 날부터 15년이 지난 경우에 해당할 때에는 행정안전부장관이 실시하는 정밀안전검사를 받고, 그 후 3년마다 정기적으로 정밀안전검사를 받아야 한다.

⑤ 관리주체가 안전검사를 받고 자체점검을 한 경우에는 「건축물관리법」 제12조에 따른 승강기의 유지·관리를 한 것으로 본다.

키워드 **승강기의 자체점검 및 안전검사**

풀이 1. <u>관리주체</u>는 승강기의 안전에 관한 자체점검을 <u>월 1회 이상</u> 하고, 그 결과를 법 제73조에 따른 승강기안전종합정보망에 입력하여야 한다.
　　　 2. 자체점검을 담당하는 사람은 자체점검을 마치면 지체 없이 자체점검 결과를 양호, 주의관찰 또는 긴급수리로 구분하여 관리주체에 통보해야 하며, <u>관리주체</u>는 자체점검 결과를 자체점검 후 <u>10일</u> 이내에 승강기안전종합정보망에 입력해야 한다.

TIP '자체점검'은 관리주체가 하며, '안전검사'는 <u>행정안전부장관</u>이 실시하고 <u>관리주체가 받아야 함</u>을 숙지하여야 한다.

정답 ②

23 승강기 안전관리법령상 승강기의 안전검사에 관한 내용이다. (　)에 들어갈 기간을 순서대로 나열한 것은?

제24회

> • 설치검사를 받은 날부터 25년이 지난 승강기의 경우 정기검사의 검사주기를 직전 정기검사를 받은 날부터 (　)(으)로 한다.
> • 관리주체는 안전검사에 불합격한 승강기에 대하여 안전검사를 받을 수 없는 사유로 인하여 안전검사가 연기되지 않는 한, 안전검사에 불합격한 날부터 (　) 이내에 안전검사를 다시 받아야 한다.

① 6개월, 3개월　　　　　　　② 6개월, 4개월
③ 1년, 3개월　　　　　　　　④ 1년, 4개월
⑤ 1년, 6개월

키워드 승강기의 안전검사

풀이 1. 다음에 해당하는 승강기의 경우에는 정기검사의 검사주기는 직전 정기검사를 받은 날부터 다음의 구분에 따른 기간으로 한다.
　　⊙ 설치검사를 받은 날부터 25년이 지난 승강기: 6개월
　　⊙ 승강기의 결함으로 중대한 사고 또는 중대한 고장이 발생한 후 2년이 지나지 않은 승강기: 6개월
　2. 관리주체는 안전검사를 받지 아니하거나 안전검사에 불합격한 승강기를 운행할 수 없으며, 운행을 하려면 안전검사에 합격하여야 한다. 이 경우 관리주체는 안전검사에 불합격한 승강기에 대하여 행정안전부령으로 정하는 기간(안전검사에 불합격한 날부터 4개월 이내)에 안전검사를 다시 받아야 한다.

정답 ②

최신기출

24 승강기 안전관리법령상 책임보험 및 승강기의 안전관리에 관한 설명으로 옳은 것은?

제26회

① 책임보험의 종류는 승강기 사고배상책임보험 또는 승강기 사고배상책임보험과 같은 내용이 포함된 보험으로 한다.
② 책임보험에 가입한 관리주체는 책임보험 판매자로 하여금 책임보험의 가입 사실을 가입한 날부터 30일 이내에 승강기안전종합정보망에 입력하게 해야 한다.
③ 관리주체는 승강기의 안전에 관한 자체점검을 월 2회 이상 하여야 한다.
④ 승강기의 안전검사는 정기검사, 임시검사, 정밀안전검사로 구분되며, 국토교통부장관은 안전검사를 받을 수 없다고 인정하면 그 사유가 없어질 때까지 안전검사를 연기할 수 있다.

⑤ 관리주체는 안전검사에 불합격한 승강기에 대하여 안전검사에 불합격한 날부터 3개월 이내에 안전검사를 다시 받아야 한다.

키워드 책임보험

풀이 ② 책임보험에 가입(재가입을 포함한다)한 관리주체는 책임보험 판매자로 하여금 책임보험의 가입 사실을 가입한 날부터 <u>14일 이내</u>에 승강기안전종합정보망에 입력하게 해야 한다.

③ 관리주체는 승강기의 안전에 관한 자체점검을 <u>월 1회 이상</u> 하고, 그 결과를 승강기안전종합정보 망에 입력하여야 한다.

④ 승강기의 안전검사는 정기검사, <u>수시검사</u>, 정밀안전검사로 구분되며, <u>행정안전부장관</u>은 행정안전 부령으로 정하는 바에 따라 안전검사를 받을 수 없다고 인정하면 그 사유가 없어질 때까지 안전검 사를 연기할 수 있다.

⑤ 관리주체는 안전검사를 받지 아니하거나 안전검사에 불합격한 승강기를 운행할 수 없으며, 운행 을 하려면 안전검사에 합격하여야 한다. 이 경우 관리주체는 안전검사에 불합격한 승강기에 대하 여 행정안전부령으로 정하는 기간(안전검사에 불합격한 날부터 <u>4개월 이내</u>)에 안전검사를 다시 받아야 한다.

정답 ①

---

25 승강기 안전관리법령상 '검사합격증명서, 운행금지표지 및 운행정지표지'에 관한 설명으 로 옳지 않은 것은?

① 행정안전부장관은 설치검사에 합격한 승강기의 제조·수입업자와 안전검사에 합 격한 승강기의 관리주체에 대하여 각각 검사합격증명서를 발급하여야 한다.

② 행정안전부장관은 설치검사에 불합격한 승강기의 제조·수입업자와 안전검사에 불합격한 승강기의 관리주체에 대하여 각각 운행금지표지를 발급하여야 한다.

③ 행정안전부장관은 승강기가 안전검사를 받지 아니하거나 안전검사에 불합격한 경우에는 그 사실을 특별자치시장·특별자치도지사 또는 시장·군수·구청장(구 청장은 자치구의 구청장을 말한다)에게 통보하여야 한다.

④ 특별자치시장·특별자치도지사 또는 시장·군수·구청장은 승강기가 안전검사에 불합격한 경우에는 해당 승강기의 운행정지를 명할 수 있다.

⑤ 특별자치시장·특별자치도지사 또는 시장·군수·구청장은 위 ④에 따라 승강기 의 운행정지를 명할 때에는 관리주체에게 행정안전부령으로 정하는 운행정지표 지를 발급하여야 한다.

키워드 검사합격증명서, 운행금지표지 및 운행정지표지

풀이 특별자치시장·특별자치도지사 또는 시장·군수·구청장은 승강기가 <u>안전검사를 받지 아니한 경우</u>에 는 그 사유가 없어질 때까지 해당 승강기의 운행정지를 명할 수 있다.

정답 ④

26 승강기 안전관리법령상 '승강기의 유지관리업'에 관한 내용으로 옳지 않은 것은?

① 승강기 유지관리를 업으로 하려는 자는 행정안전부장관에게 등록하여야 한다. 행정안전부령으로 정하는 사항을 변경할 때에도 또한 같다.

② 위 ① 후단에 따른 변경등록은 등록사항이 변경된 날부터 30일 이내에 하여야 한다.

③ 위 ① 전단에 따라 승강기 유지관리를 업으로 하기 위하여 등록을 한 자(이하 '유지관리업자'라 한다)는 그 사업을 폐업 또는 휴업하거나 휴업한 사업을 다시 시작한 경우에는 그날부터 30일 이내에 시·도지사에게 신고하여야 한다.

④ 유지관리업자는 기술력, 승강기의 지역적 분포 및 기술인력의 수 등을 고려하여 '행정안전부령으로 정하는 월간 유지관리 승강기 대수'를 초과한 유지관리 업무를 하여서는 아니 된다.

⑤ 유지관리업자는 도급계약에 따라 유지관리하는 승강기에 대하여 관리주체가 유지관리에 관한 용역 제공을 요청하였을 때 정당한 사유 없이 거부하거나 회피하여서는 아니 된다.

> **키워드** 승강기의 유지관리업
> **풀이** 승강기 유지관리를 업으로 하려는 자는 행정안전부령으로 정하는 바에 따라 <u>시·도지사</u>에게 등록하여야 한다. 행정안전부령으로 정하는 사항을 변경할 때에도 또한 같다.
>
> 정답 ①

27 승강기 안전관리법령상 '사고 보고 및 사고 조사'에 관한 설명으로 옳지 않은 것은?

① 관리주체는 그가 관리하는 승강기로 인하여 중대한 사고 또는 중대한 고장이 발생한 경우에는 한국승강기안전공단에 통보하여야 한다.

② 한국승강기안전공단은 위 ①에 따라 통보받은 내용을 행정안전부장관, 시·도지사 및 승강기사고조사위원회에 보고하여야 한다.

③ 관리주체는 승강기 사고의 재발 방지 및 예방을 위하여 필요하다고 인정할 경우에는 승강기 사고의 원인 및 경위 등에 관한 조사를 할 수 있다.

④ 한국승강기안전공단은 중대한 사고 또는 중대한 고장에 관한 사항을 통보받은 경우에는 지체 없이 중대한 사고 또는 중대한 고장 보고서를 작성하여 행정안전부장관, 관할 시·도지사 및 승강기사고조사위원회에 보고해야 한다.

⑤ 한국승강기안전공단은 위 ④에 따라 보고한 승강기에 대해 그 원인 및 경위 등에 관한 조사를 해야 한다.

풀이 행정안전부장관은 위 ②에 따라 보고받은 승강기 사고의 재발 방지 및 예방을 위하여 필요하다고 인정할 경우에는 승강기 사고의 원인 및 경위 등에 관한 조사를 할 수 있다.

정답 ③

---

28 승강기 안전관리법령상 '승강기사고조사위원회'에 관한 설명으로 옳지 않은 것은?

① 행정안전부장관은 승강기 사고 조사의 결과 중대한 사고 등 대통령령으로 정하는 사고의 원인 및 경위에 대한 추가적인 조사가 필요하다고 인정하는 경우에는 승강기사고조사위원회를 구성하여 그 승강기사고조사위원회로 하여금 사고 조사를 하게 할 수 있다.

② 행정안전부장관은 승강기사고조사위원회의 사고 조사 결과 등을 토대로 승강기 사고의 재발 방지를 위한 대책을 마련하여 시·도지사, 한국승강기안전공단, 지정인증기관 또는 지정검사기관에 권고할 수 있다.

③ 승강기사고조사위원회(이하 '사고조사위원회'라 한다)는 위원장 1명을 포함한 5명 이내의 위원으로 구성한다.

④ 사고조사위원회 위원(승강기 안전관리 업무를 담당하는 행정안전부의 4급 이상 공무원 또는 고위공무원단에 속하는 일반직공무원인 위원은 제외한다)의 임기는 3년으로 하며, 한 번만 연임할 수 있다.

⑤ 사고조사위원회에 출석한 위원, 관계인 및 관계 전문가에게는 예산의 범위에서 수당과 여비를 지급할 수 있다. 다만, 공무원인 위원이 그 소관 업무와 직접 관련되어 사고조사위원회에 출석하는 경우에는 그렇지 않다.

PART 13

키워드 승강기사고조사위원회

풀이 승강기사고조사위원회(이하 '사고조사위원회'라 한다)는 위원장 1명을 포함한 9명 이내의 위원으로 구성한다.

정답 ③

29 승강기 안전관리법령상 관리주체가 관리하는 승강기에 중대한 고장이 발생하여 한국승강기안전공단에 통보하여야 하는 경우에 해당하지 않는 것은? 제24회

① 엘리베이터가 최상층을 지나 계속 움직인 경우
② 엘리베이터가 출입문이 열린 상태로 움직인 경우
③ 에스컬레이터가 디딤판이 이탈되어 운행되지 않은 경우
④ 운행 중 정전으로 인하여 정지된 엘리베이터에 이용자가 갇히게 된 경우
⑤ 상승 운행 과정에서 에스컬레이터의 디딤판이 하강 방향으로 역행하는 경우

> **키워드** 중대한 고장
> **풀이** '중대한 고장'이란 다음의 구분에 따른 고장을 말한다.
> 1. 엘리베이터 및 휠체어리프트: 다음의 경우에 해당하는 고장
>   ㉠ 출입문이 열린 상태로 움직인 경우
>   ㉡ 출입문이 이탈되거나 파손되어 운행되지 않는 경우
>   ㉢ 최상층 또는 최하층을 지나 계속 움직인 경우
>   ㉣ 운행하려는 층으로 운행되지 않은 고장으로서 이용자가 운반구에 갇히게 된 경우(정전 또는 천재지변으로 인해 발생한 경우는 제외한다)
>   ㉤ 운행 중 정지된 고장으로서 이용자가 운반구에 갇히게 된 경우(정전 또는 천재지변으로 인해 발생한 경우는 제외한다)
>   ㉥ 운반구 또는 균형추에 부착된 매다는 장치 또는 보상수단(각각 그 부속품을 포함한다) 등이 이탈되거나 추락된 경우
> 2. 에스컬레이터: 다음의 경우에 해당하는 고장
>   ㉠ 손잡이 속도와 디딤판 속도의 차이가 행정안전부장관이 고시하는 기준을 초과하는 경우
>   ㉡ 하강 운행 과정에서 행정안전부장관이 고시하는 기준을 초과하는 과속이 발생한 경우
>   ㉢ 상승 운행 과정에서 디딤판이 하강 방향으로 역행하는 경우
>   ㉣ 과속 또는 역행을 방지하는 장치가 정상적으로 작동하지 않은 경우
>   ㉤ 디딤판이 이탈되거나 파손되어 운행되지 않은 경우

정답 ④

30 승강기 안전관리법령상 '중대한 사고 또는 중대한 고장'에 관한 설명으로 옳지 않은 것은?

제24·25회 수정

① 사망자가 발생한 사고: 중대한 사고
② 사고 발생일부터 7일 이내에 실시된 의사의 최초 진단 결과 1주 이상의 입원 치료가 필요한 부상자가 발생한 사고: 중대한 사고
③ 사고 발생일부터 7일 이내에 실시된 의사의 최초 진단 결과 3주 이상의 치료가 필요한 부상자가 발생한 사고: 중대한 사고
④ 출입문이 열린 상태로 움직인 경우: 중대한 고장
⑤ 정전으로 이용자가 운반구에 갇히게 된 경우: 중대한 고장

키워드 중대한 사고 또는 중대한 고장

풀이 운행 중 정지된 고장으로서 이용자가 운반구에 갇히게 된 경우(정전 또는 천재지변으로 인해 발생한 경우는 제외한다)가 중대한 고장이다.

정답 ⑤

---

31 승강기 안전관리법령상 '한국승강기안전공단'에 관한 설명으로 옳지 않은 것은?

PART 13

① 행정안전부장관의 업무를 위탁받거나 대행하여 승강기 안전관리에 관한 사업의 추진과 승강기 안전에 관한 기술의 연구·개발 및 보급 등을 위하여 한국승강기안전공단(이하 '공단'이라 한다)을 설립한다.
② 공단은 법인으로 하고, 주된 사무소의 소재지에서 설립등기를 함으로써 성립한다.
③ 공단은 매 사업연도의 사업계획서 및 예산안을 작성하여 행정안전부장관의 승인을 받아야 한다. 이를 변경할 때에도 또한 같다.
④ 공단의 임원이나 직원 또는 임직원으로 재직하였던 사람은 직무상 알게 된 비밀을 누설하거나 도용하여서는 아니 된다.
⑤ 공단에 관하여 이 법 및 「공공기관의 운영에 관한 법률」에서 규정한 사항을 제외하고는 「민법」 중 사단법인에 관한 규정을 준용한다.

키워드 한국승강기안전공단

풀이 공단에 관하여 이 법 및 「공공기관의 운영에 관한 법률」에서 규정한 사항을 제외하고는 「민법」 중 재단법인에 관한 규정을 준용한다.

정답 ⑤

32 승강기 안전관리법령상 '협회'에 관한 내용으로 옳지 않은 것은?

① 승강기사업자는 승강기 안전산업의 건전한 발전과 승강기사업자의 공동 이익을 위하여 승강기사업자 협회(이하 '협회'라 한다)를 설립할 수 있다.

② 협회는 법인으로 하고, 주된 사무소의 소재지에서 설립등기를 함으로써 성립하며, 협회에 관하여 이 법에서 규정한 사항을 제외하고는 「민법」 중 사단법인에 관한 규정을 준용한다.

③ 협회는 매 회계연도 개시 전까지 사업계획과 수지예산서를 행정안전부장관에게 제출해야 한다.

④ 협회를 설립하려면 회원 자격이 있는 승강기사업자 10명 이상이 발기하고, 창립총회에서 정관을 작성한 후 국토교통부장관에게 허가를 신청하여야 한다.

⑤ 협회 회원의 자격과 임원에 관한 사항 등은 정관으로 정한다.

키워드	승강기사업자 협회

풀이 협회를 설립하려면 회원 자격이 있는 승강기사업자 5명 이상이 발기하고, 회원 자격이 있는 승강기사업자의 5분의 1 이상의 동의를 받아 창립 총회에서 정관을 작성한 후 행정안전부장관에게 인가를 신청하여야 한다.

정답 ④

33 승강기 안전관리법령상 '승강기안전종합정보망'에 관한 설명으로 옳지 않은 것은?

① 행정안전부장관은 승강기의 안전과 관련된 제조업 또는 수입업의 등록 현황 등의 정보를 종합적으로 관리하기 위하여 승강기안전종합정보망을 구축·운영할 수 있다.

② 행정안전부장관은 제조·수입업자, 관리주체, 유지관리업자 등에 대하여 승강기안전종합정보망의 구축·운영에 필요한 자료의 제출을 요청할 수 있다. 이 경우 요청을 받은 자는 특별한 사유가 없으면 요청에 따라야 한다.

③ 시·도지사는 설치검사를 받은 승강기마다 고유한 번호(이하 '승강기번호'라 한다)를 부여하고, 그 승강기번호가 새겨진 표지를 해당 승강기의 제조·수입업자에게 발급해야 한다.

④ 위 ③에 따른 승강기번호가 새겨진 표지를 발급받은 자는 그 표지를 해당 승강기에 즉시 부착해야 한다.

⑤ 관리주체는 위 ④에 따른 승강기번호가 새겨진 표지가 훼손된 경우에는 새로운 표지를 발급받아 해당 승강기에 즉시 부착해야 한다.

키워드 승강기안전종합정보망

풀이 행정안전부장관은 승강기안전종합정보망을 구축·운영하기 위해 설치검사를 받은 승강기마다 고유한 번호(이하 '승강기번호'라 한다)를 부여하고, 그 승강기번호가 새겨진 표지를 해당 승강기의 제조·수입업자에게 발급해야 한다.

PART 13

정답 ③

대표기출

집합건물의 소유 및 관리에 관한 법령상 관리단 및 관리단의 기관에 관한 설명으로 옳지 않은 것은? 제25회 수정

① 관리위원회의 의사(議事)는 규약에 달리 정한 바가 없으면 출석위원 과반수의 찬성으로 의결한다.

② 구분소유자가 10인 이상일 때에는 관리단을 대표하고 관리단의 사무를 집행할 관리인을 선임하여야 한다.

③ 관리인은 구분소유자일 필요가 없으며, 그 임기는 2년의 범위에서 규약으로 정한다.

④ 관리인은 규약에 달리 정한 바가 없으면 월 1회 구분소유자 및 그의 승낙을 받아 전유부분을 점유하는 자에게 관리단의 사무 집행을 위한 분담금액과 비용의 산정방법을 서면으로 보고하여야 한다.

⑤ 건물에 대하여 구분소유 관계가 성립되면 구분소유자 전원을 구성원으로 하여 건물과 그 대지 및 부속시설의 관리에 관한 사업의 시행을 목적으로 하는 관리단이 설립된다.

키워드 관리단, 관리인 및 관리위원회

풀이 관리위원회의 의사(議事)는 규약에 달리 정한 바가 없으면 관리위원회 재적위원 과반수의 찬성으로 의결한다.

○ 관리위원회의 의사는 출석위원의 과반수가 아니라 재적위원 과반수의 찬성으로 의결한다.

이론 ➕ 법 제26조 【관리인의 보고의무 등】 ① 관리인은 대통령령으로 정하는 바에 따라 매년 1회 이상 구분소유자 및 그의 승낙을 받아 전유부분을 점유하는 자에게 그 사무에 관한 보고를 하여야 한다.

② 전유부분이 50개 이상인 건물의 관리인은 관리단의 사무 집행을 위한 비용과 분담금 등 금원의 징수·보관·사용·관리 등 모든 거래행위에 관해 장부를 월별로 작성하여 그 증빙서류와 함께 해당 회계 연도 종료일부터 5년간 보관하여야 한다.

③ 이해관계인은 관리인에게 제1항에 따른 보고 자료, 제2항에 따른 장부나 증빙서류의 열람을 청구하거나 자기 비용으로 등본의 교부를 청구할 수 있다. 이 경우 관리인은 다음의 정보를 제외하고 이에 응해야 한다.

1. 「개인정보 보호법」 제24조에 따른 고유식별정보 등 개인의 사생활의 비밀 또는 자유를 침해할 우려가 있는 정보

2. 의사결정 과정 또는 내부검토 과정에 있는 사항 등으로서 공개될 경우 업무의 공정한 수행에 현저한 지장을 초래할 우려가 있는 정보

④ 「공동주택관리법」에 따른 <u>의무관리대상 공동주택</u> 및 임대주택과 「유통산업발전법」에 따라 신고한 <u>대규모점포등관리자가 있는 대규모점포 및 준대규모점포에 대해서는 제1항부터 제3항까지를 적용하지 아니한다.</u>
⑤ 이 법 또는 규약에서 규정하지 아니한 관리인의 권리의무에 관하여는 「민법」의 위임에 관한 규정을 준용한다.

정답 ①

---

01 집합건물의 소유 및 관리에 관한 법령에 관한 설명으로 옳지 않은 것은?

① '구분소유권'이란 법 제1조 또는 제1조의2에 규정된 건물부분[법 제3조 제2항 및 제3항에 따라 공용부분(共用部分)으로 된 것은 제외한다]을 목적으로 하는 소유권을 말한다.

② '전유부분'(專有部分)이란 구분소유권의 목적인 건물부분을 말한다.

③ '공용부분'이란 전유부분 외의 건물부분, 전유부분에 속하지 아니하는 건물의 부속물 및 법 제3조 제2항 및 제3항에 따라 공용부분으로 된 부속의 건물을 말한다.

④ '일반건물'의 경우에도 전유부분과 공용부분이 있다.

⑤ '대지사용권'이란 구분소유자가 전유부분을 소유하기 위하여 건물의 대지에 대하여 가지는 권리를 말한다.

키워드 **전유부분 및 공용부분, 구분소유권 등**

풀이 1. '일반건물'의 경우에는 <u>전유부분과 공용부분</u>이 <u>없다.</u>
2. '집합건물'의 '건물부분'에 대해 <u>전유부분과 공용부분</u>이 있으며, '대지'에 대해서는 <u>전유부분과 공용부분</u>이라는 표현을 사용하지 아니한다.

이론 ✚

1. 일반건물과 집합건물
   ㉠ <u>일반건물</u>: 하나의 건물인 '1동 건물'에 <u>소유권이 1개</u>
   ㉡ <u>집합건물</u>: 하나의 건물인 '1동 건물'에 <u>구분소유권이 여러 개</u>
2. 대지
   하나의 필지 = <u>소유권이 1개</u> [항상]

정답 ④

02 집합건물의 소유 및 관리에 관한 법령에 관한 내용으로 옳지 않은 것은?

① 집합주택의 관리방법과 기준, 하자담보책임에 관한 「주택법」 및 「공동주택관리법」의 특별한 규정은 이 법에 저촉되어 구분소유자의 기본적인 권리를 해치지 아니하는 범위에서 효력이 있다.

② 여러 개의 전유부분으로 통하는 복도, 계단, 그 밖에 구조상 구분소유자 전원 또는 일부의 공용(共用)에 제공되는 건물부분은 구분소유권의 목적으로 할 수 없다.

③ 구분소유권의 목적이 되는 건물부분과 부속의 건물은 규약으로써 공용부분으로 정할 수 있다.

④ 구분소유권의 목적이 되는 건물부분의 전부 또는 부속건물을 소유하는 자는 공정증서(公正證書)로써 위 ③의 규약에 상응하는 것을 정할 수 있다.

⑤ 위 ③ 및 ④의 공용부분은 등기를 요하지 아니한다.

> **키워드** 전유부분 및 공용부분
>
> **풀이** 복도, 계단 등 구조적 공용부분에 관한 물권의 득실변경은 등기를 요하지 아니하나, 위 ③ 및 ④의 경우에는 공용부분이라는 취지를 <u>등기하여야 한다</u>.

정답 ⑤

03 집합건물의 소유 및 관리에 관한 법령에 관한 내용으로 옳지 않은 것은?

① 통로, 주차장, 정원, 부속건물의 대지, 그 밖에 전유부분이 속하는 1동의 건물 및 그 건물이 있는 토지와 하나로 관리되거나 사용되는 토지는 규약으로써 건물의 대지로 할 수 있다.

② 건물이 있는 토지가 건물이 일부 멸실함에 따라 건물이 있는 토지가 아닌 토지로 된 경우에는 그 토지는 규약으로써 건물의 대지로 정한 것으로 본다.

③ 구분소유자는 건물의 보존에 해로운 행위나 그 밖에 건물의 관리 및 사용에 관하여 구분소유자 공동의 이익에 어긋나는 행위를 하여서는 아니 된다.

④ 전유부분이 주거의 용도로 분양된 것인 경우에는 구분소유자는 정당한 사유 없이 그 부분을 주거 외의 용도로 사용하여서는 아니 된다.

⑤ 대지 위에 구분소유권의 목적인 건물이 속하는 1동의 건물이 있을 때에는 그 대지의 공유자는 그 건물 사용에 필요한 범위에서 분할을 청구할 수 있다.

> **키워드** 분할청구 등
>
> **풀이** 대지 위에 구분소유권의 목적인 건물이 속하는 1동의 건물이 있을 때에는 그 대지의 공유자는 그 건물 사용에 필요한 범위의 대지에 대하여는 <u>분할을 청구하지 못한다</u>.

정답 ⑤

04 집합건물의 소유 및 관리에 관한 법령상 '담보책임의 존속기간'에 관한 내용으로 옳지 않은 것은?

① 담보책임에 관한 구분소유자의 권리는 「건축법」 제2조 제1항 제7호에 따른 건물의 주요구조부 및 지반공사의 하자의 경우 10년 이내에 행사하여야 한다.

② 위 ① 외의 하자는 하자의 중대성, 내구연한, 교체가능성 등을 고려하여 5년의 범위에서 대통령령으로 정하는 기간 이내에 행사하여야 한다.

③ 위 ①의 기간의 경우 전유부분은 구분소유자에게 인도한 날부터 기산한다.

④ 공용부분은 「주택법」에 따른 사용검사일(집합건물 전부에 대하여 임시 사용승인을 받은 경우에는 그 임시 사용승인일을 말하고, 분할 사용검사나 동별 사용검사를 받은 경우에는 분할 사용검사일 또는 동별 사용검사일을 말한다) 또는 「건축법」에 따른 사용승인일부터 기산한다.

⑤ 위 ①에서 ④에도 불구하고 하자로 인하여 건물이 멸실되거나 훼손된 경우에는 그 멸실되거나 훼손된 날부터 6개월 이내에 권리를 행사하여야 한다.

키워드 담보책임의 존속기간

풀이 위 ①에서 ④에도 불구하고 하자로 인하여 건물이 멸실되거나 훼손된 경우에는 그 멸실되거나 훼손된 날부터 <u>1년</u> 이내에 권리를 행사하여야 한다.

이론 ✚

> **담보책임의 존속기간**
>
> 1. 담보책임에 관한 구분소유자의 권리는 다음의 기간 내에 행사하여야 한다.
>   ㉠ 「건축법」에 따른 건물의 '주요구조부' 및 '지반공사'의 하자: 10년
>   ㉡ 위 ㉠ 외 하자: 하자의 중대성, 내구연한, 교체가능성 등을 고려하여 5년의 범위에서 '대통령령으로 정하는 기간'
> 2. 위 1.의 ㉡에서 '대통령령으로 정하는 기간'이란 다음의 기간을 말한다.
>   ㉠ '기산일 전'에 발생한 하자: 5년
>   ㉡ '기산일 이후'에 발생한 하자: 다음의 구분에 따른다.
>   　ⓐ 대지조성공사, 철근콘크리트공사, 철골공사, 조적(組積)공사, 지붕 및 방수공사의 하자 등 건물의 구조상 또는 안전상의 하자: 5년
>   　ⓑ 「건축법」에 따른 '건축설비' 공사(이와 유사한 설비공사를 포함한다), 목공사, 창호공사 및 조경공사의 하자 등 건물의 기능상 또는 미관상의 하자: 3년
>   　ⓒ 마감공사의 하자 등 하자의 발견·교체 및 보수가 용이한 하자: 2년

> **「공동주택관리법」상 하자담보책임기간**
>
> 1. <u>내력구조부별</u>(건축법에 따른 건물의 <u>주요구조부</u>를 말한다) 하자에 대한 담보책임기간: <u>10년</u>
> 2. 시설공사별 하자에 대한 담보책임기간 중 <u>5년</u>인 공사: 대지조성공사, 철근콘크리트공사, 철골공사, 조적(組積)공사, 지붕공사, 방수공사
> 3. 시설공사별 하자에 대한 담보책임기간 중 <u>2년</u>인 공사: 마감공사

TIP 「공동주택관리법」상 하자담보책임기간과 비교하여 암기하여야 한다.

정답 ⑤

PART 14

05 집합건물의 소유 및 관리에 관한 법령상 '공용부분 등'에 관한 설명으로 옳지 않은 것은?

제19회 수정

① 전유부분이 속하는 1동의 건물의 설치 또는 보존의 흠으로 인하여 다른 자에게 손해를 입힌 경우에는 그 흠은 공용부분에 존재하는 것으로 간주한다.

② 대지사용권을 가지지 아니한 구분소유자가 있을 때에는 그 전유부분의 철거를 청구할 권리를 가진 자는 그 구분소유자에 대하여 구분소유권을 시가(時價)로 매도할 것을 청구할 수 있다.

③ 각 공유자의 지분은 그가 가지는 전유부분의 면적 비율에 따른다.

④ 공용부분에 대한 공유자의 지분은 그가 가지는 전유부분의 처분에 따른다.

⑤ 공유자가 공용부분에 관하여 다른 공유자에 대하여 가지는 채권은 그 특별승계인에 대하여도 행사할 수 있다.

> **키워드** 지분, 공용부분 등
>
> **풀이** 전유부분이 속하는 1동의 건물의 설치 또는 보존의 흠으로 인하여 다른 자에게 손해를 입힌 경우에는 그 흠은 공용부분에 존재하는 것으로 <u>추정</u>한다.

정답 ①

---

06 집합건물의 소유 및 관리에 관한 법령상 '공용부분 등'에 관한 설명으로 옳지 않은 것은?

제19회 수정

① 공용부분은 구분소유자 전원의 공유에 속한다. 다만, 일부의 구분소유자만이 공용하도록 제공되는 것임이 명백한 공용부분(이하 '일부공용부분'이라 한다)은 그들 구분소유자의 공유에 속한다.

② 각 공유자는 공용부분을 지분에 따라 사용할 수 있다.

③ 공용부분에 관한 물권의 득실변경(得失變更)은 등기가 필요하지 아니하다.

④ 일부공용부분의 관리에 관한 사항 중 구분소유자 전원에게 이해관계가 있는 사항과 법 제29조 제2항의 규약으로써 정한 사항은 구분소유자 전원의 집회결의로써 결정하고, 그 밖의 사항은 그것을 공용하는 구분소유자만의 집회결의로써 결정한다.

⑤ 각 공유자는 규약에 달리 정한 바가 없으면 그 지분의 비율에 따라 공용부분의 관리비용과 그 밖의 의무를 부담하며 공용부분에서 생기는 이익을 취득한다.

> **키워드** 공용부분 등
>
> **풀이** 각 공유자는 공용부분을 <u>그 용도에 따라</u> 사용할 수 있다.

정답 ②

07 집합건물의 소유 및 관리에 관한 법령상 '공용부분'에 관한 설명으로 옳지 않은 것은?

① 공용부분의 변경에 관한 사항은 관리단집회에서 구분소유자의 4분의 3 이상 및 의결권의 4분의 3 이상의 결의로써 결정한다.

② 위 ①에도 불구하고 공용부분의 개량을 위한 것으로서 지나치게 많은 비용이 드는 것이 아닐 경우에는 통상의 집회결의로써 결정할 수 있다.

③ 위 ①에도 불구하고 건물의 노후화 억제 또는 기능 향상 등을 위한 것으로 구분소유권 및 대지사용권의 범위나 내용에 변동을 일으키는 공용부분의 변경에 관한 사항은 관리단집회에서 구분소유자의 5분의 4 이상 및 의결권의 5분의 4 이상의 결의로써 결정한다.

④ 공용부분의 관리에 관한 사항은 위 ① 및 ③의 경우를 제외하고는 통상의 집회결의로써 결정한다.

⑤ 위 ④에도 불구하고 보존행위는 각 공유자가 할 수 있다.

키워드 공용부분

풀이 공용부분의 변경에 관한 사항은 관리단집회에서 구분소유자의 <u>3분의 2 이상</u> 및 의결권의 <u>3분의 2 이상</u>의 결의로써 결정한다.

이론 ➕

> [지문 ①]
> 위 ①의 경우에 공용부분의 변경이 다른 구분소유자의 권리에 특별한 영향을 미칠 때에는 그 구분소유자의 승낙을 받아야 한다.

> [지문 ②] 통상의 집회결의로써 결정할 수 있는 경우 〈개정〉
> 1. 공용부분의 개량을 위한 것으로서 <u>지나치게 많은 비용</u>이 드는 것이 아닐 경우
> 2. 「관광진흥법」 제3조 제1항 제2호 나목에 따른 휴양 콘도미니엄업의 운영을 위한 <u>휴양 콘도미니엄의 공용부분 변경</u>에 관한 사항인 경우

> [지문 ③] 단서 〈개정〉
> 다만, 「관광진흥법」 제3조 제1항 제2호 나목에 따른 휴양 콘도미니엄업의 운영을 위한 <u>휴양 콘도미니엄의 권리변동 있는 공용부분 변경</u>에 관한 사항은 구분소유자의 <u>3분의 2 이상</u> 및 의결권의 <u>3분의 2 이상</u>의 결의로써 결정한다.

정답 ①

08 집합건물의 소유 및 관리에 관한 법령에 관한 설명으로 옳지 않은 것은?

① 구분소유자의 대지사용권은 그가 가지는 전유부분의 처분에 따른다.

② 구분소유자는 그가 가지는 전유부분과 분리하여 대지사용권을 처분할 수 없다. 다만, 규약으로써 달리 정한 경우에는 그러하지 아니하다.

③ 위 ② 본문의 분리처분금지는 그 취지를 등기하지 아니하면 선의(善意)로 물권을 취득한 제3자에게 대항하지 못한다.

④ 관리단이 그의 재산으로 채무를 전부 변제할 수 없는 경우에는 구분소유자는 법 제12조의 지분비율에 따라 관리단의 채무를 변제할 책임을 진다. 다만, 규약으로써 그 부담비율을 달리 정할 수 있다.

⑤ 구분소유자의 특별승계인은 승계 전에 발생한 관리단의 채무에 관하여는 책임을 지지 아니한다.

> **키워드** 전유부분과 대지사용권의 일체성 및 관리단의 채무에 대한 구분소유자의 책임
>
> **풀이** 구분소유자의 특별승계인은 승계 전에 발생한 관리단의 채무에 관하여도 <u>책임을 진다</u>.

정답 ⑤

09 집합건물의 소유 및 관리에 관한 법령상 '수선계획 및 수선적립금'에 관한 설명으로 옳지 않은 것은?

① 관리인은 규약에 달리 정한 바가 없으면 관리단집회 결의에 따라 건물이나 대지 또는 부속시설의 교체 및 보수에 관한 수선계획을 수립할 수 있다.

② 관리단은 규약에 달리 정한 바가 없으면 관리단집회의 결의에 따라 수선적립금을 징수하여 적립할 수 있다. 다만, 다른 법률에 따라 장기수선을 위한 계획이 수립되어 충당금 또는 적립금이 징수·적립된 경우에는 그러하지 아니하다.

③ 수선적립금은 구분소유자로부터 징수하며 관리단에 귀속된다.

④ 관리단은 규약에 달리 정한 바가 없으면 수선적립금을 수선계획에 따른 공사 등 법령으로 정한 용도로 사용하여야 한다.

⑤ 위 ①의 수선계획에는 수선적립금의 사용절차 등의 사항이 포함되어야 한다.

> **키워드** 수선계획 및 수선적립금
>
> **풀이** <u>관리단</u>은 규약에 달리 정한 바가 없으면 관리단집회 결의에 따라 건물이나 대지 또는 부속시설의 교체 및 보수에 관한 수선계획을 수립할 수 있다.

정답 ①

10 집합건물의 소유 및 관리에 관한 법령상 '수선적립금의 징수·적립'에 관한 설명으로 옳지 않은 것은?

① 관리단은 수선적립금을 징수하려는 경우 관리비와 구분하여 징수해야 한다.

② 수선적립금은 규약이나 관리단집회의 결의로 달리 정한 바가 없으면 구분소유자의 지분 비율에 따라 산출하여 징수하고, 관리단이 존속하는 동안 매달 적립한다.

③ 분양되지 않은 전유부분의 면적 비율에 따라 산출한 수선적립금 부담분은 관리단이 부담한다.

④ 수선적립금의 예치방법에 관하여 규약이나 관리단집회의 결의로 달리 정한 바가 없으면 「은행법」 제2조 제1항 제2호에 따른 은행 또는 우체국에 관리단의 명의로 계좌를 개설하여 예치해야 한다.

⑤ 구분소유자는 수선적립금을 점유자가 대신하여 납부한 경우에는 그 금액을 점유자에게 지급해야 한다.

> **키워드** 수선적립금의 징수·적립
> **풀이** 분양되지 않은 전유부분의 면적 비율에 따라 산출한 수선적립금 부담분은 <u>분양자</u>가 부담한다.

정답 ③

PART 14

11 집합건물의 소유 및 관리에 관한 법령상 '관리단 및 관리인'에 관한 설명으로 옳지 않은 것은? 제20·23·24·25회 수정

① 건물에 대하여 구분소유 관계가 성립되면 구분소유자 전원을 구성원으로 하여 건물과 그 대지 및 부속시설의 관리에 관한 사업의 시행을 목적으로 하는 관리단이 설립된다.

② 구분소유자가 10인 이상일 때에는 관리단을 대표하고 관리단의 사무를 집행할 관리인을 선임할 수 있다.

③ 관리인은 구분소유자일 필요가 없으며, 그 임기는 2년의 범위에서 규약으로 정한다.

④ 관리위원회의 위원은 구분소유자 중에서 관리단집회의 결의에 의하여 선출한다. 다만, 규약으로 관리단집회의 결의에 관하여 달리 정한 경우에는 그에 따른다.

⑤ 관리위원회 위원의 임기는 2년의 범위에서 규약으로 정한다.

> **키워드** 관리단, 관리인 및 관리위원회 위원
>
> **풀이** 구분소유자가 10인 이상일 때에는 관리단을 대표하고 관리단의 사무를 집행할 관리인을 <u>선임하여야 한다.</u>
>
> **이론 ➕**
> > 1. 관리단은 건물의 관리 및 사용에 관한 공동이익을 위하여 필요한 구분소유자의 권리와 의무를 선량한 관리자의 주의로 행사하거나 이행하여야 한다.
> > 2. 관리인은 규약에 달리 정한 바가 없으면 관리위원회의 위원이 될 수 없다.

정답 ②

12 집합건물의 소유 및 관리에 관한 법령상 '관리인 및 임시관리인의 선임'에 관한 설명으로 옳지 않은 것은?

① 전유부분이 30개 이상인 건물의 관리인으로 선임된 자는 선임된 사실을 특별자치시장, 특별자치도지사, 시장, 군수 또는 자치구의 구청장(이하 '소관청'이라 한다)에게 신고하여야 한다.

② 관리인으로 선임된 자는 선임일부터 30일 이내에 별지 서식의 관리인 선임 신고서에 관리단집회 의사록 등 선임사실을 입증할 수 있는 자료를 첨부하여 '소관청'에게 제출해야 한다.

③ 구분소유자, 그의 승낙을 받아 전유부분을 점유하는 자, 분양자 등 이해관계인은 법 제24조 제3항에 따라 선임된 관리인이 없는 경우에는 법원에 임시관리인의 선임을 청구할 수 있다.

④ 임시관리인은 선임된 날부터 6개월 이내에 법 제24조 제3항에 따른 관리인 선임을 위하여 관리단집회 또는 관리위원회를 소집하여야 한다.

⑤ 임시관리인의 임기는 선임된 날부터 법 제24조 제3항에 따라 관리인이 선임될 때까지로 하되, 같은 조 제2항에 따라 규약으로 정한 임기를 초과할 수 없다.

키워드 관리인 및 임시관리인의 선임

풀이 전유부분이 <u>50개 이상</u>인 건물(공동주택관리법에 따른 의무관리대상 공동주택 및 임대주택과 유통산업발전법에 따라 신고한 대규모점포등관리자가 있는 대규모점포 및 준대규모점포는 제외한다)의 관리인으로 선임된 자는 선임된 사실을 특별자치시장, 특별자치도지사, 시장, 군수 또는 자치구의 구청장(이하 '소관청'이라 한다)에게 신고하여야 한다.

정답 ①

13 집합건물의 소유 및 관리에 관한 법령상 '관리인'에 관한 설명으로 옳지 않은 것은?

제17·23·24·25회 수정

① 관리인은 관리단집회의 결의로 선임되거나 해임된다. 다만, 규약으로 관리위원회의 결의로 선임되거나 해임되도록 정한 경우에는 그에 따른다.

② 구분소유자의 승낙을 받아 전유부분을 점유하는 자는 관리단집회에 참석하여 그 구분소유자의 의결권을 행사할 수 있다. 다만, 구분소유자와 점유자가 달리 정하여 관리단에 통지하거나 구분소유자가 집회 이전에 직접 의결권을 행사할 것을 관리단에 통지한 경우에는 그러하지 아니하다.

③ 관리인에게 부정한 행위나 그 밖에 그 직무를 수행하기에 적합하지 아니한 사정이 있을 때에는 각 구분소유자는 관리인의 해임을 법원에 청구할 수 있다.

④ 관리인은 대통령령으로 정하는 바에 따라 매년 1회 이상 구분소유자에게 그 사무에 관한 보고를 하여야 한다.

⑤ 관리인은 규약에 달리 정한 바가 없으면 매년 1회 구분소유자 및 그의 승낙을 받아 전유부분을 점유하는 자에게 관리단의 사무 집행을 위한 분담금액과 비용의 산정방법을 서면으로 보고하여야 한다.

키워드 관리인

풀이 관리인은 규약에 달리 정한 바가 없으면 <u>월 1회</u> 구분소유자 및 그의 승낙을 받아 전유부분을 점유하는 자에게 관리단의 사무 집행을 위한 분담금액과 비용의 산정방법을 서면으로 보고하여야 한다.

이론 +

> [지문 ④]
> 위 ④를 위반하여 보고를 하지 아니하거나 거짓 보고를 한 관리인에게는 200만원 이하의 과태료를 부과한다.

정답 ⑤

14 집합건물의 소유 및 관리에 관한 법령상 '관리인'에 관한 설명으로 옳지 않은 것은?

제17·24회 수정

① 관리인은 공용부분의 관리 및 변경에 관한 관리단집회 결의를 집행하는 행위를 한다.
② 관리인은 관리단의 사업 시행과 관련하여 관리단을 대표하여 하는 재판상 또는 재판 외의 행위를 한다.
③ 관리인의 대표권은 제한할 수 있다. 다만, 이로써 선의의 제3자에게 대항할 수 없다.
④ 관리인은 정기 관리단집회에 출석하여 관리단이 수행한 사무의 주요 내용과 예산·결산 내역을 보고하여야 한다.
⑤ 이 법 또는 규약에서 규정하지 아니한 관리인의 권리·의무에 관하여는 「민법」의 대리에 관한 규정을 준용한다.

> **키워드** 관리인
> **풀이** 이 법 또는 규약에서 규정하지 아니한 관리인의 권리·의무에 관하여는 「민법」의 <u>위임</u>에 관한 규정을 준용한다.

> 정답 ⑤

15 집합건물의 소유 및 관리에 관한 법령에 관한 내용으로 옳지 않은 것은?

① 분양자는 법 제24조 제3항에 따라 선임(選任)된 관리인이 사무를 개시(開始)할 때까지 선량한 관리자의 주의로 건물과 대지 및 부속시설을 관리하여야 한다.
② 분양자는 표준규약을 참고하여 공정증서로써 규약에 상응하는 것을 정하여 분양계약을 체결하기 전에 분양을 받을 자에게 주어야 한다.
③ 분양자는 예정된 매수인의 2분의 1 이상이 이전등기를 한 때에는 규약 설정 및 관리인 선임을 위한 관리단집회를 소집할 것을 대통령령으로 정하는 바에 따라 구분소유자에게 통지하여야 한다.
④ 위 ③의 경우 통지받은 날부터 3개월 이내에 관리단집회를 소집할 것을 명시하여야 한다.
⑤ 시장·군수·구청장은 구분소유자가 위 ③의 통지를 받은 날부터 3개월 이내에 관리단집회를 소집하지 아니하는 경우에는 지체 없이 관리단집회를 소집하여야 한다.

풀이 <u>분양자</u>는 구분소유자가 위 ③의 통지를 받은 날부터 3개월 이내에 관리단집회를 소집하지 아니하는 경우에는 지체 없이 관리단집회를 소집하여야 한다.

정답 ⑤

16 집합건물의 소유 및 관리에 관한 법률의 내용으로 옳은 것을 모두 고른 것은? 제16회

⊙ 통로, 주차장, 정원, 부속건물의 대지, 그 밖에 전유부분이 속하는 1동의 건물 및 그 건물이 있는 토지와 하나로 관리되거나 사용되는 토지는 규약으로써 건물의 대지로 할 수 있다.

ⓛ 각 공유자는 규약에 달리 정한 바가 없으면 균등한 비율로 공용부분의 관리비용과 그 밖의 의무를 부담하며 공용부분에서 생기는 이익을 취득한다.

ⓒ 공용부분에 대한 공유자의 지분은 그가 가지는 전유부분의 처분에 따르며, 공유자는 그가 가지는 전유부분과 분리하여 공용부분에 대한 지분을 처분할 수 없다.

ⓔ 공유자가 공용부분에 관하여 다른 공유자에 대하여 가지는 채권은 그 특별승계인에 대하여는 행사할 수 없다.

① ㉠, ㉡   ② ㉠, ㉢
③ ㉡, ㉢   ④ ㉡, ㉣
⑤ ㉢, ㉣

풀이 ㉠ 법 제4조 제1항
   ㉢ 법 제13조 제1항 및 제2항
   ㉡ 각 공유자는 규약에 달리 정한 바가 없으면 그 <u>지분의 비율</u>로 공용부분의 관리비용과 그 밖의 의무를 부담하며 공용부분에서 생기는 이익을 취득한다(법 제17조).
   ㉣ 공유자가 공용부분에 관하여 다른 공유자에 대해 가지는 채권은 그 '특별승계인'에 대하여 행사할 수 <u>있다</u>(법 제18조).

정답 ②

17 집합건물의 소유 및 관리에 관한 법령상 '관리인'은 일정한 행위를 할 권한과 의무를 가진다. 다음 중 그 행위에 해당하지 않는 것은?

① 공용부분의 처분을 위한 행위

② 공용부분의 보존행위 및 공용부분의 관리 및 변경에 관한 관리단집회 결의를 집행하는 행위

③ 관리단의 사업 시행과 관련하여 관리단을 대표하여 하는 재판상 또는 재판 외의 행위

④ 공용부분의 관리비용 등 관리단의 사무 집행을 위한 비용과 분담금을 각 구분소유자에게 청구·수령하는 행위 및 그 금원을 관리하는 행위

⑤ 소음·진동·악취 등을 유발하여 공동생활의 평온을 해치는 행위의 중지 요청 또는 분쟁 조정절차 권고 등 필요한 조치를 하는 행위

> **키워드** 관리인의 권한과 의무
>
> **풀이** 공용부분의 '처분'을 위한 행위를 할 <u>권한과 의무가 없다</u>(법 제25조 제1항 참고).
>
> **이론 ✚**
> <u>이해관계인은</u> <u>관리인에게</u> 보고 자료의 열람을 청구하거나 자기 비용으로 등본의 교부를 청구할 수 있다.

정답 ①

18 집합건물의 소유 및 관리에 관한 법령상 '회계감사'에 관한 설명으로 옳지 않은 것은?

① 전유부분이 150개 이상으로서 '대통령령으로 정하는 건물'의 관리인은 「주식회사 등의 외부감사에 관한 법률」 제2조 제7호에 따른 감사인의 회계감사를 매년 1회 이상 받아야 한다.

② 직전 회계연도 말 기준으로 적립되어 있는 수선적립금이 3억원 이상인 건물은 위 ①의 '대통령령으로 정하는 건물'에 해당한다.

③ 위 ①에도 불구하고 관리단집회에서 구분소유자의 3분의 2 이상 및 의결권의 3분의 2 이상이 회계감사를 받지 아니하기로 결의한 연도에는 그러하지 아니하다.

④ 전유부분이 50개 이상 150개 미만으로서 '대통령령으로 정하는 건물'의 관리인은 구분소유자의 5분의 1 이상이 연서(連署)하여 요구하는 경우에는 감사인의 회계감사를 받아야 한다.

⑤ 직전 회계연도를 포함하여 2년 이상 「주식회사 등의 외부감사에 관한 법률」 제2조 제7호에 따른 감사인의 회계감사를 받지 않은 건물은 위 ④의 '대통령령으로 정하는 건물'이 될 수 있다.

풀이 위 ④에서 '대통령령으로 정하는 건물'이란 다음의 어느 하나에 해당하는 건물을 말한다.
1. 아래 [지문 ①]의 어느 하나에 해당하는 건물
2. 직전 회계연도를 포함하여 3년 이상 「주식회사 등의 외부감사에 관한 법률」에 따른 감사인의 회계감사를 받지 않은 건물로서 다음의 어느 하나에 해당하는 건물
   ㉠ 직전 회계연도에 구분소유자로부터 징수한 관리비가 1억원 이상인 건물
   ㉡ 직전 회계연도 말 기준으로 적립되어 있는 수선적립금이 1억원 이상인 건물

이론 ✚

> [지문 ①]
>
> 위 ①에서 '대통령령으로 정하는 건물'이란 다음의 어느 하나에 해당하는 건물을 말한다.
> 1. 직전 회계연도에 구분소유자로부터 징수한 관리비(전기료, 수도료 등 구분소유자 또는 점유자가 납부하는 사용료를 포함한다)가 3억원 이상인 건물
> 2. 직전 회계연도 말 기준으로 적립되어 있는 수선적립금이 3억원 이상인 건물

「집합건물의 소유 및 관리에 관한 법률」		「공동주택관리법」〈개정〉	
150개 이상 + 관리비, 수선적립금 3억원 이상	원칙: ○	의무관리대상 + 300세대 이상	원칙: ○
	예외: × (구분소유자 3분의 2)		예외: × (입주자등 3분의 2)
50개 이상 150개 미만 + [3년 이상 회계감사를 받지 않은 건물] 관리비, 수선적립금 1억원 이상	원칙: ×	의무관리대상 + 300세대 미만	원칙: ○
	예외: ○ (구분소유자 5분의 1)		예외: × (입주자등 과반수)

정답 ⑤

PART 14

19 집합건물의 소유 및 관리에 관한 법령상 '감사인의 선정방법 및 회계감사의 기준 등'에 관한 설명으로 옳지 않은 것은?

① 회계감사를 받아야 하는 관리인은 매 회계연도 종료 후 3개월 이내에 해당 회계연도의 회계감사를 실시할 감사인을 선임해야 한다.

② 회계감사를 받아야 하는 관리인은 소관청 또는 「공인회계사법」 제41조에 따른 한국공인회계사회에 감사인의 추천을 의뢰할 수 있다.

③ 회계감사를 받아야 하는 관리인은 매 회계연도 종료 후 3개월 이내에 재무상태표 등의 재무제표와 관리비 운영의 적정성에 대하여 회계감사를 받아야 한다.

④ 재무제표를 작성하는 회계처리기준은 법무부장관이 정하여 고시한다.

⑤ 회계감사는 「주식회사 등의 외부감사에 관한 법률」 제16조에 따른 회계감사기준에 따라 실시한다.

키워드 감사인의 선정방법 및 회계감사의 기준 등

풀이 회계감사를 받아야 하는 관리인은 매 회계연도 종료 후 9개월 이내에 다음의 재무제표와 관리비 운영의 적정성에 대하여 회계감사를 받아야 한다.
1. 재무상태표
2. 운영성과표
3. 이익잉여금처분계산서 또는 결손금처리계산서
4. 주석(註釋)

이론 ✚

[지문 ① 및 ②]
1. 위 ①의 경우, 해당 건물에 관리위원회가 구성되어 있는 경우는 관리위원회의 결의를 거쳐 감사인을 선임해야 한다.
2. 위 ②의 경우, 해당 건물에 관리위원회가 구성되어 있는 경우는 관리위원회의 결의를 거쳐 감사인의 추천을 의뢰해야 한다.

회계감사의 결과 보고
1. 회계감사를 받은 관리인은 감사보고서 등 회계감사의 결과를 제출받은 날부터 1개월 이내에 해당 결과를 구분소유자 및 그의 승낙을 받아 전유부분을 점유하는 자에게 서면으로 보고해야 한다.
2. 위 1.의 보고는 구분소유자 또는 그의 승낙을 받아 전유부분을 점유하는 자가 관리인에게 따로 보고장소를 알린 경우에는 그 장소로 발송하고, 알리지 않은 경우에는 구분소유자가 소유하는 전유부분이 있는 장소로 발송한다. 이 경우 위 1.의 보고는 통상적으로 도달할 시기에 도달한 것으로 본다.
3. 위 2.에도 불구하고 보고의무는 '건물 내의 적당한 장소에 회계감사의 결과를 게시하거나 인터넷 홈페이지에 해당 결과를 공개함으로써 이행할 수 있음'을 규약으로 정할 수 있다. 이 경우 위 1.의 보고는 게시한 때에 도달한 것으로 본다.

정답 ③

20 집합건물의 소유 및 관리에 관한 법령에 관한 내용으로 옳지 않은 것은?

① 관리위원회의 위원은 선거구별로 선출할 수 있다. 이 경우 선거구 및 선거구별 관리위원회 위원의 수는 규약으로 정한다.

② 관리위원회의 위원은 구분소유자 중에서 관리단집회의 결의에 의하여 선출한다. 다만, 규약으로 관리단집회의 결의에 관하여 달리 정한 경우에는 그에 따른다.

③ 위 ②의 단서에 따라 규약으로 관리위원회의 위원 선출에 대한 관리단집회의 결의에 관하여 달리 정하는 경우에는 구분소유자의 수 및 의결권의 비율을 합리적이고 공평하게 고려하여야 한다.

④ 관리위원회에는 위원장 1명을 두며, 위원장은 '관리위원회의 위원' 중에서 선출한다.

⑤ 금고 이상의 형을 선고받고 그 집행이 끝나거나 그 집행을 받지 아니하기로 확정된 후 2년이 지나지 아니한 사람(과실범은 제외한다)은 관리위원회의 위원이 될 수 없다.

키워드 관리위원회의 위원 등

풀이 '금고 이상의 형을 선고받고 그 집행이 끝나거나 그 집행을 받지 아니하기로 확정된 후 <u>5년</u>이 지나지 아니한 사람(과실범은 제외한다)'은 관리위원회의 위원이 될 수 없다.

정답 ⑤

PART 14

고난도

21 집합건물의 소유 및 관리에 관한 법령상 '관리위원회 위원의 결격자'에 관한 내용으로 옳지 않은 것은?

① 관리단에 매달 납부하여야 할 분담금을 3개월 연속하여 체납한 사람

② 미성년자, 피한정후견인, 피성년후견인 및 파산선고받은 자로서 복권되지 아니한 사람

③ 관리위탁계약 등 관리단의 사무와 관련하여 관리단과 계약을 체결한 자 또는 그 임직원

④ 집합건물의 관리와 관련하여 벌금 100만원 이상의 형을 선고받은 후 5년이 지나지 아니한 사람

⑤ 금고 이상의 형을 선고받고 그 집행유예기간이 끝난 날부터 2년이 지나지 아니한 사람(과실범은 제외한다)

키워드 관리위원회 위원의 결격자

풀이 '피한정후견인'은 관리위원회 위원의 <u>결격자가 아니다</u>.

정답 ②

22 집합건물의 소유 및 관리에 관한 법령상 '관리위원회의 소집'에 관한 내용으로 옳지 않은 것은?

① 관리위원회의 위원장은 필요하다고 인정할 때에는 관리위원회를 소집할 수 있다.

② 관리위원회의 위원장은 '관리위원회 위원 5분의 1 이상이 청구하는 경우'이거나 '관리인이 청구하는 경우' 및 '규약에서 정하는 경우'에는 관리위원회를 소집하여 야 한다.

③ 위의 청구가 있은 후 관리위원회의 위원장이 청구일부터 3주일 이내의 날을 회의 일로 하는 소집통지 절차를 1주일 이내에 밟지 아니하면 소집을 청구한 사람이 관리위원회를 소집할 수 있다.

④ 관리위원회를 소집하려면 회의일 1주일 전에 회의의 일시, 장소, 목적사항을 구 체적으로 밝혀 각 관리위원회 위원에게 통지해야 한다. 다만, 이 기간은 규약으 로 달리 정할 수 있다.

⑤ 관리위원회는 관리위원회의 위원 전원이 동의하면 위의 소집절차를 거치지 아니 하고 소집할 수 있다.

키워드 관리위원회의 소집

풀이 위의 청구가 있은 후 관리위원회의 위원장이 청구일부터 <u>2주일</u> 이내의 날을 회의일로 하는 소집통지 절차를 1주일 이내에 밟지 아니하면 소집을 청구한 사람이 관리위원회를 소집할 수 있다.

정답 ③

---

23 집합건물의 소유 및 관리에 관한 법령에 관한 내용으로 옳지 않은 것은?

① 관리위원회의 의사(議事)는 규약에 달리 정한 바가 없으면 관리위원회 재적위원 과반수의 찬성으로 의결한다.

② 관리위원회 위원은 질병, 해외체류 등 부득이한 사유가 있는 경우 외에는 서면이 나 대리인을 통하여 의결권을 행사할 수 없다.

③ 규약에 달리 정한 바가 없으면 관리위원회의 위원장, 관리위원회의 위원 중 연장 자, 관리위원회의 위원장이 지정한 관리위원회 위원의 순서에 따른 사람이 관리 위원회의 회의를 주재한다.

④ 관리위원회 회의를 주재한 자는 관리위원회의 의사에 관하여 의사록을 작성·보 관하여야 한다.

⑤ 이해관계인은 관리위원회의 의사록을 보관하는 자에게 관리위원회 의사록의 열 람을 청구하거나 자기 비용으로 등본의 발급을 청구할 수 있다.

풀이 규약에 달리 정한 바가 없으면 관리위원회의 위원장, 관리위원회의 위원장이 지정한 관리위원회 위원, 관리위원회의 위원 중 연장자의 순서에 따른 사람이 관리위원회의 회의를 주재한다.

정답 ③

24 집합건물의 소유 및 관리에 관한 법령에 관한 내용으로 옳지 않은 것은? 제18회

① 건물과 대지 또는 부속시설의 관리 또는 사용에 관한 구분소유자들 사이의 사항 중 이 법에서 규정하지 아니한 사항은 규약으로써 정할 수 있다.

② 시장, 군수, 구청장은 이 법을 적용받는 건물과 대지 및 부속시설의 효율적이고 공정한 관리를 위하여 표준규약을 마련하여 보급하여야 한다.

③ 일부공용부분에 관한 사항으로써 구분소유자 전원에게 이해관계가 있지 아니한 사항은 구분소유자 전원의 규약에 따로 정하지 아니하면 일부공용부분을 공용하는 구분소유자의 규약으로써 정할 수 있다. 이 경우에 구분소유자 외의 자의 권리를 침해하지 못한다.

④ 규약의 설정·변경 및 폐지는 관리단집회에서 구분소유자의 4분의 3 이상 및 의결권의 4분의 3 이상의 찬성을 얻어서 한다. 이 경우 규약의 설정·변경 및 폐지가 일부 구분소유자의 권리에 특별한 영향을 미칠 때에는 그 구분소유자의 승낙을 받아야 한다.

⑤ 위 ④의 사항에 관한 구분소유자 전원의 규약의 설정·변경 또는 폐지는 그 일부공용부분을 공용하는 구분소유자의 4분의 1을 초과하는 자 또는 의결권의 4분의 1을 초과하는 의결권을 가진 자가 반대할 때에는 할 수 없다.

키워드 규약의 설정·변경 및 폐지

풀이 법무부장관은 이 법을 적용받는 건물과 대지 및 부속시설의 효율적이고 공정한 관리를 위하여 '표준규약'을 마련하여야 한다. 시·도지사는 표준규약을 참고하여 대통령령으로 정하는 바에 따라 '지역별 표준규약'을 마련하여 보급하여야 한다. 〈개정〉

정답 ②

25 집합건물의 소유 및 관리에 관한 법령상 '표준규약에 포함되어야 할 사항'에 해당하지 않는 것은?

① 관리인의 선임 및 해임에 관한 사항
② 회계처리기준 및 회계관리·회계감사에 관한 사항
③ 구분소유자 공동의 이익과 관련된 전유부분의 사용에 관한 사항
④ 건물의 대지, 공용부분 및 부속시설의 사용 및 보존·관리·변경에 관한 사항
⑤ 관리단의 사업 시행과 관련하여 관리단을 대표하여 하는 재판상 또는 재판 외의 행위

> **키워드** 표준규약에 포함되어야 할 사항
> **풀이** '관리단의 사업 시행과 관련하여 관리단을 대표하여 하는 재판상 또는 재판 외의 행위'는 표준규약에 포함되어야 할 사항이 아니라, 관리인의 권한 및 의무에 대한 사항이다.
>
> 정답 ⑤

26 집합건물의 소유 및 관리에 관한 법령에 관한 내용으로 옳지 않은 것은?　제22회 수정

① 규약은 언제나 관리인이 보관하여야 한다.
② 규약을 보관할 구분소유자나 그 대리인은 규약에 다른 규정이 없으면 관리단집회의 결의로써 정한다.
③ 이해관계인은 규약을 보관하는 자에게 규약의 열람을 청구하거나 자기 비용으로 등본의 발급을 청구할 수 있다.
④ 관리단의 사무는 이 법 또는 규약으로 관리인에게 위임한 사항 외에는 관리단집회의 결의에 따라 수행한다.
⑤ 관리인은 매년 회계연도 종료 후 3개월 이내에 정기 관리단집회를 소집하여야 한다.

> **키워드** 규약의 보관 및 열람 등
> **풀이** 규약은 관리인 또는 구분소유자나 그 대리인으로서 '건물을 사용하고 있는 자' 중 1인이 보관하여야 한다.
>
> 정답 ①

27 집합건물의 소유 및 관리에 관한 법령에 관한 내용으로 옳지 않은 것은?

① 관리인은 필요하다고 인정할 때에는 관리단집회를 소집할 수 있다.

② 구분소유자의 5분의 1 이상이 회의의 목적사항을 구체적으로 밝혀 관리단집회의 소집을 청구하면 관리인은 관리단집회를 소집하여야 한다. 이 정수는 규약으로 감경할 수 있다.

③ 위의 청구가 있은 후 1주일 내에 관리인이 청구일부터 2주일 이내의 날을 관리단집회일로 하는 소집통지 절차를 밟지 아니하면 소집을 청구한 구분소유자는 법원의 허가를 받지 아니하고 관리단집회를 소집할 수 있다.

④ 관리인이 없는 경우에는 구분소유자의 5분의 1 이상은 관리단집회를 소집할 수 있다.

⑤ 위 ④의 정수는 규약으로 감경할 수 있다.

<table>
<tr><td>키워드</td><td>관리단집회의 소집</td></tr>
<tr><td>풀이</td><td>위의 청구가 있은 후 1주일 내에 관리인이 청구일부터 2주일 이내의 날을 관리단집회일로 하는 소집통지 절차를 밟지 아니하면 소집을 청구한 구분소유자는 <u>법원의 허가를 받아</u> 관리단집회를 소집할 수 있다.</td></tr>
</table>

정답 ③

PART 14

28 집합건물의 소유 및 관리에 관한 법령에 관한 내용으로 옳지 않은 것은?

① 관리단집회를 소집하려면 관리단집회일 1주일 전에 회의의 목적사항을 구체적으로 밝혀 각 구분소유자에게 통지하여야 한다. 다만, 이 기간은 규약으로 달리 정할 수 있다.

② 전유부분을 여럿이 공유하는 경우에 위 ①의 통지는 법에 따라 정하여진 의결권을 행사할 자(그가 없을 때에는 공유자 중 1인)에게 통지하여야 한다.

③ 위의 통지는 구분소유자가 관리인에게 따로 통지장소를 제출하였으면 그 장소로 발송하고, 제출하지 아니하였으면 구분소유자가 소유하는 전유부분이 있는 장소로 발송한다. 이 경우 위의 통지는 통상적으로 도달할 시기에 도달한 것으로 본다.

④ 건물 내에 주소를 가지는 구분소유자 또는 위 ③의 통지장소를 제출하지 아니한 구분소유자에 대한 위의 통지는 건물 내의 적당한 장소에 게시함으로써 소집통지를 갈음할 수 있음을 규약으로 정할 수 있다. 이 경우 위의 통지는 게시한 때에 도달한 것으로 본다.

⑤ 관리단집회는 구분소유자의 5분의 4 이상이 동의하면 소집절차를 거치지 아니하고 소집할 수 있다.

> **키워드** 관리단집회의 소집
>
> **풀이** 관리단집회는 구분소유자 전원이 동의하면 소집절차를 거치지 아니하고 소집할 수 있다.
>
> **이론 ✚**
> > [지문 ①]
> > 관리단집회는 위 ①에 따라 통지한 사항에 관하여만 결의할 수 있다.

> **정답** ⑤

29 집합건물의 소유 및 관리에 관한 법령에 관한 내용으로 옳지 않은 것은? 제18회 수정

① 관리단집회의 의사는 이 법 또는 규약에 특별한 규정이 없으면 구분소유자의 과반수 및 의결권의 과반수로써 의결한다.

② 의결권은 서면이나 전자적 방법(전자정보처리조직을 사용하거나 그 밖에 정보통신기술을 이용하는 방법으로서 대통령령으로 정하는 방법을 말한다)으로 또는 대리인을 통하여 행사할 수 있다.

③ 관리단집회의 소집통지나 소집통지를 갈음하는 게시를 할 때에는 위 ②에 따라 의결권을 행사할 수 있다는 내용과 구체적인 의결권 행사방법을 명확히 밝혀야 한다.

④ 대리인은 의결권을 행사하기 전에 의장에게 대리권을 증명하는 서면을 제출하여야 한다.

⑤ 대리인 1인이 수인의 구분소유자를 대리하는 경우에 구분소유자의 3분의 1 이상 또는 의결권의 3분의 1 이상을 대리할 수 없다.

키워드 **관리단집회**

풀이 대리인 1인이 수인의 구분소유자를 대리하는 경우에는 구분소유자의 <u>과반수</u> 또는 의결권의 <u>과반수</u> 이상을 대리할 수 없다.

정답 ⑤

30 집합건물의 소유 및 관리에 관한 법령에 관한 내용으로 옳지 않은 것은?

① 전자적 방법(이하 '전자투표'라 한다)으로 의결권을 행사할 수 있도록 하는 경우에는 관리단집회의 소집통지에 전자투표를 할 인터넷 주소, 전자투표를 할 기간 등을 구체적으로 밝혀야 한다.

② 전자투표는 규약 또는 관리단집회의 결의로 달리 정한 바가 없으면 관리단집회일 3일 전까지 하여야 한다.

③ 관리단은 전자투표를 관리하는 기관을 지정하여 본인 확인 등 의결권 행사 절차의 운영을 위탁할 수 있다.

④ '서면에 의한 의결'의 경우 관리단집회의 소집통지를 할 때에는 서면에 의하여 의결권을 행사하는 데 필요한 자료를 첨부하여야 한다.

⑤ 서면에 의한 의결권 행사는 규약 또는 관리단집회의 결의로 달리 정한 바가 없으면 관리단집회의 결의 전까지 할 수 있다.

키워드 **관리단집회**

풀이 전자투표는 규약 또는 관리단집회의 결의로 달리 정한 바가 없으면 <u>관리단집회일 전날</u>까지 하여야 한다.

정답 ②

31 집합건물의 소유 및 관리에 관한 법령에 관한 내용으로 옳지 않은 것은?

① 구분소유자가 공동생활에 반하는 행위를 한 경우에는 관리인 또는 관리단집회의 결의에 의하여 지정된 구분소유자는 행위를 정지할 것을 청구할 수 있다.

② 위 ①을 위한 소송의 제기는 관리단집회의 결의가 있어야 한다.

③ 구분소유자의 공동생활상 장해가 현저하여 행위정지청구로서는 그 장해를 제거하여 공동생활의 유지를 도모함이 매우 곤란한 때에는 관리인은 소로써 적당한 기간 동안 해당 구분소유자의 전유부분 사용금지를 청구할 수 있다.

④ 위 ③의 청구는 구분소유자의 3분의 2 이상 및 의결권의 3분의 2 이상의 관리단집회 결의가 있어야 한다.

⑤ 위 ③의 결의에 있어서는 미리 해당 구분소유자에게 변명의 기회를 주어야 한다.

> **키워드** 공동생활에 반하는 행위를 한 경우의 조치
> **풀이** 위 ③의 청구는 구분소유자의 <u>4분의 3</u> 이상 및 의결권의 <u>4분의 3</u> 이상의 관리단집회 결의가 있어야 한다.

정답 ④

32 집합건물의 소유 및 관리에 관한 법령에 관한 내용으로 옳지 않은 것은?

① 구분소유자가 규약에서 정한 의무를 현저히 위반한 결과 공동생활의 유지가 매우 곤란하게 된 경우에는 각 구분소유자는 해당 구분소유자의 전유부분 및 대지사용권의 경매를 명할 것을 법원에 청구할 수 있다.

② 위 ①의 청구는 구분소유자의 4분의 3 이상 및 의결권의 4분의 3 이상의 관리단집회 결의가 있어야 한다.

③ 위 ②의 결의를 할 때에는 미리 해당 구분소유자에게 변명할 기회를 주어야 한다.

④ 위 ①의 청구에 따라 경매를 명한 재판이 확정되었을 때에는 그 청구를 한 자는 경매를 신청할 수 있다. 다만, 그 재판확정일부터 6개월이 지나면 그러하지 아니하다.

⑤ 위 ①의 해당 구분소유자는 위 ④ 본문의 신청에 의한 경매에서 경락인이 되지 못한다.

> **키워드** 공동생활에 반하는 행위를 한 경우의 조치
> **풀이** 구분소유자가 규약에서 정한 의무를 현저히 위반한 결과 공동생활의 유지가 매우 곤란하게 된 경우에는 <u>관리인 또는 관리단집회의 결의에 의하여 지정된 구분소유자</u>는 해당 구분소유자의 전유부분 및 대지사용권의 경매를 명할 것을 법원에 청구할 수 있다.

정답 ①

33 집합건물의 소유 및 관리에 관한 법령상 '전유부분의 점유자에 대한 인도청구'에 관한 설명으로 옳지 않은 것은?

① 점유자가 의무위반을 한 결과 공동생활을 유지하기 매우 곤란하게 된 경우에는 관리인은 그 전유부분을 목적으로 하는 계약의 해제 및 그 전유부분의 인도를 청구할 수 있다.

② 관리단집회의 결의로 지정된 구분소유자도 위 ①의 청구를 할 수 있다.

③ 위 ①의 청구는 구분소유자의 5분의 4 이상 및 의결권의 5분의 4 이상의 관리단집회 결의가 있어야 한다.

④ 위 ①의 결의를 할 때에는 미리 해당 구분소유자에게 변명할 기회를 주어야 한다.

⑤ 위 ①에 따라 전유부분을 인도받은 자는 지체 없이 그 전유부분을 점유할 권원 (權原)이 있는 자에게 인도하여야 한다.

> **키워드** 전유부분의 점유자에 대한 인도청구
>
> **풀이** 위 ①의 청구는 구분소유자의 <u>4분의 3 이상</u> 및 의결권의 <u>4분의 3 이상</u>의 관리단집회 결의가 있어야 한다.

정답 ③

PART 14

34 집합건물의 소유 및 관리에 관한 법령상 '재건축 등'에 관한 내용으로 옳지 않은 것은?

① 재건축 결의는 구분소유자의 4분의 3 이상 및 의결권의 4분의 3 이상의 결의에 따른다.

② 재건축의 결의가 있은 때에는 집회를 소집한 자는 지체 없이 그 결의에 찬성하지 아니한 구분소유자에 대해 그 결의 내용에 따른 재건축에의 참가 여부를 회답할 것을 서면으로 촉구하여야 한다.

③ 위 ②의 촉구를 받은 구분소유자는 촉구를 받은 날부터 2개월 이내 회답하여야 한다.

④ 위 ③의 기간 내에 회답하지 아니한 경우 그 구분소유자는 재건축에 참가하지 아니하는 뜻을 회답한 것으로 본다.

⑤ 건물가격의 2분의 1을 초과하는 건물부분이 멸실되었을 때는 관리단집회는 구분소유자의 5분의 4 이상 및 의결권의 5분의 4 이상으로 멸실한 공용부분을 복구할 것을 결의할 수 있고, 건물가격의 2분의 1 이하의 건물부분이 멸실되었을 때는 '각 구분소유자'는 멸실한 공용부분과 자기의 전유부분을 복구할 수 있다.

> **키워드** 재건축 등
>
> **풀이** '재건축 결의'는 구분소유자의 <u>5분의 4 이상</u> 및 의결권의 <u>5분의 4 이상</u>의 결의에 따른다. 다만,「관광진흥법」제3조 제1항 제2호 나목에 따른 휴양 콘도미니엄업의 운영을 위한 <u>휴양 콘도미니엄</u>의 <u>재건축 결의</u>는 구분소유자의 <u>3분의 2 이상</u> 및 의결권의 <u>3분의 2 이상</u>의 결의에 따른다. 〈개정〉
>
> 정답 ①

35 집합건물의 소유 및 관리에 관한 법률상 건물의 재건축 결의에 관한 설명으로 옳지 않은 것은?   제21회

① 재건축의 내용이 단지 내 다른 건물의 구분소유자에게 특별한 영향을 미칠 때에는 그 구분소유자의 승낙을 받아야 한다.

② 재건축 결의를 위한 관리단집회의 의사록에는 결의에 대한 각 구분소유자의 찬반 의사를 적어야 한다.

③ 재건축 결의는 구분소유자의 5분의 4 이상 및 의결권의 5분의 4 이상의 결의에 따른다.

④ 재건축을 결의할 때에는 새 건물의 구분소유권의 귀속에 관한 사항은 각 구분소유자 사이에 형평이 유지되도록 정하여야 한다.

⑤ 재건축에 참가할 것인지 여부를 회답할 것을 촉구받은 구분소유자가 촉구를 받은 날부터 2개월 이내에 회답하지 아니한 경우 재건축에 참가하겠다는 뜻을 회답한 것으로 본다.

키워드 **재건축 결의**

풀이 재건축에 참가할 것인지 여부를 회답할 것을 촉구받은 구분소유자는 촉구를 받은 날부터 2개월 이내에 회답하지 아니한 경우, <u>재건축에 참가하지 아니하겠다는 뜻</u>을 회답한 것으로 본다.

정답 ⑤

---

36 집합건물의 소유 및 관리에 관한 법령에 관한 내용으로 옳지 않은 것은?

① 이 법을 적용받는 건물과 관련된 분쟁을 심의·조정하기 위하여 국토교통부에 집합건물분쟁조정위원회를 둔다.

② 조정위원회는 위원장 1명과 부위원장 1명을 포함한 10명 이내의 위원으로 구성한다.

③ 조정위원회의 위원장은 해당 시·도지사가 위원 중에서 임명하거나 위촉한다.

④ 조정위원회에는 분쟁을 효율적으로 심의·조정하기 위하여 3명 이내의 위원으로 구성되는 소위원회를 둘 수 있다. 이 경우 소위원회에는 법학 또는 조정·중재 등의 분쟁조정 관련 학문을 전공한 사람으로서 대학에서 조교수 이상으로 3년 이상 재직한 사람 및 변호사 자격이 있는 사람으로서 3년 이상 법률에 관한 사무에 종사한 사람이 각각 1명 이상 포함되어야 한다.

⑤ 조정위원회는 재적위원 과반수의 출석과 출석위원 과반수의 찬성으로 의결하며, 소위원회는 재적위원 전원 출석과 출석위원 과반수의 찬성으로 의결한다.

키워드 **집합건물분쟁조정위원회**

풀이 이 법을 적용받는 건물과 관련된 분쟁을 심의·조정하기 위하여 특별시·광역시·특별자치시·도 또는 특별자치도(이하 '<u>시·도</u>'라 한다)에 집합건물분쟁조정위원회를 둔다.

정답 ①

37 집합건물의 소유 및 관리에 관한 법령상 '집합건물분쟁조정위원회의 심의·조정사항'에 관한 내용으로 옳지 않은 것은?

① 이 법을 적용받는 건물의 하자에 관한 분쟁. 이 경우, 「공동주택관리법」 제36조 및 제37조에 따른 공동주택의 담보책임 및 하자보수 등과 관련된 분쟁을 포함한다.

② 관리인·관리위원의 선임·해임 또는 관리단·관리위원회의 구성·운영에 관한 분쟁

③ 공용부분의 보존·관리 또는 변경에 관한 분쟁

④ 관리비의 징수·관리 및 사용에 관한 분쟁

⑤ 규약의 제정·개정에 관한 분쟁

> **키워드** 집합건물분쟁조정위원회의 심의·조정사항
> **풀이** 이 법을 적용받는 건물의 하자에 관한 분쟁. 다만, 「공동주택관리법」 제36조 및 제37조에 따른 공동주택의 담보책임 및 하자보수 등과 관련된 분쟁은 <u>제외</u>한다.

정답 ①

고난도

38 집합건물의 소유 및 관리에 관한 법령상 '집합건물분쟁조정위원회의 심의·조정사항'에 관한 내용으로 옳지 않은 것은?

① 리모델링과 관련된 철거, 비용분담 및 구분소유권 귀속에 관한 분쟁

② 관리비 외에 관리단이 얻은 수입의 징수·관리 및 사용에 관한 분쟁

③ 건물의 대지와 부속시설의 보존·관리 또는 변경에 관한 분쟁

④ 관리위탁계약 등 관리단이 체결한 계약에 관한 분쟁

⑤ 소음·진동·악취 등 공동생활과 관련된 분쟁

> **키워드** 집합건물분쟁조정위원회의 심의·조정사항
> **풀이** <u>재건축</u>과 관련된 철거, 비용분담 및 구분소유권 귀속에 관한 분쟁이 집합건물분쟁조정위원회의 심의·조정사항이다.
> **TIP** '집합건물분쟁조정위원회의 심의·조정사항'에 '소음·진동·악취 등 공동생활과 관련된 분쟁'이 포함되었다.

정답 ①

39 집합건물의 소유 및 관리에 관한 법령상 '집합건물분쟁조정위원회'에 관한 내용으로 옳지 않은 것은?

① 조정위원회는 조정을 효율적으로 하기 위하여 필요하다고 인정하면 사건들을 분리하거나 병합할 수 있다.

② 조정위원회는 위에 따라 사건들을 분리하거나 병합한 경우에는 당사자에게 지체 없이 서면으로 통보하여야 한다.

③ 조정위원회는 조정을 위하여 필요하다고 인정하면 당사자에게 증거서류 등 관련 자료의 제출을 요청하거나 당사자 또는 참고인에게 출석을 요청할 수 있다.

④ 위에서 규정한 사항 외에 조정절차에 필요한 사항은 조정위원회의 의결을 거쳐 위원장이 정한다.

⑤ 조정위원회의 위원 중에는 주택관리사로서 관리사무소장직에 5년 이상 근무한 자가 1명 이상 포함되어야 한다.

> **키워드** 집합건물분쟁조정위원회의 위원 등
> **풀이** 조정위원회의 위원 중에는 <u>주택관리사</u>가 1명 이상 <u>포함될 필요가 없다</u>.

정답 ⑤

40 집합건물의 소유 및 관리에 관한 법령에 관한 내용으로 옳지 않은 것은?

① 조정위원회는 당사자 일방으로부터 분쟁의 조정신청을 받은 경우에는 지체 없이 그 신청내용을 상대방에게 통지하여야 한다.

② 위 ①에 따라 통지를 받은 상대방은 반드시 조정에 응하여야 한다.

③ 위 ①에 따라 분쟁의 조정신청을 받은 조정위원회는 분쟁의 성질 등 조정에 적합하지 아니한 사유가 있다고 인정하는 경우에는 해당 조정의 불개시(不開始) 결정을 할 수 있다.

④ 위 ③의 경우 조정의 불개시 결정 사실과 그 사유를 당사자에게 통보하여야 한다.

⑤ 조정위원회는 조정신청을 받으면 위 ②의 조정 불응 또는 위 ③의 불개시 결정이 있는 경우를 제외하고는 지체 없이 조정 절차를 개시하여야 한다.

> **키워드** 집합건물분쟁조정위원회의 조정 등
> **풀이** 위 ①에 따라 통지를 받은 상대방은 그 통지를 받은 날부터 <u>7일 이내</u>에 <u>조정에 응할 것인지</u>에 관한 의사를 조정위원회에 <u>통지하여야</u> 한다.

정답 ②

41 집합건물의 소유 및 관리에 관한 법령에 관한 내용으로 옳지 않은 것은?

① 조정위원회는 조정신청을 받으면 조정 불응 또는 조정의 불개시 결정이 있는 경우를 제외하고는 지체 없이 조정 절차를 개시하여야 하며, 신청을 받은 날부터 60일 이내에 그 절차를 마쳐야 한다.

② 조정위원회는 위의 기간 내에 조정을 마칠 수 없는 경우에는 조정위원회의 의결로 그 기간을 30일의 범위에서 한 차례만 연장할 수 있다. 이 경우 그 사유와 기한을 분명히 밝혀 당사자에게 서면으로 통지하여야 한다.

③ 조정위원회는 조정의 절차를 개시하기 전에 이해관계인 등의 의견을 들을 수 있다.

④ 조정위원회는 위의 절차를 마쳤을 때에는 조정안을 작성하여 지체 없이 각 당사자에게 제시하여야 한다.

⑤ 조정안을 제시받은 당사자는 제시받은 날부터 15일 이내에 조정안의 수락 여부를 조정위원회에 통보하여야 한다. 이 경우 당사자가 그 기간 내에 조정안에 대한 수락 여부를 통보하지 아니한 경우에는 조정안을 수락한 것으로 본다.

> **키워드** 집합건물분쟁조정위원회의 조정 등
> **풀이** 조정안을 제시받은 당사자는 제시받은 날부터 <u>14일</u> 이내에 조정안의 수락 여부를 조정위원회에 통보하여야 한다. 이 경우 당사자가 그 기간 내에 조정안에 대한 수락 여부를 통보하지 아니한 경우에는 조정안을 수락한 것으로 본다.

정답 ⑤

42 집합건물의 소유 및 관리에 관한 법령에 관한 내용으로 옳지 않은 것은?

① 조정위원회는 당사자가 조정에 응하지 아니할 의사를 통지하거나 조정안을 거부한 경우에는 조정을 중지하고 그 사실을 상대방에게 서면으로 통보하여야 한다.

② 조정위원회는 당사자 중 일방이 소를 제기한 경우에는 조정을 중지하고 그 사실을 상대방에게 통보하여야 한다.

③ 조정위원회는 법원에 소송계속 중인 당사자 중 일방이 조정을 신청한 때에는 해당 조정신청을 결정으로 각하하여야 한다.

④ 조정위원회로부터 조정안을 제시받은 당사자가 조정안을 수락하면 조정위원회는 지체 없이 조정서 2부를 작성하여 위원장 및 각 당사자로 하여금 조정서에 기명날인하게 하여야 한다.

⑤ 위 ④의 경우 당사자간에 조정서와 같은 내용의 합의가 성립된 것으로 본다.

키워드 집합건물분쟁조정위원회의 조정 등

풀이 당사자가 법 제52조의6 제5항에 따라 조정안을 수락하면 조정위원회는 지체 없이 조정서 3부를 작성하여 위원장 및 각 당사자로 하여금 조정서에 서명날인하게 하여야 한다.

정답 ④

43 집합건물의 소유 및 관리에 관한 법령에 관한 내용으로 옳지 않은 것은?

① 조정위원회는 당사자의 신청으로 또는 당사자와 협의하여 대통령령으로 정하는 안전진단기관, 하자감정전문기관 등에 하자진단 또는 하자감정 등을 요청할 수 있다.

② 조정위원회는 당사자의 신청으로 또는 당사자와 협의하여 「공동주택관리법」 제39조에 따른 하자심사·분쟁조정위원회에 하자판정을 요청할 수 있다.

③ 위 ① 및 ② 비용은 '하자를 발생시킨 자'가 부담한다.

④ 위 ① 및 ② 비용은 당사자간의 합의로 정하는 비율에 따라 당사자가 미리 내야 한다.

⑤ 당사자간에 비용부담에 대하여 합의가 되지 아니하면 조정위원회에서 부담 비율을 정한다.

키워드 집합건물분쟁조정위원회의 조정비용 등

풀이 위 ① 및 ② 비용은 대통령령으로 정하는 바에 따라 당사자가 부담한다.

정답 ③

PART 14

44 집합건물의 소유 및 관리에 관한 법령상 조정위원회는 당사자의 신청으로 또는 당사자와 협의하여 '대통령령으로 정하는 안전진단기관, 하자감정전문기관 등'에 하자진단 또는 하자감정 등을 요청할 수 있다. 그 기관이 아닌 것은?

① 「건축사법」에 따른 대한건축사협회

② 한국건설기술연구원, 국토안전관리원 및 엔지니어링사업자

③ 「건축사법」에 따라 신고한 건축사 및 「기술사법」에 따라 등록한 기술사

④ 「고등교육법」에 따른 대학 및 산업대학의 주택 관련 부설연구기관(상설기관에 한정)

⑤ 국립 또는 공립의 주택 관련 시험·검사기관 및 「시설물의 안전 및 유지관리에 관한 특별법」에 따라 등록한 건축 분야 안전진단전문기관

키워드 집합건물분쟁조정위원회의 하자진단 또는 하자감정기관

풀이 「건축사법」에 따른 '대한건축사협회'는 「공동주택관리법」상 안전진단 실시기관이다.

정답 ①

45 집합건물의 소유 및 관리에 관한 법령상 규약 및 집회에 관한 설명으로 옳지 않은 것은?

제18회

① 규약의 설정·변경 및 폐지는 관리단집회에서 구분소유자 4분의 3 이상 및 의결권의 4분의 3 이상의 찬성을 얻어야 한다.

② 규약은 관리인 또는 구분소유자나 그 대리인으로서 건물을 사용하고 있는 자 중 1인이 보관하여야 한다.

③ 관리인은 매년 회계연도 종료 후 5개월 이내에 정기 관리단집회를 소집하여야 한다.

④ 구분소유자의 5분의 1 이상이 회의의 목적사항을 구체적으로 밝혀 관리단집회의 소집을 청구하면 관리인은 관리단집회를 소집하여야 한다. 이 정수(定數)는 규약으로 감경할 수 있다.

⑤ 관리단집회의 의사는 이 법 또는 규약에 특별한 규정이 없으면 구분소유자의 과반수 및 의결권의 과반수로써 의결한다.

> **키워드** 정기 관리단집회
> **풀이** 관리인은 매년 회계연도 종료 후 <u>3개월 이내</u>에 정기 관리단집회를 소집하여야 한다(법 제32조).

> **정답** ③

최신기출

46 집합건물의 소유 및 관리에 관한 법률상 규약 및 집회에 관한 설명으로 옳지 않은 것은?

제26회

① 규약의 설정·변경 및 폐지는 관리단집회에서 구분소유자의 4분의 3 이상 및 의결권의 4분의 3 이상의 찬성을 얻어서 한다.

② 규약은 관리인 또는 구분소유자나 그 대리인으로서 건물을 사용하고 있는 자 중 1인이 보관하여야 한다.

③ 관리단집회는 집회소집통지한 사항에 관하여만 결의할 수 있다.

④ 관리단집회는 구분소유자 전원이 동의하면 소집절차를 거치지 아니하고 소집할 수 있다.

⑤ 구분소유자는 관리단집회의 결의 내용이 법령 또는 규약에 위배되는 경우 집회 결의 사실을 안 날부터 90일 이내에 결의취소의 소를 제기하여야 한다.

풀이 구분소유자는 다음의 어느 하나에 해당하는 경우에는 집회 결의 사실을 '안 날'부터 <u>6개월 이내</u>에, '결의한 날'부터 <u>1년 이내</u>에 결의취소의 소를 제기할 수 있다.
1. 집회의 소집 절차나 결의 방법이 법령 또는 규약에 위반되거나 현저하게 불공정한 경우
2. 결의 내용이 법령 또는 규약에 위배되는 경우

정답 ⑤

47 집합건물의 소유 및 관리에 관한 법령상 공용부분에 관한 설명으로 옳지 않은 것은?

제19회

① 공용부분(共用部分)은 구분소유자 전원의 공유(共有)에 속한다. 다만, 일부의 구분소유자만이 공용하도록 제공되는 것임이 명백한 공용부분은 그들 구분소유자의 공유에 속한다.
② 각 공유자의 지분은 그가 가지는 전유부분(專有部分)의 면적 비율에 따른다.
③ 각 공유자는 규약에 달리 정한 바가 없으면 그 지분의 비율에 따라 공용부분의 관리비용과 그 밖의 의무를 부담하며 공용부분에서 생기는 이익을 취득한다.
④ 각 공유자는 공용부분을 그 용도에 따라 사용할 수 없다.
⑤ 공용부분의 변경이 다른 구분소유자의 권리에 특별한 영향을 미칠 때에는 그 구분소유자의 승낙과 관리단집회의 결의를 받아야 한다.

PART 14

키워드 **공용부분**
풀이 각 공유자는 공용부분을 그 <u>용도에 따라 사용할 수 있다</u>.

정답 ④

48 집합건물의 소유 및 관리에 관한 법령상 관리단 및 관리단의 사무를 집행하는 관리인에 관한 설명으로 옳지 않은 것은? 제20회

① 건물에 대하여 구분소유 관계가 성립되면 구분소유자 전원을 구성원으로 하여 건물과 그 대지 및 부속시설의 관리에 관한 사업의 시행을 목적으로 하는 관리단이 설립된다.

② 관리인은 구분소유자이어야 하며, 그 임기는 3년의 범위에서 규약으로 정한다.

③ 구분소유자의 특별승계인은 승계 전에 발생한 관리단의 채무에 관하여도 책임을 진다.

④ 관리인은 규약에 달리 정한 바가 없으면 월 1회 구분소유자 및 그의 승낙을 받아 전유부분을 점유하는 자에게 관리단의 사무 집행을 위한 분담금액과 비용의 산정방법을 서면으로 보고하여야 한다.

⑤ 관리인에게 부정한 행위나 그 밖에 그 직무를 수행하기에 적합하지 아니한 사정이 있을 때에는 각 구분소유자는 관리인의 해임을 법원에 청구할 수 있다.

키워드 관리단 및 관리단의 사무를 집행하는 관리인
풀이 관리인은 <u>구분소유자일 필요가 없으며</u>, 그 임기는 <u>2년</u>의 범위에서 규약으로 정한다.

정답 ②

삶의 순간순간이
아름다운 마무리이며
새로운 시작이어야 한다.

– 법정 스님

memo

2024 에듀윌 주택관리사 2차 출제가능 문제집 주택관리관계법규

발 행 일	2024년 2월 29일 초판
편 저 자	윤동섭
펴 낸 이	양형남
펴 낸 곳	(주)에듀윌
등록번호	제25100-2002-000052호
주 소	08378 서울특별시 구로구 디지털로34길 55
	코오롱싸이언스밸리 2차 3층

www.eduwill.net
대표전화 1600-6700

여러분의 작은 소리
에듀윌은 크게 듣겠습니다.

본 교재에 대한 여러분의 목소리를 들려주세요.
공부하시면서 어려웠던 점, 궁금한 점,
칭찬하고 싶은 점, 개선할 점, 어떤 것이라도 좋습니다.

에듀윌은 여러분께서 나누어 주신 의견을
통해 끊임없이 발전하고 있습니다.

에듀윌 도서몰 book.eduwill.net
• 부가학습자료 및 정오표: 에듀윌 도서몰 → 도서자료실
• 교재 문의: 에듀윌 도서몰 → 문의하기 → 교재(내용, 출간) / 주문 및 배송

11,000여 건의
생생한 후기

에듀윌로 합격과 취업 모두 성공

저는 1년 정도 에듀윌에서 공부하여 합격하였습니다. 수많은 주택관리사 합격생을 배출해 낸 1위 기업이라는 점 때문에 에듀윌을 선택하였고, 선택은 틀리지 않았습니다. 에듀윌에서 제시하는 커리큘럼은 상대평가에 최적화되어 있으며, 나에게 맞는 교수님을 선택할 수 있었기 때문에 만족하며 공부를 할 수 있었습니다. 또한 합격 후에는 에듀윌 취업지원센터의 도움을 통해 취업까지 성공할 수 있었습니다. 에듀윌만 믿고 따라간다면 합격과 취업 모두 문제가 없을 것입니다.

한○수 합격생

20년 군복무 끝내고 주택관리사로 새 출발

육군 소령 전역을 앞두고 70세까지 전문직으로 할 수 있는 제2의 직업이 뭘까 고민하다가 주택관리사 시험에 도전하게 됐습니다. 주택관리사를 검색하면 에듀윌이 가장 먼저 올라오고, 취업까지 연결해 주는 프로그램이 잘 되어 있어서 에듀윌을 선택하였습니다. 특히, 언제 어디서나 지원되는 동영상 강의와 시험을 앞두고 진행되는 특강, 모의고사가 많은 도움이 되었습니다. 거기에 오답노트를 만들어서 틈틈이 공부했던 것까지가 제 합격의 비법인 것 같습니다.

박○현 합격생

에듀윌에서 공인중개사, 주택관리사 준비해 모두 합격

에듀윌에서 준비해 제27회 공인중개사 시험에 합격한 후, 취업 전망을 기대하고 주택관리사에도 도전하게 됐습니다. 높은 합격률, 차별화된 학습 커리큘럼, 훌륭한 교수진, 취업지원센터를 통한 취업 연계 등 여러 가지 이유로 다시 에듀윌을 선택했습니다. 에듀윌 학원은 체계적으로 학습 관리를 해 주고, 공부할 수 있는 공간이 많아서 좋았습니다. 교수님과 자기 자신을 믿고, 에듀윌에서 시작하면 반드시 합격할 수 있습니다.

이○준 합격생

다음 합격의 주인공은 당신입니다!

* 에듀윌 홈페이지 게시 건수 기준 (2024년 1월 기준)

더 많은
합격 비법

1위 에듀윌만의
체계적인 합격 커리큘럼

원하는 시간과 장소에서, 1:1 관리까지 한번에
온라인 강의

① 전 과목 최신 교재 제공
② 업계 최강 교수진의 전 강의 수강 가능
③ 교수진이 직접 답변하는 1:1 Q&A 서비스

쉽고 빠른 합격의 첫걸음 합격필독서 무료 신청

최고의 학습 환경과 빈틈 없는 학습 관리
직영학원

① 현장 강의와 온라인 강의를 한번에
② 합격할 때까지 온라인 강의 평생 무제한 수강
③ 강의실, 자습실 등 프리미엄 호텔급 학원 시설

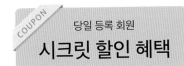

COUPON 당일 등록 회원
시크릿 할인 혜택

설명회 참석 당일 등록 시 특별 수강 할인권 제공

친구 추천 이벤트

"친구 추천하고 한 달 만에
920만원 **받았어요**"

친구 1명 추천할 때마다 현금 10만원 제공
추천 참여 횟수 무제한 반복 가능

※ "a*o*h**** 회원의 2021년 2월 실제 리워드 금액 기준
※ 해당 이벤트는 예고 없이 변경되거나 종료될 수 있습니다.

친구 추천 이벤트
바로가기

에듀윌 직영학원에서
합격을 수강하세요

언제나 전문 학습 매니저와 상담이 가능한 안내데스크

고품질 영상 및 음향 장비를 갖춘 최고의 강의실

재충전을 위한 카페 분위기의 아늑한 휴게실

에듀윌의 상징 노란색의 환한 학원 입구

에듀윌 직영학원 대표전화

공인중개사 학원	02)815-0600	공무원 학원	02)6328-0600
주택관리사 학원	02)815-3388	소방 학원	02)6337-0600
전기기사 학원	02)6268-1400	부동산아카데미	02)6736-0600

편입 학원 02)6419-0600

세무사·회계사 학원 02)6010-0600

주택관리사 학원
바로가기

꿈을 현실로 만드는 에듀윌

DREAM

공무원 교육
- 선호도 1위, 신뢰도 1위! 브랜드만족도 1위!
- 합격자 수 2,100% 폭등시킨 독한 커리큘럼

자격증 교육
- 8년간 아무도 깨지 못한 기록 합격자 수 1위
- 가장 많은 합격자를 배출한 최고의 합격 시스템

직영학원
- 직영학원 수 1위
- 표준화된 커리큘럼과 호텔급 시설 자랑하는 전국 22개 학원

종합출판
- 온라인서점 베스트셀러 1위!
- 출제위원급 전문 교수진이 직접 집필한 합격 교재

어학 교육
- 토익 베스트셀러 1위
- 토익 동영상 강의 무료 제공
- 업계 최초 '토익 공식' 추천 AI 앱 서비스

콘텐츠 제휴 · B2B 교육
- 고객 맞춤형 위탁 교육 서비스 제공
- 기업, 기관, 대학 등 각 단체에 최적화된 고객 맞춤형 교육 및 제휴 서비스

부동산 아카데미
- 부동산 실무 교육 1위!
- 상위 1% 고소득 창업/취업 비법
- 부동산 실전 재테크 성공 비법

학점은행제
- 99%의 과목이수율
- 16년 연속 교육부 평가 인정 기관 선정

대학 편입
- 편입 교육 1위!
- 업계 유일 500% 환급 상품 서비스

국비무료 교육
- '5년우수훈련기관' 선정
- K-디지털, 산대특 등 특화 훈련과정
- 원격국비교육원 오픈

에듀윌 교육서비스　**공무원 교육** 9급공무원/7급공무원/경찰공무원/소방공무원/계리직공무원/기술직공무원/군무원　**자격증 교육** 공인중개사/주택관리사/감정평가사/노무사/전기기사/경비지도사/검정고시/소방설비기사/소방시설관리사/사회복지사1급/건축기사/토목기사/직업상담사/전기기능사/산업안전기사/위험물산업기사/위험물기능사/유통관리사/물류관리사/행정사/한국사능력검정/한경TESAT/매경TEST/KBS한국어능력시험/실용글쓰기/IT자격증/국제무역사/무역영어　**어학 교육** 토익 교재/토익 동영상 강의/인공지능 토익 앱　**세무/회계** 회계사/세무사/전산세무회계/ERP정보관리사/재경관리사　**대학 편입** 편입 교재/편입 영어·수학/경찰대/의치대/편입 컨설팅·면접　**직영학원** 공무원학원/소방학원/공인중개사 학원/주택관리사 학원/전기기사학원/세무사·회계사 학원/편입학원　**종합출판** 공무원·자격증 수험교재 및 단행본　**학점은행제** 교육부 평가인정기관 원격평생교육원(사회복지사2급/경영학/CPA)/교육부 평가인정기관 원격 사회교육원(사회복지사2급/심리학)　**콘텐츠 제휴·B2B 교육** 교육 콘텐츠 제휴/기업 맞춤 자격증 교육/대학 취업역량 강화 교육　**부동산 아카데미** 부동산 창업CEO/부동산 경매 마스터/부동산 컨설팅　**국비무료 교육 (국비교육원)** 전기기능사/전기(산업)기사/소방설비(산업)기사/IT(빅데이터/자바프로그램/파이썬)/게임그래픽/3D프린터/실내건축디자인/웹퍼블리셔/그래픽디자인/영상편집(유튜브)디자인/온라인 쇼핑몰광고 및 제작(쿠팡, 스마트스토어)/전산세무회계/컴퓨터활용능력/ITQ/GTQ/직업상담사

교육 문의 **1600-6700**　www.eduwill.net

eduwill

2024
에듀윌 주택관리사

출제가능 문제집 **2차**

주택관리관계법규 [주관식편]

차례

PART 1

주택법

▶ **연계학습** l 에듀윌 기본서 2차 [주택관리관계법규 上] p.20

대표기출

> 주택법 제1조(목적) 규정이다. (   )에 들어갈 용어를 쓰시오.   제25회
>
> 이 법은 쾌적하고 살기 좋은 (㉠) 조성에 필요한 주택의 건설·공급 및 (㉡)의 관리 등
> 에 관한 사항을 정함으로써 국민의 주거안정과 주거수준의 향상에 이바지함을 목적으로
> 한다.
>
> 정답 ㉠ 주거환경, ㉡ 주택시장

01 주택법령에 관한 설명이다. (   )에 들어갈 용어를 쓰시오.   제25회 수정

> • 「주택법」은 쾌적하고 살기 좋은 주거환경 조성에 필요한 주택의 건설·공급 및 주택시
>   장의 관리 등에 관한 사항을 정함으로써 국민의 주거안정과 (㉠)의 향상에 이바지함
>   을 목적으로 한다. (제25회)
> • 공동주택은 건축물의 벽·복도·계단이나 그 밖의 설비 등의 전부 또는 일부를 공동으
>   로 사용하는 각 세대가 하나의 건축물 안에서 각각 독립된 (㉡)을(를) 할 수 있는
>   구조로 된 주택을 말하며, 그 종류와 범위는 대통령령으로 정한다.
> • 준주택은 주택 외의 건축물과 그 부속토지로서 (㉢)(으)로 이용 가능한 시설 등을
>   말하며, '주택도시기금'의 지원을 받아 건설될 수 있다.

02 주택법령상 '부대시설' 및 '복리시설'에 관한 설명이다. (   )에 들어갈 용어를 쓰시오.

> • 소방시설, 냉난방공급시설[(㉠)은(는) '제외'한다] 및 방범설비는 '부대시설'에 속한다.
> • 「건축법 시행령」 [별표 1] 제4호에 따른 제2종 근린생활시설[총포판매소, (㉡), 다
>   중생활시설, 단란주점 및 안마시술소는 '제외'한다]은 '복리시설'에 속한다.

03 주택법령에 관한 설명이다. ( )에 들어갈 용어를 쓰시오.

> • '기반시설'은 도로·철도·항만·공항 등 「국토의 계획 및 이용에 관한 법률」 제2조 제6호에 따른 (㉠)을(를) 말한다.
> • '기간시설'은 도로·상하수도·전기시설·가스시설·통신시설·(㉡) 등을 말한다.
> • '간선시설'은 도로·상하수도·전기시설·가스시설·통신시설 및 지역난방시설 등 주택단지 안의 기간시설을 그 주택단지 밖에 있는 같은 종류의 기간시설에 연결시키는 시설을 말한다. 다만, (㉢)·통신시설 및 지역난방시설의 경우에는 주택단지 안의 기간시설을 포함한다.

04 주택법 제2조(정의) 규정의 일부이다. (㉠)에 공통적으로 들어갈 용어와 (㉡)에 공통적으로 들어갈 용어를 순서대로 쓰시오.   제21회

> '간선시설'이란 도로·상하수도·전기시설·가스시설·통신시설 및 (㉠) 등 주택단지(둘 이상의 주택단지를 동시에 개발하는 경우에는 각각의 주택단지를 말한다) 안의 (㉡)을(를) 그 주택단지 밖에 있는 같은 종류의 (㉡)에 연결시키는 시설을 말한다. 다만, 가스시설·통신시설 및 (㉠)의 경우에는 주택단지 안의 (㉡)을(를) 포함한다.

05 주택법 시행령 제10조(도시형 생활주택) 규정의 일부이다. 소형 주택의 요건으로 ( )에 들어갈 아라비아 숫자를 쓰시오.   제20회 수정

> 소형 주택: 다음의 요건을 모두 갖춘 공동주택
> 1. ~ 3. 〈생략〉
> 4. 주거전용면적이 30제곱미터 이상인 경우에는 욕실 및 보일러실을 제외한 부분을 세 개 이하의 침실[각각의 면적이 (㉠)제곱미터 이상인 것을 말한다]과 그 밖의 공간으로 구성할 수 있으며, 침실이 두 개 이상인 세대수는 소형 주택 전체 세대수의 3분의 1[그 3분의 1을 초과하는 세대 중 세대당 주차대수를 (㉡)대 이상이 되도록 주차장을 설치하는 경우에는 해당 세대의 비율을 더하여 (㉢)까지로 한다]을 초과하지 않을 것
> 5. 지하층에는 세대를 설치하지 아니할 것

01 ㉠ 주거수준, ㉡ 주거생활, ㉢ 주거시설   02 ㉠ 지역난방공급시설, ㉡ 장의사
03 ㉠ 기반시설, ㉡ 지역난방시설, ㉢ 가스시설   04 ㉠ 지역난방시설, ㉡ 기간시설
05 ㉠ 7, ㉡ 0.7, ㉢ 1/2

06 주택법령상 '도시형 생활주택'에 관한 설명이다. (　　)에 들어갈 용어를 쓰시오.

> • '단지형 연립주택'은 소형 주택이 아닌 연립주택을 말한다. 다만, 「건축법」 제5조 제2항에 따라 같은 법 제4조에 따른 (㉠)의 심의를 받은 경우에는 주택으로 쓰는 층수를 5개 층까지 건축할 수 있다.
> • 「국토의 계획 및 이용에 관한 법률 시행령」에 따른 (㉡)지역 또는 상업지역에서 '소형 주택'과 '도시형 생활주택 외의 주택'을 함께 건축하는 것은 허용된다.

07 주택법 제2조(정의) 규정의 일부이다. (　　)에 들어갈 숫자를 순서대로 쓰시오. 제22회

> • '도시형 생활주택'이란 (　　)세대 미만의 국민주택규모에 해당하는 주택으로서 대통령령으로 정하는 주택을 말한다.
> • '국민주택규모'란 주거의 용도로만 쓰이는 면적(이하 '주거전용면적'이라 한다)이 1호(戶) 또는 1세대당 85제곱미터 이하인 주택[수도권정비계획법 제2조 제1호에 따른 수도권을 제외한 도시지역이 아닌 읍 또는 면 지역은 1호 또는 1세대당 주거전용면적이 (　　)제곱미터 이하인 주택을 말한다]을 말한다.

08 주택법령에 관한 설명이다. (　　)에 들어갈 용어와 아라비아 숫자를 쓰시오.

제19회 수정, 제24회 적중문제

> • 에너지절약형 친환경주택은 저에너지 건물 조성기술 등 대통령령으로 정하는 기술을 이용하여 에너지 사용량을 절감하거나 이산화탄소 배출량을 저감할 수 있도록 건설된 주택을 말하며, 「주택법」 제15조에 따른 (㉠)을(를) 받은 공동주택을 건설하는 경우에는 에너지절약형 친환경주택(이하 주택건설기준 등에 관한 규정에서 '친환경주택'이라 한다)으로 건설하여야 한다.
> • (㉡) 주택은 건강하고 쾌적한 실내환경의 조성을 위하여 실내공기의 오염물질 등을 최소화할 수 있도록 대통령령으로 정하는 기준에 따라 건설된 주택을 말하며, (㉢) 세대 이상의 공동주택을 건설하는 경우에는 (㉡)주택으로 건설하여야 한다.
>
> (제19·24회)

09 주택법령에 관한 설명이다. ( )에 들어갈 용어와 아라비아 숫자를 쓰시오. 제20회

- (㉠)은(는) 구조적으로 오랫동안 유지·관리될 수 있는 내구성을 갖추고, 입주자의 필요에 따라 내부 구조를 쉽게 변경할 수 있는 가변성과 수리 용이성 등이 우수한 주택을 말한다. (제20회)
- 국토교통부장관은 (㉠)의 건설기준을 정하여 고시할 수 있다.
- 위 (㉠)에 대하여 부여하는 등급은 최우수 등급, 우수 등급, 양호 등급, 일반 등급이 있다.
- 사업주체가 (㉡)천 세대 이상의 주택을 공급하고자 하는 때에는 '일반 등급'을 인정받아야 한다.
- '우수 등급'을 인정받은 경우 「국토의 계획 및 이용에 관한 법률」에도 불구하고 건폐율[100분의 (㉢)을(를) 초과하지 아니하는 범위]·용적률[100분의 (㉢)을(를) 초과하지 아니하는 범위]·높이제한을 완화할 수 있다.

10 주택법령에 관한 설명이다. ( )에 들어갈 용어를 쓰시오.

- 법 제24조 제2항(수용)에 따른 국민주택건설사업 또는 대지조성사업 등 (㉠)에 의하여 개발·조성되는 (㉡)이(가) 건설되는 용지는 '공공택지'이다.
- 사업주체가 법 제54조에 따라 일반인에게 공급하는 공동주택 중 위의 '공공택지'에서 공급하는 주택의 경우에는 법령에서 정하는 기준에 따라 산정되는 분양가격 이하로 공급[이에 따라 공급되는 주택을 (㉢)(이)라 한다]하여야 한다.

11 주택법령상 '리모델링'에 관한 설명이다. (   )에 들어갈 용어와 아라비아 숫자를 쓰시오.

'리모델링'은 건축물의 노후화 억제 또는 기능 향상 등을 위한 다음의 어느 하나에 해당하는 행위를 말한다.
1. 대수선
2. 사용검사일부터 15년(15년 이상 20년 미만의 연수 중 '시·도'의 조례로 정하는 경우에는 그 연수)이 지난 공동주택을 각 세대의 (㉠)의 30퍼센트 이내[세대의 (㉠)이(가) '85제곱미터 미만'인 경우에는 40퍼센트 이내]에서 증축하는 행위. 이 경우 공동주택의 기능 향상 등을 위하여 '공용부분'에 대하여도 별도로 증축할 수 있다.
3. 위 2.에 따른 '각 세대의 증축 가능 면적을 합산한 면적 범위'에서 기존 세대수의 (㉡)퍼센트 이내에서 세대수를 증가하는 증축 행위(이하 '세대수 증가형 리모델링'이라 한다). 다만, 수직으로 증축하는 행위(이하 '수직증축형 리모델링'이라 한다)는 다음 요건을 모두 충족하는 경우로 한정한다.
　　가. 최대 3개 층 이하로서 다음의 범위에서 증축할 것
　　　　ⓐ 기존 건축물의 층수가 15층 이상인 경우: 3개 층
　　　　ⓑ 기존 건축물의 층수가 14층 이하인 경우: 2개 층
　　나. 리모델링의 대상이 되는 기존 건축물의 신축 당시 (㉢)을(를) 보유하고 있을 것

12 주택법 제2조(정의) 규정 중 '증축형 리모델링'에 관한 내용의 일부이다. (   )에 들어갈 아라비아 숫자를 쓰시오. _{제20회 수정}

「주택법」 제49조에 따른 사용검사일 또는 「건축법」 제22조에 따른 사용승인일부터 15년이 지난 공동주택을 각 세대의 주거전용면적의 (㉠)퍼센트 이내[세대의 주거전용면적이 85제곱미터 미만인 경우에는 (㉡)퍼센트 이내]에서 증축하는 행위

13 주택법 제2조(정의) 규정의 일부이다. (   )에 들어갈 아라비아 숫자를 쓰시오. 제26회

> '주택단지'란 「주택법」 제15조에 따른 주택건설사업계획 또는 대지조성사업계획의 승인을 받아 주택과 그 부대시설 및 복리시설을 건설하거나 대지를 조성하는 데 사용되는 일단(一團)의 토지를 말한다. 다만, 다음 각 목의 시설로 분리된 토지는 각각 별개의 주택단지로 본다.
> 가. 〈생략〉
> 나. 폭 (㉠)미터 이상인 일반도로
> 다. 폭 (㉡)미터 이상인 도시계획예정도로
> 라. 〈생략〉

고난도

14 주택법령에 관한 설명이다. (   )에 들어갈 용어를 쓰시오.

> • (㉠)은(는) 세대수 증가형 리모델링으로 인한 도시과밀, 이주수요 집중 등을 체계적으로 관리하기 위하여 수립하는 계획을 말한다.
> • '세대수가 증가되는 리모델링'을 하는 경우에는 기존 주택의 권리변동, 비용분담 등 대통령령으로 정하는 사항에 대한 계획[이하 '(㉡)'(이)라 한다]을 수립하여 사업계획승인 또는 행위허가를 받아야 한다.
> • 공동주택의 소유자가 리모델링에 의하여 전유부분의 면적이 늘거나 줄어드는 경우에는 「집합건물의 소유 및 관리에 관한 법률」 제12조 및 제20조 제1항에도 불구하고 (㉢)은(는) 변하지 아니하는 것으로 본다. 다만, 세대수 증가를 수반하는 리모델링의 경우에는 (㉡)에 따른다.

TIP '세대수 증가형 리모델링의 경우'에만 '리모델링 기본계획'을 수립한다는 점을 숙지하여야 한다.

▶ **연계학습** | 에듀윌 기본서 2차 [주택관리관계법규 上] p.33

주택법 제14조의2(주택조합의 해산 등) 규정의 일부이다. (   )에 들어갈 아라비아 숫자와 용어를 쓰시오. 제25회

- 주택조합은 주택조합의 설립인가를 받은 날부터 (㉠)년이 되는 날까지 사업계획승인을 받지 못하는 경우 대통령령으로 정하는 바에 따라 총회의 의결을 거쳐 해산 여부를 결정하여야 한다.
- 주택조합의 (㉡)은(는) 조합원 모집 신고가 수리된 날부터 (㉢)년이 되는 날까지 주택조합 설립인가를 받지 못하는 경우 대통령령으로 정하는 바에 따라 주택조합 가입 신청자 전원으로 구성되는 총회 의결을 거쳐 주택조합 사업의 종결 여부를 결정하도록 하여야 한다.

정답 ㉠ 3, ㉡ 발기인, ㉢ 2

01 주택법 제4조(주택건설사업 등의 등록)와 주택법 시행령 제14조(주택건설사업자 등의 범위 및 등록기준 등) 규정의 일부이다. (   )에 들어갈 아라비아 숫자를 쓰시오.

제19회 수정

단독주택의 경우 연간 (㉠)호 이상, 공동주택의 경우 연간 (㉡)세대[다만, 도시형 생활주택('소형 주택'과 '주거전용면적이 85제곱미터를 초과하는 주택 1세대'를 함께 건축하는 경우를 포함한다)은 (㉢)세대] 이상의 주택건설사업을 시행하려는 자는 국토교통부장관에게 등록하여야 한다.
(※ 단, 국가·지방자치단체 등 등록하지 아니하여도 되는 사업주체는 고려하지 않음)

02 주택법령에 관한 설명이다. (   )에 들어갈 아라비아 숫자와 용어를 쓰시오.

> 주택건설사업 또는 대지조성사업의 등록을 하려는 자는 다음의 요건을 모두 갖추어야
> 한다.
> 1. 자본금: (㉠)억원[개인인 경우에는 자산평가액 (㉡)억원] 이상
> 2. 다음의 구분에 따른 기술인력
>   가. 주택건설사업:「건설기술 진흥법 시행령」[별표 1]에 따른 건축 분야 기술인
>   1명 이상
>   나. 대지조성사업:「건설기술 진흥법 시행령」[별표 1]에 따른 (㉢) 분야 기술인
>   1명 이상
> 3. 사무실 면적: 사업의 수행에 필요한 사무장비를 갖출 수 있는 면적

03 주택법 시행령 제17조 제1항 각 호의 요건을 모두 갖춘 자인 건설사업자로 간주되는 등록
사업자의 요건에 관한 설명이다. (   )에 들어갈 아라비아 숫자를 쓰시오.

> 1. 자본금이 (㉠)억원[개인인 경우에는 자산평가액 10억원] 이상일 것
> 2. 「건설기술 진흥법 시행령」[별표 1]에 따른 건축 분야 및 토목 분야 기술인 3명 이상
>   을 보유하고 있을 것. 이 경우 같은 표에 따른 건설기술인으로서 다음에 해당하는
>   건설기술인 각 1명이 포함되어야 한다.
>   가. 건축시공 기술사 또는 건축기사
>   나. 토목 분야 기술인
> 3. 최근 (㉡)년간의 주택건설 실적이 (㉢)호 또는 (㉢)세대 이상일 것

---

01 ㉠ 20, ㉡ 20, ㉢ 30　**02** ㉠ 3, ㉡ 6, ㉢ 토목　**03** ㉠ 5, ㉡ 5, ㉢ 100　　정답

04 주택법령상 '건설사업자로 간주되는 등록사업자'의 시공에 관한 설명이다. (   )에 들어갈 용어와 아라비아 숫자를 쓰시오.

> 1. '건설사업자로 간주되는 등록사업자가 건설할 수 있는 주택'은 주택으로 쓰는 층수가 5개 층 이하인 주택으로 한다. 다만, 각 층 거실의 바닥면적 300제곱미터 이내마다 1개소 이상의 (㉠)을(를) 설치한 경우에는 주택으로 쓰는 층수가 6개 층인 주택을 건설할 수 있다.
> 2. 위 1.에도 불구하고 다음의 어느 하나에 해당하는 등록사업자는 주택으로 쓰는 층수가 '6개 층 이상'인 주택을 건설할 수 있다.
>   가. 주택으로 쓰는 층수가 '6개 층 이상인 아파트'를 건설한 실적이 있는 자
>   나. 최근 3년간 (㉡)세대 이상의 '공동주택'을 건설한 실적이 있는 자
> 3. 법 제7조에 따라 주택건설공사를 시공하는 등록사업자는 건설공사비(총공사비에서 대지구입비를 제외한 금액)가 자본금과 자본준비금·이익준비금을 합한 금액의 (㉢)배(개인인 경우에는 자산평가액의 5배)를 초과하는 건설공사는 시공할 수 없다.

고난도

05 주택법령상 '공동사업시행'에 관한 설명이다. (   )에 들어갈 용어와 아라비아 숫자를 쓰시오.

> 1. 주택조합[세대수를 증가하지 아니하는 (㉠)주택조합은 제외한다]이 그 구성원의 주택을 건설하는 경우에는 등록사업자와 공동으로 사업을 시행할 수 있다. 이 경우 주택조합과 등록사업자를 (㉡)(으)로 본다.
> 2. 위 1.에 따라 공동으로 주택을 건설하려는 경우, 주택조합이 주택건설대지의 소유권[지역주택조합 또는 직장주택조합이 국토의 계획 및 이용에 관한 법률에 따른 지구단위계획의 결정이 필요한 사업으로 등록사업자와 공동으로 사업을 시행하는 경우에는 (㉢)퍼센트 이상의 소유권]을 확보하고 있어야 한다.
> 3. 고용자가 그 근로자의 주택을 건설하는 경우에는 대통령령으로 정하는 바에 따라 등록사업자와 공동으로 사업을 시행하여야 한다.

TIP 고용자는 등록사업자와 공동 사업시행의 의무가 있다. 그러므로 공동으로 사업을 시행할 수 있다는 지문은 틀린 지문임을 숙지하여야 한다.

06 주택법령에 관한 설명이다. ( )에 들어갈 용어를 쓰시오.

> - 많은 수의 구성원이 주택을 마련하거나 리모델링하기 위하여 주택조합을 설립하려는 경우(국민주택을 공급받기 위한 직장주택조합의 경우는 제외한다)에는 관할 특별자치시장, 특별자치도지사, 시장, 군수 또는 자치구의 구청장(이하 '시장·군수·구청장'이라 한다)의 (㉠)을(를) 받아야 한다. (㉠)받은 내용을 변경하거나 주택조합을 해산하려는 경우에도 또한 같다.
> - '국민주택을 공급받기 위하여 직장주택조합'을 설립하려는 자는 관할 시장·군수·구청장에게 (㉡)하여야 한다. (㉡)한 내용을 변경하거나 직장주택조합을 해산하려는 경우에도 또한 같다.

최신기출

07 주택법 제11조(주택조합의 설립 등) 제2항 규정의 일부이다. ( )에 들어갈 용어를 쓰시오.   제26회

> 주택을 마련하기 위하여 주택조합설립인가를 받으려는 자는 다음 각 호의 요건을 모두 갖추어야 한다.
> 1. 해당 주택건설대지의 80퍼센트 이상에 해당하는 토지의 사용권원을 확보할 것
> 2. 해당 주택건설대지의 15퍼센트 이상에 해당하는 토지의 (㉠)(을)를 확보할 것

정답

04 ㉠ 직통계단, ㉡ 300, ㉢ 10　　**05** ㉠ 리모델링, ㉡ 공동사업주체, ㉢ 95
06 ㉠ 인가, ㉡ 신고　　**07** 소유권

08 주택법령상 주택을 리모델링하기 위하여 리모델링주택조합을 설립하려는 경우에는 다음의 구분소유자와 의결권의 결의를 증명하는 서류를 첨부하여 관할 시장·군수·구청장의 인가를 받아야 한다. ( )에 들어갈 아라비아 숫자와 용어를 쓰시오. 제19회 수정

> • 주택단지 '전체'를 리모델링하고자 하는 경우에는 주택단지 전체의 구분소유자와 의결권의 각 (㉠) 이상의 결의 및 각 동의 구분소유자와 의결권의 각 (㉡)의 결의
> • '동'을 리모델링하고자 하는 경우에는 그 동의 구분소유자 및 의결권의 각 (㉢) 이상의 결의

이론 ✚
> [비교] 설립된 리모델링주택조합이 '허가'를 받기 위한 요건
> 1. '주택단지 전체'를 리모델링하는 경우: 주택단지 '전체' 구분소유자 및 의결권의 각 <u>75퍼센트 이상</u>의 동의와 '각 동별' 구분소유자 및 의결권의 각 <u>50퍼센트 이상</u>의 동의
> 2. '동'을 리모델링하는 경우: '그 동'의 구분소유자 및 의결권의 각 <u>75퍼센트 이상</u>의 동의

고난도
09 주택법령상 '주택조합업무의 대행 등'에 관한 설명이다. ( )에 들어갈 용어를 쓰시오.
제23·24·25회

> 1. '주택조합'(리모델링주택조합은 제외한다) 및 '주택조합의 발기인은 조합원 모집 등 주택조합의 업무를 '공동사업주체인 등록사업자' 또는 다음의 어느 하나에 해당하는 자로서 '대통령령으로 정하는 자본금을 보유한 자' 외의 자에게 대행하게 할 수 없다.
>   가. 등록사업자
>   나. 「공인중개사법」 제9조에 따른 중개업자 (제24회)
>   다. 「도시 및 주거환경정비법」 제102조에 따른 정비사업전문관리업자
>   라. 「부동산개발업의 관리 및 육성에 관한 법률」 제4조에 따른 등록사업자
>   마. 「자본시장과 금융투자업에 관한 법률」에 따른 (㉠)
>   바. 그 밖에 다른 법률에 따라 등록한 자로서 대통령령으로 정하는 자
> 2. 위 1.의 '업무대행자에게 대행시킬 수 있는 주택조합의 업무'는 다음과 같다. (제25회)
>   가. 조합원 모집, 토지 확보, 조합설립인가 신청 등 조합설립을 위한 업무의 대행
>   나. 사업성 검토 및 사업계획서 작성업무의 대행
>   다. 설계자 및 시공자 선정에 관한 업무의 지원
>   라. 사업계획승인 신청 등 사업계획승인을 위한 업무의 대행
>   마. 계약금 등 자금의 보관 및 그와 관련된 업무의 대행
>   바. 그 밖에 총회의 운영업무 지원 등 국토교통부령으로 정하는 사항
> 3. 주택조합 및 주택조합의 발기인은 위 2.의 마.에 따른 업무 중 '계약금 등 자금의 보관 업무'는 위 1.의 마.에 따른 (㉠)에게 대행하도록 하여야 한다. (제23회)

4. 위 1.의 업무대행자는 국토교통부령으로 정하는 바에 따라 사업연도별로 (ⓛ)마다 해당 업무의 실적보고서를 작성하여 주택조합 또는 주택조합의 발기인에게 제출하여야 한다. (제23회)

5. 위 1.부터 4.까지의 규정에 따라 주택조합의 업무를 대행하는 자는 신의에 따라 성실하게 업무를 수행하여야 하고, 자신의 귀책사유로 주택조합(발기인을 포함한다) 또는 조합원(주택조합 가입 신청자를 포함한다)에게 손해를 입힌 경우에는 그 손해를 배상할 책임이 있다. (제23회)

6. '국토교통부장관'은 주택조합의 원활한 사업추진 및 조합원의 권리 보호를 위하여 (ⓒ) 위원장과 협의를 거쳐 '표준업무대행계약서'를 작성·보급할 수 있다. (제23회)

7. 위 1.의 '대통령령으로 정하는 자본금을 보유한 자'란 다음의 어느 하나에 해당하는 자를 말한다.
   가. 법인인 경우: 5억원 이상의 자본금을 보유한 자
   나. 개인인 경우: 10억원 이상의 자산평가액을 보유한 사람 (제24회)

TIP 주택조합의 업무 중 '계약금 등 자금의 보관 업무'는 반드시 '신탁업자'에게 대행하도록 하여야 한다는 점을 숙지하여야 한다.

10 주택법령상 '조합원 모집 신고 및 공개모집'에 관한 설명이다. (   )에 들어갈 아라비아 숫자를 쓰시오.

1. 지역주택조합 또는 직장주택조합의 설립인가를 받기 위하여 조합원을 모집하려는 자는 해당 주택건설대지의 (㉠)퍼센트 이상에 해당하는 토지의 '사용권원'을 확보하여 관할 시장·군수·구청장에게 신고하고, 공개모집의 방법으로 조합원을 모집하여야 한다. 조합 설립인가를 받기 전에 신고한 내용을 변경하는 경우에도 또한 같다.
2. 위 1.에도 불구하고 공개모집 이후 조합원의 사망·자격상실·탈퇴 등으로 인한 결원을 충원하거나 미달된 조합원을 재모집하는 경우에는 신고하지 아니하고 선착순의 방법으로 조합원을 모집할 수 있다.
3. 위 1.에 따라 신고를 받은 시장·군수·구청장은 신고내용이 이 법에 적합한 경우에는 신고를 수리하고 그 사실을 신고인에게 통보하여야 한다.
4. 시장·군수·구청장은 위 1.에 따른 신고서가 접수된 날부터 (㉡)일 이내에 신고의 수리 여부를 결정·통지하여야 한다.
5. 위 1.을 위반하여 신고하지 아니하고 조합원을 모집하거나 조합원을 공개로 모집하지 아니한 자는 (㉢)년 이하의 징역이나 (㉢)천만원 이하의 벌금에 처한다.

TIP 조합원 모집 신고요건(50% 사용권원)과 설립인가요건(80% 사용권원 + 15% 소유권)을 비교하여 숙지하여야 한다.

11 주택법령에 관한 설명이다. (   )에 들어갈 용어를 쓰시오.

1. 지역주택조합 또는 직장주택조합의 조합원을 모집하려는 주택조합의 (㉠)은(는) '대통령령으로 정하는 자격기준'을 갖추어야 한다.
2. 위 1.에 따른 주택조합의 (㉠)은(는) '조합원 모집 신고를 하는 날' 주택조합에 가입한 것으로 본다. 이 경우 주택조합의 (㉠)은(는) 주택조합의 가입 신청자와 동일한 권리와 의무가 있다.
3. 위 1.에 따라 조합원을 모집하는 자[법 제11조의2 제1항에 따라 조합원 모집 업무를 대행하는 자를 포함한다. 이하 (㉡)(이)라 한다]와 '주택조합 가입 신청자'는 다음의 사항이 포함된 주택조합 가입에 관한 (㉢)을(를) 작성하여야 한다.
   가. 주택조합의 사업개요
   나. 조합원의 자격기준
   다. 분담금 등 각종 비용의 납부예정금액, 납부시기 및 납부방법
   라. 주택건설대지의 사용권원 및 소유권을 확보한 면적 및 비율
   마. 조합원 탈퇴 및 환급의 방법, 시기 및 절차

12 주택법령상 '주택조합 발기인의 자격기준'에 관한 설명이다. ( )에 들어갈 아라비아 숫자를 쓰시오.

> 1. '지역주택조합' 발기인인 경우: 다음의 요건을 모두 갖출 것
>   가. 조합원 모집 신고를 하는 날부터 해당 조합설립인가일까지 주택을 소유(주택의 유형, 입주자 선정방법 등을 고려하여 국토교통부령으로 정하는 지위에 있는 경우를 포함한다)하는지에 대하여 영 제21조 제1항 제1호 가목 1)(세대원 전원이 무주택) 또는 2)[세대주를 포함한 세대원 중 1명에 한정하여 주거전용면적 (㉠)제곱미터 이하의 주택 1채를 소유한 세대의 세대주일 것]에 해당할 것
>   나. 조합원 모집 신고를 하는 날의 (㉡)년 전부터 해당 조합설립인가일까지 계속하여 법 제2조 제11호 가목의 구분에 따른 지역에 거주할 것
> 2. '직장주택조합' 발기인인 경우: 다음의 요건을 모두 갖출 것
>   가. 위 1.의 가목에 해당할 것
>   나. 조합원 모집 신고를 하는 날 현재 영 제21조 제1항 제2호 나목[조합설립인가 신청일 현재 동일한 특별시·광역시·특별자치시·특별자치도·시 또는 군(광역시의 관할구역에 있는 군은 제외한다) 안에 소재하는 동일한 국가기관·지방자치단체·법인에 근무하는 사람일 것]에 해당할 것

13 주택법령상 '설명의무'에 관한 설명이다. ( )에 들어갈 아라비아 숫자를 쓰시오.

> 1. 조합원을 모집하는 자(조합원 모집 업무를 대행하는 자를 포함한다. 이하 '모집주체'라 한다)와 주택조합 가입 신청자는 주택조합의 사업개요 등의 사항이 포함된 주택조합 가입에 관한 계약서를 작성하여야 한다.
> 2. 모집주체는 위 1.의 사항을 주택조합 가입 신청자가 이해할 수 있도록 설명하여야 한다.
> 3. 모집주체는 위 2.에 따라 설명한 내용을 '주택조합 가입 신청자'가 이해하였음을 국토교통부령으로 정하는 바에 따라 서면으로 확인을 받아 '주택조합 가입 신청자'에게 교부하여야 하며, 그 사본을 (㉠)년간 보관하여야 한다.
> 4. 위 2.를 위반한 자에게는 (㉡)천만원 이하의 과태료를 부과한다.

10 ㉠ 50, ㉡ 15, ㉢ 2 **11** ㉠ 발기인, ㉡ 모집주체, ㉢ 계약서 **12** ㉠ 85, ㉡ 1
13 ㉠ 5, ㉡ 1

14 주택법령상 '조합 가입 철회 및 가입비등의 반환'에 관한 설명이다. ( )에 들어갈 아라비아 숫자를 쓰시오.

> 1. '모집주체'는 주택조합의 '가입을 신청한 자'가 주택조합 가입을 신청하는 때에 납부하여야 하는 일체의 금전(이하 '가입비등'이라 한다)을 대통령령으로 정하는 기관(이하 '예치기관'이라 한다)에 예치하도록 하여야 한다.
> 2. 주택조합의 가입을 신청한 자는 '가입비등을 예치한 날'부터 (㉠)일 이내에 주택조합 가입에 관한 청약을 철회할 수 있다.
> 3. 청약 철회를 서면으로 하는 경우에는 청약 철회의 의사를 표시한 서면을 '발송한 날'에 그 효력이 발생한다.
> 4. '모집주체'는 '주택조합의 가입을 신청한 자'가 청약 철회를 한 경우 청약 철회 의사가 도달한 날부터 (㉡)일 이내에 '예치기관의 장'에게 가입비등의 반환을 요청하여야 한다.
> 5. '예치기관의 장'은 위 4.에 따른 가입비등의 반환 요청을 받은 경우 요청일부터 (㉢)일 이내에 그 가입비등을 예치한 자에게 반환하여야 한다.
> 6. 모집주체는 주택조합의 가입을 신청한 자에게 청약 철회를 이유로 위약금 또는 손해배상을 청구할 수 없다.
> 7. 위 1.을 위반하여 가입비등을 예치하도록 하지 아니한 자 및 위 4.를 위반하여 가입비등의 반환을 요청하지 아니한 자는 2년 이하의 징역 또는 2천만원 이하의 벌금에 처한다.

TIP 가입비등의 예치, 청약 철회 및 가입비등의 반환 등과 관련된 수치는 암기가 필요하며, 모집주체, 가입신청자, 예치기관 등 3자의 역할을 이해하고 숙지하여야 한다.

15 주택법령상 '조합 가입 철회 및 가입비등의 반환'에 관한 설명이다. ( )에 들어갈 용어를 쓰시오.

> 1. '모집주체'는 「은행법」 제2조 제1항 제2호에 따른 은행 등 예치기관과 가입비등의 예치에 관한 계약을 체결해야 한다.
> 2. '주택조합의 가입을 신청한 자'는 주택조합 가입 계약을 체결하면 예치기관에 국토교통부령으로 정하는 '가입비등 예치신청서'를 제출해야 한다.
> 3. 예치기관은 위 2.에 따른 신청서를 제출받은 경우 가입비등을 (㉠)의 명의로 예치해야 하고, 이를 다른 금융자산과 분리하여 관리해야 한다.
> 4. 예치기관의 장은 위 3.에 따라 가입비등을 예치한 경우에는 '모집주체'와 '주택조합 가입 신청자'에게 '국토교통부령으로 정하는 증서'를 내주어야 한다.

5. 주택조합 가입 신청자는 주택조합 가입에 관한 청약을 철회하는 경우 국토교통부령으로 정하는 청약 철회 요청서를 모집주체에게 제출해야 한다.
6. '모집주체'는 위 5.에 따른 요청서를 제출받은 경우 이를 즉시 접수하고 (ⓛ)이(가) 적힌 접수증을 해당 주택조합 '가입 신청자'에게 발급해야 한다.

16 주택법령상 '조합 가입 철회 및 가입비등의 반환'에 관한 설명이다. (   )에 들어갈 아라비아 숫자와 용어를 쓰시오.

1. '모집주체'는 법 제11조의6 제4항에 따라 가입비등의 반환을 요청하는 경우 국토교통부령으로 정하는 요청서를 예치기관의 장에게 제출해야 한다.
2. '모집주체'는 가입비등을 예치한 날부터 (㉠)일이 지난 경우 예치기관의 장에게 가입비등의 지급을 요청할 수 있다. 이 경우 '모집주체'는 '국토교통부령으로 정하는 요청서'를 예치기관의 장에게 제출해야 한다.
3. 예치기관의 장은 위 2.에 따라 요청서를 받은 경우 요청일부터 (ⓛ)일 이내 가입비등을 법 제11조의2 제3항에 따라 계약금 등 자금의 보관 업무를 대행하는 (㉢)에게 지급해야 한다.
4. 법 제11조의2 제3항에 따라 계약금 등 자금의 보관 업무를 대행하는 (㉢)은(는) 위 3.에 따라 지급받은 가입비등을 (㉢)의 명의로 예치해야 하고, 이를 다른 금융자산과 분리하여 관리해야 한다.
5. 예치기관의 장은 정보통신망을 이용하여 가입비등의 예치·지급 및 반환 등에 필요한 업무를 수행할 수 있다. 이 경우 예치기관의 장은 「전자서명법」 제2조 제2호 및 제6호에 따른 전자서명 및 인증서(서명자의 실제 이름을 확인할 수 있는 것을 말한다)로 신청인의 본인 여부를 확인해야 한다.

14 ㉠ 30, ⓛ 7, ㉢ 10 **15** ㉠ 예치기관, ⓛ 접수일자 **16** ㉠ 30, ⓛ 10, ㉢ 신탁업자 정답

17 주택법령에 관한 설명이다. ( )에 들어갈 아라비아 숫자를 쓰시오.

> 리모델링주택조합의 설립인가 신청서에 해당 주택이 사용검사일로부터 다음의 기간이 지났음을 증명하는 서류를 첨부하여야 한다.
> 1. 대수선인 리모델링: (㉠)년
> 2. 증축인 리모델링: 15년[15년 이상 (㉡)년 미만의 연수 중 '시·도' 조례로 정하는 경우에는 그 연수]

18 주택법령에 관한 설명이다. ( )에 들어갈 아라비아 숫자와 용어를 쓰시오.

> 주택조합은 '설립인가'를 받은 날부터 (㉠)년 이내에 사업계획승인[증가하는 세대수가 (㉡)세대 미만인 사업계획승인 대상이 아닌 리모델링인 경우에는 법 제66조 제2항에 따른 (㉢)을(를) 말한다]을 신청하여야 한다.

19 주택법령에 관한 설명이다. ( )에 들어갈 용어와 아라비아 숫자를 쓰시오.

> 1. 주택조합은 대통령령으로 정하는 바에 따라 회계감사를 받아야 하며, 그 감사결과를 관할 시장·군수·구청장에게 보고하여야 한다.
> 2. 주택조합의 임원 또는 발기인은 계약금등(해당 주택조합사업에 관한 모든 수입에 따른 금전을 말한다)의 징수·보관·예치·집행 등 모든 거래 행위에 관하여 장부를 '월별'로 작성하여 그 증빙서류와 함께 법 제11조에 따른 주택조합 (㉠)을(를) 받는 날까지 보관하여야 한다. 이 경우 주택조합의 임원 또는 발기인은 「전자문서 및 전자거래 기본법」 제2조 제2호에 따른 정보처리시스템을 통하여 장부 및 증빙서류를 작성하거나 보관할 수 있다.
> 3. 주택조합은 다음의 어느 하나에 해당하는 날부터 (㉡)일 이내에 「주식회사 등의 외부감사에 관한 법률」 제2조 제7호에 따른 감사인의 회계감사를 받아야 한다.
>   가. 주택조합 설립인가를 받은 날부터 3개월이 지난 날
>   나. 사업계획승인(증가하는 세대수가 '30세대 미만'인 '사업계획승인 대상이 아닌 리모델링인 경우'에는 법 제66조 제2항에 따른 허가를 말한다)을 받은 날부터 3개월이 지난 날
>   다. 사용검사 또는 임시 사용승인을 신청한 날
> 4. 위 3.에 따른 회계감사를 한 자는 회계감사 종료일부터 (㉢)일 이내에 회계감사 결과를 관할 시장·군수·구청장과 해당 주택조합에 각각 통보하여야 한다.

20 주택법령상 '주택조합사업의 시공보증'에 관한 설명이다. (   )에 들어갈 아라비아 숫자를 쓰시오.

PART 1

> 1. 주택조합이 공동사업주체인 시공자를 선정한 경우 그 시공자는 공사의 시공보증[시공자가 공사의 계약상 의무를 이행하지 못하거나 의무이행을 하지 아니할 경우 보증기관에서 시공자를 대신하여 계약이행의무를 부담하거나 총공사금액의 (㉠)퍼센트 이하에서 대통령으로 정하는 비율(총공사금액의 (㉡)퍼센트) 이상의 범위에서 주택조합이 정하는 금액을 납부할 것을 보증하는 것을 말한다]을 위하여 국토교통부령으로 정하는 기관의 시공보증서를 조합에 제출하여야 한다.
> 2. 사업계획승인권자는 착공신고를 받는 경우에는 위 1.에 따른 시공보증서 제출 여부를 확인하여야 한다.

고난도
21 주택법령상 '사업계획의 승인'에 관한 설명이다. (   )에 들어갈 용어를 쓰시오. (㉠ 및 ㉡ 순서 무관)

> • 사업계획은 쾌적하고 문화적인 주거생활을 하는 데에 적합하도록 수립되어야 하며, 그 사업계획에는 (㉠)시설 및 (㉡)시설의 설치에 관한 계획 등이 포함되어야 한다.
> • 사업계획승인권자는 사업계획을 승인할 때 사업주체가 제출하는 사업계획에 해당 주택건설사업 또는 대지조성사업과 직접적으로 관련이 없거나 과도한 (㉢)시설의 기부채납을 요구하여서는 아니 된다.

TIP 명칭이 비슷한 '각종 시설'의 '정의'를 정확하게 숙지하여야 한다.

---

22 주택법령상 '사업계획승인권자'에 관한 설명이다. (   )에 들어갈 용어를 쓰시오.

> • 주택건설사업 또는 대지조성사업으로서 해당 대지면적이 10만 제곱미터 이상인 경우: 시·도지사 또는 「지방자치법」에 따라 서울특별시·광역시 및 특별자치시를 제외한 인구 50만 이상의 (㉠)의 시장
> • 주택건설사업 또는 대지조성사업으로서 해당 대지면적이 10만 제곱미터 미만인 경우: 특별시장·광역시장·특별자치시장·특별자치도지사 또는 (㉡)

정답

17 ㉠ 10, ㉡ 20　**18** ㉠ 2, ㉡ 30, ㉢ 허가　**19** ㉠ 해산인가, ㉡ 30, ㉢ 15　**20** ㉠ 50, ㉡ 30　**21** ㉠ 부대, ㉡ 복리, ㉢ 기반　**22** ㉠ 대도시, ㉡ 시장·군수

23 주택법령상 '동일한 규모의 주택을 대량으로 건설하려는 경우'에 관한 설명이다. (   )에 들어갈 용어와 아라비아 숫자를 쓰시오.

> • 한국토지주택공사, 지방공사 또는 등록사업자는 동일한 규모의 주택을 대량으로 건설하려는 경우에는 국토교통부령으로 정하는 바에 따라 국토교통부장관에게 주택의 형별로 (㉠)을(를) 작성·제출하여 승인을 받을 수 있다.
> • 국토교통부장관은 위의 승인을 하려는 경우에는 관계 행정기관의 장과 협의하여야 하며, 협의요청을 받은 기관은 정당한 사유가 없으면 요청받은 날부터 (㉡)일 이내에 국토교통부장관에게 의견을 통보하여야 한다.

TIP '기본설계도서'나 '표준설계도서'가 아니라, '표본설계도서'라는 점을 유의하여야 한다.

24 주택법령상 '사업계획의 변경승인 등'에 관한 설명이다. (   )에 들어갈 아라비아 숫자와 용어를 쓰시오.

> • 국토교통부장관 또는 시·도지사는 사업계획승인의 신청을 받은 때에는 정당한 사유가 없는 한 그 신청을 받은 날부터 (㉠)일 이내에 사업주체에게 승인 여부를 통보하여야 한다.
> • 승인받은 사업계획을 변경하려면 사업계획승인권자로부터 변경승인을 받아야 한다.
> • 국토교통부장관 또는 시·도지사는 주택도시기금을 지원받은 사업주체에 대하여 사업계획의 변경승인을 한 때에는 그 내용을 해당 사업에 대한 융자를 취급한 (㉡)에게 통지하여야 한다.
> • 주택도시기금을 지원받은 사업주체가 사업주체를 변경하기 위해 사업계획의 변경승인을 신청하는 경우에는 (㉡)로부터 사업주체 변경에 관한 동의서를 받아 첨부하여야 한다.

고난도

25 주택법령상 '사업계획승인권자의 요건'에 관한 설명이다. (   )에 들어갈 용어와 아라비아 숫자를 쓰시오.

> 주택건설사업계획의 승인을 받으려는 자는 해당 주택건설대지의 소유권을 확보하여야 한다. 다만, 다음의 어느 하나에 해당하는 경우에는 그러하지 아니하다.
> 1. 「국토의 계획 및 이용에 관한 법률」에 따른 (㉠)의 결정이 필요한 주택건설사업의 해당 대지면적의 (㉡)퍼센트 이상을 사용할 수 있는 권원을 확보하고, 확보하지 못한 대지가 법 제22조 및 법 제23조에 따른 매도청구의 대상이 되는 대지에 해당하는 경우
> 2. 사업주체가 주택건설대지의 소유권을 확보하지 못하였으나 그 대지를 사용할 수 있는 권원을 확보한 경우
> 3. 국가·지방자치단체·한국토지주택공사, 지방공사가 주택건설사업을 하는 경우
> 4. 리모델링 결의를 한 리모델링주택조합이 법 제22조 제2항에 따라 (㉢)을(를) 하는 경우

26 주택법령상 '사업계획승인의 요건'에 관한 설명이다. (   )에 들어갈 용어를 쓰시오.

> • 주택건설사업계획의 승인을 받으려는 자는 해당 주택건설대지의 (㉠)을(를) 확보해야 한다.
> • 다만, 지구단위계획의 결정이 필요한 주택건설사업의 해당 대지면적의 80퍼센트 이상을 사용할 수 있는 권원[등록사업자와 공동으로 사업을 시행하는 주택조합(리모델링주택조합은 제외한다)의 경우에는 95퍼센트 이상의 (㉠)을(를) 말한다]을 확보하고[국공유지가 포함된 경우에는 해당 토지의 (㉡)이(가) 해당 토지를 사업주체에게 매각하거나 양여할 것을 확인한 서류를 사업계획승인권자에게 제출하는 경우에는 확보한 것으로 본다], 확보하지 못한 대지가 매도청구 대상이 되는 대지에 해당하는 경우에는 그러하지 아니하다.

정답

23 ㉠ 표본설계도서, ㉡ 15   **24** ㉠ 60, ㉡ 기금수탁자   **25** ㉠ 지구단위계획, ㉡ 80, ㉢ 매도청구   **26** ㉠ 소유권, ㉡ 관리청

27 주택법령상 '매도청구'에 관한 설명이다. (   )에 들어갈 용어와 아라비아 숫자를 쓰시오.

> 법 제21조 제1항 제1호에 따라 사업계획승인을 받은 사업주체는 해당 주택건설대지 중 사용할 수 있는 권원을 확보하지 못한 대지(건축물을 포함한다)의 소유자에게 그 대지를 (㉠)(으)로 매도할 것을 청구할 수 있다. 이 경우 매도청구 대상이 되는 대지의 소유자와 매도청구를 하기 전에 (㉡)개월 이상 협의를 하여야 한다.

28 주택법령상 '매도청구'에 관한 설명이다. (   )에 들어갈 아라비아 숫자와 용어를 쓰시오.

> 법 제21조 제1항 제1호에 따라 사업계획승인을 받은 사업주체는 다음의 자에게 매도 청구를 할 수 있다.
> 1. 주택건설대지면적의 (㉠)퍼센트 이상의 사용권원을 확보한 경우: 사용권원을 확보 하지 못한 대지의 모든 소유자에게 매도청구 가능
> 2. 위 1. 외의 경우: 사용권원을 확보하지 못한 대지의 소유자 중 지구단위계획구역 결 정고시일 (㉡)년 이전에 해당 대지의 소유권을 취득하여 계속 보유하고 있는 자[대 지의 소유기간을 산정할 때 대지소유자가 직계존속·직계비속 및 배우자로부터 상속 받아 소유권을 취득한 경우는 (㉢)의 소유기간을 합산한다]를 제외한 소유자에게 매도청구 가능

29 주택법령상 '리모델링주택조합'에 관한 설명이다. (   )에 들어갈 용어를 쓰시오.

> 법 제66조 제2항에 따른 리모델링의 (㉠)을(를) 신청하기 위한 '동의율'을 확보한 경 우 리모델링 '결의'를 한 리모델링주택조합은 그 리모델링 '결의'에 찬성하지 아니하는 자의 주택 및 토지에 대하여 (㉡)을(를) 할 수 있다.

30 집합건물의 소유 및 관리에 관한 법률 제48조(매도청구) 규정의 일부이다. (   )에 들어 갈 아라비아 숫자와 용어를 쓰시오.

> - 재건축의 결의가 있으면 집회를 소집한 자는 지체 없이 그 결의에 찬성하지 아니한 구분소유자(그의 승계인을 포함한다)에 대하여 그 결의 내용에 따른 재건축에 참가할 것인지 여부를 회답할 것을 서면으로 촉구하여야 한다.
> - 위 촉구를 받은 구분소유자는 촉구를 받은 날부터 (㉠)개월 이내에 회답하여야 한다.
> - 위의 기간 내에 회답하지 아니한 경우 그 구분소유자는 재건축에 참가하지 아니하겠다는 뜻을 회답한 것으로 본다.
> - 위 기간이 지나면 재건축 결의에 찬성한 각 구분소유자 등은 위의 기간 만료일부터 2개월 이내 재건축에 참가하지 아니하겠다는 뜻을 회답한 구분소유자에게 (㉡)와(과) (㉢)을(를) '시가'로 매도할 것을 청구할 수 있다.

31 주택법령상 '소유자가 있는 곳을 확인하기가 현저히 곤란한 대지의 처분'에 관한 설명이다. (   )에 들어갈 아라비아 숫자와 용어를 쓰시오.

> - 법 제21조 제1항 제1호에 따라 사업계획승인을 받은 사업주체는 해당 주택건설대지 중 사용할 수 있는 권원을 확보하지 못한 대지의 소유자가 있는 곳을 확인하기가 현저히 곤란한 경우 전국적으로 배포되는 둘 이상의 일간신문에 두 차례 이상 공고하고, 공고한 날부터 (㉠)일 이상이 지났을 때는 법 제22조에 따른 매도청구 대상의 대지로 본다.
> - 사업주체는 위에 따른 매도청구 대상 대지의 감정평가액에 해당하는 금액을 법원에 (㉡)하고 주택건설사업을 시행할 수 있다.
> - 위에 따른 대지의 감정평가액은 사업계획승인권자가 추천하는 「감정평가 및 감정평가사에 관한 법률」에 따른 감정평가법인등 (㉢)인 이상이 평가한 금액을 산술평균하여 산정한다.

32 주택법령에 관한 설명이다. (   )에 들어갈 아라비아 숫자와 용어를 쓰시오.

> 1. 사업계획승인권자가 사업계획을 승인할 때 「건축법」 제11조에 따른 건축허가에 관해 관계 행정기관의 장과 협의한 사항에 대하여는 건축허가를 받은 것으로 보며, 사업계획의 승인고시가 있은 때에는 「건축법」에 따른 고시가 있은 것으로 본다.
> 2. 대통령령으로 정하는 비율[(㉠)퍼센트] 이상의 국민주택을 건설하는 사업주체가 위 1.에 따라 「건축법」에 따른 건축허가를 받은 것으로 보는 경우에는 「건축법」에 따라 부과되는 수수료 등을 면제한다.
> 3. (㉡)을(를) 건설·공급하는 사업주체는 주택건설사업 또는 대지조성사업을 시행할 때 필요한 경우에는 등기소나 그 밖의 관계 행정기관의 장에게 필요한 서류의 열람·등사나 그 등본 또는 초본의 발급을 무료로 청구할 수 있다.

33 주택법령상 '국공유지의 우선매각'에 관한 설명이다. (   )에 들어갈 아라비아 숫자와 용어를 쓰시오.

> • 지방자치단체는 그가 소유하는 토지를 매각하거나 임대할 때 국민주택규모의 주택을 (㉠)퍼센트 이상으로 주택을 건설할 목적으로 그 토지의 매수 또는 임차를 원하는 자가 있으면 그에게 우선적으로 그 토지를 매각하거나 임대할 수 있다.
> • 지방자치단체는 토지를 매수하거나 임차한 자가 그 매수일 또는 임차일부터 (㉡)년 이내에 국민주택규모의 주택을 건설하지 아니한 경우에는 (㉢)하거나 임대계약을 취소할 수 있다.

34 주택법령상 '택지취득의 특례'에 관한 설명이다. (   )에 들어갈 용어와 아라비아 숫자를 쓰시오.
제17·21회 수정

> • 사업주체가 '국민주택용지'로 사용하기 위하여 도시개발사업시행자(도시개발법에 따른 '환지방식'에 의하여 사업을 시행하는 도시개발사업의 시행자)에게 (㉠)의 매각을 요구한 경우에 그 도시개발사업시행자는 (㉠)의 총면적의 (㉡)퍼센트의 범위에서 이를 우선적으로 사업주체에게 매각할 수 있다. (제17·21회)
> • (㉠)의 양도가격은 「감정평가 및 감정평가사에 관한 법률」에 따른 감정평가법인등이 감정평가한 감정가격을 기준으로 한다. 다만, 주거전용면적 85제곱미터 이하의 임대주택을 건설하거나 주거전용면적 (㉢)제곱미터 이하의 국민주택을 건설하는 경우에는 국토교통부령으로 정하는 조성원가를 기준으로 할 수 있다.

35 주택법령상 '타인 토지에의 출입'에 관한 설명이다. (   )에 들어갈 용어를 쓰시오.

PART 1

- 국가 · 지방자치단체 · 한국토지주택공사 및 지방공사인 (㉠)이(가) 국민주택사업을 시행하기 위하여 필요한 경우에는 타인의 토지에 출입하는 행위를 할 수 있다.
- 위에 따른 행위로 인하여 손실을 입은 자가 있는 경우에는 그 행위를 한 (㉠)이(가) 그 손실을 보상하여야 한다.
- 위에 따른 손실보상에 관하여는 그 손실을 보상할 자와 손실을 입은 자가 협의하여야 한다.
- 손실을 보상할 자 또는 손실을 입은 자는 협의가 성립되지 아니하거나 협의를 할 수 없는 경우에는 「공익사업을 위한 토지 등의 취득 및 보상에 관한 법률」에 따른 관할 (㉡)에 (㉢)을(를) 신청할 수 있다.

36 주택법령상 '토지매수 업무 등의 위탁'에 관한 설명이다. (   )에 들어갈 아라비아 숫자를 쓰시오.

1. 국가 또는 '한국토지주택공사'인 사업주체는 주택건설사업 또는 대지조성사업을 위한 토지매수 업무와 손실보상 업무를 대통령령으로 정하는 바에 따라 관할 '지방자치단체의 장'에게 위탁할 수 있다.
2. 사업주체가 위의 1.에 따라 토지매수 업무와 손실보상 업무를 위탁할 때에는 그 토지매수 금액과 손실보상 금액의 (㉠)퍼센트의 범위에서 대통령령으로 정하는 요율의 위탁수수료를 해당 '지방자치단체'에 지급하여야 한다.

정답

32 ㉠ 50, ㉡ 국민주택   **33** ㉠ 50, ㉡ 2, ㉢ 환매   **34** ㉠ 체비지, ㉡ 50, ㉢ 60
35 ㉠ 사업주체, ㉡ 토지수용위원회, ㉢ 재결   **36** ㉠ 2

37 주택법령상 ( )에 들어갈 아라비아 숫자와 용어를 쓰시오.

> 사업주체가 100호[리모델링의 경우는 증가하는 세대수가 (㉠)세대] 이상의 주택건설사업을 시행하는 경우 또는 (㉡)제곱미터 이상의 대지조성사업을 시행하는 경우 다음의 자는 각각 해당 간선시설을 설치하여야 한다. 다만, 도로 및 (㉢)시설로서 사업주체가 주택건설사업계획 또는 대지조성사업계획에 포함하여 설치하려는 경우에는 그러하지 아니하다.
> 1. 지방자치단체: 도로 및 (㉢)시설
> 2. 해당 지역에 전기·통신·가스 또는 난방을 공급하는 자: 전기시설·통신시설·가스시설 또는 지역난방시설
> 3. 국가: 우체통

38 주택법령상 '감리자가 될 수 있는 자격자'에 관한 설명이다. ( )에 들어갈 용어를 쓰시오.

> 1. 300세대 미만 주택건설공사: 다음의 어느 하나에 해당하는 자
>   가. 「건축사법」 제23조 제1항에 따라 (㉠)사무소개설신고를 한 자
>   나. 「건설기술 진흥법」 제26조 제1항에 따라 등록한 (㉡)
> 2. 300세대 이상 주택건설공사: 「건설기술 진흥법」 제26조 제1항에 따라 등록한 (㉡)

39 주택법령상 '감리자의 의무'에 관한 설명이다. ( )에 들어갈 용어를 쓰시오.

> 수직증축형 리모델링('세대수가 증가되지 아니하는 리모델링'을 포함한다)의 감리자는 감리업무 수행 중에 수직증축형 리모델링 허가 시 제출한 구조도 또는 구조계산서와 다르게 시공하고자 하는 경우에는 「국가기술자격법」에 따른 (㉠)의 협력을 받아야 한다.

이론 ➕

> **수직증축형 리모델링의 감리자가 건축구조기술사의 협력을 받아야 하는 경우**
> 1. 수직증축형 리모델링 허가 시 제출한 구조도 또는 구조계산서와 다르게 시공하고자 하는 경우
> 2. 내력벽(耐力壁), 기둥, 바닥, 보 등 건축물의 주요구조부에 대하여 수직증축형 리모델링 허가 시 제출한 도면보다 상세한 도면 작성이 필요한 경우
> 3. 내력벽, 기둥, 바닥, 보 등 건축물의 주요구조부의 철거 또는 보강 공사를 하는 경우로서 국토교통부령으로 정하는 경우
> 4. 그 밖에 건축물의 구조에 영향을 미치는 사항으로서 국토교통부령으로 정하는 경우

40 주택법령상 '사전방문 등'에 관한 설명이다. ( )에 들어갈 용어를 쓰시오.

1. 사업주체는 '사용검사'를 받기 전에 '입주예정자'가 해당 주택을 방문하여 공사 상태를 미리 점검(이하 '사전방문'이라 한다)할 수 있게 하여야 한다. (제24회 객관식)

2. 입주예정자는 사전방문 결과 하자가 있다고 판단하는 경우 사업주체에게 보수공사 등 적절한 조치를 해줄 것을 요청할 수 있다. (제24회 객관식)

3. 위 2.에 따라 하자(사용검사권자가 하자가 아니라고 확인한 사항은 제외한다)에 대한 조치 요청을 받은 사업주체는 대통령령으로 정하는 바에 따라 보수공사 등 적절한 조치를 하여야 한다. 이 경우 입주예정자가 조치를 요청한 하자 중 '대통령령으로 정하는 중대한 하자'는 '천재지변 등' 대통령령으로 정하는 특별한 사유가 없으면 '사용검사'를 받기 전까지 조치를 완료하여야 한다.

4. 위 3.에도 불구하고 입주예정자가 요청한 사항이 하자가 아니라고 판단하는 사업주체는 대통령령으로 정하는 바에 따라 '사용검사'를 하는 시장·군수·구청장(이하 '사용검사권자'라 한다)에게 하자 여부를 확인해줄 것을 요청할 수 있다. 이 경우 사용검사권자는 법 제48조의3에 따른 공동주택 (㉠)의 자문을 받는 등 대통령령으로 정하는 바에 따라 하자 여부를 확인할 수 있다.

5. 사업주체는 위 3.에 따라 조치한 내용 및 4.에 따라 하자가 아니라고 확인받은 사실 등을 대통령령으로 정하는 바에 따라 입주예정자 및 사용검사권자에게 알려야 한다.

6. (㉡)은(는) 사전방문에 필요한 표준양식을 정하여 보급하고 활용하게 할 수 있다.

37 ㉠ 100, ㉡ 16,500, ㉢ 상하수도 **38** ㉠ 건축사, ㉡ 건설엔지니어링사업자
39 ㉠ 건축구조기술사 **40** ㉠ 품질점검단, ㉡ 국토교통부장관

CHAPTER 02 • 주택의 건설 등 **31**

41 주택법령상 '사전방문 결과에 대한 조치 등'에 관한 설명이다. (   )에 들어갈 아라비아 숫자와 용어를 쓰시오.

1. 법 제48조의2 제2항에 따른 하자의 범위는 「공동주택관리법 시행령」 제37조 각 호의 구분에 따르며, 하자의 판정기준은 같은 영 제47조 제3항에 따라 국토교통부장관이 정하여 고시하는 바에 따른다.
2. 법 제48조의2 제2항에 따라 하자에 대한 조치 요청을 받은 사업주체는 다음의 시기까지 보수공사 등의 조치를 완료하기 위한 계획(이하 '조치계획'이라 한다)을 수립하고, 해당 계획에 따라 보수공사 등의 조치를 완료해야 한다.
    가. '중대한 하자'인 경우: 사용검사를 받기 전. 다만, '천재지변 등의 사유'가 있는 경우에는 '입주예정자와 협의[공용부분의 경우에는 입주예정자 (㉠) 이상의 동의를 받아야 한다]하여 정하는 날'로 한다.
    나. '그 밖의 하자'인 경우: 다음의 시기. 다만, 천재지변 등의 사유가 있거나 입주예정자와 협의[공용부분의 경우에는 입주예정자 (㉠) 이상의 동의를 받아야 한다]한 경우에는 '입주예정자와 협의하여 정하는 날'로 한다.
        ⓐ 전유부분: 입주예정자에게 (㉡)하기 전
        ⓑ 공용부분: 사용검사를 받기 전
3. 조치계획을 수립한 사업주체는 '사전방문 기간의 종료일'부터 (㉢)일 이내에 사용검사권자에게 해당 조치계획을 제출해야 한다.

42 주택법령상 '사전방문 결과 하자 여부의 확인 등'에 관한 설명이다. (   )에 들어갈 아라비아 숫자와 용어를 쓰시오.

1. 사용검사권자는 '사업주체'로부터 하자 여부의 확인을 요청받은 경우, 하자 여부를 판단하기 위하여 필요한 경우에는 공동주택 품질점검단(이하 '품질점검단'이라 한다)에 자문할 수 있다.
2. 사용검사권자는 위 1.에 따라 확인 요청을 받은 날부터 (㉠)일 이내에 하자 여부를 확인하여 해당 '사업주체'에게 통보해야 한다.
3. 사업주체는 (㉡)에게 '전유부분을 인도하는 날'에 다음의 사항을 서면(전자문서 및 전자거래 기본법 제2조 제1호의 전자문서를 포함한다)으로 알려야 한다.
    가. 조치를 완료한 사항
    나. 조치를 완료하지 못한 경우에는 그 사유와 조치계획
    다. 사용검사권자에게 확인을 요청하여 하자가 아니라고 확인받은 사항
4. 사업주체는 조치계획에 따라 조치를 모두 완료한 때에는 (㉢)에게 그 결과를 제출해야 한다.

최신기출

43 주택법 제48조의3(품질점검단의 설치 및 운영 등) 제1항 규정이다. (   )에 들어갈 용어를 쓰시오.

시·도지사는 법 제48조의2에 따른 (㉠)(을)를 실시하고 법 제49조 제1항에 따른 (㉡)(을)를 신청하기 전에 공동주택의 품질을 점검하여 사업계획의 내용에 적합한 공동주택이 건설되도록 할 목적으로 주택 관련 분야 등의 전문가로 구성된 공동주택 품질점검단(이하 '품질점검단'이라 한다)을 설치·운영할 수 있다. 이 경우 시·도지사는 품질점검단의 설치·운영에 관한 사항을 (㉢)(으)로 정하는 바에 따라 대도시 시장에게 위임할 수 있다.

PART 1

고난도

44 주택법령상 '품질점검단의 설치 및 운영 등'에 관한 설명이다. (   )에 들어갈 아라비아 숫자와 용어를 쓰시오.

1. 품질점검단은 공동주택의 건축·구조·안전·품질관리 등에 대한 시공품질을 점검하여 그 결과를 시·도지사 또는 대도시 시장과 '사용검사권자'에게 제출하여야 한다.
2. '사업주체'는 품질점검단의 점검에 협조하여야 하며 이에 따르지 아니하거나 기피 또는 방해해서는 아니 된다.
3. '사용검사권자'는 위 1.에 따라 제출받은 점검결과를 '사용검사'가 있은 날부터 (㉠)년 이상 보관하여야 하며, 입주자(입주예정자를 포함한다)가 관련 자료의 공개를 요구하는 경우에는 이를 공개하여야 한다.
4. '사용검사권자'는 위 1.에 따른 품질점검단의 점검결과에 대한 '사업주체'의 의견을 청취한 후 하자가 있다고 판단하는 경우 보수·보강 등 필요한 조치를 명하여야 한다. 이 경우 대통령령으로 정하는 중대한 하자는 대통령령으로 정하는 특별한 사유가 없으면 '사용검사'를 받기 전까지 조치하도록 명하여야 한다.
5. 위 4.에 따라 보수·보강 등의 조치명령을 받은 '사업주체'는 대통령령으로 정하는 바에 따라 조치를 하고, 그 결과를 '사용검사권자'에게 보고하여야 한다. 다만, 조치명령에 이의가 있는 '사업주체'는 '사용검사권자'에게 이의신청을 할 수 있다.
6. '사용검사권자'는 공동주택의 시공품질 관리를 위하여 '사업주체'에게 통보받은 사전방문 후 조치결과 등을 (㉡)에 등록하여야 한다.

TIP 품질점검단의 설치 의무자는 '시·도지사'임을 숙지하여야 한다.

정답

41 ㉠ 2/3, ㉡ 인도, ㉢ 7   **42** ㉠ 7, ㉡ 입주예정자, ㉢ 사용검사권자   **43** ㉠ 사전방문, ㉡ 사용검사, ㉢ 조례   **44** ㉠ 2, ㉡ 하자관리정보시스템

CHAPTER 02 · 주택의 건설 등   **33**

45 주택법령상 '품질점검단의 구성 및 운영 등'에 관한 설명이다. (　　)에 들어갈 용어와 아라비아 숫자를 쓰시오.

> • 품질점검단의 위원(이하 '위원'이라 한다)은 「건축사법」 제2조 제1호의 건축사 등 중에서 (㉠)[법 제48조의3 제1항 후단에 따라 권한을 위임받은 (㉡)을(를) 말한다]이(가) 임명하거나 위촉한다.
> • 공무원이 아닌 위원의 임기는 (㉢)년으로 하며, '두 차례만' 연임할 수 있다.
> • (㉠)은(는) 위원에게 예산의 범위에서 업무수행에 따른 수당, 여비 및 그 밖에 필요한 경비를 지급할 수 있다. 다만, 공무원인 위원이 그 소관 업무와 직접적으로 관련되어 품질점검에 참여하는 경우에는 지급하지 않는다.

46 주택법령상 '품질점검단의 점검대상'에 관한 설명이다. (　　)에 들어갈 아라비아 숫자를 쓰시오.

제24회 객관식 수정

> 1. 품질점검단은 '대통령령으로 정하는 규모 및 범위 등에 해당하는 공동주택'의 건축·구조·안전·품질관리 등에 대한 시공품질을 '대통령령으로 정하는 바'에 따라 점검하여 그 결과를 시·도지사(법령에 따라 위임한 경우에는 대도시 시장을 말한다)와 사용검사권자에게 제출하여야 한다.
> 2. 위 1.에서 '대통령령으로 정하는 규모 및 범위 등에 해당하는 공동주택'이란 '다음에 해당하는 사업주체'(국가등이 아닌 사업주체)가 건설하는 (㉠)세대 이상인 공동주택을 말한다. (제24회 객관식)
>   가. 법 제4조에 따라 등록한 주택건설사업자 또는 대지조성사업자
>   나. 그 밖에 이 법에 따라 주택건설사업 또는 대지조성사업을 시행하는 자
> 3. 다만, 시·도지사가 필요하다고 인정하는 경우는 조례로 정하는 바에 따라 (㉠)세대 미만인 공동주택으로 정할 수 있다.

47 주택법령상 '품질점검단의 점검결과에 대한 조치 등'에 관한 설명이다. (   )에 들어갈 용어와 아라비아 숫자를 쓰시오.

1. 사용검사권자는 품질점검단으로부터 점검결과를 제출받은 때에는 법 제48조의3 제6항 전단에 따라 의견을 청취하기 위하여 (㉠)에게 그 내용을 즉시 통보해야 한다.
2. (㉠)은(는) 위 1.에 따라 통보받은 점검결과에 대하여 이견(異見)이 있는 경우 통보받은 날부터 (㉡)일 이내에 관련 자료를 첨부하여 사용검사권자에게 의견을 제출할 수 있다.
3. 사용검사권자는 품질점검단 점검결과 및 위 2.에 따라 제출받은 의견을 검토한 결과 하자에 해당한다고 판단하는 때에는 법 제48조의3 제6항에 따라 위 2.에 따른 의견 제출일부터 (㉡)일 이내에 보수·보강 등의 조치를 명해야 한다.

48 주택법령상 '조치명령에 대한 이의신청 등'에 관한 설명이다. (   )에 들어갈 아라비아 숫자와 용어를 쓰시오.

1. 사업주체는 법 제48조의3 제7항 단서에 따라 영 제53조의6 제3항에 따른 조치명령에 이의신청을 하려는 경우에는 조치명령을 받은 날부터 (㉠)일 이내에 (㉡)에게 다음의 자료를 제출해야 한다.
   가. 사용검사권자의 조치명령에 대한 이의신청 내용 및 이유
   나. 이의신청 내용 관련 설계도서 및 현장사진
   다. 감리자의 의견
   라. 그 밖에 이의신청 내용을 증명할 수 있는 자료
2. (㉡)은(는) 위 1.에 따라 이의신청을 받은 때에는 신청을 받은 날부터 (㉠)일 이내에 사업주체에게 검토결과를 통보해야 한다.

49 주택법령상 '사용검사'에 관한 설명이다. (   )에 들어갈 용어를 쓰시오.

- 사업주체는 사업계획승인을 받아 시행하는 주택건설사업 또는 대지조성사업을 완료한 경우에는 주택 또는 대지에 대하여 시장·군수·구청장[국토교통부장관으로부터 사업계획승인을 받은 경우에는 (㉠)]의 사용검사를 받아야 한다.
- 법 제15조 제3항(공구별 건설, 공급)에 따라 사업계획을 승인받은 경우에는 완공된 주택에 대하여 공구별로 사용검사[(㉡) 사용검사]를 받을 수 있고, 사업계획승인 조건의 미이행 등 대통령령으로 정하는 사유가 있는 경우에는 공사가 완료된 주택에 대하여 동별로 사용검사(동별 사용검사)를 받을 수 있다.
- 주택건설사업의 경우에는 건축물의 '동별'로 공사가 완료된 경우, 대지조성사업의 경우에는 '구획별'로 공사가 완료된 경우에 사용검사권자의 임시 사용승인을 받아 사용할 수 있다.
- 사용검사권자는 임시 사용승인 대상인 주택 또는 대지가 사업계획의 내용에 적합하고 사용에 지장이 없는 경우에만 임시사용을 승인할 수 있다. 이 경우 임시 사용승인의 대상이 공동주택인 경우에는 (㉢)별로 임시 사용승인을 할 수 있다.

50 주택법령상 '사용검사'에 관한 설명이다. (   )에 들어갈 용어와 아라비아 숫자를 쓰시오.

1. 사업주체가 파산 등으로 사용검사를 받을 수 없는 경우에는 해당 주택의 시공을 (㉠)한 자 또는 입주예정자는 사용검사를 받을 수 있다.
2. 사업주체가 정당한 이유 없이 사용검사를 위한 절차를 이행하지 아니하는 경우에는 해당 주택의 시공을 (㉠)한 자, 해당 주택의 (㉡) 또는 입주예정자는 사용검사를 받을 수 있다. 이 경우 사용검사권자는 사업주체가 사용검사를 받지 아니하는 정당한 이유를 밝히지 못하는 한 사용검사를 거부하거나 지연할 수 없다.
3. 위의 2.에 따라 시공을 (㉠)한 자, 해당 주택의 (㉡) 또는 입주예정자가 사용검사를 신청하는 경우 사용검사권자는 사업주체에게 사용검사를 받지 아니하는 정당한 이유를 제출할 것을 요청하여야 한다. 이 경우 사업주체는 요청을 받은 날부터 (㉢)일 이내에 의견을 통지하여야 한다.

51 주택법령에 관한 설명이다. ( )에 들어갈 아라비아 숫자와 용어를 쓰시오.

> 1. 사업주체가 '파산 등으로 주택건설사업을 계속할 수 없는 경우'에는 '시공보증자'가 잔여공사를 시공하고 사용검사를 받아야 한다. 다만, 시공보증자가 없거나 파산으로 시공을 할 수 없는 경우는 입주예정자의 대표회의(이하 '입주예정자대표회의'라 한다)가 시공자를 정하여 잔여공사를 시공하고 사용검사를 받아야 한다.
> 2. 사용검사권자는 위 1.에 따라 입주예정자대표회의가 사용검사를 받아야 하는 경우에는 입주예정자로 구성된 대책회의를 소집하여 그 내용을 통보하고, 건축공사현장에 (㉠)일 이상 그 사실을 공고하여야 한다.
> 3. 위 2.의 경우 입주예정자는 그 과반수의 동의로 (㉡)명 이내의 입주예정자로 구성된 입주예정자대표회의를 구성하여야 한다.
> 4. 위 1.에 따라 사용검사를 받은 경우, 사용검사를 받은 자의 구분에 따라 시공보증자 또는 세대별 (㉢)의 명의로 '건축물관리대장' 등재 및 '소유권보존등기'를 할 수 있다.

52 주택법령상 '사용검사'에 관한 설명이다. ( )에 들어갈 용어와 아라비아 숫자를 쓰시오.

> • 법 제49조 제3항에 따라 사업주체의 파산 등으로 입주예정자가 사용검사를 받을 때에는 「공동주택관리법」에도 불구하고 '입주예정자의 대표회의'가 '사용검사권자'에게 사용검사를 신청할 때 (㉠)을(를) 예치하여야 한다.
> • 사용검사는 신청일부터 (㉡)일 이내에 하여야 한다.

53 주택법령에 관한 설명이다. ( )에 들어갈 용어와 아라비아 숫자를 쓰시오.

> • 국토교통부장관은 주요구조부 및 세대별 주거 공간의 전부 또는 일부를 국토교통부령으로 정하는 성능기준 및 생산기준에 따라 맞춤식 등 공업화공법으로 건설하는 주택을 (㉠)(으)로 인정할 수 있다.
> • 국토교통부장관은 (㉠)을(를) 인정하는 경우에는 국토교통부령으로 정하는 (㉠)인정서를 신청인에게 발급하고 이를 공고해야 하며, (㉠) 인정의 유효기간은 공고일부터 (㉡)년으로 한다.

49 ㉠ 국토교통부장관, ㉡ 분할, ㉢ 세대 **50** ㉠ 보증, ㉡ 시공자, ㉢ 7 **51** ㉠ 10, ㉡ 10,
㉢ 입주자 **52** ㉠ 하자보수보증금, ㉡ 15 **53** ㉠ 공업화주택, ㉡ 5

54 주택법령상 '공동주택 성능등급'에 관한 설명이다. (   )에 들어갈 아라비아 숫자와 용어를 쓰시오.

제22회 수정

> 사업주체가 대통령령으로 정하는 호수[(㉠)세대] 이상의 공동주택을 공급할 때는 주택의 성능 및 품질을 입주자가 알 수 있도록 「녹색건축물 조성 지원법」에 따라 다음의 공동주택성능에 대한 등급을 발급받아 (㉡)에 표시하여야 한다.
> 1. 경량충격음·중량충격음·화장실소음·경계소음 등 소음 관련 등급
> 2. 리모델링 등에 대비한 가변성 및 수리용이성 등 (㉢) 관련 등급
> 3. 조경·일조확보율·실내공기질·에너지절약 등 환경 관련 등급
> 4. 커뮤니티시설, 사회적 약자 배려, 홈네트워크, 방범안전 등 생활환경 관련 등급
> 5. 화재·소방·피난안전 등 화재·소방 관련 등급

55 주택건설기준 등에 관한 규정상 '사업계획승인권자의 의무'에 관한 설명이다. (   )에 들어갈 용어와 아라비아 숫자를 쓰시오.

> 1. 사업계획승인권자는 주택의 건설에 따른 소음의 피해를 방지하고 주택건설지역 주민의 평온한 생활을 유지하기 위해 주택건설사업을 시행하려는 (㉠)에게 대통령령으로 정하는 바에 따라 (㉡)을(를) 수립하도록 하여야 한다.
> 2. 사업계획승인권자는 「도로법」에 따른 고속국도로부터 300미터 이내에 주택건설지역이 있는 경우에는 해당 도로의 '관리청'과 (㉡)을(를) 미리 협의하여야 한다.
> 3. 사업주체는 공동주택을 건설하는 지점의 소음도(이하 '실외소음도'라 한다)가 (㉢)데시벨 미만이 되도록 하되, (㉢)데시벨 이상인 경우에는 방음벽·방음림(소음막이숲) 등의 방음시설을 설치하여 해당 공동주택의 건설지점의 소음도가 (㉢)데시벨 미만이 되도록 소음방지대책을 수립해야 한다.

이론 ✚

> [참고]
> 다만, 공동주택이 도시지역(주택단지 면적이 30만제곱미터 미만인 경우로 한정한다) 또는 「소음·진동관리법」에 따라 지정된 지역에 건축되는 경우로서 다음의 기준을 모두 충족하는 경우에는 그 공동주택의 6층 이상인 부분에 대하여 위 3.을 적용하지 않는다.
> 1. 세대 안에 설치된 모든 창호를 닫은 상태에서 거실에서 측정한 소음도(이하 '실내소음도'라 한다)가 45데시벨 이하일 것
> 2. 공동주택의 세대 안에 「건축법 시행령」 제87조 제2항에 따라 정하는 기준에 적합한 환기설비를 갖출 것

56 주택건설기준 등에 관한 규정상 '공동주택 바닥충격음 차단구조의 성능등급'에 관한 설명이다. ( )에 들어갈 아라비아 숫자를 쓰시오.

> • 공동주택 바닥충격음 차단구조의 성능등급 인정의 유효기간은 그 성능등급 인정을 받은 날부터 (㉠)년으로 한다.
> • 공동주택 바닥충격음 차단구조의 성능등급 인정을 받은 자는 위에 따른 유효기간이 끝나기 전에 유효기간을 연장할 수 있다. 이 경우 연장되는 유효기간은 연장될 때마다 (㉡)년을 초과할 수 없다.

57 주택건설기준 등에 관한 규정상 '시·군 지역'에 관한 설명이다. ( )에 들어갈 아라비아 숫자를 쓰시오.

> '시·군 지역'이라 함은 「수도권정비계획법」에 의한 수도권 외의 지역 중 인구 (㉠)만 미만의 시 지역과 군 지역을 말한다.

58 주택건설기준 등에 관한 규정상 '도로 및 주차장의 경계선으로부터 이격'에 관한 설명이다. ( )에 들어갈 아라비아 숫자를 쓰시오.

> • 도로 및 주차장의 경계선으로부터 공동주택의 외벽까지의 거리는 (㉠)미터 이상 띄어야 하며, 그 띄운 부분에는 식재 등 조경에 필요한 조치를 하여야 한다.
> • 어린이놀이터를 실외에 설치하는 경우 인접 대지경계선과 주택단지 안의 도로 및 주차장으로부터 (㉡)미터 이상의 거리를 두고 설치하여야 한다.

정답

54 ㉠ 500, ㉡ 입주자모집공고, ㉢ 구조   55 ㉠ 사업주체, ㉡ 소음방지대책, ㉢ 65
56 ㉠ 5, ㉡ 3   57 ㉠ 20   58 ㉠ 2, ㉡ 3

59 주택건설기준 등에 관한 규정상 '발코니에 설치하여야 할 시설'에 관한 설명이다. (   )에 들어갈 아라비아 숫자와 용어를 쓰시오.

> • 공동주택의 (㉠)층 이상인 층의 발코니에 세대 간 경계벽을 설치하는 경우에는 화재 등의 경우에 피난용도로 사용할 수 있는 (㉡)을(를) 경계벽에 설치하거나 경계벽의 구조를 파괴하기 쉬운 경량구조 등으로 할 수 있다.
> • 위에 따라 (㉡)을(를) 설치하거나 경계벽의 구조를 경량구조 등으로 하는 경우는 그에 대한 정보를 포함한 표지 등을 식별하기 쉬운 위치에 부착 또는 설치하여야 한다.

60 건축법령상 '발코니에 설치하여야 할 시설'에 관한 설명이다. (   )에 들어갈 아라비아 숫자와 용어를 쓰시오.

> 1. 공동주택 중 아파트로서 (㉠)층 이상인 층의 각 세대가 2개 이상의 직통계단을 사용할 수 없는 경우에는 발코니에 인접 세대와 공동으로 또는 각 세대별로 일정한 요건을 모두 갖춘 대피공간을 하나 이상 설치하여야 한다.
> 2. 위 1.에도 불구하고 아파트의 (㉠)층 이상인 층에서 발코니에 다음의 구조를 설치한 경우에는 대피공간을 설치하지 아니할 수 있다.
>   가. 인접 세대와의 경계벽이 파괴하기 쉬운 경량구조 등인 경우
>   나. 경계벽에 피난구를 설치한 경우
>   다. 발코니의 바닥에 국토교통부령으로 정하는 (㉡) 피난구를 설치한 경우
>   라. '대체시설'을 설치한 경우 등

61 주택건설기준 등에 관한 규정상 '주택단지 안 도로 등'에 관한 설명이다. (   )에 들어갈 아라비아 숫자를 쓰시오.

> 1. 공동주택을 건설하는 주택단지에는 폭 (㉠)미터 이상의 보도를 포함한 폭 (㉡)미터 이상의 도로(보행자전용도로, 자전거도로는 제외한다)를 설치하여야 한다.
> 2. 위 1.에도 불구하고 다음의 경우에는 도로의 폭을 4미터 이상으로 할 수 있다. 이 경우 해당 도로에는 보도를 설치하지 아니할 수 있다.
>   가. 해당 도로를 이용하는 공동주택의 세대수가 100세대 미만이고 해당 도로가 막다른 도로로서 그 길이가 (㉢)미터 미만인 경우
>   나. 그 밖에 주택단지 내의 막다른 도로 등 사업계획승인권자가 부득이하다고 인정하는 경우

62 주택건설기준 등에 관한 규칙 및 주택건설기준 등에 관한 규정상 '과속방지턱 등'에 관한 설명이다. (   )에 들어갈 아라비아 숫자를 쓰시오.

> • 지하주차장의 출입구, 경사형·유선형 차도 등 차량의 속도를 제한할 필요가 있는 곳에는 높이 (㉠)센티미터 이상 (㉡)센티미터 이하, 너비 1미터 이상인 과속방지턱을 설치하고, 운전자에게 그 시설의 위치를 알릴 수 있도록 반사성 도료로 도색한 노면표지를 설치해야 한다.
> • 주택단지 안의 도로는 유선형(流線型) 도로로 설계하거나 도로 노면의 요철(凹凸) 포장 또는 과속방지턱의 설치 등을 통하여 도로의 설계속도(도로설계의 기초가 되는 속도를 말한다)가 시속 (㉢)킬로미터 이하가 되도록 하여야 한다.

63 주택건설기준 등에 관한 규정상 '소형 주택의 주차대수'에 관한 설명이다. (   )에 들어갈 아라비아 숫자를 쓰시오.

> 소형 주택은 세대당 주차대수가 (㉠)대[세대당 전용면적이 30제곱미터 미만인 경우에는 (㉡)대] 이상이 되도록 주차장을 설치해야 한다. 다만, 지역별 차량보유율 등을 고려하여 다음의 구분에 따라 특별시·광역시·특별자치시·특별자치도·시·군 또는 자치구의 조례로 강화하거나 완화하여 정할 수 있다.
> 1. 「민간임대주택에 관한 특별법」 제2조 제13호 가목 및 나목에 해당하는 시설로부터 통행거리 '500미터 이내'에 건설하는 소형 주택으로서 다음의 요건을 모두 갖춘 경우: 설치기준의 10분의 (㉢) 범위에서 완화
>   가. 「공공주택 특별법」 제2조 제1호 가목의 공공임대주택일 것
>   나. 임대기간 동안 자동차를 소유하지 않을 것을 임차인 자격요건으로 하여 임대할 것. 다만, 「장애인복지법」 제2조 제2항에 따른 장애인 등에 대해서는 특별시·광역시·특별자치시·도·특별자치도의 조례로 자동차 소유 요건을 달리 정할 수 있다.
> 2. 그 밖의 경우: 설치기준의 2분의 1 범위에서 강화 또는 완화

64 주택건설기준 등에 관한 규정상 '보안등의 설치'에 관한 설명이다. (   )에 들어갈 아라비아 숫자를 쓰시오.

> 주택단지 안의 어린이놀이터 및 도로[폭 (㉠)미터 이상인 도로의 경우에는 도로의 양측]에는 보안등을 설치하여야 한다. 이 경우 당해 도로에 설치하는 보안등의 간격은 (㉡)미터 이내로 하여야 한다.

65 주택건설기준 등에 관한 규정상 '주민공동시설'에 관한 설명이다. (   )에 들어갈 아라비아 숫자를 쓰시오.

> (㉠)세대 이상의 주택을 건설하는 주택단지에는 다음에 따라 산정한 면적 이상의 주민공동시설을 설치하여야 한다.
> 1. 100세대 이상 1,000세대 미만: 세대당 (㉡)제곱미터를 더한 면적
> 2. 1,000세대 이상: (㉢)제곱미터에 세대당 2제곱미터를 더한 면적

66 주택건설기준 등에 관한 규정상 '주민공동시설'에 관한 설명이다. (   )에 들어갈 용어를 쓰시오.

> 1. 주민공동시설을 설치하는 경우 해당 주택단지에는 다음의 구분에 따른 시설이 포함되어야 한다. 다만, 해당 주택단지의 특성, 인근 지역의 시설설치 현황 등을 고려할 때 '사업계획승인권자'가 설치할 필요가 없다고 인정하는 시설이거나 입주예정자의 '과반수'가 서면으로 반대하는 (㉠)은(는) 설치하지 않을 수 있다.
>   가. 150세대 이상: 경로당, (㉡)
>   나. 300세대 이상: 경로당, (㉡), 어린이집
>   다. 500세대 이상: 경로당, (㉡), 어린이집, 주민운동시설, 작은도서관, (㉠)
> 2. (㉠)은(는) 「아동복지법」 제44조의2 제5항의 기준에 적합하게 설치하여야 한다.

67 건축물의 설비기준 등에 관한 규칙상 '자연환기설비 또는 기계환기설비의 설치'에 관한 설명이다. (   )에 들어갈 아라비아 숫자를 쓰시오.

> '(㉠)세대 이상의 공동주택' 및 '주택을 주택 외의 시설과 동일건축물로 건축하는 경우로서 주택이 (㉠)세대 이상인 건축물'은 시간당 0.5회 이상의 환기가 이루어질 수 있도록 자연환기설비 또는 기계환기설비를 설치해야 한다.

68 주택건설기준 등에 관한 규정상 '어린이 안전보호구역'에 관한 설명이다. (   )에 들어갈 아라비아 숫자와 용어를 쓰시오.

> (㉠)세대 이상의 공동주택을 건설하는 주택단지 안의 도로에는 어린이 통학버스의 (㉡)이(가) 가능하도록 국토교통부령으로 정하는 기준에 적합한 '어린이 안전보호구역'을 1개소 이상 설치하여야 한다.

69 소방기본법령상 '소방자동차 전용구역 등'에 관한 설명이다. (   )에 들어갈 아라비아 숫자와 용어를 쓰시오.

> 1. 「건축법」에 따른 다음의 공동주택의 건축주는 소방활동의 원활한 수행을 위하여 공동주택에 '소방자동차 전용구역'을 설치하여야 한다. [예외 있음]
>   가. 세대수가 (㉠)세대 이상인 아파트
>   나. (㉡)층 이상의 기숙사
> 2. 누구든지 소방자동차 전용구역에 차를 '주차'하거나 소방자동차 전용구역에의 진입을 가로막는 등의 방해행위를 하여서는 아니 된다. 이를 위반한 자에게는 100만원 이하의 (㉢)을(를) 부과한다.

정답

64 ㉠ 15, ㉡ 50 **65** ㉠ 100, ㉡ 2.5, ㉢ 500 **66** ㉠ 다함께돌봄센터, ㉡ 어린이놀이터
67 ㉠ 30 **68** ㉠ 500, ㉡ 정차 **69** ㉠ 100, ㉡ 3, ㉢ 과태료

03 주택의 공급 등

▶ **연계학습** ㅣ에듀윌 기본서 2차 [주택관리관계법규 上] p.103

대표기출

주택법령상 '입주자저축'에 관한 설명이다. (   )에 들어갈 용어를 쓰시오.   제25회 수정

1. 「주택법」에 따라 주택을 공급받으려는 자에게는 미리 (㉠)의 전부 또는 일부를 저축 (이하 '입주자저축'이라 한다)하게 할 수 있다.
2. 위 1.에서 '입주자저축'이란 국민주택과 민영주택을 공급받기 위하여 가입하는 (㉡)을 (를) 말한다.
3. 국토교통부장관은 입주자저축에 관한 국토교통부령을 제정하거나 개정할 때에는 (㉢) 와(과) 미리 협의해야 한다.

정답 ㉠ 입주금, ㉡ 주택청약종합저축, ㉢ 기획재정부장관

고난도

01 주택법령상 '입주자저축'에 관한 설명이다. (   )에 들어갈 용어와 아라비아 숫자를 쓰 시오.

- 입주자저축계좌를 취급하는 기관(이하 '입주자저축취급기관'이라 한다)은 「은행법」에 따른 은행 중 (㉠)이(가) 지정한다.
- 입주자저축은 한 사람이 한 계좌만 가입할 수 있다.
- 이 조에 따른 업무에 종사하거나 종사하였던 자는 업무를 수행하면서 취득한 입주자 저축정보를 다른 법률에 특별한 규정이 없으면 업무를 수행하기 위한 목적 외 다른 용도로 사용하거나 다른 사람 등에 제공하거나 누설해서는 아니 된다. [위반자: (㉡)년 이하의 징역 또는 (㉢)천만원 이하의 벌금]

02 주택법령에 관한 설명이다. (   )에 들어갈 용어를 쓰시오.

국토교통부장관은 법 제55조에 따른 입주자자격, 공급 순위 등의 확인과 법 제56조에 따른 입주자저축의 관리 등 주택공급과 관련하여 국토교통부령으로 정하는 업무를 효 율적으로 수행하기 위하여 '(㉠)수행기관'을 지정·고시할 수 있다.

03 주택법령상 '분양가상한제 적용주택의 예외'에 관한 설명이다. (   )에 들어갈 아라비아 숫자와 용어를 쓰시오.

다음의 경우에는 '분양가상한제 적용주택' 규정을 적용하지 아니한다.
1. 도시형 생활주택
2. 경제자유구역에서 건설·공급하는 공동주택으로서 경제자유구역위원회에서 외자유치 촉진과 관련이 있다고 인정하여 분양가격 제한을 적용하지 아니하기로 심의·의결한 경우
3. 「관광진흥법」에 따라 지정된 관광특구에서 건설·공급하는 공동주택으로서 해당 건축물의 층수가 50층 이상이거나 높이가 (㉠)미터 이상인 경우
4. 한국토지주택공사 또는 지방공사가 다음 정비사업의 시행자로 참여하는 등 '대통령령으로 정하는 공공성 요건'을 충족하는 경우로서 해당 사업에서 건설·공급하는 주택
   가. 「도시 및 주거환경정비법」 제2조 제2호에 따른 정비사업으로서 다음 요건에 해당되는 사업
      ⓐ 정비구역 면적이 2만 제곱미터 미만인 사업
      ⓑ 해당 정비사업에서 건설·공급하는 주택 전체 세대수가 200세대 미만인 사업
   나. 「빈집 및 소규모주택 정비에 관한 특례법」에 따른 소규모주택정비사업
   ※ 위 4.의 '대통령령으로 정하는 공공성 요건'은 다음과 같다.
      가. 한국토지주택공사 또는 지방공사가 위 4.의 사업의 시행자로 참여할 것
      나. 위 가.의 사업에서 건설·공급하는 주택의 전체 세대수의 10퍼센트 이상을 임대주택으로 건설·공급할 것
5. 「도시 및 주거환경정비법」 제2조 제2호 가목에 따른 주거환경개선사업 및 같은 호 나목 후단에 따른 (㉡)사업에서 건설·공급하는 주택
6. 「도시재생 활성화 및 지원에 관한 특별법」에 따른 (㉢)지구에서 시행하는 혁신지구재생사업

정답

01 ㉠ 국토교통부장관, ㉡ 5, ㉢ 5   **02** ㉠ 주택청약업무   **03** ㉠ 150, ㉡ 공공재개발, ㉢ 주거재생혁신

04 주택법령상 '분양가상한제 적용지역'에 관한 설명이다. ( )에 들어갈 용어와 아라비아 숫자를 쓰시오.

- 국토교통부장관은 주택가격상승률이 (㉠)보다 현저히 높은 지역으로서 그 지역의 주택가격·주택거래 등과 지역 주택시장 여건 등을 고려하였을 때 주택가격이 급등하거나 급등할 우려가 있는 지역 중 대통령령으로 정하는 기준을 충족하는 지역에 대하여는 (㉡)의 심의를 거쳐 분양가상한제 적용지역으로 지정할 수 있다.
- 국토교통부장관은 위에 따른 분양가상한제 적용지역으로 계속 지정할 필요가 없다고 인정하는 경우에는 (㉡)의 심의를 거쳐 분양가상한제 적용지역의 지정을 해제하여야 한다.
- 분양가상한제 적용지역으로 지정된 지역의 시·도지사, 시장, 군수 또는 구청장은 분양가상한제 적용지역의 지정 후 해당 지역의 주택가격이 안정되는 등 분양가상한제 적용지역으로 계속 지정할 필요가 없다고 인정하는 경우에는 국토교통부장관에게 그 지정의 해제를 요청할 수 있다.
- 국토교통부장관은 분양가상한제 적용지역 지정의 해제를 요청받은 경우에는 주거정책심의위원회의 심의를 거쳐 요청받은 날부터 (㉢)일 이내에 해제 여부를 결정하고, 그 결과를 시·도지사, 시장, 군수 또는 구청장에게 통보하여야 한다.

고난도

05 주택법령상 '분양가상한제 적용지역의 지정기준'에 관한 설명이다. ( )에 들어갈 용어와 아라비아 숫자를 쓰시오. 제23회 객관식 수정

1. 국토교통부장관은 '대통령령으로 정하는 기준을 충족하는 지역'을 분양가상한제 적용지역으로 지정할 수 있다.
2. 위 1.에서 '대통령령으로 정하는 기준을 충족하는 지역'이란 (㉠)지구 중 다음에 해당하는 지역을 말한다.
   가. 분양가상한제 적용지역으로 지정하는 날이 속하는 달의 바로 전달(이하 '분양가상한제적용직전월'이라 한다)부터 소급하여 12개월간의 아파트 분양가격상승률이 물가상승률(해당 지역이 포함된 시·도 소비자물가상승률을 말한다)의 (㉡)배를 초과한 지역
   나. 분양가상한제적용직전월부터 소급하여 3개월간의 주택매매거래량이 전년 동기 대비 (㉢)퍼센트 이상 증가한 지역 (제23회 객관식)
   다. 분양가상한제적용직전월부터 소급하여 주택공급이 있었던 2개월 동안 해당 지역에서 공급되는 주택의 월평균 청약경쟁률이 모두 5대 1을 초과하였거나 해당 지역에서 공급되는 국민주택규모 주택의 월평균 청약경쟁률이 모두 10대 1을 초과한 지역

06 주택법령상 '분양가격의 구성요소'에 관한 설명이다. (   )에 들어갈 용어를 쓰시오. (순서 무관)

> 분양가격은 (㉠)와(과) (㉡)(으)로 구성되며, 구체적인 명세, 산정방식, 감정평가기관 선정방법 등은 국토교통부령으로 정한다.

07 주택법령상 '택지비 산정'에 관한 설명이다. (   )에 들어갈 용어를 쓰시오.

> 택지비는 다음에 따라 산정한 금액으로 한다.
> 1. 공공택지에서 주택을 공급하는 경우에는 해당 택지의 (㉠)에 국토교통부령으로 정하는 택지와 관련된 비용을 가산한 금액
> 2. 공공택지 외의 택지에서 분양가상한제 적용주택을 공급하는 경우에는 「감정평가 및 감정평가사에 관한 법률」에 따라 (㉡)한 가액에 국토교통부령으로 정하는 택지와 관련된 비용을 가산한 금액. 다만, 택지 매입가격이 「민사집행법」에 따른 경매·공매 낙찰가격에 해당하는 경우에는 해당 (㉢)에 국토교통부령으로 정하는 택지와 관련된 비용을 가산한 금액을 택지비로 볼 수 있다.

08 주택법령상 '건축비 산정'에 관한 설명이다. (   )에 들어갈 용어를 쓰시오.

> • 분양가격 구성항목 중 건축비는 국토교통부장관이 정하여 고시하는 건축비[이하 '(㉠)'(이)라 한다]에 국토교통부령으로 정하는 금액을 더한 금액으로 한다.
> • 이 경우 (㉠)은(는) (㉡)이(가) 해당 지역의 특성을 고려하여 국토교통부령으로 정하는 범위에서 따로 정하여 고시할 수 있다.

09 주택법령상 '분양가심사위원회의의 기능'에 관한 설명이다. (   )에 들어갈 용어를 쓰시오.

> 위원회는 다음의 사항을 심의한다.
> 1. 분양가격 및 (㉠) 확장비용 산정의 적정성 여부
> 2. 시·군·구별 (㉡) 산정의 적정성 여부
> 3. 분양가격 공시내용(분양가심사위원회의 심사를 받은 내용과 산출근거를 포함한다)의 적정성 여부 등

10 주택법령상 '저당권설정 제한'에 관한 설명이다. (   )에 들어갈 용어와 아라비아 숫자를 쓰시오.
제21회 객관식 수정

> • 사업주체는 주택건설사업에 의하여 건설된 주택 및 대지에 대하여는 입주자모집공고 승인 신청일[주택조합의 경우에는 (㉠) 신청일을 말한다] 이후부터 입주예정자가 그 주택 및 대지의 소유권이전등기를 신청할 수 있는 날 이후 (㉡)일까지의 기간 동안 입주예정자의 동의 없이 저당권 등을 설정하는 행위를 하여서는 아니 된다.
> (제21회 객관식)
> • 위에서 '소유권이전등기를 신청할 수 있는 날'이란 사업주체가 입주예정자에게 통보한 (㉢)을(를) 말한다.

11 주택법 제65조 규정의 일부이다. (   )에 들어갈 용어와 아라비아 숫자를 쓰시오.
제24회

> 제65조【공급질서 교란 금지】① 누구든지 이 법에 따라 건설·공급되는 주택을 공급받거나 공급받게 하기 위하여 다음 각 호의 어느 하나에 해당하는 증서 또는 지위를 양도·양수(매매·증여나 그 밖에 권리 변동을 수반하는 모든 행위를 포함하되, 상속·저당의 경우는 제외한다) …를 하여서는 아니 되며, 〈이하 본문 생략〉
> 1. 법 제11조에 따라 주택을 공급받을 수 있는 지위
> 2. 법 제56조에 따른 입주자저축 증서
> 3. 법 제80조에 따른 (㉠)
> 4. 그 밖에 주택을 공급받을 수 있는 증서 또는 지위로서 대통령령으로 정하는 것
> ② ~ ④ 〈생략〉
> ⑤ 국토교통부장관은 제1항을 위반한 자에 대하여 (㉡)년의 범위에서 국토교통부령으로 정하는 바에 따라 주택의 입주자자격을 제한할 수 있다.

12 주택법령상 '조정대상지역의 지정'에 관한 설명이다. (   )에 들어갈 용어를 쓰시오.

1. 국토교통부장관은 다음 어느 하나에 해당하는 지역으로서 '대통령령으로 정하는 기준을 충족하는 지역'을 주거정책심의위원회의 심의를 거쳐 조정대상지역으로 지정할 수 있다.

   가. 주택가격, 청약경쟁률, 분양권 전매량, 주택보급률 등을 고려하였을 때 주택 분양 등이 과열되어 있거나 과열될 우려가 있는 지역

   나. 주택가격, 주택거래량, 미분양주택의 수, 주택보급률 등을 고려하여 주택의 분양·매매 등 거래가 위축되어 있거나 위축될 우려가 있는 지역

2. 위 1.의 경우 '과열지역'은 그 지정 목적을 달성할 수 있는 (㉠)의 범위에서 시·군·구 또는 읍·면·동의 지역 단위로 지정하되, 택지개발지구 등 해당 지역 여건을 고려하여 지정 단위를 조정할 수 있다.

3. 국토교통부장관은 위 1.에 따라 조정대상지역을 지정하는 경우에는 미리 (㉡)의 의견을 들어야 한다.

4. 국토교통부장관은 조정대상지역을 지정하였을 때에는 지체 없이 이를 공고하고, 그 조정대상지역을 관할하는 시장·군수·구청장에게 공고 내용을 통보하여야 한다.

5. 위 4.의 경우 시장·군수·구청장은 (㉢)(으)로 하여금 입주자 모집공고 시 해당 주택건설지역이 조정대상지역에 포함된 사실을 공고하게 하여야 한다.

> **TIP** 지정 목적을 달성할 수 있는 최소한의 범위에서 지정하여야 하는 지역은 과열지역이며, 위축지역은 그러하지 않다.

정답

09 ㉠ 발코니, ㉡ 기본형건축비   **10** ㉠ 사업계획승인, ㉡ 60, ㉢ 입주가능일
11 ㉠ 주택상환사채, ㉡ 10   **12** ㉠ 최소한, ㉡ 시·도지사, ㉢ 사업주체

13 주택법령상 '조정대상지역의 해제'에 관한 설명이다. (   )에 들어갈 용어와 아라비아 숫자를 쓰시오.

> 1. 국토교통부장관은 조정대상지역으로 유지할 필요가 없다고 판단되는 경우에는 주거정책심의위원회의 심의를 거쳐 조정대상지역의 지정을 해제하여야 한다.
> 2. 국토교통부장관은 (㉠)마다 주거정책심의위원회의 회의를 소집하여 조정대상지역으로 지정된 지역별로 해당 지역의 주택가격 안정 여건의 변화 등을 고려하여 조정대상지역 지정의 유지 여부를 재검토하여야 한다.
> 3. 위 2.에 따라 국토교통부장관은 조정대상지역 지정의 해제를 요청받은 경우에는 주거정책심의위원회의 심의를 거쳐 요청받은 날부터 (㉡)일 이내에 해제 여부를 결정하고, 그 결과를 해당 지역을 관할하는 '시·도지사' 또는 '시장·군수·구청장'에게 통보해야 한다.
> 4. 조정대상지역으로 지정된 지역의 시·도지사 또는 시장·군수·구청장은 조정대상지역 지정 후 해당 지역의 주택가격이 안정되는 등 조정대상지역으로 유지할 필요가 없다고 판단되는 경우에는 국토교통부장관에게 그 지정의 해제를 요청할 수 있다.

14 주택법령상 '조정대상지역의 지정기준'에 관한 설명이다. (   )에 들어갈 아라비아 숫자를 쓰시오.

> 1. 법 제63조의2 제1항 제1호에 해당하는 지역(과열지역): 조정대상지역으로 지정하는 날이 속하는 달의 바로 전달(이하 '조정대상지역지정직전월'이라 한다)부터 소급하여 3개월간의 해당 지역 주택가격상승률이 그 지역이 속하는 시·도 소비자물가상승률의 (㉠)배를 초과한 지역으로서 다음에 해당하는 지역을 말한다.
>   가. 조정대상지역지정직전월부터 소급하여 주택공급이 있었던 2개월 동안 해당 지역에서 공급되는 주택의 월별 평균 청약경쟁률이 모두 5대 1을 초과했거나 국민주택규모 주택의 월별 평균 청약경쟁률이 모두 10대 1을 초과한 지역
>   나. 조정대상지역지정직전월부터 소급하여 3개월간의 분양권(주택의 입주자로 선정된 지위를 말한다) 전매거래량이 직전 연도의 같은 기간보다 (㉡)퍼센트 이상 증가한 지역
>   다. 해당 지역이 속하는 시·도의 주택보급률 또는 자가주택비율이 전국 평균 이하인 지역

2. 법 제63조의2 제1항 제2호에 해당하는 지역(위축지역): 조정대상지역지정직전월부터 소급하여 6개월간의 평균 주택가격상승률이 마이너스 (ⓒ)퍼센트 이하인 지역으로서 다음에 해당하는 지역을 말한다.

　가. 조정대상지역지정직전월부터 소급하여 3개월 연속 주택매매거래량이 직전 연도의 같은 기간보다 20퍼센트 이상 감소한 지역

　나. 조정대상지역지정직전월부터 소급하여 3개월간의 평균 미분양주택(사업계획승인을 받아 입주자를 모집을 하였으나 입주자가 선정되지 아니한 주택)의 수가 직전 연도의 같은 기간보다 2배 이상인 지역

　다. 해당 지역이 속하는 시·도의 주택보급률 또는 자가주택비율이 전국 평균을 초과하는 지역

15 주택법 제63조(투기과열지구의 지정 및 해제)의 규정의 일부이다. (　　)에 들어갈 용어를 쓰시오.

투기과열지구는 해당 지역의 (㉠)이(가) 물가상승률보다 현저히 높은 지역으로서 그 지역의 청약경쟁률·주택가격·주택보급률 및 주택공급계획 등과 지역 주택시장 여건 등을 고려하였을 때 주택에 대한 투기가 성행하고 있거나 성행할 우려가 있는 지역 중 '대통령령으로 정하는 기준을 충족하는 곳'이어야 한다.

16 주택법령상 '투기과열지구 지정의 해제'에 관한 설명이다. (   )에 들어갈 아라비아 숫자를 쓰시오.

> 1. 투기과열지구로 지정된 지역의 시·도지사, 시장, 군수 또는 구청장은 투기과열지구 지정 후 해당 지역의 주택가격이 안정되는 등 지정 사유가 없어졌다고 인정되는 경우에는 국토교통부장관 또는 시·도지사에게 투기과열지구 지정의 해제를 요청할 수 있다.
> 2. 위 1.에 따라 투기과열지구 지정의 해제를 요청받은 국토교통부장관 또는 시·도지사는 요청받은 날부터 (㉠)일 이내에 주거정책심의위원회의 심의를 거쳐 투기과열지구 지정의 해제 여부를 결정하여 그 투기과열지구를 관할하는 지방자치단체의 장(시·도지사 또는 시장·군수·구청장)에게 심의결과를 통보하여야 한다.

이론 ✚

영 제72조의2【투기과열지구의 지정기준】 ① 법 제63조 제2항에서 '대통령령으로 정하는 기준을 충족하는 곳'이란 다음에 해당하는 곳을 말한다.

1. 투기과열지구로 지정하는 날이 속하는 달의 바로 전달(이하 '투기과열지구지정직전월'이라 한다)부터 소급하여 주택공급이 있었던 2개월 동안 해당 지역에서 공급되는 주택의 월별 평균 청약경쟁률이 모두 5대 1을 초과했거나 국민주택규모 주택의 월별 평균 청약경쟁률이 모두 10대 1을 초과한 곳

2. 다음에 해당하는 곳으로서 주택공급이 위축될 우려가 있는 곳
   가. 투기과열지구지정직전월의 분양실적이 전달보다 30퍼센트 이상 감소한 곳
   나. 법 제15조에 따른 사업계획승인 건수나 「건축법」 제11조에 따른 건축허가 건수(투기과열지구지정직전월부터 소급하여 6개월간의 건수를 말한다)가 직전 연도보다 급격하게 감소한 곳

3. 신도시 개발이나 주택 전매행위의 성행 등으로 투기 및 주거불안의 우려가 있는 곳으로서 다음에 해당하는 곳
   가. 해당 지역이 속하는 시·도의 주택보급률이 전국 평균 이하인 곳
   나. 해당 지역이 속하는 시·도의 자가주택비율이 전국 평균 이하인 곳
   다. 해당 지역의 분양주택(투기과열지구로 지정하는 날이 속하는 연도의 직전 연도에 분양된 주택을 말한다)의 수가 법 제56조 제1항에 따른 입주자저축에 가입한 사람으로서 「주택공급에 관한 규칙」 제27조 제1항 제1호 및 제28조 제1항 제1호에 따른 주택청약 제1순위자의 수보다 현저히 적은 곳

② 제1항 각 호에 따른 투기과열지구 지정기준 충족 여부를 판단할 때 위 각 호에 규정된 기간에 대한 통계가 없는 경우에는 그 기간과 가장 가까운 월 또는 연도에 대한 통계를 제1항 각 호에 규정된 기간에 대한 통계로 본다.

17 주택법령상 '주택의 전매행위 제한 등'에 관한 설명이다. (   )에 들어갈 아라비아 숫자와 용어를 쓰시오.

> '사업주체가 건설·공급하는 주택'으로서 투기과열지구 등에 해당하는 경우에는 (㉠)년 이내의 범위에서 대통령령으로 정하는 기간이 지나기 전에는 그 주택을 전매[매매·증여나 그 밖에 권리의 변동을 수반하는 모든 행위를 포함하되, (㉡)의 경우는 제외한다]하거나 이의 전매를 알선할 수 없다.

18 주택법령상 '주택의 전매행위 제한 등'에 관한 설명이다. (   )에 들어갈 용어와 아라비아 숫자를 쓰시오.

> 1. 사업주체가 '분양가상한제 적용주택', '공공택지 외의 택지에서 건설·공급되는 주택 및 토지임대부 분양주택'을 공급하는 경우에는 그 주택의 소유권을 제3자에게 이전할 수 없음을 소유권에 관한 등기에 부기등기하여야 한다.
> 2. 위 1.에 따른 부기등기는 주택의 (㉠)등기와 동시에 하여야 하며, 부기등기에는 '이주택은 최초로 '소유권이전등기'가 된 후에는 「주택법」 제64조 제1항에서 정한 기간이 지나기 전에 (㉡)[법 제64조 제2항 단서 및 제78조의2 제3항에 따라 (㉡)이(가) 우선 매입한 주택을 공급받는 자를 포함한다] 외의 자에게 소유권을 이전하는 어떠한 행위도 할 수 없음'을 명시하여야 한다.
> 3. 국토교통부장관은 전매제한 규정을 위반한 자에 대하여 (㉢)년의 범위에서 국토교통부령으로 정하는 바에 따라 주택의 입주자자격을 제한할 수 있다.

19 주택법령상 '전매행위 제한기간'에 관한 설명이다. (   )에 들어갈 아라비아 숫자를 쓰시오.

> 1. 투기과열지구에서 건설·공급되는 주택의 전매제한기간: 다음 각 목의 구분에 따른 기간
>   가. 수도권: (㉠)년
>   나. 수도권 외의 지역: (㉡)년
> 2. '조정대상지역'에서 건설·공급되는 주택의 전매제한기간: 다음 각 목의 구분에 따른 기간
>   가. 과열지역: 다음의 구분에 따른 기간
>   1) 수도권: (㉠)년
>   2) 수도권 외의 지역: (㉡)년
>   나. 위축지역
>
> | 공공택지에서 건설·공급되는 주택 | 공공택지 외의 택지에서 건설·공급되는 주택 |
> |---|---|
> | (㉢)개월 | – |

20 주택법령상 '전매행위 제한기간'에 관한 설명이다. (   )에 들어갈 아라비아 숫자를 쓰시오.

> 1. 분양가상한제 적용주택의 전매제한기간: 다음 각 목의 구분에 따른 기간
>   가. 공공택지에서 건설·공급되는 주택: 다음의 구분에 따른 기간
>   1) 수도권: (㉠)년
>   2) 수도권 외의 지역: (㉡)년
>   나. 공공택지 외의 택지에서 건설·공급되는 주택: 다음의 구분에 따른 기간
>   1) 투기과열지구: 투기과열지구에서 건설·공급되는 주택의 구분에 따른 기간
>   2) 투기과열지구가 아닌 지역: 공공택지 외의 택지에서 건설·공급되는 주택의 구분에 따른 기간
> 2. 법 제64조 제1항 제5호의 주택[공공재개발사업(법 제57조 제1항 제2호의 지역에 한정한다)에서 건설·공급하는 주택]의 전매제한기간: 위 1. 나목의 구분에 따른 기간

고난도

21 주택법령상 '전매가 예외적으로 인정되는 불가피한 경우'에 관한 설명이다. (   )에 들어갈 용어와 아라비아 숫자를 쓰시오.

---

1. 세대원[법 제64조 제1항(전매 제한) 각 호의 주택을 공급받은 사람이 포함된 세대의 구성원을 말한다]이 근무 또는 생업상의 사정이나 질병치료·취학·결혼으로 인하여 세대원 전원이 다른 광역시, 특별자치시, 특별자치도, 시 또는 군[광역시의 관할구역에 있는 (㉠)을(를) 제외한다]으로 이전하는 경우. 다만, 수도권 안에서 이전하는 경우를 제외한다.
2. 세대원 전원이 해외로 이주하거나 (㉡)년 이상의 기간 해외에 체류하고자 하는 경우
3. 실직·(㉢) 또는 신용불량으로 경제적 어려움이 발생한 경우

---

22 주택법령상 '전매가 예외적으로 인정되는 불가피한 경우'에 관한 설명이다. (   )에 들어갈 용어를 쓰시오.

- 이혼으로 인해 입주자로 선정된 지위 또는 주택을 그 배우자에게 (㉠)하는 경우
- 입주자로 선정된 지위 또는 주택의 일부를 그 배우자에게 (㉡)하는 경우

이론 ✚

전매가 예외적으로 인정되는 불가피한 경우(영 제73조 제4항)

다음의 어느 하나에 해당하여 한국토지주택공사(사업주체가 공공주택 특별법 제4조의 공공주택사업자인 경우에는 공공주택사업자를 말한다)의 동의를 받은 경우를 말한다.

1. 세대원(법 제64조 제1항 각 호의 주택을 공급받은 사람이 포함된 세대의 구성원을 말한다)이 근무 또는 생업상의 사정이나 질병치료·취학·결혼으로 인하여 세대원 전원이 다른 광역시, 특별자치시, 특별자치도, 시 또는 군(광역시의 관할구역에 있는 군은 제외한다)으로 이전하는 경우. 다만, 수도권 안에서 이전하는 경우는 제외한다.
2. 상속에 따라 취득한 주택으로 세대원 전원이 이전하는 경우
3. 세대원 전원이 해외로 이주하거나 2년 이상의 기간 동안 해외에 체류하려는 경우
4. 이혼으로 인하여 입주자로 선정된 지위 또는 주택을 배우자에게 이전하는 경우
5. 「공익사업을 위한 토지 등의 취득 및 보상에 관한 법률」 제78조 제1항에 따라 공익사업의 시행으로 주거용 건축물을 제공한 자가 사업시행자로부터 이주대책용 주택을 공급받은 경우(사업시행자의 알선으로 공급받은 경우를 포함한다)로서 시장·군수·구청장이 확인하는 경우
6. 법 제64조 제1항 제3호부터 제5호까지의 어느 하나에 해당하는 주택의 소유자가 국가·지방자치단체 및 금융기관(영 제71조 제1호 각 목의 금융기관을 말한다)에 대한 채무를 이행하지 못하여 경매 또는 공매가 시행되는 경우
7. 입주자로 선정된 지위 또는 주택의 일부를 배우자에게 증여하는 경우
8. 실직·파산 또는 신용불량으로 경제적 어려움이 발생한 경우

---

22 ㉠ 이전, ㉡ 증여   **정답**

04 리모델링

▶ **연계학습** I 에듀윌 기본서 2차 [주택관리관계법규 上] p.135

01 주택법령상 '리모델링'에 관한 설명이다. (   )에 들어갈 용어를 쓰시오.

제24회 객관식 수정

1. 공동주택(부대시설과 복리시설을 포함한다)의 입주자·사용자 또는 관리주체가 공동주택을 리모델링하려고 하는 경우에는 허가와 관련된 면적, 세대수 또는 입주자 등의 동의 비율에 관하여 대통령령으로 정하는 기준 및 절차에 따라 시장·군수·구청장의 (㉠)을(를) 받아야 한다.
2. 위 1.에도 불구하고 대통령령으로 정하는 기준 및 절차 등에 따라 리모델링 결의를 한 (㉡)이나 소유자 전원 동의를 받은 (㉢)이(가) 시장·군수·구청장의 (㉠)을(를) 받아 리모델링을 할 수 있다. (제24회 객관식)

02 주택법령상 인가받아 설립된 리모델링주택조합이 리모델링의 허가를 받으려는 경우, 리모델링 설계의 개요, 공사비 및 조합원의 비용분담 명세 등이 적혀 있는 결의서에 다음의 동의를 받아야 한다. (   )에 들어갈 아라비아 숫자를 쓰시오.

• 주택단지 '전체'를 리모델링하고자 하는 경우에는 주택단지 전체 구분소유자 및 의결권의 각 (㉠)퍼센트 이상의 동의와 각 동별 구분소유자 및 의결권의 각 (㉡)퍼센트 이상의 동의(리모델링을 하지 않는 별동의 건축물로 입주자 공유가 아닌 복리시설 등의 소유자는 권리변동이 없는 경우에 한정하여 동의비율 산정에서 제외한다)
• '동'을 리모델링하고자 하는 경우에는 그 동의 구분소유자 및 의결권의 각 (㉠)퍼센트 이상의 동의

03 주택법령상 '공동주택 리모델링의 허가기준'에 관한 사례이다. (   )에 들어갈 숫자를 쓰시오.

제21회

주택단지의 소유자가 100명인 경우, 입주자대표회의(공동주택관리법 제2조 제1항 제8호에 따른 입주자대표회의를 말한다)가 주택법령에 따라 공동주택 리모델링을 하려면 소유자의 비용분담 명세 등이 적혀 있는 결의서에 주택단지 소유자 (   )명의 동의를 받아야 한다.

TIP 입주자대표회의가 리모델링하는 경우 결의요건(소유자 전원 동의)과 리모델링주택조합이 리모델링하는 경우 결의요건(75%, 50%)을 비교하여 암기하여야 한다.

04 주택법령상 '공동주택 리모델링의 허가기준 중 동의비율'에 관한 설명이다. (   )에 들어갈 용어를 쓰시오.

제21·24회 객관식 수정

1. '입주자·사용자 또는 관리주체'의 경우 (제24회 객관식)
   공사기간, 공사방법 등이 적혀 있는 동의서에 (㉠) 전체의 동의를 받아야 한다.
2. '입주자대표회의' 경우 (제21·24회 객관식)
   다음의 사항이 적혀 있는 결의서에 주택단지의 (㉡) 전원의 동의를 받아야 한다.
   가. 리모델링 설계의 개요
   나. 공사비
   다. 소유자의 비용분담 명세

05 주택법령상 '리모델링'에 관한 설명이다. (   )에 들어갈 용어와 아라비아 숫자를 쓰시오.

> • 리모델링주택조합의 법인격에 관하여는 「도시 및 주거환경정비법」 제38조를 준용한다. 이 경우 '정비사업조합'은 '리모델링주택조합'으로 본다.
> • 「도시 및 주거환경정비법」제38조에 따르면, 조합은 법인으로 하며, 조합설립(㉠)을 (를) 받은 날부터 (㉡)일 이내에 주된 사무소의 소재지에서 등기하는 때에 성립하고, 명칭에 정비사업조합(리모델링주택조합)이라는 문자를 사용해야 한다.
> • 「도시 및 주거환경정비법」 제49조에 따르면, 조합에 관하여는 이 법에 규정된 사항을 제외하고는 「민법」 중 '(㉢)법인'에 관한 규정을 준용한다.

> **TIP** 주택조합 중 리모델링주택조합의 경우에만 그 법인격에 관하여는 「도시 및 주거환경정비법」 제38조를 준용한다는 점을 숙지하여야 한다.

06 주택법령에 관한 설명이다. (   )에 들어갈 아라비아 숫자를 쓰시오.

> 1. 공동주택의 리모델링과 관련하여 입주자, 사용자, 관리주체, 입주자대표회의 또는 그 구성원, 리모델링주택조합 또는 그 구성원은 부정하게 재물 또는 재산상의 이익을 취득하거나 제공하여서는 아니 된다.
> 2. 위 1.을 위반한 자에게는 (㉠)년 이하의 징역 또는 2천만원 이하의 벌금에 처한다. 다만, 그 위반행위로 얻은 이익의 (㉡)퍼센트에 해당하는 금액이 2천만원을 초과하는 자는 2년 이하의 징역 또는 그 이익의 (㉢)배에 해당하는 금액 이하의 벌금에 처한다.

07 주택법령에 관한 설명이다. (   )에 들어갈 용어와 아라비아 숫자를 쓰시오.

> 1. '증축형 리모델링을 하려는 자'는 시장·군수·구청장에게 안전진단을 요청하여야 하며, 안전진단을 요청받은 시장·군수·구청장은 해당 건축물의 증축 가능 여부의 확인 등을 위하여 안전진단을 실시하여야 한다.
> 2. 시장·군수·구청장은 위 1.에 따라 안전진단을 실시하는 경우에는 대통령령으로 정하는 기관(안전진단전문기관, 국토안전관리원, 한국건설기술연구원)에 안전진단을 의뢰하여야 하며, 안전진단을 의뢰받은 기관은 리모델링을 하려는 자가 추천한 (㉠)(구조설계를 담당할 자)과(와) 함께 안전진단을 실시하여야 한다.
> 3. 시장·군수·구청장은 수직증축형 리모델링을 허가한 후에 해당 건축물의 '구조안전성 등에 대한 상세 확인'을 위하여 안전진단을 실시하여야 한다. 이 경우 안전진단을 의뢰받은 기관은 위 2.에 따른 (㉠)와(과) 함께 안전진단을 실시하여야 하며, 리모델링을 하려는 자는 안전진단 후 구조설계의 변경 등이 필요한 경우에는 (㉠)(으)로 하여금 이를 보완하도록 하여야 한다.
> 4. 위 2. 및 3.에 따라 안전진단을 의뢰받은 기관은 안전진단을 실시하고, 국토교통부령으로 정하는 방법 및 절차에 따라 '안전진단 결과보고서'를 작성하여 '안전진단을 요청한 자'와 '시장·군수·구청장'에게 제출하여야 한다.
> 5. 시장·군수·구청장은 위 1.에 따른 안전진단을 실시한 기관에 위 3.에 따른 안전진단을 의뢰해서는 아니 된다. 다만, 다음의 경우에는 그러하지 아니하다.
>   가. 위 2.에 따라 안전진단을 실시한 기관이 국토안전관리원 또는 한국건설기술연구원인 경우
>   나. 위 3.에 따른 안전진단 의뢰[2회 이상 지방자치단체를 당사자로 하는 계약에 관한 법률 제9조 제1항 또는 제2항에 따라 입찰에 부치거나 수의계약을 시도하는 경우로 한정한다]에 응하는 기관이 없는 경우
> 6. 위 4.에 따라 안전진단전문기관으로부터 안전진단 결과보고서를 제출받은 시장·군수·구청장은 필요하다고 인정하는 경우에는 제출받은 날부터 (㉡)일 이내 국토안전관리원 또는 한국건설기술연구원에 안전진단 결과보고서의 (㉢)에 대한 검토를 의뢰할 수 있다.

08 주택법령에 관한 설명이다. (   )에 들어갈 용어와 아라비아 숫자를 쓰시오.

제23회 객관식 수정, 제26회 객관식

> 1. 시장·군수·구청장은 '수직증축형 리모델링을 하려는 자'가 「건축법」에 따른 건축위원회의 심의를 요청하는 경우 '구조계획상 증축 범위의 적정성 등'에 대하여 국토안전관리원 또는 한국건설기술연구원에 (㉠) 검토를 '의뢰'하여야 한다.
> (제23회 객관식)

2. 시장·군수·구청장은 수직증축형 리모델링을 하려는 자의 허가 신청이 있거나 법 제68조 제4항에 따른 안전진단 결과 국토교통부장관이 정하여 고시하는 설계도서의 변경이 있는 경우 제출된 설계도서상 구조안전의 적정성 여부 등에 대하여 위 1.에 따라 검토를 수행한 전문기관에 (㉠) 검토를 의뢰하여야 한다.

3. 위 1. 및 2.에 따라 검토의뢰를 받은 전문기관은 검토한 결과를 '대통령령으로 정하는 기간' 이내에 시장·군수·구청장에게 제출하여야 한다.

4. 위 3.에서 '대통령령으로 정하는 기간'이란 '안전성 검토(이하 '검토'라 한다)를 의뢰받은 날'부터 (㉡)일을 말한다. 다만, 검토 의뢰를 받은 전문기관이 부득이하게 검토기간의 연장이 필요하다고 인정하여 20일의 범위에서 그 기간을 연장(한 차례로 한정한다)한 경우에는 그 연장된 기간을 포함한 기간을 말한다.

5. 국토교통부장관은 시장·군수·구청장에게 위 3.에 따라 제출받은 자료의 제출을 요청할 수 있으며, 필요한 경우 시장·군수·구청장으로 하여금 안전성 검토결과의 적정성에 대하여 「건축법」에 따른 중앙건축위원회의 심의를 받도록 요청할 수 있다.

6. 시장·군수·구청장은 특별한 사유가 없으면 위 5.에 따른 심의결과를 반영하여야 한다.

7. '수직증축형 리모델링'의 '설계자'는 국토교통부장관이 정하여 고시하는 구조기준에 맞게 (㉢)을(를) 작성하여야 한다. (제26회 객관식)

09 주택법령상 '임대차기간의 특례'에 관한 설명이다. ( )에 들어갈 용어를 쓰시오.

임대차계약 당시 다음의 어느 하나에 해당하여 그 사실을 임차인에게 고지한 경우로서 법 제66조 제1항 및 제2항에 따라 리모델링 허가를 받은 경우에는 해당 리모델링 건축물에 관한 임대차계약에 대해 「주택임대차보호법」 제4조(임대차기간 2년) 제1항 및 「상가건물 임대차보호법」 제9조(임대차기간 1년) 제1항을 적용하지 아니한다.

1. 임대차계약 당시 해당 건축물의 소유자들(입주자대표회의를 포함한다)이 법 제11조 제1항에 따른 리모델링주택조합 설립(㉠)을(를) 받은 경우

2. 임대차계약 당시 해당 건축물의 입주자대표회의가 직접 리모델링을 실시하기 위하여 법 제68조 제1항에 따라 관할 시장·군수·구청장에게 (㉡)을(를) 요청한 경우

▶ **연계학습** | 에듀윌 기본서 2차 [주택관리관계법규 上] p.145

01 주택법령상 '토지임대부 분양주택'에 관한 설명이다. (   )에 들어갈 아라비아 숫자와 용어를 쓰시오. 제20회 객관식 수정, 제24회 적중문제

> 1. '토지임대부 분양주택'이란 토지의 소유권은 사업계획 승인을 받아 토지임대부 분양 주택 건설사업을 시행하는 자가 가지고, 건축물 및 복리시설 등에 대한 소유권(건축물의 전유부분에 대한 구분소유권은 이를 분양받은 자가 가지고, 건축물의 공용부분·부속건물 및 복리시설은 분양받은 자들이 공유한다)은 주택을 분양받은 자가 가지는 주택을 말한다.
> 2. 토지임대부 분양주택의 토지에 대한 임대차기간은 (㉠)년 이내로 한다. 이 경우 토지임대부 분양주택 소유자의 (㉡)퍼센트 이상이 계약갱신을 청구하는 경우에는 (㉠)년의 범위에서 이를 갱신할 수 있다. (제24회)
> 3. 토지임대부 분양주택을 공급받은 자가 토지소유자와 임대차계약을 체결한 경우 해당 주택의 구분소유권을 목적으로 그 토지 위에 위 2.에 따른 임대차기간 동안 (㉢) 이(가) 설정된 것으로 본다. (제20회 객관식, 제24회)

02 주택법령상 '토지임대부 분양주택'에 관한 설명이다. (   )에 들어갈 아라비아 숫자를 쓰시오. 제21회 객관식 수정

> • 토지소유자는 토지임대주택을 분양받은 자와 토지임대료에 관한 '토지임대료약정'을 체결한 후 (㉠)년이 지나기 전에는 토지임대료의 증액을 청구할 수 없다. (제21회 객관식)
> • 토지소유자는 토지임대료약정 체결 후 (㉠)년이 지나 토지임대료 증액을 청구하는 경우 시·군·구의 평균지가상승률을 고려하여 증액률을 산정하되, 「주택임대차보호법 시행령」 제8조 제1항[(㉡)분의 1]에 따른 차임 등의 증액청구 한도 비율을 초과해서는 아니 된다.

03 주택법령상 '등록사업자의 주택상환사채 발행'에 관한 설명이다. ( )에 들어갈 아라비아 숫자를 쓰시오. 제19회 수정

> 1. 등록사업자가 주택상환사채를 발행하기 위해서는 다음 요건을 구비하여야 한다.
>   가. 법인으로서 자본금이 5억원 이상일 것
>   나. 「건설산업기본법」 제9조에 따라 건설업 등록을 한 자일 것
>   다. 최근 3년간 연평균 주택건설실적이 (㉠)호 이상일 것
> 2. 등록사업자가 발행할 수 있는 주택상환사채의 규모는 최근 (㉡)년간의 연평균 주택 건설 호수 이내로 한다.

04 주택법령상 '주택상환사채의 상환기간'에 관한 설명이다. ( )에 들어갈 아라비아 숫자와 용어를 쓰시오.

> • 주택상환사채의 상환기간은 (㉠)년을 초과할 수 없다.
> • 위의 상환기간은 주택상환사채 발행일부터 주택의 (㉡)체결일까지의 기간으로 한다.

05 주택법령상 '권한의 위임 및 위탁'에 관한 설명이다. ( )에 들어갈 용어를 쓰시오.

> 1. 국토교통부장관은 법 제55조(자료제공의 요청) 제1항 및 제2항에 따른 관계 기관의
>   장에 대한 자료제공 요청에 관한 사무를 (㉠)장관 또는 지방자치단체의 장에게 위
>   탁할 수 있다.
> 2. 국토교통부장관은 법 제89조 제2항에 따라 법 제88조 제1항에 따른 주택관련 정보
>   의 종합관리에 관한 다음의 업무를 (㉡)에 위탁한다.
>   가. 주택거래 관련 정보체계의 구축·운용
>   나. 주택공급 관련 정보체계의 구축·운용
>   다. 주택가격의 동향 조사 및 주택시장 분석

06 주택법령상 '벌칙'에 관한 설명이다. ( )에 들어갈 아라비아 숫자를 쓰시오.

> • 법 제64조 제1항을 위반하여 주택을 전매하거나 이의 전매를 알선한 자는 3년 이하의
>   징역 또는 3천만원 이하의 벌금에 처한다. 다만, 위반행위로 얻은 이익의 (㉠)배에
>   해당하는 금액이 3천만원을 초과하는 자는 3년 이하의 징역 또는 그 이익의 3배에
>   해당하는 금액 이하의 벌금에 처한다. [법 제65조(공급질서 교란 금지) 제1항을 위반
>   한 자에 대한 벌칙도 동일]
> • 법 제77조(부정행위 금지)를 위반하여 부정하게 재물 또는 재산상의 이익을 취득하거
>   나 제공한 자는 2년 이하의 징역 또는 2천만원 이하의 벌금에 처한다. 다만, 그 위반
>   행위로 얻은 이익의 (㉡)퍼센트에 해당하는 금액이 2천만원을 초과하는 자는 2년
>   이하의 징역 또는 그 이익의 (㉢)배에 해당하는 금액 이하의 벌금에 처한다.

PART 2

공동주택관리법

▶ **연계학습** | 에듀윌 기본서 2차 [주택관리관계법규 上] p.160

대표기출

공동주택관리법 제2조(정의) 규정의 일부이다. (　)에 들어갈 용어를 쓰시오.　　제25회

'혼합주택단지'란 분양을 목적으로 한 공동주택과 (㉠)이(가) 함께 있는 공동주택단지를 말한다.

정답 ㉠ 임대주택

---

01 공동주택관리법령에 관한 설명이다. (　)에 들어갈 용어와 아라비아 숫자를 쓰시오.

제24회 수정

'의무관리대상 공동주택'이란 해당 공동주택을 '전문적으로 관리하는 자'를 두고 (㉠) 을(를) 의무적으로 구성하여야 하는 등 일정한 의무가 부과되는 공동주택으로서, 다음 중 어느 하나에 해당하는 공동주택을 말한다.
1. 300세대 이상의 공동주택
2. (㉡)세대 이상으로서 승강기가 설치된 공동주택
3. (㉡)세대 이상으로서 중앙집중식 난방방식(지역난방방식을 포함한다)의 공동주택
4. 「건축법」 제11조에 따른 건축허가를 받아 주택 외의 시설과 주택을 동일 건축물로 건축한 건축물로서 주택이 (㉡)세대 이상인 건축물
5. 위 1.부터 4.까지에 해당하지 아니하는 공동주택 중 입주자등이 '대통령령으로 정하는 기준[전체 입주자등의 (㉢) 이상이 서면으로 동의하는 방법]에 따라 동의하여 정하는 공동주택

이론 ✚

소규모 공동주택의 안전관리(법 제34조)

'지방자치단체의 장'은 '의무관리대상 공동주택에 해당하지 아니하는 공동주택'(이하 '소규모 공동주택'이라 한다)의 관리와 안전사고의 예방 등을 위하여 다음의 업무를 할 수 있다.
1. 시설물에 대한 <u>안전관리계획</u>의 수립 및 시행
2. 공동주택에 대한 <u>안전점검</u>
3. 그 밖에 지방자치단체의 조례로 정하는 사항

02 공동주택관리법 제2조(정의) 규정의 일부이다. (   )에 들어갈 용어를 쓰시오.

제21회 수정

> ① 이 법에서 사용하는 용어의 뜻은 다음과 같다.
>
> (1. ~ 4. 생략)
>
> 5. '(㉠)'(이)란 공동주택의 소유자 또는 그 소유자를 대리하는 배우자 및 직계존비속(直系尊卑屬)을 말한다.
> 6. '(㉡)'(이)란 공동주택을 임차하여 사용하는 사람(임대주택의 임차인은 제외한다) 등을 말한다.
> 7. '(㉢)'(이)란 입주자와 사용자를 말한다.

TIP '사용자'와 '임차인', '입주자'와 '입주자등'의 의미를 구별하여야 한다.

03 공동주택관리법령에 관한 설명이다. (   )에 들어갈 용어를 쓰시오.

> • 공동주택의 관리에 관하여 「공동주택관리법」에서 정하지 아니한 사항에 대하여는 「(㉠)법」을 적용한다.
> • 임대주택의 관리에 관하여 「민간임대주택에 관한 특별법」 또는 「공공주택 특별법」에서 정하지 아니한 사항에 대하여는 「(㉡)법」을 적용한다.
> • 이 법에서 따로 정하지 아니한 용어의 뜻은 「(㉢)법」에서 정한 바에 따른다.

정답

01 ㉠ 자치 의결기구, ㉡ 150, ㉢ 2/3 **02** ㉠ 입주자, ㉡ 사용자, ㉢ 입주자등
03 ㉠ 주택, ㉡ 공동주택관리, ㉢ 주택

04 공동주택관리법 제2조(정의) 규정의 일부이다. ( )에 들어갈 용어를 순서대로 쓰시오.

제21회

① 이 법에서 사용하는 용어의 뜻은 다음과 같다.

(1.~ 9. 생략)

10. '( )'(이)란 공동주택을 관리하는 다음 각 목의 자를 말한다.

가. 제6조 제1항에 따른 자치관리기구의 대표자인 공동주택의 관리사무소장

나. 제13조 제1항에 따라 관리업무를 인계하기 전의 사업주체

다. 주택관리업자

라. 임대사업자

마. 「민간임대주택에 관한 특별법」 제2조 제11호에 따른 ( )(시설물 유지·보수·개량 및 그 밖의 주택관리 업무를 수행하는 경우에 한정한다)

04 관리주체, 주택임대관리업자
정답

이론 + 의무관리대상 전환 공동주택 관련 정리표

구분	의무관리대상 공동주택	의무관리대상 전환 공동주택
관리규약의 제정	1. 사업주체 제안 2. 입주예정자 과반수 서면동의	1. 관리인 제안 2. 입주자등 과반수 서면동의
관리규약의 제정 신고	[사업주체] 시, 군, 구청장에게 신고 '제정된 날'부터 30일 이내	[관리인(입주자등 10분의 1 이상)] 시, 군, 구청장에게 신고 '제정된 날'부터 30일 이내
입주자대표회의 구성	[입주자등] 법 제11조 제1항에 따른 요구받은 날부터 3개월 이내	[입주자등] 관리규약의 제정 신고가 수리된 날부터 3개월 이내
관리방법의 결정 등	[입주자등] (기한 없음)	[입주자등] 입주자대표회의 구성 신고가 수리된 날부터 3개월 이내
'관리방법 결정'의 통지 및 신고 (주택관리업자의 선정 포함)	[입주자대표회의 회장] 1. '사업주체'에게 통지 2. 시, 군, 구청장에게 신고 (30일 이내)	[입주자대표회의 회장] 1. 관리인에게 통지 2. 시, 군, 구청장에게 신고 (30일 이내)
'자치관리기구' 구성 [자치관리]	[입주자대표회의] 법 제11조 제1항에 따른 요구받은 날부터 6개월 이내	[입주자대표회의] 입주자대표회의 구성 신고가 수리된 날부터 6개월 이내
주택관리업자의 선정 [위탁관리]	[입주자대표회의] (기한 없음)	[입주자대표회의] 입주자대표회의 구성 신고가 수리된 날부터 6개월 이내
의무관리대상 '전환 신고'	–	[관리인(입주자등 10분의 1 이상)] '전체 입주자등의 3분의 2 이상 서면동의를 받은 날'부터 30일 이내 시, 군, 구청장에게 전환 신고
의무관리대상 '제외 신고'	–	[입주자대표회의 회장] '전체 입주자등의 3분의 2 이상 서면동의를 받은 날'부터 30일 이내 시, 군, 구청장에게 제외 신고

공동주택관리법 제6조(자치관리) 제1항 규정의 일부이다. (   )에 들어갈 아라비아 숫자와 용어를 쓰시오. 제25회

> 의무관리대상 공동주택의 입주자등이 공동주택을 자치관리할 것을 정한 경우에는 입주자대표회의는 법 제11조 제1항에 따른 요구가 있은 날부터 (㉠)개월 이내에 공동주택의 (㉡)을(를) 자치관리기구의 대표자로 선임하여야 한다.
>
> ※ 법 제11조(관리의 이관) ① 의무관리대상 공동주택을 건설한 사업주체는 입주예정자의 과반수가 입주할 때까지 그 공동주택을 관리하여야 하며, 입주예정자의 과반수가 입주하였을 때에는 입주자등에게 대통령령으로 정하는 바에 따라 그 사실을 통지하고 해당 공동주택을 관리할 것을 요구하여야 한다.

정답 ㉠ 6, ㉡ 관리사무소장

01 공동주택관리법령상 '관리방법의 결정 및 변경방법'에 관한 설명이다. (   )에 들어갈 용어와 아라비아 숫자를 쓰시오.

> 공동주택 관리방법의 결정 또는 변경은 다음의 어느 하나에 해당하는 방법으로 한다.
> 1. (㉠)의 의결로 제안하고 전체 입주자등의 (㉡)이(가) 찬성
> 2. 전체 입주자등의 (㉢)분의 1 이상이 서면으로 제안하고 전체 입주자등의 (㉡)이(가) 찬성

02 공동주택관리법령에 관한 설명이다. (   )에 들어갈 용어를 쓰시오.

> 1. (㉠)은(는) 입주예정자의 과반수가 입주할 때까지 공동주택을 직접 관리하는 경우에는 입주예정자와 (㉡)을(를) 체결하여야 하며, 그 (㉡)에 따라 법 제24조 제1항에 따른 '관리비예치금'을 징수할 수 있다.
> 2. (㉢)은(는) 해당 공동주택의 공용부분의 관리 및 운영 등에 필요한 경비(이하 '관리비예치금'이라 한다)를 공동주택의 '소유자'로부터 징수할 수 있다.
> 3. (㉢)은(는) 소유자가 공동주택의 소유권을 상실한 경우에는 위 2.에 따라 징수한 관리비예치금을 반환하여야 한다. 다만, 소유자가 관리비·사용료 및 장기수선충당금 등을 미납한 때에는 관리비예치금에서 '정산'한 후 그 잔액을 반환할 수 있다.

TIP 관리비예치금을 징수할 있는 자는 사업주체와 관리주체이며, 이를 구별하는 것이 중요하다.

03 공동주택관리법령에 관한 설명이다. (   )에 들어갈 용어를 쓰시오.

> 1. 자치관리기구의 관리사무소장은 입주자대표회의가 입주자대표회의 (㉠) 과반수의
>   찬성으로 선임한다.
> 2. 위 1.의 (㉠)은(는) '관리규약'으로 정한 정원을 말하며, 해당 입주자대표회의 (㉠)
>   의 3분의 2 이상이 '선출'되었을 때에는 '그 선출된 인원'을 말한다.
> 3. 이사의 선출은 세대수 불문하고 입주자대표회의 (㉠) 과반수의 찬성으로 선출한다.
> 4. 입주자대표회의는 원칙적으로 입주자대표회의 (㉠) 과반수의 찬성으로 의결한다.

이론✚

> [비교] '선거관리위원회'의 '구성원'
>
> 선거관리위원회는 그 구성원(관리규약으로 정한 정원을 말한다) 과반수의 찬성으로 그 의사를 결
> 정한다. 이 경우 이 영 및 관리규약으로 정하지 아니한 사항은 선거관리위원회 규정으로 정할 수
> 있다.

TIP '입주자대표회의 구성원'은 항상 '관리규약으로 정한 정원'이 아니며, 예외가 있다는 점을 유의해야
한다. 또한 '선거관리위원회의 구성원'과 구별하여야 한다.

04 공동주택관리법령상 '주택관리업자의 선정'에 관한 설명이다. (   )에 들어갈 용어를 쓰
시오.

> 1. 의무관리대상 공동주택의 (㉠)이(가) 공동주택을 위탁관리할 것을 정한 경우에는
>   (㉡)은(는) 다음의 기준에 따라 주택관리업자를 선정하여야 한다.
>   가. 「전자문서 및 전자거래 기본법」 제2조 제2호에 따른 정보처리시스템을 통하여
>   선정(이하 '전자입찰방식'이라 한다)할 것. 다만, 선정방법 등이 전자입찰방식을
>   적용하기 곤란한 경우로서 '국토교통부장관이 정하여 고시하는 경우'에는 전자
>   입찰방식으로 선정하지 아니할 수 있다.
>   나. 다음의 구분에 따른 사항에 대하여 전체 입주자등의 (㉢)의 동의를 얻을 것
>   ⓐ 경쟁입찰: 입찰의 종류 및 방법, 낙찰방법, 참가자격 제한 등 입찰과 관련한
>   중요사항
>   ⓑ 수의계약: 계약상대자 선정, 계약 조건 등 계약과 관련한 중요사항

정답

01 ㉠ 입주자대표회의, ㉡ 과반수, ㉢ 10   **02** ㉠ 사업주체, ㉡ 관리계약, ㉢ 관리주체
03 ㉠ 구성원   **04** ㉠ 입주자등, ㉡ 입주자대표회의, ㉢ 과반수

05 공동주택관리법령상 '주택관리업자의 선정'에 관한 설명이다. (   )에 들어갈 용어를 쓰시오.

---

1. 그 밖에 입찰의 방법 등은 다음의 '대통령령으로 정하는 방식'을 따를 것
   가. 국토교통부장관이 정하여 고시하는 경우 외에는 '경쟁입찰'로 할 것. 이 경우 다음의 사항은 (㉠)이(가) 정하여 고시한다.
      ⓐ 입찰의 절차
      ⓑ 입찰 참가자격
      ⓒ 입찰의 효력
      ⓓ 그 밖에 주택관리업자의 적정한 선정을 위하여 필요한 사항
   나. 입주자대표회의 (㉡)이(가) 입찰과정 참관을 원하는 경우에는 참관할 수 있도록 할 것
   다. '계약기간'은 장기수선계획의 '(㉢) 주기'를 고려하여 정할 것
2. 전자입찰방식의 세부기준, 절차 및 방법 등은 (㉠)이(가) 정하여 고시한다.

---

06 공동주택관리법령상 '주택관리업자의 선정'에 관한 설명이다. (   )에 들어갈 용어를 쓰시오.

• 계약기간이 만료된 주택관리업자의 재선정은 입주자대표회의 의결로 제안하고 전체 입주자등의 (㉠)이(가) 찬성하는 방법으로 한다.
• 입주자등이 새로운 주택관리업자 선정을 위한 입찰에서 '기존 주택관리업자의 참가를 제한'하도록 입주자대표회의에 요구하려면 전체 입주자등 (㉡)의 서면동의가 있어야 하며, 입주자등이 이러한 요건을 갖추어 요구하는 경우 입주자대표회의는 그 요구에 따라야 한다.

---

07 공동주택관리법령상 '사업자 선정'에 관한 설명이다. (   )에 들어갈 용어를 쓰시오.

> 의무관리대상 공동주택의 (㉠) 또는 입주자대표회의가 사업자를 선정하려는 경우 다음의 기준을 따라야 한다.
> 1. '전자입찰방식'으로 사업자를 선정할 것. 다만, 선정방법 등이 '전자입찰방식'을 적용하기 곤란한 경우로서 '국토교통부장관이 정하여 고시하는 경우'에는 '전자입찰방식'으로 선정하지 아니할 수 있다.
> 2. 그 밖에 입찰의 방법 등은 '다음 3. 이하의 대통령령으로 정하는 방식'을 따를 것
> 3. '국토교통부장관이 정하여 고시하는 경우' 외에는 경쟁입찰로 할 것. 이 경우 다음의 사항은 국토교통부장관이 정하여 고시한다.
>   가. 입찰의 절차
>   나. 입찰 참가자격
>   다. 입찰의 효력
>   라. 그 밖에 사업자의 적정한 선정을 위하여 필요한 사항
> 4. 입주자대표회의의 (㉡)이(가) 입찰과정 참관을 원하는 경우에는 참관할 수 있도록 할 것
> 5. 입주자등은 기존 사업자('용역 사업자'만 해당한다)의 서비스가 만족스럽지 못한 경우에는 전체 입주자등의 (㉢)의 서면동의로 새로운 사업자의 선정을 위한 입찰에서 기존 사업자의 참가를 제한하도록 (㉠) 또는 입주자대표회의에 요구할 수 있다. 이 경우 (㉠) 또는 입주자대표회의는 그 요구에 따라야 한다.

TIP 주택관리업자 및 사업자의 선정 방법의 차이점에 유의하여야 한다.

정답

05 ㉠ 국토교통부장관, ㉡ 감사, ㉢ 조정   **06** ㉠ 과반수, ㉡ 과반수   **07** ㉠ 관리주체, ㉡ 감사, ㉢ 과반수

08 공동주택관리법령상 '사업자 선정'에 관한 설명이다. (   )에 들어갈 용어를 쓰시오.

> 관리주체 또는 입주자대표회의는 다음 각 호의 구분에 따라 사업자를 선정(계약의 체결을 포함한다. 이하 이 조에서 같다)하고 집행해야 한다.
> 1. '관리주체'가 사업자를 선정하고 집행하는 다음의 사항
>   가. 청소, 경비, 소독, 승강기유지, 지능형 홈네트워크, 수선·유지(냉방·난방시설의 청소를 포함한다)를 위한 용역 및 공사
>   나. '(㉠)시설'의 위탁, 물품의 구입과 매각, 잡수입의 취득[영 제29조의3 제1항 각 호의 시설(어린이집, 다함께돌봄센터, 공동육아나눔터)의 임대에 따른 '잡수입'의 취득은 제외한다], '보험계약' 등 국토교통부장관이 정하여 고시하는 사항
> 2. '입주자대표회의'가 사업자를 선정하고 집행하는 다음의 사항
>   가. 법 제38조 제1항에 따른 하자보수보증금을 사용하여 보수하는 공사
>   나. '사업주체'로부터 지급받은 공동주택 공용부분의 하자보수비용을 사용하여 보수하는 공사
> 3. '입주자대표회의'가 사업자를 선정하고 '관리주체'가 집행하는 다음의 사항
>   가. (㉡)을(를) 사용하는 공사
>   나. '(㉢)관리'(전기안전관리법 제22조 제2항 및 제3항에 따라 전기설비의 안전관리에 관한 업무를 위탁 또는 대행하게 하는 경우를 말한다)를 위한 용역

09 공동주택관리법령상 '공동관리와 구분관리'에 관한 설명이다. (   )에 들어갈 용어와 아라비아 숫자를 쓰시오.

> 1. 입주자대표회의는 해당 공동주택의 관리에 필요하다고 인정하는 경우에는 인접한 공동주택단지(임대주택단지를 포함한다)와 공동으로 관리하거나 500세대 이상의 단위로 나누어 관리하게 할 수 있다.
> 2. 공동관리는 '단지별'로 입주자등의 과반수의 서면동의를 받은 경우[임대주택단지의 경우에는 '임대사업자'와 '(㉠)'의 서면동의를 받은 경우를 말한다]로서 '국토교통부령으로 정하는 기준'에 적합한 경우에만 해당한다.
> 3. 위 2.에 따른 서면동의는 다음의 구분에 따라 받아야 한다.
>   가. 공동관리의 경우: 단지별로 입주자등 과반수의 서면동의. 다만, 다음 5.에 해당하는 경우에는 '단지별'로 입주자등 (㉡) 이상의 서면동의를 받아야 한다.
>   나. 구분관리의 경우: '구분관리 단위별' 입주자등 과반수의 서면동의. 다만, '관리규약'으로 달리 정한 경우에는 그에 따른다.
> 4. '국토교통부령으로 정하는 공동관리 기준'은 다음과 같다.
>   가. 공동관리하는 총세대수가 (㉢)세대 이하일 것. 다만, 의무관리대상 공동주택단지와 인접한 '300세대 미만'의 공동주택단지를 공동으로 관리하는 경우는 제외한다.

나. '공동주택 단지 사이'에 「주택법」제2조 제12호 각 목의 '어느 하나에 해당하는 시설(철도 등)'이 없을 것
5. '시장·군수·구청장'이 지하도, 육교, 횡단보도, 그 밖에 이와 유사한 시설의 설치를 통하여 단지 간 보행자 통행의 편리성 및 안전성이 확보되었다고 인정하는 경우에는 위 4.의 나.의 기준을 적용하지 아니한다.
6. 입주자대표회의는 공동주택을 공동관리하거나 구분관리할 것을 결정한 경우는 지체 없이 그 내용을 '시장·군수·구청장'에게 통보하여야 한다.

10 공동주택관리법령에 관한 설명이다. (   )에 들어갈 용어를 쓰시오.

- 입주자대표회의 또는 관리주체는 공동주택 공용부분의 유지·보수 및 관리 등을 위하여 (㉠)(법 제6조 제1항에 따른 자치관리기구를 포함한다)을(를) 구성하여야 한다.
- 입주자대표회의 또는 관리주체는 공동주택을 공동관리하거나 구분관리하는 경우는 (㉡) 또는 '구분관리' 단위별로 법 제9조 제1항에 따른 (㉠)을(를) 구성해야 한다.

11 공동주택관리법령상 '의무관리대상 공동주택의 전환 등'에 관한 설명이다. (   )에 들어갈 용어와 아라비아 숫자를 쓰시오.

- 의무관리대상 전환 공동주택의 (㉠)은(는) '시장·군수·구청장'에게 '의무관리대상 공동주택 전환 신고'를 하여야 한다. 다만, (㉠)이(가) 신고하지 않는 경우에는 입주자등의 10분의 1 이상이 연서하여 신고할 수 있다.
- 의무관리대상 전환 공동주택의 입주자등은 '관리규약의 제정 신고가 수리된 날'부터 (㉡)개월 이내에 입주자대표회의를 구성하여야 하며, '입주자대표회의의 구성 신고가 수리된 날'부터 (㉡)개월 이내에 공동주택의 '관리방법'을 결정하여야 한다.
- '의무관리대상 전환 공동주택의 입주자등'이 공동주택을 '위탁관리할 것을 결정'한 경우 입주자대표회의는 입주자대표회의의 구성 신고가 수리된 날부터 (㉢)개월 이내에 법 제7조 제1항 각 호의 기준에 따라 주택관리업자를 선정하여야 한다.

12 공동주택관리법령상 '의무관리대상 공동주택 전환신고 및 제외신고'에 관한 설명이다. ( )에 들어갈 아라비아 숫자와 용어를 쓰시오.

> * '의무관리대상 공동주택 전환신고를 하려는 자'는 '입주자등의 동의를 받은 날'부터 (㉠)일 이내에 관할 특별자치시장·특별자치도지사·시장·군수·구청장(구청장은 자치구의 구청장을 말하며, 이하 '시장·군수·구청장'이라 한다)에게 국토교통부령으로 정하는 신고서를 제출해야 한다.
> * '의무관리대상 공동주택 제외 신고를 하려는 입주자대표회의 (㉡)'(직무를 대행하는 경우에는 그 직무를 대행하는 사람을 포함한다)은(는) '입주자등의 동의를 받은 날'부터 (㉠)일 이내에 시장·군수·구청장에게 국토교통부령으로 정하는 신고서를 제출해야 한다.

13 공동주택관리법령에 관한 설명이다. ( )에 들어갈 아라비아 숫자와 용어를 쓰시오.

> 1. 사업주체 또는 '의무관리대상 전환 공동주택의 관리인'은 다음 어느 하나에 해당하게 된 날부터 (㉠)개월 이내에 해당 공동주택의 '관리주체'에게 공동주택의 관리업무를 인계하여야 한다.
>   가. 입주자대표회의 회장으로부터 법 제11조 제3항에 따라 주택관리업자의 선정을 통지받은 경우
>   나. 법 제6조 제1항에 따라 자치관리기구가 구성된 경우
>   다. 법 제12조에 따라(사업주체에 의해) 주택관리업자가 선정된 경우
> 2. 사업주체는 공동주택의 관리업무를 해당 '관리주체'에 인계할 때에는 입주자대표회의 회장 및 1명 이상의 (㉡)의 참관하에 인계자와 인수자가 인계·인수서에 각각 서명·날인하여 관리비·사용료·이용료의 부과·징수현황 등의 서류를 인계하여야 한다.
> 3. 위 1.을 위반하여 공동주택의 관리업무를 인계하지 아니한 자에게는 1천만원 이하의 (㉢)을(를) 부과한다.

14 공동주택관리법령에 관한 설명이다. ( )에 들어갈 용어와 아라비아 숫자를 쓰시오.

> 1. 새로운 관리주체는 기존 관리의 종료일까지 (㉠)을(를) 구성하여야 하며, 기존 관리주체는 해당 관리의 종료일까지 공동주택의 관리업무를 인계하여야 한다.
> 2. 위 1.에도 불구하고 기존 관리의 종료일까지 인계·인수가 이루어지지 아니한 경우 기존 관리주체는 기존 관리의 종료일(기존 관리의 종료일까지 새로운 관리주체가 선정되지 못한 경우에는 새로운 관리주체가 선정된 날을 말한다)부터 (㉡)개월 이내에 새로운 관리주체에게 공동주택의 관리업무를 인계하여야 한다.
> 3. 위 2.의 경우 그 인계기간에 소요되는 기존 관리주체의 인건비 등은 해당 공동주택의 (㉢)(으)로 지급할 수 있다.

PART 2

15 공동주택관리법령에 관한 설명이다. ( )에 들어갈 아라비아 숫자와 용어를 쓰시오.

> 1. '서류 제출 마감일'을 기준으로 다음의 어느 하나에 해당하는 사람은 동별 대표자가 될 수 없으며 그 자격을 상실한다.
>   가. 관리비 등을 최근 (㉠)개월 이상 연속하여 체납한 사람
>   나. 동별 대표자로서 임기 중에 위 가.에 해당하여 법 제14조 제5항에 따라 퇴임한 사람으로서 그 남은 임기(남은 임기가 1년을 초과하는 경우는 1년을 말한다) 중에 있는 사람
>   다. 「주택법」을 위반한 범죄로 금고 이상의 실형 선고를 받고 그 집행이 끝난 날부터 2년이 지나지 아니한 사람
>   라. 금고 이상의 형의 집행유예선고를 받고 그 유예기간 중에 있는 사람
>   마. 「주택법」을 위반한 범죄로 벌금형을 선고받은 후 2년이 지나지 않은 사람
>   바. 해당 공동주택의 동별 대표자를 '사퇴한 날'부터 (㉡)년(해당 동별 대표자에 대한 해임이 요구된 후 사퇴한 경우에는 2년을 말한다)이 지나지 아니하거나 '해임된 날'부터 2년이 지나지 아니한 사람
>   사. 공동주택의 소유자가 서면으로 위임한 대리권이 없는 소유자의 배우자나 직계존비속
> 2. 공동주택 소유자 또는 공동주택을 임차하여 사용하는 사람의 결격사유(위 1.에 따른 결격사유를 말한다)는 그를 대리하는 자에게 미치며, 공유(共有)인 공동주택 소유자의 결격사유를 판단할 때에는 지분의 (㉢)을(를) 소유한 자의 결격사유를 기준으로 한다.
> 3. 동별 대표자가 '임기 중'에 자격요건을 충족하지 아니하게 된 경우나 위 1.에 따른 결격사유에 해당하게 된 경우에는 당연히 '퇴임'한다.

16 공동주택관리법령에 관한 설명이다. (   )에 들어갈 아라비아 숫자와 용어를 쓰시오.

---

1. 동별 대표자는 동별 대표자 선출공고에서 정한 각종 '서류 제출 마감일'을 기준으로 다음의 요건을 갖춘 입주자 중에서 선거구 입주자등의 보통·평등·직접·비밀선거를 통하여 선출한다. 다만, 입주자인 동별 대표자 후보자가 없는 선거구에서는 '다음 각 호' 및 '대통령령으로 정하는 요건을 갖춘 사용자'도 동별 대표자로 선출될 수 있다.

   가. 해당 공동주택단지 안에서 주민등록을 마친 후 계속하여 (㉠)개월 이상 거주하고 있을 것(최초의 입주자대표회의를 구성하거나 법 제14조 제2항 단서에 따른 입주자대표회의를 구성하기 위하여 동별 대표자를 선출하는 경우는 제외한다)

   나. 해당 '선거구'에 주민등록을 마친 후 거주하고 있을 것

2. 사용자는 위 1.에 따라 2회의 선출공고(직전 선출공고일부터 2개월 이내에 공고하는 경우만 2회로 계산한다)에도 불구하고 입주자인 동별 대표자의 후보자가 없는 선거구에서 직전 선출공고일부터 2개월 이내에 선출공고를 하는 경우로서 위 1. 가., 나.와 '다음 어느 하나에 해당하는 요건'을 모두 갖춘 경우는 동별 대표자가 될 수 있다. 이 경우 입주자인 후보자가 있으면 사용자는 후보자의 자격을 상실한다.

   가. 공동주택을 임차하여 사용하는 사람일 것. 이 경우 법인인 경우에는 그 대표자를 말한다.

   나. 위 가. 전단에 따른 사람의 배우자 또는 직계존비속일 것. 이 경우 위 가. 전단에 따른 사람이 서면으로 위임한 대리권이 있는 경우만 해당한다.

3. 입주자대표회의에는 대통령령으로 정하는 바에 따라 회장, 감사 및 이사를 임원으로 둔다.

4. 위 3.에도 불구하고 '사용자'인 동별 대표자는 회장이 될 수 없다. 다만, '입주자'인 동별 대표자 중에서 회장 후보자가 없는 경우로서 선출 전에 전체 입주자 (㉡)의 서면동의를 얻은 경우에는 그러하지 아니하다.

5. 입주자대표회의의 구성원 중 사용자인 동별 대표자가 (㉡)인 경우에는 대통령령으로 그 의결방법 및 의결사항을 달리 정할 수 있다.

6. 입주자대표회의는 그 회의를 개최한 때에는 회의록을 작성하여 관리주체에게 보관하게 하여야 한다. 이 경우 (㉢)은(는) 관리규약으로 정하는 바에 따라 입주자등에게 회의를 실시간 또는 녹화·녹음 등의 방식으로 중계하거나 방청하게 할 수 있다.

〈개정, 시행 2024. 4. 25.〉

---

17 공동주택관리법령상 '동별 대표자의 선출'에 관한 설명이다. (   )에 들어갈 용어를 쓰시오.

> 1. 동별 대표자는 동별 대표자 선출공고에서 정한 각종 서류 제출 마감일을 기준으로 일정한 요건을 갖춘 (㉠)[(㉠)이(가) 법인인 경우에는 그 '대표자'를 말한다] 중에서 선거구 (㉡)의 보통·평등·직접·비밀선거를 통하여 선출한다.
> 2. 동별 대표자는 선거구별로 1명씩 선출하되 그 선출방법은 다음의 구분에 따른다.
>   가. 후보자가 2명 이상인 경우: 해당 선거구 전체 (㉡)의 과반수가 투표하고 후보자 중 '최다득표자'를 선출
>   나. 후보자가 1명인 경우: 해당 선거구 전체 (㉡)의 과반수가 투표하고 투표자의 (㉢)의 찬성으로 선출

고난도

18 공동주택관리법령상 '입주자대표회의의 의결방법 등'에 관한 설명이다. (   )에 들어갈 용어를 쓰시오.

> 1. 입주자대표회의는 입주자대표회의 (㉠) 과반수의 찬성으로 의결한다.
> 2. 입주자대표회의의 의결사항은 다음과 같다.
>   가. 장기수선계획에 따른 공동주택 공용부분의 보수·교체 및 개량
>   나. 공동주택 공용부분의 담보책임 종료 확인
>   다. 장기수선계획 및 안전관리계획의 수립 또는 조정(비용지출을 수반하는 경우로 한정한다)
> 3. 위 1. 및 2.에도 불구하고 입주자대표회 구성원 중 '사용자인 동별 대표자가 과반수인 경우'에는 '위 2.의 나.에 관한 사항'은 의결사항에서 '제외'하고, 위 2.의 다. 중 '장기수선계획의 수립 또는 조정에 관한 사항'은 전체 (㉡) 과반수의 서면동의를 받아 그 동의 내용대로 의결한다.

> **TIP** 사용자인 동별 대표자가 과반수인 경우의 '입주자대표회의 의결사항 및 의결방법'의 차이점에 유의하여야 한다.

정답

16 ㉠ 6, ㉡ 과반수, ㉢ 입주자대표회의   **17** ㉠ 입주자, ㉡ 입주자등, ㉢ 과반수
18 ㉠ 구성원, ㉡ 입주자

19 공동주택관리법령상 '공동주택 공용부분의 담보책임 종료 확인'에 관한 설명이다. (   )
에 들어갈 아라비아 숫자를 쓰시오.

---

1. 사업주체와 '다음의 자'는 하자보수가 끝난 때에는 공동으로 담보책임 종료확인서를
   작성해야 한다. 이 경우 담보책임기간이 만료되기 전에 담보책임 종료확인서를 작성
   해서는 안 된다.
   가. 전유부분: '입주자'
   나. 공용부분: 입주자대표회의의 회장(의무관리대상 공동주택이 아닌 경우에는 집
       합건물의 소유 및 관리에 관한 법률에 따른 '관리인'을 말한다) 또는 (㉠) 이상
       의 '입주자'(입주자대표회의의 구성원 중 사용자인 동별 대표자가 과반수인 경우
       만 해당한다)
2. 입주자대표회의의 회장은 위 1.에 따라 공용부분의 담보책임 종료확인서를 작성하려
   면 다음 절차를 차례대로 거쳐야 한다. 이 경우 전체 입주자의 (㉡) 이상이 서면으
   로 반대하면 입주자대표회의는 다음 나.에 따른 의결을 할 수 없다.
   가. 의견청취를 위하여 입주자에게 다음 사항을 서면으로 개별통지하고 공동주택단
       지 안의 게시판에 (㉢)일 이상 게시할 것
       ⓐ 담보책임기간이 만료된 사실
       ⓑ 완료된 하자보수의 내용
       ⓒ 담보책임 종료확인에 대하여 반대의견을 제출할 수 있다는 사실, 의견제출
          기간 및 의견제출서
   나. 입주자대표회의 의결
3. '사업주체'는 위 1.의 나.에 따라 '입주자'와 '공용부분의 담보책임 종료확인서'를 작성
   하려면 입주자대표회의의 회장에게 위 2.의 가.에 따른 통지 및 게시를 요청해야 하
   고, 전체 '입주자'의 (㉠) 이상과 담보책임 종료확인서를 작성한 경우에는 그 결과
   를 입주자대표회의등에 통보해야 한다.

TIP 사용자인 동별 대표자가 과반수인 경우의 '공동주택 공용부분의 담보책임 종료확인'의 차이점에 유의
하여야 한다.

20 공동주택관리법령상 '입주자대표회의의 소집'에 관한 설명이다. (   )에 들어갈 아라비아 숫자와 용어를 쓰시오.

> 입주자대표회의는 관리규약으로 정하는 바에 따라 '회장'이 그 명의로 소집한다.
> 다만, 다음의 어느 하나에 해당하는 때에는 '회장'은 해당일부터 (㉠)일 이내에 입주자대표회의를 소집해야 하며, '회장'이 회의를 소집하지 않는 경우에는 관리규약으로 정하는 (㉡)이(가) 그 회의를 소집하고 '회장'의 직무를 대행한다.
> 1. 입주자대표회의 '구성원' 3분의 1 이상이 청구하는 때
> 2. '입주자등'의 10분의 1 이상이 요청하는 때
> 3. 전체 (㉢)의 10분의 1 이상이 요청하는 때(장기수선계획의 수립 또는 조정에 관한 사항만 해당한다)

> **TIP** 장기수선계획의 수립 또는 조정에 관한 사항에 대하여는 전체 입주자의 10분의 1 이상이 요청하는 때에도 입주자대표회의가 소집될 수 있다는 점을 숙지하여야 한다. 즉, 입주자등의 10분의 1 이상이 아니라, 입주자의 10분의 1 이상이라는 점을 유의하여야 한다.

21 공동주택관리법령상 '입주자대표회의의 회의록'에 관한 설명이다. (   )에 들어갈 아라비아 숫자와 용어를 쓰시오.　　　　　　　　　　　　　　　　　　제26회 수정

> 1. 입주자대표회의는 그 회의를 개최한 때에는 회의록을 작성하여 관리주체에게 보관하게 하여야 한다.
> 2. (㉠)세대 이상인 공동주택의 관리주체는 (㉡)(으)로 정하는 범위·방법 및 절차 등에 따라 회의록을 입주자등에게 공개하여야 하며, (㉠)세대 미만인 공동주택의 관리주체는 (㉡)(으)로 정하는 바에 따라 회의록을 공개할 수 있다. 이 경우 관리주체는 입주자등이 회의록의 열람을 청구하거나 자기의 비용으로 복사를 요구하는 때에는 (㉡)(으)로 정하는 바에 따라 이에 응하여야 한다.

> **TIP** '관리주체의 회의록 공개의무'를 숙지하여야 한다.

19 ㉠ 4/5, ㉡ 1/5, ㉢ 20　　**20** ㉠ 14, ㉡ 이사, ㉢ 입주자　　**21** ㉠ 300, ㉡ 관리규약　　**정답**

22 공동주택관리법령에 관한 설명이다. (   )에 들어갈 용어를 쓰시오.

> 1. 입주자대표회의 임원의 업무범위 등은 (㉠)(으)로 정한다.
> 2. 입주자대표회의 회장은 입주자대표회의를 대표하고, 그 회의의 '의장'이 된다.
> 3. '이사'는 회장을 보좌하고, 회장이 부득이한 사유로 그 직무를 수행할 수 없을 때에는 관리규약에서 정하는 바에 따라 그 직무를 대행한다.
> 4. 감사는 관리비·사용료·장기수선충당금 등의 부과·징수·지출·보관 등 '회계관계 업무'와 관리업무 전반에 대하여 '관리주체'의 업무를 감사한다.
> 5. 감사는 위 4.에 따른 감사를 한 경우에는 감사보고서를 작성하여 '입주자대표회의'와 '관리주체'에게 제출하고 인터넷 홈페이지[인터넷 홈페이지가 없는 경우에는 인터넷 '포털'을 통해 관리주체가 운영·통제하는 유사한 기능의 웹사이트 또는 (㉡)의 게시판을 말한다] 및 '동별 게시판'[(㉢)별 게시판이 설치된 경우에는 이를 포함한다]에 공개해야 한다.
> 6. 감사는 '입주자대표회의'에서 의결한 안건이 관계 법령 및 관리규약에 위반된다고 판단되는 경우에는 '입주자대표회의'에 재심의를 요청할 수 있다.
> 7. 위 6.에 따라 재심의를 요청받은 '입주자대표회의'는 지체 없이 해당 안건을 다시 심의하여야 한다.

`고난도`

23 공동주택관리법령에 관한 설명이다. (   )에 들어갈 아라비아 숫자와 용어를 쓰시오.

> 1. 동별 대표자의 임기는 2년으로 한다. 다만, 보궐선거 또는 재선거로 선출된 동별 대표자의 임기는 다음의 구분에 따른다.
>   가. 모든 동별 대표자의 임기가 동시에 시작하는 경우: 2년
>   나. 그 밖의 경우: 전임자 임기(재선거의 경우 재선거 전에 실시한 선거에서 선출된 동별 대표자의 임기를 말한다)의 남은 기간
> 2. 동별 대표자는 한 번만 중임할 수 있다. 이 경우 보궐선거로 선출된 동별 대표자의 임기가 (㉠)개월 미만인 경우에는 임기의 횟수에 포함하지 아니한다.
> 3. 위 2.에도 불구하고 2회의 선출공고(직전 선출공고일부터 2개월 이내에 공고하는 경우만 2회로 계산한다)에도 불구하고 동별 대표자의 후보자가 없거나 선출된 사람이 없는 선거구에서 직전 선출공고일부터 2개월 이내에 선출공고를 하는 경우에는 동별 대표자를 중임한 사람도 해당 선거구 입주자등의 (㉡)의 찬성으로 다시 동별 대표자로 선출될 수 있다.
> 4. '이사'는 세대수를 불문하고 입주자대표회의 '구성원 과반수'의 찬성으로 선출하고, '(㉢)(으)로 정하는 절차'에 따라 해임한다.

TIP 지문 3.의 경우, '해당 선거구 입주자등의 <u>2분의 1 이상의</u> 찬성'이 '해당 선거구 입주자등의 <u>과반수의</u> 찬성'으로 개정된 점을 정확하게 숙지하여야 한다.

고난도

24 공동주택관리법령에 관한 설명이다. (   )에 들어갈 용어와 아라비아 숫자를 쓰시오.

동별 대표자 및 입주자대표회의의 임원은 (㉠)(으)로 정한 사유가 있는 경우에 다음의 구분에 따른 방법으로 해임한다.

1. 동별 대표자: 해당 선거구 전체 입주자등의 과반수가 투표하고 투표자 과반수의 찬성으로 해임

2. 입주자대표회의의 임원: 다음의 구분에 따른 방법으로 해임
   가. 회장 및 감사: 전체 입주자등의 (㉡) 이상이 투표하고 투표자 과반수의 찬성으로 해임. 다만, '영 제12조 제2항 제1호 라목 2) 및 같은 항 제2호 라목 2)에 따라 입주자대표회의에서 선출된 회장 및 감사'는 (㉠)(으)로 정하는 절차에 따라 해임한다.
   나. 이사: (㉠)(으)로 정하는 절차에 따라 해임

3. 위 2. 가.의 단서 중 '영 제12조 제2항 제1호 라목 2) 및 같은 항 제2호 라목 2)에 따라 입주자대표회의에서 선출된 회장 및 감사'라 함은 (㉢)세대 미만의 공동주택단지에서 관리규약으로 정하는 경우로서 입주자대표회의 '구성원 과반수'의 찬성으로 선출된 회장 및 감사를 말하며, 입주자대표회의 구성원 과반수 찬성으로 선출할 수 없는 경우로서 최다득표자가 2인 이상인 경우로서 추첨으로 선출된 회장 및 감사를 말한다.

TIP 동별 대표자 및 입주자대표회의의 임원의 해임 방법이 개정되었으므로 정확하게 숙지하여야 한다. '관리규약으로 정하는 절차에 따라 해임하는 경우'는 <u>모든 이사</u>와 '<u>500세대 미만의 공동주택단지</u>에서 관리규약으로 정하는 경우로서 입주자대표회의 구성원 과반수의 찬성으로 선출된 회장 및 감사' 및 '입주자대표회의 구성원 과반수 찬성으로 선출할 수 없는 경우로서 <u>최다득표자가 2인 이상인 경우</u>에 <u>추첨으로</u> 선출된 회장 및 <u>감사</u>'를 해임하는 경우이다.

정답

22 ㉠ 국토교통부령, ㉡ 관리사무소, ㉢ 통로   23 ㉠ 6, ㉡ 과반수, ㉢ 관리규약
24 ㉠ 관리규약, ㉡ 1/10, ㉢ 500

25 공동주택관리법령에 관한 설명이다. (   )에 들어갈 용어를 쓰시오.

1. 입주자대표회의는 입주자대표회의 (㉠) 과반수의 찬성으로 의결한다.
2. 입주자대표회의 의결사항은 다음과 같다.
   가. 관리규약 개정안의 제안[제안서에는 개정안의 취지, 내용, 제안유효기간 및 제안자등을 포함한다]
   나. 공동주택 관리방법의 (㉡)
   다. 관리비 등의 집행을 위한 사업계획 및 '예산'의 승인(변경승인을 포함한다)
   라. 관리비 등의 회계감사 요구 및 '회계감사보고서'의 승인
   마. 관리비 등의 '결산'의 승인
   바. 주민공동시설(일부 규정에서는 '다음의 시설'은 제외한다) 위탁 운영의 제안
      ⓐ 「영유아보육법」 제10조에 따른 어린이집
      ⓑ 「아동복지법」 제44조의2에 따른 (㉢)
      ⓒ 「아이돌봄 지원법」 제19조에 따른 공동육아나눔터
   사. 인근 공동주택단지 입주자등의 주민공동시설 이용에 대한 허용 제안
   아. 공동체 생활의 활성화 및 질서유지에 관한 사항 등

---

26 공동주택관리법령에 관한 설명이다. (   )에 들어갈 용어와 아라비아 숫자를 쓰시오.

1. (㉠)은(는) 동별 대표자나 입주자대표회의의 임원을 선출하거나 해임하기 위하여 선거관리위원회를 구성한다.
2. 선거관리위원회는 '(㉠)'(서면으로 위임된 대리권이 없는 공동주택 소유자의 배우자 및 직계존비속이 그 소유자를 대리하는 경우를 포함한다) 중에서 위원장을 포함하여 다음의 구분에 따른 위원으로 구성한다.
   가. 500세대 이상인 공동주택: (㉡)명 이상 9명 이하
   나. 500세대 미만인 공동주택: 3명 이상 9명 이하
3. 위 2.에도 불구하고 500세대 이상인 공동주택은 「선거관리위원회법」 제2조에 따른 선거관리위원회 소속 '직원' 1명을 관리규약으로 정하는 바에 따라 위원으로 위촉할 수 있다.
4. 선거관리위원회는 그 구성원('관리규약'으로 정한 정원을 말한다) 과반수의 찬성으로 그 의사를 결정한다. 이 경우 이 영 및 '관리규약'으로 정하지 아니한 사항은 선거관리위원회 '규정'으로 정할 수 있다.
5. 선거관리위원회 구성·운영·업무(법 제14조 제4항 각 호에 따른 동별 대표자 결격사유의 확인을 포함한다)·경비, 위원의 선임·해임 및 임기 등에 관한 사항은 (㉢)(으)로 정한다.
6. 선거관리위원회 위원장은 위원 중에서 '호선'한다.

27 공동주택관리법령에 관한 설명이다. ( )에 들어갈 용어를 쓰시오.

> • 선거관리위원회 위원장[선거관리위원회가 구성되지 아니하였거나 위원장이 사퇴, 해임 등으로 궐위된 경우에는 '입주자대표회의의 회장'을 말하며, 입주자대표회의의 회장도 궐위된 경우에는 (㉠)을(를) 말한다. 이하 같다]은 동별 대표자 후보자에 대하여 동별 대표자의 자격요건 충족 여부와 결격사유 해당 여부를 확인하여야 하며, 결격사유 해당 여부를 확인하는 경우에는 동별 대표자 후보자의 동의를 받아 (㉡)경력을 관계 기관의 장에게 확인하여야 한다.
> • 선거관리위원회 위원장은 동별 대표자에 대하여 자격요건 충족 여부와 결격사유 해당 여부를 확인할 수 있으며, 결격사유 해당 여부를 확인하는 경우에는 동별 대표자의 동의를 받아 (㉡)경력을 관계 기관의 장에게 확인하여야 한다.

정답

25 ㉠ 구성원, ㉡ 제안, ㉢ 다함께돌봄센터　　26 ㉠ 입주자등, ㉡ 5, ㉢ 관리규약
27 ㉠ 관리사무소장, ㉡ 범죄

28 공동주택관리법령에 관한 설명이다. (   )에 들어갈 용어와 아라비아 숫자를 쓰시오.

1. 시장·군수·구청장은 대통령령으로 정하는 바에 따라 입주자대표회의의 '구성원'에게 입주자대표회의의 운영과 관련하여 필요한 교육 및 윤리교육을 실시하여야 한다. 이 경우 입주자대표회의의 '구성원'은 그 교육을 성실히 이수하여야 한다.

2. 시장·군수·구청장은 (㉠)·입주자등이 희망하는 경우에는 위 1.의 교육을 (㉠)·입주자등에게 실시할 수 있다. 〈시행 2024. 4. 25.〉

3. 위 1.에 따른 교육 내용에는 관리비·사용료·장기수선충당금·하자 보수에 관한 사항과 층간소음 예방 및 입주민 간 분쟁의 조정에 관한 사항 등을 포함하여야 한다. 〈시행 2024. 4. 25.〉

4. 시장·군수·구청장은 입주자대표회의 '구성원' 또는 입주자등에 대하여 입주자대표회의의 운영과 관련하여 필요한 교육 및 윤리교육(이하 '운영·윤리교육'이라 한다)을 하려면 교육일시, 교육기간 등의 사항을 교육 10일 전까지 공고하거나 교육대상자에게 알려야 한다.

5. 입주자대표회의 '구성원'은 매년 (㉡)시간의 운영·윤리교육을 이수하여야 한다.

6. 운영·윤리교육은 '집합교육'의 방법으로 한다. 다만, 교육 참여현황의 관리가 가능한 경우는 그 전부 또는 일부를 온라인 교육으로 할 수 있다.

7. 시장·군수·구청장은 운영·윤리교육을 이수한 사람에게 '수료증'을 내주어야 한다. 다만, 교육수료사실을 입주자대표회의 구성원이 소속된 (㉢)에 문서로 통보함으로써 '수료증'의 수여를 갈음할 수 있다.

8. 입주자대표회의 '구성원'에 대한 운영·윤리교육의 수강비용은 '입주자대표회의 운영경비'에서 부담하며, 입주자등에 대한 운영·윤리교육의 수강비용은 '수강생 본인'이 부담한다. 다만, '시장·군수·구청장'은 필요하다고 인정하는 경우에는 그 비용의 전부 또는 일부를 지원할 수 있다.

29 공동주택관리법령상 '관리규약'에 관한 설명이다. (   )에 들어갈 용어를 쓰시오.

1. (㉠)은(는) 공동주택의 입주자등을 보호하고 주거생활의 질서를 유지하기 위하여 대통령령으로 정하는 바에 따라 공동주택의 관리 또는 사용에 관하여 준거가 되는 관리규약의 준칙을 정하여야 한다.

2. (㉡)은(는) 위 1.에 따른 관리규약의 준칙을 참조하여 관리규약을 정한다. 이 경우 「주택법」 제21조에 따라 공동주택에 설치하는 (㉢)의 임대료 등에 관한 사항은 위 1.에 따른 관리규약의 준칙, (㉢)의 안정적 운영, 보육서비스 수준의 향상 등을 고려하여 결정하여야 한다.

3. 관리규약은 (㉡)의 지위를 승계한 사람에 대하여도 그 효력이 있다.

30 공동주택관리법령상 '관리규약의 제정 등'에 관한 설명이다. (   )에 들어갈 용어와 아라비아 숫자를 쓰시오.

> 1. 사업주체는 입주예정자와 (㉠)을(를) 체결할 때 관리규약 제정안을 제안해야 한다. 다만, 영 제29조의3에 따라 사업주체가 입주자대표회의가 구성되기 전에 다음 시설의 임대계약을 체결하려는 경우에는 입주개시일 (㉡)개월 전부터 관리규약 제정안을 제안할 수 있다.
>   가. 「영유아보육법」 제10조에 따른 어린이집
>   나. 「아동복지법」 제44조의2에 따른 다함께돌봄센터
>   다. 「아이돌봄 지원법」 제19조에 따른 공동육아나눔터
> 2. 공동주택 분양 후 최초의 관리규약은 위 1.에 따라 사업주체가 제안한 내용을 해당 '입주예정자'의 과반수가 서면으로 동의하는 방법으로 결정한다.
> 3. 위 2.의 경우 사업주체는 해당 공동주택단지의 인터넷 홈페이지에 제안내용을 공고하고 '입주예정자'에게 개별 통지해야 한다.
> 4. '의무관리대상 전환 공동주택'의 관리규약 제정안은 의무관리대상 전환 공동주택의 '(㉢)'이(가) 제안하고, 그 내용을 전체 '입주자등' 과반수의 서면동의로 결정한다.
> 5. 관리규약을 개정하려는 경우에는 다음의 사항을 기재한 개정안을 '위 3.의 방법'에 따른 공고·통지를 거쳐 영 제3조(관리방법의 결정 등) 각 호의 방법으로 결정한다.
>   가. 개정 목적
>   나. 종전의 '관리규약'과 달라진 내용
>   다. '관리규약의 준칙'과 달라진 내용
> 6. 공동주택의 관리주체는 관리규약을 보관하여 입주자등이 열람을 청구하거나 자기의 비용으로 복사를 요구하면 응하여야 한다.

28 ㉠ 관리주체, ㉡ 4, ㉢ 입주자대표회의   **29** ㉠ 시·도지사, ㉡ 입주자등, ㉢ 어린이집
30 ㉠ 관리계약, ㉡ 3, ㉢ 관리인

31 공동주택관리법 시행령 제29조의3(사업주체의 어린이집 등의 임대계약 체결)에 관한 설명이다. ( )에 들어갈 용어를 쓰시오.

> 1. (㉠)은(는) 입주자대표회의가 구성되기 전에 다음의 '주민공동시설'의 임대계약 체결이 필요하다고 인정하는 경우에는 (㉡)(으)로 하여금 입주예정자 과반수의 서면 동의를 받아 해당 시설의 임대계약을 체결하도록 할 수 있다.
>   가. 「영유아보육법」 제10조에 따른 어린이집
>   나. 「아동복지법」 제44조의2에 따른 다함께돌봄센터
>   다. 「아이돌봄 지원법」 제19조에 따른 공동육아나눔터
> 2. (㉡)은(는) 위 1.에 따라 임대계약을 체결하려는 경우에는 해당 공동주택단지의 '인터넷 홈페이지'에 관련 내용을 공고하고 입주예정자에게 개별 통지해야 한다.
> 3. (㉡)은(는) 위 1.에 따라 임대계약을 체결하려는 경우에는 '관리규약' 및 관련 법령의 규정에 따라야 한다. 이 경우 어린이집은 '관리규약 중 영 제19조 제1항 제21호 다목(어린이집을 이용하는 입주자등 중 어린이집 임대에 동의하여야 하는 비율)의 사항은 적용하지 않는다.

32 공동주택관리법령에 관한 설명이다. ( )에 들어갈 용어와 아라비아 숫자를 쓰시오.

제20회 수정

> 1. 입주자대표회의의 회장[관리규약의 제정의 경우에는 (㉠) 또는 '의무관리대상 전환 공동주택'의 (㉡)을(를) 말한다]은 관리규약의 제정·개정 및 입주자대표회의의 구성·변경 등의 사항을 시장·군수·구청장에게 신고하여야 한다. 다만, '의무관리대상 전환 공동주택'의 '관리인'이 관리규약의 제정 신고를 하지 아니하는 경우에는 입주자등의 10분의 1 이상이 연서하여 신고할 수 있다.
> 2. 위 1.에 따른 신고를 하려는 입주자대표회의 회장은 관리규약이 제정·개정되거나 입주자대표회의가 구성·변경된 날부터 (㉢)일 이내에 신고서를 '시장·군수·구청장'에게 제출하여야 한다.

33 공동주택관리법령상 '층간소음'에 관한 설명이다. (   )에 들어갈 용어를 쓰시오.

1. 관리주체의 조치에도 불구하고 층간소음 발생이 계속될 경우는 층간소음 피해를 입은 입주자등은 (㉠) 분쟁조정위원회나 「환경분쟁 조정법」 제4조에 따른 환경분쟁조정위원회에 조정을 신청할 수 있다.
2. 국토교통부와 환경부의 '공동부령'에 따르면, 공동주택 층간소음의 범위는 입주자 또는 사용자의 활동으로 인하여 발생하는 소음으로서 다른 입주자 또는 사용자에게 피해를 주는 다음의 소음으로 한다. 다만, 욕실, 화장실 및 다용도실 등에서 급수·배수로 인하여 발생하는 소음은 '제외'한다.
   가. 직접충격 소음: 뛰거나 걷는 동작 등으로 인하여 발생하는 소음
   나. (㉡) 소음: 텔레비전, 음향기기 등의 사용으로 인하여 발생하는 소음
3. (㉢)은(는) 필요한 경우 입주자등을 대상으로 층간소음의 예방, 분쟁의 조정 등을 위한 교육을 실시할 수 있다.

---

01 공동주택관리법령에 관한 설명이다. ( )에 들어갈 용어를 쓰시오. 제22회 객관식 수정

> 1. 다음은 관리비 중 '수선유지비' 항목에 속한다.
>   가. 건축물의 (㉠)비용
>   나. 냉난방시설의 청소비, 소화기충약비 등 공동으로 이용하는 시설의 보수유지비
>   및 제반 검사비
>   다. 재난 및 재해 등의 예방에 따른 비용
>   라. '장기수선계획'에서 제외되는 공동주택의 공용부분의 수선·보수에 소요되는 비
>   용으로 보수용역 시에는 용역금액, 직영 시에는 자재 및 인건비
> 2. 관리주체는 (㉡) 및 영 제40조 제2항 단서에 따른 '안전진단 실시비용'에 대해서는
>   관리비와 구분하여 징수하여야 한다. (제22회 객관식)
> 3. 의무관리대상 공동주택의 관리주체는 입주자등이 납부하는 입주자대표회의의 운영경
>   비를 입주자등을 대행하여 '입주자대표회의'에게 납부할 수 있다.
> 4. (㉢)은(는) '관리비' 중 주택관리업자에게 위탁하여 관리하는 경우로서 '입주자대표
>   회의'와 주택관리업자 간의 계약으로 정한 월간 비용이다.

이론 ✚

> 1. 내력구조부의 안전진단
>   가. 시장·군수·구청장은 공동주택의 구조안전에 중대한 하자가 있다고 인정하는 경우에는 일
>   정한 기관 또는 단체에 해당 공동주택의 안전진단을 의뢰할 수 있다.
>   나. 위 가.에 따른 안전진단에 드는 비용은 <u>사업주체</u>가 부담한다. 다만, 하자의 원인이 사업주체
>   '외'의 자에게 있는 경우에는 '그 자'가 부담한다(<u>구분징수</u>).
> 2. 하자진단에 드는 비용과 감정에 드는 비용
>   <u>하자진단에 드는 비용</u>과 <u>감정에 드는 비용</u>은 '국토교통부령'으로 정하는 바에 따라 <u>당사자</u>가 부
>   담한다(하자진단에 드는 비용과 감정에 드는 비용은 '입주자' 과반수 서면 동의가 있는 경우 장기
>   수선충당금을 사용할 수 있다).
> 3. 장기수선충당금의 사용
>   장기수선충당금의 사용은 장기수선계획에 따른다. 다만, 해당 공동주택의 입주자 과반수의 서면
>   동의가 있는 경우에는 다음의 용도로 사용할 수 있다.
>   가. 법 제45조에 따른 조정 등의 비용
>   나. 법 제48조에 따른 <u>하자진단</u> 및 <u>감정</u>에 드는 비용
>   다. 위 가. 또는 나.의 비용을 청구하는 데 드는 비용

관리비 항목	구성명세
1. 일반관리비	⊙ 인건비: 급여, 제수당, 상여금, 퇴직금, 산재보험료, 고용보험료, 국민연금, 국민건강보험료 및 식대 등 복리후생비 ⓒ 제사무비: 일반사무용품비, 도서인쇄비, 교통통신비 등 관리사무에 직접 소요되는 비용 ⓒ 제세공과금: 관리기구가 사용한 전기료, 통신료, 우편료 및 관리기구에 부과되는 세금 등 ⓔ 피복비 ⓜ 교육훈련비 ⓗ 차량유지비: 연료비, 수리비, 보험료 등 차량유지에 직접 소요되는 비용 ⓢ 그 밖의 부대비용: 관리용품구입비, 회계감사비 그 밖에 관리업무에 소요되는 비용
2. 청소비	용역 시에는 용역금액, 직영 시에는 청소원인건비, 피복비 및 청소용품비 등 청소에 직접 소요된 비용
3. 경비비	용역 시에는 용역금액, 직영 시에는 경비원인건비, 피복비 등 경비에 직접 소요된 비용
4. 소독비	용역 시에는 용역금액, 직영 시에는 소독용품비 등 소독에 직접 소요된 비용
5. 승강기유지비	용역 시에는 용역금액, 직영 시에는 제부대비, 자재비 등. 다만, 전기료는 공동으로 사용되는 시설의 전기료에 포함한다.
6. 지능형 홈네트워크 설비유지비	용역 시에는 용역금액, 직영 시에는 지능형 홈네트워크 설비 관련 인건비, 자재비 등 지능형 홈네트워크 설비의 유지 및 관리에 직접 소요되는 비용. 다만, 전기료는 공동으로 사용되는 시설의 전기료에 포함한다.
7. 난방비	난방 및 급탕에 소요된 원가(유류대, 난방비 및 급탕용수비)에서 급탕비를 뺀 금액
8. 급탕비	급탕용 유류대 및 급탕용수비
9. 수선유지비	⊙ 장기수선계획에서 제외되는 공동주택의 공용부분의 수선·보수에 소요되는 비용으로 보수용역 시에는 용역금액, 직영 시에는 자재 및 인건비 ⓒ 냉난방시설 청소비, 소화기충약비 등 공동으로 이용하는 시설의 보수유지비 및 제반 검사비 ⓒ 건축물의 안전점검비용 ⓔ 재난 및 재해 등의 예방에 따른 비용
10. 위탁관리수수료	주택관리업자에게 위탁하여 관리하는 경우로서 입주자대표회의와 주택관리업자 간의 계약으로 정한 월간 비용

> 사용료 등
> 1. 전기료(공동으로 사용하는 시설의 전기료를 포함한다)
> 2. 수도료(공동으로 사용하는 수도료를 포함한다)
> 3. 가스사용료
> 4. 지역난방방식인 공동주택의 난방비와 급탕비
> 5. 정화조오물수수료
> 6. 생활폐기물수수료
> 7. 공동주택단지 안의 건물 전체를 대상으로 하는 보험료
> 8. 입주자대표회의 운영경비
> 9. 선거관리위원회 운영경비

01 ⊙ 안전점검, ⓒ 장기수선충당금, ⓒ 위탁관리수수료　　　　　　　　　　　　　정답

02 공동주택관리법령에 관한 설명이다. ( )에 들어갈 용어를 쓰시오.

> • 관리주체는 관리비 등을 「은행법」에 따른 은행 등의 금융기관 중 (㉠)이(가) 지정하는 금융기관에 예치하여 관리하되, (㉡)은(는) '별도의 계좌'로 예치·관리하여야 한다.
> • 위의 경우 계좌는 관리사무소장의 (㉢) 외에 입주자대표회의의 회장 인감을 복수로 등록할 수 있다.

03 공동주택관리법령에 관한 설명이다. ( )에 들어갈 용어를 쓰시오. 제22회 객관식 수정

> 1. 의무관리대상 공동주택의 관리주체는 관리비 등의 내역을 해당 공동주택단지의 (㉠) 및 동별 게시판(통로별 게시판이 설치된 경우에는 이를 포함한다. 이하 같다)와(과) 국토교통부장관이 구축·운영하는 공동주택관리정보시스템에 공개하여야 한다. (제22회 객관식)
> 2. 관리비 등을 입주자등에게 부과한 관리주체는 그 명세를 다음 달 말일까지 해당 공동주택단지의 (㉠) 및 '동별 게시판'과 공동주택관리정보시스템에 공개해야 한다.
> 3. (㉡)(재활용품의 매각 수입, 복리시설의 이용료 등 공동주택을 관리하면서 부수적으로 발생하는 수입을 말한다. 이하 같다)의 경우에도 위 2.와 동일한 방법으로 공개해야 한다.
> 4. 지방자치단체의 장은 위 1.에 따라 공동주택관리정보시스템에 공개된 관리비 등의 적정성을 확인하기 위하여 필요한 경우 관리비 등의 내역에 대한 점검을 대통령령으로 정하는 기관 또는 법인으로 하여금 수행하게 할 수 있다. 〈시행 2024. 4. 25.〉
> 5. 지방자치단체의 장은 위 4.에 따른 점검 결과에 따라 관리비 등의 내역이 부적정하다고 판단되는 경우 공동주택의 (㉢) 및 관리주체에게 개선을 권고할 수 있다. 〈시행 2024. 4. 25.〉
> 6. 위 4.에 따른 점검의 내용·방법·절차 및 위 5.에 따른 개선 권고 등에 필요한 사항은 국토교통부령으로 정한다. 〈시행 2024. 4. 25.〉

이론 ✛

> 공개 항목
> 1. 법 제23조
>   가. 관리비(10개)
>   나. 사용료 등(9개)
>   다. 장기수선충당금과 그 적립금액
>   라. 그 밖에 대통령령으로 정하는 사항
> 2. 영 제23조 제8항
>   가. '사용량'의 공개 항목
>   ⓐ '관리비' 중 난방비와 급탕비
>   ⓑ '사용료 등' 중 전기료(공동으로 사용하는 시설의 전기료를 포함한다), 수도료(공동으로 사용하는 수도료를 포함한다), 가스사용료, 지역난방방식인 공동주택의 난방비와 급탕비
>   나. 장기수선충당금은 그 적립요율 및 사용한 금액을 공개

04 공동주택관리법령에 관한 설명이다. (   )에 들어갈 아라비아 숫자와 용어를 쓰시오.

> 의무관리대상이 아닌 공동주택으로서 (㉠)세대(주택 외의 시설과 주택을 동일 건축물로 건축한 건축물의 경우 주택을 기준으로 한다) 이상인 공동주택의 (㉡)은(는) 관리비 등의 내역을 법 제23조 제4항의 공개방법에 따라 공개하여야 한다. 이 경우 (㉢) 공개는 생략할 수 있으며, 구체적인 공개 내역·기한 등은 대통령령으로 정한다.

고난도

05 공동주택관리법 제26조(회계감사) 제1항 규정이다. (   )에 들어갈 아라비아 숫자와 용어를 쓰시오.

> 의무관리대상 공동주택의 관리주체는 대통령령으로 정하는 바에 따라 「주식회사 등의 외부감사에 관한 법률」 제2조 제7호에 따른 감사인의 회계감사를 매년 1회 이상 받아야 한다. 다만, 다음의 구분에 따른 연도에는 그러하지 아니하다.
> 1. (㉠)세대 이상인 공동주택: 해당 연도에 회계감사를 받지 아니하기로 입주자등의 3분의 2 이상의 서면동의를 받은 경우 그 연도
> 2. (㉠)세대 미만인 공동주택: 해당 연도에 회계감사를 받지 아니하기로 입주자등의 (㉡)의 서면동의를 받은 경우 그 연도

TIP 의무관리대상 공동주택의 관리주체는 대통령령으로 정하는 바에 따라 「주식회사 등의 외부감사에 관한 법률」 제2조 제7호에 따른 감사인의 회계감사를 매년 1회 이상 받아야 한다. 다만, 다음의 구분에 따른 연도에는 그러하지 아니하다. 〈시행 2024. 1. 1.〉
1. 300세대 이상인 공동주택: 해당 연도에 회계감사를 받지 아니하기로 입주자등의 3분의 2 이상의 서면동의를 받은 경우 그 연도
2. 300세대 미만인 공동주택: 해당 연도에 회계감사를 받지 아니하기로 입주자등의 과반수의 서면동의를 받은 경우 그 연도

정답
02 ㉠ 입주자대표회의, ㉡ 장기수선충당금, ㉢ 직인 03 ㉠ 인터넷 홈페이지, ㉡ 잡수입, ㉢ 입주자대표회의 04 ㉠ 50, ㉡ 관리인, ㉢ 공동주택관리정보시스템 05 ㉠ 300, ㉡ 과반수

06 공동주택관리법령에 관한 설명이다. ( )에 들어갈 아라비아 숫자와 용어를 쓰시오.

제23회 수정

> 회계감사를 받아야 하는 공동주택의 관리주체는 매 회계연도 종료 후 (㉠)개월 이내에 재무상태표, (㉡), (㉢)(또는 결손금처리계산서), 주석(註釋) 등의 '재무제표'에 대하여 회계감사를 받아야 한다.

07 공동주택관리법령에 관한 설명이다. ( )에 들어갈 용어를 쓰시오.

> 1. 재무제표를 작성하는 '회계처리기준'은 국토교통부장관이 정하여 고시한다.
> 2. 국토교통부장관은 위 1.에 따른 '회계처리기준'의 제정 또는 개정의 업무를 외부 전문 기관에 위탁할 수 있다.
> 3. 회계감사는 공동주택 회계의 특수성을 고려하여 제정된 (㉠)기준에 따라 실시되어야 한다.
> 4. 위 3.에 따른 '(㉠)기준'은 「공인회계사법」 제41조에 따른 (㉡)이(가) 정하되, 국토교통부장관의 (㉢)을(를) 받아야 한다.
> 5. '입주자대표회의'는 법 제26조 제1항에 따른 감사인에게 감사보고서에 대한 설명을 하여 줄 것을 요청할 수 있다.

TIP '회계감사기준'과 '회계처리기준'을 구별하여야 한다.

08 공동주택관리법령에 관한 설명이다. ( )에 들어갈 아라비아 숫자와 용어를 쓰시오.

제22회 수정

> 1. '의무관리대상 공동주택의 관리주체는 다음 구분에 따른 기간 동안 해당 장부 및 증빙서류를 보관하여야 한다. 이 경우 관리주체는 「전자문서 및 전자거래 기본법」 제2조 제2호에 따른 정보처리시스템을 통해 장부 및 증빙서류를 작성하거나 보관할 수 있다.
>   가. 관리비등의 징수·보관·예치·집행 등 모든 거래행위에 관하여 월별로 작성한 장부 및 그 증빙서류: 해당 회계연도 종료일부터 (㉠)년간 〈제22회〉
>   나. 법 제7조 및 제25조에 따른 주택관리업자 및 사업자 선정 관련 증빙서류: 해당 계약 체결일부터 (㉠)년간 〈신설〉
> 2. 관리주체는 입주자대표회의 소집 및 그 회의에서 의결한 사항 등을 그 공동주택단지의 (㉡)에 공개하거나 입주자등에게 개별 통지하여야 한다.

09 공동주택관리법령에 관한 설명이다. (   )에 들어갈 아라비아 숫자와 용어를 쓰시오.

> 1. '의무관리대상 공동주택'의 관리주체 또는 입주자대표회의는 법령에 따라 선정한 주택관리업자 또는 공사, 용역 등을 수행하는 사업자와 계약을 체결하는 경우 계약체결일부터 (㉠)개월 이내에 그 '계약서'를 해당 공동주택단지의 (㉡) 및 (㉢)에 공개하여야 한다.
> 2. 위 1.의 경우 「개인정보 보호법」 제24조에 따른 고유식별정보 등 개인의 사생활의 비밀 또는 자유를 침해할 우려가 있는 정보는 제외하고 공개하여야 한다.

10 공동주택관리법령상 '주민공동시설의 위탁 운영'에 관한 설명이다. (   )에 들어갈 용어와 아라비아 숫자를 쓰시오.

> • (㉠)은(는) 입주자등의 이용을 방해하지 아니하는 한도에서 주민공동시설을 관리주체가 아닌 자에게 위탁하여 운영할 수 있다.
> • 「주택법」에 따른 사업계획승인을 받아 건설한 공동주택 중 건설임대주택을 제외한 공동주택의 경우에는 입주자대표회의의 의결 또는 입주자등 (㉡) 이상의 요청으로 제안하고 입주자등 (㉢)의 동의를 받아야 한다.

11 공동주택관리법령상 '인근 공동주택단지 입주자등의 주민공동시설 이용의 허용'에 관한 설명이다. (   )에 들어갈 용어와 아라비아 숫자를 쓰시오.

> • (㉠)은(는) 입주자등의 이용을 방해하지 아니하는 한도에서 주민공동시설을 인근 공동주택단지 입주자등도 이용할 수 있도록 허용할 수 있다. 이 경우 영리를 목적으로 주민공동시설을 운영할 수 없다.
> • 「주택법」 제15조에 따른 사업계획승인을 받아 건설한 공동주택 중 건설임대주택을 제외한 공동주택의 경우에는 입주자대표회의의 의결 또는 입주자등 (㉡) 이상의 요청으로 제안하고 과반의 범위에서 (㉢)(으)로 정하는 비율 이상의 입주자등의 동의를 받아야 한다.

정답

06 ㉠ 9, ㉡ 운영성과표, ㉢ 이익잉여금처분계산서　**07** ㉠ 회계감사, ㉡ 한국공인회계사회, ㉢ 승인　**08** ㉠ 5, ㉡ 인터넷 홈페이지　**09** ㉠ 1, ㉡ 인터넷 홈페이지, ㉢ 동별 게시판
10 ㉠ 관리주체, ㉡ 1/10, ㉢ 과반수　**11** ㉠ 관리주체, ㉡ 1/10, ㉢ 관리규약

12 공동주택관리법령상 '300세대 이상의 공동주택'에 관한 설명이다. ( )에 들어갈 용어와 아라비아 숫자를 쓰시오.

> - 입주자대표회의와 '관리주체'는 장기수선계획을 3년마다 '검토'하고, 필요한 경우 이를 국토교통부령으로 정하는 바에 따라 '조정'하여야 하며, 수립 또는 조정된 장기수선계획에 따라 주요 시설을 교체하거나 보수하여야 한다. 이 경우 입주자대표회의와 '관리주체'는 장기수선계획에 대한 '검토사항'을 기록하고 보관하여야 한다.
> - 입주자대표회의와 '관리주체'는 주요 시설을 신설하는 등 관리여건상 필요하여 전체 (㉠) 과반수의 서면동의를 받은 경우에는 3년이 경과하기 전에 장기수선계획을 조정할 수 있다.
> - '관리주체'는 장기수선계획을 검토하기 전에 해당 공동주택의 (㉡)(으)로 하여금 국토교통부령으로 정하는 바에 따라 시·도지사가 실시하는 장기수선계획의 비용산출 및 공사방법 등에 관한 교육을 받게 할 수 있다.
> - 장기수선계획 조정은 '관리주체'가 '조정안'을 작성하고, (㉢)이(가) '의결'하는 방법으로 한다.

13 공동주택관리법령상 '300세대 이상의 공동주택'에 관한 설명이다. ( )에 들어갈 용어를 쓰시오.

> - 의무관리대상 공동주택의 (㉠)은(는) 해당 공동주택의 시설물로 인한 안전사고를 예방하기 위하여 대통령령으로 정하는 바에 따라 안전관리계획을 수립하고, 이에 따라 시설물별로 안전관리자 및 안전관리책임자를 지정하여 이를 시행하여야 한다.
> - (㉡)은(는) 안전관리계획을 조정한다. 이 경우 3년마다 조정하되, 관리여건상 필요하여 관리사무소장이 입주자대표회의 (㉢) 과반수의 서면동의를 받은 경우에는 3년이 지나기 전에 조정할 수 있다.

TIP '장기수선계획의 수립, 조정'과 '안전관리계획의 수립, 조정'을 비교하여 숙지하여야 한다.

14 공동주택관리법령에 관한 설명이다. (　　)에 들어갈 용어를 쓰시오.

PART 2

- '의무관리대상 공동주택'의 '관리주체'는 해당 공동주택의 시설물로 인한 안전사고를 예방하기 위하여 (㉠)을(를) 수립하고, 이에 따라 시설물별로 '안전관리자' 및 '안전관리책임자'를 지정하여 이를 시행하여야 한다.
- (㉡)의 장은 '의무관리대상 공동주택에 해당하지 아니하는 공동주택'(이하 '소규모 공동주택'이라 한다)의 관리와 안전사고의 예방 등을 위하여 시설물에 대한 (㉠)의 수립 및 시행의 업무를 할 수 있다.

15 공동주택관리법령에 관한 설명이다. (　　)에 들어갈 용어를 쓰시오.

- '의무관리대상 공동주택의 관리주체'는 공동주택의 기능유지와 안전성 확보로 입주자등을 재해 및 재난 등으로부터 보호하기 위해 공동주택의 (㉠)을(를) 실시하여야 한다.
- (㉡)의 장은 '의무관리대상 공동주택에 해당하지 아니하는 공동주택'(이하 '소규모 공동주택'이라 한다)의 관리와 안전사고의 예방 등을 위하여 공동주택에 대한 (㉠)의 업무를 할 수 있다.

16 공동주택관리법령상 '소규모 공동주택'에 관한 설명이다. (　　)에 들어갈 용어를 쓰시오.

1. 지방자치단체의 장은 소규모 공동주택에서 발생하는 (㉠) 분쟁의 예방 및 자율적인 조정을 위하여 조례로 정하는 바에 따라 소규모 공동주택 (㉡)을(를) 대상으로 층간소음 상담·진단 및 교육 등의 지원을 할 수 있다. 〈신설〉
2. 지방자치단체의 장은 위 1.에 따른 (㉠) 상담·진단 및 교육 등의 지원을 위하여 필요한 경우 관계 중앙행정기관의 장 또는 지방자치단체의 장이 인정하는 기관 또는 단체에 협조를 요청할 수 있다. 〈신설〉

정답

12 ㉠ 입주자, ㉡ 관리사무소장, ㉢ 입주자대표회의 **13** ㉠ 관리주체, ㉡ 관리사무소장, ㉢ 구성원 **14** ㉠ 안전관리계획, ㉡ 지방자치단체 **15** ㉠ 안전점검, ㉡ 지방자치단체 **16** ㉠ 층간소음, ㉡ 입주자등

17 공동주택관리법령에 관한 설명이다. ( )에 들어갈 용어와 아라비아 숫자를 쓰시오.

제22회 수정

1. '의무관리대상 공동주택'의 '관리주체'는 그 공동주택의 기능유지와 안전성 확보로 입주자등을 재해 및 재난 등으로부터 보호하기 위하여 「시설물의 안전 및 유지관리에 관한 특별법」 제21조에 따른 지침에서 정하는 안전점검의 실시방법 및 절차 등에 따라 공동주택의 안전점검을 (㉠)마다 실시하여야 한다.
2. (㉡)층 이상의 공동주택 및 '15층 이하 공동주택'으로서 다음 어느 하나에 해당하는 공동주택에 대하여는 「시설물의 안전 및 유지관리에 관한 특별법 시행령」 제9조에 따른 책임기술자로서 해당 공동주택단지의 관리직원인 자 등으로 하여금 안전점검을 실시하도록 하여야 한다.
   가. 사용검사일부터 (㉢)년이 경과한 공동주택
   나. 「재난 및 안전관리 기본법 시행령」 제34조의2 제1항에 따른 안전등급이 C등급, D등급 또는 E등급에 해당하는 공동주택

18 공동주택관리법령에 관한 설명이다. ( )에 들어갈 용어를 쓰시오.

- '건축물의 안전점검 비용'은 '관리비'로서 '(㉠) 항목'에 속한다.
- 시장·군수·구청장은 담보책임기간에 공동주택의 '구조안전에 중대한 하자'가 있다고 인정하는 경우에는 안전진단기관에 의뢰하여 안전진단을 할 수 있다.
- 안전진단에 드는 비용은 (㉡)이(가) 부담한다. 다만, 하자의 원인이 (㉡) 외의 자에게 있는 경우에는 그 자가 부담하며, 이는 '관리비'와 구분하여 징수하여야 한다.

19 공동주택관리법령에 관한 설명이다. ( )에 들어갈 용어를 쓰시오.

주차장에 「환경친화적 자동차의 개발 및 보급 촉진에 관한 법률」 제2조 제3호에 따른 전기자동차의 고정형 충전기 및 충전 전용 주차구획을 설치하는 행위로서 (㉠)의 동의를 받은 경우에는 시장·군수·구청장에게 신고만으로 가능하다.

20 공동주택관리법령에 관한 설명이다. (   )에 들어갈 용어를 쓰시오.

1. 의무관리대상 공동주택의 관리주체는 공동주택의 체계적인 유지관리를 위하여 공동주택의 '설계도서' 등 '국토교통부령으로 정하는 서류'를 보관하고, 공동주택 시설의 교체·보수 등의 내용을 기록·보관·유지하여야 한다.
2. 의무관리대상 공동주택의 관리주체는 공용부분에 관한 시설의 교체, 유지보수 및 하자보수 등을 한 경우에는 그 실적을 시설별로 '이력관리'하여야 하며, (㉠)에도 (㉡)하여야 한다.
3. 위 1.에서 '국토교통부령으로 정하는 서류'란 다음의 서류를 말한다.
   가. '사업주체'로부터 인계받은 설계도서 및 장비의 명세
   나. 안전점검 결과보고서
   다. 감리보고서
   라. 공용부분 시설물의 교체, 유지보수 및 하자보수 등의 이력관리 관련 서류·도면 및 사진
4. 의무관리대상 공동주택의 관리주체는 영 제32조 제2항에 따라 공용부분 시설물의 교체, 유지보수 및 하자보수 등을 한 경우에는 '다음의 서류'를 (㉠)에 (㉡)하여야 한다.
   가. 이력 명세
   나. 공사 전·후의 평면도 및 단면도 등 주요 도면
   다. 주요 공사 사진

TIP 일정한 서류를 공동주택관리정보시스템에 '공개'해야 하는 것이 아니라 '등록'해야 함을 숙지하여야 한다.

정답

17 ㉠ 반기, ㉡ 16, ㉢ 30　18 ㉠ 수선유지비, ㉡ 사업주체　19 ㉠ 입주자대표회의
20 ㉠ 공동주택관리정보시스템, ㉡ 등록

하자담보책임 및 하자분쟁조정

▶ **연계학습** | 에듀윌 기본서 2차 [주택관리관계법규 上] p.210

01 공동주택관리법령상 '하자담보책임기간'에 관한 설명이다. (   )에 들어갈 용어와 아라비아 숫자를 쓰시오.   제24회 수정

> 담보책임기간은 하자의 중대성, 시설물의 사용 가능 햇수 및 교체 가능성 등을 고려하여 공동주택의 (㉠) 및 시설공사별로 (㉡)년의 범위에서 대통령령으로 정한다.

고난도
02 공동주택관리법령에 관한 설명이다. (   )에 들어갈 아라비아 숫자를 쓰시오.

> 공동주택의 내력구조부별 및 시설공사별 담보책임기간은 다음과 같다.
> 1. 내력구조부별(건축법 제2조 제1항 제7호에 따른 건물의 주요구조부를 말한다) 하자에 대한 담보책임기간: (㉠)년
>   [기초공사·지정공사 등 집합건물의 소유 및 관리에 관한 법률 제9조의2 제1항 제1호에 따른 '지반공사'의 경우 담보책임기간은 (㉡)년]
> 2. 시설공사별 하자에 대한 담보책임기간: [별표 4]에 따른 다음의 기간
>   가. 마감공사: (㉢)년
>   나. 난방·냉방·환기, 공기조화 설비공사 등: 3년
>   다. 대지조성공사, 철근콘크리트공사, 철골공사, 조적공사, 지붕공사, 방수공사: 5년

이론 ✚
> **하자의 범위(영 제37조)**
> 1. 내력구조부별 하자: 다음의 어느 하나에 해당하는 경우
>   가. 공동주택 구조체의 일부 또는 전부가 붕괴된 경우
>   나. 공동주택의 구조안전상 위험을 초래하거나 그 위험을 초래할 우려가 있는 정도의 균열·침하(沈下) 등의 결함이 발생한 경우
> 2. 시설공사별 하자: 공사상의 잘못으로 인한 균열·처짐·비틀림·들뜸·침하·파손·붕괴·누수·누출·탈락, 작동 또는 기능불량, 부착·접지 또는 전선 연결 불량, 고사(枯死) 및 입상(서 있는 상태) 불량 등이 발생하여 건축물 또는 시설물의 안전상·기능상 또는 미관상의 지장을 초래할 정도의 결함이 발생한 경우

TIP '지반공사'의 담보책임기간은 10년임을 숙지하여야 한다.

03 공동주택관리법령에 관한 설명이다. (   )에 들어갈 용어를 쓰시오.

- 사업주체는 담보책임기간에 공동주택에 하자가 발생한 경우에는 하자 발생으로 인한 손해를 배상할 책임이 있다.
- 입주자대표회의는 공동주택에 하자가 있는 경우 그 하자에 갈음하여 (㉠)을(를) 청구할 수 있을 뿐 '(㉡)권'을 가지지 못한다(판례).
- '시장·군수·구청장'은 담보책임기간에 공동주택의 '구조안전'에 중대한 하자가 있다고 인정하는 경우에는 안전진단기관에 의뢰하여 (㉢)을(를) 할 수 있다.

04 공동주택관리법령에 관한 설명이다. (   )에 들어갈 용어를 쓰시오.

1. '시장·군수·구청장'은 담보책임기간에 공동주택의 구조안전에 중대한 하자가 있다고 인정하는 경우에는 안전진단기관에 의뢰하여 안전진단을 할 수 있다.
2. 위 1.의 안전진단에 드는 비용은 (㉠)이(가) 부담한다.
3. 위 2.에도 불구하고 하자의 원인이 (㉠) 외의 자에게 있는 경우는 그 자가 부담한다.
4. 위 3.의 안전진단 실시비용은 (㉡)와(과) 함께 관리비와 구분하여 징수하여야 한다.

이론 ✚ | 안전진단 실시기관

1. 「과학기술분야 정부출연연구기관 등의 설립·운영 및 육성에 관한 법률」 제8조에 따른 <u>한국건설기술연구원</u>
2. 「국토안전관리원법」에 따른 <u>국토안전관리원</u>
3. 「건축사법」 제31조에 따라 설립한 <u>대한건축사협회</u>
4. 「고등교육법」 제2조 제1호·제2호의 <u>대학 및 산업대학의 부설연구기관</u>(상설기관으로 한정한다)
5. 「시설물의 안전 및 유지관리에 관한 특별법 시행령」 제23조 제1항에 따른 <u>건축 분야 안전진단전문기관</u>

정답

01 ㉠ 내력구조부별, ㉡ 10 **02** ㉠ 10, ㉡ 10, ㉢ 2 **03** ㉠ 하자보수, ㉡ 손해배상청구, ㉢ 안전진단 **04** ㉠ 사업주체, ㉡ 장기수선충당금

05 공동주택관리법령상 '담보책임의 종료'에 관한 설명이다. ( )에 들어갈 아라비아 숫자를 쓰시오.

1. 사업주체는 담보책임기간이 만료되기 (㉠)일 전까지 그 만료 예정일을 해당 공동주택의 '입주자대표회의'(의무관리대상 공동주택이 아닌 경우에는 집합건물의 소유 및 관리에 관한 법률에 따른 '관리단'을 말한다) 또는 해당 공공임대주택의 '임차인대표회의'에 서면으로 통보하여야 한다. 이 경우 사업주체는 다음의 사항을 함께 알려야 한다.
   가. 입주자대표회의등 또는 임차인등이 하자보수를 청구한 경우에는 하자보수를 완료한 내용
   나. '담보책임기간 내에' 하자보수를 신청하지 아니하면 하자보수를 청구할 수 있는 권리가 없어진다는 사실
2. 위 1.에 따른 통보를 받은 '입주자대표회의' 또는 공공임대주택의 '임차인대표회의'는 다음의 조치를 하여야 한다.
   가. 전유부분에 대한 조치: 담보책임기간이 만료되는 날까지 하자보수를 청구하도록 '입주자' 또는 공공임대주택의 '임차인'에게 개별통지하고 공동주택단지 안의 잘 보이는 게시판에 (㉡)일 이상 게시
   나. 공용부분에 대한 조치: 담보책임기간이 만료되는 날까지 하자보수 청구
3. 사업주체는 위 2.에 따라 하자보수 청구를 받은 사항에 대하여 지체 없이 보수하고 그 보수결과를 서면으로 입주자대표회의등 또는 임차인등에 통보해야 한다. 다만, 하자가 아니라고 판단한 사항에 대해서는 그 '이유'를 명확히 기재하여 서면으로 통보해야 한다.
4. 위 3. 본문에 따라 보수결과를 통보받은 입주자대표회의등 또는 임차인등은 통보받은 날부터 (㉢)일 이내에 '이유'를 명확히 기재한 서면으로 사업주체에게 이의를 제기할 수 있다. 이 경우 사업주체는 이의제기 내용이 타당하면 지체 없이 하자를 보수하여야 한다.

06 공동주택관리법령상 '하자보수보증금의 예치 및 보관'에 관한 설명이다. ( )에 들어갈 용어를 쓰시오.

1. '사업주체'['건설임대주택'을 (㉠)하려는 경우에는 그 '임대사업자'를 말한다]는 하자보수보증금을 은행(은행법에 따른 은행을 말한다)에 현금으로 예치하거나 「주택도시기금법」에 따른 주택도시보증공사 등이 취급하는 보증으로서 하자보수보증금 지급을 보장하는 보증에 가입하여야 한다.
2. 위 1.의 경우 그 예치명의 또는 가입명의는 '사용검사권자'(주택법 제49조에 따른 사용검사권자 또는 건축법 제22조에 따른 사용승인권자를 말한다)로 하여야 한다.

3. '사용검사권자'는 (ⓛ)이(가) 구성된 때에는 지체 없이 위 2.에 따른 예치명의 또는 가입명의를 해당 (ⓛ)(으)로 변경하고 (ⓛ)에 현금 예치증서 또는 보증서를 인계하여야 한다.

4. (ⓛ)은(는) 위 3.에 따라 인계받은 현금 예치증서 또는 보증서를 해당 공동주택의 '관리주체'[의무관리대상 공동주택이 아닌 경우에는 집합건물의 소유 및 관리에 관한 법률에 따른 (ⓒ)을(를) 말한다]로 하여금 보관하게 하여야 한다.

07 공동주택관리법령상 '하자보수보증금의 범위'에 관한 설명이다. ( )에 들어갈 아라비아 숫자와 용어를 쓰시오.

1. 하자보수보증금은 다음의 구분에 따른 금액으로 한다.
   가. 대지조성사업계획과 주택사업계획승인을 함께 받아 대지조성과 함께 공동주택을 건설하는 경우: ⓐ의 비용에서 ⓑ의 가격을 뺀 금액의 100분의 (㉠)
      ⓐ 사업계획승인서에 기재된 해당 공동주택의 '총사업비'[간접비(설계비, 감리비, 분담금, 부담금, 보상비 및 일반분양시설경비를 말한다)는 제외한다]
      ⓑ 해당 공동주택을 건설하는 '대지의 조성 전 가격'
   나. 주택사업계획승인만을 받아 대지조성 없이 공동주택을 건설하는 경우: 사업계획승인서에 기재된 해당 공동주택의 '총사업비'에서 '대지가격'을 뺀 금액의 100분의 (㉠)
   다. 법 제35조 제1항 제2호에 따라 공동주택을 증축·개축·대수선하는 경우 또는 「주택법」 제66조에 따른 리모델링을 하는 경우: 허가신청서 또는 신고서에 기재된 해당 공동주택 '총사업비'의 100분의 (㉠)
   라. 「건축법」 제11조에 따른 건축허가를 받아 분양을 목적으로 공동주택을 건설하는 경우: 사용승인을 신청할 당시의 「공공주택 특별법 시행령」 제56조 제7항에 따른 공공건설임대주택 분양전환가격의 산정기준에 따른 표준건축비를 적용하여 산출한 (ⓛ)의 100분의 (㉠)
2. 위 1.에도 불구하고 건설임대주택이 분양전환되는 경우의 하자보수보증금은 위 1.의 가. 또는 나.의 금액에 건설임대주택 세대 중 '분양전환을 하는 (ⓒ)의 비율'을 곱한 금액으로 한다.

08 공동주택관리법령상 '하자보수보증금의 청구 및 관리'에 관한 설명이다. (   )에 들어갈 아라비아 숫자와 용어를 쓰시오.

---

1. 입주자대표회의는 사업주체가 하자보수를 이행하지 아니하는 경우에는 '하자보수보증서 발급기관'에 하자보수보증금의 지급을 청구할 수 있다.
2. 위 1.에 따른 청구를 받은 '하자보수보증서 발급기관'은 청구일부터 (㉠)일 이내에 하자보수보증금을 지급해야 한다. 다만, 하자보수보증서 발급기관이 청구를 받은 금액에 이의가 있으면 하자분쟁조정위원회에 분쟁조정이나 분쟁재정을 신청한 후 그 결과에 따라 지급해야 한다.
3. 하자보수보증서 발급기관은 위 2.에 따라 하자보수보증금을 지급할 때에는 다음의 구분에 따른 금융계좌로 이체하는 방법으로 지급하여야 하며, 입주자대표회의는 그 금융계좌로 해당 하자보수보증금을 관리하여야 한다.
   가. 의무관리대상 공동주택: 입주자대표회의의 회장의 인감과 관리사무소장의 직인을 복수로 등록한 금융계좌
   나. 의무관리대상이 아닌 공동주택: 「집합건물의 소유 및 관리에 관한 법률」에 따른 (㉡)의 인감을 등록한 금융계좌['(㉢)위원회'가 구성되어 있는 경우에는 그 위원회를 대표하는 자 1명과 (㉡)의 인감을 복수로 등록한 계좌]
4. 입주자대표회의는 위 3.에 따라 하자보수보증금을 지급받기 전에 미리 하자보수를 하는 '사업자'를 선정해서는 아니 된다.
5. 입주자대표회의는 하자보수보증금을 사용한 때는 그날부터 (㉠)일 이내에 그 사용명세를 '사업주체'에게 통보하여야 한다.

---

09 공동주택관리법령에 관한 설명이다. (   )에 들어갈 용어와 아라비아 숫자를 쓰시오.

- '국토교통부장관'은 하자분쟁조정위원회의 운영 및 사무처리를 (㉠)에 위탁할 수 있다. 이 경우 하자분쟁조정위원회의 운영 및 사무처리를 위한 조직[이하 '하자분쟁조정위원회의 (㉡)'이라 한다] 및 인력 등에 필요한 사항은 대통령령으로 정한다.
- '국토교통부장관'은 예산의 범위에서 하자분쟁조정위원회의 운영 및 사무처리에 필요한 경비를 (㉠)에 출연 또는 보조할 수 있다.
- 하자분쟁조정위원회가 수행하는 조정 등의 절차 및 의사결정과정은 공개하지 아니한다. 다만, 분과위원회 및 소위원회에서 공개할 것을 의결한 경우에는 그러하지 아니하다.
- 하자분쟁조정위원회의 위원과 하자분쟁조정위원회의 사무국 직원으로서 그 업무를 수행하거나 수행하였던 사람은 조정 등의 절차에서 직무상 알게 된 비밀을 누설하여서는 아니 되며, 위반자에게는 (㉢)년 이하의 징역 또는 (㉢)천만원 이하의 벌금에 처한다.

---

10 공동주택관리법령상 '분과위원회의 구성'에 관한 설명이다. (   )에 들어갈 용어를 쓰시오.

> 1. 하자분쟁조정위원회에는 시설공사 등에 따른 하자 여부 판정 또는 분쟁의 조정·재정을 위하여 다음의 분과위원회를 하나 이상씩 둔다.
>   가. (㉠)분과위원회: 하자 여부 판정
>   나. 분쟁조정분과위원회: 분쟁의 조정
>   다. (㉡)분과위원회: 분쟁의 재정
>   라. (㉢)분과위원회: 법 제43조 제4항에 따른 이의신청 사건에 대한 하자 여부 판정
>   마. 그 밖에 국토교통부장관이 필요하다고 인정하는 분과위원회
> 2. 하자분쟁조정위원회의 위원장은 위원의 전문성과 경력 등을 고려하여 각 분과위원회별 위원을 지명하여야 한다.
> 3. 분과위원회 위원장이 부득이한 사유로 직무를 수행할 수 없을 때에는 해당 분과위원회 위원장이 해당 분과위원 중에서 미리 지명한 위원이 그 직무를 대행한다.

고난도

11 공동주택관리법령에 관한 설명이다. ( )에 들어갈 아라비아 숫자와 용어를 쓰시오.

---

1. 위원장은 전체위원회, 분과위원회 및 소위원회의 회의를 소집하며, 해당 회의의 의장은 다음의 구분에 따른다.
   가. 전체위원회: 위원장
   나. 분과위원회: 분과위원장. 다만, 다음의 사항을 심의하는 경우에는 위원장이 의장이 된다.
   　　ⓐ 법 제43조 제5항에 따른 재심의사건
   　　ⓑ 청구금액이 (㉠)억원 이상인 분쟁조정사건
   　　ⓒ 영 제48조 제1항 제4호에 따른 분과위원회의 안건으로서 하자분쟁조정위원회의 의사 및 운영 등에 관한 사항
   다. 소위원회: 소위원장

2. '전체위원회'는 하자분쟁조정위원회 의사에 관한 규칙의 제정·개정 및 폐지에 관한 사항 등을 심의·의결한다. 이 경우 회의는 재적위원 과반수의 출석으로 개의하고 그 출석위원 과반수의 찬성으로 의결한다.

3. '분과위원회'는 하자 여부 판정, 분쟁조정 및 분쟁재정 사건을 심의·의결하며, 회의는 그 구성원 과반수[분쟁재정을 다루는 분과위원회의 회의의 경우에는 그 구성원 (㉡)을(를) 말한다]의 출석으로 개의하고 출석위원 과반수의 찬성으로 의결한다. 이 경우 분과위원회에서 의결한 사항은 하자분쟁조정위원회에서 의결한 것으로 본다.

4. '소위원회'는 다음의 사항을 심의·의결하거나, 소관 분과위원회의 사건에 대한 심리 등을 수행하며, 회의는 그 구성원 과반수의 출석으로 개의하고 출석위원 (㉡)의 찬성으로 의결한다. 이 경우 소위원회에서 의결한 사항은 하자분쟁조정위원회에서 의결한 것으로 본다.
   가. 1천만원 '미만'의 소액 사건
   나. 전문분야 등을 고려하여 분과위원회에서 소위원회가 의결하도록 결정한 사건
   다. 법 제45조 제2항 후단에 따른 조정 등의 신청에 대한 각하
   라. 당사자 쌍방이 소위원회의 조정안을 수락하기로 합의한 사건
   마. 하자의 발견 또는 보수가 쉬운 전유부분에 관한 하자 중 [별표 4]에 따른 '(㉢) 공사' 또는 '하나의 시설공사에서 발생한 하자'와 관련된 심사 및 분쟁조정 사건

---

12 공동주택관리법령상 '하자심사·분쟁조정위원회의 회의'에 관한 설명이다. (   )에 들어
갈 아라비아 숫자와 용어를 쓰시오.

---

1. 하자분쟁조정위원회 위원장은 전체위원회, 분과위원회 또는 소위원회 회의를 소집
   하려면 특별한 사정이 있는 경우를 제외하고는 회의 개최 (㉠)일 전까지 회의의 일
   시·장소 및 안건을 각 위원에게 알려야 한다.
2. 하자분쟁조정위원회는 회의 개최 (㉠)일 전까지 당사자에게 다음의 사항을 통지해
   야 한다. 다만, 긴급히 개최해야 하는 등 부득이한 사유가 있는 경우에는 회의 개최
   전날까지 통지할 수 있다.
   가. 회의의 일시 및 장소
   나. 회의에 참석하는 위원의 주요이력과 기피신청 절차
   다. 대리인 출석 시 위임장의 제출에 관한 사항
   라. 관련 증거자료의 제출에 관한 사항
3. 국토교통부장관은 조정등 사건의 접수·통지와 송달 등을 인터넷을 이용하여 처리하
   기 위하여 (㉡)시스템을 구축·운영할 수 있다.
4. 하자분쟁조정위원회는 분쟁의 성질상 하자분쟁조정위원회에서 조정 등을 하는 것이
   맞지 아니하다고 인정하거나 부정한 목적으로 신청되었다고 인정되면 그 조정 등의
   신청을 (㉢)할 수 있다.

---

13 공동주택관리법령상 '하자심사 등'에 관한 설명이다. ( )에 들어갈 용어와 아라비아 숫자를 쓰시오.

---

1. '하자 여부 판정을 하는 분과위원회'는 하자의 정도에 비하여 그 보수의 비용이 과다하게 소요되어 사건을 '분쟁조정'에 회부하는 것이 적합하다고 인정하는 경우에는 신청인의 의견을 들어 '분쟁조정을 하는 분과위원회'에 송부하여 해당 사건을 조정하게 할 수 있다.

2. 하자분쟁조정위원회는 하자 여부를 판정한 때에는 '대통령령으로 정하는 사항'을 기재하고 '위원장'이 (㉠)날인한 '하자 여부 판정서 정본'(正本)을 각 당사자 또는 그 대리인에게 송달하여야 하며, '대통령령으로 정하는 사항' 중 '보수기한'은 송달일부터 (㉡)일 이내의 범위에서 정하여야 한다.

3. 위 2.의 하자 여부 판정 결과에 대하여 이의가 있는 자는 '하자 여부 판정서를 송달받은 날'부터 (㉢)일 이내에 안전진단전문기관 또는 대통령령으로 정하는 관계 전문가가 작성한 '의견서'를 첨부하여 국토교통부령으로 정하는 바에 따라 이의신청을 할 수 있다.

4. 하자분쟁조정위원회는 위 3.의 이의신청이 있는 경우에는 위 2.의 하자 여부 판정을 의결한 분과위원회가 아닌 다른 분과위원회에서 해당 사건에 대하여 재심의를 하도록 하여야 한다.

5. 하자분쟁조정위원회는 이의신청 사건을 심리하기 위하여 필요한 경우에는 기일을 정하여 당사자 및 위 3.의 의견서를 작성한 안전진단기관 또는 관계 전문가를 출석시켜 진술하게 하거나 입증자료 등을 제출하게 할 수 있다. 이 경우 안전진단기관 또는 관계 전문가는 이에 따라야 한다.

---

14 공동주택관리법령상 '하자재심 등'에 관한 설명이다. (   )에 들어갈 아라비아 숫자와 용어를 쓰시오.

> 1. 재심의를 하는 분과위원회가 당초의 하자 여부 판정을 변경하기 위하여는 재적위원 과반수의 출석으로 개의하고 출석위원 (㉠) 이상의 찬성으로 의결하여야 한다. 이 경우 출석위원 (㉠) 이상이 찬성하지 아니한 경우에는 당초의 판정을 하자분쟁조정위원회의 최종 판정으로 본다.
> 2. 위 1.에 따라 재심의가 확정된 경우에는 하자분쟁조정위원회는 재심의 결정서 정본을 지체 없이 각 당사자 또는 그 대리인에게 송달하여야 한다.
> 3. 사업주체는 '하자 여부 판정서 정본'을 송달받은 경우로서 하자가 있는 것으로 판정된 경우에는 하자 여부 판정서에 따라 하자를 보수하고, 그 하자 보수 결과를 지체 없이 (㉡)시스템에 (㉢)하는 방법으로 하자분쟁조정위원회에 통보해야 한다.
> 4. 하자분쟁조정위원회는 다음의 사항을 시장·군수·구청장에게 통보할 수 있다.
>   가. 사업주체가 통보한 하자 보수 결과
>   나. 하자 보수 결과를 통보하지 아니한 사업주체의 현황

15 공동주택관리법령상 '분쟁조정'에 관한 설명이다. (   )에 들어갈 아라비아 숫자와 용어를 쓰시오.

---

1. 하자분쟁조정위원회는 분쟁의 조정절차를 완료한 때에는 지체 없이 '대통령령으로 정하는 사항'을 기재한 '조정안'을 '결정'하고, 각 당사자 또는 그 대리인에게 이를 제시하여야 한다.

2. 위 1.에 따른 조정안을 제시받은 당사자는 그 제시를 받은 날부터 (㉠)일 이내에 그 수락 여부를 하자분쟁조정위원회에 통보하여야 한다. 이 경우 수락 여부에 대한 답변이 없는 때에는 그 조정안을 수락한 것으로 본다.

3. 위 1.에 따라 하자분쟁조정위원회에서 제시한 조정안을 제시받은 각 당사자 또는 대리인은 조정안을 수락하거나 거부할 때에는 각 당사자 또는 대리인이 서명 또는 '날인'한 서면[전자서명법에 따른 전자서명(서명자의 실지명의를 확인할 수 있는 것으로 한정한다)을 한 전자문서를 포함한다]을 하자분쟁조정위원회에 제출하여야 한다.

4. 하자분쟁조정위원회는 각 당사자 또는 그 대리인이 조정안을 수락(대통령령으로 정하는 바에 따라 서면 또는 전자적 방법으로 수락한 경우를 말한다)하거나 기한까지 답변이 없는 때에는 '위원장'이 기명날인한 조정서 정본을 지체 없이 각 당사자 또는 그 대리인에게 '송달'하여야 한다.

5. 사업주체는 조정서에 따라 하자를 보수하고 그 결과를 지체 없이 (㉡)시스템에 '등록'하여야 한다.

6. 위 4.에 따른 조정서의 내용은 '재판상 화해'와 동일한 효력이 있다. 다만, 당사자가 임의로 처분할 수 없는 사항으로 대통령령으로 정하는 다음의 경우는 그러하지 아니하다.

   가. 입주자대표회의가 전체 입주자 (㉢) 이상의 동의 없이 공동주택 '공용부분'의 하자보수를 '제외'한 담보책임에 관한 분쟁조정을 신청한 사건. 다만, 입주자대표회의와 사업주체등(사업주체 및 하자보수보증서 발급기관을 말한다) 간의 분쟁조정으로서 영 제41조 제3항에 따라 '입주자대표회의의 명의'로 '변경'된 '하자보수보증금의 반환에 관한 사건'은 '제외'한다.

   나. 법령이나 계약 등에 의하여 당사자가 독자적으로 권리를 행사할 수 없는 부분의 담보책임 및 하자보수 등에 관한 분쟁조정을 신청한 사건

TIP '하자심사 절차'와 '분쟁조정 절차'를 비교하여 숙지하여야 한다.

고난도

16 공동주택관리법령상 '분쟁재정'에 관한 설명이다. (   )에 들어갈 아라비아 숫자와 용어를 쓰시오.

1. 하자분쟁조정위원회는 분쟁의 재정을 위하여 '심문의 기일'을 정하고 당사자에게 의견을 진술하게 하여야 한다.
2. 하자분쟁조정위원회는 심문기일에 당사자를 출석시켜 구두(口頭)로 의견을 진술하게 해야 한다. 다만, 당사자가 질병, 해외 체류 등의 사유로 심문기일에 출석하여 의견을 진술하기 어렵다고 인정되는 경우에는 서면으로 진술하게 할 수 있다.
3. 하자분쟁조정위원회는 심문기일의 (㉠)일 전까지 당사자에게 심문기일을 통지해야 한다.
4. 심문에 참여한 하자분쟁조정위원회의 위원과 하자분쟁조정위원회의 운영 및 사무처리를 위한 조직(이하 '하자분쟁조정위원회의 사무국'이라 한다)의 직원은 대통령령으로 정하는 사항을 기재한 심문조서를 작성하여야 한다.
5. 심문조서에는 그 심문에 관여한 위원과 심문조서를 작성한 직원이 기명날인하여야 한다.
6. 분쟁재정을 다루는 분과위원회는 재정신청된 사건을 분쟁조정에 회부하는 것이 적합하다고 인정하는 경우에는 '분쟁조정'을 다루는 분과위원회에 송부하여 조정하게 할 수 있다.
7. 위 6.에 따라 분쟁조정에 회부된 사건에 관하여 당사자간에 합의가 이루어지지 아니하였을 때에는 재정절차를 계속 진행하고, 합의가 이루어졌을 때에는 재정의 신청은 철회된 것으로 본다.
8. 하자분쟁조정위원회는 재정절차를 완료한 경우에는 대통령령으로 정하는 사항을 기재하고 재정에 참여한 위원이 기명날인한 재정문서의 정본을 각 당사자 또는 그 대리인에게 송달하여야 한다.
9. 위 8.에 따른 재정문서는 그 정본이 당사자에게 송달된 날부터 (㉡)일 이내에 당사자 양쪽 또는 어느 한쪽이 그 재정의 대상인 공동주택의 하자담보책임을 원인으로 하는 소송을 제기하지 아니하거나 그 소송을 취하한 경우 재판상 화해와 동일한 효력이 있다.
10. 다만, 당사자가 임의로 처분할 수 없는 사항으로서 대통령령으로 정하는 사항은 그러하지 아니하다.
11. 사업주체는 위 9.에 따른 재판상 화해와 동일한 효력이 있는 재정에 따라 하자를 보수하고 그 결과를 지체 없이 (㉢)시스템에 등록해야 한다.

TIP '하자심사 절차'와 '분쟁조정 및 분쟁재정 절차'를 비교하여 숙지하여야 한다.

---

15 ㉠ 30, ㉡ 하자관리정보, ㉢ 4/5 **16** ㉠ 7, ㉡ 60, ㉢ 하자관리정보 **정답**

17 공동주택관리법령상 '조정등의 처리기간 등'에 관한 설명이다. (   )에 들어갈 아라비아 숫자와 용어를 쓰시오.

1. 하자분쟁조정위원회는 조정등의 신청을 받은 때에는 지체 없이 조정등의 절차를 개시하여야 한다. 이 경우 하자분쟁조정위원회는 그 신청을 받은 날부터 다음의 구분에 따른 기간 이내에 그 절차를 완료하여야 한다.
   가. 하자심사 및 분쟁조정: 60일(공용부분의 경우 90일)
   나. 분쟁재정: (㉠)일(공용부분의 경우 180일)

2. 하자분쟁조정위원회는 신청사건의 내용에 흠이 있는 경우에는 상당한 기간을 정하여 그 흠을 바로잡도록 명할 수 있다. 이 경우 신청인이 흠을 바로잡지 아니하면 하자분쟁조정위원회의 결정으로 조정등의 신청을 '각하'한다.

3. 위 1.에 따른 기간 이내에 조정등을 완료할 수 없는 경우에는 해당 사건을 담당하는 분과위원회 또는 소위원회의 의결로 그 기간을 한 차례만 연장할 수 있으나, 그 기간은 (㉡)일 이내로 한다. 이 경우 그 사유와 기한을 명시하여 각 당사자 또는 대리인에게 서면으로 통지하여야 한다.

4. 하자분쟁조정위원회는 위 1.에 따른 조정등의 절차 개시에 앞서 이해관계인이나 하자진단을 실시한 안전진단기관 등의 의견을 들을 수 있다.

5. 하자분쟁조정위원회에 조정등을 신청하는 자는 국토교통부장관이 정하여 고시하는 바에 따라 (㉢)을(를) 납부해야 한다.

18 공동주택관리법령에 관한 설명이다. ( )에 들어갈 용어를 쓰시오.

1. '사업주체등'은 입주자대표회의등 또는 임차인등의 하자보수의 청구에 이의가 있는 경우 입주자대표회의등 또는 임차인등과 협의하여 '대통령령으로 정하는 안전진단기관'에 보수책임이 있는 하자범위에 해당하는지 여부 등 (㉠)을(를) 의뢰할 수 있다.
2. '하자분쟁조정위원회'는 다음의 어느 하나에 해당하는 사건의 경우에는 '대통령령으로 정하는 안전진단기관'에 그에 따른 (㉡)을(를) 요청할 수 있다.
   가. 위 1.의 '(㉠) 결과'에 대하여 다투는 사건
   나. 당사자 쌍방 또는 일방이 '하자(㉡)'을(를) '요청'하는 사건
   다. 하자원인이 '불분명'한 사건
   라. 그 밖에 하자분쟁조정위원회에서 '하자(㉡)'이(가) 필요하다고 결정하는 사건
3. 위의 (㉠)에 드는 비용과 (㉡)에 드는 비용은 '국토교통부령으로 정하는 바'에 따라 (㉢)이(가) 부담한다.

이론 +

하자진단 및 감정의 비용

1. 하자진단 및 하자감정에 드는 비용은 '국토교통부령으로 정하는 바'(다음 3.)에 따라 '당사자'가 부담한다.
2. 장기수선충당금의 사용은 장기수선계획에 따른다. 다만, 해당 공동주택의 입주자 과반수의 서면동의가 있는 경우에는 다음의 용도로 사용할 수 있다(법 제30조 제2항).
   가. 법 제45조에 따른 조정 등의 비용
   나. 법 제48조에 따른 하자진단 및 감정에 드는 비용
   다. 위 가. 또는 나.의 비용을 청구하는 데 드는 비용
3. 하자진단 및 하자감정의 비용부담(규칙 제26조)
   위의 하자진단 및 하자감정에 드는 비용은 다음의 구분에 따라 부담한다.
   가. 하자진단에 드는 비용: 당사자가 합의한 바에 따라 부담
   나. 하자감정에 드는 비용: 다음에 따라 부담. 이 경우 하자분쟁조정위원회에서 정한 기한 내에 안전진단기관에 납부해야 한다.
   ⓐ 당사자가 합의한 바에 따라 부담
   ⓑ 당사자간 합의가 이루어지지 않을 경우에는 하자감정을 신청하는 당사자 일방 또는 쌍방이 미리 하자감정비용을 부담한 후 조정 등의 결과에 따라 하자분쟁조정위원회에서 정하는 비율에 따라 부담

대표기출

공동주택관리법 제74조(분쟁조정의 신청 및 조정 등) 규정의 일부이다. ( )에 들어갈 아
라비아 숫자와 용어를 쓰시오. 제25회

- 조정안을 제시받은 당사자는 그 제시를 받은 날부터 (㉠)일 이내에 그 수락 여부를 중
  앙분쟁조정위원회에 서면으로 통보하여야 한다. 이 경우 (㉠)일 이내에 의사표시가 없
  는 때에는 수락한 것으로 본다.
- 당사자가 조정안을 수락하거나 수락한 것으로 보는 경우 중앙분쟁조정위원회는 조정서
  를 작성하고, 위원장 및 각 당사자가 서명·날인한 후 조정서 (㉡)을(를) 지체 없이 각
  당사자 또는 그 대리인에게 송달하여야 한다. 다만, 수락한 것으로 보는 경우에는 각
  당사자의 서명·날인을 생략할 수 있다.
- 당사자가 조정안을 수락하거나 수락한 것으로 보는 때에는 그 조정서의 내용은 재판상
  (㉢)와(과) 동일한 효력을 갖는다. 다만, 당사자가 임의로 처분할 수 없는 사항에 관한
  것은 그러하지 아니하다.

정답 ㉠ 30, ㉡ 정본, ㉢ 화해

---

01 공동주택관리법령에 관한 설명이다. ( )에 들어갈 용어를 쓰시오.

1. 의무관리대상 공동주택을 관리하는 다음의 어느 하나에 해당하는 자는 주택관리사
   를 해당 공동주택의 관리사무소장으로 배치해야 한다. 다만, 500세대 미만의 공동
   주택에는 주택관리사를 갈음하여 (㉠)을(를) 해당 공동주택의 관리사무소장으로
   배치할 수 있다.
   가. 입주자대표회의(자치관리의 경우에 한정한다)
   나. 법 제13조 제1항에 따라 관리업무를 인계하기 전의 사업주체
   다. 주택관리업자
   라. 임대사업자
2. 위 1.의 자는 (㉡)을(를) 관리사무소장의 보조자로 배치할 수 있다.
3. 위 1.의 위반자에게는 1천만원 이하의 (㉢)에 처한다.
4. 관리사무소장은 선량한 관리자의 주의로 그 직무를 수행하여야 한다.

02 공동주택관리법령에 관한 설명이다. (   )에 들어갈 아라비아 숫자와 용어를 쓰시오.

1. 관리사무소장은 그 '배치 내용'과 '업무의 집행에 사용할 직인'을 '국토교통부령'으로 정하는 바에 따라 '시장·군수·구청장'에게 '신고'하여야 한다.
2. '배치 내용'과 '업무의 집행에 사용할 직인'을 신고하려는 관리사무소장은 '배치된 날'부터 (㉠)일 이내에 별지 제33호 서식의 신고서에 다음의 서류를 첨부하여 (㉡)에 제출하여야 한다.
   가. 관리사무소장 교육 또는 주택관리사등의 교육 이수현황('주택관리사단체'가 해당 교육 이수현황을 발급하는 경우에는 제출하지 아니할 수 있다) 1부
   나. 임명장 사본 1부. 다만, 배치된 공동주택의 전임(前任) 관리사무소장이 배치종료 신고를 하지 아니한 경우에는 배치를 증명하는 다음의 서류를 함께 제출하여야 한다.
      ⓐ 공동주택의 관리방법이 '자치관리'인 경우: '근로계약서' 사본 1부
      ⓑ 공동주택의 관리방법이 '위탁관리'인 경우: (㉢)계약서 사본 1부
   다. 주택관리사보자격시험 '합격증' 또는 주택관리사 자격증 사본 1부
   라. 주택관리사등의 손해배상책임을 보장하기 위한 보증설정을 입증하는 서류 1부
3. 신고 또는 변경신고를 접수한 (㉡)은(는) 관리사무소장의 배치 내용 및 직인신고(변경신고하는 경우를 포함한다) '접수 현황'을 분기별로 '시장·군수·구청장'에게 '보고'하여야 한다.
4. (㉡)은(는) 관리사무소장이 신고 또는 변경신고에 대한 증명서 발급을 요청하면 즉시 별지 제34호 서식에 따라 증명서를 발급하여야 한다.

01 ㉠ 주택관리사보, ㉡ 주택관리사등, ㉢ 벌금 **02** ㉠ 15, ㉡ 주택관리사단체, ㉢ 위·수탁 **정답**

03 공동주택관리법령상 '경비원 등 근로자의 업무 등'에 관한 설명이다. ( )에 들어갈 용어를 쓰시오.

> 1. 공동주택에 경비원을 배치한 경비업자(경비업법 제4조 제1항에 따라 허가를 받은 경비업자를 말한다)는 「경비업법」 제7조 제5항에도 불구하고 대통령령으로 정하는 공동주택 관리에 필요한 업무에 경비원을 종사하게 할 수 있다.
> 2. 위 1.에서 '대통령령으로 정하는 공동주택 관리에 필요한 업무'란 다음의 업무를 말한다.
>   가. 청소와 이에 준하는 미화의 보조
>   나. 재활용 가능 자원의 (㉠) 감시 및 정리
>   다. 안내문의 게시와 (㉡) 투입
> 3. 공동주택 경비원은 공동주택에서의 도난, 화재, 그 밖의 혼잡 등으로 인한 위험발생을 방지하기 위한 범위에서 주차 관리와 (㉢) 보관 업무를 수행할 수 있다.

04 공동주택관리법령상 '주택관리업자에 대한 부당간섭 배제 등'에 관한 설명이다. ( )에 들어갈 용어를 쓰시오.

> 입주자대표회의 및 입주자등은 법 제65조 제1항 또는 법 제65조의2 제3항의 행위를 할 목적으로 주택관리업자에게 (㉠) 및 소속 근로자에 대한 해고, 징계 등 불이익 조치를 요구하여서는 아니 된다.

05 공동주택관리법령에 관한 설명이다. ( )에 들어갈 아라비아 숫자와 용어를 쓰시오.

제19회 객관식, 제23·26회 수정

> 1. 주택관리사등은 관리사무소장의 업무를 집행하면서 고의 또는 '과실'로 입주자등에게 재산상의 손해를 입힌 경우에는 그 손해를 배상할 책임이 있다.
> 2. 관리사무소장으로 배치된 주택관리사등은 손해배상책임을 보장하기 위하여 다음의 구분에 따른 금액을 보장하는 보증보험 또는 공제에 가입하거나 공탁을 하여야 한다. (제19회 객관식, 제23회)
>   가. 500세대 미만의 공동주택: 3천만원
>   나. 500세대 이상의 공동주택: (㉠)천만원

3. 주택관리사등은 위 1.에 따른 손해배상책임을 보장하기 위한 보증보험 또는 공제에 가입하거나 공탁을 한 후 해당 공동주택의 관리사무소장으로 '배치된 날'에 다음의 자에게 보증보험 등에 가입한 사실을 입증하는 서류를 제출하여야 한다.

가. 입주자대표회의의 회장

나. 임대주택의 경우에는 임대사업자

다. 입주자대표회의가 없는 경우에는 (㉡)

4. 공탁금은 주택관리사등이 해당 공동주택의 관리사무소장의 직을 사임하거나 그 직에서 해임된 날 또는 사망한 날부터 (㉢)년 이내에는 회수할 수 없다.

06 공동주택관리법령에 관한 설명이다. ( )에 들어갈 아라비아 숫자와 용어를 쓰시오.

제20회 수정

다음의 어느 하나에 해당하는 사람은 주택관리사등이 될 수 없으며 그 자격을 상실한다.

1. 피성년후견인 또는 피한정후견인

2. 파산선고를 받은 사람으로서 복권되지 아니한 사람

3. 금고 이상의 '실형'을 선고받고 그 집행이 끝나거나(집행이 끝난 것으로 보는 경우를 포함한다) 집행이 면제된 날부터 (㉠)년이 지나지 아니한 사람

4. 금고 이상의 형의 (㉡)을(를) 선고받고 그 유예기간 중에 있는 사람

5. 주택관리사등의 자격이 취소된 후에 (㉢)년이 지나지 아니한 사람(위 1. 및 2.에 해당하여 주택관리사등의 자격이 취소된 경우는 제외한다)

이론 ✚

[주의] 위 5.의 해석(자격상실사유 및 자격취소사유)

1. 피성년후견인등에 해당하여 주택관리사등의 자격이 취소된 후 3년이 지나더라도 주택관리사등이 될 수 없다. 즉, 여전히 주택관리사등의 결격자이다. 또한 피성년후견인등에 해당하여 주택관리사등의 자격이 취소된 후 3년이 지나지 아니하더라도 선고가 취소되면 주택관리사등이 될 수 있다고 보아야 한다.

2. 또한, 피성년후견인 또는 피한정후견인에 해당된 경우는 '주택관리사등의 자격을 취소하여야 하는 경우'로 규정된 것이 아닌 점을 유의해야 한다. 다만, '자격취소 사유로 규정되어 있지 않지만' '법 제67조 제4항의 해석상' 주택관리사 자격의 당연상실 사유로 보여진다.

07 공동주택관리법령상 '주택관리업자 등의 교육'에 관한 설명이다. ( )에 들어갈 아라비아 숫자를 쓰시오.

> 1. 주택관리업자(법인인 경우에는 그 대표자를 말한다) 또는 관리사무소장은 다음 시기에 영 제95조 제3항 제2호에 따라 교육업무를 위탁받은 기관 또는 단체(이하 '교육수탁기관'이라 한다)로부터 공동주택 관리에 관한 교육과 윤리교육을 받아야 하며, '교육수탁기관'은 관리사무소장으로 배치받으려는 주택관리사등에 대해서도 공동주택 관리에 관한 교육과 윤리교육을 시행할 수 있다.
>   가. 주택관리업자: 주택관리업의 '등록'을 한 날부터 (㉠)개월 이내
>   나. 관리사무소장: 관리사무소장으로 '배치'된 날(주택관리사보로서 관리사무소장이던 사람이 주택관리사의 자격을 취득한 경우에는 그 자격취득일)부터 (㉡)개월 이내
> 2. 공동주택의 관리사무소장으로 배치받아 근무 중인 주택관리사등은 법 제70조(주택관리업자 등의 교육)에 따른 교육을 받은 후 (㉢)년마다 공동주택관리에 관한 교육과 윤리교육을 받아야 한다.

08 공동주택관리법령에 관한 설명이다. ( )에 들어갈 아라비아 숫자를 쓰시오.

제24회 객관식 수정

> 1. 공동주택관리 분쟁을 조정하기 위하여 '국토교통부'에 중앙 공동주택관리 분쟁조정위원회(이하 '중앙분쟁조정위원회'라 한다)를 두고, '시, 군, 자치구'에 지방 공동주택관리 분쟁조정위원회(이하 '지방분쟁조정위원회'라 한다)를 둔다.
> 2. '공동주택 비율'이 낮은 시·군·구로서 국토교통부장관이 인정하는 시·군·구의 경우에는 지방분쟁조정위원회를 두지 아니할 수 있다.
> 3. 중앙분쟁조정위원회는 위원장 1명을 포함한 15명 이내의 위원으로 구성한다.
> 4. 중앙분쟁조정위원회의 위원 중에는 판사·검사 또는 변호사의 직에 6년 이상 재직한 사람이 (㉠)명 이상 포함되어야 한다.
> 5. 주택관리사로서 공동주택의 관리사무소장으로 (㉡)년 이상 근무한 사람은 중앙분쟁조정위원회의 위원이 될 수 있다.
> 6. (㉢)세대 이상의 공동주택단지에서 발생한 분쟁은 중앙분쟁조정위원회의 관할이다.
>   (제24회 객관식)
> 7. 중앙분쟁조정위원회 위원은 자격자 중에서 국토교통부장관이 임명 또는 위촉한다.
> 8. 당사자가 조정안을 수락하거나 수락한 것으로 보는 때에는 그 조정서의 내용은 재판상 화해와 동일한 효력을 갖는다. 다만, 당사자가 임의로 처분할 수 없는 사항에 관한 것은 그러하지 아니하다.

위 1.의 공동주택관리 분쟁조정위원회의 심의·조정 사항

1. 입주자대표회의의 구성·운영 및 동별 대표자의 자격·선임·해임·임기에 관한 사항
2. 공동주택관리기구의 구성·운영 등에 관한 사항
3. 관리비·사용료 및 장기수선충당금 등의 징수·사용 등에 관한 사항
4. 공동주택(공용부분만 해당한다)의 유지·보수·개량 등에 관한 사항
5. 공동주택의 리모델링에 관한 사항
6. 공동주택의 층간소음에 관한 사항
7. 혼합주택단지에서의 분쟁에 관한 사항
8. 다른 법령에서 공동주택관리 분쟁조정위원회가 분쟁을 심의·조정할 수 있도록 한 사항
9. 그 밖에 공동주택의 관리와 관련하여 분쟁의 심의·조정이 필요하다고 대통령령 또는 시·군·구의 조례(지방분쟁조정위원회에 한정한다)로 정하는 사항

위 6.의 중앙분쟁조정위원회의 심의·조정 사항

1. 둘 이상의 시·군·구의 관할 구역에 걸친 분쟁
2. 시·군·구에 지방분쟁조정위원회가 설치되지 아니한 경우 해당 시·군·구 관할 분쟁
3. 분쟁당사자가 쌍방이 합의하여 중앙분쟁조정위원회에 조정을 신청하는 분쟁
4. 그 밖에 중앙분쟁조정위원회에서 관할하는 것이 필요하다고 대통령령으로 정하는 다음의 분쟁
   가. 500세대 이상의 공동주택단지에서 발생한 분쟁
   나. 지방분쟁조정위원회가 스스로 조정하기 곤란하다고 결정하여 중앙분쟁조정위원회에 이송한 분쟁

09 공동주택관리법령상 '지방 공동주택관리 분쟁조정위원회'에 관한 설명이다. (   )에 들어갈 아라비아 숫자와 용어를 쓰시오.

- 지방분쟁조정위원회는 위원장 1명을 포함하여 (㉠)명 이내의 위원으로 구성하되, '성별을 고려'하여야 한다.
- 공동주택 관리사무소장으로 (㉡)년 이상 근무한 경력이 있는 주택관리사는 지방분쟁조정위원회의 위원이 될 수 있다.
- 지방분쟁조정위원회의 위원장은 위원 중에서 해당 지방자치단체의 장이 지명하는 사람이 된다.
- 공무원이 아닌 위원의 임기는 2년으로 한다. 다만, 보궐위원의 임기는 전임자의 남은 임기로 한다.
- 분쟁당사자가 지방분쟁조정위원회의 조정결과를 수락한 경우에는 당사자간에 (㉢)와(과) 같은 내용의 합의가 성립된 것으로 본다.

07 ㉠ 3, ㉡ 3, ㉢ 3　　**08** ㉠ 3, ㉡ 10, ㉢ 500　　**09** ㉠ 10, ㉡ 5, ㉢ 조정조서　　**정답**

10 공동주택관리법령상 '중앙분쟁조정위원회의 운영 및 사무처리의 위탁'에 관한 설명이다. ( )에 들어갈 용어를 쓰시오.

1. 국토교통부장관은 중앙분쟁조정위원회의 운영 및 사무처리를 고시로 정하는 기관 또는 단체에 위탁할 수 있다.
2. 위 1.에 따른 기관 또는 단체[이하 '(㉠)'(이)라 한다]에 중앙분쟁조정위원회의 운영 및 사무처리를 위한 '사무국'을 두며, '사무국'은 '위원장'의 명을 받아 사무를 처리한다.
3. 위 2.의 '사무국'의 조직, 인력 등은 (㉠)이(가) 국토교통부장관의 (㉡)을(를) 받아 정한다.
4. 국토교통부장관은 예산의 범위에서 중앙분쟁조정위원회의 운영 및 사무처리에 필요한 경비를 위 1.에 따른 수탁 기관 또는 단체에 출연 또는 보조할 수 있다.

11 공동주택관리법령에 관한 설명이다. ( )에 들어갈 용어를 쓰시오. 제24회 수정

1. 국토교통부장관은 다음의 사항을 인터넷을 이용하여 처리하기 위하여 (㉠)시스템을 구축·운영할 수 있다.
   가. 조정등 사건의 접수·통지와 송달
   나. 공동주택의 하자와 관련된 민원상담과 홍보
   다. 하자보수보증금 사용내역과 지급내역의 관리
   라. 하자보수 결과의 통보 등
2. 국토교통부장관은 '중앙 공동주택관리 분쟁조정위원회'의 분쟁조정 사건을 전자적 방법으로 접수·통지 및 송달하거나, 민원상담 및 홍보 등을 인터넷을 이용하여 처리하기 위하여 (㉡)시스템을 구축·운영할 수 있다.
3. 국토교통부장관은 공동주택관리의 투명성과 효율성을 제고하기 위해 공동주택관리에 관한 정보를 종합적으로 관리할 수 있는 (㉢)시스템을 구축·운영할 수 있고, 이에 관한 정보를 관련 기관·단체 등에 제공할 수 있다. (제24회)
4. 국토교통부장관은 위 3.에 따른 (㉢)시스템을 구축·운영하기 위하여 필요한 자료를 관련 기관·단체 등에 요청할 수 있다. 이 경우 기관·단체 등은 특별한 사유가 없으면 그 요청에 따라야 한다.
5. 시·도지사는 공동주택관리에 관한 정보를 종합적으로 관리할 수 있고, 이에 관한 정보를 관련 기관·단체 등에 제공하거나 요청할 수 있다. 이 경우 기관·단체 등은 특별한 사유가 없으면 그 요청에 따라야 한다.

12 공동주택관리법령에 관한 설명이다. (   )에 들어갈 용어를 쓰시오. 제23회 수정

> 1. 시·도지사는 공동주택단지를 모범적으로 관리하도록 장려하기 위하여 매년 공동주택(㉠)을(를) 선정할 수 있다.
> 2. 시·도지사는 위 1.에 따라 (㉠)을(를) 선정하는 경우 '층간소음 예방' 및 '분쟁 조정 활동'을 모범적으로 수행한 단지를 별도로 선정할 수 있다. 〈신설, 시행 2024. 4. 25.〉
> 3. 국토교통부장관은 위 1. 및 2.에 따라 시·도지사가 선정한 공동주택 (㉠) 중에서 공동주택 우수관리단지를 선정하여 표창하거나 상금을 지급할 수 있고, 그 밖에 필요한 지원을 할 수 있다. 〈개정〉
> 4. 지방자치단체의 장은 그 지방자치단체의 조례로 정하는 바에 따라 공동주택의 관리, 층간소음 개선을 위한 층간소음의 측정·진단에 필요한 비용(경비원 등 근로자의 근무환경 개선에 필요한 냉난방 및 안전시설 등의 설치·운영 비용을 포함한다)의 일부를 지원할 수 있다. 〈개정〉
> 5. 국가는 공동주택의 보수·개량, 층간소음 저감재 설치 등에 필요한 비용의 일부를 (㉡)에서 융자할 수 있다. 〈개정〉 〈제23회〉
> 6. 국토교통부장관 또는 지방자치단체의 장은 공동주택의 층간소음 예방을 위한 정책의 수립과 시행에 필요한 기초자료를 확보하기 위하여 대통령령으로 정하는 바에 따라 층간소음에 관한 (㉢)을(를) 단독 또는 합동으로 실시할 수 있다.
> 〈신설, 시행 2024. 4. 25.〉

PART 2

---

13 공동주택관리법령상 '공제사업 등'에 관한 설명이다. (   )에 들어갈 용어와 아라비아 숫자를 쓰시오.

1. (㉠)은(는) 대통령령으로 정하는 바에 따라 매년도의 공제사업 운용 실적을 일간신문 또는 단체의 홍보지 등을 통하여 (㉡)에게 공시하여야 한다.
2. 위 1.에 따라 (㉠)은(는) 다음의 사항이 모두 포함된 공제사업 운용 실적을 매 회계연도 종료 후 (㉢)개월 이내에 국토교통부장관에게 보고하고, 일간신문 또는 (㉠)의 인터넷 홈페이지 등을 통하여 공시하여야 한다.
   가. 재무상태표, 손익계산서 및 감사보고서
   나. 공제료 수입액, 공제금 지급액, 책임준비금 적립액
   다. 그 밖에 공제사업의 운용에 관한 사항
3. '국토교통부장관'은 협회를 지도·감독한다.
4. '국토교통부장관'은 위 3.에 따른 감독상 필요한 경우에는 (㉠)에 대하여 다음의 사항을 보고하게 할 수 있다.
   가. 총회 또는 이사회의 의결사항
   나. 회원의 실태파악을 위하여 필요한 사항
   다. (㉠)의 운영계획 등 업무와 관련된 중요 사항
   라. 그 밖에 공동주택의 관리와 관련하여 필요한 사항

14 공동주택관리법령상 '공동주택관리에 관한 감독'에 관한 설명이다. (   )에 들어갈 아라비아 숫자를 쓰시오. 제22회 객관식 수정

1. 지방자치단체의 장은 공동주택관리의 효율화와 입주자등의 보호를 위하여 입주자대표회의 등이 공동주택 관리규약을 위반한 경우 입주자등, 입주자대표회의나 그 구성원, 관리주체(의무관리대상 공동주택이 아닌 경우에는 '관리인'을 말한다. 이하 이 조에서 같다), 관리사무소장 또는 선거관리위원회나 그 위원 등에게 관리비등의 사용내역 등 대통령령으로 정하는 업무에 관한 사항을 보고하게 할 수 있다.
2. 공동주택의 입주자등은 위 1.에 해당하는 경우 전체 입주자등의 10분의 (㉠) 이상의 동의를 받아 지방자치단체의 장에게 입주자대표회의나 그 구성원, 관리주체, 관리사무소장 또는 선거관리위원회나 그 위원 등의 업무에 대하여 감사를 요청할 수 있다. 이 경우 감사 요청은 그 사유를 소명하고 이를 뒷받침할 수 있는 자료를 첨부하여 서면으로 하여야 한다. 〈시행 2024. 4. 25.〉
3. 지방자치단체의 장은 위 2.의 결과 등을 통보하는 경우 그 내용을 해당 공동주택의 '입주자대표회의' 및 '관리주체'에게도 통보하여야 한다.

4. '관리주체'는 위 2.의 결과 등을 대통령령으로 정하는 바에 따라 해당 공동주택단지의 '인터넷 홈페이지' 및 '동별 게시판'에 공개하고 입주자등의 열람, 복사 요구에 따라야 한다.

5. 위 3.에 따른 통보를 받은 관리주체는 위 4.에 따라 통보를 받은 날부터 (ⓛ)일 이내에 그 내용을 공동주택단지의 인터넷 홈페이지 및 동별 게시판에 (ⓒ)일 이상 공개해야 한다. 이 경우 동별 게시판에는 통보받은 일자, 통보한 기관 및 관계 부서, 주요 내용 및 조치사항 등을 요약하여 공개할 수 있다.

6. 관리주체는 위 5.에 따라 공개하는 내용에서 「개인정보 보호법 시행령」 제19조 각 호에 따른 고유식별정보 등 개인의 사생활의 비밀 또는 자유를 침해할 우려가 있는 정보는 제외해야 한다.

15 공동주택관리법령에 관한 설명이다. ( )에 들어갈 용어를 쓰시오.

1. 지방자치단체의 장은 관할 지역 내 공동주택의 효율적인 관리에 필요한 지원 및 시책을 수행하기 위하여 공동주택관리에 전문성을 가진 기관 또는 단체를 (㉠)센터(이하 이 조에서 '지역센터'라 한다)로 지정할 수 있다. 〈신설〉

2. 지역센터는 다음의 업무를 수행한다. 〈신설〉
   가. 법 제86조(공동주택관리 지원기구) 제1항 각 호에 따른 업무
   나. 소규모 공동주택에 대한 관리 지원
   다. 그 밖에 지역 내 공동주택의 효율적인 관리를 위하여 지방자치단체의 조례로 정하는 업무

3. 지방자치단체는 지역센터의 운영 및 사무처리에 필요한 비용을 (㉡)의 범위에서 출연 또는 보조할 수 있다. 〈신설〉

4. 지역센터의 지정 및 운영 등에 필요한 사항은 지방자치단체의 (㉢)(으)로 정한다. 〈신설〉

13 ㉠ 주택관리사단체, ㉡ 공제계약자, ㉢ 2 **14** ㉠ 2, ㉡ 10, ㉢ 7
15 ㉠ 지역공동주택관리지원, ㉡ 예산, ㉢ 조례

16 공동주택관리법령상 '벌칙 등'에 관한 설명이다. (   )에 들어갈 아라비아 숫자를 쓰시오.

- 공동주택의 관리와 관련하여 입주자대표회의와 관리사무소장은 '공모(共謀)하여' 부정하게 재물 또는 재산상의 이익을 취득하거나 제공하여서는 아니 되며, 위반자는 3년 이하의 징역 또는 3천만원 이하의 벌금에 처한다. 다만, 그 위반행위로 얻은 이익의 100분의 50에 해당하는 금액이 3천만원을 초과하는 자는 3년 이하의 징역 또는 그 이익의 (㉠)배에 해당하는 금액 이하의 벌금에 처한다.
- 공동주택의 '관리'와 관련하여 입주자등·관리주체·입주자대표회의·선거관리위원회(위원을 포함한다)는 부정하게 재물 또는 재산상의 이익을 취득하거나 제공하여서는 아니 되며, 위반자에게는 2년 이하의 징역 또는 2천만원 이하의 벌금에 처한다. 다만, 그 위반행위로 얻은 이익의 100분의 50에 해당하는 금액이 2천만원을 초과하는 자는 2년 이하의 징역 또는 그 이익의 (㉠)배에 해당하는 금액 이하의 벌금에 처한다.
- '주택관리업자' 및 '주택관리사등'은 다른 자에게 자기의 성명 또는 상호를 사용하여 이 법에서 정한 사업이나 업무를 수행하게 하거나 그 등록증 또는 자격증을 대여하여서는 아니 되며, 위반자에게는 1년 이하 징역 또는 1천만원 이하 벌금에 처한다.
- 하자보수보증금을 「공동주택관리법」에 따른 용도 외의 목적으로 사용한 자에게는 (㉡)천만원 이하의 '과태료'를 부과한다.
- '입주자대표회의' 및 '관리주체'는 관리비·사용료와 장기수선충당금을 이 법에 따른 용도 외 목적으로 사용하여서는 아니 되며, 위반자에게는 (㉢)천만원 이하의 과태료를 부과한다.

17 공동주택관리법령상 '벌칙'에 관한 설명이다. (   )에 들어갈 아라비아 숫자를 쓰시오.

1. 하자분쟁조정위원회의 위원과 하자분쟁조정위원회의 사무국 직원으로서 그 업무를 수행하거나 수행하였던 사람은 조정등의 절차에서 직무상 알게 된 비밀을 누설하여서는 아니 된다.
2. 위 1.의 위반자는 (㉠)년 이하의 징역 또는 (㉡)천만원 이하의 벌금에 처한다.
3. 중앙분쟁조정위원회의 직무상 알게 된 비밀의 누설 금지 규정 및 벌칙은 위 1. 및 위 2.의 규정을 준용한다.

16 ㉠ 2, ㉡ 2, ㉢ 1   **17** ㉠ 1, ㉡ 1   정답

PART 3

민간임대주택에 관한 특별법

▶ **연계학습** | 에듀윌 기본서 2차 [주택관리관계법규 上] p.284

대표기출

민간임대주택에 관한 특별법령상 '주택임대관리업의 등록말소 등'에 관한 설명이다. (   )
에 들어갈 아라비아 숫자와 용어를 쓰시오. 제25회 수정

> 1. 시장·군수·구청장은 주택임대관리업자가 최근 (㉠)년간 2회 이상의 영업정지처분
>   을 받은 자로서 그 정지처분을 받은 기간이 합산하여 12개월을 초과한 경우에는 그 등
>   록을 말소하여야 한다. (제25회)
> 2. 시장·군수·구청장은 주택임대관리업자가 영업정지 사유에 해당하는 경우에는 영업정
>   지를 갈음하여 (㉡)천만원 이하의 과징금을 부과할 수 있다.
> 3. 시장·군수·구청장은 주택임대관리업 등록의 말소 또는 영업정지 처분을 하려면 처분
>   예정일 1개월 전까지 해당 주택임대관리업자가 관리하는 주택의 (㉢) 및 임차인에게
>   그 사실을 통보하여야 한다.
> 4. 위 2.의 과징금은 영업정지기간 1일당 '3만원'을 부과하되, 영업정지 1개월은 30일을
>   기준으로 한다. 이 경우 과징금은 (㉡)천만원을 초과할 수 없다.

정답 ㉠ 3, ㉡ 1, ㉢ 임대인

01 민간임대주택에 관한 특별법령에 관한 설명이다. (   )에 들어갈 용어를 쓰시오.

> • 이 법은 민간임대주택의 건설·공급 및 관리와 '민간' 주택임대사업자 육성 등에 관한
>   사항을 정함으로써 (㉠)의 공급을 촉진하고 국민의 주거생활을 안정시키는 것을 목
>   적으로 한다.
> • '임대사업자'란 「공공주택 특별법」 제4조 제1항에 따른 (㉡)이(가) 아닌 자로서 1호
>   이상의 민간임대주택을 취득하여 임대하는 사업을 할 목적으로 법 제5조에 따라 등록
>   한 자를 말한다.

02 민간임대주택에 관한 특별법령상 '민간임대주택'에 관한 설명이다. (   )에 들어갈 용어
와 아라비아 숫자를 쓰시오.

> 1. 임대 목적으로 토지를 임차하여 건설된 주택은 민간임대주택에 속한다.
> 2. 다음의 건축물(이하 '준주택'이라 한다)은 민간임대주택에 속한다.
>   가.「주택법」에 따른 주택 외의 건축물을「건축법」에 따라「주택법 시행령」제4조
>   제1호의 기숙사 중 (㉠)(으)로 리모델링한 건축물
>   나.「주택법 시행령」제4조 제1호의 기숙사 중 (㉡)
>   다. 다음의 요건을 모두 갖춘 오피스텔은 민간임대주택에 속한다.
>   ⓐ 전용면적이 (㉢)제곱미터 이하일 것
>   ⓑ 상하수도 시설이 갖추어진 전용 입식 부엌, 전용 수세식 화장실 및 목욕시설
>   (전용 수세식 화장실에 목욕시설을 갖춘 경우를 포함한다)을 갖출 것

03 민간임대주택에 관한 특별법령상 '민간임대주택'에 관한 설명이다. (   )에 들어갈 용어
를 쓰시오.

> • 「건축법 시행령」에 따른 '(㉠)주택'으로서 임대사업자 본인이 거주하는 실(室)[한 세
>   대가 독립하여 (㉡)할 수 있도록 구획된 부분을 말한다]을 제외한 나머지 실 전부를
>   임대하는 주택인 '일부만을 임대하는 주택'은 민간임대주택에 속한다.
> • '(㉢)(이)란 가족관계가 아닌 2명 이상의 임차인이 하나의 주택에서 거실·주방 등
>   어느 하나 이상의 공간을 공유하여 거주하는 민간임대주택으로서 임차인이 각각 임대
>   차계약을 체결하는 민간임대주택을 말한다.
> • 국가 및 지방자치단체는 '(㉢)'의 활성화를 위하여 임대사업자 및 임차인에게 필요한
>   행정지원을 할 수 있다.

정답

01 ㉠ 민간임대주택, ㉡ 공공주택사업자   **02** ㉠ 일반기숙사, ㉡ 임대형기숙사, ㉢ 120
03 ㉠ 다가구, ㉡ 구분 사용, ㉢ 공유형 민간임대주택

04 민간임대주택에 관한 특별법령에 관한 설명이다. (   )에 들어갈 아라비아 숫자를 쓰시오.

---

1. '역세권등'이란 다음의 어느 하나에 해당하는 시설부터 (㉠)킬로미터 거리 이내에 위치한 지역을 말한다. 이 경우 '시·도지사'는 해당 지방자치단체의 조례로 그 거리를 (㉡)퍼센트의 범위에서 증감하여 달리 정할 수 있다.
   가. 「철도의 건설 및 철도시설 유지관리에 관한 법률」 등에 따라 건설 및 운영되는 철도역
   나. 「수도권정비계획법」에 따른 인구집중유발시설로서 다음의 시설 등
      ⓐ 「고등교육법」에 따른 대학, 산업대학, 교육대학 및 전문대학
      ⓑ 「건축법 시행령」에 따른 연구소
2. '주거지원대상자'란 청년·'신혼부부' 등 주거지원이 필요한 사람으로서 국토교통부령으로 정하는 요건을 충족하는 사람을 말하며, 청년의 경우에는 무주택자로서 다음 요건을 구비한 자가 대상자이다.
   가. 연령: 19세 이상이면서 (㉢)세 이하일 것
   나. 혼인: 혼인 중이 아닐 것
   다. 소득: 다음의 구분에 따른 기준을 충족할 것
      ⓐ 주택공급신청자가 소득이 있는 경우: 해당 세대의 월평균소득이 전년도 도시근로자가구원수별 가구당 월평균소득의 120퍼센트 이하일 것
      ⓑ 주택공급신청자가 소득이 없는 경우: 부모의 월평균소득 합계가 전년도 도시근로자가구원수별 가구당 월평균소득의 120퍼센트 이하일 것
   라. 자산: 규칙 제14조의3 제2항에 따른 자산요건을 충족할 것

---

05 민간임대주택에 관한 특별법령 및 공공주택 특별법령상 '다른 법률과의 관계'에 관한 설명이다. (   )에 들어갈 용어를 쓰시오.

- '민간임대주택'의 건설·공급 및 관리 등에 관하여 「민간임대주택에 관한 특별법」에서 정하지 아니한 사항에 대하여는 「주택법」, 「건축법」, 「(㉠)법」 및 「주택임대차보호법」을 적용한다.
- '공공주택'의 건설·공급 및 관리에 관하여 「공공주택 특별법」에서 정하지 아니한 사항은 「주택법」, 「건축법」 및 「(㉡)법」을 적용한다.

06 민간임대주택에 관한 특별법령에 관한 설명이다. (   )에 들어갈 아라비아 숫자를 쓰시오.

PART 3

1. 임대사업자로 등록할 수 있는 자는 다음과 같다. 이 경우 2인 이상이 공동으로 건설하거나 소유하는 주택의 경우에는 '공동 명의'로 등록해야 한다.
   - 가. 민간임대주택으로 등록할 주택을 '소유'한 자
   - 나. 민간임대주택으로 등록할 주택을 취득하려는 계획이 확정되어 있는 자로서 다음의 어느 하나에 해당하는 자
     - ⓐ 민간임대주택으로 등록할 주택을 건설하기 위하여 '사업계획승인'을 받은 자
     - ⓑ 민간임대주택으로 등록할 주택을 건설하기 위하여 '건축허가'를 받은 자
     - ⓒ 민간임대주택으로 등록할 주택을 매입하기 위하여 '매매계약'을 체결한 자
     - ⓓ 민간임대주택으로 등록할 주택을 매입하기 위하여 '분양계약을 체결한 자'로서 다음의 어느 하나에 해당하는 자
       - 등록 신청일을 기준으로 분양계약서에 따른 '잔금지급일'이 (㉠)개월 이내인 자
       - 등록 신청일이 분양계약서에 따른 '잔금지급일' 이후인 자
   - 다. 민간임대주택으로 등록할 주택을 취득하려는 '위 나. 외의 자'로서 주택건설사업자, 부동산투자회사, 투자회사, 집합투자기구, 소속 근로자에게 임대하기 위하여 민간임대주택을 건설하려는 고용자(법인으로 한정한다) 등
2. 위 1.에도 불구하고 과거 (㉡)년 이내에 민간임대주택 또는 공공임대주택사업에서 부도가 발생한 사실이 있는 자는 임대사업자로 등록할 수 없다.
3. 임대사업자가 임대사업자로 등록한 후 '대통령령으로 정하는 다음의 기간 안'에 민간임대주택을 취득하지 아니하는 경우 시장·군수·구청장은 등록의 전부 또는 일부를 말소할 수 있다.
   - 가. 위 1. 나.의 ⓐ의 자: 임대사업자로 등록한 날부터 6년
   - 나. 위 1. 나.의 ⓑ의 자: 임대사업자로 등록한 날부터 4년
   - 다. 위 1. 나.의 ⓒ의 자: 임대사업자로 등록한 날부터 3개월
   - 라. 위 1. 나.의 ⓓ의 자: 임대사업자로 등록한 날부터 (㉢)년
   - 마. 위 1. 다.의 어느 하나에 해당하는 자: 임대사업자로 등록한 날부터 6년

07 민간임대주택에 관한 특별법령에 관한 설명이다. (   )에 들어갈 아라비아 숫자와 용어를 쓰시오.

---

1. 조합원에게 공급하는 '민간건설임대주택'을 포함하여 (㉠)호 이상으로서 '대통령령으로 정하는 다음 호수 이상'의 주택을 공급할 목적으로 설립된 「협동조합 기본법」에 따른 협동조합 또는 사회적협동조합(이하 '민간임대협동조합'이라 한다)이나 '민간임대협동조합의 발기인'이 조합원을 모집하려는 경우 해당 민간임대주택 건설대지의 관할 '시장·군수·구청장'에게 신고하고, '공개모집의 방법'으로 조합원을 모집하여야 한다.

    가. 「건축법 시행령」[별표 1] 제1호 가목부터 다목까지의 단독주택[협의의 단독주택, 다중주택, 다가구주택]인 경우: (㉠)호

    나. (㉡) 또는 「건축법 시행령」[별표 1] 제2호 가목부터 다목까지의 공동주택(아파트, 연립주택, 다세대주택)인 경우: (㉠)세대

2. 위 1.에도 불구하고 공개모집 이후 조합원의 사망·자격상실·탈퇴 등으로 인한 결원을 충원하거나 미달된 조합원을 재모집하는 경우에는 신고하지 아니하고 선착순의 방법으로 조합원을 모집할 수 있다.

3. 위 1.에 따라 신고받은 시장·군수·구청장은 신고내용이 이 법에 적합한 경우에는 신고를 수리하고 그 사실을 신고인에게 통보하여야 한다.

4. 시장·군수·구청장은 다음의 어느 하나에 해당하는 경우 조합원 모집 신고를 수리해서는 아니 된다.

    가. 해당 민간임대주택 건설대지의 (㉢)퍼센트 이상에 해당하는 토지의 사용권원을 확보하지 못한 경우

    나. 이미 신고된 사업대지와 전부 또는 일부가 중복되는 경우 등

TIP '준주택'을 공급할 목적으로 민간임대협동조합을 설립할 수 있음을 숙지하여야 한다.

이론 ✚

[참고]
- 위 1.을 위반하여 신고하지 아니하고 조합원을 모집하거나 조합원을 공개로 모집하지 아니한 자는 2년 이하의 징역이나 2천만원 이하의 벌금에 처한다.
- 시장·군수·구청장은 '신고서가 접수된 날'부터 15일 이내 신고의 수리 여부를 결정·통지해야 한다.

08 민간임대주택에 관한 특별법령상 '청약 철회 및 가입비등의 반환 등'에 관한 설명이다. ( )에 들어갈 아라비아 숫자를 쓰시오. 제26회 수정

> 1. 조합가입신청자가 민간임대협동조합 가입 계약을 체결하면 '모집주체'는 조합가입신청자로 하여금 계약 체결 시 납부하여야 하는 일체의 금전(이하 '가입비등'이라 한다)을 대통령령으로 정하는 기관(이하 '예치기관'이라 한다)에 예치하게 하여야 한다.
> 2. 조합가입신청자는 '민간임대협동조합 가입 계약체결일'부터 (㉠)일 이내에 민간임대협동조합 가입에 관한 청약을 철회할 수 있다. (제26회)
> 3. 청약 철회를 서면으로 하는 경우에는 청약 철회의 의사를 표시한 서면을 '발송'한 날에 그 효력이 발생한다.
> 4. 모집주체는 조합가입신청자가 청약 철회를 한 경우 청약 철회 의사가 도달한 날부터 (㉡)일 이내에 예치기관의 장에게 가입비등의 반환을 요청하여야 한다. (제26회)
> 5. 예치기관의 장은 위 4.에 따른 가입비등의 반환 요청을 받은 경우 요청일부터 (㉢)일 이내에 가입비등을 조합가입신청자에게 반환하여야 한다.
> 6. 조합가입신청자가 위 2.에 따른 기간 이내 청약 철회를 하는 경우 '모집주체'는 조합가입신청자에게 '청약 철회를 이유'로 위약금 또는 손해배상을 청구할 수 없다.

TIP '가입비등의 예치 및 반환'과 관련된 모집주체, 조합가입신청자 및 예치기관 등 3자의 역할을 정확하게 이해하여야 한다.

이론 ✚
> [참고]
> 위 1. 및 4. 위반자는 <u>2년 이하의 징역</u>이나 <u>2천만원 이하의 벌금</u>에 처한다.

07 ㉠ 30, ㉡ 준주택, ㉢ 80 **08** ㉠ 30, ㉡ 7, ㉢ 10   **정답**

09 민간임대주택에 관한 특별법령상 '주택임대관리업의 결격사유'에 관한 설명이다. (   ) 에 들어갈 아라비아 숫자를 쓰시오.

> 다음의 어느 하나에 해당하는 자는 주택임대관리업의 등록을 할 수 없다. 법인의 경우 그 임원 중 다음의 어느 하나에 해당하는 사람이 있을 때에도 또한 같다.
> 1. 파산선고를 받고 복권되지 아니한 자
> 2. 피성년후견인 또는 피한정후견인
> 3. 주택임대관리업의 등록이 말소된 후 (㉠)년이 지나지 아니한 자. 이 경우 등록이 말소된 자가 법인인 경우에는 말소 당시의 원인이 된 행위를 한 사람과 대표자를 포함한다.
> 4. 이 법, 「주택법」, 「공공주택 특별법」 또는 「공동주택관리법」을 위반하여 금고 이상의 실형을 선고받고 집행이 종료(집행이 종료된 것으로 보는 경우를 포함한다)되거나 그 집행이 면제된 날부터 (㉡)년이 지나지 아니한 사람
> 5. 이 법, 「주택법」, 「공공주택 특별법」 또는 「공동주택관리법」을 위반하여 형의 집행유예를 선고받고 그 유예기간 중에 있는 사람

고난도
10 민간임대주택에 관한 특별법령에 관한 설명이다. (   )에 들어갈 용어를 쓰시오.

> 1. 주택임대관리업자는 업무를 위탁받은 경우 '위·수탁계약서'를 작성하여 주택의 '소유자'에게 교부하고 그 사본을 보관하여야 하며, '위·수탁계약서'에는 계약기간, 주택임대관리업자의 의무 등 대통령령으로 정하는 사항이 포함되어야 한다.
> 2. 국토교통부장관은 위·수탁계약의 체결에 필요한 '표준위·수탁계약서'를 작성하여 보급하고 활용하게 할 수 있다.
> 3. 위·수탁계약서에는 다음의 사항이 포함되어야 한다.
>   가. 관리수수료['(㉠)형 주택임대관리업자'만 해당한다]
>   나. 임대료['(㉡)형 주택임대관리업자'만 해당한다]
>   다. 전대료(轉貸料) 및 전대보증금['(㉢)형 주택임대관리업자'만 해당한다]
>   라. 계약기간
>   마. 주택임대관리업자 및 임대인의 권리·의무에 관한 사항
>   바. 그 밖에 주택임대관리업자의 업무 외에 임대인·임차인의 편의를 위하여 추가적으로 제공하는 업무의 내용

11 민간임대주택에 관한 특별법령상 '주택임대관리업자의 보증상품 가입'에 관한 설명이다. ( )에 들어갈 아라비아 숫자와 용어를 쓰시오.

> 1. 자기관리형 주택임대관리업자는 다음의 보증을 할 수 있는 보증상품에 가입하여야 한다.
>   가. 임대인의 권리보호를 위한 보증: 자기관리형 주택임대관리업자가 약정한 임대료를 지급하지 아니하는 경우 약정한 임대료의 (㉠)개월분 이상의 지급을 책임지는 보증
>   나. 임차인의 권리보호를 위한 보증: 자기관리형 주택임대관리업자가 임대보증금의 반환의무를 이행하지 아니하는 경우 임대보증금의 반환을 책임지는 보증
> 2. 자기관리형 주택임대관리업자는 임대인과 '(㉡)계약'을 체결하거나 임차인과 '(㉢) 계약'을 체결하는 경우에는 보증상품 가입을 증명하는 보증서를 임대인 또는 임차인에게 내주어야 한다.

정답

09 ㉠ 2, ㉡ 3 **10** ㉠ 위탁관리, ㉡ 자기관리, ㉢ 자기관리 **11** ㉠ 3, ㉡ 주택임대관리, ㉢ 주택임대차

12 민간임대주택에 관한 특별법령상 '민간임대주택의 건설'에 관한 설명이다. (   )에 들어갈 아라비아 숫자와 용어를 쓰시오.

> 1. 민간임대주택의 건설은 「주택법」 또는 「건축법」에 따른다.
> 2. 국가·지방자치단체·공공기관 또는 지방공사가 그가 소유하거나 조성한 토지를 공급(매각 또는 임대를 말한다)하는 경우에는 「주택법」 제30조 제1항에도 불구하고 민간임대주택을 건설하려는 '임대사업자'에게 우선적으로 공급할 수 있다.
> 3. 국가·지방자치단체·한국토지주택공사 또는 지방공사는 그가 조성한 토지 중 1퍼센트 이상의 범위에서 대통령령으로 정하는 비율[(㉠)퍼센트] 이상을 임대사업자에게 우선 공급하여야 한다. 다만, 해당 토지는 2개 단지 이상의 공동주택용지 공급계획이 포함된 경우로서 대통령령으로 정하는 규모(15만 제곱미터) 이상이어야 한다.
> 4. 위 2. 및 3.에 따라 토지 및 종전부동산을 공급받은 자는 토지등을 공급받은 날부터 4년 이하의 범위에서 대통령령으로 정하는 기간[(㉡)년] 이내에 민간임대주택을 건설하여야 한다.
> 5. 위 4.에도 불구하고 민간임대주택을 건설하지 아니한 경우 토지등을 공급한 자는 토지등을 (㉢)하거나 임대차계약을 해제 또는 해지할 수 있다.
> 6. 「주택법」 제54조에 따른 사업주체가 주택을 공급하는 경우에는 같은 조 제1항에도 불구하고 그 주택을 '공공지원민간임대주택' 또는 '장기일반민간임대주택'으로 운영하려는 임대사업자에게 주택('분양가상한제 적용주택'은 제외한다) '전부'를 우선적으로 공급할 수 있다.

고난도
13 민간임대주택에 관한 특별법령상 '임대보증금에 대한 보증'에 관한 설명이다. (   )에 들어갈 아라비아 숫자와 용어를 쓰시오.

> 1. 임대사업자는 민간임대주택을 임대하는 경우 임대보증금에 대한 보증에 가입하여야 한다.
> 2. 국토교통부장관은 위 1.에 따른 보증에 가입하지 아니하거나 보증수수료(분할납부액을 포함한다)를 납부하지 아니한 자에 대하여 주택도시기금 융자금에 연 (㉠)퍼센트 포인트의 범위에서 (㉡)을(를) 부과할 수 있다.

14 민간임대주택에 관한 특별법령상 '공익사업을 위한 토지 등의 취득 및 보상에 관한 법률에 관한 특례'에 관한 설명이다. (　　)에 들어갈 아라비아 숫자와 용어를 쓰시오.

> 1. 임대사업자가 전용면적 85제곱미터 이하의 민간임대주택을 (㉠)호 이상의 범위에서 대통령령으로 정하는 호수 이상 건설하기 위하여 사업대상 토지면적의 (㉡)퍼센트 이상을 매입한 경우(토지소유자로부터 매입에 관한 동의를 받은 경우를 포함한다)로서 나머지 토지를 취득하지 아니하면 그 사업을 시행하기가 현저히 곤란해질 사유가 있는 경우에는 (㉢)에게 「공익사업을 위한 토지 등의 취득 및 보상에 관한 법률」 제4조 제5호에 따른 지정을 요청할 수 있다.
> 2. 위 1.에 따라 지정을 받은 임대사업자가 「주택법」에 따른 사업계획승인을 받으면 「공익사업을 위한 토지 등의 취득 및 보상에 관한 법률」에 따른 사업인정을 받은 것으로 본다. 다만, '재결신청'은 「공익사업을 위한 토지 등의 취득 및 보상에 관한 법률」 제23조 제1항(1년 이내 신청) 및 같은 법 제28조 제1항(1년 이내 신청)에도 불구하고 사업계획승인을 받은 '주택건설사업기간'에 할 수 있다.

PART 3

고난도
15 민간임대주택에 관한 특별법령상 '국토의 계획 및 이용에 관한 법률 등에 관한 특례'에 관한 설명이다. (　　)에 들어갈 아라비아 숫자와 용어를 쓰시오.

> 「주택법」에 따른 사업계획승인권자는 임대사업자가 공공지원민간임대주택을 건설하기 위하여 사업계획승인을 신청하는 경우에 관계 법령에도 불구하고 다음에 따라 완화된 기준을 적용할 수 있다. 다만, '공공지원민간임대주택'과 '공공지원민간임대주택이 아닌 시설'을 같은 건축물로 건축하는 경우 전체 연면적 대비 공공지원민간임대주택 연면적의 비율이 (㉠)퍼센트 이상의 범위에서 대통령령으로 정하는 비율[(㉠)퍼센트] 이상인 경우에 한정한다.
> 1. 「국토의 계획 및 이용에 관한 법률」 제77조에 따라 조례로 정한 건폐율에도 불구하고 같은 조 및 관계 법령에 따른 건폐율의 상한까지 완화
> 2. 「국토의 계획 및 이용에 관한 법률」 제52조에 따라 지구단위계획에서 정한 (㉡) 또는 같은 법 제78조에 따라 조례로 정한 (㉡)에도 불구하고 같은 조 및 관계 법령에 따른 (㉡)의 상한까지 완화
> 3. '연립주택'과 '다세대주택'에 대하여 「건축법」에 따른 건축위원회의 심의를 받은 경우에는 주택으로 쓰는 층수를 (㉢)층까지 건축할 수 있다.

정답
12 ㉠ 3, ㉡ 2, ㉢ 환매　**13** ㉠ 1, ㉡ 가산금리　**14** ㉠ 100, ㉡ 80, ㉢ 시·도지사
15 ㉠ 50, ㉡ 용적률, ㉢ 5

16 민간임대주택에 관한 특별법령상 '용적률의 완화로 건설되는 주택의 공급 등'에 관한 설명이다. ( )에 들어갈 아라비아 숫자를 쓰시오.

> 1. 사업계획승인권자는 임대사업자의 사업계획승인 신청 당시 30세대 이상의 공공지원 민간임대주택을 건설하는 사업에 대하여 '기준용적률'보다 '완화용적률'을 적용하는 경우 사업계획승인권자는 '시·도지사' 및 임대사업자와 협의하여 임대사업자에게 다음 2. 및 4.의 조치 등을 명할 수 있다.
> 2. 임대사업자는 완화용적률에서 기준용적률을 뺀 용적률의 '50퍼센트 이하의 범위'에서 해당 지방자치단체의 조례로 정하는 비율을 곱하여 증가하는 면적에 해당하는 임대주택을 건설하여 주거지원대상자에게 (㉠)년 이상 민간임대주택으로 공급하여야 한다.
> 3. 임대사업자는 임대의무기간 중에도 공공지원임대주택을 20년 이상 임대하기 위한 경우로서 필요운영비용 등을 마련하기 위하여 위 2.에 따라 20년 이상 공급하기로 한 주택 중 일부를 (㉡)년 임대 이후 매각하는 경우에는 시장·군수·구청장에게 '허가'를 받아 '임대사업자가 아닌 자'에게 민간임대주택을 양도할 수 있다.
> 4. 임대사업자는 완화용적률에서 기준용적률을 뺀 용적률의 (㉢)퍼센트 이하의 범위에서 해당 지방자치단체의 조례로 정하는 비율을 곱하여 증가하는 면적의 범위에서 주거지원대상자에게 공급하는 임대주택을 건설하거나 '복합지원시설'을 설치하여야 한다.

17 민간임대주택에 관한 특별법령상 '공공지원민간임대주택 공급촉진지구'에 관한 설명이다. ( )에 들어갈 아라비아 숫자를 쓰시오.

제19회 수정

> 시행자는 촉진지구 토지면적의 (㉠) 이상에 해당하는 토지를 소유하고 토지소유자 총수의 (㉡) 이상에 해당하는 자의 동의를 받은 경우 나머지 토지등을 수용 또는 사용할수 있다. 다만, 「공공주택 특별법」 제4조 제1항 각 호에 해당하는 자(공공주택사업자)가 시행자인 경우 본문의 요건을 적용하지 아니하고 수용 또는 사용할 수 있다.

18 민간임대주택에 관한 특별법령에 관한 설명이다. ( )에 들어갈 용어를 쓰시오.

> • 시행자가 촉진지구 조성사업의 공사를 완료한 때에는 공사완료 보고서를 작성하여 시장·군수·구청장에게 (㉠)을(를) 받아야 한다.
> • 다만, 시행자가 (㉡)공사 또는 지방공사인 경우에는 시장·군수·구청장의 (㉠) 권한을 (㉡)공사 또는 지방공사에 위탁할 수 있다.

16 ㉠ 20, ㉡ 10, ㉢ 100　**17** ㉠ 2/3, ㉡ 1/2　**18** ㉠ 준공검사, ㉡ 한국토지주택　정답

PART 3

01 민간임대주택에 관한 특별법령상 '임대차계약 신고'에 관한 설명이다. (   )에 들어갈 아라비아 숫자를 쓰시오.

> 1. 임대사업자는 민간임대주택의 임대차기간, 임대료 및 임차인(준주택에 한정한다) 등 임대차계약에 관한 사항을 임대차계약을 체결한 날(종전 임대차계약이 있는 경우 민간임대주택으로 '등록'한 날을 말한다) 또는 임대차계약을 변경한 날부터 3개월 이내에 시장·군수·구청장에게 신고 또는 변경신고를 하여야 한다.
> 2. 위 1.에도 불구하고 (㉠)세대 이상의 공동주택을 임대하는 임대사업자가 임대차계약에 관한 사항을 변경하여 신고하는 경우에는 변경예정일 (㉡)개월 전까지 신고하여야 한다.
> 3. 시장·군수·구청장은 위 2.에 따라 신고된 임대료가 '법 제44조 제2항에 따른 증액비율을 초과하여 증액'되었거나 '해당 지역의 경제적 사정 변동 등으로 조정될 필요가 있다고 인정'하는 경우에는 임대료를 조정하도록 권고할 수 있다.
> 4. 위 3.에 따른 조정권고를 받은 임대사업자는 권고사항을 통지받은 날부터 (㉢)일 이내에 재신고하여야 한다.
> 5. 시장·군수·구청장은 '위 1.에 따른 신고' 또는 '위 4.에 따른 재신고'를 받거나 '위 2.에 따른 신고를 받고 조정권고하지 아니한 경우' 그 내용을 검토하여 이 법에 적합하면 신고를 수리하여야 한다.

이론 ✚

[참고]
위 3.에 따른 조정권고를 받은 임대사업자는 권고사항을 통지받은 날부터 <u>10일 이내</u> 재신고해야 한다.

01 ㉠ 100, ㉡ 1, ㉢ 10   정답

고난도

02 민간임대주택에 관한 특별법령상 '임대사업자의 임대차계약 해지 등 사유'에 관한 설명이다. ( )에 들어갈 아라비아 숫자와 용어를 쓰시오.

임대사업자는 임차인이 다음의 어느 하나에 해당하는 경우를 제외하고는 임대사업자로 등록되어 있는 기간 동안 임대차계약을 해제 또는 해지하거나 재계약을 거절할 수 없다.

1. 거짓이나 그 밖의 부정한 방법으로 민간임대주택을 임대받은 경우
2. 임대사업자의 귀책사유 없이 영 제34조 제1항 각 호의 시점으로부터 (㉠)개월 이내에 입주하지 않은 경우
3. '월 임대료'를 (㉠)개월 이상 연속하여 연체한 경우
4. 민간임대주택 및 그 '부대시설'을 임대사업자의 동의를 받지 않고 개축·증축 또는 변경하거나 본래의 용도가 아닌 용도로 사용한 경우
5. 민간임대주택 및 그 '부대시설'을 고의로 파손 또는 멸실한 경우
6. 공공지원민간임대주택의 임차인이 다음의 어느 하나에 해당하게 된 경우
   가. 임차인의 자산 또는 소득이 법 제42조 제2항에 따른 '자격요건'을 초과하는 경우로서 국토교통부령으로 정하는 기준을 초과하는 경우
   나. 임대차계약기간 중 다른 주택을 소유하게 된 경우. 다만, 다음 어느 하나에 해당하는 경우는 제외한다.
      ⓐ 상속·판결 또는 혼인 등 그 밖의 부득이한 사유로 다른 주택을 소유하게 된 경우로서 임대차계약이 해제·해지되거나 재계약이 거절될 수 있다는 내용을 통보받은 날부터 (㉡)개월 이내에 해당 주택을 처분하는 경우
      ⓑ 혼인 등 사유로 주택을 소유하게 된 세대구성원이 '소유권을 취득한 날'부터 14일 이내에 '전출 신고'를 하여 세대가 분리된 경우
      ⓒ 공공지원민간임대주택의 입주자를 선정하고 남은 공공지원민간임대주택에 대하여 선착순의 방법으로 입주자로 선정된 경우
7. 법 제42조의2에 따라 임차인이 공공지원민간임대주택 또는 '공공임대주택'에 중복하여 입주하거나 계약한 것으로 확인된 경우
8. (㉢)상의 의무를 위반한 경우

TIP 공공지원민간임대주택의 임차인이 임대차계약 기간 중 다른 주택을 소유하게 된 경우의 임대차계약의 해지 등 가능 여부에 대하여 정확하게 숙지하여야 한다.

03 민간임대주택에 관한 특별법령상 '임차인의 임대차계약 해지 등 사유'에 관한 설명이다. ( )에 들어갈 아라비아 숫자와 용어를 쓰시오.

'임차인'은 다음의 경우에는 임대차계약을 해제하거나 해지할 수 있다.
1. 시장·군수·구청장이 민간임대주택에 거주하기 곤란할 정도의 중대한 하자가 있다고 인정하는 경우
2. 임대사업자가 '임차인'의 의사에 반하여 민간임대주택의 부대시설·복리시설을 파손시킨 경우
3. 임대사업자의 귀책사유로 입주지정기간이 끝난 날부터 (㉠)개월 이내 입주할 수 없는 경우
4. 임대사업자가 법 제47조에 따른 표준임대차계약서상의 의무를 위반한 경우
5. (㉡)에 대한 보증에 가입해야 하는 임대사업자가 (㉡)에 대한 보증에 가입하지 않은 경우 〈신설 2023. 6. 20.〉

04 민간임대주택에 관한 특별법령상 '표준임대차계약서의 사용'에 관한 설명이다. ( )에 들어갈 용어와 아라비아 숫자를 쓰시오.

1. 임대사업자가 민간임대주택에 대한 임대차계약을 체결하려는 경우에는 (㉠)(으)로 정하는 표준임대차계약서를 사용하여야 한다.
2. 위 1.의 위반자에게는 (㉡)천만원 이하의 '과태료'를 부과한다.

02 ㉠ 3, ㉡ 6, ㉢ 표준임대차계약서 **03** ㉠ 3, ㉡ 임대보증금 **04** ㉠ 국토교통부령, ㉡ 1 **정답**

05 민간임대주택에 관한 특별법령상 '임대보증금에 대한 보증'에 관한 설명이다. (   )에 들어갈 용어를 쓰시오.

> 1. 임대사업자는 보증의 수수료를 1년 단위로 재산정하여 분할납부할 수 있다.
> 2. 보증에 가입한 임대사업자가 가입 후 1년이 지났으나 재산정한 보증수수료를 보증회사에 납부하지 아니하는 경우에는 보증회사는 그 보증계약을 (㉠)할 수 있다. 다만, (㉡)이(가) 보증수수료를 납부하는 경우에는 그러하지 아니하다.
> 3. 위 2.에 따라 보증회사가 보증계약을 해지하는 경우 보증회사는 보증계약 해지 사실을 (㉢)에게 알리고, 관련 자료를 제출하여야 한다. 이 경우 (㉢)은(는) 대통령령으로 정하는 바에 따라 국토교통부장관에게 관련 자료를 제공하여야 한다.

06 민간임대주택에 관한 특별법령상 '임대보증금에 대한 보증 및 보증수수료의 납부방법 등'에 관한 설명이다. (   )에 들어갈 아라비아 숫자와 용어를 쓰시오.

> 1. 보증에 가입하는 경우 보증대상은 원칙적으로 임대보증금 전액으로 한다.
> 2. 위 1.에도 불구하고 '일정한 요건에 모두 해당하는 경우'에는 담보권이 설정된 금액과 '임대보증금'을 합한 금액에서 주택가격의 100분의 (㉠)에 해당하는 금액을 뺀 금액을 보증대상으로 할 수 있다.
> 3. 보증수수료의 (㉡)퍼센트는 임대사업자가 부담하고, 25퍼센트는 임차인이 부담할 것. 다만, 임대사업자가 사용검사 전에 임차인을 모집하는 경우 임차인을 모집하는 날부터 사용검사를 받는 날까지의 보증수수료는 (㉢)이(가) 전액 부담한다.
> 4. 보증수수료는 '임대사업자'가 납부할 것. 이 경우 임차인이 부담하는 보증수수료는 임대료에 포함하여 징수하되 임대료 납부고지서에 그 내용을 명시하여야 한다.

이론 ＋ 위 2.의 '일정한 요건에 모두 해당하는 경우'

> 1. 근저당권이 세대별로 분리된 경우(근저당권이 주택단지에 설정된 경우에는 근저당권의 공동담보를 해제하고, 채권최고액을 감액하는 근저당권 변경등기의 방법으로 할 수 있다)
> 2. 임대사업자가 임대보증금보다 선순위인 제한물권(다만, 위 1.에 따라 세대별로 분리된 근저당권은 제외한다), 압류·가압류·가처분 등을 해소한 경우
> 3. 임차인이 전세권설정을 요구하고 임대사업자가 이에 동의하여 전세권이 설정된 경우
> 4. 그 밖에 위 1.에서 3.까지에 준하는 경우로서 대통령령으로 정하는 경우

07 민간임대주택에 관한 특별법령에 관한 설명이다. (   )에 들어갈 용어를 쓰시오.

> 1. 민간임대주택의 임대사업자는 보육 수요 충족을 위하여 필요한 경우 해당 민간임대주택의 일부 세대를「영유아보육법」제10조 제5호에 따른 (㉠)을(를) 운영하려는 자에게 임대할 수 있다.
> 2. 위 1.에 따라 임대사업자가 (㉠)을(를) 설치·운영하려는 자에게 임대하는 경우 법 제42조에도 불구하고 임대차계약 체결 후 '(㉡)이(가) 정한 기간 이내'에「영유아보육법」제13조 제1항에 따른 인가를 받았음을 증명하는 자료를 제출한 자 중에서 (㉡)이(가) 정하는 임차인 선정 순위에 따라 (㉠)(으)로 임대할 세대의 임차인을 선정한다.
> 3. '임차인으로 선정된 자'가 (㉠)을(를) 설치·운영하지 않게 된 경우에는 즉시 그 사실을 (㉡)에게 통보해야 한다.

08 민간임대주택에 관한 특별법령상 '자체관리 또는 위탁관리를 하여야 하는 경우'에 관한 설명이다. (   )에 들어갈 아라비아 숫자와 용어를 쓰시오.

> 임대사업자는 민간임대주택이 '대통령령으로 정하는 다음 규모' 이상에 해당하면 주택관리업자에게 관리를 위탁하거나 자체관리하여야 한다.
> 1. (㉠)세대 이상의 공동주택
> 2. (㉡)세대 이상의 공동주택으로서 승강기가 설치된 공동주택
> 3. (㉡)세대 이상의 공동주택으로서 중앙집중식 난방방식 또는 (㉢)인 공동주택

이론 ✚

[참고]
위의 '위탁관리하거나 자체관리하여야 하는 규모'는 '임차인대표회의를 구성'하여야 하며, '장기수선계획을 수립'함과 동시에 '특별수선충당금을 적립하여야 할 규모'이기도 하다.

09 민간임대주택에 관한 특별법령상 '자체관리 및 공동관리'에 관한 설명이다. (   )에 들어갈 용어를 쓰시오.

> 1. 임대사업자가 민간임대주택을 '자체관리'하려면 대통령령으로 정하는 기술인력 및 장비를 갖추고 국토교통부령으로 정하는 바에 따라 시장·군수·구청장의 (㉠)을(를) 받아야 한다.
> 2. 임대사업자가 민간임대주택을 공동으로 관리할 수 있는 경우는 단지별로 (㉡) 또는 '임차인' 과반수['(㉡)'을(를) 구성하지 않은 경우만 해당한다]의 서면동의를 받은 경우로서 둘 이상의 민간임대주택단지를 공동으로 관리하는 것이 합리적이라고 특별시장, 광역시장, 특별자치시장, 특별자치도지사, 시장 또는 군수가 '인정'하는 경우로 한다.
> 3. 위 2.에 따라 공동관리하는 둘 이상의 민간임대주택단지에 기술인력 및 장비 기준을 적용할 때에는 둘 이상의 민간임대주택단지를 '하나'의 민간임대주택단지로 본다. 다만, 특별시장, 광역시장, 특별자치시장, 특별자치도지사, 시장 또는 군수가 민간임대주택단지 간의 '거리' 및 (㉢) 등을 고려하여 민간임대주택단지마다 갖출 것을 요구하는 경우에는 그렇지 않다.

10 민간임대주택에 관한 특별법령에 관한 설명이다. (   )에 들어갈 용어를 쓰시오.

> 임대사업자는 민간임대주택을 관리하는 데 필요한 경비를 임차인이 최초로 납부하기 전까지 해당 민간임대주택의 유지관리 및 운영에 필요한 경비[이하 '(㉠)'(이)라 한다]를 대통령령으로 정하는 바에 따라 부담할 수 있다.

11 민간임대주택에 관한 특별법령상 '임차인대표회의'에 관한 설명이다. (   )에 들어갈 아라비아 숫자와 용어를 쓰시오.

제24회 적중문제

> 1. 임대사업자가 (㉠)세대 이상의 민간임대주택을 공급하는 공동주택단지에 입주하는 임차인은 임차인대표회의를 구성할 수 있다. 다만, 임대사업자가 (㉡)세대 이상의 민간임대주택을 공급하는 공동주택단지 중 '대통령령으로 정하는 공동주택단지'에 입주하는 임차인은 임차인대표회의를 구성하여야 한다. (제24회)
> 2. 위 1. 단서에서 '대통령령으로 정하는 공동주택단지'란 다음의 어느 하나에 해당하는 공동주택단지를 말한다.
>   가. 300세대 이상의 공동주택단지
>   나. 150세대 이상의 공동주택으로서 승강기가 설치된 공동주택, 중앙집중식 난방방식 또는 (㉢)방식인 공동주택에 해당하는 공동주택단지

12 민간임대주택에 관한 특별법령상 '임차인대표회의'에 관한 설명이다. (   )에 들어갈 아라비아 숫자와 용어를 쓰시오.

> 1. 임대사업자는 입주예정자의 과반수가 입주한 때에는 과반수가 입주한 날부터 (㉠)일 이내에 입주현황과 임차인대표회의를 구성할 수 있다는 사실 또는 구성하여야 한다는 사실을 입주한 임차인에게 통지하여야 한다.
> 2. 다만, 임대사업자가 위 1.에 따른 통지를 하지 아니하는 경우 (㉡)이(가) 임차인대표회의를 구성하도록 임차인에게 통지할 수 있다.
> 3. 임차인대표회의를 구성하여야 하는 임차인이 임차인대표회의를 구성하지 아니한 경우 '임대사업자'는 임차인이 임차인대표회의를 구성할 수 있도록 '대통령령으로 정하는 바'에 따라 지원하여야 한다.
> 4. 임대사업자는 위 3.에 따라 임차인이 임차인대표회의를 구성하지 않는 경우에 임차인대표회의를 구성해야 한다는 사실과 협의사항 및 이 조에 따른 임차인대표회의의 구성·운영에 관한 사항을 (㉢)1회 이상 임차인에게 통지해야 한다.

정답

09 ㉠ 인가, ㉡ 임차인대표회의, ㉢ 안전성   **10** ㉠ 선수관리비   **11** ㉠ 20, ㉡ 150, ㉢ 지역난방   **12** ㉠ 30, ㉡ 시장·군수·구청장, ㉢ 반기

13 민간임대주택에 관한 특별법령상 '민간임대주택 주차장의 외부개방'에 관한 설명이다. ( )에 들어갈 용어를 쓰시오.

> 1. 임대사업자는 영 제42조 제4항 제3호에 따라 임차인대표회의와 협의하여 결정한 사항에 대해 전체 임차인 (㉠)의 서면동의를 받은 경우 (㉡)와(과) 협약을 체결하여 주차장을 개방할 수 있다.
> 2. 위 1.의 경우, 개방하는 민간임대주택 주차장의 운영·관리자는 (㉡), 「지방공기업법」 제76조에 따라 설립된 지방공단 또는 지방자치단체의 장이 지정하는 자 중에서 (㉡)와(과)의 협약에 따라 정한다.

14 민간임대주택에 관한 특별법령상 '300세대 규모의 민간임대주택'에 관한 설명이다. ( )에 들어갈 용어를 쓰시오.

> 1. 임대사업자는 주요 시설을 교체하고 보수하는 데에 필요한 특별수선충당금을 적립하여야 한다.
> 2. 임대사업자가 민간임대주택을 양도하는 경우에는 특별수선충당금을 「공동주택관리법」 제11조에 따라 최초로 구성되는 (㉠)에 넘겨주어야 한다.
> 3. 위 1. 및 2.에 따라 특별수선충당금을 적립하지 아니하거나 (㉠)에 넘겨주지 아니한 자에게는 1천만원 이하의 (㉡)을(를) 부과한다.
> 4. (㉢)은(는) 국토교통부령으로 정하는 방법에 따라 임대사업자의 특별수선충당금 적립 여부, 적립금액 등을 관할 시·도지사에게 보고하여야 하며, 시·도지사는 시장·군수·구청장의 보고를 종합하여 국토교통부장관에게 보고하여야 한다.

이론 ✚ '자체관리나 위탁관리하여야 할 규모' & '장기수선계획 수립 및 특별수선충당금 적립대상' & '임차인대표회의를 구성하여야 하는 경우'

1. 300세대 이상의 공동주택
2. 150세대 이상의 공동주택으로서 승강기가 설치된 공동주택
3. 150세대 이상의 공동주택으로서 중앙집중식 난방방식 또는 지역난방방식인 공동주택

15 민간임대주택에 관한 특별법령상 '300세대 규모의 공동주택'에 관한 설명이다. (   )에 들어갈 용어를 쓰시오.

> • 임대사업자는 해당 민간임대주택의 공용부분, 부대시설 및 복리시설[(㉠)된 시설은 제외한다]에 대한 「공동주택관리법」 제29조에 따른 (㉡)을(를) 수립하여 「주택법」 제49조에 따른 사용검사 신청 시 함께 제출하여야 하며, 임대기간 중 해당 민간임대주택단지에 있는 관리사무소에 (㉡)을(를) 갖춰 놓아야 한다.
> • 특별수선충당금은 임대사업자와 해당 민간임대주택의 소재지를 관할하는 (㉢)의 공동 명의로 금융회사 등에 예치하여 따로 관리하여야 한다.
> • 임대사업자는 특별수선충당금을 사용하려면 미리 해당 민간임대주택의 소재지를 관할하는 (㉢)와(과) 협의하여야 한다.

16 민간임대주택에 관한 특별법령상 '특별수선충당금의 적립시기 및 요율'에 관한 설명이다. (   )에 들어갈 아라비아 숫자를 쓰시오.

> 1. 임대사업자는 특별수선충당금을 사용검사일 또는 임시 사용승인일부터 (㉠)년이 지난 날이 속하는 달부터 매달 적립하여야 한다.
> 2. 위 1.의 경우, 적립요율은 「주택법」 제15조 제1항에 따른 사업계획 승인 당시 표준건축비의 1만분의 (㉡)의 요율이다.

PART 3

정답

13 ㉠ 과반수, ㉡ 지방자치단체   **14** ㉠ 입주자대표회의, ㉡ 과태료, ㉢ 시장·군수·구청장
15 ㉠ 분양, ㉡ 장기수선계획, ㉢ 시장·군수·구청장   **16** ㉠ 1, ㉡ 1

17 민간임대주택에 관한 특별법령에 관한 설명이다. (   )에 들어갈 용어를 쓰시오.

> • 오피스텔 등 대통령령으로 정하는 (㉠)은(는) '민간임대주택'에 해당한다.
> • 민간임대주택으로 등록한 (㉠)은(는) 주거용이 아닌 용도로 사용할 수 없다.
> • 시장·군수·구청장은 민간임대주택으로 등록한 (㉠)이(가) 주거용으로 사용되고 있는지를 확인하기 위하여 필요한 경우 임대사업자 및 임차인에게 필요한 서류 등의 제출을 요구할 수 있고, 소속 공무원으로 하여금 해당 (㉠)에 출입하여 조사하게 하거나 관계인에게 필요한 질문을 하게 할 수 있다. 이 경우 임대사업자 및 임차인은 정당한 사유가 없으면 이에 따라야 한다.
> • 시장·군수·구청장은 임대사업자가 법 제50조의 (㉠)에 대한 용도제한을 위반한 경우에 해당하면 등록의 전부 또는 일부를 말소할 수 있다.
> • 민간임대주택으로 등록한 (㉠)에 대하여는 법 제51조(민간임대주택의 관리), 법 제52조(임차인대표회의) 및 법 제53조(특별수선충당금의 적립 등)의 규정을 적용하지 아니한다.

18 민간임대주택에 관한 특별법령에 관한 설명이다. (   )에 들어갈 아라비아 숫자와 용어를 쓰시오.

> 국토교통부장관은 다음의 어느 하나에 해당하는 임대사업자에 대하여 주택도시기금융자금에 연 (㉠)퍼센트 포인트의 범위에서 (㉡)을(를) 부과할 수 있다.
> 1. 법 제49조에 따른 보증에 가입하지 아니하거나 보증수수료(분할납부액을 포함)를 납부하지 아니한 자
> 2. 특별수선충당금을 적립하지 아니하거나 입주자대표회의에 넘겨주지 아니하여 1천만 원 이하의 '과태료'를 부과받은 시점부터 (㉢)개월 이상 특별수선충당금을 적립하지 아니한 자

19 민간임대주택에 관한 특별법령상 '보증금반환채무를 이행하지 아니한 임대사업자의 공개'에 관한 설명이다. ( )에 들어갈 아라비아 숫자를 쓰시오.

1. 국토교통부장관은 시장·군수·구청장이 법 제6조 제1항 제12호에 따라 임대사업자 등록을 말소한 날부터 (㉠)개월이 경과하였음에도 불구하고 해당 임대사업자가 반환하지 아니한 보증금이 1억원 이상인 경우 (㉡)년간 다음의 사항을 국토교통부의 인터넷 홈페이지 등「정보통신망 이용촉진 및 정보보호 등에 관한 법률」에 따른 '정보통신망'을 이용하여 공개할 수 있다.
   가. 등록이 말소된 임대사업자의 성명 또는 명칭, 임대사업자 등록번호
   나. 등록이 말소된 임대주택의 소재지
   다. 임대사업자 등록 말소사유 및 말소일자
2. 다만, 대통령령으로 정하는 다음의 사유가 있는 경우는 그러하지 아니하다.
   가. 임대사업자가 사망한 경우 또는 「민법」 제27조에 따라 실종선고를 받은 경우
   나. 임대사업자가 보증금반환채무를 전부 이행한 경우
   다. 임대사업자가 보증금의 100분의 (㉢) 이상을 반환하고, 나머지 보증금에 대한 구체적인 반환계획 및 자금 조달 방안을 충분히 소명하여 법 제60조의2 제5항에 따른 임대인정보공개심의위원회가 공개 대상에서 제외할 필요가 있다고 인정하는 경우

20 민간임대주택에 관한 특별법령상 '보증금반환채무를 이행하지 아니한 임대사업자의 공개'에 관한 설명이다. ( )에 들어갈 아라비아 숫자를 쓰시오.

---

1. 법 제6조 제1항 제12호에 따라 임대사업자 등록을 말소한 시장·군수·구청장은 등록이 말소된 임대사업자의 성명 등을 국토교통부장관에게 제출하는 경우에는 공개사유가 발생한 날(임대사업자의 등록이 말소된 날부터 (㉠)개월이 경과한 날을 말한다)부터 (㉡)일 이내에 제출해야 한다.
2. 국토교통부장관은 임대사업자의 등록말소 사실을 정보통신망에 공개하려는 경우 해당 임대사업자에게 그 사실을 통지하여야 한다.
3. 임대사업자는 위 2.에 따른 통지를 받은 후 (㉢)개월 이내에 국토교통부장관에게 서면으로 이의를 신청할 수 있다.
4. 국토교통부장관은 위 2.에 따라 임대사업자에게 공개대상자임을 통지하는 경우에는 이의 사유가 있으면 통지를 받은 날부터 (㉢)개월 이내에 소명자료를 서면으로 제출하도록 안내해야 한다.
5. 보증금반환채무를 이행하지 아니한 임대사업자의 공개 여부를 심의하기 위하여 국토교통부에 임대인정보공개심의위원회를 둔다.
6. 국토교통부장관은 임대사업자가 보증금을 반환하는 등 대통령령으로 정하는 사유가 발생한 경우에는 정보통신망에서 삭제하여야 한다.

이론 ➕
1. 임대인정보공개심의위원회는 위원장 1명을 포함한 7명 이내의 위원으로 구성한다.
2. 임대인정보공개심의위원회의 위원장은 위원 중에서 '국토교통부장관'이 지명하는 사람이 되고, 위원은 다음의 사람 중에서 국토교통부장관이 임명하거나 위촉하는 사람이 된다.
   가. 국토교통부의 4급 이상 공무원(고위공무원단에 속하는 일반직공무원을 포함한다)
   나. 법학, 경제학 또는 부동산학 등 주택 분야와 관련된 학문을 전공한 사람으로서 「고등교육법」 제2조에 따른 대학에서 부교수 이상으로 재직하였거나 재직하고 있는 사람
   다. 판사·검사 또는 변호사의 직에 6년 이상 재직하였거나 재직하고 있는 사람
   라. 법학, 경제학 또는 부동산학 등 주택 분야에 관한 전문적 지식과 경험을 갖춘 사람
3. 위 2.의 나.부터 라.까지에 따른 위원의 임기는 2년으로 한다.

20 ㉠ 6, ㉡ 14, ㉢ 1   정답

PART 4

공공주택 특별법

▶ **연계학습** | 에듀윌 기본서 2차 [주택관리관계법규 上] p.364

01 공공주택 특별법령에 관한 설명이다. (   )에 들어갈 용어를 쓰시오.

---

1. '공공주택'이란 공공주택사업자가 국가 또는 지방자치단체의 재정이나 (㉠)을(를) 지원받아 건설, 매입 또는 임차하여 공급하는 다음의 주택을 말한다.
   가. 임대 또는 임대한 후 (㉡)을(를) 할 목적으로 공급하는 주택으로서 '대통령령으로 정하는 주택'(이하 '공공임대주택'이라 한다)
   나. 분양을 목적으로 공급하는 주택으로서 국민주택규모 이하의 주택(이하 '공공분양주택'이라 한다)
2. '공공건설임대주택'이란 공공주택사업자가 직접 건설하여 공급하는 공공임대주택을 말한다.
3. '(㉢)'(이)란 공공주택사업자가 직접 건설하지 아니하고 매매 등으로 취득하여 공급하는 공공임대주택을 말한다.

고난도

02 공공주택 특별법령상 '공공임대주택'에 관한 설명이다. (   )에 들어갈 용어를 쓰시오.

---

1. '통합공공임대주택'은 국가나 지방자치단체의 재정이나 주택도시기금의 자금을 지원받아 최저소득 계층, 저소득 서민, 젊은 층 및 장애인·(㉠) 등 사회 취약계층 등의 주거안정을 목적으로 공급하는 공공임대주택을 말한다.
2. '기존주택등매입임대주택'은 국가나 지방자치단체의 재정이나 주택도시기금의 자금을 지원받아 영 제37조 제1항 각 호의 어느 하나에 해당하는 다음의 주택 또는 건축물(이하 '기존주택등'이라 한다)을 매입하여 「국민기초생활 보장법」에 따른 수급자 등 저소득층과 청년 및 (㉡) 등에게 공급하는 공공임대주택을 말한다.
   가. 「건축법 시행령」 [별표 1] 제1호 가목부터 다목까지에 따른 단독주택, 다중주택 및 다가구주택
   나. 「건축법 시행령」 [별표 1] 제2호에 따른 공동주택(주택법 제2조 제6호에 따른 '국민주택 규모 이하'인 것만 해당한다)
   다. 「건축법 시행령」 [별표 1] 제3호, 제4호, 제11호, 제12호, 제14호 또는 제15호에 따른 제1종 근린생활시설, 제2종 근린생활시설, 노유자시설, 수련시설, (㉢)시설 또는 숙박시설의 용도로 사용하는 건축물

PART 4

03 공공주택 특별법령에 관한 설명이다. (   )에 들어갈 아라비아 숫자와 용어를 쓰시오.

제21회 객관식 수정, 제22회

- 영구임대주택은 국가나 지방자치단체의 재정을 지원받아 최저소득 계층의 주거안정을 위하여 50년 이상 또는 영구적인 임대를 목적으로 공급하는 공공임대주택을 말한다.
- 국민임대주택은 국가나 지방자치단체 재정이나 주택도시기금의 자금을 지원받아 저소득 서민의 주거안정을 위해 (㉠)년 이상 장기간 임대를 목적으로 공급하는 공공임대주택을 말한다.
- (㉡)은(는) 국가나 지방자치단체 재정이나 주택도시기금의 자금을 지원받아 대학생, 사회초년생, 신혼부부 등 젊은 층의 주거안정을 목적으로 공급하는 공공임대주택을 말한다. (제22회)
- (㉢)은(는) 국가나 지방자치단체 재정이나 주택도시기금의 자금을 지원받아 전세계약의 방식으로 공급하는 공공임대주택을 말한다. (제21회 객관식)

04 공공주택 특별법 제2조(정의) 규정의 일부이다. (   )에 들어갈 용어와 아라비아 숫자를 쓰시오.

제24회

'(㉠) 분양주택'이란 제4조에 따른 공공주택사업자가 직접 건설하거나 매매 등으로 취득하여 공급하는 공공분양주택으로서 주택을 공급받은 자가 20년 이상 (㉡)년 이하의 범위에서 '대통령령으로 정하는 기간' 동안 공공주택사업자와 주택의 소유권을 공유하면서 대통령령으로 정하는 바에 따라 소유 지분을 적립하여 취득하는 주택을 말한다.

정답

01 ㉠ 주택도시기금, ㉡ 분양전환, ㉢ 공공매입임대주택 **02** ㉠ 국가유공자, ㉡ 신혼부부, ㉢ 업무 **03** ㉠ 30, ㉡ 행복주택, ㉢ 장기전세주택 **04** ㉠ 지분적립형, ㉡ 30

05 공공주택 특별법령상 '지분적립형 분양주택의 소유권 공유기간 등'에 관한 설명이다. ( )
에 들어갈 용어와 아라비아 숫자를 쓰시오.

> 1. 법 제2조 제1호의4(앞 문제)에서 '대통령령으로 정하는 기간'이란 20년 또는 30년
>   중에서 (㉠)이(가) 지분적립형 분양주택의 공급가격을 고려해 정하는 기간을 말
>   한다.
> 2. (㉠)은(는) 위 1.에 따라 소유권 공유기간을 정하는 경우 20년 또는 30년 중에서
>   지분적립형 분양주택을 공급받을 자가 선택하게 하는 방식으로 소유권 공유기간을
>   정할 수 있다.
> 3. 지분적립형 분양주택을 공급받은 자는 법 제2조 제1호의4에 따라 제1항 또는 제2항
>   에 따른 기간 동안 10퍼센트 이상 (㉡)퍼센트 이하의 범위에서 (㉠)이(가) 정하는
>   비율에 따라 정해지는 회차별로 공급받은 주택의 지분을 적립하여 취득할 수 있다.
> 4. 위 3.에 따라 회차별로 취득하는 지분의 가격은 주택공급가격(지분 전체에 대한 가
>   격을 말한다)과 이에 대한 이자[최초 지분 취득일과 추가 지분 취득일에 각각 적용되
>   는 은행법에 따른 은행의 (㉢)년 만기 정기예금 평균이자율을 산술평균한 이자율
>   을 적용한 이자를 말한다]를 합산한 금액(이하 '취득기준가격'이라 한다)에 취득하는
>   지분의 비율을 곱한 금액으로 한다.

06 공공주택 특별법 제2조(정의) 규정의 일부이다. ( )에 들어갈 용어를 쓰시오.

> '이익공유형 분양주택'이란 공공주택사업자가 직접 건설하거나 매매 등으로 취득하여
> 공급하는 '공공분양주택'으로서 '주택을 공급받은 자'가 해당 주택을 처분하려는 경우 공
> 공주택사업자가 (㉠)하되 '공공주택사업자'와 (㉡)을(를) 공유하는 것을 조건으로 분
> 양하는 주택을 말한다.

07 공공주택 특별법령상 '도심 공공주택 복합지구'에 관한 설명이다. (   )에 들어갈 용어와 아라비아 숫자를 쓰시오. 2024년 9월 20일까지 유효

1. '도심 공공주택 복합지구'란 도심 내 역세권, (㉠)지역, 저층주거지에서 (㉡)와(과) 업무시설, 판매시설, 산업시설 등을 복합하여 조성하는 거점으로 법 제40조의7에 따라 지정·고시하는 지구를 말한다.
2. 도심 공공주택 복합지구에서의 공공주택 비율은 다음의 구분에 따른다.
    가. 공공임대주택: 전체 주택 호수의 100분의 10 이상. 다만, [별표 4의2] 제1호 가 목에 따른 '주거상업고밀지구'의 경우에는 100분의 15 이상으로 한다.
    나. 공공분양주택: 다음의 구분에 따른 비율
        ⓐ '지분적립형 분양주택' 또는 '이익공유형 분양주택': 전체 주택 호수의 100분 의 10 이상
        ⓑ 위 ⓐ 외의 공공분양주택: 전체 주택 호수의 100분의 (㉢) 이상

08 공공주택 특별법령상 '도심 공공주택 복합지구의 지정'에 관한 설명이다. (   )에 들어갈 아라비아 숫자와 용어를 쓰시오. 2024년 9월 20일까지 유효

1. 공공주택사업자는 지정권자에게 공공주택 복합지구(이하 '복합지구'라 한다)의 지 정·변경을 제안할 수 있다.
2. 지방공사 또는 지방공사가 총지분의 100분의 (㉠)을(를) 초과하여 출자·설립한 법 인이 위 1.에 따른 제안을 하는 경우의 지정권자는 시·도지사이다.
3. 위 2. 이외의 공공주택사업자가 위 1.에 따른 제안을 하는 경우의 지정권자는 (㉡) 이다.

정답

05 ㉠ 공공주택사업자, ㉡ 25, ㉢ 1 **06** ㉠ 환매, ㉡ 처분 손익 **07** ㉠ 준공업, ㉡ 공공주택, ㉢ 60 **08** ㉠ 50, ㉡ 국토교통부장관

09 공공주택 특별법 시행령 제3조(공공주택의 건설비율) 규정의 일부이다. (   )에 들어갈 아라비아 숫자를 쓰시오. 제20회 수정

> 공공주택지구의 공공주택 비율은 다음 각 호의 구분에 따른다. 이 경우 다음 1. 및 2.의 주택을 합한 주택이 공공주택지구 전체 주택 호수의 100분의 50 이상이 되어야 한다.
> 1. 공공임대주택: 전체 주택 호수의 100분의 (㉠) 이상
> 2. 공공분양주택: 전체 주택 호수의 100분의 (㉡) 이하

10 공공주택 특별법령에 관한 설명이다. (   )에 들어갈 용어와 아라비아 숫자를 쓰시오.

> 1. 국가 또는 지방자치단체의 재정이나 주택도시기금을 지원받아 건설, 매입 또는 임차하여 임대를 목적으로 공급하는 「주택법」 제2조 제4호에 따른 준주택으로서 대통령령으로 정하는 다음의 준주택[이하 '(㉠)'(이)라 한다]은 공공임대주택이 될 수 있다.
>   가. 주택법령상 준주택 중 기숙사, 다중생활시설, 노인복지주택으로서 전용면적이 (㉡)제곱미터 이하인 것
>   나. 주택법령상 준주택 중 오피스텔로서 다음의 요건을 모두 갖춘 것
>   ⓐ 전용면적이 (㉡)제곱미터 이하일 것
>   ⓑ 상·하수도 시설이 갖추어진 전용 입식 (㉢), 전용 수세식 화장실 및 목욕시설(전용 수세식 화장실에 목욕시설을 갖춘 경우를 포함한다)을 갖출 것
> 2. (㉠)의 면적은 「주거기본법」 제17조에 따라 국토교통부장관이 공고한 최저주거기준 중 1인 가구의 최소 주거면적을 만족하여야 한다.

11 공공주택 특별법령에 관한 설명이다. ( )에 들어갈 용어를 쓰시오.

> (㉠)(이)라 함은 공공임대주택을 '법 제4조 제1항 각 호에 규정된 자'(공공주택사업자)가 아닌 자에게 매각하는 것을 말한다.

이론 ✚

법 제4조 제1항 각 호에 규정된 자(공공주택사업자)
1. 국가 또는 지방자치단체
2. 「한국토지주택공사법」에 따른 한국토지주택공사
3. 「지방공기업법」 제49조에 따라 주택사업을 목적으로 설립된 지방공사
4. 「공공기관의 운영에 관한 법률」 제5조에 따른 공공기관 중 대통령령으로 정하는 기관
5. 위 1.부터 4.까지 규정 중 어느 하나에 해당하는 자가 총지분의 100분의 50을 초과하여 출자·설립한 법인
6. 주택도시기금 또는 위 1.부터 4.까지의 규정 중 어느 하나에 해당하는 자가 총지분의 전부(도심 공공주택 복합사업의 경우에는 100분의 50을 초과한 경우를 포함한다)를 출자(공동으로 출자한 경우를 포함한다)하여 「부동산투자회사법」에 따라 설립한 부동산투자회사

PART 4

12 공공주택 특별법령에 관한 설명이다. ( )에 들어갈 용어를 쓰시오.

> • 공공주택의 건설·공급 및 관리에 관해 이 법에서 정하지 아니한 사항은 「주택법」, 「건축법」 및 「(㉠)」을(를) 적용한다.
> • 이 법은 공공주택사업에 관하여 다른 법률에 우선하여 적용한다. 다만, 다른 법률에서 이 법의 규제에 관한 특례보다 완화되는 규정이 있으면 그 법률에서 정하는 바에 따른다.

이론 ✚

[주의] 「공공주택 특별법」
공공주택의 건설·공급 및 관리에 관하여 이 법에서 정하지 아니한 사항은 「주택법」, 「건축법」 및 「주택임대차보호법」을 적용한다. 즉, "「공동주택관리법」을 적용한다."라고 규정하고 있지 않다.

[비교] 「민간임대주택에 관한 특별법」
'민간임대주택'의 건설·공급 및 관리 등에 관하여 이 법에서 정하지 아니한 사항에 대하여는 「주택법」, 「건축법」, 「공동주택관리법」 및 「주택임대차보호법」을 적용한다.

정답

09 ㉠ 35, ㉡ 30   **10** ㉠ 공공준주택, ㉡ 85, ㉢ 부엌   **11** ㉠ 분양전환   **12** ㉠ 주택임대차보호법

대표기출

> 공공주택 특별법 제6조의2(특별관리지역의 지정 등) 제1항 규정이다. (   )에 들어갈 아라
> 비아 숫자와 용어를 쓰시오.   제26회 수정
>
> > 국토교통부장관은 법 제6조 제1항에 따라 주택지구를 해제할 때 (㉠)만 제곱미터 이상
> > 으로서 체계적인 관리계획을 수립하여 관리하지 아니할 경우 (㉡)(이)가 우려되는 지역
> > 에 대하여 (㉢)년의 범위에서 특별관리지역으로 지정할 수 있다.
>
> 정답 ㉠ 330, ㉡ 난개발, ㉢ 10

01 공공주택 특별법령상 '특별관리지역'에 관한 설명이다. (   )에 들어갈 용어를 쓰시오.

> 1. 특별관리지역 안에서는 건축물의 건축 및 용도변경, 공작물의 설치 등의 행위를 할
>   수 없다. 다만, 특별관리지역의 취지에 부합하는 범위에서 대통령령으로 정하는 행
>   위에 한정하여 시장, 군수 또는 구청장의 (㉠)을(를) 받아 할 수 있다.
> 2. 시장·군수 또는 구청장은 특별관리지역 지정 이전부터 이 법 또는 「개발제한구역
>   의 지정 및 관리에 관한 특별조치법」에 따른 적법한 허가나 신고 등의 절차를 거치
>   지 아니하고 설치한 '건축물 등'에 대하여 기간을 정하여 철거 등의 '시정명령'할 수
>   있다.
> 3. 시장·군수 또는 구청장은 시정명령을 받은 후 그 시정기간 내에 해당 시정명령의
>   이행을 하지 아니한 자에 대하여 (㉡)을(를) 부과한다. 이 경우 (㉡)의 부과 기준,
>   절차 및 징수 등에 관하여는 「개발제한구역의 지정 및 관리에 관한 특별조치법」 제
>   30조의2 제1항부터 제6항까지 및 제9항을 준용한다.

이론 ✛

> 「개발제한구역의 지정 및 관리에 관한 특별조치법」 제30조의2 제1항의 내용
> 시장·군수·구청장은 시정명령을 받은 후 그 시정기간 내에 그 시정명령의 이행을 하지 아니한
> 자에 대하여 다음의 어느 하나에 해당하는 금액의 범위에서 이행강제금을 부과한다.
> 1. 허가 또는 신고의무 위반행위가 건축물의 '건축' 또는 '용도변경'인 경우: 해당 건축물에 적용
>   되는 「지방세법」에 따른 건축물 시가표준액의 100분의 50의 범위에서 대통령령으로 정하는
>   금액에 위반행위에 이용된 건축물의 연면적을 곱한 금액

2. '위 1. 외'의 위반행위인 경우: 해당 토지에 적용되는 「부동산 가격공시에 관한 법률」에 따른 개별공시지가의 100분의 50의 범위에서 대통령령으로 정하는 금액에 위반행위에 이용된 토지의 면적을 곱한 금액

02 공공주택 특별법령에 관한 설명이다. (   )에 들어갈 용어와 아라비아 숫자를 쓰시오.

- 국토교통부장관은 주택지구 지정을 제안한 자를 '공공주택사업자'로 우선 지정할 수 있다.
- '공공주택사업자'는 지구계획의 개요, 토지이용계획 등의 사항을 포함한 공공주택지구계획을 수립하여 국토교통부장관의 (㉠)을(를) 받아야 한다.
- 국토교통부장관은 '공공주택사업자'가 공공주택지구계획(이하 '지구계획'이라 한다)의 승인을 받은 후 (㉡)년 이내에 지구조성사업에 착수하지 아니하거나 지구계획에 정하여진 기간 내에 지구조성사업을 완료하지 못하거나 완료할 가능성이 없다고 판단되는 경우에는 '다른 공공주택사업자'를 지정하여 해당 지구조성사업을 시행하게 할 수 있다.

03 공공주택 특별법령에 관한 설명이다. (   )에 들어갈 아라비아 숫자와 용어를 쓰시오.

- '공공주택사업자'는 주택지구가 지정·고시된 날부터 (㉠)년 이내 '지구계획'을 수립하여 국토교통부장관에게 (㉡)을(를) 신청하여야 한다.
- 국토교통부장관은 공공주택사업자가 위의 기간 이내 (㉡)을(를) 신청하지 아니한 때에는 '다른 공공주택사업자'로 하여금 지구계획을 수립·신청하게 할 수 있다.
- 공공주택사업자는 주택지구의 조성을 위하여 필요한 경우에는 토지 등을 수용 또는 사용할 수 있다.
- 공공주택사업자는 지구조성사업을 완료한 때에는 지체 없이 (㉢)을(를) 받아야 한다.

이론 ✚ | 「민간임대주택에 관한 특별법」 제39조의2 제1항
시행자가 공공지원 민간임대주택 공급촉진지구 조성사업의 공사를 완료한 때에는 공사완료 보고서를 작성하여 시장·군수·구청장에게 준공검사를 받아야 한다. 다만, '시행자가 한국토지주택공사 또는 지방공사인 경우'에는 시장·군수·구청장의 '준공검사 권한'을 한국토지주택공사 또는 지방공사에 위탁할 수 있다.

01 ㉠ 허가, ㉡ 이행강제금   02 ㉠ 승인, ㉡ 2   03 ㉠ 1, ㉡ 승인, ㉢ 준공검사   정답

04 공공주택 특별법령상 '선수금 등'에 관한 설명이다. (   )에 들어갈 용어를 쓰시오.

> 1. 공공주택사업자는 토지를 공급받을 자로부터 대금의 전부 또는 일부를 미리 받을 수 있다.
> 2. 공공주택사업자는 토지를 공급받을 자에게 토지로 상환하는 채권[이하 '(㉠)'(이)라 한다]을 발행할 수 있다.
> 3. (㉠)의 발행 절차·방법 및 조건 등은 「국채법」, 「지방재정법」, 「한국토지주택공사법」, 그 밖의 법률에서 정하는 바에 따른다.
> 4. 위 1. 또는 2.에 따라 (㉡)을(를) 받거나 (㉠)'을(를) 발행하려는 공공주택사업자는 국토교통부장관의 (㉢)을(를) 받아야 한다.

TIP 신설된 '선수금'의 개념을 정확하게 숙지하여야 한다.

05 공공주택 특별법령상 '기존주택의 임차'에 관한 설명이다. (   )에 들어갈 용어와 아라비아 숫자를 쓰시오.

> 1. 공공주택사업자는 기존주택을 임차하여 공공임대주택으로 공급할 수 있다.
> 2. 국가 또는 지방자치단체는 공공주택사업자가 위 1.에 따른 공공임대주택을 공급하는 경우 재정이나 주택도시기금으로 이를 지원할 수 있다.
> 3. 공공주택사업자는 위 1.에 따른 기존주택 임차에 대하여 위 2.에 따른 지원을 받으려면 임차 전에 임차 규모 등을 포함한 (㉠)을(를) 수립하여 국토교통부장관의 (㉡)을(를) 받아야 한다.
> 4. 위 1.에 따른 기존주택은 전용면적 85제곱미터 이하여야 한다. 다만, 입주자가 속한 가구가 다음의 어느 하나에 해당하는 경우에는 그러하지 아니하다.
>   가. 가구원 수가 5명 이상인 가구
>   나. 다자녀가구[미성년자인 (㉢)명 이상의 자녀(태아를 포함한다)를 둔 가구를 말한다]

04 ㉠ 토지상환채권, ㉡ 선수금, ㉢ 승인   **05** ㉠ 사업계획, ㉡ 승인, ㉢ 3   **정답**

01 공공주택 특별법령에 관한 설명이다. (   )에 들어갈 용어와 아라비아 숫자를 쓰시오.

1. 공공임대주택의 임대료(임대보증금 및 월 임대료를 말한다. 이하 같다) 등 임대조건에 관한 기준은 '(㉠)'(으)로 정한다.
2. 영구임대주택, 국민임대주택, 행복주택, 장기전세주택, 통합공공임대주택 및 분양전환공공임대주택의 최초의 임대료는 국토교통부장관이 정하여 고시하는 표준임대료를 초과할 수 없다.
3. '분납임대주택'의 임대료는 임차인이 미리 납부한 분양전환금 등을 고려하여 국토교통부장관이 따로 정하여 고시하는 '표준임대료'를 초과할 수 없다.
4. '장기전세주택'으로 공급하는 공공임대주택의 최초 임대보증금은 인근 주택의 전세계약금액 등을 고려하여 비슷한 2개 또는 3개 단지의 공동주택의 전세계약금액을 평균한 금액의 (㉡)퍼센트를 초과할 수 없다.
5. '기존주택등매입임대주택'의 최초의 임대료는 주변지역 임대주택의 '임대료'에 대한 감정평가금액의 (㉢)퍼센트(규칙 제20조 제1항 제1호 다목 단서에 따라 입주자의 소득기준을 달리 정하는 경우에는 100퍼센트) 이내로 한다.

이론 ✚

국토교통부장관은 위 2.에 따른 표준임대료를 산정할 때에는 다음의 사항을 고려하여야 한다. 이 경우 공공건설임대주택의 건설원가는 국토교통부령으로 정하는 산정기준에 따라 산출한 가격으로 한다.
1. 공공임대주택과 그 부대시설에 대한 건설원가
2. 재정 및 주택도시기금 지원비율
3. 해당 공공임대주택 주변지역의 임대료 수준
4. 임대보증금의 보증수수료(임차인 부담분만 해당한다)
5. 감가상각비, 수선유지비 및 화재보험료
6. 주택도시기금의 융자금에 대한 지급이자, 대손충당금 및 각종 공과금

01 ㉠ 대통령령, ㉡ 80, ㉢ 50 **정답**

02 공공주택 특별법령에 관한 설명이다. (   )에 들어갈 용어를 쓰시오.

> - 공공주택의 입주자의 자격, 선정방법 및 입주자 관리에 관한 사항은 (㉠)(으)로 정한다. 이 경우 공공주택의 유형 등에 따라 달리 정할 수 있다.
> - 공공주택사업자는 주거지원필요계층과 '(㉡) 가구'에 공공주택을 우선 공급하여야 한다. 이 경우 주거지원필요계층 및 '(㉡) 가구'의 요건, 우선 공급 비율 등 필요한 사항은 (㉠)(으)로 정한다.

이론 ✚   위의 국토교통부령은 「주택공급에 관한 규칙」을 말한다.

03 공공주택 특별법령에 관한 설명이다. (   )에 들어갈 아라비아 숫자를 쓰시오.

제19·25회 수정

> 1. 공공임대주택의 공공주택사업자가 임대료 증액을 청구하는 경우(재계약을 하는 경우를 포함한다)에는 임대료의 100분의 (㉠) 이내의 범위에서 주거비 물가지수, 인근 지역의 주택 임대료 변동률 등을 고려하여 증액하여야 한다. 이 경우 증액이 있은 후 (㉡)년 이내에는 증액하지 못한다. (제19·25회)
>   (※ 단, 소득수준 등의 변화로 임대료가 변경되는 경우는 고려하지 않음)
> 2. 위 1.에 따라 임대료 중 임대보증금이 증액되는 경우 임차인은 대통령령으로 정하는 바에 따라 그 증액분을 분할하여 납부할 수 있다.
> 3. 임차인은 위 2.에 따라 '증액된 임대보증금이 적용된 임대차계약을 체결한 날'부터 1년 이내에 (㉢)회에 걸쳐 임대보증금의 증액분을 분할하여 납부할 수 있다. 이 경우 공공주택사업자는 남은 금액에 대하여 전년도 기준 「은행법」에 따른 은행의 1년 만기 정기예금의 평균이자율을 적용한 금액을 가산(加算)할 수 있다.

04 공공주택 특별법령에 관한 설명이다. (   )에 들어갈 용어를 쓰시오.

> - 공공임대주택의 최초의 임대보증금과 월 임대료는 임차인이 동의한 경우에 임대차계약에 따라 (㉠)할 수 있다. 이 경우 최초의 '임대보증금'은 해당 임대주택과 그 부대시설에 대한 (㉡)에서 '주택도시기금의 융자금'을 뺀 금액을 초과할 수 없다.
> - '공공주택사업자'가 임대보증금과 월 임대료를 (㉠)하고자 하는 경우 주택도시기금 융자금 등의 사항을 임차인에게 알려주어야 한다.

05 공공주택 특별법령에 관한 설명이다. (   )에 들어갈 용어와 아라비아 숫자를 쓰시오.

> - '공공임대주택'에 대한 임대차계약을 체결하려는 자는 (㉠)(으)로 정하는 표준임대차계약서를 사용하여야 한다.
> - '공공주택사업자'가 임대차계약을 체결할 때 임대차계약기간이 끝난 후 임대주택을 그 임차인에게 (㉡)할 예정이면 「주택임대차보호법」 제4조 제1항(2년 보장 규정)에도 불구하고 임대차계약기간을 (㉢)년 이내로 할 수 있다.
> - 공공주택사업자는 임차인이 대통령령으로 정하는 공공임대주택에 입주하기 전까지 해당 공공임대주택의 세대 내 거실, 화장실 등 주거 공간의 시설 및 설비의 상태 등 국토교통부령으로 정하는 사항을 설명하고 이를 확인받아야 한다.

이론 ✚

> 「민간임대주택에 관한 특별법」의 경우에는 '표준임대차계약서를 사용하지 아니한 임대사업자'에게는 1천만원 이하의 과태료에 처하나, 「공공주택 특별법」의 경우에는 과태료 규정이 없다.

정답

02 ㉠ 국토교통부령, ㉡ 다자녀   03 ㉠ 5, ㉡ 1, ㉢ 3   04 ㉠ 상호 전환, ㉡ 건설원가
05 ㉠ 국토교통부령, ㉡ 분양전환, ㉢ 2

06 공공주택 특별법령에 관한 설명이다. (   )에 들어갈 용어와 아라비아 숫자를 쓰시오.

1. 「지방자치분권 및 지역균형발전에 관한 특별법」에 따라 이전하는 기관 또는 그 기관에 종사하는 사람이 해당 기관이 이전하기 이전에 공공임대주택을 공급받아 '전대'하는 경우로서 공공주택사업자의 (㉠)을(를) 받은 경우에는 전대가 허용된다.
2. 위에 따라 공공임대주택을 전대하는 기관 또는 사람은 해당 기관의 이전이 완료된 경우에는 전대차계약기간이 종료된 후 (㉡)개월 이내에 입주자를 입주시키거나 입주하여야 한다. 이 경우 전대차계약기간은 (㉢)년을 넘을 수 없다.

이론 ✚

전대가 예외적으로 허용되는 관련 법률
1. 「지방자치분권 및 지역균형발전에 관한 특별법」
2. 「신행정수도 후속대책을 위한 연기·공주지역 행정중심복합도시 건설을 위한 특별법」
3. 「도청이전을 위한 도시건설 및 지원에 관한 특별법」
4. 「혁신도시 조성 및 발전에 관한 특별법」

---

07 공공주택 특별법령상 '공공임대주택의 관리'에 관한 설명이다. (   )에 들어갈 용어를 쓰시오.

1. 주택의 관리, 임차인대표회의 및 분쟁조정위원회 등에 관하여는 「민간임대주택에 관한 특별법」 제51조, 제52조 및 제55조를 대통령령으로 정하는 바에 따라 준용한다.
2. 위 1.에 따라 주택의 관리, 임차인대표회의 및 분쟁조정위원회 등에 관하여는 「민간임대주택에 관한 특별법」 제51조, 제52조 및 제55조를 준용하되, 같은 법 제51조 제3항에 따른 (㉠)을(를) 위한 시장·군수 또는 구청장의 (㉡)(이)나 관리비와 관련된 (㉢)은(는) 국토교통부령으로 정하는 바에 따라 준용하지 않는다.

08 공공주택 특별법령상 '공공임대주택의 임대의무기간'에 관한 설명이다. (　　)에 들어갈 아라비아 숫자를 쓰시오.　　제22회 수정

> 공공주택사업자는 공공임대주택을 (㉠)년 이상의 범위에서 '대통령령으로 정한 다음의 임대의무기간'이 지나지 아니하면 매각할 수 없다.
> 1. 영구임대주택은 50년, 국민임대주택은 30년, 행복주택은 30년, 통합공공임대주택은 (㉡)년, 장기전세주택은 20년 (제22회)
> 2. 위 1.에 해당하지 않는 공공임대주택 중 임대조건을 신고할 때 '임대차계약기간'을 (㉢)년 이상 10년 미만으로 정하여 신고한 주택은 (㉢)년
> 3. 위 1.에 해당하지 아니하는 공공임대주택 중 임대조건을 신고할 때 임대차계약기간을 10년 이상으로 정하여 신고한 주택은 10년
> 4. 위 1.부터 3.까지의 규정에 해당하지 않는 공공임대주택은 5년

이론 ✚

> [비교] '민간임대주택'의 임대의무기간
> 1. 공공지원민간임대주택: 10년 (예외: 용적률 완화의 경우, 20년도 있음)
> 2. 장기일반민간임대주택: 10년

09 공공주택 특별법령상 '분양전환가격 산정을 위한 감정평가 등'에 관한 설명이다. (　　)에 들어갈 용어와 아라비아 숫자를 쓰시오.

> 1. 우선 분양전환가격 산정을 위한 감정평가는 공공주택사업자가 비용을 부담하는 조건으로 '시장·군수·구청장'이 감정평가법인을 선정하여 시행한다.
> 2. 다만, 감정평가에 대하여 대통령령으로 정하는 사항에 해당하여 공공주택사업자 또는 임차인 '과반수 이상'의 동의를 받은 임차인[(㉠)이(가) 구성된 경우 (㉠)을(를) 말한다]이 이의신청을 하는 경우 '시장·군수·구청장'은 '이의신청을 한 자'가 비용을 부담하는 조건 등 대통령령으로 정하는 바에 따라 한 차례만 재평가하게 할 수 있다.
> 3. 공공주택사업자는 위 1. 및 2.에도 불구하고 법 제50조의3 제4항에 따라 제3자에게 공공건설임대주택을 매각하려는 경우 그 매각 시점이 위 1. 및 2.에 따른 '감정평가가 완료된 날부터 (㉡)년이 지난 때에는 같은 항에 따라 매각가격을 재산정할 수 있다.

10 공공주택 특별법령에 관한 설명이다. (   )에 들어갈 용어와 아라비아 숫자를 쓰시오.

다음의 공공임대주택을 '건설'한 '공공주택사업자'는 공용부분, 부대시설 및 복리시설(분양된 시설은 제외한다)에 대하여 「공동주택관리법」에 따른 (㉠)을(를) 수립하여 「주택법」에 따른 사용검사를 신청할 때 사용검사신청서와 함께 제출하여야 하며, 임대기간 중 해당 임대주택단지에 있는 (㉡)에 (㉠)을(를) 갖춰 놓아야 한다.
1. (㉢)세대 이상의 공동주택
2. 승강기가 설치된 공동주택
3. '중앙집중식 난방방식'의 공동주택

이론 ✚ [비교] 「민간임대주택에 관한 특별법」상 '장기수선계획' 수립 및 '특별수선충당금' 적립대상

1. 300세대 이상의 공동주택
2. 150세대 이상의 공동주택으로서 승강기가 설치된 공동주택
3. 150세대 이상의 공동주택으로서 중앙집중식 난방방식 또는 지역난방방식인 공동주택

TIP 「민간임대주택에 관한 특별법」상 '장기수선계획' 수립 및 '특별수선충당금' 적립대상과, 「공공주택 특별법」상 '장기수선계획' 수립 및 '특별수선충당금' 적립대상을 비교하여 숙지하여야 한다.

11 공공주택 특별법령상 '300세대 이상 임대주택'에 관한 설명이다. (   )에 들어갈 용어와 아라비아 숫자를 쓰시오.

1. 해당 공공임대주택의 공공주택사업자는 주요 시설을 교체하고 보수하는 데에 필요한 '특별수선충당금'을 적립하여야 한다.
2. 공공주택사업자가 임대의무기간이 지난 공공건설임대주택을 분양전환하는 경우에는 특별수선충당금을 「공동주택관리법」 제11조에 따라 최초로 구성되는 (㉠)에 넘겨주어야 한다.
3. 공공주택사업자는 특별수선충당금을 사용검사일부터 (㉡)년이 지난 날이 속하는 달부터 매달 적립하되, 적립요율은 다음의 비율에 따른다.
   가. 영구임대주택, 국민임대주택, 행복주택, 통합공공임대주택, 장기전세주택: 국토교통부장관이 고시하는 표준건축비의 1만분의 (㉢)
   나. 위 가. 외 공공임대주택: 「주택법」상 사업계획승인 당시 표준건축비의 1만분의 1

이론 ✚ 공공주택사업자가 특별수선충당금을 적립하여야 할 공동주택

1. 300세대 이상의 공동주택
2. 승강기가 설치된 공동주택
3. 중앙집중식 난방방식의 공동주택

12 공공주택 특별법 제50조의4 규정의 일부이다. ( )에 공통적으로 들어갈 용어를 쓰시오.

제19회

> • 300세대 이상의 공동주택 등 대통령령으로 정하는 규모에 해당하는 공공임대주택의 공공주택사업자는 주요 시설을 교체하고 보수하는 데에 필요한 ( )을(를) 적립하여야 한다.
> • 공공주택사업자가 임대의무기간이 지난 공공건설임대주택을 분양전환하는 경우에는 ( )을(를) 「공동주택관리법」 제11조에 따라 최초로 구성되는 입주자대표회의에 넘겨주어야 한다.

PART 4

13 공공주택 특별법령에 관한 설명이다. ( )에 들어갈 용어를 쓰시오.

> 1. 국토교통부장관은 공공주택의 원활한 공급 및 관리를 위하여 공공주택의 입주자 모집 및 관리에 관한 사항을 관리할 수 있는 (㉠)을(를) 구축·운영할 수 있다.
> 2. 위 1.에 따른 (㉠)은(는) 「사회복지사업법」 제6조의2에 따른 (㉡)와(과) 전자적으로 연계하여 활용할 수 있다.

정답

10 ㉠ 장기수선계획, ㉡ 관리사무소, ㉢ 300　**11** ㉠ 입주자대표회의, ㉡ 1, ㉢ 4
12 특별수선충당금　**13** ㉠ 정보체계, ㉡ 정보시스템

깊은 땅 속 흙더미 바위 더미를 헤치지 않고
광맥을 찾을 수는 없습니다.

캐낸 원석을 이리저리 깎고 다듬지 않고서는
보석이 될 수 없습니다.

가치 있는 것은 결코 편하고 쉽지 않습니다.

– 조정민, 『인생은 선물이다』, 두란노

PART 5

건축법

▶ **연계학습** | 에듀윌 기본서 2차 [주택관리관계법규 上] p.446

대표기출

건축법령상 '기숙사'에 관한 설명이다. (   )에 들어갈 용어와 아라비아 숫자를 쓰시오.

제25회 수정

'기숙사'는 다음의 어느 하나에 해당하는 건축물로서 공간의 구성과 규모 등에 관하여 국토교통부장관이 정하여 고시하는 기준에 적합한 것. 다만, '구분소유된 개별 실(室)'은 제외한다. 〈개정 2023. 2. 14.〉
가. '일반기숙사'
　학교 또는 공장 등의 학생 또는 종업원 등을 위해 사용하는 것으로서 해당 기숙사의 (㉠)시설 이용 세대수가 전체 세대수(건축물의 일부를 기숙사로 사용하는 경우에는 기숙사로 사용하는 세대수로 한다. 이하 같다)의 (㉡)퍼센트 이상인 것(교육기본법 제27조 제2항에 따른 학생복지주택을 포함한다)
나. '임대형기숙사'
　「공공주택 특별법」에 따른 공공주택사업자 또는 「민간임대주택에 관한 특별법」에 따른 임대사업자가 임대사업에 사용하는 것으로서 '임대 목적으로 제공하는 실'이 (㉢)실 이상이고 해당 기숙사의 (㉠)시설 이용 세대수가 전체 세대수의 (㉡)퍼센트 이상인 것

정답 ㉠ 공동취사, ㉡ 50, ㉢ 20

---

01 **건축법에 대한 규정이다. (   )에 들어갈 용어를 쓰시오.**

제17·25회 수정

1. 이 법은 건축물의 대지·구조·설비 기준 및 용도 등을 정해 건축물의 (㉠)·기능·(㉡) 및 미관을 향상시킴으로써 공공복리의 증진에 이바지하는 것을 목적으로 한다.
2. '연립주택'은 주택으로 쓰는 1개 동의 (㉢) 합계가 660제곱미터를 초과하고, 층수가 4개 층 이하인 건축물을 말한다. (제25회 수정)

02 건축법령에 관한 설명이다. (   )에 들어갈 용어와 아라비아 숫자를 쓰시오.

제18회, 제19회 객관식 수정

> • '건축물'이란 토지에 정착(定着)하는 공작물 중 (㉠)와(과) 기둥 또는 벽이 있는 것과 이에 딸린 시설물, 지하나 고가(高架)의 공작물에 설치하는 사무소·공연장·점포·차고·창고, 그 밖에 대통령령으로 정하는 것을 말한다.
> • '고층건축물'이란 층수가 30층 이상이거나 높이가 (㉡)미터 이상인 건축물을 말한다.
> (제18회, 제19회 객관식)
> • '초고층 건축물'이란 층수가 50층 이상이거나 높이가 200미터 이상인 건축물을 말한다.
> • (㉢)(이)란 고층건축물 중 초고층 건축물이 아닌 것을 말한다.

03 건축법령상 '한옥'에 관한 설명이다. (   )에 들어갈 용어를 쓰시오.

> '한옥'이란 「한옥 등 건축자산의 진흥에 관한 법률」 제2조 제2호에 따른 '한옥'을 말하며, 「한옥 등 건축자산의 진흥에 관한 법률」 제2조 제2호에 따르면 '한옥'이란 주요 구조가 기둥·(㉠) 및 (㉡)(으)로 된 목구조로서 우리나라 전통양식이 반영된 건축물 및 그 부속건축물을 말한다.

정답
01 ㉠ 안전, ㉡ 환경, ㉢ 바닥면적   **02** ㉠ 지붕, ㉡ 120, ㉢ 준초고층 건축물   **03** ㉠ 보, ㉡ 한식지붕틀

04 건축법령상 '다중이용 건축물'에 관한 설명이다. (   )에 들어갈 용어와 아라비아 숫자를 쓰시오.

> 다중이용 건축물에는 불특정한 다수의 사람들이 이용하는 건축물로서 문화 및 집회시설['(㉠)·식물원'은 제외한다], 운수시설 중 (㉡) 등의 용도로 쓰는 바닥면적의 합계가 5천 제곱미터 이상인 건축물 및 (㉢)층 이상인 건축물 등이 있다.

이론 ✚

다중이용 건축물

다음에 해당하는 건축물을 말한다.
1. 다음에 해당하는 용도로 쓰는 바닥면적의 합계가 5천 제곱미터 이상인 건축물
   가. 문화 및 집회시설(동물원·식물원은 제외한다), 종교시설, 판매시설
   나. 운수시설 중 여객용 시설, 의료시설 중 종합병원, 숙박시설 중 관광숙박시설
2. 16층 이상인 건축물

공개공지 확보 대상물

1. 문화 및 집회시설, 종교시설, 판매시설(농수산물 유통 및 가격안정에 관한 법률에 따른 농수산물유통시설은 제외한다), 운수시설(여객용 시설만 해당한다), 업무시설 및 숙박시설로서 해당 용도로 쓰는 바닥면적의 합계가 5천 제곱미터 이상인 건축물
2. 그 밖에 다중이 이용하는 시설로서 건축조례로 정하는 건축물

TIP   '다중이용 건축물' 및 '공개공지 확보 대상물'은 유사한 점이 많으므로 차이점을 위주로 암기하여야 한다.

고난도

05 건축법령에 관한 설명이다. (   )에 들어갈 용어와 아라비아 숫자를 쓰시오.

> • '준다중이용 건축물'이란 다중이용 건축물 '외'의 건축물로서 문화 및 집회시설(동물원 및 식물원은 제외한다), 종교시설, 판매시설, 운수시설 중 여객용 시설, 의료시설 중 종합병원, 숙박시설 중 관광숙박시설, 교육연구시설, 노유자시설, 운동시설, (㉠), 관광 휴게시설, 장례시설의 용도로 쓰는 바닥면적의 합계가 (㉡)천 제곱미터 이상인 건축물을 말한다.
> • 준다중이용 건축물 및 다중이용 건축물의 '설계자'는 해당 건축물에 대한 구조의 안전을 확인하는 경우에는 (㉢)의 협력을 받아야 한다.

이론 ✚

준다중이용 건축물

다중이용 건축물 외의 건축물로서 문화 및 집회시설(동물원 및 식물원은 제외한다), 종교시설, 판매시설, 운수시설 중 여객용 시설, 의료시설 중 종합병원, 숙박시설 중 관광숙박시설, 교육연구시설, 노유자시설, 운동시설, 위락시설, 관광 휴게시설, 장례시설의 용도로 쓰는 바닥면적의 합계가 1천 제곱미터 이상인 건축물을 말한다.

TIP '다중이용 건축물' 및 '준다중이용 건축물'은 특히 '준다중이용 건축물'에만 속하는 용도를 위주로 암기하여야 한다.

06 건축법령에 관한 설명이다. ( )에 들어갈 용어를 쓰시오. 제17회 객관식 수정

- '부속건축물'이란 같은 대지에서 주된 건축물과 '분리'된 부속용도의 건축물로서 주된 건축물을 이용 또는 관리하는 데에 필요한 건축물을 말한다.
- '부속구조물'이란 건축물의 안전·기능·환경 등을 향상시키기 위하여 건축물에 추가적으로 설치하는 환기시설물 등 대통령령으로 정하는 구조물[급기(給氣) 및 배기(排氣)를 위한 건축 구조물의 개구부(開口部)인 (㉠)]을 말한다.
- '거실'이란 건축물 안에서 거주, 집무, 작업, 집회, 오락, 그 밖에 이와 유사한 목적을 위하여 사용되는 방을 말한다. (제17회 객관식)
- '리모델링'이란 건축물의 노후화를 억제하거나 기능 향상 등을 위하여 '대수선'하거나 건축물의 일부를 증축 또는 (㉡)하는 행위를 말한다.
- '대지(垈地)'란 「공간정보의 구축 및 관리 등에 관한 법률」에 따라 각 (㉢)(으)로 나눈 토지를 말한다. 다만, 대통령령으로 정하는 토지는 둘 이상의 (㉢)을(를) 하나의 대지로 하거나 하나 이상의 (㉢)의 일부를 하나의 대지로 할 수 있다.

07 건축법령상 '지하층'에 관한 설명이다. ( )에 들어갈 용어를 쓰시오. 제17회 객관식 수정

지하층은 건축물의 바닥이 (㉠) 아래에 있는 층으로서 바닥에서 (㉠)까지 (㉡)이(가) 해당 층 높이의 2분의 1 이상인 것을 말한다.

08 건축법령상 '주요구조부'에 관한 설명이다. ( )에 들어갈 용어를 쓰시오.

주요구조부란 (㉠), 기둥, 바닥, 보, 지붕틀 및 주계단(主階段)을 말한다. 다만, 사이 기둥, 최하층 바닥, 작은 보, 차양, (㉡)계단, 그 밖에 이와 유사한 것으로 건축물의 구조상 중요하지 아니한 부분은 제외한다.

정답
04 ㉠ 동물원, ㉡ 여객용 시설, ㉢ 16 **05** ㉠ 위락시설, ㉡ 1, ㉢ 건축구조기술사
06 ㉠ 환기구, ㉡ 개축, ㉢ 필지 **07** ㉠ 지표면, ㉡ 평균높이 **08** ㉠ 내력벽, ㉡ 옥외

09 건축법 제2조(정의) 규정의 일부이다. (   )에 들어갈 용어를 쓰시오.

제17회 객관식 수정

- (㉠)(이)란 자기의 책임(보조자의 도움을 받는 경우를 포함한다)으로 설계도서를 작성하고 그 설계도서에서 의도하는 바를 해설하며, 지도하고 자문에 응하는 자를 말한다. (제17회 객관식)
- (㉡)(이)란 자기의 책임(보조자의 도움을 받는 경우를 포함한다)으로 건축물, 건축설비 또는 공작물이 설계도서의 내용대로 시공되는지를 확인하고, 품질관리·공사관리·안전관리 등에 대하여 지도·감독하는 자를 말한다.
- (㉢)(이)란 건축물의 구조·설비 등 건축물과 관련된 전문기술자격을 보유하고 설계와 공사감리에 참여하여 설계자 및 공사감리자와 협력하는 자를 말한다. (제17회)

이론 ➕

[참고]
- '건축주'란 건축물의 건축·대수선·용도변경, 건축설비의 설치 또는 공작물의 축조에 관한 공사를 발주하거나 현장 관리인을 두어 스스로 그 공사를 하는 자를 말한다.
- '공사시공자'란 「건설산업기본법」에 따른 건설공사를 하는 자를 말한다.
- 건축주, 설계자, 공사감리자 및 공사시공자를 '건축관계자'라 한다.
- 설계자, 공사시공자, 공사감리자 및 관계전문기술자를 '건축관계자등'이라 한다.

10 건축법령상 용어의 정의 등에 관한 설명이다. (   )에 들어갈 용어를 쓰시오.

- '제조업자'란 건축물의 건축·대수선·용도변경, 건축설비의 설치 또는 공작물의 축조 등에 필요한 (㉠)을(를) 제조하는 사람을 말한다.
- '유통업자'란 건축물의 건축·대수선·용도변경, 건축설비의 설치 또는 공작물의 축조에 필요한 (㉠)을(를) 판매하거나 공사현장에 (㉡)하는 사람을 말한다.
- 제조업자 및 유통업자는 건축물의 안전과 기능 등에 지장을 주지 아니하도록 (㉠)을(를) 제조·보관 및 유통하여야 한다.

11 건축법 제2조(정의) 규정의 일부이다. (   )에 들어갈 단어를 순서에 관계없이 쓰시오.

제21회

① 이 법에서 사용하는 용어의 뜻은 다음과 같다.
(1. ~ 13. 생략)
14. '설계도서'란 건축물의 건축등에 관한 공사용 도면, (   ), (   ), 그 밖에 국토교통부령으로 정하는 공사에 필요한 서류를 말한다.

12 건축법 시행령 제2조(정의) 규정의 일부이다. (   )에 들어갈 용어를 쓰시오.

제23·26회 수정

'(㉠)'(이)란 건축물의 내부와 외부를 연결하는 (㉡)(으)로서 전망이나 휴식 등의 목적으로 건축물 (㉢)에 접하여 부가적(附加的)으로 설치되는 공간을 말한다.

13 건축법 시행령 제2조(정의) 규정의 일부이다. (   )에 들어갈 용어를 쓰시오.

PART 5

- 내수재료는 인조석·(㉠) 등 내수성을 가진 재료로서 국토교통부령으로 정하는 재료를 말한다.
- (㉡)구조는 화재에 견딜 수 있는 성능을 가진 구조로서 국토교통부령으로 정하는 기준에 적합한 구조를 말한다.
- (㉢)구조는 화염의 확산을 막을 수 있는 성능을 가진 구조로서 국토교통부령으로 정하는 기준에 적합한 구조를 말한다.

14 건축법 제2조(정의) 규정의 일부이다. (   )에 들어갈 용어를 쓰시오.

(㉠)(이)란 건축물의 실내를 안전하고 쾌적하며 효율적으로 사용하기 위하여 내부 공간을 (㉡)(으)로 구획하거나 실내에 설치하는 난간, 창호 및 출입문의 재료 또는 장식물을 설치하는 것을 말한다.

정답

09 ㉠ 설계자, ㉡ 공사감리자, ㉢ 관계전문기술자   10 ㉠ 건축자재, ㉡ 납품   11 구조계산서, 시방서   12 ㉠ 발코니, ㉡ 완충공간, ㉢ 외벽   13 ㉠ 콘크리트, ㉡ 내화, ㉢ 방화
14 ㉠ 실내건축, ㉡ 칸막이

15 건축법 시행령 제2조(정의) 규정의 일부이다. (   )에 들어갈 용어와 아라비아 숫자를 쓰시오.

'(㉠) 건축물'이란 다음에 해당하는 건축물을 말한다.

1. 한쪽 끝은 고정되고 다른 끝은 지지(支持)되지 아니한 구조로 된 보·차양 등이 외벽(외벽이 없는 경우에는 외곽기둥을 말한다)의 중심선으로부터 (㉡)미터 이상 돌출된 건축물
2. 기둥과 기둥 사이의 거리(기둥의 중심선 사이의 거리를 말하며, 기둥이 없는 경우에는 내력벽과 내력벽의 중심선 사이의 거리를 말한다. 이하 같다)가 (㉢)미터 이상인 건축물 등

16 건축법령상 용어의 정의에 관한 설명이다. (   )에 들어갈 용어를 쓰시오. 제22회 수정

- '건축물의 유지·관리'란 건축물의 소유자나 (㉠)이(가) 사용 승인된 건축물의 대지·구조·설비 및 용도 등을 지속적으로 유지하기 위하여 건축물이 (㉡)될 때까지 관리하는 행위를 말한다.
- '결합건축'이란 (㉢)을(를) 개별 대지마다 적용하지 아니하고, 2개 이상의 대지를 대상으로 통합적용하여 건축물을 건축하는 것을 말한다. (제22회)

이론 ✚ '건축물의 유지·관리' 및 '건축물의 해체 및 멸실'에 대한 「건축법」 규정이 전부 삭제되고, 새롭게 제정되어 2020. 5. 1. 「건축물관리법」으로 이관되었다. 다만, '용어의 정의' 중 '건축물의 유지·관리'는 삭제되지 않았다.

17 건축법령상 '건축물의 건축'에 관한 설명이다. (   )에 들어갈 용어를 쓰시오.

1. 신축: 건축물이 없는 대지(기존 건축물이 해체되거나 멸실된 대지를 포함한다)에 새로 건축물을 축조하는 것[(㉠)만 있는 대지에 새로 주된 건축물을 축조하는 것을 포함하되, 개축 또는 재축하는 것은 제외한다]을 말한다.
2. 증축: 기존 건축물이 있는 대지에서 건축물의 건축면적, 연면적, 층수 또는 (㉡)을(를) 늘리는 것을 말한다.
3. 이전: 건축물의 (㉢)을(를) 해체하지 아니하고 같은 대지의 다른 위치로 옮기는 것을 말한다.

18 건축법령상 '건축물의 건축'에 관한 설명이다. (   )에 들어갈 용어를 쓰시오.

---

1. 개축: 기존 건축물의 전부 또는 일부[내력벽·기둥·보·지붕틀(한옥의 경우에는 지붕틀의 범위에서 (㉠)은(는) 제외한다) 중 셋 이상이 포함되는 경우를 말한다]를 (㉡)하고 그 대지에 종전과 같은 규모의 범위에서 건축물을 다시 축조하는 것을 말한다.

2. 재축: 건축물이 천재지변이나 그 밖의 재해(災害)로 '멸실'된 경우 그 대지에 다음의 요건을 모두 갖추어 다시 축조하는 것을 말한다.

   가. (㉢) 합계는 종전 규모 이하로 할 것
   나. 동(棟)수, 층수 및 높이는 다음의 어느 하나에 해당할 것
      ⓐ 동수, 층수 및 높이가 모두 종전 규모 이하일 것
      ⓑ 동수, 층수 또는 높이의 어느 하나가 종전 규모를 초과하는 경우에는 해당 동수, 층수 및 높이가 건축법령에 모두 적합할 것

PART 5

15 ㉠ 특수구조, ㉡ 3, ㉢ 20 16 ㉠ 관리자, ㉡ 멸실, ㉢ 용적률 17 ㉠ 부속건축물,
㉡ 높이, ㉢ 주요구조부 18 ㉠ 서까래, ㉡ 해체, ㉢ 연면적

[고난도]

19 건축법령상 '대수선'에 관한 설명이다. (　　)에 들어갈 아라비아 숫자와 용어를 쓰시오.

> 다음에 해당하는 것으로서 증축·개축 또는 재축에 해당하지 아니하는 것은 대수선에 해당한다.
> 1. 내력벽을 증설 또는 해체하거나 그 벽면적을 (㉠)제곱미터 이상 수선 또는 변경하는 것
> 2. 기둥을 증설 또는 해체하거나 세 개 이상 수선 또는 변경하는 것
> 3. 보를 증설 또는 해체하거나 세 개 이상 수선 또는 변경하는 것
> 4. 지붕틀('한옥'의 경우에는 지붕틀의 범위에서 서까래는 제외한다)을 증설 또는 해체하거나 세 개 이상 수선 또는 변경하는 것
> 5. 방화벽 또는 방화구획을 위한 바닥 또는 벽을 증설 또는 해체하거나 수선 또는 변경하는 것
> 6. 주계단·피난계단 또는 특별피난계단을 증설 또는 해체하거나 수선 또는 변경하는 것
> 7. '(㉡)주택'의 가구 간 경계벽 또는 '다세대주택'의 세대 간 경계벽을 증설 또는 해체하거나 수선 또는 변경하는 것
> 8. 건축물의 외벽에 사용하는 '법 제52조 제2항에 따른 (㉢)'을(를) 증설 또는 해체하거나 벽면적 30제곱미터 이상 수선 또는 변경하는 것

20 건축법 시행령 [별표 1]의 '건축물의 용도'에 관한 설명이다. (　　)에 들어갈 용어를 쓰시오.

> • 여객자동차터미널, 철도시설, 공항시설, 항만시설은 그 용도가 「건축법 시행령」[별표 1] 제8호의 (㉠)에 속한다.
> • 금융업소, 사무소, 부동산중개사무소, 결혼상담소 등 소개업소, 출판사 등 일반업무시설로서 같은 건축물에 해당 용도로 쓰는 바닥면적의 합계가 30제곱미터 미만인 것은 (㉡)에 속한다.
> • 동물화장시설, 동물건조장시설 및 동물 전용의 납골시설은 '(㉢) 관련 시설'에 속한다.

[이론 ✚]

> 금융업소, 사무소, 부동산중개사무소, 결혼상담소 등 소개업소, 출판사 등의 '건축물의 용도'
> 1. 30제곱미터 미만: 제1종 근린생활시설
> 2. 30제곱미터 이상 500제곱미터 미만: 제2종 근린생활시설
> 3. 500제곱미터 이상: 업무시설 중 일반업무시설

21 건축법령상 '건축물의 용도'에 관한 설명이다. (   )에 들어갈 용어를 쓰시오.

> 오피스텔[(㉠)을(를) 주로 하며, 분양하거나 임대하는 구획 중 일부 구획에서 (㉡)을(를) 할 수 있도록 한 건축물로서 국토교통부장관이 고시하는 기준에 적합한 것을 말한다]은 「건축법 시행령」[별표 1] 제14호의 '(㉠)시설' 중 나목인 '일반업무시설'에 속하며, 「주택법」상 '준주택'에 속하며, 「민간임대주택에 관한 특별법 시행령」 제2조에 따른 '준주택' 및 「공공주택 특별법 시행령」 제4조에 따른 (㉢)이(가) 될 수 있다.

PART 5

이론 ✚

'준주택'의 범위(민간임대주택에 관한 특별법 시행령 제2조)
1. 「주택법」 제2조 제1호에 따른 주택 외의 건축물을 「건축법」에 따라 「주택법 시행령」 제4조 제1호의 기숙사 중 '일반기숙사'로 리모델링한 건축물
2. 「주택법 시행령」 제4조 제1호의 기숙사 중 '임대형기숙사'
3. 다음의 요건을 모두 갖춘 '오피스텔'
   가. 전용면적이 120제곱미터 이하일 것
   나. 상하수도시설이 갖추어진 전용 입식 부엌, 전용 수세식 화장실 및 목욕시설(전용 수세식 화장실에 목욕시설을 갖춘 경우를 포함한다)을 갖출 것

'공공준주택'의 범위(공공주택 특별법 시행령 제4조)
다음의 준주택을 말한다.
1. 주택법령상 준주택인 '기숙사, 다중생활시설, 노인복지주택'으로서 전용면적이 85제곱미터 이하인 것
2. '오피스텔'로서 다음의 요건을 모두 갖춘 것
   가. 전용면적이 85제곱미터 이하일 것
   나. 상·하수도시설이 갖추어진 전용 입식 부엌, 전용 수세식 화장실 및 목욕시설(전용 수세식 화장실에 목욕시설을 갖춘 경우를 포함한다)을 갖출 것

정답

19 ㉠ 30, ㉡ 다가구, ㉢ 마감재료   20 ㉠ 운수시설, ㉡ 제1종 근린생활시설, ㉢ 묘지
21 ㉠ 업무, ㉡ 숙식, ㉢ 공공준주택

22 건축법령에 관한 설명이다. (　)에 들어갈 용어를 쓰시오.

> 다음의 어느 하나에 해당하는 건축물에는 「건축법」을 적용하지 아니한다.
> 1. 「문화재보호법」에 따른 (㉠)문화재나 임시지정문화재 또는 「자연유산의 보존 및 활용에 관한 법률」에 따라 지정된 명승이나 임시지정명승
> 2. 철도나 궤도의 선로 부지(敷地)에 있는 다음의 시설
>   가. 운전보안시설
>   나. 철도 선로의 위나 아래를 가로지르는 보행시설
>   다. 플랫폼
>   라. 해당 철도 또는 궤도사업용 급수(給水)·급탄(給炭) 및 급유(給油) 시설
> 3. 고속도로 통행료 징수시설
> 4. 컨테이너를 이용한 간이창고(산업집적활성화 및 공장설립에 관한 법률 제2조 제1호에 따른 공장의 용도로만 사용되는 건축물의 대지에 설치하는 것으로서 이동이 쉬운 것만 해당된다)
> 5. 「하천법」에 따른 하천구역 내의 (㉡)

23 건축법 제4조 규정의 일부이다. (　)에 들어갈 용어를 쓰시오.

> 1. 국토교통부장관, 시·도지사 및 시장·군수·구청장은 일정한 사항 등을 조사·심의· 조정 또는 재정(이하 '심의 등'이라 한다)하기 위해 각각 (㉠)을(를) 두어야 한다.
> 2. 국토교통부장관, 시·도지사 및 시장·군수·구청장은 건축위원회 심의 등을 효율적으로 수행하기 위하여 필요하면 자신이 설치하는 건축위원회에 다음의 전문위원회를 두어 운영할 수 있다.
>   가. (㉡)전문위원회(국토교통부에 설치하는 건축위원회에 한정한다)
>   나. (㉢)전문위원회(시·도 및 시·군·구에 설치하는 건축위원회에 한정한다)
>   다. 건축계획·건축구조·건축설비 등 분야별 전문위원회

24 건축법령상 '건축위원회 회의록의 공개'에 관한 설명이다. ( )에 들어갈 아라비아 숫자를 쓰시오.

> • 시·도지사 또는 시장·군수·구청장은 건축위원회 심의(재심의를 포함한다)를 신청한 자가 지방건축위원회의 회의록 공개를 요청하는 경우에는 지방건축위원회의 심의 결과를 통보한 날부터 (㉠)개월까지 공개를 요청한 자에게 열람 또는 사본을 제공하는 방법으로 공개하여야 한다.
> • 다만, 심의의 공정성을 침해할 우려가 있다고 인정되는 이름, 주민등록번호, 직위 및 주소 등 특정인임을 식별할 수 있는 정보의 경우에는 그러하지 아니하다.

PART 5

25 건축법령상 '건축위원회'에 관한 설명이다. ( )에 들어갈 아라비아 숫자와 용어를 쓰시오.

> • 중앙건축위원회는 위원장 및 부위원장 각 1명을 포함하여 (㉠)명 이내의 위원으로 구성한다.
> • 지방건축위원회는 위원장 및 부위원장 각 1명을 포함하여 25명 이상 (㉡)명 이하의 위원으로 성별을 고려하여 구성한다.
> • 지방건축위원회는 '다중이용 건축물' 및 '(㉢) 건축물'의 구조안전에 관한 사항 등에 대한 심의 등을 한다.

26 건축법령에 관한 설명이다. ( )에 들어갈 용어를 쓰시오.

> 건축 등과 관련된 건축관계자와 해당 건축물의 건축 등으로 피해를 입은 인근주민 간의 분쟁 및 '관계전문기술자'와 인근주민 간의 분쟁 등의 조정 및 (㉠)을(를) 하기 위해 국토교통부에 (㉡)을(를) 둔다.

정답

22 ㉠ 지정, ㉡ 수문조작실   **23** ㉠ 건축위원회, ㉡ 건축분쟁, ㉢ 건축민원   **24** ㉠ 6
25 ㉠ 70, ㉡ 150, ㉢ 특수구조   **26** ㉠ 재정, ㉡ 건축분쟁전문위원회

27 건축법령상 '건축분쟁전문위원회'에 관한 설명이다. (   )에 들어갈 아라비아 숫자와 용어를 쓰시오.

> • 조정은 3명의 위원으로 구성되는 조정위원회에서 하고, 재정은 (㉠)명의 위원으로 구성되는 재정위원회에서 한다.
> • 조정위원회의 위원과 재정위원회의 위원은 사건마다 분쟁위원회의 위원 중에서 위원장이 지명한다. 이 경우 재정위원회에는 판사, 검사 또는 변호사의 직에 6년 이상 재직한 자에 해당하는 위원이 (㉡)명 이상 포함되어야 한다.
> • '조정위원회'와 '재정위원회'의 회의는 구성원 (㉢)의 출석으로 열고 과반수의 찬성으로 의결한다.
> • '건축분쟁전문위원회'(분쟁위원회)의 회의는 재적위원 '과반수'의 출석으로 열고 출석위원 과반수의 찬성으로 의결한다.

고난도
28 건축법령상 '건축분쟁전문위원회의 조정의 효력'에 관한 설명이다. (   )에 들어갈 아라비아 숫자와 용어를 쓰시오.

> 1. 조정위원회는 '조정안'을 작성하면 지체 없이 각 당사자에게 '조정안'을 제시하여야 한다.
> 2. 위에 따라 '조정안'을 제시받은 당사자는 제시를 받은 날부터 (㉠)일 이내에 수락 여부를 조정위원회에 알려야 한다.
> 3. 조정위원회는 당사자가 '조정안'을 수락하면 즉시 (㉡)을(를) 작성하여야 하며, 조정위원과 각 당사자는 이에 기명날인하여야 한다.
> 4. 당사자가 위 3.에 따라 '조정안'을 수락하고 (㉡)에 '기명날인'하면 (㉡)의 내용은 (㉢)와(과) 동일한 효력을 갖는다. 다만, 당사자가 임의로 처분할 수 없는 사항에 관한 것은 그러하지 아니하다.

TIP 조정의 효력은 조정서와 동일한 내용의 합의가 아닌 <u>재판상 화해</u>와 동일한 효력을 갖는다는 것을 숙지하여야 한다.

29 건축법령상 '건축분쟁전문위원회의 재정의 효력'에 관한 설명이다. (   )에 들어갈 용어와 아라비아 숫자를 쓰시오.

> 재정위원회가 재정을 한 경우 '재정 문서의 (㉠)'이(가) 당사자에게 '송달된 날'부터
> (㉡)일 이내에 당사자 양쪽이나 어느 한쪽으로부터 그 재정의 대상인 건축물의 건축
> 등의 분쟁을 원인으로 하는 소송이 제기되지 아니하거나 그 소송이 철회되면 그 재정
> 내용은 (㉢)와(과) 동일한 효력을 갖는다. 다만, 당사자가 임의로 처분할 수 없는 사항
> 에 관한 것은 그러하지 아니하다.

TIP 재정의 효력은 재정 내용과 동일한 합의가 아닌 <u>재판상 화해</u>와 동일한 효력을 갖는다는 것을 숙지하
여야 한다.

30 건축법령상 '건축분쟁전문위원회'에 관한 설명이다. (   )에 들어갈 용어를 쓰시오.

> • 당사자가 (㉠)에 불복하여 소송을 제기한 경우 시효의 중단과 제소기간을 산정할 때
>   에는 (㉡)을(를) 재판상의 청구로 본다.
> • 국토교통부장관은 분쟁위원회의 운영 및 사무처리를 (㉢)에 위탁한다.
> • 국토교통부장관은 '예산'의 범위에서 분쟁위원회의 운영 및 사무처리에 필요한 경비를
>   (㉢)에 출연 또는 보조할 수 있다.
> • 분쟁위원회가 행하는 조정 등의 절차는 법 또는 이 영에 특별한 규정이 있는 경우를
>   제외하고는 공개하지 아니한다.

27 ㉠ 5, ㉡ 1, ㉢ 전원   **28** ㉠ 15, ㉡ 조정서, ㉢ 재판상 화해   **29** ㉠ 정본, ㉡ 60,   **정답**
㉢ 재판상 화해   **30** ㉠ 재정, ㉡ 재정신청, ㉢ 국토안전관리원

31 건축법령상 '건축기준의 완화'에 관한 설명이다. (   )에 들어갈 용어와 아라비아 숫자를 쓰시오.

> 상업지역 또는 (㉠)지역에서 건축허가를 받아 건축하는 (㉡)세대 이상 300세대 미만인 공동주택에 「주택건설기준 등에 관한 규정」에 따른 주민공동시설(주택소유자가 공유하는 시설로서 영리를 목적으로 하지 아니하고 주택의 부속용도로 사용하는 시설만 해당한다)을 설치하는 경우에는 법 제56조[건축물의 (㉢)]에 따른 기준을 완화하여 적용한다.

이론 ✚

> '주민공동시설을 설치하는 경우' 적용의 완화
> '다음의 공동주택'에 주민공동시설(주택소유자가 '공유하는 시설'로서 영리를 목적으로 하지 아니하고 주택의 부속용도로 사용하는 시설만 해당한다)을 설치하는 경우: '용적률'을 완화
> 1. 「주택법」에 따라 사업계획승인을 받아 건축하는 공동주택
> 2. '상업지역, 준주거지역'에서 건축허가를 받아 건축하는 200세대 이상 300세대 미만인 공동주택
> 3. 건축허가를 받아 건축하는 도시형 생활주택

32 건축법령에 관한 설명이다. (   )에 들어갈 용어를 쓰시오.

> • 「공유수면 관리 및 매립에 관한 법률」 제8조에 따른 공유수면 위에 고정된 인공대지를 설치하고 그 위에 설치한 건축물[이하 '(㉠) 건축물'이라 한다]은 법 제40조(대지의 안전 등)부터 제44조(대지와 도로의 관계)까지, 제46조[(㉡)의 지정] 및 제47조(건축선에 따른 건축제한)를 적용할 때 대통령령으로 정하는 바에 따라 달리 적용할 수 있다.
> • (㉠) 건축물의 설계, 시공 및 유지관리 등에 대해 「건축법」을 적용하기 어려운 경우에는 대통령령으로 정하는 바에 따라 변경하여 적용할 수 있다.

이론 ✚

> 「공유수면 관리 및 매립에 관한 법률」 제8조에 따른 공유수면 위에 고정된 인공대지를 설치하고, 그 위에 건축물을 설치한 건축물을 부유식 건축물로 정의하고 「건축법」 제40조부터 제44조까지, 제46조 및 제47조를 적용할 때 대통령령으로 정하는 바에 따라 달리 적용할 수 있도록 함

31 ㉠ 준주거, ㉡ 200, ㉢ 용적률 **32** ㉠ 부유식, ㉡ 건축선 　정답

▶ **연계학습** | 에듀윌 기본서 2차 [주택관리관계법규 上] p.488

01 건축법령상 '건축허가의 거부'에 관한 설명이다. (   )에 들어갈 용어를 쓰시오.

제24회 객관식 수정

> 1. 허가권자는 건축허가를 하고자 하는 때에 「건축기본법」 제25조에 따른 '(㉠)규정'
>   의 준수 여부를 확인하여야 한다.
> 2. 다음에 해당하는 경우에는 이 법이나 다른 법률에도 불구하고 '건축위원회'의 심의를
>   거쳐 건축허가를 하지 아니할 수 있다. (제24회 객관식)
>   가. '위락시설'이나 (㉡)시설에 해당하는 건축물의 건축을 허가하는 경우 해당 대
>   지에 건축하려는 건축물의 용도·규모 또는 형태가 주거환경이나 교육환경 등
>   주변 환경을 고려할 때 부적합하다고 인정되는 경우
>   나. 「국토의 계획 및 이용에 관한 법률」 제37조 제1항 제4호에 따른 '방재지구' 및
>   「자연재해대책법」 제12조 제1항에 따른 '(㉢)지구' 등 상습적으로 침수되거나
>   침수가 우려되는 대통령령으로 정하는 지역에 건축하려는 건축물에 대하여 일부
>   공간에 거실을 설치하는 것이 부적합하다고 인정되는 경우

TIP 단독주택, 공동주택 등 대통령령으로 정하는 건축물의 '지하층'에는 거실을 설치할 수 없다. 다만, 다
음의 사항을 고려하여 해당 지방자치단체의 조례로 정하는 경우에는 그러하지 아니하다.
〈신설, 시행 2024. 3. 27.〉
1. 침수위험 정도를 비롯한 지역적 특성
2. 피난 및 대피 가능성
3. 그 밖에 주거의 안전과 관련된 사항

고난도

02 건축법령상 '건축신고 대상'에 관한 설명이다. (   )에 들어갈 용어와 아라비아 숫자를 쓰
시오.

> • (㉠)의 합계가 85제곱미터 이내의 증축·개축 또는 재축. 다만, 3층 이상 건축물인
>   경우에는 증축·개축 또는 재축하려는 부분의 바닥면적의 합계가 건축물 연면적의
>   (㉡)분의 1 이내인 경우로 한정한다.
> • '연면적'의 합계가 100제곱미터 이하인 건축물의 건축
> • 연면적이 200제곱미터 미만이고 3층 미만인 건축물의 (㉢)

01 ㉠ 한국건축, ㉡ 숙박, ㉢ 자연재해위험개선   **02** ㉠ 바닥면적, ㉡ 10, ㉢ 대수선   **정답**

03 건축법령에 관한 설명이다. ( )에 들어갈 아라비아 숫자를 쓰시오. 제20회 수정

- 건축신고를 한 자가 신고일부터 (㉠)년 이내에 공사에 착수하지 아니하면 그 신고의 효력은 없어진다. 다만, 건축주의 요청에 따라 허가권자가 정당한 사유가 있다고 인정하면 1년의 범위에서 착수기한을 연장할 수 있다. (제20회)
- 건축위원회의 심의를 받은 자가 심의 결과를 통지받은 날부터 (㉡)년 이내에 건축허가를 신청하지 아니하면 건축위원회 심의의 효력이 상실된다.

이론 ✚

[비교]

사전결정	건축위원회
사전결정을 통지받은 날부터 2년 이내에 건축허가 신청의무	심의 결과를 통지받은 날부터 2년 이내에 건축허가 신청의무
위반 ⇨ '사전결정' 효력 상실	위반 ⇨ '심의' 효력 상실

건축허가	건축신고
허가받은 날부터 2년(공장: 3년) 이내에 공사착수 의무(1년 범위에서 연장 가능)	신고한 날부터 1년 이내에 공사 착수 의무(1년 범위에서 연장 가능)
위반 ⇨ 허가를 취소하여야 한다.	위반 ⇨ '신고' 효력 상실

04 건축법령상 '복수 용도의 인정'에 관한 설명이다. ( )에 들어갈 용어를 쓰시오.

1. '건축주'는 건축물의 용도를 복수로 하여 법 제11조에 따른 건축허가, 법 제14조에 따른 건축신고 및 법 제19조에 따른 용도변경 허가·신고 또는 건축물대장 기재내용의 변경 신청을 할 수 있다.
2. (㉠)은(는) 위 1.에 따라 신청한 복수의 용도가 이 법 및 관계 법령에서 정한 건축기준과 입지기준 등에 모두 적합한 경우에 한정하여 국토교통부령으로 정하는 바에 따라 복수 용도를 허용할 수 있다.

05 건축법령상 '허가대상 가설건축물'에 관한 설명이다. (   )에 들어갈 용어와 아라비아 숫자를 쓰시오.

> 1. (㉠)시설 및 (㉠)시설 예정지에서 가설건축물을 건축하려는 자는 특별자치시장·특별자치도지사 또는 시장·군수·구청장의 허가를 받아야 한다.
> 2. 특별자치시장·특별자치도지사 또는 시장·군수·구청장은 해당 가설건축물의 건축이 다음에 해당하는 경우 등이 아니면 위의 허가를 하여야 한다.
>   가. 「국토의 계획 및 이용에 관한 법률」 제64조에 위배되는 경우
>   나. (㉡)층 이상인 경우
>   다. 다음의 기준의 범위에서 조례로 정하는 바에 따르지 아니한 경우
>   ⓐ 철근콘크리트조 또는 철골철근콘크리트조가 아닐 것
>   ⓑ 존치기간은 (㉢)년 이내일 것. 다만, (㉠)사업이 시행될 때까지 그 기간을 연장할 수 있다.
>   ⓒ 전기·수도·가스 등 새로운 간선 공급설비의 설치를 필요로 하지 아니할 것
>   ⓓ 공동주택·판매시설·운수시설 등으로서 '분양'을 목적으로 건축하는 건축물이 아닐 것 등

고난도

06 건축법령상 '건축시공'에 관한 설명이다. (   )에 들어갈 용어와 아라비아 숫자를 쓰시오.

> • 공사시공자는 건축물(건축허가나 용도변경허가 대상인 것만 해당된다)의 공사현장에 '설계도서'를 갖추어 두어야 한다.
> • 공사시공자는 '설계도서'가 이 법과 이 법에 따른 명령이나 처분, 그 밖의 관계 법령에 맞지 아니하거나 공사의 여건상 불합리하다고 인정되면 '건축주'와 (㉠)의 동의를 받아 서면으로 설계자에게 설계를 변경하도록 요청할 수 있다. 이 경우 설계자는 정당한 사유가 없으면 요청에 따라야 한다.
> • 공사시공자는 공사를 하는 데에 필요하다고 인정하거나 연면적의 합계가 (㉡)천 제곱미터 이상인 건축공사의 (㉠)(으)로부터 (㉢)을(를) 작성하도록 요청을 받으면 (㉢)을(를) 작성하여 (㉠)의 확인을 받아야 하며, 이에 따라 공사를 하여야 한다.
> • 공사시공자는 건축허가나 용도변경허가가 필요한 건축물의 건축공사를 착수한 경우에는 주민이 보기 쉽도록 해당 건축공사의 현장의 주요출입구에 '건축허가 표지판'을 설치하여야 한다.

정답

03 ㉠ 1, ㉡ 2   **04** ㉠ 허가권자   **05** ㉠ 도시·군계획, ㉡ 4, ㉢ 3   **06** ㉠ 공사감리자, ㉡ 5, ㉢ 상세시공도면

07 건축법령에 관한 설명이다. ( )에 들어갈 용어를 쓰시오.

1. 「건설산업기본법」 제41조 제1항 각 호에 해당하지 아니하는 건축물의 건축주는 공사 현장의 공정 및 안전을 관리하기 위하여 같은 법 제2조 제15호에 따른 '건설기술인' 1명을 (㉠)(으)로 지정하여야 한다.
2. 위 1.의 경우 (㉠)은(는) 국토교통부령으로 정하는 바에 따라 공정 및 안전 관리 업무를 수행하여야 하며, '건축주'의 승낙을 받지 아니하고는 정당한 사유 없이 그 공사 현장을 이탈하여서는 아니 된다.

이론 ✚

건설공사를 '건설사업자'가 하여야 하는 건축물(건설산업기본법 제41조 제1항)

다음의 어느 하나에 해당하는 건축물의 건축 또는 대수선(大修繕)에 관한 건설공사(제9조 제1항 단서에 따른 경미한 건설공사는 제외한다. 이하 이 조에서 같다)는 '건설사업자'가 하여야 한다. 다만, 다음의 건설공사와 농업용, 축산업용 건축물 등 대통령령으로 정하는 건축물의 건설공사는 건축주가 직접 시공하거나 건설사업자에게 도급하여야 한다.

1. 연면적이 200제곱미터를 초과하는 건축물
2. 연면적이 200제곱미터 이하인 건축물로서 다음의 어느 하나에 해당하는 경우
   가. 「건축법」에 따른 공동주택
   나. 「건축법」에 따른 단독주택 중 다중주택, 다가구주택, 공관, 그 밖에 대통령령으로 정하는 경우[건축법 시행령 [별표 1] 제1호 가목의 단독주택의 형태를 갖춘 가정어린이집·공동생활가정·지역아동센터 및 노인복지시설(노인복지주택은 제외한다)]
   다. 주거용 외의 건축물로서 많은 사람이 이용하는 건축물 중 학교, 병원 등 대통령령으로 정하는 다음의 건축물
     ⓐ 「초·중등교육법」, 「고등교육법」 또는 「사립학교법」에 의한 학교
     ⓑ 「영유아보육법」에 따른 어린이집
     ⓒ 「유아교육법」에 따른 유치원 등

08 건축법령에 관한 설명이다. (   )에 들어갈 용어와 아라비아 숫자를 쓰시오.

> 1. '공동주택, 종합병원, 관광숙박시설 등 대통령령으로 정하는 용도 및 규모의 건축물'의 (㉠)은(는) 건축주, 공사감리자 및 허가권자가 설계도서에 따라 적정하게 공사되었는지를 확인할 수 있도록 공사의 공정이 '대통령령으로 정하는 진도에 다다른 때'마다 사진 및 동영상을 촬영하고 보관하여야 한다. 이 경우 촬영 및 보관 등 그 밖에 필요한 사항은 국토교통부령으로 정한다.
> 2. 위 1. 전단에서 '공동주택, 종합병원, 관광숙박시설 등 대통령령으로 정하는 용도 및 규모의 건축물'이란 다음의 어느 하나에 해당하는 건축물을 말한다.
>   가. '다중이용 건축물'
>   나. '특수구조 건축물'
>   다. 건축물의 하층부가 필로티나 그 밖에 이와 비슷한 구조[벽면적의 (㉡) 이상이 그 층의 바닥면에서 위층 바닥 아래면까지 '공간'으로 된 것만 해당한다]로서 상층부와 다른 구조형식으로 설계된 건축물(이하 '필로티형식 건축물'이라 한다) 중 (㉢)층 이상인 건축물

PART 5

TIP 시공자가 사진 및 동영상을 촬영하고 보관하여야 할 대상 건축물에 공동주택이 포함된다는 점에서 전부 암기하여야 한다.

09 건축법령에 관한 설명이다. (   )에 들어갈 용어와 아라비아 숫자를 쓰시오.

> 1. 허가권자는 설계자, 공사시공자, 공사감리자 및 관계전문기술자[이하 '(㉠)'(이)라 한다]가 '다중이용 건축물' 및 '준다중이용 건축물'에 대하여 법 제40조(대지의 안전 등)를 위반하거나 중대한 과실로 건축물의 기초 및 주요구조부에 중대한 손괴를 일으켜 사람을 사망하게 한 경우에는 (㉡)년 이내의 기간을 정하여 이 법에 의한 업무를 수행할 수 없도록 '업무정지'를 명할 수 있다.
> 2. (㉠), 소속 법인 또는 단체에 대한 위 1.의 '업무정지처분'을 하려는 경우에는 (㉢)을(를) 하여야 한다.

07 ㉠ 현장관리인   **08** ㉠ 공사시공자, ㉡ 1/2, ㉢ 3   **09** ㉠ 건축관계자등, ㉡ 1, ㉢ 청문   **정답**

10 건축법령에 관한 설명이다. ( )에 들어갈 용어를 쓰시오.

1. 「건설산업기본법」 제41조 제1항 각 호에 해당하지 아니하는 소규모 건축물로서 건축주가 직접 시공하는 건축물 및 주택으로 사용하는 건축물 중 대통령령으로 정하는 건축물의 경우에는 (㉠)이(가) 해당 건축물의 설계에 참여하지 아니한 자 중에서 공사감리자를 지정하여야 한다.

2. 위 1.의 '대통령령으로 정하는 건축물'은 다음과 같다.

   가. 「건설산업기본법」 제41조 제1항 각 호에 해당하지 아니하는 건축물 중 다음의 어느 하나에 해당하지 아니하는 건축물

   ⓐ [별표 1] 제1호 가목의 '(㉡)주택'

   ⓑ 농업·임업·축산업 또는 어업용으로 설치하는 창고·저장고·작업장·퇴비사·축사·양어장 및 그 밖에 이와 유사한 용도의 건축물

   ⓒ 해당 건축물의 건설공사가 「건설산업기본법 시행령」 제8조 제1항 각 호의 어느 하나에 해당하는 경미한 건설공사인 경우

   나. 주택으로 사용하는 다음의 어느 하나에 해당하는 건축물(각 목에 해당하는 건축물과 그 외의 건축물이 하나의 건축물로 복합된 경우를 포함한다)

   ⓐ 아파트

   ⓑ 연립주택

   ⓒ 다세대주택

   ⓓ '(㉢)주택'

   ⓔ 다가구주택

이론 ✚

'허가권자'가 공사감리자를 지정하는 경우(정리표)

구분	사례	감리자의 지정
A	–	건축주
B	건축주가 직접 시공하는 경우	허가권자
B	단독주택(협의)	건축주
	농업, 임업 등 관련 창고 등	건축주
	경미한 경우	건축주
'건축허가' 대상 주택	아파트, 연립주택, 다세대주택	허가권자
	다중주택, 다가구주택	허가권자
	공관 및 기숙사	건축주
'사업계획승인' 대상 주택	[주택법 적용]	사업계획승인권자

주) 1. A: 건설사업자가 시공하여야 하는 경우
2. B: 'A'가 아닌 경우

TIP 허가권자가 공사감리자를 지정하여야 하는 건축물 중 '주택'을 위주로 암기하여야 한다.

11 건축법령상 '허가권자가 공사감리자를 지정하는 건축물의 공사감리'에 관한 설명이다. ( )에 들어갈 용어를 쓰시오.

> 1. (㉠)은(는) 법 제25조 제2항 본문에 따라 공사감리자를 지정하기 위하여 다음의 구분에 따른 자를 대상으로 모집공고를 거쳐 '공사감리자'의 명부를 작성하고 관리해야 한다. 이 경우 (㉠)은(는) 미리 관할 시장·군수·구청장과 협의해야 한다.
>   가. 다중이용 건축물의 경우: 「건축사법」 제23조 제1항에 따라 건축사사무소의 개설신고를 한 건축사 및 「건설기술 진흥법」에 따른 건설엔지니어링사업자
>   나. 그 밖의 경우: 「건축사법」 제23조 제1항에 따라 건축사사무소의 개설신고를 한 건축사
> 2. 건축주는 착공신고를 하기 전에 '허가권자'에게 공사감리자의 지정을 신청하여야 하며, '허가권자'는 위 1.에 따른 명부에서 공사감리자를 지정하여야 한다.
> 3. '건축주가 공사감리자를 지정'하거나 '허가권자가 공사감리자를 지정'하는 건축물의 건축주는 착공신고를 하는 때에 감리비용이 명시된 (㉡)을(를) '허가권자'에게 제출하여야 하고, (㉢)을(를) 신청하는 때에는 감리용역 계약내용에 따라 감리비용을 지급하여야 한다. 이 경우 '허가권자'는 (㉡)에 따라 감리비용이 지급되었는지를 확인한 후 (㉢)을(를) 하여야 한다.

12 건축법령에 관한 설명이다. ( )에 들어갈 용어를 쓰시오.

> 특별자치시장·특별자치도지사 또는 시장·군수·구청장은 대통령령으로 정하는 바에 따라 건축허가, 건축신고, 사용승인 등 건축과 관련된 민원을 종합적으로 접수하여 처리할 수 있는 (㉠)을(를) 설치·운영하여야 한다.

▶ **연계학습** | 에듀윌 기본서 2차 [주택관리관계법규 上] p.531

01 건축법령상 '옹벽 등의 설치 기준'에 관한 설명이다. (   )에 들어갈 아라비아 숫자를 쓰시오.

> • 성토 또는 절토하는 부분의 경사도가 1 : (㉠) 이상으로서 높이가 (㉡)미터 이상인 부분에는 옹벽을 설치할 것
> • 옹벽의 높이가 (㉢)미터 '이상'인 경우에는 이를 콘크리트구조로 할 것
> • 옹벽의 외벽 면에는 이의 지지 또는 '배수'를 위한 시설 외의 구조물이 밖으로 튀어 나오지 아니하게 할 것
> • 공작물인 (㉣)미터를 '넘는' 옹벽을 축조하려는 경우 '신고'하여야 한다.

02 건축법 제42조(대지의 조경)의 규정의 일부이다. (   )에 들어갈 아라비아 숫자를 쓰시오.

제18회 수정

> '면적'이 (㉠)제곱미터 이상인 '대지'에 건축을 하는 건축주는 용도지역 및 건축물의 규모에 따라 해당 지방자치단체의 조례로 정하는 기준에 따라 대지에 조경이나 그 밖에 필요한 조치를 하여야 한다.

03 건축법령에 관한 설명이다. (   )에 들어갈 아라비아 숫자를 쓰시오.

> 1. '도로'란 '보행'과 '자동차 통행'이 가능한 너비 (㉠)미터('소요너비') 이상의 도로(지형적으로 자동차 통행이 불가능한 경우와 막다른 도로의 경우에는 '대통령령으로 정하는 구조와 너비의 도로')로서 다음의 어느 하나에 해당하는 도로나 그 '예정도로'를 말한다.
>   가. 「국토의 계획 및 이용에 관한 법률」, 「도로법」, 「사도법」, 그 밖의 관계 법령에 따라 신설 또는 변경에 관한 '고시'가 된 도로
>   나. 건축허가 또는 신고 시에 특별시장·광역시장·특별자치시장·도지사·특별자치도지사(이하 '시·도지사'라 한다) 또는 시장·군수·구청장(자치구의 구청장을 말한다)이 위치를 '지정'하여 '공고'한 도로

2. 위 1.에서 '대통령령으로 정하는 구조와 너비의 도로'란 다음의 어느 하나에 해당하는 도로를 말한다.

가. 특별자치시장·특별자치도지사 또는 시장·군수·구청장이 지형적 조건으로 인해 차량 통행을 위한 도로의 설치가 곤란하다고 인정하여 그 위치를 지정·공고하는 구간의 너비 (ⓛ)미터('소요너비') 이상[길이가 10미터 미만인 막다른 도로인 경우에는 너비 2미터('소요너비') 이상]인 도로

나. 위 가.에 해당하지 아니하는 '막다른 도로'로서 그 도로의 너비가 그 길이에 따라 각각 다음 표에 정하는 기준 이상인 도로

막다른 도로의 길이	도로의 너비('소요너비')
10미터 미만	2미터
10미터 이상 35미터 미만	3미터
35미터 이상	6미터[도시지역이 아닌 읍·면지역은 (ⓒ)미터]

04 건축법령상 '대지와 도로'에 관한 설명이다. (   )에 들어갈 용어와 아라비아 숫자를 쓰시오. 제20·22·24회 수정

1. 건축물의 대지는 2미터 이상이 도로('자동차만의 통행'에 사용되는 도로는 제외한다)에 접하여야 한다. 다만, 다음의 어느 하나에 해당하면 그러하지 아니하다.

가. 해당 건축물의 출입에 지장이 없다고 인정되는 경우

나. 건축물의 주변에 대통령령으로 정하는 공지(광장, 공원, 유원지, 그 밖에 관계 법령에 따라 건축이 금지되고 공중의 통행에 지장이 없는 공지로서 허가권자가 인정한 것)가 있는 경우

다. 「농지법」 제2조 제1호 나목에 따른 '농막'을 건축하는 경우

2. 연면적의 합계가 2천 제곱미터(공장인 경우에는 3천 제곱미터) 이상인 건축물[축사, (㉠), 그 밖에 이와 비슷한 건축물로서 건축조례로 정하는 규모의 건축물은 제외한다]의 대지는 너비 (㉡)미터 이상의 도로에 (㉢)미터 이상 접하여야 한다. (제22회)

정답

01 ㉠ 1.5, ㉡ 1, ㉢ 2   **02** ㉠ 200   **03** ㉠ 4, ㉡ 3, ㉢ 4   **04** ㉠ 작물재배사, ㉡ 6, ㉢ 4

05 건축법령상 '건축선'에 관한 설명이다. ( )에 들어갈 용어를 쓰시오.

1. 도로와 접한 부분에 건축물을 건축할 수 있는 선[이하 '(㉠)'(이)라 한다]은 원칙적으로 대지와 도로의 경계선으로 한다.
2. 법 제2조 제1항 제11호에 따른 소요너비에 못 미치는 너비의 도로인 경우에는 그 (㉡)(으)로부터 그 '소요너비의 2분의 1'의 수평거리만큼 물러난 선을 건축선으로 한다.
3. 그 도로의 반대쪽에 경사지, 하천, 철도, 선로부지, 그 밖에 이와 유사한 것이 있는 경우는 그 경사지 등이 있는 쪽의 (㉢)에서 '소요너비'에 해당하는 수평거리의 선을 건축선으로 한다.
4. 위 2. 및 3.의 경우, 그 건축선과 도로 사이의 면적은 '대지면적'에서 제외한다.

06 건축법령상 '건축선'에 관한 설명이다. ( )에 들어갈 용어와 아라비아 숫자를 쓰시오.

제19회 수정

1. '8미터 미만인 도로'의 모퉁이에 위치한 대지의 도로모퉁이 부분의 건축선은 그 대지에 접한 도로경계선의 (㉠)(으)로부터 도로경계선에 따라 다음의 표에 따른 거리를 각각 후퇴한 두 점을 연결한 선으로 한다. (제19회)

교차도로의 너비	90° 미만	90° 이상 120° 미만
큰 도로와 큰 도로	4m	3m
큰 도로와 작은 도로	3m	2m
작은 도로와 작은 도로	2m	(㉡)m

* 큰 도로: 6m 이상 8m 미만, 작은 도로: 4m 이상 6m 미만

2. 위 1.의 경우, 그 건축선과 도로 사이의 면적은 '(㉢)면적'에서 제외한다.

07 건축법령상 '지정 건축선'에 관한 설명이다. (　　)에 들어갈 용어와 아라비아 숫자를 쓰시오.

> • 특별자치시장·특별자치도지사 또는 시장·군수·구청장은 시가지 안에서 건축물의 위치나 환경을 정비하기 위하여 필요하다고 인정하면 (㉠)지역에는 (㉡)미터 이하의 범위에서 건축선을 따로 지정할 수 있으며, 건축선을 지정하면 지체 없이 이를 고시하여야 한다.
> • 특별자치시장·특별자치도지사 또는 시장·군수·구청장은 건축선을 지정하려면 미리 그 내용을 해당 지방자치단체의 공보, 일간신문 또는 인터넷 홈페이지 등에 (㉢)일 이상 공고하여야 하며, 공고한 내용에 대하여 의견이 있는 자는 공고기간에 의견을 제출할 수 있다.
> • 위의 경우, 그 건축선과 도로 사이의 면적은 '대지면적'에서 제외되지 아니한다.

08 건축법령상 '건축선에 의한 건축제한'에 관한 설명이다. (　　)에 들어갈 용어와 아라비아 숫자를 쓰시오. 　　　　　　제19회 객관식 및 주관식 수정

> • 건축물과 (㉠)은(는) 건축선의 수직면을 넘어서는 아니 된다. 다만, 지표(地表) 아래 부분은 그러하지 아니하다.
> • (㉡)(으)로부터 높이 (㉢)미터 이하에 있는 출입구, 창문, 그 밖에 이와 유사한 구조물은 열고 닫을 때 건축선의 수직면을 넘지 아니하는 구조로 하여야 한다.

정답

05 ㉠ 건축선, ㉡ 중심선, ㉢ 도로경계선　　**06** ㉠ 교차점, ㉡ 2, ㉢ 대지　　**07** ㉠ 도시, ㉡ 4, ㉢ 30　　**08** ㉠ 담장, ㉡ 도로면, ㉢ 4.5

09 건축법령상 '구조안전 확인대상 건축물'에 관한 설명이다. (   )에 들어갈 용어와 아라비아 숫자를 쓰시오.

> 1. 법 제11조(건축허가) 제1항에 따른 건축물을 건축하거나 대수선하는 경우에는 대통령령으로 정하는 바에 따라 구조의 안전을 확인하여야 한다.
> 2. 위 1.에 따라 '건축허가대상 건축물'을 건축하거나 대수선하는 경우 해당 건축물의 (㉠)은(는) 그 구조의 안전을 확인하여야 한다.
> 3. 위 2.에 따라 구조안전을 확인한 건축물 중 다음 건축물의 건축주는 해당 건축물의 (㉠)(으)로부터 구조안전의 확인서류를 받아 '착공신고'를 하는 때 확인서류를 '허가권자'에게 제출하여야 한다. 다만, '표준설계도서'에 따라 건축하는 건축물은 제외한다.
>   가. 층수가 (㉡)층(주요구조부인 기둥과 보를 설치하는 건축물로서 그 기둥과 보가 목재인 목구조 건축물의 경우에는 3층) 이상인 건축물
>   나. 연면적이 200제곱미터('목구조 건축물'의 경우에는 5백 제곱미터) 이상인 건축물. 다만, 창고, 축사, 작물재배사는 제외한다.
>   다. 「건축법 시행령」 [별표 1] 제1호의 (㉢)주택 및 제2호의 '공동주택' 등

이론 ✚

[참고]
위 3.의 경우, 「건축법」상 <u>내진능력 공개대상</u>이며, 소방시설설치법상 <u>내진설계대상</u>이기도 하다.

10 건축법령에 관한 설명이다. (   )에 들어갈 아라비아 숫자와 용어를 쓰시오.

> 1. 다음에 해당하는 건축물의 설계자는 해당 건축물에 대한 구조의 안전을 확인하는 경우에는 '건축구조기술사'의 협력을 받아야 한다.
>   가. (㉠)층 이상인 건축물
>   나. '특수구조 건축물'
>   다. 다중이용 건축물 및 준다중이용 건축물
>   라. 3층 이상의 필로티형식 건축물
>   마. 지진구역 안의 건축물 중 국토교통부령으로 정하는 건축물
> 2. 특수구조 건축물 및 '(㉡)건축물'의 공사감리자는 법령상 일정한 공정에 다다를 때 건축구조기술사의 협력을 받아야 한다.
> 3. 「자연재해대책법」에 따른 자연재해위험개선지구 중 '(㉢)지구'에 국가·지방자치단체 또는 「공공기관의 운영에 관한 법률」에 따른 공공기관이 건축하는 건축물은 침수방지 및 방수를 위하여 다음의 기준에 따라야 한다.
>   가. 건축물의 1층 전체를 '필로티 구조'로 할 것
>   나. 국토교통부령으로 정하는 '침수 방지시설'을 설치할 것

11 건축법령상 '대지 안의 피난 및 소화에 필요한 통로 설치'에 관한 설명이다. (   )에 들어갈 아라비아 숫자와 용어를 쓰시오.

> 1. 건축물의 대지 안에는 그 건축물 바깥쪽으로 통하는 주된 출구와 지상으로 통하는 피난계단 및 특별피난계단으로부터 도로 또는 공지로 통하는 통로를 다음의 기준에 따라 설치하여야 한다.
>   가. 통로의 너비는 다음의 구분에 따른 기준에 따라 확보할 것
>   ⓐ 단독주택: 유효 너비 0.9미터 이상
>   ⓑ 바닥면적의 합계가 500제곱미터 이상인 문화 및 집회시설, 종교시설, 의료시설, 위락시설 또는 장례시설: 유효 너비 3미터 이상
>   ⓒ 그 밖의 용도로 쓰는 건축물: 유효 너비 (㉠)미터 이상
>   나. 필로티 내 통로의 길이가 '2미터 이상인 경우'에는 피난 및 소화활동에 장애가 발생하지 아니하도록 자동차 진입억제용 말뚝 등 통로 보호시설을 설치하거나 통로에 '단차'를 둘 것
> 2. 위 1.에도 불구하고 다중이용 건축물, 준다중이용 건축물 또는 층수가 (㉡)층 이상인 건축물이 건축되는 대지에는 그 안의 모든 다중이용 건축물, 준다중이용 건축물 또는 층수가 (㉡)층 이상인 건축물에 「소방기본법」에 따른 '소방자동차의 접근이 가능한 통로'를 설치하여야 한다.
> 3. 건축물의 (㉡)층 이하의 층에는 소방관이 진입할 수 있는 창을 설치하고, 외부에서 주야간에 식별할 수 있는 표시를 해야 한다. 다만, 다음의 어느 하나에 해당하는 아파트는 제외한다.
>   가. 영 제46조 제4항 및 제5항에 따라 (㉢) 등을 설치한 아파트
>   나. 「주택건설기준 등에 관한 규정」에 따라 '비상용 승강기'를 설치한 아파트

12 건축법령에 관한 설명이다. (   )에 들어갈 용어와 아라비아 숫자를 쓰시오.

> 건축물의 피난층[직접 지상으로 통하는 출입구가 있는 층 및 초고층 건축물 및 준초고층 건축물의 (㉠)을(를) 말한다] 외의 층에서는 피난층 또는 지상으로 통하는 (㉡)을(를) 거실의 각 부분으로부터 계단에 이르는 보행거리가 (㉢)미터 이하가 되도록 설치해야 한다.

09 ㉠ 설계자, ㉡ 2, ㉢ 단독   **10** ㉠ 6, ㉡ 고층, ㉢ 침수위험   **11** ㉠ 1.5, ㉡ 11, ㉢ 대피공간   **12** ㉠ 피난안전구역, ㉡ 직통계단, ㉢ 30

13 건축법령에 관한 설명이다. ( )에 들어갈 용어와 아라비아 숫자를 쓰시오.

제25회 수정

> 위 문제에도 불구하고, 건축물의 (㉠)이(가) 내화구조 또는 불연재료로 된 건축물은 그 보행거리가 (㉡)미터[층수가 16층 이상인 공동주택의 경우 16층 이상인 층에 대해서는 (㉢)미터] 이하가 되도록 설치할 수 있으며, 자동화 생산시설에 스프링클러 등 자동식 소화설비를 설치한 공장으로서 국토교통부령으로 정하는 공장인 경우에는 그 보행거리가 75미터(무인화 공장인 경우에는 100미터) 이하가 되도록 설치할 수 있다.
>
> (제25회)

14 건축법령상 '피난안전구역'에 관한 설명이다. ( )에 들어갈 아라비아 숫자를 쓰시오.

> • 초고층 건축물에는 피난층 또는 지상으로 통하는 직통계단과 직접 연결되는 피난안전구역을 지상층으로부터 최대 (㉠)개 층마다 1개소 이상 설치하여야 한다.
> • 준초고층 건축물에는 피난층 또는 지상으로 통하는 직통계단과 직접 연결되는 피난안전구역을 해당 건축물 전체 층수의 (㉡)에 해당하는 층으로부터 상하 (㉢)개 층 이내에 1개소 이상 설치해야 한다.

15 건축법령상 '피난안전구역'에 관한 설명이다. ( )에 들어갈 용어를 쓰시오.

> • 피난안전구역은 건축물의 피난·안전을 위해 건축물 중간층에 설치하는 (㉠)을(를) 말한다.
> • 건축물의 피난층은 '직접 지상으로 통하는 출입구가 있는 층' 및 '초고층 건축물 및 준초고층 건축물의 (㉡)'을(를) 말한다.
> • (㉢)건축물에는 대통령령으로 정하는 바에 따라 피난안전구역을 설치하거나 대피공간을 확보한 계단을 설치하여야 한다.
> • (㉢)건축물에 설치된 피난안전구역·피난시설 또는 대피공간에는 국토교통부령으로 정하는 바에 따라 화재 등의 경우에 피난 용도로 사용되는 것임을 표시하여야 한다.

16 건축법령상 '피난계단 등의 설치'에 관한 설명이다. (   )에 들어갈 용어를 쓰시오.

> 1. 5층 이상 또는 지하 2층 이하인 층에 설치하는 직통계단은 국토교통부령으로 정하는 기준에 따라 피난계단 또는 특별피난계단으로 설치하여야 한다.
> 2. 건축물[(㉠) 공동주택은 제외한다]의 11층(공동주택의 경우에는 16층) 이상인 층 또는 지하 3층 이하인 층으로부터 피난층 또는 지상으로 통하는 직통계단은 위 1.에 도 불구하고 (㉡)(으)로 설치하여야 한다.

PART 5

17 건축법령상 '피난계단 등의 설치'에 관한 설명이다. (   )에 들어갈 용어와 아라비아 숫자를 쓰시오. 제12회 수정

> 건축물의 3층 이상인 층(피난층은 제외한다)으로서 다음의 용도로 쓰는 층에는 직통계단 외에 그 층으로부터 지상으로 통하는 (㉠)을(를) 따로 설치하여야 한다.
> 1. 제2종 근린생활시설 중 공연장(해당 용도로 쓰는 바닥면적의 합계가 300제곱미터 이상인 경우만 해당한다), 문화 및 집회시설 중 공연장이나 위락시설 중 주점영업의 용도로 쓰는 층으로서 그 층 거실의 바닥면적의 합계가 (㉡)제곱미터 이상인 것
> 2. 문화 및 집회시설 중 집회장의 용도로 쓰는 층으로서 그 층 거실의 바닥면적의 합계가 1천 제곱미터 이상인 것

18 건축법 시행령에 관한 설명이다. (   )에 들어갈 아라비아 숫자와 용어를 쓰시오.

> 층수가 (㉠)층 이상인 건축물로서 11층 이상인 층의 바닥면적의 합계가 (㉡)만 제곱미터 이상인 건축물의 옥상에는 다음의 구분에 따른 공간을 확보하여야 한다.
> 1. 건축물의 지붕을 평지붕으로 하는 경우: (㉢)을(를) 설치하거나 헬리콥터를 통해 인명 등을 구조할 수 있는 공간
> 2. 건축물의 지붕을 경사지붕으로 하는 경우: 경사지붕 아래에 설치하는 대피공간

이론 ➕

[참고]
용적률을 산정할 때 위 2.의 '대피공간의 면적'은 '연면적'에서 제외한다.

정답
13 ㉠ 주요구조부, ㉡ 50, ㉢ 40 **14** ㉠ 30, ㉡ 1/2, ㉢ 5 **15** ㉠ 대피공간, ㉡ 피난안전구역, ㉢ 고층 **16** ㉠ 갓복도식, ㉡ 특별피난계단 **17** ㉠ 옥외피난계단, ㉡ 300 **18** ㉠ 11, ㉡ 1, ㉢ 헬리포트

19 건축법령에 관한 설명이다. (   )에 들어갈 아라비아 숫자를 쓰시오. 제19회 객관식 수정

> 1. 인접 대지경계선으로부터 직선거리 (㉠)미터 이내에 이웃 주택의 내부가 보이는 창문 등을 설치하는 경우에는 차면시설(遮面施設)을 설치하여야 한다. (제19회 객관식)
> 2. 거실의 반자는 원칙적으로 그 높이를 (㉡)미터 이상으로 하여야 한다.
> 3. 문화 및 집회시설(전시장 및 동·식물원은 제외한다), 종교시설, 장례식장 또는 위락시설 중 유흥주점의 용도에 쓰이는 건축물의 관람실 또는 집회실로서 그 바닥면적이 200제곱미터 이상인 것의 반자의 높이는 위 2.에도 불구하고 (㉢)미터(노대의 아랫부분의 높이는 2.7미터) 이상이어야 한다. 다만, 기계환기장치를 설치하는 경우에는 그렇지 않다.

최신기출

20 건축법 제50조(건축물의 내화구조와 방화벽) 제1항 규정이다. (   )에 들어갈 용어를 쓰시오. 제26회

> 문화 및 집회시설, 의료시설, 공동주택 등 대통령령으로 정하는 건축물은 국토교통부령으로 정하는 기준에 따라 (㉠)(와)과 지붕을 내화(耐火)구조로 하여야 한다. 다만, 막구조 등 대통령령으로 정하는 구조는 (㉠)에만 내화구조로 할 수 있다.

21 건축법령에 관한 설명이다. (   )에 들어갈 용어와 아라비아 숫자를 쓰시오. 제19회 객관식 수정

> • 「국토의 계획 및 이용에 관한 법률」에 따른 방화지구 안에서는 건축물의 주요구조부와 지붕·외벽을 (㉠)구조로 하여야 한다.
> • '방화지구 안의 공작물'로서 간판, 광고탑, 그 밖에 대통령령으로 정하는 공작물 중 건축물의 '지붕 위'에 설치하는 공작물이나 높이 '(㉡)미터' 이상의 공작물은 주요부를 (㉢)재료로 하여야 한다. (제19회 객관식)

22 건축법령에 관한 설명이다. (   )에 들어갈 용어와 아라비아 숫자를 쓰시오.

> • 연면적 1천 제곱미터 이상인 건축물은 (㉠)(으)로 구획하되, 각 구획된 바닥면적의 합계는 1천 제곱미터 미만이어야 한다.
> • 연면적 (㉡)천 제곱미터 이상인 '목조 건축물'의 구조는 '국토교통부령'으로 정하는 바에 따라 '(㉢)구조'로 하거나 '불연재료'로 하여야 한다.

23 건축법 시행령에 관한 설명이다. (   )에 들어갈 아라비아 숫자와 용어를 쓰시오.

> 1. 공동주택 중 아파트로서 (㉠)층 이상인 층의 각 세대가 2개 이상의 직통계단을 사용할 수 없는 경우에는 발코니에 인접 세대와 공동으로 또는 각 세대별로 다음의 요건을 모두 갖춘 (㉡)을(를) 하나 이상 설치하여야 한다.
> 　가. (㉡)은(는) 바깥의 공기와 접할 것
> 　나. (㉡)은(는) 실내의 다른 부분과 '방화구획'으로 구획될 것
> 　다. (㉡)의 바닥면적은 인접 세대와 공동으로 설치하는 경우에는 (㉢)제곱미터 이상, 각 세대별로 설치하는 경우에는 2제곱미터 이상일 것
> 　라. 국토교통부장관이 정하는 기준에 적합할 것
> 2. 위 1.에도 불구하고 다음의 어느 하나에 해당하는 구조 또는 시설을 갖춘 경우에는 (㉡)을(를) 설치하지 않을 수 있다.
> 　가. 발코니와 인접 세대와의 경계벽이 파괴하기 쉬운 경량구조 등인 경우
> 　나. 발코니의 경계벽에 피난구를 설치한 경우
> 　다. 발코니의 바닥에 국토교통부령으로 정하는 '하향식 피난구'를 설치한 경우
> 　라. 국토교통부장관이 위 1.에 따른 (㉡)와(과) 동일하거나 그 이상의 성능이 있다고 인정하여 고시하는 구조 또는 시설(이하 '대체시설'이라 한다)을 갖춘 경우. 이 경우 국토교통부장관은 대체시설의 성능에 대해 미리 「과학기술분야 정부출연연구기관 등의 설립·운영 및 육성에 관한 법률」 제8조 제1항에 따라 설립된 한국건설기술연구원의 기술검토를 받은 후 고시해야 한다.

이론 ✚ ｜ [비교] 「주택건설기준 등에 관한 규정」
'경계벽의 두께 규정에도 불구하고 공동주택의 3층 이상인 층의 발코니에 세대 간 경계벽을 설치하는 경우에는 화재 등의 경우에 피난용도로 사용할 수 있는 '피난구'를 경계벽에 설치하거나 경계벽의 구조를 '파괴하기 쉬운 경량구조 등'으로 할 수 있다. 다만, 경계벽에 창고 기타 이와 유사한 시설을 설치하는 경우에는 그러하지 아니하다.

정답 19 ㉠ 2, ㉡ 2.1, ㉢ 4　**20** ㉠ 주요구조부　**21** ㉠ 내화, ㉡ 3, ㉢ 불연　**22** ㉠ 방화벽, ㉡ 1, ㉢ 방화　**23** ㉠ 4, ㉡ 대피공간, ㉢ 3

24 건축법령상 '방화문의 구분'에 관한 설명이다. ( )에 들어갈 아라비아 숫자와 용어를 쓰시오.

제24·25회 수정

> 방화문은 다음과 같이 구분한다.
> 1. (㉠) 방화문: 연기 및 불꽃을 차단할 수 있는 시간이 60분 이상이고, (㉡)을(를) 차단할 수 있는 시간이 30분 이상인 방화문
> 2. 60분 방화문: 연기 및 불꽃을 차단할 수 있는 시간이 60분 이상인 방화문
> 3. (㉢)분 방화문: 연기 및 불꽃을 차단할 수 있는 시간이 (㉢)분 이상 60분 미만인 방화문

25 건축법령에 관한 설명이다. ( )에 들어갈 아라비아 숫자와 용어를 쓰시오.

> • 오피스텔에 거실 바닥으로부터 높이 (㉠)미터 이하 부분에 여닫을 수 있는 창문을 설치하는 경우에는 국토교통부령으로 정하는 기준에 따라 추락방지를 위한 안전시설을 설치하여야 한다.
> • 옥상광장 또는 2층 이상인 층에 있는 노대의 주위에는 높이 (㉡)미터 이상의 난간을 설치하여야 한다.
> • 5층 이상인 층이 제2종 근린생활시설 중 공연장 등의 용도로 쓰는 경우에는 피난용도로 쓸 수 있는 (㉢)을(를) '옥상'에 설치하여야 한다.

26 건축법 시행령 제37조(지하층과 피난층 사이의 개방공간 설치) 규정이다. ( )에 들어갈 숫자를 쓰시오.

제19회

> 바닥면적의 합계가 ( )천 제곱미터 이상인 공연장·집회장·관람장 또는 전시장을 지하층에 설치하는 경우에는 각 실에 있는 자가 지하층 각 층에서 건축물 밖으로 피난하여 옥외계단 또는 경사로 등을 이용하여 피난층으로 대피할 수 있도록 천장이 개방된 '외부 공간'을 설치하여야 한다.

27 건축법령상 '요양병원 등에 설치하여야 할 시설'에 관한 설명이다. ( )에 들어갈 용어를 쓰시오.

요양병원, 정신병원, 「노인복지법」 제34조 제1항 제1호에 따른 노인요양시설, 장애인 거주시설 및 장애인 의료재활시설의 피난층 외의 층에는 다음의 어느 하나에 해당하는 시설을 설치하여야 한다.
1. 각 층마다 별도로 방화구획된 (㉠)
2. 거실에 접하여 설치된 노대 등
3. 계단을 이용하지 아니하고 건물 외부의 지상으로 통하는 경사로 또는 인접 건축물로 피난할 수 있도록 설치하는 (㉡) 또는 연결통로

PART 5

고난도
28 건축법령에 관한 설명이다. ( )에 들어갈 용어를 쓰시오.

• 국토교통부장관은 범죄를 예방하고 안전한 생활환경을 조성하기 위해 건축물, 건축설비 및 대지에 관한 (㉠) 기준을 정하여 고시할 수 있다.
• (㉡)주택, 아파트, 연립주택 및 다세대주택은 위의 (㉠) 기준에 따라 건축하여야 한다.

이론 ✚

범죄예방 기준에 따라 건축하여야 하는 건축물
1. 다가구주택, 아파트, 연립주택 및 다세대주택
2. 제1종 근린생활시설 중 일용품을 판매하는 소매점
3. 제2종 근린생활시설 중 다중생활시설
4. 문화 및 집회시설(동·식물원은 제외한다)
5. 교육연구시설(연구소 및 도서관은 제외한다)
6. 노유자시설
7. 수련시설
8. 업무시설 중 오피스텔
9. 숙박시설 중 다중생활시설

TIP 범죄예방 기준에 따라 건축하여야 할 건축물 중 '주택'에 대해 암기하여야 한다.

정답

24 ㉠ 60분+, ㉡ 열, ㉢ 30 **25** ㉠ 1,2, ㉡ 1,2, ㉢ 광장 **26** 3 **27** ㉠ 대피공간, ㉡ 연결복도 **28** ㉠ 범죄예방, ㉡ 다가구

29 건축법 제53조의2(건축물의 범죄예방) 규정의 일부이다. (　)에 들어갈 용어를 순서에 관계없이 쓰시오.　　　　　　　　　　　　　　　제21회

> 국토교통부장관은 범죄를 예방하고 안전한 생활환경을 조성하기 위하여 (　), 건축설비 및 (　)에 관한 범죄예방 기준을 정하여 고시할 수 있다.

30 건축법령에 관한 설명이다. (　)에 들어갈 용어를 쓰시오.

> - (　㉠　)(이)란 불연재료인 양면 철판, 석재, 콘크리트 또는 이와 유사한 재료와 불연재료가 아닌 심재로 구성된 것을 말한다.
> - (　㉠　)을(를) 포함한 법 제52조에 따른 마감재료, 방화문 등 대통령령으로 정하는 건축자재의 제조업자, 유통업자, 공사시공자 및 공사감리자는 국토교통부령으로 정하는 사항을 기재한 품질관리서를 대통령령으로 정하는 바에 따라 (　㉡　)에게 제출하여야 한다.

31 건축법령에 관한 설명이다. (　)에 들어갈 용어를 쓰시오.

> - 대지가 「건축법」이나 다른 법률에 따른 지역·지구 또는 구역에 걸치는 경우에는 그 건축물과 대지의 전부에 대하여 대지의 (　㉠　)이(가) 속하는 지역·지구 또는 구역 안의 건축물 및 대지 등에 관한 「건축법」 규정을 적용한다.
> - 대지가 (　㉡　)지역과 그 밖의 지역·지구 또는 구역에 걸치는 경우에는 각 지역·지구 또는 구역 안의 건축물과 대지에 관한 「건축법」의 규정을 적용한다.

32 건축법 제54조 제2항 및 제3항 규정이다. (　)에 들어갈 용어를 쓰시오.

> 1. 하나의 건축물이 '방화지구'와 그 밖의 구역에 걸치는 경우는 그 전부에 대하여 '방화지구' 안의 건축물에 관한 「건축법」의 규정을 적용한다. 다만, 건축물의 '방화지구'에 속한 부분과 그 밖의 구역에 속한 부분의 경계가 (　㉠　)(으)로 구획되는 경우 그 밖의 구역에 있는 부분에 대하여는 그러하지 아니하다.
> 2. '(　㉡　)지역' 안의 건축물이 '방화지구'에 걸치는 경우에는 위 1.에 따른다.

33 건축법 제55조 및 제56조 규정이다. (   )에 들어갈 용어를 쓰시오.

> • 대지면적에 대한 (㉠)의 비율(이하 '건폐율'이라 한다)의 최대한도는 「국토의 계획 및 이용에 관한 법률」에 따른 건폐율의 기준에 따른다. 다만, 「건축법」에서 기준을 완화하거나 강화하여 적용하도록 규정한 경우에는 그에 따른다.
> • 대지면적에 대한 (㉡)의 비율(이하 '용적률'이라 한다)의 최대한도는 「국토의 계획 및 이용에 관한 법률」에 따른 용적률의 기준에 따른다. 다만, 「건축법」에서 기준을 완화하거나 강화하여 적용하도록 규정한 경우에는 그에 따른다.

34 건축법령상 대지면적에 대한 연면적(대지에 건축물이 둘 이상 있는 경우에는 이들 연면적의 합계로 함)의 비율을 지칭하는 용어를 쓰시오.   제19회

최신기출

35 건축법 제58조(대지 안의 공지) 규정이다. (   )에 들어갈 용어와 아라비아 숫자를 쓰시오.   제26회 수정

> 건축물을 건축하는 경우에는 「국토의 계획 및 이용에 관한 법률」에 따른 용도지역·용도지구, 건축물의 용도 및 규모 등에 따라 (㉠) 및 인접 (㉡)(으)로부터 (㉢)미터 이내의 범위에서 대통령령으로 정하는 바에 따라 해당 지방자치단체의 조례로 정하는 거리 이상을 띄워야 한다.

정답

29 건축물, 대지   **30** ㉠ 복합자재, ㉡ 허가권자   **31** ㉠ 과반, ㉡ 녹지   **32** ㉠ 방화벽, ㉡ 녹지   **33** ㉠ 건축면적, ㉡ 연면적   **34** 용적률   **35** ㉠ 건축선, ㉡ 대지경계선, ㉢ 6

36 건축법령에 관한 설명이다. ( )에 들어갈 용어와 아라비아 숫자를 쓰시오.

제14·21·25회 수정

(㉠)주거지역이나 일반주거지역에서 건축물을 건축하는 경우에는 높이 (㉡)미터 이하인 부분은 건축물의 각 부분을 정북방향으로의 (㉢)(으)로부터 1.5미터 이상의 범위에서 건축조례로 정하는 거리 이상을 띄어 건축하여야 한다.

> **이론 ✚** 그 기준이 9미터에서 10미터로 개정되었다.
>
> **전용주거지역과 일반주거지역 안에의 건축물 높이**
> 1. 전용주거지역이나 일반주거지역에서는 건축물 각 부분을 정북방향으로의 인접 대지경계선으로부터 다음의 범위에서 건축조례로 정하는 거리 이상을 띄어 건축하여야 한다.
>   가. 높이 10미터 이하인 부분: 인접 대지경계선으로부터 1.5미터 이상
>   나. 높이 10미터 초과 부분: 인접 대지경계선으로부터 해당 건축물 각 부분 높이의 2분의 1 이상
> 2. 다음 어느 하나에 해당하는 경우는 위 1.을 적용하지 아니한다.
>   가. 다음 구역 안의 대지 상호간에 건축하는 건축물로서 해당 대지가 너비 '20미터 이상 도로'에 접한 경우
>   ⓐ '지구단위계획구역', '경관지구'
>   ⓑ 「경관법」에 따른 '중점경관관리구역'
>   ⓒ '특별가로구역'
>   ⓓ 도시미관 향상을 위하여 허가권자가 지정·공고하는 구역
>   나. '건축협정구역 안'에서 대지 상호간에 건축하는 건축물('건축협정'에 일정 거리 이상을 띄어 건축하는 내용이 포함된 경우만 해당한다)의 경우
>   다. 건축물의 '정북방향의 인접 대지'가 '전용주거지역'이나 '일반주거지역'이 '아닌' 용도지역에 해당하는 경우

37 건축법령에 관한 설명이다. ( )에 들어갈 용어를 쓰시오.　　제21회 수정

1. 다음의 어느 하나에 해당하는 공동주택[일반상업지역과 (㉠)지역에 건축하는 것은 제외한다]은 채광(採光) 등의 확보를 위하여 대통령령으로 정하는 높이 이하로 하여야 한다. (제21회)
   가. 인접 대지경계선 등의 방향으로 채광을 위한 창문 등을 두는 경우
   나. 하나의 대지에 두 동(棟) 이상을 건축하는 경우
2. 공동주택의 경우, 그 건축물(기숙사는 제외한다)의 각 부분의 높이는 그 부분으로부터 채광을 위한 창문 등이 있는 벽면에서 직각방향으로 인접 대지경계선까지의 수평거리의 2배[(㉡)지역 또는 준주거지역의 건축물은 4배] 이하로 하여야 한다.
3. 다만, 채광을 위한 창문 등이 있는 벽면에서 직각방향으로 인접 대지경계선까지의 수평거리가 '1미터 이상'으로서 건축조례로 정하는 거리 이상인 (㉢)은(는) 위 2.를 적용하지 않는다.

38 건축법령상 '공동주택의 높이제한'에 관한 설명이다. ( )에 들어갈 아라비아 숫자를 쓰시오.

> 1. 같은 대지에서 두 동(棟) 이상의 건축물이 서로 마주보고 있는 경우에 건축물 각 부분 사이의 거리는 채광을 위한 창문 등이 있는 벽면으로부터 직각방향으로 건축물 각 부분 높이의 (㉠)배(도시형 생활주택의 경우에는 0.25배) 이상의 범위에서 건축조례로 정하는 거리 이상을 띄어 건축하여야 한다.
> 2. 위 1.에도 불구하고 그 대지의 모든 세대가 동지를 기준으로 9시에서 15시 사이에 (㉡)시간 이상을 계속하여 일조를 확보할 수 있는 거리 이상으로 할 수 있다.
> 3. 위 1.에도 불구하고 (㉢)층 이하로서 높이가 8미터 이하인 건축물에는 해당 지방자치단체의 조례로 정하는 바에 따라 위 1.을 적용하지 아니할 수 있다.

PART 5

이론 ✚ | 같은 대지에서 두 동(棟) 이상의 건축물이 서로 마주보고 있는 경우에 건축물 각 부분 사이의 거리는 다음의 거리 이상을 띄어 건축할 것
1. 채광을 위한 창문이 있는 벽면으로부터 직각방향으로 건축물 각 부분 높이의 <u>0.5배</u>(도시형 생활주택의 경우는 <u>0.25배</u>) 이상의 범위에서 건축조례로 정하는 거리 이상
2. 위 1.에도 불구하고 서로 마주보는 건축물 중 <u>높은 건축물</u>(높은 건축물을 중심으로 마주보는 두 동의 축이 <u>시계방향</u>으로 정동에서 <u>정서</u> 방향인 경우만 해당한다)의 주된 개구부(거실과 주된 침실이 있는 부분의 개구부를 말한다)의 방향이 <u>낮은 건축물</u>을 향하는 경우에는 <u>10미터</u> 이상으로서 낮은 건축물 각 부분의 높이의 0.5배(도시형 생활주택의 경우에는 0.25배) 이상의 범위에서 건축조례로 정하는 거리 이상
3. 위 1.에도 불구하고 건축물과 부대시설 또는 복리시설이 서로 마주보고 있는 경우에는 부대시설 또는 복리시설 각 부분 높이의 <u>1배</u> 이상
4. 채광창이 없는 벽면과 측벽이 마주보는 경우에는 <u>8미터</u> 이상
5. 측벽과 측벽이 마주보는 경우에는 <u>4미터</u> 이상

고난도
39 건축법령상 '건축설비 설치의 원칙'에 관한 설명이다. ( )에 들어갈 용어를 쓰시오.

제23회 객관식 수정

> 1. 건축설비는 건축물의 안전·방화, 위생, 에너지 및 (㉠)의 합리적 이용에 지장이 없도록 설치하여야 하고, 배관피트 및 닥트의 단면적과 (㉡)의 크기를 해당 설비의 수선에 지장이 없도록 하는 등 설비의 유지·관리가 쉽게 설치하여야 한다.
> 2. 건축물에 설치하는 급수·배수·냉방·난방·환기·피뢰 등 건축설비의 설치에 관한 기술적 기준은 국토교통부령으로 정하되, 에너지 이용 합리화와 관련한 건축설비의 기술적 기준에 관하여는 (㉢)장관과 협의하여 정한다.

정답
36 ㉠ 전용, ㉡ 10, ㉢ 인접 대지경계선   **37** ㉠ 중심상업, ㉡ 근린상업, ㉢ 다세대주택
38 ㉠ 0.5, ㉡ 2, ㉢ 2   **39** ㉠ 정보통신, ㉡ 수선구, ㉢ 산업통상자원부

40 건축법령상 '건축설비 설치의 원칙'에 관한 설명이다. (   )에 들어갈 용어와 아라비아 숫자를 쓰시오.

제22·23회 객관식 수정

> 1. 건축물에는 방송수신에 지장이 없도록 공동시청 안테나, 유선방송 수신시설, 위성방송 수신설비, 에프엠(FM)라디오방송 수신설비 또는 방송 공동수신설비를 설치할 수 있다. 다만, 다음의 건축물에는 '방송 공동수신설비'를 설치하여야 한다. (제22·23회 객관식)
>   가. (㉠)주택
>   나. 바닥면적의 합계가 5천 제곱미터 이상으로서 업무시설이나 숙박시설의 용도로 쓰는 건축물
> 2. 위 1.에 따른 방송 수신설비의 설치기준은 '과학기술정보통신부장관'이 정하여 고시하는 바에 따른다.
> 3. 연면적이 (㉡)백 제곱미터 이상인 건축물의 대지에는 국토교통부령으로 정하는 바에 따라 「전기사업법」 제2조 제2호에 따른 전기사업자가 전기를 배전(配電)하는 데 필요한 전기설비를 설치할 수 있는 공간을 확보하여야 한다. (제23회 객관식)
> 4. 건축물에 설치하여야 하는 (㉢)은(는) 「우편법」 제37조의2의 기준에 따른다.

41 건축법령에 관한 설명이다. (   )에 들어갈 아라비아 숫자와 용어를 쓰시오.

제19·24회, 제22회 객관식 수정

> 1. 건축주는 6층 이상으로서 연면적이 (㉠)천 제곱미터 이상인 건축물을 건축하려면 승강기를 설치해야 한다. 다만, 층수가 6층인 건축물로서 각 층 거실의 바닥면적 300제곱미터 이내마다 1개소 이상의 (㉡)을(를) 설치한 건축물은 그러하지 아니한다. (제19회)
> 2. 높이 (㉢)미터를 초과하는 건축물에는 위 1.의 승강기뿐만 아니라 비상용 승강기를 추가로 설치하여야 한다. (제22회 객관식, 제24회)
> 3. 2대 이상의 비상용 승강기를 설치하는 경우에는 화재 시 소화에 지장이 없도록 일정한 간격을 두고 설치하여야 한다.

42 건축법령에 관한 설명이다. (　)에 들어갈 용어와 아라비아 숫자를 쓰시오.

제22·23회 객관식 수정

- 국토교통부장관은 지능형 건축물(Intelligent Building)의 건축을 활성화하기 위하여 지능형 건축물 인증제도를 실시한다.
- 국토교통부장관은 지능형 건축물의 인증을 위하여 인증기관을 지정할 수 있다.
- (㉠)은(는) 지능형 건축물로 인증을 받은 건축물에 대하여 조경설치면적을 100분의 85까지 완화하여 적용할 수 있으며, 용적률 및 건축물의 높이를 100분의 (㉡)의 범위에서 완화하여 적용할 수 있다. (제22·23회 객관식)

43 건축법령상 특별건축구역에서 건축기준 등의 특례 사항을 적용하여 건축할 수 있는 건축물에 관한 내용이다. (　)에 들어갈 숫자를 쓰시오.

제18회

용도	규모(연면적)
문화 및 집회시설, 판매시설, 운수시설, 의료시설, 교육연구시설, 수련시설	( )천 제곱미터 이상

이론 ✚

[별표 3] 특별건축구역의 특례사항 적용대상 건축물(영 제106조 제2항 관련)

용도	규모(연면적, 세대 또는 동)
1. 문화 및 집회시설, 판매시설, 운수시설, 의료시설, 교육연구시설, 수련시설	2천 제곱미터 이상 (제18회)
2. 운동시설, 업무시설, 숙박시설, 관광휴게시설, 방송통신시설	3천 제곱미터 이상
3. 종교시설	–
4. 노유자시설	5백 제곱미터 이상
5. 공동주택(주거용 외의 용도와 복합된 건축물을 포함)	'100세대 이상'
6. 단독주택 　가. 「한옥 등 건축자산의 진흥에 관한 법률」 제2조 제2호 또는 제3호의 한옥 또는 한옥건축양식의 단독주택 　나. 그 밖의 단독주택	1) '10동 이상' 2) '30동 이상'
7. 그 밖의 용도	1천 제곱미터 이상

40 ㉠ 공동, ㉡ 5, ㉢ 우편수취함　**41** ㉠ 2, ㉡ 직통계단, ㉢ 31　**42** ㉠ 허가권자, ㉡ 115　**43** 2

44 건축법령에 관한 설명이다. (　　)에 들어갈 용어를 쓰시오.

> 1. 건축협정인가권자는 건축협정의 효율적인 체결을 통한 도시의 기능 및 미관의 증진을 위하여 「도시 및 주거환경정비법」에 따른 주거환경개선사업을 시행하기 위하여 지정·고시된 정비구역의 전체 또는 일부를 (㉠)(으)로 지정할 수 있다.
> 2. 건축협정인가권자는 위 1.에 따라 (㉠)을(를) 지정하는 경우에는 미리 위치, 범위 및 면적 등에 대하여 건축협정인가권자가 두는 (㉡)의 심의를 거쳐야 한다.

45 건축법령에 관한 설명이다. (　　)에 들어갈 용어를 쓰시오.

> 1. 건축협정 지역 등에서 둘 이상의 토지를 소유한 자가 1인인 경우에도 그 토지소유자는 해당 토지의 구역을 건축협정대상 지역으로 하는 '건축협정'을 정할 수 있다. 이 경우 그 토지소유자 1인을 '건축협정체결자'로 본다.
> 2. 건축협정 체결대상 토지가 둘 이상의 특별자치시 또는 시·군·구에 걸치는 경우 건축협정 체결대상 '토지면적'의 (㉠)이(가) 속하는 건축협정인가권자에게 (㉡)을(를) 신청할 수 있다.
> 3. '건축협정인가권자'는 '건축협정'을 인가하거나 변경인가하였을 때에는 (㉢)을(를) 작성하여 관리하여야 한다.

46 건축법령상 '결합건축의 폐지'에 관한 설명이다. (　　)에 들어갈 아라비아 숫자와 용어를 쓰시오.

> • 결합건축협정서에 따른 협정체결유지기간은 최소 (㉠)년으로 한다. 다만, 결합건축협정서의 용적률 기준을 종전대로 환원하여 신축·개축·재축하는 경우는 그러하지 아니한다.
> • 결합건축협정서를 폐지하려는 경우에는 결합건축협정체결자 (㉡)이(가) 동의하여 허가권자에게 (㉢)하여야 하며, 허가권자는 용적률을 이전받은 건축물이 '멸실'된 것을 확인한 후 결합건축의 폐지를 수리하여야 한다.

47 건축법령상 '건축협정의 폐지'에 관한 설명이다. (   )에 들어갈 용어와 아라비아 숫자를 쓰시오.

> 1. 협정체결자 또는 건축협정운영회의 대표자는 건축협정을 폐지하려는 경우에는 협정체결자 (㉠)의 동의를 받아 건축협정인가권자의 (㉡)을(를) 받아야 한다. 다만, 법 제77조의13에 따른 특례(용적률 등 완화 적용 등)를 적용하여 착공신고를 한 경우에는 대통령령으로 정하는 기간이 지난 후에 건축협정의 폐지 인가를 신청할 수 있다.
> 2. 위 1.에서 '대통령령으로 정하는 기간'이란 '착공신고를 한 날'부터 (㉢)년을 말한다.

PART 5

48 건축법령에 관한 설명이다. (   )에 들어갈 용어를 쓰시오.

> 1. 허가권자는 위반 건축물에 대하여 상당한 기간을 정하여 그 건축물의 해체·개축·증축·수선·용도변경·사용금지·사용제한 등의 필요한 조치를 명할 수 있다.
> 2. 허가권자는 위 1.의 '시정명령'을 받은 후 시정기간 내에 '시정명령'을 이행하지 아니한 건축주 등에 대하여는 그 '시정명령'의 이행에 필요한 상당한 이행기한을 정하여 그 기한까지 '시정명령'을 이행하지 아니하면 (㉠)을(를) 부과한다.

정답

44 ㉠ 건축협정 집중구역, ㉡ 건축위원회　45 ㉠ 과반, ㉡ 인가, ㉢ 건축협정관리대장
46 ㉠ 30, ㉡ 전원, ㉢ 신고　47 ㉠ 과반수, ㉡ 인가, ㉢ 20　48 ㉠ 이행강제금

49 건축법령상 '이행강제금의 가중'에 관한 설명이다. (   )에 들어갈 아라비아 숫자와 용어를 쓰시오.

> 허가권자는 영리목적을 위한 위반이나 상습적 위반 등 대통령령으로 정하는 경우에 법 제80조 제1항에 따른 금액을 100분의 (㉠)의 범위에서 해당 지방자치단체의 (㉡) (으)로 정하는 바에 따라 가중하여야 한다.

이론 ✚

> **100분의 100의 범위에서 가중하여야 하는 경우**
>
> 허가권자는 '영리목적을 위한 위반이나 상습적 위반 등 대통령령으로 정하는 경우'에 해당 금액을 100분의 100의 범위에서 해당 지방자치단체의 '조례'로 정하는 바에 따라 가중하여야 하며, '대통령령으로 정하는 경우'란 다음의 경우를 말한다. 다만, '위반행위 후 소유권이 변경된 경우'는 제외한다.
> 1. 임대 등 영리를 목적으로 법 제19조(용도변경)를 위반하여 용도변경을 한 경우(위반면적이 50제곱미터를 초과하는 경우로 한정한다)
> 2. 임대 등 영리를 목적으로 허가나 신고 없이 신축 또는 증축한 경우(위반면적이 50제곱미터를 초과하는 경우로 한정한다)
> 3. 임대 등 영리를 목적으로 허가나 신고 없이 '다세대주택'의 세대수 또는 '다가구주택'의 가구수를 증가시킨 경우(5세대 또는 5가구 이상 증가시킨 경우로 한정한다)
> 4. 동일인이 최근 3년 내에 2회 이상 법 또는 법에 따른 명령이나 처분을 위반한 경우
> 5. 위 1.부터 4.까지의 규정과 비슷한 경우로서 건축조례로 정하는 경우

TIP '100분의 100의 범위에서 가중할 수 있는 경우'가 아니라 '100분의 100의 범위에서 가중하여야 하는 경우'임에 유의하여야 한다.

50 건축법 시행령상 '건축면적의 산정'에 관한 설명이다. (   )에 들어갈 아라비아 숫자와 용어를 쓰시오.

- 처마, 차양 등으로서 그 외벽의 중심선으로부터 수평거리 1미터 이상 돌출된 부분이 있는 '한옥'의 건축면적은 그 돌출된 끝부분으로부터 (㉠)미터 이하의 범위에서 외벽의 중심선까지의 수평거리를 후퇴한 선으로 둘러싸인 부분의 수평투영면적으로 한다.
- 「신에너지 및 재생에너지 개발·이용·보급 촉진법」 제2조 제3호에 따른 신·재생에너지 설비를 설치하기 위하여 처마, 차양, 부연, 그 밖에 이와 비슷한 것이 설치된 건축물로서 「녹색건축물 조성 지원법」 제17조에 따른 '(㉡)건축물 인증을 받은 건축물'의 건축면적은 그 돌출된 끝부분으로부터 2미터 이하의 범위에서 외벽의 중심선까지의 수평거리를 후퇴한 선으로 둘러싸인 부분의 수평투영면적으로 한다.
- 지표면으로부터 1미터 이하에 있는 부분[창고 중 물품을 입출고하기 위하여 차량을 접안시키는 부분의 경우에는 지표면으로부터 (㉢)미터 이하에 있는 부분]은 건축면적에 산입하지 아니한다.

이론 ✚

건축면적의 산정

처마, 차양, 부연(附椽) 등으로서 그 외벽의 중심선으로부터 수평거리 1미터 이상 돌출된 부분이 있는 건축물의 건축면적은 그 돌출된 끝부분으로부터 다음의 구분에 따른 수평거리를 후퇴한 선으로 둘러싸인 부분의 수평투영면적으로 한다.
1. 「전통사찰의 보존 및 지원에 관한 법률」 제2조 제1호에 따른 전통사찰: 4미터 이하의 범위에서 외벽의 중심선까지의 거리
2. 사료 투여, 가축 이동 및 가축 분뇨 유출 방지 등을 위하여 처마, 차양, 부연, 그 밖에 이와 비슷한 것이 설치된 축사: 3미터 이하의 범위에서 외벽의 중심선까지의 거리(두 동의 축사가 하나의 차양으로 연결된 경우에는 6미터 이하의 범위에서 축사 양 외벽의 중심선까지의 거리를 말한다)
3. 한옥: 2미터 이하의 범위에서 외벽의 중심선까지의 거리
4. 「환경친화적 자동차의 개발 및 보급 촉진에 관한 법률 시행령」 제18조의5에 따른 충전시설(그에 딸린 충전 전용 주차구획을 포함한다)의 설치를 목적으로 처마, 차양, 부연, 그 밖에 이와 비슷한 것이 설치된 공동주택(주택법 제15조에 따른 사업계획승인 대상으로 한정한다): 2미터 이하의 범위에서 외벽의 중심선까지의 거리
5. 「신에너지 및 재생에너지 개발·이용·보급 촉진법」 제2조 제3호에 따른 신·재생에너지 설비(신·재생에너지를 생산하거나 이용하기 위한 것만 해당한다)를 설치하기 위하여 처마, 차양, 부연, 그 밖에 이와 비슷한 것이 설치된 건축물로서 「녹색건축물 조성 지원법」 제17조에 따른 제로에너지건축물 인증을 받은 건축물: 2미터 이하의 범위에서 외벽의 중심선까지의 거리
6. 「환경친화적 자동차의 개발 및 보급 촉진에 관한 법률」 제2조 제9호의 수소연료공급시설을 설치하기 위하여 처마, 차양, 부연 그 밖에 이와 비슷한 것이 설치된 [별표 1] 제19호 가목의 주유소, 같은 호 나목의 액화석유가스 충전소 또는 같은 호 바목의 고압가스 충전소: 2미터 이하의 범위에서 외벽의 중심선까지의 거리
7. 그 밖의 건축물: 1미터

---

49 ㉠ 100, ㉡ 조례   **50** ㉠ 2, ㉡ 제로에너지, ㉢ 1.5

정답

51 건축법령에 관한 설명이다. ( )에 들어갈 용어를 쓰시오.   제24회 수정

> • 건축면적은 건축물의 외벽(외벽이 없는 경우에는 외곽 부분의 기둥으로 한다)의
> (㉠)(으)로 둘러싸인 부분의 (㉡)(으)로 한다.
> • (㉢)면적은 건축물의 각 층 또는 그 일부로서 벽, 기둥, 그 밖에 이와 비슷한 구획의
> (㉠)(으)로 둘러싸인 부분의 (㉡)(으)로 한다.

52 건축법령에 관한 설명이다. ( )에 들어갈 용어와 아라비아 숫자를 쓰시오.

> • 「다중이용업소의 안전관리에 관한 특별법 시행령」에 따라 기존의 다중이용업소의 비
> 상구에 연결하여 설치하는 폭 2미터 이하의 옥외피난계단(기존 건축물에 옥외피난계
> 단을 설치함으로써 건폐율의 기준에 적합하지 아니하게 된 경우만 해당한다)은 (㉠)
> 면적에 산입하지 아니한다.
> • 「다중이용업소의 안전관리에 관한 특별법 시행령」에 따라 기존의 다중이용업소의 비
> 상구에 연결하여 설치하는 폭 (㉡)미터 이하의 옥외피난계단(기존 건축물에 옥외피
> 난계단을 설치함으로써 용적률에 적합하지 아니하게 된 경우만 해당한다)은 (㉢)면
> 적에 산입하지 아니한다.

53 건축법령에 관한 설명이다. ( )에 들어갈 용어와 아라비아 숫자를 쓰시오.

> 다음은 (㉠)면적에 산입하지 아니하는 경우이다.
> 1. 「영유아보육법」에 따른 어린이집의 비상구에 연결하여 설치하는 폭 (㉡)미터 이
>   하의 영유아용 대피용 미끄럼대 또는 비상계단(기존 건축물에 영유아용 대피용 미
>   끄럼대 또는 비상계단을 설치함으로써 건폐율 기준에 적합하지 아니하게 된 경우만
>   해당한다)
> 2. 「장애인·노인·임산부 등의 편의증진 보장에 관한 법률 시행령」[별표 2]의 기준에
>   따른 장애인용 승강기, 장애인용 에스컬레이터, 휠체어리프트 또는 경사로

54 건축법령에 관한 설명이다. (   )에 들어갈 용어를 쓰시오.

> • 필로티 등의 부분은 그 부분이 공중의 통행이나 차량의 통행 또는 주차에 전용되는 경우와 (㉠)의 경우에는 (㉡)면적에 산입하지 아니한다.
> • 승강기탑, 다락[층고(層高)가 1.5미터(경사진 형태의 지붕인 경우에는 1.8미터) 이하인 것만 해당한다] 등의 구조물은 (㉡)면적에 산입하지 아니한다.
> • (㉠)(으)로서 지상층에 설치한 기계실, 전기실, (㉢), 조경시설 및 생활폐기물 보관시설의 면적은 (㉡)면적에 산입하지 아니한다.

55 건축법령상 '승강기탑'에 관한 설명이다. (   )에 들어갈 용어와 아라비아 숫자를 쓰시오.

> • 승강기탑 등 옥상 부분으로서 수평투영면적의 합계가 건축면적의 8분의 1(사업계획승인 대상인 공동주택 중 세대별 전용면적이 85제곱미터 이하인 경우에는 6분의 1) 이하인 것과 '지하층'은 건축물의 (㉠)에 산입하지 아니한다.
> • 건축물의 옥상에 설치되는 승강기탑·계단탑·망루·장식탑·옥탑 등으로서 수평투영면적의 합계가 해당 건축물 건축면적의 8분의 1(주택법에 따른 사업계획승인 대상인 공동주택 중 세대별 전용면적이 85제곱미터 이하인 경우에는 6분의 1) 이하인 경우로서 그 부분의 높이가 (㉡)미터를 넘는 경우에는 그 넘는 부분만 해당 건축물의 (㉢)에 산입한다.

56 건축법 시행령 제119조 제1항 제4호 규정이다. (   )에 들어갈 용어를 쓰시오.

> '연면적'은 하나의 건축물 '각 층'의 바닥면적의 합계로 하되, 용적률을 산정할 때에는 '초고층 건축물과 준초고층 건축물에 설치하는 (㉠)의 면적' 및 '헬리포트 설치대상 건축물의 경사지붕 아래에 설치하는 (㉡)의 면적'은 '연면적'에서 제외한다.

57 건축법 제85조 규정이다. (   )에 들어갈 용어를 쓰시오.

- 허가권자는 제11조(건축허가), 제14조(건축신고) 등에 따라 필요한 조치를 할 때 재해가 발생할 위험이 절박한 경우로서 「행정대집행법」에 따른 절차에 의하면 그 목적을 달성하기 곤란한 때에는 해당 절차를 거치지 아니하고 (㉠)할 수 있다.
- 위에 따른 (㉠)은(는) 건축물의 '관리'를 위하여 필요한 최소한도에 그쳐야 한다.

57 ㉠ 대집행   **정답**

PART 6~14

기타 법령

▶ **연계학습** | 에듀윌 기본서 2차 [주택관리관계법규 下] p.8

도시 및 주거환경정비법령에 관한 설명이다. (   )에 들어갈 아라비아 숫자와 용어를 쓰시오.

제25회 수정

> 시장·군수등은 정비구역이 지정·고시된 날부터 (㉠)년이 되는 날까지 (㉡)을(를) 받지 아니하고 다음의 어느 하나에 해당하는 경우에는 안전진단을 다시 실시해야 한다.
> 1. 「재난 및 안전관리 기본법」 제27조 제1항에 따라 재난이 발생할 위험이 높거나 재난예방을 위하여 계속적으로 관리할 필요가 있다고 인정하여 특정관리대상지역으로 지정하는 경우
> 2. 「시설물의 안전 및 유지관리에 관한 특별법」 제12조 제2항에 따라 재해 및 재난 예방과 시설물의 안전성 확보 등을 위하여 정밀안전진단을 실시하는 경우
> 3. 「공동주택관리법」 제37조 제3항에 따라 공동주택의 구조안전에 중대한 하자가 있다고 인정하여 (㉢)을(를) 실시하는 경우

정답 ㉠ 10, ㉡ 사업시행계획인가, ㉢ 안전진단

01 도시 및 주거환경정비법 제2조(정의) 규정의 일부이다. (   )에 들어갈 용어를 쓰시오.

> • (㉠)시설이란 도로·상하수도·구거(溝渠: 도랑)·공원·공용주차장·공동구(국토의 계획 및 이용에 관한 법률 제2조 제9호에 따른 공동구를 말한다. 이하 같다), 그 밖에 주민의 생활에 필요한 열·가스 등의 공급시설로서 대통령령으로 정하는 시설을 말한다.
> • (㉡)시설이란 주민이 공동으로 사용하는 놀이터·마을회관·공동작업장, 그 밖에 대통령령으로 정하는 시설을 말한다.

02 도시 및 주거환경정비법령에 관한 설명이다. (   )에 들어갈 아라비아 숫자와 용어를 쓰시오.

1. 국토교통부장관은 도시 및 주거환경을 개선하기 위하여 (㉠)년마다 '기본방침'을 정하고, 5년마다 타당성을 검토하여 그 결과를 기본방침에 반영하여야 한다.

2. 특별시장·광역시장·특별자치시장·특별자치도지사 또는 시장은 관할구역에 대하여 '정비예정구역'의 개략적 범위 등이 포함된 '도시·주거환경정비기본계획'을 (㉠)년 단위로 수립하여야 하며, 기본계획에 대하여 5년마다 타당성 여부를 검토하여 그 결과를 기본계획에 반영하여야 한다.

3. 위 2.에도 불구하고 도지사가 대도시가 아닌 시로서 기본계획을 수립할 필요가 없다고 인정하는 시에 대하여는 '기본계획'을 수립하지 아니할 수 있다.

4. 특별시장·광역시장·특별자치시장·특별자치도지사·시장 또는 군수(광역시의 군수는 제외한다)는 기본계획에 적합한 범위에서 노후·불량건축물이 밀집하는 등 대통령령으로 정하는 요건에 해당하는 구역에 대하여 용적률 등이 포함된 (㉡)을(를) 결정하여 (㉢)을(를) 지정(변경지정을 포함한다)할 수 있다.

5. 위 4.에도 불구하고 천재지변으로 긴급하게 정비사업을 시행할 필요가 있다고 인정하는 때에는 '기본계획'을 수립하거나 변경하지 아니하고 (㉢)을(를) 지정할 수 있다.

6. 자치구의 구청장 또는 광역시의 군수는 (㉡)을(를) 입안하여 특별시장·광역시장에게 (㉢) 지정을 신청하여야 한다.

---

01 ㉠ 정비기반, ㉡ 공동이용　　**02** ㉠ 10, ㉡ 정비계획, ㉢ 정비구역

03 도시 및 주거환경정비법 제10조(임대주택 및 주택규모별 건설비율) 제1항 규정의 내용이다. ( )에 들어갈 아라비아 숫자를 쓰시오. 제21회 수정

> 정비계획의 입안권자는 주택수급의 안정과 저소득 주민의 입주기회 확대를 위하여 정비사업으로 건설하는 주택에 대하여 다음의 구분에 따른 범위에서 국토교통부장관이 정하여 고시하는 임대주택 및 주택규모별 건설비율 등을 정비계획에 반영하여야 한다.
> 1. 「주택법」 제2조 제6호에 따른 국민주택규모의 주택이 전체 세대수의 100분의 (㉠) 이하에서 대통령령으로 정하는 범위
> 2. 임대주택(공공임대주택 및 민간임대주택에 관한 특별법에 따른 민간임대주택을 말한다)이 전체 세대수 또는 전체 연면적의 100분의 (㉡) 이하에서 대통령령으로 정하는 범위

이론 ✚

> 위 1. 및 2.에서 '대통령령으로 정하는 범위'란 각각 다음의 범위를 말한다.
> 1. 주거환경개선사업의 경우 다음의 범위
>   가. 국민주택규모의 주택: 건설하는 주택 전체 세대수의 100분의 90 이하
>   나. 공공임대주택: 건설하는 주택 전체 세대수의 100분의 30 이하로 하며, 주거전용면적이 40제곱미터 이하인 공공임대주택이 전체 공공임대주택 세대수의 100분의 50 이하
> 2. 재개발사업의 경우 다음의 범위
>   가. 국민주택규모의 주택: 건설하는 주택 전체 세대수의 100분의 80 이하
>   나. 임대주택: 건설하는 주택 전체 세대수 또는 전체 연면적(정비계획으로 정한 용적률을 초과하여 건축함으로써 증가된 세대수 또는 면적은 제외한다)의 100분의 20 이하[법 제55조 제1항 또는 법 제101조의5 제2항 본문에 따라 공급되는 임대주택은 제외하며, 해당 임대주택 중 주거전용면적이 40제곱미터 이하인 임대주택이 전체 임대주택 세대수(법 제55조 제1항 또는 법 제101조의5 제2항 본문에 따라 공급되는 임대주택은 제외한다)의 100분의 40 이하여야 한다] 〈이하 생략〉

고난도

04 도시 및 주거환경정비법령에 관한 설명이다. ( )에 들어갈 용어를 쓰시오.

> 법 제20조 또는 법 제21조에 따라 정비구역등이 해제된 경우 정비구역의 지정권자는 해제된 정비구역등을 「도시재생 활성화 및 지원에 관한 특별법」에 따른 (㉠)지역으로 지정하도록 (㉡)에게 요청할 수 있다.

05 도시 및 주거환경정비법령상 '사업시행자'에 관한 설명이다. ( )에 들어갈 용어와 아라비아 숫자를 쓰시오.

---

1. 사업시행자가 정비구역에서 정비기반시설 및 공동이용시설을 새로 설치하거나 확대하고 토지등소유자가 스스로 주택을 보전·정비하거나 개량하는 방법으로 시행하는 주거환경개선사업은 시장·군수등이 직접 시행하되, 토지주택공사등을 사업시행자로 지정하여 시행하게 하려는 경우에는 법 제15조(정비계획 입안을 위한 주민의견청취 등) 제1항에 따른 공람공고일 현재 토지등소유자의 (㉠)의 동의를 받아야 한다.
2. 위 1. 이외의 방법으로 시행하는 주거환경개선사업은 시장·군수등이 직접 시행하거나 토지주택공사등의 자에게 시행하게 할 수 있다.
3. 재개발사업의 경우에는 조합이 시행하거나 조합이 조합원의 (㉠)의 동의를 받아 시장·군수등, 토지주택공사등, 건설업자, 등록사업자 또는 대통령령으로 정하는 요건을 갖춘 자와 공동으로 시행하는 방법으로 한다.
4. 토지등소유자가 (㉡)인 미만인 재개발사업의 경우에는 토지등소유자가 시행하거나 토지등소유자가 토지등소유자의 (㉠)의 동의를 받아 시장·군수등, 토지주택공사등, 건설업자, 등록사업자 또는 대통령령으로 정하는 요건을 갖춘 자와 공동으로 시행하는 방법으로 시행할 수 있다.
5. 재건축사업은 조합이 시행하거나 조합이 조합원의 (㉠)의 동의를 받아 시장·군수등, 토지주택공사등, 건설업자 또는 등록사업자와 공동으로 시행할 수 있다.

06 도시 및 주거환경정비법령에 관한 설명이다. ( )에 들어갈 용어를 쓰시오.

> 1. 조합은 (㉠)을(를) 받은 후 조합총회에서 경쟁입찰 또는 수의계약(2회 이상 경쟁입찰이 유찰된 경우로 한정한다)의 방법으로 건설업자 또는 등록사업자를 시공자로 선정하여야 한다. 다만, 조합원이 '100인 이하인 정비사업'은 조합총회에서 정관으로 정하는 바에 따라 선정할 수 있다.
> 2. 토지등소유자가 20인 미만인 경우로서 토지등소유자가 재개발사업을 시행하는 경우에는 위 1.에도 불구하고 (㉡)을(를) 받은 후 규약에 따라 건설업자 또는 등록사업자를 시공자로 선정하여야 한다.
> 3. 시장·군수등이 법 제26조 제1항 및 법 제27조 제1항에 따라 직접 정비사업을 시행하는 경우 사업시행자는 사업시행자 지정·고시 후 경쟁입찰 또는 수의계약의 방법으로 건설업자 또는 등록사업자를 시공자로 선정하여야 한다.
> 4. 조합은 위 1.에 따른 시공자 선정을 위한 입찰에 참가하는 건설업자 또는 등록사업자가 토지등소유자에게 시공에 관한 정보를 제공할 수 있도록 (㉢)을(를) '2회 이상' 개최하여야 한다. 〈신설, 시행 2023. 6. 27.〉

TIP 사업시행자별로 시공자의 선정시기에 대해 정확히 이해하여야 한다.

07 도시 및 주거환경정비법령상 '추진위원회'에 관한 설명이다. ( )에 들어갈 용어와 아라비아 숫자를 쓰시오.

> 1. 추진위원회는 다음의 업무를 수행할 수 있다.
>   가. 정비사업전문관리업자의 선정 및 변경
>   나. (㉠)의 선정 및 변경
>   다. 개략적인 정비사업 시행계획서의 작성
>   라. 조합설립인가를 받기 위한 준비업무
>   마. 그 밖에 조합설립을 추진하기 위하여 대통령령으로 정하는 업무
> 2. 추진위원회는 추진위원회를 대표하는 추진위원장 1명과 '감사'를 두어야 한다.
> 3. 국토교통부장관은 추진위원회의 공정한 운영을 위해 추진위원의 선임방법 및 변경 등의 사항을 포함한 추진위원회의 (㉡)을(를) 정하여 고시하여야 한다.
> 4. 추진위원회는 수행한 업무를 총회에 보고하여야 하며, 그 업무와 관련된 권리·의무는 조합이 포괄승계한다.
> 5. 추진위원회는 사용경비를 기재한 회계장부 및 관계 서류를 조합설립인가일부터 (㉢)일 이내에 조합에 인계하여야 한다.

08 도시 및 주거환경정비법령상 '조합설립인가의 동의 요건'에 관한 설명이다. ( )에 들어 갈 아라비아 숫자를 쓰시오. 제23회 객관식 수정

1. 재개발사업의 추진위원회가 조합을 설립하려면 토지등소유자의 4분의 3 이상 및 토지면적의 (㉠) 이상의 토지소유자의 동의를 받아 시장·군수등의 인가를 받아야 한다. (제23회 객관식)
2. 재건축사업의 추진위원회가 조합을 설립하려는 때에는 주택단지의 공동주택의 각 동별 구분소유자의 과반수 동의와 주택단지의 전체 구분소유자의 4분의 3 이상 및 토지면적의 (㉡) 이상의 토지소유자의 동의를 받아 시장·군수등의 인가를 받아야 한다.
3. 위 2.에도 불구하고 주택단지가 아닌 지역이 정비구역에 포함된 때에는 주택단지가 아닌 지역의 토지 또는 건축물 소유자의 4분의 3 이상 및 토지면적의 (㉢) 이상의 토지소유자의 동의를 받아야 한다.

06 ㉠ 조합설립인가, ㉡ 사업시행계획인가, ㉢ 합동설명회　**07** ㉠ 설계자, ㉡ 운영규정, ㉢ 30　**08** ㉠ 1/2, ㉡ 3/4, ㉢ 2/3

PART 6 · 도시 및 주거환경정비법　**221**

09 도시 및 주거환경정비법령상 '토지등소유자의 동의자 수 산정 방법 등'에 관한 설명이다. ( )에 들어갈 아라비아 숫자와 용어를 쓰시오.

1. 주거환경개선사업, 재개발사업의 경우에는 다음의 기준에 의할 것
   가. 1필지의 토지 또는 하나의 건축물을 여럿이서 공유할 때에는 그 여럿을 대표하는 1인을 토지등소유자로 산정할 것. 다만, 재개발구역의 「전통시장 및 상점가 육성을 위한 특별법」 제2조에 따른 전통시장 및 상점가로서 1필지의 토지 또는 하나의 건축물을 여럿이서 공유하는 경우에는 해당 토지 또는 건축물의 토지등소유자의 (㉠) 이상의 동의를 받아 이를 대표하는 1인을 토지등소유자로 산정할 수 있다.
   나. 토지에 지상권이 설정되어 있는 경우 토지의 소유자와 해당 토지의 (㉡)을(를) 대표하는 1인을 토지등소유자로 산정할 것
   다. 1인이 다수 필지의 토지 또는 다수의 건축물을 소유하고 있는 경우에는 필지나 건축물의 수에 관계없이 토지등소유자를 1인으로 산정할 것
   라. 둘 이상의 토지 또는 건축물을 소유한 공유자가 동일한 경우에는 그 공유자 여럿을 대표하는 1인을 토지등소유자로 산정할 것
2. (㉢)사업의 경우에는 다음의 기준에 따를 것
   가. 소유권 또는 구분소유권을 여럿이서 공유하는 경우에는 그 여럿을 대표하는 1인을 토지등소유자로 산정할 것
   나. 1인이 둘 이상의 소유권 또는 구분소유권을 소유하고 있는 경우에는 소유권 또는 구분소유권의 수에 관계없이 토지등소유자를 1인으로 산정할 것
   다. 둘 이상의 소유권 또는 구분소유권을 소유한 공유자가 동일한 경우에는 그 공유자 여럿을 대표하는 1인을 토지등소유자로 할 것

10 도시 및 주거환경정비법령상 '정관'에 관한 설명이다. ( )에 들어갈 용어와 아라비아 숫자를 쓰시오.

1. 조합의 정관에는 조합의 명칭 및 사무소의 소재지 등의 사항이 포함되어야 한다.
2. '시·도지사'는 위 1.의 사항이 포함된 (㉠)을(를) 작성하여 보급할 수 있다.
3. 조합이 정관을 변경하려는 경우에는 '총회'를 개최하여 조합원 '과반수'의 찬성으로 시장·군수등의 (㉡)을(를) 받아야 한다.
4. 위 3.에도 불구하고, 조합원의 자격, 조합원의 제명·탈퇴 및 교체, 정비구역의 위치 및 면적, 조합의 비용부담 및 조합의 회계, 정비사업비의 부담 시기 및 절차, 시공자·설계자의 선정 및 계약서에 포함될 내용의 경우에는 조합원 (㉢) 이상의 찬성으로 한다.

11 도시 및 주거환경정비법령상 '조합의 임원'에 관한 설명이다. (   )에 들어갈 아라비아 숫자를 쓰시오.

---

1. 조합은 다음의 어느 하나의 요건을 갖춘 조합장 1명과 이사, 감사를 임원으로 둔다. 이 경우 '조합장'은 선임일부터 '관리처분계획'을 받을 때까지는 해당 정비구역에서 거주하여야 한다.
    가. 정비구역에서 거주하고 있는 자로서 선임일 직전 3년 동안 정비구역 내 거주기간이 (㉠)년 이상일 것
    나. 정비구역에 위치한 건축물 또는 토지(재건축사업의 경우는 건축물과 그 부속토지를 말한다)를 5년 이상 소유하고 있을 것
2. 이사의 수는 (㉡)명 이상으로 하고, 감사의 수는 1명 이상 (㉡)명 이하로 한다. 다만, 토지등소유자의 수가 100인을 초과하는 경우에는 이사의 수를 (㉢)명 이상으로 한다.
3. 조합임원의 임기는 (㉡)년 이하의 범위에서 정관으로 정하되, 연임할 수 있다.

TIP 조합의 임원, 특히 조합장의 선출 등에 대해 정확히 이해하여야 한다.

12 도시 및 주거환경정비법령상 '조합임원의 선출방법'에 관한 설명이다. (   )에 들어갈 용어와 아라비아 숫자를 쓰시오.

---

1. 조합임원의 선출방법 등은 '정관'으로 정한다. 다만, 시장·군수등은 다음의 어느 하나에 해당하는 경우 대통령령으로 정하는 요건을 갖춘 자를 (㉠)(으)로 선정하여 조합임원의 업무를 대행하게 할 수 있다.
    가. 조합임원이 사임, 해임, 임기만료, 그 밖에 불가피한 사유 등으로 직무를 수행할 수 없는 때부터 (㉡)개월 이상 선임되지 아니한 경우
    나. 총회에서 조합원 과반수의 출석과 출석 조합원 과반수의 동의로 (㉠)의 선정을 요청하는 경우
2. 시장·군수등은 위 1. 단서에 따른 (㉠)의 선정이 필요하다고 인정하거나 조합원 (㉢) 이상이 (㉠)의 선정을 요청하면 공개모집을 통하여 (㉠)을(를) 선정할 수 있다. 이 경우 조합 또는 추진위원회의 의견을 들어야 한다.

---

09 ㉠ 3/4, ㉡ 지상권자, ㉢ 재건축 **10** ㉠ 표준정관, ㉡ 인가, ㉢ 2/3 **11** ㉠ 1, ㉡ 3,
㉢ 5 **12** ㉠ 전문조합관리인, ㉡ 6, ㉢ 1/3

13 도시 및 주거환경정비법령상 '총회의 의결'에 관한 설명이다. (   )에 들어갈 아라비아 숫자를 쓰시오.

- 정관의 변경, 사업시행계획서의 작성 및 변경, 관리처분계획의 수립 및 변경 등은 총회의 의결을 거쳐야 한다.
- 총회의 의결은 이 법 또는 정관에 다른 규정이 없으면 조합원 과반수의 출석과 출석 조합원의 과반수 찬성으로 한다.
- 사업시행계획서의 작성 및 변경, 관리처분계획의 수립 및 변경의 경우에는 조합원 과반수의 찬성으로 의결한다. 다만, 정비사업비가 100분의 10 이상 늘어나는 경우에는 조합원 (㉠) 이상의 찬성으로 의결하여야 한다.
- 총회의 의결은 조합원의 100분의 (㉡) 이상이 직접 출석(법 제45조 제5항 각 호의 어느 하나에 해당하여 대리인을 통하여 의결권을 행사하는 경우 직접 출석한 것으로 본다)하여야 한다. 다만, 창립 총회, 사업시행계획서의 작성 및 변경, 관리처분계획의 수립 및 변경을 의결하는 총회 등 대통령령으로 정하는 총회의 경우에는 조합원의 100분의 (㉢) 이상이 직접 출석하여야 한다.

14 도시 및 주거환경정비법령에 관한 설명이다. (   )에 들어갈 용어와 아라비아 숫자를 쓰시오.

제23회 객관식 수정

- 조합원의 수가 100명 이상인 조합은 (㉠)을(를) 두어야 한다.
- (㉠)은(는) 조합원의 10분의 1 이상으로 구성한다. 다만, 조합원의 10분의 1이 100명을 넘는 경우에는 조합원의 10분의 1의 범위에서 100명 이상으로 구성할 수 있다.
- (㉡)이(가) 아닌 조합임원은 대의원이 될 수 없다. (제23회 객관식)
- (㉠)은(는) 총회의 의결사항 중 정관의 변경 등 대통령령으로 정하는 사항 외에는 '총회'의 권한을 대행할 수 있다. (제23회 객관식)
- (㉠)은(는) 조합장이 필요하다고 인정하는 때에 소집한다. 다만, 다음의 어느 하나에 해당하는 때에는 조합장은 해당일부터 (㉢)일 이내에 (㉠)을(를) 소집하여야 한다.
  1. 정관으로 정하는 바에 따라 소집청구가 있는 때
  2. 대의원의 3분의 1 이상(정관으로 달리 정한 경우에는 그에 따른다)이 회의의 목적사항을 제시하여 청구하는 때

15 도시 및 주거환경정비법령에 관한 설명이다. (   )에 들어갈 용어를 쓰시오.

> - 토지등소유자가 시장·군수등 또는 토지주택공사등의 사업시행을 원하는 경우에는 정비구역 지정·고시 후 주민대표기구[이하 (㉠)(이)라 한다]를 구성하여야 한다.
> - (㉠)은(는) 위원장을 포함하여 5명 이상 25명 이하로 구성한다.
> - (㉠)은(는) 토지등소유자의 과반수의 동의를 받아 구성하며, 국토교통부령으로 정하는 방법 및 절차에 따라 시장·군수등의 (㉡)을(를) 받아야 한다.

고난도

16 도시 및 주거환경정비법령에 관한 설명이다. (   )에 들어갈 용어와 아라비아 숫자를 쓰시오.

> 1. 사업시행자는 정비사업을 시행하려는 경우에는 사업시행계획서에 정관 등과 그 밖에 국토교통부령으로 정하는 서류를 첨부하여 시장·군수등에게 제출하고 (㉠)을(를) 받아야 한다.
> 2. 시장·군수등은 특별한 사유가 없으면 사업시행계획서의 제출이 있는 날부터 '60일' 이내에 인가 여부를 결정하여 사업시행자에게 통보하여야 한다.
> 3. 사업시행자(시장·군수등 또는 토지주택공사등은 제외한다)는 사업시행계획인가를 신청하기 전에 미리 '총회'의 의결을 거쳐야 한다.
> 4. 시장·군수등이 아닌 사업시행자가 정비사업 공사를 완료한 때에는 대통령령으로 정하는 방법 및 절차에 따라 시장·군수등의 (㉡)을(를) 받아야 한다.
> 5. 사업시행자는 대지 및 건축물의 소유권을 이전하려는 때에는 그 내용을 해당 지방자치단체의 공보에 고시한 후 시장·군수등에게 보고하여야 한다. 이 경우 대지 또는 건축물을 분양받을 자는 고시가 있는 날의 다음 날에 그 대지 또는 건축물의 소유권을 취득한다.
> 6. 조합장은 위 5.에 따른 고시가 있는 날부터 (㉢)년 이내에 조합 해산을 위한 총회를 소집하여야 한다.
> 7. 위 6.에 따라 조합이 해산을 의결하거나 법령에 따라 조합설립인가가 취소된 경우 '청산인'은 지체 없이 청산의 목적범위에서 성실하게 청산인의 직무를 수행하여야 한다. 〈신설, 시행 2024. 6. 27.〉

정답

13 ㉠ 2/3, ㉡ 10, ㉢ 20   **14** ㉠ 대의원회, ㉡ 조합장, ㉢ 14   **15** ㉠ 주민대표회의,
㉡ 승인   **16** ㉠ 사업시행계획인가, ㉡ 준공인가, ㉢ 1

17 도시 및 주거환경정비법령에 관한 설명이다. (   )에 들어갈 아라비아 숫자와 용어를 쓰시오.

> 1. 시장·군수등은 재개발사업의 사업시행계획인가를 하는 경우 해당 정비사업의 사업시행자가 지정개발자(지정개발자가 토지등소유자인 경우로 한정한다)인 때에는 정비사업비의 100분의 (㉠)의 범위에서 시·도 조례로 정하는 금액을 예치하게 할 수 있다.
> 2. 위 1.에 따른 예치금은 제89조 제1항 및 제2항에 따른 (㉡)의 지급이 완료된 때에 반환한다.

18 도시 및 주거환경정비법령에 관한 설명이다. (   )에 들어갈 용어를 쓰시오.

> 사업시행자는 정비구역에서 정비사업[(㉠)사업의 경우에는 천재지변 등의 불가피한 사유로 긴급하게 정비사업을 시행할 필요가 있다고 인정하여 시행하는 사업으로 한정한다]을 시행하기 위하여 「공익사업을 위한 토지 등의 취득 및 보상에 관한 법률」 제3조에 따른 토지·물건 또는 그 밖의 권리를 취득하거나 사용할 수 있다.

19 도시 및 주거환경정비법령에 관한 설명이다. (   )에 들어갈 아라비아 숫자와 용어를 쓰시오.

> 사업시행자는 조합설립인가일 현재 건축물 또는 토지의 소유자의 소재 확인이 현저히 곤란한 때에는 전국적으로 배포되는 둘 이상의 일간신문에 (㉠)회 이상 공고하고, 공고한 날부터 (㉡)일 이상이 지난 때에는 그 소유자의 해당 건축물 또는 토지의 감정평가액에 해당하는 금액을 법원에 (㉢)하고 정비사업을 시행할 수 있다.

20 도시 및 주거환경정비법 제61조(임시거주시설·임시상가의 설치 등) 규정의 일부이다. ( )에 들어갈 용어와 아라비아 숫자를 쓰시오.   제26회

> • 사업시행자는 주거환경개선사업 및 재개발사업의 시행으로 철거되는 주택의 소유자 또는 (㉠)에게 해당 정비구역 안과 밖에 위치한 임대주택 등의 시설에 임시로 거주하게 하거나 주택자금의 융자를 알선하는 등 임시거주에 상응하는 조치를 하여야 한다.
> • 사업시행자는 정비사업의 공사를 완료한 때에는 완료한 날부터 (㉡)일 이내에 임시거주시설을 철거하고, 사용한 건축물이나 토지를 원상회복하여야 한다.

PART 6

21 도시 및 주거환경정비법령에 관한 설명이다. ( )에 들어갈 용어를 쓰시오.

> • 정비사업을 통하여 분양받을 건축물이 1필지의 토지가 여러 개의 필지로 분할되는 경우에는 정비구역의 지정·고시가 있은 날 또는 (㉠)이(가) 투기를 억제하기 위하여 기본계획 수립 후 정비구역 지정·고시 전에 따로 정하는 날(이하 '기준일'이라 한다)의 다음 날을 기준으로 건축물을 분양받을 권리를 산정한다.
> • (㉠)은(는) 위에 따라 기준일을 따로 정하는 경우에는 기준일·지정사유·건축물을 분양받을 권리의 산정 기준 등을 해당 지방자치단체의 공보에 고시하여야 한다.

이론 ✚

> **법 제77조 【주택 등 건축물을 분양받을 권리의 산정 기준일】** ① 정비사업을 통하여 분양받을 건축물이 다음 각 호의 어느 하나에 해당하는 경우에는 제16조 제2항 전단에 따른 고시가 있은 날 또는 시·도지사가 투기를 억제하기 위하여 기본계획 수립 후 정비구역 지정·고시 전에 따로 정하는 날(이하 이 조에서 '기준일'이라 한다)의 다음 날을 기준으로 건축물을 분양받을 권리를 산정한다.
> 1. 1필지의 토지가 여러 개의 필지로 분할되는 경우
> 2. 단독주택 또는 다가구주택이 다세대주택으로 전환되는 경우
> 3. 하나의 대지 범위에 속하는 동일인 소유의 토지와 주택 등 건축물을 토지와 주택 등 건축물로 각각 분리하여 소유하는 경우
> 4. 나대지에 건축물을 새로 건축하거나 기존 건축물을 철거하고 다세대주택, 그 밖의 공동주택을 건축하여 토지등소유자의 수가 증가하는 경우

정답

17 ㉠ 20, ㉡ 청산금 **18** ㉠ 재건축 **19** ㉠ 2, ㉡ 30, ㉢ 공탁 **20** ㉠ 세입자, ㉡ 30
21 ㉠ 시·도지사

PART 6 • 도시 및 주거환경정비법   **227**

22 도시 및 주거환경정비법령상 '시공자 선정 취소 명령 또는 과징금 등'에 관한 설명이다.
( )에 들어갈 아라비아 숫자를 쓰시오.

> 1. 시·도지사는 건설업자 또는 등록사업자가 금품, 향응 등을 제공받은 경우 사업시행
>   자에게 건설업자 또는 등록사업자의 해당 정비사업에 대한 시공자 선정을 취소할 것
>   을 명하거나 그 건설업자 또는 등록사업자에게 사업시행자와 시공자 사이의 계약서
>   상 공사비의 100분의 (㉠) 이하에 해당하는 금액의 범위에서 과징금을 부과할 수
>   있다. 이 경우 시공자 선정 취소의 명을 받은 사업시행자는 시공자 선정을 취소하여
>   야 한다.
> 2. 과징금 부과 통지를 받은 자는 통지가 있은 날부터 20일 또는 시·도지사가 20일
>   이상의 범위에서 따로 정한 기간 이내에 시·도지사가 정하는 수납기관에 과징금을
>   납부해야 한다.
> 3. 시·도지사는 과징금의 부과처분을 받은 자가 납부기한까지 과징금을 내지 아니하면
>   「지방행정제재·부과금의 징수 등에 관한 법률」에 따라 징수한다.
> 4. 시·도지사는 위 1.에 해당하는 건설업자 또는 등록사업자에 대해서는 (㉡)년 이
>   내의 범위에서 대통령령으로 정하는 기간 동안 정비사업의 입찰참가를 제한할 수
>   있다.

23 도시 및 주거환경정비법령에 관한 설명이다. ( )에 들어갈 용어와 아라비아 숫자를 쓰
시오.

> • 정비사업의 시행으로 발생한 분쟁을 조정하기 위하여 정비구역이 지정된 특별자치시,
>   특별자치도, 또는 시·군·자치구에 (㉠)(이하 '조정위원회'라 한다)을(를) 둔다. 다
>   만, 시장·군수등을 당사자로 하여 발생한 정비사업의 시행과 관련된 분쟁 등의 조정
>   을 위하여 필요한 경우에는 (㉡)에 (㉠)을(를) 둘 수 있다.
> • (㉠)은(는) 부시장·부지사·부구청장 또는 부군수를 위원장으로 한 (㉢)명 이내의
>   위원으로 구성한다.

24 도시 및 주거환경정비법령상 '조정위원회의 조정 등'에 관한 설명이다. (   )에 들어갈 아라비아 숫자와 용어를 쓰시오.

> 1. 시장·군수등은 다음의 어느 하나에 해당하는 경우 조정위원회를 개최할 수 있으며, 조정위원회는 조정신청을 받은 날(다음 나.의 경우 조정위원회를 처음 개최한 날)부터 (㉠)일 이내에 조정절차를 마쳐야 한다. 다만, 조정기간 내에 조정절차를 마칠 수 없는 정당한 사유가 있다고 판단되는 경우에는 조정위원회의 의결로 그 기간을 한 차례만 연장할 수 있으며 그 기간은 30일 이내로 한다.
>   가. 분쟁당사자가 정비사업의 시행으로 인하여 발생한 분쟁의 조정을 신청하는 경우
>   나. 시장·군수등이 조정위원회의 조정이 필요하다고 인정하는 경우
> 2. 조정위원회의 위원장은 조정위원회의 심사에 앞서 '분과위원회'에서 사전 심사를 담당하게 할 수 있다. 다만, '분과위원회'의 위원 전원이 일치된 의견으로 조정위원회의 심사가 필요없다고 인정하는 경우에는 조정위원회에 회부하지 아니하고 '분과위원회'의 심사로 조정절차를 마칠 수 있다.
> 3. 조정위원회 또는 '분과위원회'는 위 1. 또는 2.에 따른 조정절차를 마친 경우 조정안을 작성하여 지체 없이 각 당사자에게 제시하여야 한다. 이 경우 조정안을 제시받은 각 당사자는 제시받은 날부터 (㉡)일 이내에 수락 여부를 조정위원회 또는 '분과위원회'에 통보하여야 한다.
> 4. 당사자가 조정안을 수락한 경우 조정위원회는 즉시 조정서를 작성한 후, 위원장 및 각 당사자는 조정서에 (㉢)·날인하여야 한다.

PART 6

25 도시 및 주거환경정비법령에 관한 설명이다. (   )에 들어갈 용어를 쓰시오.

> 기본계획을 수립하거나 승인하는 특별시장·광역시장·특별자치시장·도지사·특별자치도지사 또는 시장은 정비사업의 원활한 수행을 위하여 (㉠)기금을 설치하여야 한다.

---

22 ㉠ 20, ㉡ 2   **23** ㉠ 도시분쟁조정위원회, ㉡ 시·도, ㉢ 10   **24** ㉠ 60, ㉡ 15, ㉢ 서명   **정답**
25 ㉠ 도시·주거환경정비

26 도시 및 주거환경정비법령에 관한 설명이다. ( )에 들어갈 용어를 쓰시오.

1. 시장·군수등은 (㉠)인가를 한 경우 그 사실을 관할 경찰서장 및 관할 소방서장에게 통보하여야 한다.
2. 시장·군수등은 (㉠)인가를 한 경우 정비구역 내 주민 안전 등을 위하여 다음의 사항을 관할 시·도 경찰청장 또는 경찰서장에게 요청할 수 있다.
   가. 순찰 강화
   나. 순찰초소의 설치 등 범죄 예방을 위하여 필요한 시설의 설치 및 관리
   다. 그 밖에 주민의 안전을 위하여 필요하다고 인정하는 사항
3. 시장·군수등은 (㉠)인가를 한 경우 정비구역 내 주민 안전 등을 위하여 관할 시·도 (㉡) 또는 소방서장에게 화재예방 순찰을 강화하도록 요청할 수 있다.

27 도시 및 주거환경정비법령상 '공공재개발사업 예정구역의 지정'에 관한 설명이다. ( )에 들어갈 아라비아 숫자를 쓰시오.

- 정비구역의 지정권자는 비경제적인 건축행위 및 투기 수요의 유입을 방지하고, 합리적인 사업계획을 수립하기 위하여 공공재개발사업을 추진하려는 구역을 '공공재개발사업 예정구역'으로 지정할 수 있다.
- 정비계획의 입안권자 또는 토지주택공사등은 정비구역의 지정권자에게 공공재개발사업 예정구역의 지정을 신청할 수 있다. 이 경우 토지주택공사등은 정비계획의 입안권자를 통하여 신청하여야 한다.
- 정비구역의 지정권자는 공공재개발사업 예정구역이 지정·고시된 날부터 (㉠)년이 되는 날까지 공공재개발사업 예정구역이 공공재개발사업을 위한 정비구역으로 지정되지 아니하거나, 공공재개발사업 시행자가 지정되지 아니하면 그 (㉠)년이 되는 날의 다음 날에 공공재개발사업 예정구역 지정을 해제하여야 한다. 다만, 정비구역의 지정권자는 (㉡)회에 한하여 (㉢)년의 범위에서 공공재개발사업 예정구역의 지정을 연장할 수 있다.

28 도시 및 주거환경정비법령상 '공공재개발사업을 위한 정비구역 지정'에 관한 설명이다. ( )에 들어갈 아라비아 숫자를 쓰시오.

> • 정비구역의 지정권자는 기본계획을 수립하거나 변경하지 아니하고 공공재개발사업을 위한 정비계획을 결정하여 정비구역을 지정할 수 있다.
> • 정비계획의 입안권자는 공공재개발사업의 추진을 전제로 정비계획을 작성하여 정비구역의 지정권자에게 공공재개발사업을 위한 정비구역의 지정을 신청할 수 있다. 이 경우 공공재개발사업을 시행하려는 공공재개발사업 시행자는 정비계획의 입안권자에게 공공재개발사업을 위한 정비계획의 수립을 제안할 수 있다.
> • 정비계획의 지정권자는 공공재개발사업을 위한 정비구역을 지정·고시한 날부터 (㉠)년이 되는 날까지 공공재개발사업 시행자가 지정되지 아니하면 그 (㉠)년이 되는 날의 다음 날에 공공재개발사업을 위한 정비구역의 지정을 해제하여야 한다. 다만, 정비구역의 지정권자는 (㉡)회에 한하여 (㉢)년의 범위에서 공공재개발사업을 위한 정비구역의 지정을 연장할 수 있다.

29 도시 및 주거환경정비법령상 '공공재개발사업에서의 용적률 완화 및 주택 건설비율'에 관한 설명이다. ( )에 들어갈 아라비아 숫자를 쓰시오.

> • 공공재개발사업 시행자는 공공재개발사업(도시재정비 촉진을 위한 특별법 제2조 제1호에 따른 재정비촉진지구에서 시행되는 공공재개발사업을 포함한다)을 시행하는 경우 「국토의 계획 및 이용에 관한 법률」 제78조 및 조례에도 불구하고 지방도시계획위원회 및 도시재정비위원회의 심의를 거쳐 법적상한용적률의 100분의 (㉠)(이하 '법적상한초과용적률'이라 한다)까지 건축할 수 있다.
> • 공공재개발사업 시행자는 법 제54조에도 불구하고 법적상한초과용적률에서 정비계획으로 정하여진 용적률을 뺀 용적률의 100분의 (㉡) 이상 100분의 (㉢) 이하로서 시·도 조례로 정하는 비율에 해당하는 면적에 국민주택규모 주택을 건설하여 인수자에게 공급하여야 한다.

26 ㉠ 사업시행계획, ㉡ 소방본부장 **27** ㉠ 2, ㉡ 1, ㉢ 1 **28** ㉠ 1, ㉡ 1, ㉢ 1
29 ㉠ 120, ㉡ 20, ㉢ 70

PART 6 • 도시 및 주거환경정비법 **231**

30 도시 및 주거환경정비법령상 '공공재건축사업에서의 용적률 완화 및 주택 건설비율'에 관한 설명이다. (   )에 들어갈 아라비아 숫자를 쓰시오.

> 공공재건축사업 시행자는 공공재건축사업(도시재정비 촉진을 위한 특별법 제2조 제1호에 따른 재정비촉진지구에서 시행되는 공공재건축사업을 포함한다)을 시행하는 경우 법 제54조 제4항에도 불구하고 완화된 용적률에서 정비계획으로 정하여진 용적률을 뺀 용적률의 100분의 (㉠) 이상 100분의 (㉡) 이하로서 주택증가 규모, 공공재건축사업을 위한 정비구역의 재정적 여건 등을 고려하여 시·도 조례로 정하는 비율에 해당하는 면적에 국민주택규모 주택을 건설하여 인수자에게 공급하여야 한다.

30 ㉠ 40, ㉡ 70   정답

PART

07 도시재정비 촉진을 위한 특별법

▶ **연계학습** | 에듀윌 기본서 2차 [주택관리관계법규 下] p.126

1 재정비촉진지구의 지정

01 도시재정비 촉진을 위한 특별법령에 관한 설명이다. (   )에 들어갈 아라비아 숫자를 쓰시오.

> 1. 재정비촉진지구의 면적은 (㉠)만 제곱미터 이상으로 한다. 다만, '고밀복합형 재정비촉진지구를 지정하는 경우'에는 주요 역세권 또는 간선도로 교차지 등으로부터 일정 반경 이내 등 대통령령으로 정하는 지정범위에서 지정하여야 한다.
> 2. 위 1.에 따른 '고밀복합형 재정비촉진지구의 지정 범위'는 도시철도가 2개 이상 교차하는 역세권 등의 역사의 중심점 또는 간선도로 교차지의 교차점에서부터 (㉡)미터 이내로 한다.
> 3. 재정비촉진지구는 (㉢)개 이상의 재정비촉진사업을 포함하여 지정하여야 한다.

02 도시재정비 촉진을 위한 특별법령에 관한 설명이다. (   )에 들어갈 아라비아 숫자를 쓰시오.

제23회 수정

> 재정비촉진지구 지정을 고시한 날부터 (㉠)년이 되는 날까지 재정비촉진계획이 결정되지 아니하면 그 (㉡)년이 되는 날의 다음 날에 재정비촉진지구 지정의 효력이 상실된다. 다만, 시·도지사 또는 대도시의 시장은 해당 기간을 (㉢)년의 범위에서 연장할 수 있다.

01 ㉠ 10, ㉡ 500, ㉢ 2   **02** ㉠ 2, ㉡ 2, ㉢ 1

정답

2 재정비촉진계획의 수립 및 결정

03 도시재정비 촉진을 위한 특별법령에 관한 설명이다. (　　)에 들어갈 용어를 쓰시오.

> 시장·군수·구청장은 재정비촉진계획을 수립하여 특별시장·광역시장 또는 도지사에게 결정을 신청할 때 존치지역에 관한 사항이 포함되어야 한다. 이 경우 존치지역을 세분하여 관리할 필요가 있는 경우 다음의 유형으로 구분할 수 있다.
> 1. (㉠)구역: 재정비촉진구역의 지정요건에는 해당하지 아니하나 시간의 경과 등 여건의 변화에 따라 재정비촉진사업 요건에 해당할 수 있거나 재정비촉진사업의 필요성이 높아질 수 있는 구역
> 2. (㉡)구역: 재정비촉진구역의 지정요건에 해당하지 아니하거나 기존의 시가지로 유지·관리할 필요가 있는 구역

TIP 주관식 정답 기재 시 '존치정비구역' 또는 '존치관리구역'이라고 적어야 하며, '존치정비지역' 또는 '존치관리지역'이라고 적지 않도록 유의하여야 한다.

04 도시재정비 촉진을 위한 특별법 제9조 제5항 및 제14조 제1항 규정이다. (　　)에 들어갈 용어를 쓰시오.

> • 시·도지사 또는 대도시 시장은 재정비촉진계획 수립의 모든 과정을 총괄 진행·조정하게 하기 위해 도시계획·도시설계·건축 등 분야의 전문가를 (㉠)(으)로 위촉할 수 있다.
> • 재정비촉진계획 수립권자는 사업을 효율적으로 추진하기 위하여 재정비촉진계획 수립단계에서부터 (㉡) 또는 지방공사를 (㉢)(으)로 지정할 수 있다.

TIP 총괄계획가 및 총괄사업관리자를 구별하여야 하며, 특히 '지정 또는 위촉하는 자'를 비교하여 숙지하여야 한다.

05 도시재정비 촉진을 위한 특별법령에 관한 설명이다. (   )에 들어갈 아라비아 숫자와 용어를 쓰시오.

> • 재정비촉진계획의 결정·고시일부터 (㉠)년 이내 재정비촉진사업과 관련하여 해당 사업을 규정하고 있는 관계 법률에 따른 조합설립인가를 신청하지 아니하거나, (㉡) 년 이내에 해당 사업에 관해 규정하고 있는 관계 법률에 따른 사업시행(계획)인가를 신청하지 아니한 경우에는 특별자치시장, 특별자치도지사, 시장·군수·구청장이 그 사업을 직접 시행하거나 (㉢)을(를) 사업시행자로 우선하여 지정할 수 있다.
> • 다만, 특별자치시장, 특별자치도지사, 시장·군수·구청장은 (㉢)이(가) 「도시재정비 촉진을 위한 특별법」 제2조 제2호 각 목의 관계 법률에 규정된 각각의 재정비촉진사업에 대해 해당 법률에 따라 사업시행자가 될 수 있는 사업(공동시행자가 될 수 있는 사업을 포함한다)에 한정하여 (㉢)을(를) 사업시행자로 지정할 수 있다.

06 도시재정비 촉진을 위한 특별법령상 '주택의 규모별 건설비율'에 관한 설명이다. (   )에 들어갈 아라비아 숫자를 쓰시오.

> 1. 재정비촉진사업에서 규모가 주거전용면적 (㉠)제곱미터 이하인 주택의 건설비율은 다음과 같다.
>   가. 「도시 및 주거환경정비법」에 따른 주거환경개선사업의 경우: 전체 세대수 중 (㉡)퍼센트 이상
>   나. 「도시 및 주거환경정비법」에 따른 재개발사업의 경우: 전체 세대수 중 (㉢)퍼센트 이상. 다만, 「도시 및 주거환경정비법」 제10조 제1항에 따라 국토교통부장관이 고시하는 비율이 이보다 낮은 경우에는 그 고시하는 비율에 따른다.
> 2. 주택수급의 안정과 저소득 주민의 입주기회를 확대하기 위하여 필요한 경우에는 위 1.에서 정한 범위 안에서 '85제곱미터보다 작은 규모 이하의 주택'의 건설비율을 시·도 또는 대도시의 조례로 따로 정할 수 있다.

정답

03 ㉠ 존치정비, ㉡ 존치관리   04 ㉠ 총괄계획가, ㉡ 한국토지주택공사, ㉢ 총괄사업관리자
05 ㉠ 2, ㉡ 3, ㉢ 총괄사업관리자   06 ㉠ 85, ㉡ 80, ㉢ 60

07 도시재정비 촉진을 위한 특별법령상 '증가용적률에 대한 주택건설 규모 및 건설비율'에 관한 설명이다. ( )에 들어갈 아라비아 숫자를 쓰시오.

'고밀복합형 재정비촉진지구'에서의 재정비촉진사업으로 증가되는 용적률에 대한 주택의 규모 및 건설비율은 다음과 같다.
1. 「수도권정비계획법」에 따른 과밀억제권역: 주거전용면적이 (㉠)제곱미터 이하인 주택을 증가되는 용적률의 (㉡)퍼센트 이상의 범위에서 시·도 또는 대도시의 조례로 정하는 비율만큼 건설한다.
2. 「수도권정비계획법」에 따른 과밀억제권역을 제외한 지역: 주거전용면적이 (㉠)제곱미터 이하인 주택을 증가되는 용적률의 (㉢)퍼센트 이상의 범위에서 시·도 또는 대도시의 조례로 정하는 비율만큼 건설한다.

08 도시재정비 촉진을 위한 특별법 제26조(비용 부담의 원칙) 규정이다. ( ) 안에 들어갈 용어를 쓰시오. 제19회

재정비촉진계획에 따라 설치되는 기반시설의 설치비용은 이 법에 특별한 규정이 있는 경우를 제외하고는 ( )이(가) 부담하는 것을 원칙으로 한다.

09 도시재정비 촉진을 위한 특별법령상 '재정비촉진지구의 범죄 예방'에 관한 설명이다. ( )에 들어갈 용어를 쓰시오.

특별자치시장, 특별자치도지사 및 시장·군수·구청장은 (㉠)이(가) 결정·고시된 때에는 그 사실을 관할 경찰서장에게 통보하여야 하며, 재정비촉진사업이 시행되는 경우에는 재정비촉진구역의 주민 안전 등을 위하여 다음의 사항을 관할 시·도경찰청장 또는 경찰서장에게 요청할 수 있다.
1. 순찰 강화
2. (㉡)의 설치 등 범죄 예방을 위하여 필요한 시설의 설치 및 관리
3. 그 밖에 주민의 안전을 위하여 필요하다고 인정하는 사항

10 도시재정비 촉진을 위한 특별법령상 '임대주택의 건설'에 관한 설명이다. (   )에 들어갈 아라비아 숫자를 쓰시오.

제24·25회 적중문제

1. 사업시행자는 세입자의 주거안정과 개발이익의 조정을 위하여 해당 재정비촉진사업으로 증가되는 용적률의 (㉠)퍼센트 범위에서 대통령령으로 정하는 바에 따라 임대주택 및 분양주택(이하 이 조에서 '임대주택등'이라 한다)을 공급하여야 한다. 〈개정〉

2. 위 1.에 따라 건설되는 임대주택등 중 주거전용면적이 85제곱미터를 초과하는 주택의 비율은 (㉡)퍼센트 이하의 범위에서 대통령령으로 정한다. 〈개정〉

3. 사업시행자는 위 1.에 따라 건설되는 임대주택등을 국토교통부장관, 시·도지사, 한국토지주택공사 또는 지방공사에 공급하여야 한다. 이 경우 해당 주택의 공급가격은 다음의 구분에 따른다. 〈신설, 시행 2024. 4. 27.〉
   가. '임대주택'인 경우: 임대주택의 건설에 투입되는 건축비를 기준으로 국토교통부장관이 고시하는 금액으로 하고, 그 부속토지는 인수자에게 기부채납(寄附採納)한 것으로 본다.
   나. '분양주택'인 경우: 분양주택의 건설에 투입되는 건축비를 기준으로 국토교통부장관이 고시하는 금액으로 하고, 그 부속토지의 가격은 감정평가액의 100분의 (㉢) 이상의 범위에서 대통령령으로 정한다.

11 도시재정비 촉진을 위한 특별법령에 관한 설명이다. (   )에 들어갈 용어와 아라비아 숫자를 쓰시오.

• 재정비촉진지구의 지정 및 변경에 대한 심의 또는 자문 등의 사항을 심의하거나 시·도지사 또는 대도시 시장의 자문에 응하기 위하여 시·도지사 또는 대도시 시장 소속으로 (㉠)을(를) 둘 수 있다.

• (㉠)(이하 '위원회'라 한다)은(는) 위원장 및 부위원장 각 1인을 포함한 (㉡)인 이상 (㉢)인 이하의 위원으로 구성한다.

정답

07 ㉠ 60, ㉡ 50, ㉢ 25 **08** 사업시행자 **09** ㉠ 재정비촉진계획, ㉡ 순찰초소
10 ㉠ 75, ㉡ 50, ㉢ 50 **11** ㉠ 도시재정비위원회, ㉡ 20, ㉢ 25

12 도시재정비 촉진을 위한 특별법령에 관한 설명이다. (   )에 들어갈 아라비아 숫자를 쓰시오.

> 1. 국가와 지방자치단체는 「국유재산법」 등에도 불구하고 수의계약을 통하여 사업시행자에게 국유재산 등을 임대하거나 매각할 수 있다. 이 경우 임대기간은 (㉠)년 이내로 할 수 있다. 〈신설, 시행 2024. 4. 27.〉
>
> 2. 국가와 지방자치단체는 위 1.에 따라 임대한 국유재산 또는 공유재산에 영구시설물을 축조하게 할 수 있다. 이 경우 해당 영구시설물의 소유권은 국가, 지방자치단체 등과 사업시행자 간에 별도의 합의가 없으면 그 국유재산 또는 공유재산을 반환할 때까지 사업시행자에게 귀속된다. 〈신설, 시행 2024. 4. 27.〉
>
> 3. 국가 또는 시·도지사는 국가 또는 시·도의 계획과 관련이 있는 경우에는 시·도지사 또는 시장·군수·구청장에게 대통령령으로 정하는 기반시설의 설치에 드는 비용의 전부 또는 일부를 지원할 수 있다.
>
> 4. 다만, 국가 또는 지방자치단체가 도시영세민을 집단 이주시켜 형성된 낙후지역 등 대통령령으로 정하는 지역으로서 기반시설이 열악하여 사업시행자의 부담만으로는 기반시설을 확보하기 어려운 경우, 국가는 대통령령으로 정하는 기반시설의 설치에 드는 비용의 100분의 10 이상 100분의 (㉡) 이하의 범위에서 대통령령으로 정하는 금액의 한도에서 지원하여야 한다. 〈개정, 시행 2024. 4. 27.〉

12 ㉠ 50, ㉡ 70   정답

01 시설물의 안전 및 유지관리에 관한 특별법 제7조(시설물의 종류) 규정의 일부이다. ( )
에 들어갈 아라비아 숫자를 쓰시오. _{제22·26회 수정}

> 제7조(시설물의 종류) 시설물의 종류는 다음 각 호와 같다.
> 1. 제1종 시설물: 공중의 이용편의와 안전을 도모하기 위하여 특별히 관리할 필요가 있
>   거나 구조상 안전 및 유지관리에 고도의 기술이 필요한 대규모 시설물로서 다음 각
>   목의 어느 하나에 해당하는 시설물 등 대통령령으로 정하는 시설물 (제22회)
>   가. ~ 라. 〈생략〉
>   마. (㉠)층 이상 또는 연면적 5만 제곱미터 이상의 건축물
>   바. ~ 사. 〈생략〉
> 2. 제2종 시설물: 제1종 시설물 외에 사회기반시설 등 재난이 발생할 위험이 높거나 재
>   난을 예방하기 위하여 계속적으로 관리할 필요가 있는 시설물로서 다음 각 목의 어
>   느 하나에 해당하는 시설물 등 대통령령으로 정하는 시설물 (제26회)
>   가. ~ 라. 〈생략〉
>   마. (㉡)층 이상 또는 연면적 (㉢)만 제곱미터 이상의 건축물
>   바. ~ 사. 〈생략〉

이론 ✚

> 시설물의 종류
> 1. 제1종 시설물: (원칙) 21층 이상 또는 연면적 5만 제곱미터 이상의 건축물
> 2. 제2종 시설물: (원칙) 16층 이상 또는 연면적 3만 제곱미터 이상의 건축물
> 3. 제3종 시설물: 제1종 시설물 및 제2종 시설물 외에 안전관리가 필요한 소규모 시설물로서
>   법 제8조에 따라 지정·고시된 시설물

01 ㉠ 21, ㉡ 16, ㉢ 3   **정답**

02 시설물의 안전 및 유지관리에 관한 특별법령상 '설계도서 등의 제출 등'에 관한 설명이다. ( )에 들어갈 용어와 아라비아 숫자를 쓰시오.

1. 제1종 시설물 및 제2종 시설물을 건설·공급하는 사업주체는 설계도서, 시설물관리 대장 등 대통령령으로 정하는 서류를 관리주체와 국토교통부장관에게 제출하여야 한다.

2. 제3종 시설물의 (㉠)은(는) 법 제8조 제1항에 따라 제3종 시설물로 지정·고시된 경우에는 위 1.에 따른 서류를 '1개월 이내'에 국토교통부장관에게 제출하여야 한다.

3. 관리주체는 대통령령으로 정하는 다음의 중요한 보수·보강을 실시한 경우 위 1.에 따른 서류를 국토교통부장관에게 제출하여야 한다.
   가. 철근콘크리트구조부 또는 철골구조부
   나. 「건축법」 제2조 제1항 제7호에 따른 주요구조부 등

4. 국토교통부장관은 사업주체 또는 관리주체가 위 1., 2. 및 3.의 서류를 제출하지 아니하는 경우에는 (㉡)일 이상 60일 이내의 범위에서 기간을 정하여 그 제출을 명할 수 있다.

5. 국토교통부장관은 위 4.의 위반자에게는 해당 명령이 이행될 때까지 매달 100만원 이하의 범위에서 (㉢)을(를) 부과할 수 있다.

6. 관리주체는 위 1., 2. 및 3.의 서류를 해당 시설물의 존속시기까지 보존하여야 한다.

이론➕

이행강제금

1. 국토교통부장관은 다음의 어느 하나에 해당하는 자에게는 해당 명령이 이행될 때까지 매달 100만원 이하의 범위에서 이행강제금을 부과할 수 있다.
   가. 법 제9조(설계도서 등의 제출 등) 제5항에 따른 명령을 받은 후 이행기간 이내에 그 명령을 이행하지 아니한 자: 매달 100만원
   나. 법 제17조 제5항(안전점검 및 정밀안전진단 결과보고서 제출 등)에 따른 명령을 받은 후 이행기간 이내에 그 명령을 이행하지 아니한 자: 매달 50만원
   다. 법 제18조 제4항(정밀안전점검 또는 정밀안전진단 실시결과보고서 제출)에 따른 명령을 받은 후 이행기간 이내에 그 명령을 이행하지 아니한 자: 매달 50만원
2. 이행강제금 비교
   가. 「건축법」상: '시정명령'을 이행(×), 1년에 2회 범위 내 + 조례로 정하는 횟수
   나. 시설물법: '서류 제출명령' 이행(×), 매달 100만원 이하의 범위

TIP 제1종 시설물, 제2종 시설물 및 제3종 시설물별 '설계도서의 제출 등'을 구별하여 암기하여야 하며, 설계도서의 제출명령을 불이행 시 '과징금'이 아니라 매월 1백만원 이하의 '이행강제금'을 부과한다는 점을 숙지하여야 한다.

03 시설물의 안전 및 유지관리에 관한 특별법령에 관한 설명이다. (   )에 들어갈 용어와 아라비아 숫자를 쓰시오.

---

1. 관리주체는 소관 시설물의 안전과 기능을 유지하기 위하여 정기적으로 (㉠)을(를) 실시하여야 한다.
2. 관리주체 또는 시장·군수·구청장은 소관 시설물의 안전과 기능을 유지하기 위하여 정기안전점검 및 (㉡)안전점검을 실시해야 한다. 다만, 제(㉢)종 시설물에 대한 (㉡)안전점검은 정기안전점검 결과 해당 시설물의 안전등급이 D등급(미흡) 또는 E등급(불량)인 경우에 한정하여 실시한다.
3. 위 1.에도 불구하고 다음 4.의 '대통령령으로 정하는 시설물'의 경우에는 '시장·군수·구청장'이 (㉠)을(를) 실시하여야 한다.
4. 국가는 제(㉢)종 시설물의 지정과 안전점검 등에 필요한 지원을 할 수 있다.

PART 8

이론 +

정기안전점검 결과 안전등급이 D등급(미흡) 또는 E등급(불량)으로 지정된 제3종 시설물의 '최초'의 '정밀안전점검'은 해당 정기안전점검을 완료한 날부터 1년 이내에 실시한다. 다만, 이 기간 내 정밀안전진단을 실시한 경우에는 해당 정밀안전점검을 생략할 수 있다.

[참고]

위 3.의 '대통령령으로 정하는 시설물'이란 '제3종 시설물' 중 다음 어느 하나에 해당하는 민간관리주체 소관 시설물로서 시장·군수·구청장이 시설물관리계획을 수립하도록 국토교통부장관이 정하여 고시하는 시설물을 말한다.

가. 「공동주택관리법」 제2조 제2호에 따른 '의무관리대상 공동주택이 아닌 공동주택'
나. 「건축법」 제2조 제2항 제11호에 따른 '노유자시설'
다. 그 밖에 시장·군수·구청장이 '시설물관리계획'을 수립할 필요가 있다고 국토교통부장관이 정하는 시설물

---

02 ㉠ 관리주체, ㉡ 10, ㉢ 이행강제금   **03** ㉠ 안전점검, ㉡ 정밀, ㉢ 3   **정답**

04 시설물의 안전 및 유지관리에 관한 특별법령에 관한 설명이다. (   )에 들어갈 용어를 쓰시오.

> 1. 관리주체는 시설물의 하자담보책임기간이 끝나기 전에 마지막으로 실시하는 (㉠)의 경우에는 안전진단전문기관이나 국토안전관리원에 의뢰하여 실시하여야 한다.
> 2. 민간관리주체가 어음·수표의 지급불능으로 인한 부도(不渡) 등 부득이한 사유로 인하여 (㉡)을(를) 실시하지 못하게 될 때에는 관할 시장·군수·구청장이 민간관리주체를 대신하여 (㉡)을(를) 실시할 수 있다. 이 경우 (㉡)에 드는 비용은 그 민간관리주체에게 부담하게 할 수 있다.
> 3. 위 2.에 따라 시장·군수·구청장이 (㉡)을(를) 대신 실시한 후 민간관리주체에게 비용을 청구하는 경우 해당 민간관리주체가 그에 따르지 아니하면 시장·군수·구청장은 지방세 체납처분의 예에 따라 징수할 수 있다.

05 시설물의 안전 및 유지관리에 관한 특별법령에 관한 설명이다. (   )에 들어갈 아라비아 숫자와 용어를 쓰시오. 　　　　　　　　　　　제20회 객관식, 제21·24회 수정

> 1. 관리주체는 제(㉠)종 시설물에 대하여 정기적으로 정밀안전진단을 실시하여야 한다. (제20회 객관식, 제21회)
> 2. 관리주체는 안전점검 또는 (㉡)을(를) 실시한 결과 재해 및 재난을 예방하기 위하여 필요하다고 인정되는 경우에는 (㉢)을(를) 실시하여야 한다. 이 경우 법 제13조 제7항 및 법 제17조 제4항에 따른 결과보고서 제출일부터 '1년 이내'에 (㉢)을(를) 착수하여야 한다. (제24회)
> 3. 관리주체는 안전진단전문기관에 (㉢)을(를) 의뢰하려는 경우에는 해당 시설물을 설계·시공·감리한 안전진단전문기관에 의뢰해서는 아니 된다.

이론 ✚

> [지문 3.]
> 관리주체는 안전진단전문기관에 정밀안전진단을 의뢰하려는 경우에는 다음의 안전진단전문기관에 의뢰해서는 아니 된다.
> 1. 해당 시설물을 설계·시공·감리한 자 또는 그 계열회사인 안전진단전문기관
> 2. 해당 시설물의 관리주체에 소속되어 있거나 그 자회사인 안전진단전문기관. 다만, 공공관리주체인 안전진단전문기관으로서 소관 시설물의 구조적 특수성으로 해당 기관의 전문기술이 필요하여 국토교통부장관이 인정하는 경우에는 그러하지 아니하다.

06 시설물의 안전 및 유지관리에 관한 특별법 제2조(정의) 및 제12조(정밀안전진단의 실시) 규정의 일부이다. ( )에 들어갈 단어를 순서대로 쓰시오. 〈제21회〉

> • '정밀안전진단'이란 시설물의 물리적·기능적 결함을 발견하고 그에 대한 신속하고 적절한 조치를 하기 위하여 구조적 안전성과 결함의 원인 등을 조사·측정·(   )하여 보수·보강 등의 방법을 제시하는 행위를 말한다.
> • 관리주체는 (   )에 대하여 정기적으로 정밀안전진단을 실시하여야 한다.

07 시설물의 안전 및 유지관리에 관한 특별법령에 관한 설명이다. ( )에 들어갈 용어를 쓰시오.

> 1. '안전점검 등을 실시하는 자'는 안전점검 등의 실시결과에 따라 대통령령으로 정하는 기준에 적합하게 해당 시설물의 (㉠)을(를) 지정하여야 한다.
> 2. 위 1.에도 불구하고 (㉡)은(는) 정밀안전점검 또는 정밀안전진단 실시결과를 평가한 결과 (㉠)의 변경이 필요하다고 인정되는 경우에는 해당 시설물의 (㉠)을(를) 변경할 수 있다.

이론 ✚

안전등급	시설물의 상태
1. A(우수)	문제점이 없는 최상의 상태
2. B(양호)	보조부재에 경미한 결함이 발생하였으나 기능 발휘에는 지장이 없으며, 내구성 증진을 위하여 일부의 보수가 필요한 상태
3. C(보통)	주요부재에 경미한 결함 또는 보조부재에 광범위한 결함이 발생하였으나 전체적인 시설물의 안전에는 지장이 없으며, 주요부재에 내구성, 기능성 저하 방지를 위한 보수가 필요하거나 보조부재에 간단한 보강이 필요한 상태
4. D(미흡)	주요부재에 결함이 발생하여 긴급한 보수·보강이 필요하며 사용제한 여부를 결정하여야 하는 상태
5. E(불량)	주요부재에 발생한 심각한 결함으로 인하여 시설물의 안전에 위험이 있어 즉각 사용을 금지하고 보강 또는 개축을 하여야 하는 상태

08 시설물의 안전 및 유지관리에 관한 특별법령상 '결과보고서 작성 준수사항 위반자에 대한 명단 공표'에 관한 설명이다. ( )에 들어갈 아라비아 숫자를 쓰시오.

> 1. 국토교통부장관은 직전연도부터 과거 2년간 법 제17조 제2항 제1호 또는 제2호를 위반한 자[부실하게 작성한 경우는 (㉠)회 이상 작성한 자를 말한다]의 명단을 공표할 수 있다. 다만, 이의신청 등 불복절차가 진행 중인 조치는 명단 공표 대상에서 제외한다.
> 2. 위 1.에 따른 명단 공표에는 다음의 내용이 포함되어야 한다.
>   가. 위반한 자의 성명, 상호 및 주소(위반자가 법인인 경우에는 그 대표자의 성명 및 법인의 명칭·주소를 말한다)
>   나. 명단 공표 직전연도부터 과거 2년간 위반사항 내용
> 3. 위 1.에 따른 명단 공표 여부를 심의하기 위하여 국토교통부에 결과보고서 작성 준수사항 위반자 명단 공표심의위원회(이하 이 조에서 '심의위원회'라 함)를 둔다.
> 4. 국토교통부장관은 심의위원회의 심의를 거친 공표대상자에게 명단 공표대상자임을 통지하고 (㉡)개월 이상의 기간을 정하여 소명기회를 주어야 한다.
> 5. 위 1.에 따른 명단 공표는 '시설물통합정보관리체계'에 (㉢)년간 게시하는 방법으로 한다.

09 시설물의 안전 및 유지관리에 관한 특별법령에 관한 설명이다. ( )에 들어갈 아라비아 숫자와 용어를 쓰시오.　　　　　　제22회 객관식, 제25회 수정

> 1. 관리주체는 시설물의 중대한 결함 등을 통보받는 등 시설물의 구조상 공중의 안전한 이용에 미치는 영향이 중대하여 긴급한 조치가 필요하다고 인정되는 경우에는 시설물의 사용제한·사용금지·철거, 주민대피 등의 안전조치를 하여야 한다. (제22회 객관식)
> 2. 관리주체는 위 1.에 따라 시설물의 중대한 결함 등에 대한 통보를 받은 경우에는 법 제13조 제6항에 따른 조치명령을 받은 날부터 (㉠)년 이내에 시설물의 보수·보강 등 필요한 조치에 착수하여야 하며, 특별한 사유가 없으면 착수한 날부터 (㉡)년 이내에 이를 완료해야 한다.
> 3. 시장·군수·구청장은 시설물의 중대한 결함 등을 통보받는 등 시설물의 구조상 공중의 안전한 이용에 미치는 영향이 중대하여 긴급한 조치가 필요하다고 인정되는 경우에는 관리주체에게 시설물의 사용제한·사용금지·철거, 주민대피 등의 안전조치를 명할 수 있다. 이 경우 관리주체는 신속하게 '안전조치명령'을 이행하여야 한다.
> 4. 시장·군수·구청장은 위 3.에 따른 '안전조치명령'을 받은 자가 그 명령을 이행하지 아니하는 경우에는 그에 대신하여 필요한 안전조치를 할 수 있다.
> 5. 위 4.의 경우 「(㉢)법」을 준용한다. (제25회)

10 시설물의 안전 및 유지관리에 관한 특별법령에 관한 설명이다. (   )에 들어갈 용어를 쓰시오.

> 가. 시설물의 안전점검 등 또는 성능평가를 대행하려는 자는 기술인력 및 장비 등 대통령령으로 정하는 분야별 등록기준을 갖추어 (㉠)에게 안전진단전문기관으로 등록을 하여야 하며, 대통령령으로 정하는 등록사항이 변경된 때에는 그날부터 30일 이내에 (㉠)에게 신고하여야 한다.
>
> 나. 시설물의 안전점검 또는 긴급안전점검을 대행하려는 자는 기술인력 및 장비 등 대통령령으로 정하는 분야별 등록기준을 갖추어 (㉠)에게 등록하여야 한다.
>
> 다. 위 나.의 '(㉡)전문기관'의 변경등록, 등록증의 발급·재발급, 휴업·재개업·폐업 신고, 결격사유, 명의대여의 금지 및 영업 양도 등에 관하여는 법 제28조 등을 준용한다.
>
> 라. (㉠)은(는) 안전진단전문기관 또는 '(㉡)전문기관'의 등록을 취소하거나 영업정지를 하려는 경우에는 (㉢)을(를) 하여야 한다.

PART 8

11 시설물의 안전 및 유지관리에 관한 특별법령에 관한 설명이다. (   )에 들어갈 용어를 쓰시오.

> • 관리주체는 안전점검 및 긴급안전점검을 국토안전관리원, 안전진단전문기관 또는 (㉠)에 대행하게 할 수 있다.
> • (㉠)의 변경등록, 등록증의 발급·재발급, 휴업·재개업·폐업 신고, 결격사유, 명의대여의 금지 및 영업 양도 등에 관하여는 법 제28조(같은 조 제1항은 제외한다), 제29조, 제30조 및 제38조를 준용한다.
> • 관리주체는 시설물의 기능을 보전하고 편의와 안전을 높이기 위하여 소관 시설물을 유지관리하여야 한다. 다만, 대통령령으로 정하는 시설물로서 다른 법령에 따라 유지관리하는 경우에는 그러하지 아니하다.
> • 관리주체는 (㉡) 또는 그 시설물을 시공한 자[하자담보책임기간(동일한 시설물의 각 부분별 하자담보책임기간이 다른 경우에는 가장 긴 하자담보책임기간을 말한다) 내인 경우에 한정한다]로 하여금 시설물의 유지관리를 대행하게 할 수 있다.
> 〈시행 2024. 7. 17.〉
> • 시설물의 유지관리에 드는 비용은 관리주체가 부담한다.

정답

08 ㉠ 3, ㉡ 1, ㉢ 1   **09** ㉠ 2, ㉡ 3, ㉢ 행정대집행   **10** ㉠ 시·도지사, ㉡ 안전점검, ㉢ 청문   **11** ㉠ 안전점검전문기관, ㉡ 건설사업자

12 시설물의 안전 및 유지관리에 관한 특별법령에 관한 설명이다. (   )에 들어갈 용어를 쓰시오.

> 1. 국토교통부장관은 시설물의 안전 및 유지관리에 관한 정보를 체계적으로 관리하기 위하여 안전점검 및 정밀안전진단 결과보고서 등의 사항이 포함된 (㉠)체계를 구축·운영하여야 한다.
> 2. 관리주체는 소관 시설물의 안전 및 유지관리에 관한 정보를 체계적으로 관리하기 위하여 (㉡)시스템을 구축·운영할 수 있다. 이 경우 위 1.에 따른 (㉠)체계와 연계하여 운영할 수 있다.
> 3. 국토교통부장관은 소규모 취약시설의 안전관리에 관한 정보를 체계적으로 관리하기 위하여 (㉡)시스템을 구축·운영할 수 있다. 이 경우 위의 1.에 따른 (㉠)체계와 연계하여 운영할 수 있다.

13 시설물의 안전 및 유지관리에 관한 특별법령에 관한 설명이다. (   )에 들어갈 아라비아 숫자와 용어를 쓰시오.　　　　제21회 객관식 수정

> • 국토교통부장관은 사망자 또는 실종자가 (㉠)명 이상이거나 사상자가 (㉡)명 이상인 인명피해가 발생한 시설물의 사고조사 등을 위하여 필요하다고 인정되는 때에는 '중앙시설물사고조사위원회'를 구성·운영할 수 있다. (제21회 객관식)
> • 중앙행정기관의 장이나 지방자치단체의 장은 해당 기관이 지도·감독하는 관리주체의 시설물에 대한 붕괴·파손 등의 사고조사 등을 위하여 필요하다고 인정되는 때에는 (㉢)위원회를 구성·운영할 수 있다.

> **TIP**　유사한 기능을 하는 중앙시설물사고조사위원회 및 시설물사고조사위원회를 구성·운영할 수 있는 자를 구별하여 암기하여야 한다.

14 시설물의 안전 및 유지관리에 관한 특별법령상 '이행강제금'에 관한 설명이다. (   )에 들어갈 아라비아 숫자와 용어를 쓰시오.

---

1. 국토교통부장관은 다음 어느 하나에 해당하는 자에게는 해당 명령이 이행될 때까지 매달 (㉠)만원 이하의 범위에서 이행강제금을 부과할 수 있다.
   가. 법 제9조(설계도서 등의 제출 등) 제5항에 따른 명령을 받은 후 이행기간 이내에 그 명령을 이행하지 아니한 자
   나. 법 제17조(안전점검 및 정밀안전진단 결과보고 등) 제5항에 따른 명령을 받은 후 이행기간 이내에 그 명령을 이행하지 아니한 자
   다. 법 제18조(정밀안전점검 또는 정밀안전진단 실시결과에 대한 평가) 제4항에 따른 명령을 받은 후 이행기간 이내에 그 명령을 이행하지 아니한 자
2. 국토교통부장관은 위 1.에 따른 이행강제금을 부과하기 전에 이행강제금을 부과·징수한다는 것을 미리 '문서'로 알려 주어야 한다.
3. 국토교통부장관은 위 1.의 가.~다.에 따라 이행강제금을 부과할 때에는 이행강제금의 금액, 부과 사유, 납부기한, 수납기관, 이의 제기 방법 및 이의 제기 기관 등을 구체적으로 밝힌 '문서'로 하여야 한다.
4. 국토교통부장관은 법 제9조 제5항, 법 제17조 제5항 또는 법 제18조 제4항에 따라 이행명령을 받은 자가 명령을 이행하면 새로운 이행강제금의 부과를 즉시 중지하되, 이미 부과된 이행강제금은 (㉡)하여야 한다.
5. 국토교통부장관은 위 1.에 따라 이행강제금 부과처분을 받은 자가 이행강제금을 기한까지 납부하지 아니하면 (㉢) 체납처분의 예에 따라 징수한다.

TIP　이행강제금 비교
　　1. 「건축법」상: '시정명령'을 이행(×), 1년에 2회 범위 내 + 조례로 정하는 횟수
　　2. 시설물법: '서류 제출명령' 이행(×), 매달 100만원 이하의 범위

09 소방기본법

▶ **연계학습** | 에듀윌 기본서 2차 [주택관리관계법규 下] p.218

1 총칙

01 소방기본법령에 관한 설명이다. ( )에 들어갈 용어와 아라비아 숫자를 쓰시오.

> • 소방청장 또는 소방본부장은 소방시설, 소방공사 및 위험물 안전관리 등과 관련된 법령해석 등의 민원을 종합적으로 접수하여 처리할 수 있는 기구[이하 이 조에서 (㉠)(이)라 한다]를 설치 · 운영할 수 있다.
> • (㉠)은(는) 센터장을 포함하여 (㉡)명 이내로 구성한다.

02 소방기본법령에 관한 설명이다. ( )에 들어갈 용어를 쓰시오.

> • 소방기관이 소방업무를 수행하는 데에 필요한 인력과 장비 등[이하 '(㉠)'(이)라 한다]에 관한 기준은 (㉡)령으로 정한다.
> • 시 · 도지사는 위에 따른 (㉠)의 기준에 따라 관할구역의 (㉠)을(를) 확충하기 위하여 필요한 계획을 수립하여 시행하여야 한다.
> • 국가는 소방장비의 구입 등 시 · 도의 소방업무에 필요한 경비의 일부를 보조한다.
> • 소방청장 및 시 · 도지사는 119종합상황실 등의 효율적 운영을 위하여 (㉢)을(를) 구축 · 운영할 수 있다. 〈신설, 시행 2024. 4. 12.〉
> • 소방청장 및 시 · 도지사는 (㉢)의 안정적 운영을 위하여 (㉢)의 회선을 이중화할 수 있다. 이 경우 이중화된 각 회선은 서로 다른 사업자로부터 제공받아야 한다. 〈신설〉

03 소방기본법령에 관한 설명이다. (   )에 들어갈 용어를 쓰시오.

> - (㉠)은(는) 소방활동에 필요한 소화전·급수탑·저수조(이하 '소방용수시설'이라 한
>   다)를 설치하고 유지·관리하여야 한다. 다만, 「수도법」에 따라 소화전을 설치하는
>   (㉡)은(는) 관할 소방서장과 사전협의를 거친 후 소화전을 설치하여야 하며, 설치 사
>   실을 관할 소방서장에게 통지하고, 그 소화전을 유지·관리하여야 한다.
> - (㉠)은(는) 소방자동차의 진입이 곤란한 지역 등 화재발생 시에 초기 대응이 필요한
>   지역으로서 '대통령령으로 정하는 다음의 지역'에 소방호스 또는 호스 릴 등을 소방용
>   수시설에 연결하여 화재를 진압하는 시설이나 장치[이하 '(㉢)'(이)라 한다]를 설치
>   하고 유지·관리할 수 있다.
>   1. 화재예방강화지구 [화재예방강화지구로 개정되었으나 '화재경계지구'로 규정]
>   2. (㉠)이(가) (㉢)의 설치가 필요하다고 인정하는 지역

TIP 「소방기본법」상 '소방용수시설'과 「화재의 예방 및 안전관리에 관한 법률」상 '소화용수설비'를 구별하
여 암기하여야 한다.

2   화재예방 및 소방활동

04 소방기본법령에 관한 설명이다. (   )에 들어갈 용어를 쓰시오.

> - 청소년에게 소방안전에 관한 올바른 이해와 안전의식을 함양시키기 위하여 (㉠)청
>   소년단을 설립한다.
> - (㉠)청소년단은 법인으로 하고, 그 주된 사무소의 소재지에 설립등기를 함으로써 성
>   립한다.
> - (㉠)청소년단에 관하여 이 법에서 규정한 것을 제외하고는 「민법」 중 (㉡)법인에
>   관한 규정을 준용한다.

정답

01 ㉠ 소방기술민원센터, ㉡ 18   02 ㉠ 소방력, ㉡ 행정안전부, ㉢ 소방정보통신망
03 ㉠ 시·도지사, ㉡ 일반수도사업자, ㉢ 비상소화장치   04 ㉠ 한국119, ㉡ 사단

05 소방기본법령에 관한 설명이다. ( )에 들어갈 용어와 아라비아 숫자를 쓰시오.

> 1. 화재현장 또는 구조·구급이 필요한 사고현장을 발견한 사람은 그 현장의 상황을 소방본부, 소방서 또는 관계 행정기관에 지체 없이 알려야 한다.
> 2. 목조건물이 밀집한 지역에서 화재로 오인할 만한 우려가 있는 불을 피우거나 연막소독을 하려는 자는 시·도의 조례로 정하는 바에 따라 관할 소방본부장 또는 소방서장에게 (㉠)하여야 한다.
> 3. 위 2.에 따른 신고를 하지 아니하여 소방자동차를 출동하게 한 자에게는 (㉡)만원 이하의 과태료를 부과한다.

이론➕

'신고 대상지역' 및 '화재예방강화지구' 지정 대상지구

'신고 대상지역'	'화재예방강화지구' 지정 대상지구
1. 시장지역	1. 시장지역
2. 공장·창고가 밀집한 지역	2. 공장·창고가 밀집한 지역
3. 목조건물이 밀집한 지역	3. 목조건물이 밀집한 지역
4. 위험물의 저장 및 처리시설이 밀집한 지역	4. 노후·불량건축물이 밀집한 지역
5. 석유화학제품을 생산하는 공장이 있는 지역	5. 위험물의 저장 및 처리시설이 밀집한 지역
6. 그 밖에 시·도의 조례로 정하는 지역 또는 장소	6. 석유화학제품을 생산하는 공장이 있는 지역
	7. 「산업입지 및 개발에 관한 법률」 제2조 제8호에 따른 산업단지
	8. 소방시설·소방용수시설 또는 소방출동로가 없는 지역
	9. 그 밖에 위 1.부터 8.까지에 준하는 지역으로서 소방청장·소방본부장·소방서장이 화재예방강화지구로 지정할 필요가 있다고 인정하는 지역

TIP '신고 대상지역'과 '화재예방강화지구 지정 대상지구'를 구별하여 암기하여야 한다.

06 소방기본법령상 '소방자동차 전용구역 등'에 관한 설명이다. (   )에 들어갈 아라비아 숫자를 쓰시오.

> 1. 「건축법」에 따른 다음의 공동주택의 건축주는 소방활동의 원활한 수행을 위하여 공동주택에 '소방자동차 전용구역'을 설치하여야 한다. 다만, 하나의 대지에 하나의 동(棟)으로 구성되고 「도로교통법」 제32조 또는 제33조에 따라 정차 또는 주차가 금지된 편도 2차선 이상의 도로에 직접 접하여 소방자동차가 도로에서 직접 소방활동이 가능한 공동주택은 제외한다.
>   가. 세대수가 (㉠)세대 이상인 아파트
>   나. (㉡)층 이상의 기숙사
> 2. 누구든지 소방자동차 전용구역에 차를 '주차'하거나 소방자동차 전용구역에의 진입을 가로막는 등의 방해행위를 하여서는 아니 된다. 이를 위반한 자에게는 (㉢)만원 이하의 과태료를 부과한다.

TIP 위반자에 대해서는 1백만원 이하의 벌금이 아니라 1백만원 이하의 <u>과태료</u>를 부과한다는 점을 유의하여야 한다.

07 소방기본법령에 관한 설명이다. (   )에 들어갈 용어와 아라비아 숫자를 쓰시오.

> 1. (㉠)은(는) 소방대상물에 화재, 재난·재해, 그 밖의 위급한 상황이 발생한 경우에는 소방대가 현장에 도착할 때까지 경보를 울리거나 대피를 유도하는 등의 방법으로 사람을 구출하는 조치 또는 불을 끄거나 불이 번지지 아니하도록 필요한 조치를 하여야 한다.
> 2. 위 1.을 위반한 사람은 (㉡)만원 이하의 '벌금'에 처한다.
> 3. (㉠)은(는) 소방대상물에 화재, 재난·재해, 그 밖의 위급한 상황이 발생한 경우에는 이를 소방본부, 소방서 또는 관계 행정기관에 지체 없이 알려야 한다.
> 4. 위 3.을 위반한 자에게는 (㉢)만원 이하의 '과태료'를 부과한다.
> 5. '소방대'는 화재, 재난·재해, 그 밖의 위급한 상황이 발생한 현장에 신속하게 출동하기 위하여 긴급할 때에는 일반적인 통행에 쓰이지 아니하는 도로·빈터 또는 물 위로 통행할 수 있다.

05 ㉠ 신고, ㉡ 20   **06** ㉠ 100, ㉡ 3, ㉢ 100   **07** ㉠ 관계인, ㉡ 100, ㉢ 500   **정답**

08 소방기본법령에 관한 설명이다. (   )에 들어갈 용어를 쓰시오.

> • (㉠)은(는) 화재, 재난·재해, 그 밖의 위급한 상황이 발생한 현장에 소방활동구역을 정하여 소방활동에 필요한 사람으로서 '대통령령으로 정하는 사람' 외에는 그 구역에 출입하는 것을 제한할 수 있다.
> • (㉡)은(는) 소방대가 소방활동구역에 있지 아니하거나 (㉠)의 요청이 있을 때에는 위에 따른 조치를 할 수 있다.

이론 ✚

> **소방활동구역의 출입자('대통령령으로 정하는 사람')**
> 1. 소방활동구역 안에 있는 소방대상물의 소유자·관리자 또는 점유자
> 2. 전기·가스·수도·통신·교통의 업무에 종사하는 사람으로서 원활한 소방활동을 위하여 필요한 사람
> 3. 의사·간호사 그 밖의 구조·구급업무에 종사하는 사람
> 4. 취재인력 등 보도업무에 종사하는 사람
> 5. 수사업무에 종사하는 사람
> 6. 그 밖에 소방대장이 소방활동을 위하여 출입을 허가한 사람

09 소방기본법령에 관한 설명이다. (   )에 들어갈 용어를 쓰시오.

> • 소방본부장 등은 화재 등 위급한 상황이 발생한 현장에서 소방활동을 위하여 필요할 때에는 그 관할구역에 사는 사람 또는 그 현장에 있는 사람으로 하여금 사람을 구출하는 일 등을 하게 할 수 있다. 이 경우 소방본부장 등은 소방활동에 필요한 (㉠)을(를) 지급하는 등 안전을 위한 조치를 하여야 한다.
> • 위 명령에 따라 소방활동에 종사한 사람은 (㉡)(으)로부터 소방활동의 비용을 지급받을 수 있다. 다만, 고의로 화재를 발생시킨 사람 등의 경우에는 그러하지 아니하다.

이론 ✚

> **소방활동의 비용을 지급받을 수 없는 사람**
> 1. 소방대상물에 화재, 재난·재해, 그 밖의 위급한 상황이 발생한 경우 그 관계인
> 2. 고의 또는 과실로 화재 또는 구조·구급 활동이 필요한 상황을 발생시킨 사람
> 3. 화재 또는 구조·구급 현장에서 물건을 가져간 사람

10 소방기본법령에 관한 설명이다. ( )에 들어갈 용어를 쓰시오.

> • 소방기술과 안전관리기술의 향상 및 홍보, 그 밖의 교육·훈련 등 행정기관이 위탁하
> 는 업무의 수행과 소방 관계 종사자의 기술 향상을 위하여 (㉠)을(를) 소방청장의
> (㉡)을(를) 받아 설립한다.
> • 위에 따라 설립되는 (㉠)은(는) 법인으로 한다.
> • (㉠)에 관하여 이 법에 규정된 것을 제외하고는 「민법」 중 (㉢)법인에 관한 규정을
> 준용한다.

TIP 한국소방안전원은 '인가'를 받아야 하며, 사단법인이 아니라 <u>재단법인</u>인 점을 유의하여야 한다.

11 소방기본법령에 관한 설명이다. ( )에 들어갈 용어를 쓰시오.

> • 소방안전원의 장(이하 '안전원장')은 소방기술과 안전관리의 기술향상을 위하여 매년 교
> 육 수요조사를 실시하여 '교육계획'을 수립하고 소방청장의 (㉠)을(를) 받아야 한다.
> • 안전원장은 소방청장에게 해당 연도 교육결과를 평가·분석하여 보고하여야 하며, 소
> 방청장은 교육평가 결과를 '교육계획'에 반영하게 할 수 있다.
> • 안전원장은 교육결과를 객관적이고 정밀하게 분석하기 위하여 필요한 경우 교육 관련
> 전문가로 구성된 (㉡)을(를) 운영할 수 있다.
> • 소방안전원은 정관을 변경하려면 소방청장의 '인가'를 받아야 한다.
> • (㉢)은(는) 소방안전원의 업무를 감독한다.

12 소방기본법령에 관한 설명이다. ( )에 들어갈 용어를 쓰시오.

> • (㉠)이(가) 소방활동으로 인하여 타인을 사상(死傷)에 이르게 한 경우 그 소방활동이
> 불가피하고 (㉠)에게 고의 또는 중대한 과실이 없는 때에는 그 정상을 참작하여 사
> 상에 대한 형사책임을 감경하거나 면제할 수 있다.
> • 소방청장, 소방본부장 또는 소방서장은 (㉠)이(가) 소방활동, 소방지원활동, 생활안
> 전활동으로 인하여 민·형사상 책임과 관련된 소송을 수행할 경우 변호인 선임 등 소
> 송수행에 필요한 지원을 할 수 있다.

정답

08 ㉠ 소방대장, ㉡ 경찰공무원 09 ㉠ 보호장구, ㉡ 시·도지사 10 ㉠ 한국소방안전원,
㉡ 인가, ㉢ 재단 11 ㉠ 승인, ㉡ 위원회, ㉢ 소방청장 12 ㉠ 소방공무원

13 소방기본법령상 '소방자동차의 보험 가입 등'에 관한 설명이다. (   )에 들어갈 용어를 쓰시오.

> 1. (㉠)은(는) 소방자동차의 공무상 운행 중 교통사고가 발생한 경우 그 운전자의 법률상 분쟁에 소요되는 비용을 지원할 수 있는 보험에 가입하여야 한다.
> 2. (㉡)은(는) 위 1.에 따른 보험 가입비용의 일부를 지원할 수 있다.

13 ㉠ 시·도지사, ㉡ 국가   정답

화재의 예방 및 안전관리에 관한 법률

▶ **연계학습** | 에듀윌 기본서 2차 [주택관리관계법규 下] p.250

1 총칙, 화재의 예방 및 안전관리 기본계획의 수립·시행 등

01 화재의 예방 및 안전관리에 관한 법령상 '용어의 뜻'에 관한 설명이다. (   )에 들어갈 용어를 쓰시오.

제21회 수정, 제26회

> 1. '(㉠)'(이)란 소방청장, 소방본부장 또는 소방서장(이하 '소방관서장'이라 한다)이 소방대상물, 관계지역 또는 관계인에 대하여 소방시설등이 소방 관계 법령에 적합하게 설치·관리되고 있는지, 소방대상물에 화재의 발생 위험이 있는지 등을 확인하기 위하여 실시하는 현장조사·문서열람·보고요구 등을 하는 활동을 말한다.
> 2. '(㉡)'(이)란 시·도지사가 화재발생 우려가 크거나 화재가 발생할 경우 피해가 클 것으로 예상되는 지역에 대하여 화재의 예방 및 안전관리를 강화하기 위해 지정·관리하는 지역을 말한다. (제26회)
> 3. '화재예방안전진단'이란 화재가 발생할 경우 사회·경제적으로 피해 규모가 클 것으로 예상되는 소방대상물에 대하여 (㉢)을(를) 조사하고 그 위험성을 평가하여 개선대책을 수립하는 것을 말한다.

02 화재의 예방 및 안전관리에 관한 법령상 '실태조사 및 화재안전조사'에 관한 설명이다. (   )에 들어갈 용어를 쓰시오.

> 1. 소방청장은 기본계획 및 시행계획의 수립·시행에 필요한 기초자료를 확보하기 위하여 소방대상물의 소방시설등 설치·관리 현황 등의 사항에 대하여 (㉠)을(를) 할 수 있다.
> 2. (㉡)은(는) '화재예방안전진단'이 불성실하거나 불완전하다고 인정되는 경우, (㉢)을(를) 실시할 수 있다.

---

01 ㉠ 화재안전조사, ㉡ 화재예방강화지구, ㉢ 화재위험요인   **02** ㉠ 실태조사, ㉡ 소방관서장, ㉢ 화재안전조사

정답

03 화재의 예방 및 안전관리에 관한 법령상 '화재의 예방조치'에 관한 설명이다. (　)에 들어갈 용어를 쓰시오. 제23회 수정

> 1. 누구든지 (㉠)지구 및 '다음 2.의 장소에서는 다음의 어느 하나에 해당하는 행위를 하여서는 아니 된다.
>   가. 모닥불, (㉡) 등 화기의 취급
>   나. 풍등 등 소형열기구 날리기
>   다. 용접·용단 등 불꽃을 발생시키는 행위
>   라. 「위험물안전관리법」 제2조 제1항 제1호에 따른 위험물을 방치하는 행위
> 2. 위 1.에도 불구하고 다음의 안전조치를 한 경우는 그러하지 아니한다.
>   가. 「국민건강증진법」에 따라 설치한 (㉢)실 등 법령에 따라 지정된 장소에서 화기 등을 취급하는 경우
>   나. 소화기 등 소방시설을 비치 또는 설치한 장소에서 화기 등을 취급하는 경우
>   다. 「산업안전보건기준에 관한 규칙」에 따른 화재감시자 등 안전요원이 배치된 장소에서 화기 등을 취급하는 경우
>   라. 그 밖에 소방관서장과 사전 협의하여 안전조치를 한 경우

04 화재의 예방 및 안전관리에 관한 법령상 '화재예방강화지구'에 관한 설명이다. (　)에 들어갈 용어와 아라비아 숫자를 쓰시오. 제21회 수정

> 1. 시·도지사는 목조건물이 밀집한 지역을 화재예방강화지구로 지정하여 관리할 수 있다.
> 2. 위 1.에도 불구하고 시·도지사가 화재예방강화지구로 지정할 필요가 있는 지역을 화재예방강화지구로 지정하지 아니하는 경우 (㉠)은(는) 해당 시·도지사에게 해당 지역의 화재예방강화지구 지정을 요청할 수 있다.
> 3. 소방관서장은 화재예방강화지구 안의 소방대상물의 위치·구조 및 설비 등에 대한 (㉡)을(를) 연 1회 이상 실시해야 한다.
> 4. 소방관서장은 화재예방강화지구 안의 '관계인'에 대하여 소방에 필요한 훈련 및 교육을 연 1회 이상 실시할 수 있다.
> 5. 소방관서장은 위 4.에 따라 훈련 및 교육을 실시하려는 경우에는 화재예방강화지구 안의 관계인에게 훈련 또는 교육 (㉢)일 전까지 그 사실을 통보해야 한다.

05 화재의 예방 및 안전관리에 관한 법령상 '특정소방대상물의 소방안전관리'에 관한 설명이다. ( )에 들어갈 용어와 아라비아 숫자를 쓰시오.

> 1. 특정소방대상물 중 전문적인 안전관리가 요구되는 '대통령령으로 정하는 특정소방대상물'[이하 '(㉠)'(이)라 한다]의 관계인은 소방안전관리업무를 수행하기 위하여 소방안전관리자 자격증을 발급받은 사람을 소방안전관리자로 선임하여야 한다.
> 2. 소방안전관리자의 업무에 대하여 보조가 필요한 '대통령령으로 정하는 (㉠)의 경우'에는 소방안전관리자 외에 소방안전관리보조자를 추가로 선임하여야 한다.
> 3. (㉠)의 관계인이 소방안전관리자 또는 소방안전관리보조자를 선임한 경우에는 행정안전부령으로 정하는 바에 따라 선임한 날부터 (㉡)일 이내에 소방본부장 또는 소방서장에게 신고하고, (㉠)의 출입자가 쉽게 알 수 있도록 소방안전관리자의 성명과 그 밖에 행정안전부령으로 정하는 사항을 게시하여야 한다.

PART 10

정답

03 ㉠ 화재예방강화, ㉡ 흡연   **04** ㉠ 소방청장, ㉡ 화재안전조사, ㉢ 10
05 ㉠ 소방안전관리대상물, ㉡ 14

06 화재의 예방 및 안전관리에 관한 법령상 '소방안전관리대상물'에 관한 설명이다. (   )에 들어갈 아라비아 숫자와 용어를 쓰시오.   제23회 수정

> 1. (㉠)층 이상(지하층은 제외한다)이거나 지상으로부터 높이가 200미터 이상인 아파트 ⇨ 특급 소방안전관리대상물
> 2. (㉡)층 이상(지하층을 포함한다)이거나 높이가 120미터 이상인 특정소방대상물(아파트는 제외한다) ⇨ 특급 소방안전관리대상물
> 3. 연면적 1만 5천 제곱미터 이상인 특정소방대상물(아파트는 제외한다) ⇨ 1급 소방안전관리대상물
> 4. 「공동주택관리법」상 '의무관리대상 공동주택'[소방시설 설치 및 관리에 관한 법률 시행령에 따른 옥내소화전설비 또는 (㉢)설비가 설치된 공동주택으로 한정한다] ⇨ 2급 소방안전관리대상물
> 5. 「소방시설 설치 및 관리에 관한 법률 시행령」에 따른 '자동화재탐지설비'를 설치해야 하는 특정소방대상물 ⇨ 3급 소방안전관리대상물

이론 ✚

1. 특급 소방안전관리대상물의 범위
   가. 50층 이상(지하층은 제외한다)이거나 지상으로부터 높이가 200미터 이상인 아파트
   나. 30층 이상(지하층을 포함한다)이거나 지상으로부터 높이가 120미터 이상인 특정소방대상물(아파트는 제외한다)
   다. 위 나.에 해당하지 않는 특정소방대상물로서 연면적이 10만 제곱미터 이상인 특정소방대상물(아파트는 제외한다)
2. 1급 소방안전관리대상물의 범위
   가. 30층 이상(지하층은 제외한다)이거나 지상으로부터 높이가 120미터 이상인 아파트
   나. 연면적 1만 5천 제곱미터 이상인 특정소방대상물(아파트 및 연립주택은 제외한다)
      [연립주택은 2024. 12. 1.부터 적용]
   다. 위 나.에 해당하지 않는 특정소방대상물로서 지상층의 층수가 11층 이상인 특정소방대상물(아파트는 제외한다)
   라. 가연성 가스를 1천 톤 이상 저장·취급하는 시설
3. 2급 소방안전관리대상물의 범위
   가. 「소방시설 설치 및 관리에 관한 법률 시행령」에 따라 옥내소화전설비를 설치해야 하는 특정소방대상물, 스프링클러설비를 설치해야 하는 특정소방대상물 또는 물분무등소화설비[화재안전기준에 따라 호스릴(hose reel) 방식의 물분무등소화설비만을 설치할 수 있는 특정소방대상물은 제외한다]를 설치해야 하는 특정소방대상물
   나. 가스 제조설비를 갖추고 도시가스사업의 허가를 받아야 하는 시설 또는 가연성 가스를 100톤 이상 1천 톤 미만 저장·취급하는 시설
   다. 지하구
   라. 「공동주택관리법」 제2조 제1항 제2호의 어느 하나에 해당하는 의무관리대상 공동주택(소방시설 설치 및 관리에 관한 법률 시행령에 따른 옥내소화전설비 또는 스프링클러설비가 설치된 공동주택으로 한정한다)
   마. 「문화재보호법」 제23조에 따라 보물 또는 국보로 지정된 목조건축물

4. 3급 소방안전관리대상물의 범위
　가. 「소방시설 설치 및 관리에 관한 법률 시행령」에 따라 간이스프링클러설비(주택전용 간이
　　　스프링클러설비는 제외한다)를 설치해야 하는 특정소방대상물
　나. 「소방시설 설치 및 관리에 관한 법률 시행령」에 따른 자동화재탐지설비를 설치해야 하는
　　　특정소방대상물

07 화재의 예방 및 안전관리에 관한 법령상 '소방안전관리자가 될 수 있는 사람'에 관한 설명이다. ( )에 들어갈 아라비아 숫자를 쓰시오.

> • 특급 소방안전관리대상물: 소방공무원으로 (㉠)년 이상 근무한 경력이 있는 사람
> • 1급 소방안전관리대상물: 소방공무원으로 7년 이상 근무한 경력이 있는 사람
> • 2급 소방안전관리대상물: 소방공무원으로 (㉡)년 이상 근무한 경력이 있는 사람
> • 3급 소방안전관리대상물: 소방공무원으로 1년 이상 근무한 경력이 있는 사람

06 ㉠ 50, ㉡ 30, ㉢ 스프링클러　**07** ㉠ 20, ㉡ 3　정답

08 화재의 예방 및 안전관리에 관한 법령상 '화재예방안전진단'에 관한 설명이다. ( )에 들어갈 아라비아 숫자와 용어를 쓰시오.

1. 여객터미널의 연면적이 (㉠)천 제곱미터 이상인 공항시설의 관계인은 화재의 예방 및 안전관리를 체계적·효율적으로 수행하기 위해 한국소방안전원(이하 '안전원') 또는 소방청장이 지정하는 화재예방안전진단기관(이하 '진단기관'이라 한다)으로부터 '정기적'으로 화재예방안전진단을 받아야 한다.
2. 위 1.에 따라 안전원 또는 진단기관의 화재예방안전진단을 받은 연도에는 법 제37조에 따른 소방훈련과 교육 및 「소방시설 설치 및 관리에 관한 법률」 제22조에 따른 (㉡)을(를) 받은 것으로 본다.
3. 화재예방안전진단을 실시한 안전원 또는 진단기관은 '화재예방안전진단이 완료된 날'부터 (㉢)일 이내에 소방본부장 또는 소방서장, 관계인에게 화재예방안전진단 결과 보고서(전자문서를 포함한다)에 화재예방안전진단 결과 세부 보고서(전자문서를 포함한다)를 첨부하여 제출해야 한다.
4. 소방본부장 또는 소방서장은 위 3.에 따라 제출받은 화재예방안전진단 결과에 따라 보수·보강 등의 조치가 필요하다고 인정하는 경우에는 해당 소방안전 특별관리시설물의 '관계인'에게 보수·보강 등의 조치를 취할 것을 명할 수 있다.

이론 ✚ 위 지문 1.에 해당하는 '소방안전 특별관리시설물'은 다음과 같다.
1. 공항시설 중 여객터미널의 연면적이 1천 제곱미터 이상인 공항시설
2. 철도시설 중 역 시설의 연면적이 5천 제곱미터 이상인 철도시설
3. 도시철도시설 중 역사 및 역 시설의 연면적이 5천 제곱미터 이상인 도시철도시설
4. 항만시설 중 여객이용시설 및 지원시설의 연면적이 5천 제곱미터 이상인 항만시설
5. 전력용 및 통신용 지하구 중 「국토의 계획 및 이용에 관한 법률」 제2조 제9호에 따른 공동구
6. 천연가스 인수기지 및 공급망 중 「소방시설 설치 및 관리에 관한 법률 시행령」에 따른 가스시설
7. 발전소 중 연면적이 5천 제곱미터 이상인 발전소
8. 가스공급시설 중 가연성 가스 탱크의 저장용량의 합계가 100톤 이상이거나 저장용량이 30톤 이상인 가연성 가스 탱크가 있는 가스공급시설

09 화재의 예방 및 안전관리에 관한 법령상 '화재예방안전진단의 실시 절차 등'에 관한 설명이다. ( )에 들어갈 아라비아 숫자와 용어를 쓰시오.

---

1. 소방안전관리대상물이 건축되어 법 제43조 각 호의 소방안전 특별관리시설물에 해당하게 된 경우 해당 소방안전 특별관리시설물의 관계인은 「건축법」 제22조에 따른 사용승인 또는 「소방시설공사업법」 제14조에 따른 완공검사를 받은 날부터 (㉠)년이 경과한 날이 속하는 해에 최초의 화재예방안전진단을 받아야 한다.
2. 화재예방안전진단을 받은 소방안전 특별관리시설물의 관계인은 '안전등급'에 따라 정기적으로 다음의 기간에 화재예방안전진단을 받아야 한다.
   가. 안전등급이 '우수': 안전등급을 통보받은 날부터 (㉡)년이 경과한 날이 속하는 해
   나. 안전등급이 '양호·보통': 안전등급을 통보받은 날부터 5년이 경과한 날이 속하는 해
   다. 안전등급이 '(㉢)·불량': 안전등급을 통보받은 날부터 4년이 경과한 날이 속하는 해
3. 화재예방안전진단 결과는 우수, 양호, 보통, (㉢) 및 불량의 안전등급으로 구분한다.

PART 10

---

08 ㉠ 1, ㉡ 자체점검, ㉢ 60   **09** ㉠ 5, ㉡ 6, ㉢ 미흡   **정답**

소방시설 설치 및 관리에 관한 법률

▶ **연계학습** | 에듀윌 기본서 2차 [주택관리관계법규 下] p.298

01 소방시설 설치 및 관리에 관한 법령상 '용어의 뜻'에 관한 설명이다. (   )에 들어갈 용어를 쓰시오.

> 1. '(㉠)'(이)란 건축물 등의 규모·용도 및 수용인원 등을 고려하여 소방시설을 설치하여야 하는 소방대상물로서 대통령령으로 정하는 것을 말한다.
> 2. '(㉡)'(이)란 화재를 예방하고 화재발생 시 피해를 최소화하기 위하여 소방대상물의 재료, 공간 및 설비 등에 요구되는 안전성능을 말한다.
> 3. '(㉢)'(이)란 건축물 등의 재료, 공간, 이용자, 화재 특성 등을 종합적으로 고려하여 공학적 방법으로 화재 위험성을 평가하고 그 결과에 따라 (㉡)이 확보될 수 있도록 특정소방대상물을 설계하는 것을 말한다.

이론 ✚

> [참고]
> 1. '화재안전기준'이란 소방시설 설치 및 관리를 위한 다음의 기준을 말한다.
>   가. 성능기준: 화재안전 확보를 위해 재료, 공간 및 설비 등에 요구되는 안전성능으로서 소방청장이 고시로 정하는 기준
>   나. 기술기준: 가목에 따른 성능기준을 충족하는 상세한 규격, 특정한 수치 및 시험방법 등에 관한 기준으로서 행정안전부령으로 정하는 절차에 따라 소방청장의 승인을 받은 기준

02 소방시설 설치 및 관리에 관한 법령상 '용어의 뜻'에 관한 설명이다. (   )에 들어갈 아라비아 숫자와 용어를 쓰시오. 제21·23회 수정

> 1. '무창층'(無窓層)이란 지상층 중 다음의 요건을 모두 갖춘 개구부(건축물에서 채광·환기·통풍 또는 출입 등을 위하여 만든 창·출입구, 그 밖에 이와 비슷한 것을 말한다)의 면적의 합계가 해당 층의 바닥면적의 (㉠)분의 1 이하가 되는 층을 말한다. (제21회)
>   가. 크기는 지름 50센티미터 이상의 원이 통과할 수 있을 것
>   나. 해당 층의 바닥면으로부터 개구부 밑부분까지의 높이가 (㉡)미터 이내일 것
>   다. 도로 또는 차량이 진입할 수 있는 빈터를 향할 것
>   라. 화재 시 건축물로부터 쉽게 피난할 수 있도록 창살 등의 장애물이 설치되지 않을 것
>   마. 내부 또는 외부에서 쉽게 부수거나 열 수 있을 것
> 2. '(㉢)'(이)란 곧바로 지상으로 갈 수 있는 출입구가 있는 층을 말한다. (제23회)

03 소방시설 설치 및 관리에 관한 법령에 관한 설명이다. (   )에 들어갈 용어를 쓰시오.

제20회 수정

1. 「지진·화산재해대책법」 제14조 제1항 각 호의 시설 중 대통령령으로 정하는 특정소방대상물에 '대통령령으로 정하는 소방시설'을 설치하려는 자는 지진이 발생할 경우 소방시설이 정상적으로 작동될 수 있도록 소방청장이 정하는 (㉠)에 맞게 소방시설을 설치하여야 한다.
2. 위 1.에서 '대통령령으로 정하는 소방시설'이란 소방시설 중 옥내소화전설비, (㉡) 설비 및 물분무등소화설비를 말한다.
3. 50층 이상(지하층은 제외한다)이거나 지상으로부터 높이가 200미터 이상인 아파트 등(신축하는 것만 해당한다)에 소방시설을 설치하려는 자는 '(㉢)설계'를 하여야 한다. (제20회)

04 소방시설 설치 및 관리에 관한 법령상 '주택에 설치하는 소방시설'에 관한 설명이다. (   )에 들어갈 용어를 쓰시오.

1. 다음 주택의 소유자는 소화기 등 '대통령령으로 정하는 소방시설'(이하 '주택용소방시설')을 설치하여야 한다.
   가. 「건축법」 제2조 제2항 제1호의 단독주택
   나. 「건축법」 제2조 제2항 제2호의 공동주택[(㉠) 및 기숙사는 제외한다]
2. 위 1.에서 '대통령령으로 정하는 소방시설'이란 소화기 및 (㉡)을(를) 말한다.
3. 국가 및 지방자치단체는 주택용소방시설의 설치 및 국민의 자율적인 안전관리를 촉진하기 위하여 필요한 시책을 마련하여야 한다.

정답
01 ㉠ 특정소방대상물, ㉡ 화재안전성능, ㉢ 성능위주설계 **02** ㉠ 30, ㉡ 1.2 ㉢ 피난층
03 ㉠ 내진설계기준, ㉡ 스프링클러, ㉢ 성능위주 **04** ㉠ 아파트, ㉡ 단독경보형 감지기

05 소방시설 설치 및 관리에 관한 법령상 '소방용품의 내용연수 등'에 관한 설명이다. ( )에 들어갈 용어와 아라비아 숫자를 쓰시오. 제22회 수정

> 1. 특정소방대상물의 관계인은 내용연수가 경과한 소방용품을 교체하여야 한다. 이 경우 내용연수를 설정하여야 하는 소방용품의 종류 및 그 내용연수 연한에 필요한 사항은 대통령령으로 정한다.
> 2. 위 1.에 따라 내용연수를 설정하여야 하는 소방용품은 (㉠) 형태의 소화약제를 사용하는 (㉡)(으)로 한다.
> 3. 위 2.에 따른 소방용품의 내용연수는 (㉢)년으로 한다.

06 소방시설 설치 및 관리에 관한 법령상 '소방시설관리업의 등록취소와 영업정지 등'에 관한 설명이다. ( )에 들어갈 아라비아 숫자와 용어를 쓰시오.

> 1. '시·도지사'는 관리업자가 다음의 어느 하나에 해당하는 경우에는 그 등록을 취소하거나 (㉠)개월 이내의 기간을 정하여 이의 시정이나 그 영업의 정지를 명할 수 있다. 다만, 다음 가.·라. 또는 마.에 해당할 때에는 등록을 취소하여야 한다.
>   가. 거짓이나 그 밖의 부정한 방법으로 등록을 한 경우
>   나. 법 제22조에 따른 점검을 하지 아니하거나 거짓으로 한 경우
>   다. 법 제29조 제2항에 따른 등록기준에 미달하게 된 경우
>   라. 법 제30조 각 호의 어느 하나에 해당하게 된 경우. 다만, 법 제30조 제5호에 해당하는 법인으로서 결격사유에 해당하게 된 날부터 '2개월 이내'에 그 임원을 결격사유가 없는 임원으로 바꾸어 선임한 경우는 제외한다.
>   마. 법 제33조 제2항을 위반하여 등록증 또는 등록수첩을 빌려준 경우
>   바. 법 제34조 제1항에 따른 점검능력 평가를 받지 아니하고 자체점검을 한 경우
> 2. 시·도지사는 위 1.에 따라 영업정지를 명하는 경우로서 그 영업정지가 이용자에게 불편을 주거나 그 밖에 공익을 해칠 우려가 있을 때에는 영업정지처분을 갈음하여 (㉡)천만원 이하의 (㉢)을(를) 부과할 수 있다.

05 ㉠ 분말, ㉡ 소화기, ㉢ 10 **06** ㉠ 6, ㉡ 3, ㉢ 과징금   정답

▶ **연계학습** | 에듀윌 기본서 2차 [주택관리관계법규 下] p.354

01 전기사업법령에 관한 설명이다. (   )에 들어갈 용어를 쓰시오.

> • 발전사업자, 전기판매사업자, 전기자동차충전사업자, 재생에너지전기공급사업자, 통합발전소사업자 및 재생에너지전기저장판매사업자는 정당한 사유 없이 전기의 공급을 거부하여서는 아니 된다. 〈개정〉
> • 재생에너지전기공급사업자는 재생에너지를 이용하여 생산한 전기를 (㉠)을(를) 거치지 아니하고 전기사용자에게 공급할 수 있으며, 이 경우 요금과 그 밖의 공급조건 등을 개별적으로 협의하여 계약할 수 있다. 〈신설〉
> • '통합발전소사업'이란 정보통신 및 (㉡) 기술을 이용해 대통령령으로 정하는 에너지자원을 연결·제어하여 하나의 발전소처럼 운영하는 시스템을 활용하는 사업을 말한다. 〈신설〉
> • '재생에너지전기저장판매사업'이란 재생에너지를 이용하여 생산한 전기를 (㉢)에 저장하여 전기사용자에게 판매하는 것을 주된 목적으로 하는 사업으로서 산업통상자원부령으로 정하는 것을 말한다. 〈신설〉

02 전기사업법령에 관한 설명이다. (   )에 들어갈 용어를 쓰시오.

> 1. (㉠) 또는 배전사업자는 대통령령으로 정하는 바에 따라 전기설비의 이용요금과 그 밖의 이용조건에 관한 사항을 정하여 산업통상자원부장관의 (㉡)을(를) 받아야 한다. 이를 변경하려는 경우에도 또한 같다.
> 2. 산업통상자원부장관은 위 1.의 (㉡)을(를) 하려는 경우에는 '전기위원회'의 심의를 거쳐야 한다.
> 3. 전기판매사업자 또는 '(㉢)사업자'는 정당한 사유 없이 전기자동차충전사업자와의 전력거래를 거부해서는 아니 된다.

---

01 ㉠ 전력시장, ㉡ 자동제어, ㉢ 전기저장장치   **02** ㉠ 송전사업자, ㉡ 인가, ㉢ 구역전기   **정답**

03 전기사업법령상 '재생에너지전기공급사업자 등의 전기공급'에 관한 설명이다. ( )에 들어갈 용어를 쓰시오.

> 1. 재생에너지전기공급사업자 및 (㉠)사업자는 재생에너지를 이용하여 생산한 전기를 (㉡)을(를) 거치지 아니하고 전기사용자에게 공급할 수 있다. 〈개정, 시행 2024. 5. 1.〉
> 2. 전기자동차충전사업자는 대통령령으로 정하는 범위에서 재생에너지를 이용하여 생산한 전기를 (㉡)을(를) 거치지 아니하고 전기자동차에 공급할 수 있다. 〈신설〉
> 3. 위 1.에 따라 재생에너지전기공급사업자 및 (㉠)사업자가 전기사용자에게 전기를 공급하는 경우 요금과 그 밖의 공급조건 등을 개별적으로 협의하여 계약할 수 있다. 〈개정〉
> 4. 위 1. 및 2.에 따라 공급되는 전기는 「신에너지 및 재생에너지 개발·이용·보급 촉진법」에 따른 신·재생에너지 공급인증서의 발급대상이 되지 아니한다. 〈개정〉

04 전기사업법령에 관한 설명이다. ( )에 들어갈 아라비아 숫자와 용어를 쓰시오.

> • 산업통상자원부장관은 전력수급의 안정을 위하여 전력수급기본계획을 (㉠)년 단위로 수립하여야 한다.
> • 산업통상자원부장관은 전력산업의 지속적인 발전과 전력수급의 안정을 위하여 전력산업의 기반조성을 위한 계획을 (㉡)년 단위로 수립·시행하여야 한다.
> • 산업통상자원부장관은 전력산업기반조성계획을 효율적으로 추진하기 위하여 매년 '시행계획'을 수립하고 공고하여야 한다.
> • 산업통상자원부장관은 '시행계획'을 수립하려는 경우에는 (㉢)의 심의를 거쳐야 한다. 이를 변경하려는 경우에도 또한 같다.

이론 ✚

[참고]
정부는 전력산업의 지속적인 발전과 전력산업의 기반조성에 필요한 재원을 확보하기 위해 전력산업기반기금을 설치한다.

05 전기사업법 제16조 규정의 일부이다. ( )에 들어갈 용어를 쓰시오. 제26회

> 제16조【전기의 공급약관】① 전기판매사업자는 대통령령으로 정하는 바에 따라 전기
> 요금과 그 밖의 공급조건에 관한 약관(이하 '기본공급약관'이라 한다)을 작성하여 산업
> 통상자원부장관의 인가를 받아야 한다.
> ② 산업통상자원부장관은 제1항에 따른 인가를 하려는 경우에는 (㉠)의 심의를 거
> 쳐야 한다.
> ③ ~ ⑤ 〈생략〉

06 전기사업법 제31조 규정의 일부이다. ( )에 들어갈 용어와 아라비아 숫자를 쓰시오.

> 1. 발전사업자 및 (㉠)은(는) 전력시장운영규칙으로 정하는 바에 따라 전력시장에서
>   전력거래를 하여야 한다.
> 2. (㉡)전기설비를 설치한 자는 그가 생산한 전력을 전력시장에서 거래할 수 없다.
>   다만, 다음의 경우에는 그러하지 아니하다.
>   가. '태양광 설비'를 설치한 자가 해당 설비를 통하여 생산한 전력 중 자기가 사용하
>   고남은 전력을 거래하는 경우
>   나. '태양광 설비 외'의 설비('석탄을 에너지원으로 이용하는 설비'는 2017년 2월 28
>   일까지 전기안전관리법 제8조 제1항 전단 또는 같은 조 제2항 전단에 따른 설치
>   공사·변경공사의 공사계획의 인가 신청 또는 신고를 한 경우로 한정한다)를 설
>   치한 자가 해당 설비를 통하여 생산한 전력의 연간 총생산량의 (㉢)퍼센트 미
>   만의 범위에서 전력을 거래하는 경우

PART 12

정답

03 ㉠ 재생에너지전기저장판매, ㉡ 전력시장 **04** ㉠ 2, ㉡ 3, ㉢ 전력정책심의회
05 ㉠ 전기위원회 **06** ㉠ 전기판매사업자, ㉡ 자가용, ㉢ 50

07 전기사업법 제31조 규정의 일부이다. ( )에 들어갈 용어를 쓰시오.

- (㉠)사업자는 대통령령으로 정하는 바에 따라 특정한 공급구역의 수요에 부족하거나 남는 전력을 전력시장에서 거래할 수 있다.
- '소규모전력중개사업자'는 모집한 소규모전력자원에서 생산 또는 저장한 전력을 (㉡)규칙으로 정하는 바에 따라 전력시장에서 거래하여야 한다.
- (㉢)사업자는 (㉡)규칙에서 정하는 바에 따라 통합발전소에서 생산 또는 저장한 전력을 전력시장에서 거래할 수 있다. 〈신설, 시행 2024. 6. 13.〉

08 전기사업법령에 관한 설명이다. ( )에 들어갈 용어와 아라비아 숫자를 쓰시오.

제24회 객관식 수정

- (㉠)은(는) 전력시장에서 전력을 직접 구매할 수 없다. 다만, 수전설비(受電設備)의 용량(재생에너지전기공급사업자로부터 전기를 공급받는 경우에는 산업통상자원부장관이 정하여 고시하는 바에 따라 각 수전설비를 합산한 용량을 말한다)이 (㉡)만 킬로볼트암페어 이상인 (㉠)은(는) 그러하지 아니하다. (제24회 객관식)
- (㉢)은(는) 전력계통의 운영에 관한 업무를 수행하기 위하여 '전력계통 운영시스템'을(를) 구축·운영할 수 있다.

09 전기사업법 제47조의2 규정의 일부이다. ( )에 들어갈 용어와 아라비아 숫자를 쓰시오.

- 전력수급 및 전력산업기반조성에 관한 중요사항을 심의하기 위하여 산업통상자원부에 (㉠)을(를) 둔다.
- (㉠)은(는) 위원장 1명을 포함한 (㉡)명 이내의 위원으로 구성한다.

10 전기사업법 제53조 규정의 일부이다. ( )에 들어갈 용어와 아라비아 숫자를 쓰시오.

- 전기사업 등의 공정한 경쟁환경 조성 및 전기사용자의 권익 보호에 관한 사항의 심의와 전기사업 등과 관련된 분쟁의 재정(裁定)을 위하여 산업통상자원부에 (㉠)을(를) 둔다.
- (㉠)은(는) 위원장 1명을 포함한 (㉡)명 이내의 위원으로 구성하되, 위원 중 대통령령으로 정하는 수의 위원은 (㉢)(으)로 한다.

11 전기사업법령상 '전기설비의 공사계획'에 관한 설명이다. (   )에 들어갈 용어를 쓰시오.

제20회 수정

> 1. 전기사업자는 전기사업용 전기설비의 설치공사 또는 변경공사로서 산업통상자원부령으로 정하는 공사를 하려는 경우에는 그 공사계획에 대하여 (㉠)의 (㉡)을(를) 받아야 한다. 〈제20회〉
> 2. 전기사업자는 위 1.에 따라 (㉡)을(를) 받아야 하는 공사 외의 전기사업용 전기설비의 설치공사 또는 변경공사로서 산업통상자원부령으로 정하는 공사를 하려는 경우에는 대통령령으로 정하는 바에 따라 '공사를 시작하기 전'에 (㉢)에게 '신고'하여야 한다. 신고한 사항을 변경하려는 경우에도 또한 같다.
> 3. 전기사업자는 전기설비가 사고·재해 또는 그 밖의 사유로 멸실·파손되거나 전시·사변 등 비상사태가 발생하여 부득이하게 공사를 하여야 하는 경우에는 위 1. 및 2.에도 불구하고 산업통상자원부령으로 정하는 바에 따라 '공사를 시작한 후' 지체 없이 그 사실을 (㉢)에게 '신고'하여야 한다.
> 4. 위 2.에 따른 신고·변경신고를 받은 허가권자는 그 내용을 검토하여 이 법에 적합하면 신고를 수리하여야 한다. 〈신설〉

12 전기사업법령상 '사용전검사'에 관한 설명이다. (   )에 들어갈 용어와 아라비아 숫자를 쓰시오.

> • 전기설비의 설치공사 또는 변경공사를 한 자는 산업통상자원부령으로 정하는 바에 따라 (㉠)이(가) 실시하는 검사에 합격한 후에 이를 사용하여야 한다.
> • 사용전검사를 받으려는 자는 별지 제28호 서식의 사용전검사 신청서에 일정한 서류를 첨부하여 검사를 받으려는 날의 (㉡)일 전까지 「전기안전관리법」 제30조에 따른 '한국전기안전공사'(이하 '안전공사'라 한다)에 제출하여야 한다.
> • 안전공사는 규칙 제31조(사용전검사의 대상·기준 및 절차 등)에 따라 검사를 한 경우에는 검사완료일부터 (㉢)일 이내에 별지 제29호 서식의 검사확인증을 검사신청인에게 내주어야 한다. 다만, 검사 결과 불합격인 경우에는 그 내용·사유 및 재검사 기한을 통지하여야 한다.

---

07 ㉠ 구역전기, ㉡ 전력시장운영, ㉢ 통합발전소 **08** ㉠ 전기사용자, ㉡ 3, ㉢ 한국전력거래소
09 ㉠ 전력정책심의회, ㉡ 30 **10** ㉠ 전기위원회, ㉡ 9, ㉢ 상임 **11** ㉠ 산업통상자원부장관,
㉡ 인가, ㉢ 허가권자 **12** ㉠ 허가권자, ㉡ 7, ㉢ 5

13 전기사업법령상 '전기설비의 임시사용'에 관한 설명이다. (　　)에 들어갈 아라비아 숫자를 쓰시오.

> 1. 허가권자는 법 제63조(사용전검사)에 따른 검사에 불합격한 경우에도 안전상 지장이 없고 전기설비의 임시사용이 필요하다고 인정되는 경우에는 사용기간 및 방법을 정하여 그 설비를 임시로 사용하게 할 수 있다. 이 경우 허가권자는 그 사용기간 및 방법을 정하여 통지를 하여야 한다.
> 2. 비상용 예비발전기가 완공되지 아니할 경우 등 위 1.에 따른 전기설비 임시사용의 허용기준, (㉠)년의 범위에서의 사용기간, 전기설비의 임시사용방법, 그 밖에 필요한 사항은 산업통상자원부령으로 정한다.
> 3. 위 2.에 따른 전기설비의 임시사용기간은 (㉡)개월 이내로 한다. 다만, 임시사용기간에 임시사용의 사유를 해소할 수 없는 특별한 사유가 있다고 인정되는 경우에는 전체 임시사용기간이 (㉢)년을 초과하지 아니하는 범위에서 임시사용기간을 연장할 수 있다.
> 4. 안전공사는 위 1.에 따라 전기설비의 임시사용을 허용하였을 때에는 그 허용사유, 사용기간, 사용 범위 등을 별지 제29호 서식의 검사확인증에 적어 사용전검사 신청인에게 통보하여야 한다.

14 전기사업법령상 '자체 검사'에 관한 설명이다. (　　)에 들어갈 용어를 쓰시오.

> 송전사업자 및 (㉠)사업자는 산업통상자원부령으로 정하는 바에 따라 송전사업자·(㉠)사업자의 전기설비에 대하여 자체적으로 검사를 하여야 하고 (㉡)에게 검사 결과를 보고하여야 한다.

▶ **연계학습** | 에듀윌 기본서 2차 [주택관리관계법규 下] p.418

01 승강기 안전관리법령상 '승강기의 용도별 세부종류'에 관한 설명이다. (　)에 들어갈 용어를 쓰시오.

- '(㉠) 엘리베이터'는 화재 등 재난 발생 시 거주자의 피난활동에 적합하게 제조·설치된 엘리베이터로서 평상시에는 승객용으로 사용하는 엘리베이터이다.
- '주택용 엘리베이터'는 「건축법 시행령」[별표 1] 제1호 가목에 따른 '(㉡)주택' 거주자의 운송에 적합하게 제조·설치된 엘리베이터로서 왕복운행거리가 12미터 이하인 엘리베이터이다.
- 소형화물용 엘리베이터(Dumbwaiter)는 음식물이나 (㉢) 등 소형 화물의 운반에 적합하게 제조·설치된 엘리베이터로서 사람의 탑승을 금지하는 엘리베이터(바닥면적이 0.5제곱미터 이하이고, 높이가 0.6미터 이하인 것은 제외한다)이다.

TIP 승강기의 용도별 세부종류 중 '주택용 엘리베이터'는 공동주택은 해당하지 않고 단독주택만 해당한다는 점을 유의하여야 한다.

이론＋

[참고]
- 승강기의 구조별 세부종류 중 '무빙워크'는 평면형의 발판이 구동기에 의해 경사로 또는 수평로를 따라 운행되는 구조의 에스컬레이터이다.
- 승강기의 용도별 세부종류 중 '승객화물용 엘리베이터'는 사람의 운송과 화물 운반을 겸용하기에 적합하게 제조·설치된 엘리베이터이다.
- 승강기의 용도별 세부종류 중 '화물용 엘리베이터'는 화물 운반에 적합하게 제조·설치된 엘리베이터로서 조작자 또는 화물취급자가 탑승할 수 있는 엘리베이터(적재용량이 300킬로그램 미만인 것은 제외)이다.
- 승강기의 용도별 세부종류 중 '자동차용 엘리베이터'는 운전자가 탑승한 자동차의 운반에 적합하게 제조·설치된 엘리베이터이다.

01 ㉠ 피난용, ㉡ 단독, ㉢ 서적　　　　　　　　　**정답**

02 승강기 안전관리법령에 관한 설명이다. (   )에 들어갈 아라비아 숫자를 쓰시오.

1. 제조업 또는 수입업 등록을 하려는 자는 다음의 기준을 모두 갖춰야 한다.
   가. 자본금(법인인 경우는 납입자본금을 말하고, 개인인 경우는 자산평가액을 말한다)
      (㉠)억원 이상일 것
   나. 제조업 또는 수입업의 종류별로 [별표 1] 제2호에 따른 기술인력, 설비를 갖출 것
2. 승강기 유지관리업 등록을 하려는 자는 다음의 등록기준을 모두 갖춰야 한다.
   가. 자본금이 (㉡)억원 이상일 것
   나. [별표 8]에 따른 유지관리 대상 승강기의 종류별 기술인력 및 설비를 갖출 것

이론 ✛

제조업 또는 수입업의 종류

종류	구분 기준
1. 승강기 제조업	승강기를 직접 설계하고, 그 설계에 따라 해당 승강기를 「산업집적활성화 및 공장설립에 관한 법률」 제2조 제1호에 따른 공장(이하 '공장'이라 한다)에서 직접 제조하는 업(業)
2. 승강기 수입업	외국으로부터 승강기를 수입하는 업
3. 승강기부품 제조업	영 제9조에 따른 승강기부품을 직접 설계하고 그 설계에 따라 해당 승강기부품을 공장에서 직접 제조하는 업
4. 승강기부품 수입업	외국으로부터 영 제9조에 따른 승강기부품을 수입하는 업

03 승강기 안전관리법령에 관한 설명이다. (   )에 들어갈 아라비아 숫자와 용어를 쓰시오.

1. 승강기의 제조·수입업자는 승강기안전인증을 받은 승강기가 법 제17조 제3항에 따른 기준에 맞는지를 확인하기 위하여 행정안전부장관이 실시하는 승강기에 대한 심사를 정기적으로 받아야 한다.
2. 승강기의 제조·수입업자는 승강기안전인증을 받은 날부터 (㉠)년마다 행정안전부장관이 실시하는 승강기에 대한 심사(이하 '승강기정기심사')를 받아야 하며, 승강기정기심사 결과에 이의가 있는 경우 행정안전부장관에게 재심사를 요청할 수 있다.
3. 승강기안전인증을 받은 승강기의 제조·수입업자는 행정안전부령으로 정하는 바에 따라 승강기안전인증을 받은 후 제조하거나 수입하는 같은 모델의 승강기에 대하여 '안전성'에 대한 (㉡)심사를 하고, 그 기록을 작성·보관하여야 한다.
4. 승강기의 제조·수입업자는 (㉡)심사를 마친 경우, 승강기명 및 모델명 등의 사항을 기록하고, 그 기록을 (㉢)년간 보관해야 한다.

'승강기부품의 제조·수입업자'도 위의 내용과 동일하게 승강기부품의 '정기심사'와 '자체심사'의 의무 있음

고난도

04 승강기 안전관리법령상 '설치신고'에 관한 설명이다. (   )에 들어갈 용어와 아라비아 숫자를 쓰시오.

제21·22회 객관식 수정

> 1. 설치공사업자는 승강기의 설치를 끝냈을 때에는 행정안전부령으로 정하는 바에 따라 관할 (㉠)에게 그 사실을 신고하여야 한다. (제21회 객관식)
> 2. 설치공사업자는 위 1.에 따라 승강기의 설치를 끝낸 날부터 (㉡)일 이내에 (㉢)에 승강기의 설치신고를 해야 한다.

TIP '설치신고'는 '설치공사업자'가 '시·도지사'에게 하여야 하며, 행정안전부령에 따르면, '한국승강기안전공단(공단)'에 설치신고를 하여야 한다.

---

05 승강기 안전관리법령에 관한 설명이다. (   )에 들어갈 용어를 쓰시오.

제21·22회 객관식 수정, 제26회 수정

> 1. 승강기의 제조·수입업자는 설치를 끝낸 승강기에 대하여 행정안전부령으로 정하는 바에 따라 (㉠)이(가) 실시하는 '설치검사'를 받아야 한다. (제22회 객관식)
> 2. 승강기의 제조·수입업자가 승강기에 대한 설치검사를 받으려는 경우는 별지 제23호 서식의 설치검사신청서(전자문서를 포함한다)에 다음의 서류(전자문서를 포함한다)를 첨부하여 (㉡)에 제출해야 한다.
>   가. 사업자등록증 사본
>   나. 승강기안전인증서(승강기안전인증의 면제를 받은 경우에는 승강기안전인증 면제확인서를 말한다) 사본
>   다. 설치검사대상 승강기의 설치도면(전기도면 및 기계도면을 포함한다)
> 3. 승강기의 제조·수입업자 또는 (㉢)은(는) 설치검사를 받지 아니하거나 설치검사에 불합격한 승강기를 운행하게 하거나 운행하여서는 아니 된다. (제26회)

TIP '설치검사'는 행정안전부장관이 실시하며 승강기의 제조·수입업자가 받아야 하며, 행정안전부령에 따르면, 승강기의 제조·수입업자는 설치검사신청서에 일정한 서류를 첨부하여 '한국승강기안전공단(공단)'에 제출해야 한다.

---

02 ㉠ 2, ㉡ 1   **03** ㉠ 3, ㉡ 자체, ㉢ 5   **04** ㉠ 시·도지사, ㉡ 10, ㉢ 한국승강기안전공단
(공단)   **05** ㉠ 행정안전부장관, ㉡ 한국승강기안전공단(공단), ㉢ 관리주체

06 승강기 안전관리법령에 관한 설명이다. ( )에 들어갈 아라비아 숫자와 용어를 쓰시오.

제22회 수정

- 관리주체는 승강기의 안전에 관한 자체점검을 월 (㉠)회 이상 하고, 그 결과를 법 제73조에 따른 (㉡)에 입력하여야 한다. (제22회)
- 관리주체는 자체점검 결과 승강기에 결함이 있다는 사실을 알았을 경우에는 즉시 보수하여야 하며, 보수가 끝날 때까지 해당 승강기의 운행을 중지하여야 한다.
- 관리주체는 자체점검을 스스로 할 수 없다고 판단하는 경우에는 법 제39조 제1항 전단에 따라 승강기의 (㉢)을(를) 업으로 하기 위하여 등록을 한 자로 하여금 이를 대행하게 할 수 있다.

07 승강기 안전관리법령상 '자체점검을 담당할 수 있는 사람의 자격'에 관한 설명이다. ( )에 들어갈 아라비아 숫자를 쓰시오.

1. 관리주체는 '자체점검'을 승강기 실무경력이 (㉠)년 이상인 사람 등으로서 법 제52조 제2항에 따른 직무교육을 이수한 사람으로 하여금 담당하게 해야 한다.
2. 위 1.에도 불구하고 정격속도가 초당 (㉡)미터를 초과하는 '고속 승강기'의 경우에는 승강기 실무경력이 (㉢)년 이상인 사람 등으로서 법 제52조 제2항에 따른 직무교육을 이수한 사람으로 하여금 자체점검을 담당하게 해야 한다.

> 이론 ✚
>
> **자체점검을 담당할 수 있는 사람의 자격**
> 1. 관리주체는 '자체점검'을 다음 어느 하나에 해당하는 사람으로서 법 제52조 제2항에 따른 직무교육을 이수한 사람으로 하여금 담당하게 해야 한다.
>   가. 「고등교육법」 제2조에 따른 학교의 '승강기·기계·전기·전자 관련 학과의 <u>학사학위</u>' 등을 취득한 후에 승강기 실무경력이 6개월 이상인 사람
>   나. 「고등교육법」 제2조에 따른 학교의 '승강기·기계·전기·전자 관련 학과의 <u>전문학사학위</u>' 등을 취득한 후 승강기 실무경력이 1년 이상인 사람
>   다. 「초·중등교육법」 제2조 제3호에 따른 '<u>고등학교·고등기술학교</u>의 승강기·기계·전기·전자 관련 학과' 등을 졸업한 후 승강기 실무경력이 1년 6개월 이상인 사람
>   라. 승강기 실무경력이 <u>3년</u> 이상인 사람 등
> 2. 위 1.에도 불구하고 정격속도가 초당 <u>4미터</u>를 초과하는 <u>고속 승강기</u>의 경우에는 다음 어느 하나에 해당하는 사람으로서 법 제52조 제2항에 따른 직무교육을 이수한 사람으로 하여금 자체점검을 담당하게 해야 한다.
>   가. 승강기·기계·전기·전자 관련 학과의 <u>학사학위</u>를 취득한 후 승강기 실무경력이 5년 이상인 사람
>   나. 승강기·기계·전기·전자 관련 학과의 <u>전문학사학위</u>를 취득한 후 승강기 실무경력이 7년 이상인 사람
>   다. <u>고등학교·고등기술학교</u>의 승강기·기계·전기·전자 관련 학과를 졸업한 후 승강기 실무경력이 9년 이상인 사람
>   라. 승강기 실무경력이 <u>12년</u> 이상인 사람 등

08 승강기 안전관리법령상 '승강기의 자체점검'에 관한 설명이다. (   )에 들어갈 용어와 아라비아 숫자를 쓰시오.

> 1. 자체점검을 담당하는 사람은 다음의 사항을 고려하여 행정안전부장관이 정하여 고시하는 자체점검의 기준·항목 및 방법 등에 따라 자체점검을 해야 한다.
>   가. 승강기 안전기준
>   나. 유지관리 관련 자료에서 정하는 기준
>   다. 「산업안전보건법」에 따른 승강기 관련 사업주의 안전·보건 관련 의무 및 근로자의 준수사항
> 2. 자체점검을 담당하는 사람은 자체점검을 마치면 지체 없이 '자체점검 결과'를 양호, (㉠) 또는 긴급수리로 구분하여 관리주체에 통보해야 하며, 관리주체는 자체점검 결과를 자체점검 후 (㉡)일 이내에 (㉢)에 입력해야 한다.

> **TIP** 자체점검을 실제로 담당하는 자를 별도로 규정하고 있으며, 그 자가 자체점검을 마치면 지체 없이 자체점검 결과를 <u>양호, 주의관찰 또는 긴급수리로 구분하여 '관리주체'에 통보하고 관리주체가 자체점검 결과를 자체점검 후 10일 이내에 승강기안전종합정보망에 입력</u>한다는 점을 정확히 숙지하여야 한다.

09 승강기 안전관리법령상 '인증 또는 검사 결과의 입력'에 관한 설명이다. (   )에 들어갈 아라비아 숫자와 용어를 쓰시오.

> 다음의 어느 하나에 해당하는 인증 또는 검사를 한 자는 법 제72조 제2항에 따라 그 결과를 인증 또는 검사 후 (㉠)일 이내에 (㉡)에 입력해야 한다.
> 1. 부품안전인증
> 2. 승강기안전인증
> 3. 법 제28조 제1항에 따른 설치검사
> 4. 법 제32조 제1항에 따른 안전검사

> **TIP** <u>5일 이내에 승강기안전종합정보망에 입력</u>하여야 하는 경우를 숙지하여야 한다.

정답

06 ㉠ 1, ㉡ 승강기안전종합정보망, ㉢ 유지관리 **07** ㉠ 3, ㉡ 4, ㉢ 12 **08** ㉠ 주의관찰, ㉡ 10, ㉢ 승강기안전종합정보망 **09** ㉠ 5, ㉡ 승강기안전종합정보망

10 승강기 안전관리법령상 '자체점검의 주기 조정 등'에 관한 설명이다. (   )에 들어갈 아라비아 숫자를 쓰시오.

> 1. '자체점검의 주기 조정이 필요한 승강기'에 대해서는 자체점검의 전부 또는 일부를 면제할 수 있다.
> 2. 안전관리우수기업으로 선정된 유지관리업자가 최근 (㉠)년 동안 안전검사에 합격한 승강기를 관리하는 경우 그 승강기는 자체점검의 주기 조정이 필요한 승강기로서 자체점검의 전부 또는 일부를 면제할 수 있다.
> 3. 위 2. 승강기의 관리주체는 관리하는 승강기에 대해 (㉡)개월의 범위에서 자체점검의 주기를 조정할 수 있다. 다만, 다음의 어느 하나에 해당하는 승강기의 경우에는 그렇지 않다.
>   가. 법 제28조 제1항에 따른 설치검사를 받은 날부터 (㉢)년이 지난 승강기
>   나. 최근 3년 이내에 법 제48조 제1항 제1호에 따른 중대한 사고가 발생한 승강기
>   다. 최근 1년 이내 법 제48조 제1항 제2호에 따른 중대한 고장이 3회 이상 발생한 승강기
> 4. 법 제31조 제4항에 따라 자체점검을 대행하는 유지관리업자는 자체점검 주기를 조정하려는 경우에는 미리 해당 '관리주체'의 서면 동의를 받아야 한다.

11 승강기 안전관리법령상 '승강기의 안전검사'에 관한 설명이다. (   )에 들어갈 용어와 아라비아 숫자를 쓰시오.   제21·25회 수정, 제22·23·24회 객관식 수정

> 1. 관리주체는 승강기에 대하여 (㉠)이(가) 실시하는 다음의 안전검사를 받아야 한다.
>   가. '정기검사'는 설치검사 후 정기적으로 하는 검사로서, 검사주기는 (㉡)년 이하로 하되, 승강기의 종류 및 사용 연수, 중대한 사고 또는 중대한 고장의 발생 여부 등을 고려하여 승강기별로 검사주기를 다르게 할 수 있다. (제25회)
>   나. '수시검사'는 승강기의 종류, 제어방식 등을 변경한 경우 등에 하는 검사이다.
>   다. '정밀안전검사'
> 2. 관리주체는 안전검사에 불합격한 승강기에 대하여 행정안전부령으로 정하는 기간[안전검사에 불합격한 날부터 (㉢)개월 이내]에 안전검사를 다시 받아야 한다.
> (제23·24회 객관식)

[참고]

<u>행정안전부장관은 안전검사를 받을 수 없다고 인정하면 그 사유가 없어질 때까지 안전검사를 연기할 수 있다.</u>

TIP 정기검사, 수시검사, 정밀안전검사 모두 '안전검사'의 일종이며, 모두 <u>행정안전부장관이 실시</u>하며 관<u>리주체가 받아야 한다</u>는 점을 숙지하여야 한다.

12 승강기 안전관리법령상 '정밀안전검사 등'에 관한 설명이다. (   )에 들어갈 아라비아 숫자와 용어를 쓰시오. 제21·23·25회 수정

1. 정밀안전검사는 다음의 어느 하나에 해당하는 경우에 하는 검사로서, 다음 다.에 해당할 때에는 정밀안전검사를 받고, 그 후 (㉠)년마다 정기적으로 정밀안전검사를 받아야 한다. (제23회 객관식, 제21·25회)
   가. 정기검사 또는 수시검사 결과 결함의 원인이 불명확하여 사고 예방과 안전성 확보를 위하여 행정안전부장관이 정밀안전검사가 필요하다고 인정하는 경우
   나. 승강기의 결함으로 법령에 따른 중대한 사고 또는 중대한 고장이 발생한 경우
   다. 설치검사를 받은 날부터 (㉡)년이 지난 경우 등
2. 관리주체가 '안전검사'를 받고 '(㉢)점검'을 한 경우는「건축물관리법」에 따른 건축설비(승강기에 한정한다)의 유지·관리를 한 것으로 본다. (제23회 객관식)

TIP 정밀안전검사를 실시하는 경우에 대해서 정확하게 숙지하여야 한다.

10 ㉠ 2, ㉡ 3, ㉢ 15　**11** ㉠ 행정안전부장관, ㉡ 2, ㉢ 4　**12** ㉠ 3, ㉡ 15, ㉢ 자체　**정답**

13 승강기 안전관리법령상 '정기검사의 검사주기'에 관한 설명이다. (   )에 들어갈 아라비아 숫자와 용어를 쓰시오.

제24회 객관식 수정

1. 정기검사의 검사주기는 (㉠)년[설치검사 또는 직전 정기검사를 받은 날부터 매 (㉠)년을 말한다]으로 한다.
2. 위 1.에도 불구하고 다음의 어느 하나에 해당하는 경우에는 정기검사의 검사주기를 직전 정기검사를 받은 날부터 다음의 구분에 따른 기간으로 한다.
   가. 설치검사를 받은 날부터 (㉡)년이 지난 승강기: 6개월 (제24회 객관식)
   나. 승강기 결함으로 중대한 사고 또는 중대한 고장이 발생한 후 2년이 지나지 않은 승강기: 6개월
   다. 화물용 엘리베이터, 자동차용 엘리베이터, 소형화물용 엘리베이터(Dumbwaiter): 2년
   라. 「건축법 시행령」 [별표 1] 제1호 가목에 따른 (㉢)에 설치된 승강기: 2년

이론 +

[참고]
1. 정기검사의 검사기간은 정기검사의 검사주기 도래일 전후 각각 30일 이내로 한다. 이 경우 해당 검사기간 이내에 검사에 합격한 경우에는 정기검사의 검사주기 '도래일'에 정기검사를 받은 것으로 본다.
2. 정기검사의 검사주기 도래일 전에 수시검사 또는 정밀안전검사를 받은 경우 해당 정기검사의 검사주기는 수시검사 또는 정밀안전검사를 받은 날부터 계산한다.
3. 안전검사가 연기된 경우 해당 정기검사의 검사주기는 연기된 안전검사를 받은 날부터 계산한다.

14 승강기 안전관리법 제33조 규정이다. (   )에 들어갈 용어를 쓰시오.

행정안전부장관은 다음의 구분에 따른 승강기에 대해서는 해당 (㉠)을(를) 면제할 수 있다.
1. 연구, 개발 목적으로 승강기안전인증을 면제받은 승강기: (㉠)
2. 정밀안전검사를 받았거나 정밀안전검사를 받아야 하는 승강기: 해당 연도의 (㉡)

15 승강기 안전관리법령상 '검사'에 관한 설명이다. (   )에 들어갈 용어를 쓰시오.

> 1. 행정안전부장관은 '설치검사'에 합격한 승강기의 제조·수입업자와 (㉠)검사에 합격한 승강기의 관리주체에 대하여 각각 (㉡)을(를) 발급하여야 한다.
> 2. 행정안전부장관은 '설치검사'에 불합격한 승강기의 제조·수입업자와 (㉠)검사에 불합격한 승강기의 관리주체에 대하여 각각 (㉢) 표지를 발급하여야 한다.
> 3. 위 1.에 따른 (㉡) 또는 위 2.에 따른 (㉢) 표지를 발급받은 자는 그것을 승강기 이용자가 잘 볼 수 있는 곳에 즉시 붙이고 훼손되지 아니하게 관리하여야 한다.

TIP 설치검사 및 안전검사에 <u>합격한 경우</u>와 <u>불합격한 경우</u>에 <u>발급하는 것</u>을 구별하여야 한다.

정답
13 ㉠ 1, ㉡ 25, ㉢ 단독주택   **14** ㉠ 안전검사, ㉡ 정기검사   **15** ㉠ 안전, ㉡ 검사합격증명서,
㉢ 운행금지

16 승강기 안전관리법령에 관한 설명이다. (   )에 들어갈 용어를 쓰시오.

1. (㉠)은(는) 승강기가 다음의 어느 하나에 해당하는 경우에는 그 사실을 특별자치시장·특별자치도지사 또는 시장·군수·자치구의 구청장에게 통보하여야 한다.

   가. 설치검사를 받지 아니하거나 설치검사에 불합격한 경우

   나. 안전검사를 받지 아니하거나 안전검사에 불합격한 경우

2. 특별자치시장·특별자치도지사 또는 시장·군수·자치구의 구청장은 승강기가 다음의 어느 하나에 해당하는 경우에는 그 사유가 없어질 때까지 해당 승강기의 (㉡)을(를) 명할 수 있다.

   가. 설치검사를 받지 아니한 경우

   나. 자체점검을 하지 아니한 경우

   다. 법 제31조 제2항을 위반하여 승강기의 운행을 중지하지 아니하는 경우

   라. 안전검사를 받지 아니한 경우

   마. 법 제32조 제3항에 따라 안전검사가 연기된 경우 등

3. 특별자치시장·특별자치도지사 또는 시장·군수·자치구의 구청장은 위 2.에 따라 승강기의 (㉡)을(를) 명할 때에는 (㉢)에게 행정안전부령으로 정하는 (㉡) 표지를 발급하여야 한다.

4. (㉢)은(는) 위 3.에 따라 발급받은 표지를 이용자가 잘 볼 수 있는 곳에 즉시 붙이고 훼손되지 아니하게 관리하여야 한다.

5. (㉢) 또는 승강기 안전관리자는 행정안전부령으로 정하는 장애인용 승강기를 이용하려는 사람으로부터 운행 요청을 받은 경우에는 소속 직원 등으로 하여금 승강기를 조작하게 하여 안전하게 이동할 수 있도록 조치하여야 한다.

TIP 앞의 문제에서 불합격한 경우에 행정안전부장관이 발급하는 '운행금지 표지'와, 이 문제에서 검사를 받지 아니한 경우에 특별자치시장·특별자치도지사 또는 시장·군수·자치구의 구청장이 발급하는 '운행정지 표지'를 구별하여야 한다.

17 승강기 안전관리법령에 관한 설명이다. ( )에 들어갈 용어와 아라비아 숫자를 쓰시오.

1. 유지관리업자는 그가 도급계약을 맺은 승강기의 유지관리 업무를 다른 유지관리업자 등에게 하도급하여서는 아니 된다. 다만, '대통령령으로 정하는 비율 이하'의 유지관리 업무를 다른 유지관리업자에게 하도급하는 경우로서 (㉠)[유지관리업자가 (㉠)인 경우에는 승강기 (㉡)(이)나 다른 법령에 따라 승강기 관리자로 규정된 자]이(가) 서면으로 동의한 경우에는 그러하지 아니하다.
2. 위 1. 단서에서 '대통령령으로 정하는 비율'이란 다음의 비율을 말한다.
   가. 유지관리 업무를 하도급하는 경우: 유지관리 업무의 2분의 1
   나. 유지관리 업무 중 승강기부품 교체 업무만을 하도급하는 경우: 승강기부품 교체 업무의 2분의 1
   다. 유지관리 업무 중 자체점검 업무만을 하도급하는 경우: 자체점검 업무의 (㉢)

18 승강기 안전관리법령상 '유지관리 승강기 대수의 상한 등'에 관한 설명이다. ( )에 들어갈 아라비아 숫자를 쓰시오.

PART 13

1. 유지관리업자는 기술력, 승강기의 지역적 분포 및 기술인력의 수 등을 고려하여 '행정안전부령으로 정하는 월간 유지관리 승강기 대수'를 초과한 유지관리 업무를 하여서는 아니 된다.
2. 위 1.에서 '행정안전부령으로 정하는 월간 유지관리 승강기 대수'란 다음의 구분에 따른 승강기 대수를 말한다.
   가. '유지관리업의 기술인력이 유지관리업자'의 주된 사무소 또는 사업장이 '있는' 시·도에 설치된 승강기를 유지관리하는 경우: 기술인력의 수에 (㉠)을(를) 곱한 대수
   나. 유지관리업의 기술인력 중 1명 이상이 유지관리업자의 주된 사무소 또는 사업장이 '없는' 시·도에 설치된 승강기를 유지관리하는 경우: 기술인력의 수에 (㉡)을(를) 곱한 대수
   다. 제조·수입업자인 유지관리업자가 위 가. 또는 나.에 따른 승강기 대수 중 일부를 다른 유지관리업자와 공동으로 유지관리하는 경우: 위 가. 또는 나.에 따른 승강기 대수에 (㉢)퍼센트를 곱한 대수

정답
16 ㉠ 행정안전부장관, ㉡ 운행정지, ㉢ 관리주체 **17** ㉠ 관리주체, ㉡ 소유자, ㉢ 2/3
18 ㉠ 100, ㉡ 90, ㉢ 50

19 승강기 안전관리법령에 관한 설명이다. (   )에 들어갈 용어를 쓰시오.

> (㉠)은(는) 승강기의 안전관리와 유지관리에 관한 도급 '계약당사자'의 이익을 보호하기 위하여 필요하다고 인정하는 경우에는 승강기에 관한 '전문기관'을 지정하여 관리주체가 부담하여야 할 유지관리비의 표준이 될 금액[이하 '(㉡)'(이)라 한다]을 정하여 공표하도록 하고, 계약당사자가 이를 활용할 것을 권고할 수 있다.

TIP 표준유지관리비는 행정안전부장관이 직접 정하여 공표하는 것이 아니라, <u>전문기관을 지정</u>하여 표준유지관리비를 <u>정하여 공표하도록 한다</u>는 점을 유의하여야 한다.

20 승강기 안전관리법령에 관한 설명이다. (   )에 들어갈 용어를 쓰시오.

> 1. (㉠)은(는) 다음의 승강기에 대하여 운행 상황 파악 등을 위한 (㉡)을(를) 매년 실시하여야 한다.
>   가. 설치검사를 받지 아니하거나 설치검사에 불합격한 승강기
>   나. 안전검사를 받지 아니하거나 안전검사에 불합격한 승강기
> 2. (㉢)은(는) 제조·수입업자 또는 유지관리업자에 대하여 등록기준 유지에 관한 사항 등 행정안전부령으로 정하는 사항의 파악을 위한 (㉡)을(를) 매년 실시하여야 한다.

21 승강기 안전관리법령에 관한 설명이다. (   )에 들어갈 용어를 쓰시오.

> • 행정안전부장관은 법 제37조 제2항에 따른 지정검사기관의 지정 취소 처분을 하려면 (㉠)을(를) 하여야 한다.
> • (㉡)은(는) 법 제9조에 따른 제조업 또는 수입업의 등록 취소 처분을 하려면 (㉠) 을(를) 하여야 한다.

정답

19 ㉠ 행정안전부장관, ㉡ 표준유지관리비　**20** ㉠ 행정안전부장관, ㉡ 실태조사, ㉢ 시·도지사　**21** ㉠ 청문, ㉡ 시·도지사

▶ **연계학습** | 에듀윌 기본서 2차 [주택관리관계법규 下] p.482

01 집합건물의 소유 및 관리에 관한 법령상 '구분소유'에 관한 설명이다. (   )에 들어갈 용어를 쓰시오.

---

1. 법 제1조('건물'의 구분소유)

   1동의 건물 중 '구조상' 구분된 여러 개의 부분이 독립한 건물로서 '사용'될 수 있을 때는 그 각 부분은 이 법에서 정하는 바에 따라 각각 (㉠)의 목적으로 할 수 있다.

2. 법 제1조의2('상가건물'의 구분소유)

   1동의 건물이 다음의 방식으로 여러 개의 건물부분으로 '이용상 구분'된 경우에 그 건물부분[이하 '(㉡)'(이)라 한다]은 이 법에서 정하는 바에 따라 각각 소유권의 목적으로 할 수 있다.

   가. (㉡)의 용도가 「건축법」상 (㉢)시설 및 '운수시설'일 것

   나. '경계'를 명확하게 알아볼 수 있는 표지를 바닥에 견고하게 설치할 것

   다. (㉡)별로 부여된 '건물번호표지'를 견고하게 붙일 것

---

01 ㉠ 소유권, ㉡ 구분점포, ㉢ 판매 　　　　　　　　　　　　　　　　　　　　　　　정답

02 집합건물의 소유 및 관리에 관한 법률 제9조(담보책임) 규정이다. (   )에 들어갈 용어를 쓰시오.

> 1. 건물을 건축하여 분양한 자[이하 '(㉠)'(이)라 한다]와 (㉠)와(과)의 계약에 따라 건물을 건축한 자로서 대통령령으로 정하는 자(이하 '시공자'라 한다)는 (㉡)에 대해 담보책임을 진다. 이 경우 그 담보책임에 관하여는 「민법」 제667조 및 제668조를 준용한다.
> 2. 위 1.에도 불구하고 시공자가 (㉠)에게 부담하는 담보책임에 관하여 다른 법률에 특별한 규정이 있으면 시공자는 그 법률에서 정하는 담보책임의 범위에서 (㉡)에게 위 1.의 담보책임을 진다.
> 3. 위 1. 및 2.에 따른 시공자의 담보책임 중 「민법」 제667조 제2항에 따른 손해배상책임은 분양자에게 회생절차개시 신청, 파산 신청, 해산, 무자력(無資力) 또는 그 밖에 이에 준하는 사유가 있는 경우에만 지며, 시공자가 이미 (㉠)에게 손해배상을 한 경우에는 그 범위에서 (㉡)에 대한 책임을 면(免)한다.
> 4. (㉠)와(과) 시공자의 담보책임에 관하여 이 법과 「민법」에 규정된 것보다 (㉢)에게 불리한 특약은 효력이 없다.

03 집합건물의 소유 및 관리에 관한 법령과 관련된 '판례' 내용이다. (   )에 들어갈 용어를 쓰시오.

> • 구분건물이 물리적으로 완성되기 이전에도 건축허가신청이나 분양계약 등을 통하여 장래 신축되는 건물을 구분건물로 하겠다는 구분의사가 객관적으로 표시되면 구분행위의 존재를 인정할 수 있고, 이후 1동의 건물 및 그 구분행위에 상응하는 구분건물이 객관적·물리적으로 완성되면 아직 그 건물이 집합건축물대장에 등록되거나 구분건물로서 등기부에 등기되지 않았더라도 그 시점에서 (㉠)이(가) 성립한다.
> • 아파트의 특별승계인은 전 입주자의 체납관리비 중 (㉡)부분에 관하여는 이를 승계하여야 한다고 봄이 타당하다.
> • 구분건물에 저당권을 설정한 후 (㉢)을(를) 사후에 취득하여 동일 소유자에게 속한 경우, (㉢)은(는) 전유부분에 '종된 권리'이므로 저당권의 효력은 (㉢)에도 미친다.

04 집합건물의 소유 및 관리에 관한 법령에 관한 설명이다. ( )에 들어갈 용어를 쓰시오.

> 1. 관리단은 규약에 달리 정한 바가 없으면 관리단집회 결의에 따라 건물이나 대지 또는 부속시설의 교체 및 보수에 관한 (㉠)을(를) 수립할 수 있다.
> 2. 관리단은 규약에 달리 정한 바가 없으면 관리단집회의 결의에 따라 (㉡)을(를) 징수하여 적립할 수 있다. 다만, 다른 법률에 따라 장기수선을 위한 계획이 수립되어 충당금 또는 적립금이 징수·적립된 경우에는 그러하지 아니하다.
> 3. 위 2.에 따른 (㉡)은(는) 구분소유자로부터 징수하며 (㉢)에 귀속된다.
> 4. 관리단은 규약에 달리 정한 바가 없으면 (㉡)을(를) 다음의 용도로 사용해야 한다.
>   가. 위 1.의 (㉠)에 따른 공사
>   나. 자연재해 등 예상하지 못한 사유로 인한 수선공사
>   다. 위 가. 및 나.의 용도로 사용한 금원의 변제

05 집합건물의 소유 및 관리에 관한 법률 제23조 규정의 일부이다. ( )에 들어갈 용어를 쓰시오.

> 건물에 대하여 구분소유 관계가 성립되면 구분소유자 전원을 구성원으로 하여 건물과 그 대지 및 부속시설의 관리에 관한 사업의 시행을 목적으로 하는 (㉠)이(가) 설립된다.

PART 14

06 집합건물의 소유 및 관리에 관한 법률 제26조의3 규정의 일부이다. ( )에 들어갈 용어를 쓰시오.

> • 관리단에는 규약으로 정하는 바에 따라 (㉠)을(를) 둘 수 있다.
> • (㉠)은(는) 이 법 또는 규약으로 정한 (㉡)의 사무 집행을 감독한다.
> • 위에 따라 (㉠)을(를) 둔 경우 (㉡)은(는) 법 제25조(관리인의 권한과 의무) 제1항 각 호의 행위를 하려면 (㉠)의 결의를 거쳐야 한다. 다만, 규약으로 달리 정한 사항은 그러하지 아니하다.

정답

02 ㉠ 분양자, ㉡ 구분소유자, ㉢ 매수인 **03** ㉠ 구분소유, ㉡ 공용, ㉢ 대지권
04 ㉠ 수선계획, ㉡ 수선적립금, ㉢ 관리단 **05** ㉠ 관리단 **06** ㉠ 관리위원회, ㉡ 관리인

07 집합건물의 소유 및 관리에 관한 법령상 '집합건물의 관리에 관한 감독'에 관한 설명이다. ( )에 들어갈 아라비아 숫자를 쓰시오.

> 특별시장·광역시장·특별자치시장·도지사·특별자치도지사(이하 '시·도지사'라 한다) 또는 시장·군수·구청장(자치구의 구청장을 말하며, 이하 '시장·군수·구청장'이라 한다)은 집합건물의 효율적인 관리와 주민의 복리증진을 위하여 필요하다고 인정하는 경우에는 전유부분이 (㉠)개 이상인 건물의 관리인에게 다음의 사항을 보고하게 하거나 관련 자료의 제출을 명할 수 있다.
> 1. 수선적립금의 징수·적립·사용 등에 관한 사항
> 2. 관리인의 선임·해임에 관한 사항
> 3. 법 제26조 제1항에 따른 보고와 같은 조 제2항에 따른 장부의 작성·보관 및 증빙서류의 보관에 관한 사항
> 4. 회계감사에 관한 사항
> 5. 정기 관리단집회의 소집에 관한 사항
> 6. 그 밖에 집합건물의 관리에 관한 감독을 위하여 필요한 사항으로서 대통령령으로 정하는 사항

08 집합건물의 소유 및 관리에 관한 법령상 '서면 또는 전자적 방법에 의한 결의 등'에 관한 설명이다. ( )에 들어갈 아라비아 숫자를 쓰시오.

> 1. 이 법 또는 규약에 따라 관리단집회에서 결의할 것으로 정한 사항에 관하여 구분소유자의 (㉠) 이상 및 의결권의 (㉠) 이상이 서면이나 전자적 방법 또는 서면과 전자적 방법으로 합의하면 관리단집회를 소집하여 결의한 것으로 본다. 〈개정〉
> 2. 위 1.에도 불구하고 다음의 경우에는 그 구분에 따른 의결정족수 요건을 갖추어 서면이나 전자적 방법 또는 서면과 전자적 방법으로 합의하면 관리단집회를 소집하여 결의한 것으로 본다. 〈신설〉
>   가. 휴양 콘도미니엄의 공용부분 변경: 구분소유자의 '과반수' 및 의결권의 '과반수'
>   나. '구분소유권 및 대지사용권의 범위나 내용에 변동을 일으키는 공용부분의 변경', '재건축 결의', '건물가격의 2분의 1 초과 부분의 공용부분 멸실 복구': 구분소유자의 (㉡) 이상 및 의결권의 (㉡) 이상
>   다. 휴양 콘도미니엄의 권리변동 있는 공용부분 변경, 휴양 콘도미니엄의 재건축 결의: 구분소유자의 (㉢) 이상 및 의결권의 (㉢) 이상

09 집합건물의 소유 및 관리에 관한 법령에 관한 설명이다. (   )에 들어갈 아라비아 숫자와 용어를 쓰시오.

1. 건물가격의 2분의 1 이하에 상당하는 건물 부분이 멸실되었을 때에는 각 구분소유자는 멸실한 공용부분과 자기의 전유부분을 복구할 수 있다. 다만, 공용부분의 복구에 착수하기 전에 법 제47조 제1항의 결의(5분의 4 이상)나 공용부분의 복구에 대한 결의가 있는 경우에는 그러하지 아니하다.
2. 위 1.에 따라 공용부분을 복구한 자는 다른 구분소유자에게 '지분비율'에 따라 복구에 든 비용의 '상환'을 청구할 수 있다.
3. 건물이 일부 멸실된 경우로서 위 1. 본문의 경우를 제외한 경우에 관리단집회는 구분소유자의 (㉠) 이상 및 의결권의 (㉠) 이상으로 멸실한 공용부분을 복구할 것을 결의할 수 있다.
4. 위 3.의 결의가 있을 때에는 그 결의에 찬성한 구분소유자(그의 승계인을 포함한다) 외의 구분소유자는 결의에 찬성한 구분소유자(그의 승계인을 포함한다)에게 건물 및 그 대지에 관한 권리를 '시가'로 (㉡)할 것을 청구할 수 있다.
5. 위 3.의 경우에 건물 일부가 멸실한 날부터 (㉢)개월 이내에 위 3. 또는 법 제47조 제1항의 결의가 없을 때에는 각 구분소유자는 다른 구분소유자에게 건물 및 그 대지에 관한 권리를 '시가'로 (㉡)할 것을 청구할 수 있다.
6. 법원은 위 2., 4. 및 5. 경우에 '상환' 또는 (㉡)청구를 받은 '구분소유자'의 청구에 의하여 '상환금' 또는 '대금의 지급'에 관하여 적당한 기간을 허락할 수 있다.

PART 14

10 집합건물의 소유 및 관리에 관한 법률 제42조의2(결의취소의 소) 규정이다. (   )에 들어갈 아라비아 숫자를 쓰시오.

구분소유자는 집회의 소집 절차나 결의 방법이 법령 또는 규약에 위반되거나 현저하게 불공정한 경우 및 결의 내용이 법령 또는 규약에 위배되는 경우에는 관리단집회 결의 사실을 안 날부터 (㉠)개월 이내에, 결의한 날부터 (㉡)년 이내에 결의취소의 소를 제기할 수 있다.

07 ㉠ 50   **08** ㉠ 3/4, ㉡ 4/5, ㉢ 2/3   **09** ㉠ 4/5, ㉡ 매수, ㉢ 6   **10** ㉠ 6, ㉡ 1   정답

11 집합건물의 소유 및 관리에 관한 법령상 '재건축 결의'에 관한 설명이다. (   )에 들어갈 아라비아 숫자를 쓰시오.

> 1. 재건축 결의는 구분소유자의 (㉠) 이상 및 의결권의 (㉠) 이상의 결의에 따른다.
> 2. 다만, 「관광진흥법」 제3조 제1항 제2호 나목에 따른 휴양 콘도미니엄업의 운영을 위한 휴양 콘도미니엄의 재건축 결의는 구분소유자 (㉡) 이상 및 의결권 (㉡) 이상의 결의에 따른다.

12 집합건물의 소유 및 관리에 관한 법률 제48조(구분소유권 등의 매도청구 등) 제4항 규정이다. (   )에 들어갈 용어를 쓰시오.

> 재건축 결의에 찬성한 각 구분소유자는 재건축에 참가하지 아니하겠다는 뜻을 회답한 구분소유자에게 (㉠)와(과) (㉡)을(를) 시가로 매도할 것을 청구할 수 있다.

삶의 순간순간이
아름다운 마무리이며
새로운 시작이어야 한다.

– 법정 스님

memo

memo

memo

memo

memo

2024 에듀윌 주택관리사 2차 출제가능 문제집 주택관리관계법규

발 행 일	2024년 2월 29일 초판
편 저 자	윤동섭
펴 낸 이	양형남
펴 낸 곳	(주)에듀윌
등록번호	제25100-2002-000052호
주　　소	08378 서울특별시 구로구 디지털로34길 55
	코오롱싸이언스밸리 2차 3층

www.eduwill.net

대표전화 1600-6700

여러분의 작은 소리
에듀윌은 크게 듣겠습니다.

본 교재에 대한 여러분의 목소리를 들려주세요.

공부하시면서 어려웠던 점, 궁금한 점,

칭찬하고 싶은 점, 개선할 점, 어떤 것이라도 좋습니다.

에듀윌은 여러분께서 나누어 주신 의견을

통해 끊임없이 발전하고 있습니다.

에듀윌 도서몰 book.eduwill.net
- 부가학습자료 및 정오표: 에듀윌 도서몰 → 도서자료실
- 교재 문의: 에듀윌 도서몰 → 문의하기 → 교재(내용, 출간) / 주문 및 배송

업계 최초 대통령상 3관왕,
정부기관상 19관왕 달성!

2010 대통령상

2019 대통령상

2019 대통령상

대한민국 브랜드대상
국무총리상

국무총리상

문화체육관광부
장관상

농림축산식품부
장관상

과학기술정보통신부
장관상

여성가족부장관상

서울특별시장상

과학기술부장관상

정보통신부장관상

산업자원부장관상

고용노동부장관상

미래창조과학부장관상

법무부장관상

- **2004**
  서울특별시장상 우수벤처기업 대상

- **2006**
  부총리 겸 과학기술부장관 표창 국가 과학 기술 발전 유공

- **2007**
  정보통신부장관상 디지털콘텐츠 대상
  산업자원부장관 표창 대한민국 e비즈니스대상

- **2010**
  대통령 표창 대한민국 IT 이노베이션 대상

- **2013**
  고용노동부장관 표창 일자리 창출 공로

- **2014**
  미래창조과학부장관 표창 ICT Innovation 대상

- **2015**
  법무부장관 표창 사회공헌 유공

- **2017**
  여성가족부장관상 사회공헌 유공
  2016 합격자 수 최고 기록 KRI 한국기록원 공식 인증

- **2018**
  2017 합격자 수 최고 기록 KRI 한국기록원 공식 인증

- **2019**
  대통령 표창 범죄예방대상
  대통령 표창 일자리 창출 유공
  과학기술정보통신부장관상 대한민국 ICT 대상

- **2020**
  국무총리상 대한민국 브랜드대상
  2019 합격자 수 최고 기록 KRI 한국기록원 공식 인증

- **2021**
  고용노동부장관상 일·생활 균형 우수 기업 공모전 대상
  문화체육관광부장관 표창 근로자휴가지원사업 우수 참여 기업
  농림축산식품부장관상 대한민국 사회공헌 대상
  문화체육관광부장관 표창 여가친화기업 인증 우수 기업

- **2022**
  국무총리 표창 일자리 창출 유공
  농림축산식품부장관상 대한민국 ESG 대상

에듀윌 주택관리사
출제가능 문제집
2차 주택관리관계법규 [주관식편]

베스트셀러 YES24 수험서 자격증 주택관리사 문제집 베스트셀러 1위
(2023년 10월 5주 주별 베스트)

5년 연속 최고득점자 배출
2023년 공동주택관리실무 시험 최고득점
2022년 공동주택관리실무 시험 최고득점
2021년, 2020년 주택관리관계법규, 공동주택관리실무 시험 과목별 최고득점
2019년 주택관리관계법규 시험 최고득점

평균 합격률 약4배
최근 3년 주택관리사 접수인원 대비 평균 합격률
한국산업인력공단 약 12%, 에듀윌 약 47%
(에듀윌 직영학원 1차 합격생 기준)

1,103명이 에듀윌
2020년 제23회 주택관리사(보) 제2차(최종) 시험 원서접수 이벤트 및
풀서비스 시 수험번호를 입력한 수강회원 기준

2023 대한민국 브랜드만족도 주택관리사 교육 1위
(한경비즈니스)

에듀윌 합격 서비스
개정법령 바로가기

기출지문 OX문제
오답노트 다운받기

고객의 꿈, 직원의 꿈, 지역사회의 꿈을 실현한다

펴낸곳 (주)에듀윌   **펴낸이** 양형남   **출판총괄** 오용철   **에듀윌 대표번호** 1600-6700

주소 서울시 구로구 디지털로 34길 55 코오롱싸이언스밸리 2차 3층   **등록번호** 제25100-2002-000052호
협의 없는 무단 복제는 법으로 금지되어 있습니다.

에듀윌 도서몰
book.eduwill.net
• 부가학습자료 및 정오표: 에듀윌 도서몰 > 도서자료실
• 교재 문의: 에듀윌 도서몰 > 문의하기 > 교재(내용, 출간) / 주문 및 배송